GRAND PRIX STORY 2012

Der wilde Ritt nach Texas

Heinz Prüller / Robert Höpoltseder

GRAND PRIX STORY 2012

Der wilde Ritt nach Texas

Residenz Verlag

Bildnachweis:

Cover vorne: Tom Pennington / Getty Images for Red Bull
Klappe: (oben) Dieter Nagl / First Look / picturedesk.com, (unten) Monika Höpoltseder
Umschlag Rückseite: ARC Beaumont

ARC Beaumont: Seite 33, 34 oben, Mitte u. unten links, 35 oben, Mitte u. unten rechts, 38 oben, unten rechts, 39 oben, rechts unten, 40, 74 oben, 74 Mitte rechts, 75 oben, 76/77, 78 links unten, Mitte rechts, 79 oben, links unten, 80 oben links, Mitte rechts, 113 alle drei, 114 oben, unten rechts u. links, 115 oben, Mitte links, 118 oben, unten rechts u. links, 120 alle vier oben, 154 unten links, 155 unten links, 156 oben, unten rechts u. links, 157 oben, Mitte u. unten links, 158 Mitte rechts, rechts oben u. unten, 159 unten u. Mitte links, 160 oben
David Ebener / dpa / picturedesk.com: S. 3.
S&G / PA / picturedesk.com: S. 225
Thomas Melzer/Motorsportpressebild: S. 34/35, 36/37, 38 Mitte rechts, unten links, 39 links Mitte u. unten, 73 beide, 74 links Mitte u. unten, 75 unten rechts, Mitte u. unten links, 78 oben, 79 Mitte links, rechts unten, 80 unten u. Mitte links, 80 oben u. unten rechts, 114 Mitte rechts
115 unten rechts u. links, 120 unten, 153 beide, 154 unten rechts, 154/155, 155 unten rechts, 157 unten rechts, 158 oben links, 158 Mitte u. darunter rechts, 158 unten links, 159 oben, unten, 160 unten
Tom Pennington / Getty Images for Red Bull: S. 116/117
Sutton Images / EXPA / picturedesk.com: S. 74 unten rechts, 78 rechts unten, 118 Mitte rechts, 119 oben u. unten

Bibliografische Information der Deutschen Bibliothek
Die Deutsche Bibliothek verzeichnet diese Publikation in der Deutschen Nationalbibliografie; detaillierte bibliografische Daten sind im Internet über http://dnb.ddb.de abrufbar.

Redaktionsschluss: 26. 11. 2012

Residenz Verlag
im Niederösterreichischen Pressehaus
Druck- und Verlagsgesellschaft mbH
St. Pölten – Salzburg

www.residenzverlag.at
info@residenzverlag.at

Grafische Gestaltung/Satz: José Coll | Studio B.A.C.K.
Statistik: Thomas Lang
Projektleitung: Sonja Franzke | www.vielseitig.co.at
Gesamtherstellung: CPI Moravia

ISBN 978-3-7017- 3291-3

INHALT

7 So fuhren sie 2012
8 „Vettel verkehrt" ... aber der jüngste Triple-Weltmeister!

11 **Melbourne:** Solo von Button
21 **Sepang:** Saubere Sensation
32 **Shanghai:** Endlich Nico Rosberg
47 **Bahrain:** Die Wüste brennt
56 **Barcelona:** „Feuer, Feuer!"
64 **Monaco:** Webber im Pool
85 **Montreal:** Sieger mit mehr Grip(s)
94 **Valencia:** Heim-Triumph & Tränen
101 **Silverstone:** Faster, quicker, Webber
108 **Hockenheim:** Vettels bitteres Nachspiel
127 **Budapest:** Schumis kuriose Tage
136 **Spa:** Grosjean, der Bruchpilot
148 **Monza:** Falscher Ferrari
164 **Singapur:** Vettels Zitterpartie
173 **Suzuka:** Vettels Triple-Ärger
181 **Yeongam:** Stunk vor dem Sieg
187 **Neu-Delhi:** „King of India"
193 **Abu Dhabi:** Iceman + Wüstenfuchs
201 **Austin:** Der Getriebe-Schmäh
214 **Interlagos:** „Rambasamba" bei Vettel

225 Zeitreise mit zwei Giganten
231 Statistik

„Wenn das Schwert bricht, kämpfe mit deinen Händen. Wenn sie Dir die Hände abschneiden, schubse deinen Gegner mit den Schultern oder nimm sogar die Zähne!“

… twitterte Fernando Alonso, dessen Rücken ein Samurai-Tattoo ziert, nach seinem zweiten Platz hinter Vettel beim Großen Preis von Indien.

SO FUHREN SIE 2012

Red Bull Racing Chassis: RB 8, Motor: Renault V 8, Teamchef: Christian Horner
1 Sebastian Vettel (DEUTSCHLAND) 2 Mark Webber (AUSTRALIEN)
Test- und Ersatzfahrer: Sébastien Buemi (Schweiz).

Vodafon-McLaren Chassis: MP 4 – 27, Motor: Mercedes V 8, Teamchef: Martin Whitmarsh
3 Lewis Hamilton (ENGLAND) 4 Jenson Button (ENGLAND)
Test- und Ersatzfahrer; Gary Paffett (England) , Oliver Turvey (England).

Scuderia Ferrari Chassis: F 2012, Motor: Ferrari V 8, Teamchef: Stefano Domenicali
5 Fernando Alonso (SPANIEN) 6 Felipe Massa (BRASILIEN)
Test- und Ersatzfahrer: Jules Bianchi (Belgien/Frankreich), Davide Rigon (Italien).

Mercedes GP Chassis: F1 W 03, Motor: Mercedes V 8, Teamchef: Ross Brawn
7 Michael Schumacher (DEUTSCHLAND) 8 Nico Rosberg (DEUTSCHLAND)

Lotus-Renault Chassis: E 20, Motor: Renault V 8, Teamchef: Eric Boullier
9 Kimi Räikkönen (FINNLAND) 10 Romain Grosjean (FRANKREICH/SCHWEIZ)
Robert Kubica verletzt. Test- und Ersatzfahrer: Jérôme d Ambrosio (Belgien)

Sahara Force India Chassis: VJM 05, Motor:Mercedes V 8, Teamchef: Vijay Mallya
11 Paul Di Resta (SCHOTTLAND) 12 Nico Hülkenberg (DEUTSCHLAND)
Test- und Ersatzfahrer: Jules Bianchi (Belgien/Frankreich)

Sauber Chassis: C 31, Motor: Ferrari V 8, Teamchef: Peter Sauber
14 Kamui Kobayashi (JAPAN) 15 Sergio Pérez Mendoza (MEXIKO)
Test- und Ersatzfahrer: Esteban Gutièrrez (Mexiko)

Scuderia Toro Rosso Chassis: STR 7, Motor: Ferrari, Teamchef: Franz Tost
16 Daniel Ricciardo (AUSTRALIEN) 17 Jean-Eric Vergne (FRANKREICH)
Test- und Ersatzfahrer: Sébastien Buemi (Schweiz).

Williams Chassis: FW 34, Motor: Cosworth V 8, Teamchef: Frank Williams
18 Pastor Maldonado (VENEZUELA) 19 Bruno Senna (BRASILIEN)
Test- und Ersatzfahrer: Valtteri Bottas (Finnland)

Caterham (früher: Lotus) Chassis: CT 01, Motor: Renault V 8, Teamchef: Tony Fernandes
20 Heikki Kovalainen (FINNLAND) 21 Vitaly Petrov (RUSSLAND)
Test- und Ersatzfahrer: Giedo van der Garde (Holland), Alexander Rossi (USA)

HRT Chassis: F 112, Motor: Cosworth V 8, Teamchef: Luis Perez-Sala
22 Pedro de la Rosa (SPANIEN) 23 Narain Karthikeyan (INDIEN)
Test- und Ersatzfahrer: Dani Clos (Spanien)

Marussia Chassis: MR-03, Motor: Cosworth V 8, Teamchef: John Booth
24 Timo Glock (DEUTSCHLAND) 25 Charles Pic (FRANKREICH)
Test- und Ersatzfahrer: Max Chilton (England) Maria de Villota (Spanien)

„VETTEL VERKEHRT“
... aber der jüngste Triple Weltmeister!

Es ist die perfekte Stabübergabe. Michael Schumacher ist nach seinem letzten Grand Prix der erste Gratulant bei seinem Nachfolger Sebastian Vettel. Und gibt dem um 18 Jahre jüngeren Freund gleich noch einen Rat mit auf den Weg: „Nimm‘ gefälligst deinen Helm ab, wenn du auf dem Auto stehst und deinen Fans zujubelst. Die wollen ja sehen, wie gut du aussiehst.“ Der 25-jährige Vettel nickt.

„Du musst mir schon in den Hintern treten, damit ich weiß, das ist kein Traum.“ Sebastian Vettels Satz zum ersten seiner Mechaniker, der ihm im Parc Fermé von Interlagos um den Hals fällt, sagt alles über das Finale furioso. Da kommen kein Hitchcock, keine Agatha Christie, kein James Bond und kein Tatort heran – solch einen Krimi und Thriller schreibt nur die Formel I.

Dabei ist das Drehbuch relativ einfach gehalten: ein WM-Duell Blau gegen Rot, Red Bull gegen Ferrari, Sebastian Vettel gegen Fernando Alonso – bei Regen auf rutschigem Asphalt im Autodromo José Carlos Pace von São Paulo/Interlagos. Dazu Ausrutscher, Dreher, Kollisionen, Schäden und Boxenstopps am laufenden Band. Und als Gipfelpunkt gleich nach dem Start: ein WM-Leader, dessen Auto verkehrt zur Fahrtrichtung steht. Vettel verkehrt!

„Ja, mehr braucht es nicht“, stimmt Vettel zu, „doch ehrlich gesagt, das alles hätte ich nicht unbedingt gebraucht.“ Er kommt gar nicht dazu, auch nur eine Sekunde über dieses verrückte Rennen nachdenken zu können, das für ihn vier Kurven nach dem Start fast schon zu Ende war. Glückwünsche, Umarmungen, Schulterklopfen – dann die emotionale Siegerehrung mit viel Augenwasser und Champagner. Alles Routine? „Von wegen“, unterbricht der Gefeierte, „im Weltmeister Werden kriegst du nie Routine“.

Sein Mentor, der Grazer Dr. Helmut Marko, ist erleichtert und hat ein paar Freudentränen verdrückt: „Warum musst du immer alles so dramatisch machen?“ fragt er seinen Schützling mit leicht bebender Stimme fast vorwurfsvoll. „Seb“ nimmt ihn in die Arme und flüstert ihm etwas ins Ohr. Die beiden sind das Erfolgsduo der Formel I, wie Vater und Sohn. Vettel und Red Bull sind zum dritten Mal in Folge Weltmeister. Auf seinem Handy registriert seine Medien-Lady Britta Roeske SMS-Glückwünsche im Sekundentakt. Auch von „seiner“ Bundeskanzlerin Angela Merkel.

Im TV- und Radio-Interview-Marathon fallen ihm immer mehr Details zum turbulenten Rennen ein. „Das gibt es ja eigentlich gar nicht, was da alles passiert ist“, schüttelt er selbst den Kopf. Und entschuldigt sich bei seinen Fans: „Tut mir leid, wenn der eine oder andere zu Hause vom Sofa gefallen ist. Aber im Cockpit war es genauso."

In dieses triumphale Szenario platzt die Nachricht: Vettel hat unter gelben Flaggen Kobayashi überholt. Welche Strafe droht ihm? Ist nun Alonso Weltmeister? „Alles Unsinn, nur ein blödes Gerücht", sagt Red Bull Teamchef Christian Horner. Vettel hat „Koba" überholt, aber unter gelb-roten wegen rutschiger, verschmutzter Fahrbahn. Alonso sagt: „Gratulation an Red Bull. Sebastian hat den Titel verdient, aber Ferrari und ich hätten ihn auch verdient."

Vettel findet im engen, überfüllten und geschäftigen Fahrerlager, das in Interlagos einem Basar gleicht, eine ruhige Ecke. Schumacher kommt auf ihn zu: „Hast du schon realisiert, was heute passiert ist?" Vettel sagt: „Nein, aber du kannst mir sicher sagen, ab wann man das begreift". Schumacher lächelt und meint: „Ganz begreift man das nie. Das ist das Schöne und Besondere daran." Beide sind Champagner-getränkt. Vettel vom Triumph, Schumi vom Abschied.

Seine Karriere war glanzvoll und einmalig, der Abschied ist stilvoll und auch einmalig. Michael Schumacher tritt in Interlagos als 43-Jähriger zum zweiten Mal zurück. 2006 stieg er dort für immer aus dem Ferrari aus. 2012 steigt er für immer aus dem Mercedes-Silberpfeil aus. Nach drei Jahren Pause wagte er 2010 das Comeback. Für die Formel I war er auch in den vergangenen drei Saisonen ein großer Gewinn, auch wenn die großen Resultate ausblieben.

Bei „Schumi" führte die zweite GP-Karriere zur Erkenntnis, „dass für einen selbst in Niederlagen oft ein größerer Gewinn steckt, als in Siegen." Der Rekordweltmeister und -sieger kann die Königsklasse guten Gewissens verlassen – auch, weil er Gewissheit hat, dass ein Freund und Landsmann, der ebenfalls in der Schweiz lebt, seine Rolle übernehmen und in seinem Sinne weiterfahren wird: Sebastian Vettel hat die Wachablösung und den Generationenwechsel vollzogen – auf den siebenmaligen Weltmeister folgt der dreifache Champion.

VETTELS GP-REKORDE ALS 25-JÄHRIGER,
nach 6 F1-Jahren, 101 GPs, 26 Siegen, 36 Pole-Positions

Seit 2010 ist er der jüngste Weltmeister (23 Jahre, 134 Tage)
Seit 2011 der jüngste Doppelweltmeister (24 Jahre, 98 Tage)
Seit 2012 der jüngste Triple-Champion (25 Jahre, 145 Tage)

Seit 2008 ist er der jüngste GP-Sieger (21 Jahre, 73 Tage).
Seit 2008 ist er der Jüngste auf der Pole-Position (21 Jahre, 72 Tage)
Seit 2008 ist er der Jüngste auf dem Podest (21 Jahre, 73 Tage)
Seit 2007 ist er der Jüngste in den WM-Punkterängen (19 Jahre, 349 Tage)
Seit 2011 hält er die meisten Saison-„Poles" (15)

WER IST WIRKLICH DER BESTE VON ALLEN

Immer wenn eine neue Formel-I-Saison beginnt, diskutieren die Fans: Wer ist wirklich der Schnellste, Beste, Mutigste aller Zeiten? Besonders jetzt, seit Sebastian Vettel die Tür der Giganten aufgestoßen hat. Hier mein Ranking der Superlative.

Der Siegreichste: Michael Schumacher mit 91 Siegen und sieben WM-Titeln vor Alain Prost (51/4) und Ayrton Senna (41/3).

Der Schnellste: Jochen Rindt, auch für Bernie Ecclestone: „Jochen war sogar schneller als Ayrton Senna." Niki Lauda glaubt: „Der Beste in unserer Generation war Gilles Villeneuve – und ganz bestimmt der Schnellste." Weiters: Ronnie Peterson und Jim Clark – wenn er vorn allein wegfahren konnte.

Der Gescheiteste: Niki Lauda vor dem „Reifenprofessor" Alain Prost und Jackie Stewart – sie alle konnten „ein Rennen lesen". Und natürlich: Schumi.

Der Genialste: Ayrton Senna, der seine Pole-Positions immer punktgenau, oft in letzter Sekunde, auf die Piste hämmerte – das kann seit 2011 nur noch Sebastian Vettel.

Der Talentierteste von allen: Sebastian Vettel, Champion ohne Limits.

Der Eleganteste: Ferraris erster Weltmeister Alberto Ascari und heute Jenson Button mit dem weichsten Fahrstil von allen – ohne Killerinstinkt.

Der Leidenschaftlichste: Gerhard Berger bis zum Imola-Crash. „Ein Unfall in der Tamburello-Kurve macht dich um eine Sekunde langsamer." Danach Villeneuve und Alesi – und heute Fernando Alonso.

Die größten Fighter: Stirling Moss, Clay Regazzoni, James Hunt, Mario Andretti

Der zielstrebigste Fahrer: Michael Schumacher, Keke Rosberg (Nicos Vater), Lewis Hamilton – aber mehr als alle, schon als Kind: Sebastian Vettel.

Der beste Techniker: Jack Brabham, Weltmeister im eigenen Auto.

Der größte Playboy: Nelson Piquet, dreimal Champion. „Aber er hätte auch fünf Titel gewinnen können, hätte er sein Rennfahren ernster genommen …"

Die fairsten Teamkollegen, die sich einbremsten: Ronnie Peterson, Rubens Barrichello – oder einbremsen lassen mussten …

Und der Größte aller Zeiten? Juan Manuel Fangio, der im Polohemd, mit Lederhaube fünfmal Weltmeister wurde, letztmals 1957 mit 46 Jahren – nur drei Jahre älter als Schumacher heute! Und Fangio hat ganze Starterfelder überlebt. Niki Lauda, seit dem Nürburgring-Drama der Tapferste von allen: „Das ist immer noch der wichtigste Sieg …"

Melbourne: Vettels neue Rolle

SOLO VON BUTTON

Der Formel-I-Zirkus, mit drei Jumbos aus Europa abgeflogen, ist schon in Melbourne, und die neugierigsten Spione und Fans lauern vor der Red-Bull-Box im Albert Park. Aber was dort passiert, ist top secret: Die „Bullen“ haben nach dem technischen K.o. beim Barcelona-Test die Teufelchen aus dem Vettel-Getriebe verjagt – und eine revolutionäre neue Strategie für die Boxenstopps erfunden. Wie, was und wann – alle News für die Formel-I-Fans.

NIKI LAUDA: MEINE VORAUSSAGEN 2012

Niki, der große Aufreger vor Saisonbeginn: eine Frau in der Formel I : Maria Villota (31) Test- und Ersatzfahrerin bei Virgin-Marussia. Bist du dafür oder dagegen?

Lauda: Frauen gehören in die Formel I. Mit gleichem Aufstieg wie die Männer. Aber Maria ist schon zu alt, zu spät dran, hat zu wenig Erfahrung. So kann das nicht funktionieren – mehr ein guter PR-Gag.

Braucht auch die Formel I ein Sparpaket? Oder eine Solidaritätsabgabe der Spitzenteams für die armen Hinterbänkler?

Lauda: Nein, der Formel I geht's gut: Mehr Rennen als je zuvor (20), auch bei den Fahrergagen hat sich nix verändert. Die besten drei oder vier können bis zu 20 Millionen verdienen – je nachdem, wie die Prämien geregelt sind –, vor allem für Siege. Oder das Fixum. Das ist überall anders.

Findest du die neuen Autos immer noch schiach?

Lauda: Ein Rennauto wird erst durch Siege schön. Aber man kann ja auch etwas schön-saufen … Perfekt ist, wenn ich ein schönes Auto fahr, das auch noch schnell ist. Alles andere ist ein Kompromiss.

Wer wird heuer Weltmeister?

Lauda: Da gibt's von mir keine Prognose. Red Bull wird gleich sein wie letztes Jahr. McLaren und Mercedes können überall gewinnen. Das Räikkönen-Comeback ist super. Und die WM bleibt sicher spannend bis zum letzten Rennen.

Ist Australien schon richtungweisend für die WM?

Lauda: Nein. Nur die erste Messlatte. Spätsommer im Albert Park, da kann's schon kühler sein. Dazu die neuen Reifen … Ich glaub, wir sehen erst im zweiten Rennen in Kuala Lumpur, wie die WM wird.

Weißt du, dass du im Albert Park eine eigene Riesentribüne hast, die nach dir benannt ist?

Lauda: Nein. Aber da kann ich mich ja hinsetzen und dann rüberlaufen, um für RTL zu kommentieren …

Gleich nach der Rückkehr aus Barcelona wurde das 7-Gang-Getriebe in Milton Keynes erbarmungslos getestet: 5.000 km im Simulator – aber im Gegensatz zur Rennsimulation ohne Pilot im Cockpit. „Um absolut sicherzugehen, dass im System kein Fehler steckt." Der Teufel steckte woanders: gewisse Verschmutzung im Öl, weil ein Ventil vom KERS-Programm und Getriebe-Rückstand nicht perfekt gearbeitet hatte – eine Frage von Millisekunden. Die Folge: Vettels Getriebe legte zwei Gänge (3 und 4) gleichzeitig ein – Ende der Generalprobe. Beim Simulationstest fast 6.000 km (totale Renndistanz 2012!) funktionierte wieder alles bestens.

Also kein Handicap beim WM-Auftakt. Dr. Helmut Marko: „Zum Glück fuhr Mark Webber 123 Testrunden – wie haben also alle Daten." Dafür eine andere Schrecksekunde: Vettels neuer Renningenieur Heikki wurde in der Box von Jean-Eric Vergne fast über den Haufen gefahren. Marko: „Er hat nicht aufgepasst – aber dann super reagiert."

Kann 2012 noch öfter passieren. Wegen der neuen Pirelli-Strategie gibt es heuer „sicher einen Boxenstopp zusätzlich." Aber Red Bull sorgt vor: 40 Boxenstopps allein an den vier Testtagen in Barcelona – der Rekord waren 2,5 Sekunden! „Schneller als 2011, weil wir heuer ein neues System haben – geänderte Schlagschrauber und Radmuttern." Was genau, bleibt geheim. „Aber in drei Rennen", prophezeit Marko, „werden es uns die anderen sowieso nachbauen."

Denn das neue Reifenwechsel-System, hat Superhirn Adrian Newey ausgerechnet, bringt pro Boxenstopp 0,2 Sekunden. „Wenn alles perfekt klappt – wenn nicht, verlierst du 10 Sekunden." Aber bei vier Boxenstopps kann man fast eine Sekunde gewinnen – und die ist oft rennentscheidend. Wenn nur Heikki in der Box aufpasst ...

Seinen neuen Boliden hat Vettel noch nicht getauft. „Das entscheide ich immer spontan." Aber „Kinky Kylie" (von 2011) hat sicher eine flotte Nachfolgerin – mit genug Öl.

Der Formel-I-Tross ist also wieder in Melbourne gelandet. Dort, wo für die „Motorenmenschen vom anderen Planeten", wie Melbournes Fox-Radio meldet, stets alles von Neuem losgeht. Zum 15. Mal schon ist Melbourne der Saison-„Opener". Oder wie Niki Lauda liebevoll sagt: „Hier beginnt der ganze Zirkus wieder von vorne." Seit 1996 gastiert dieser spezielle Zirkus in Melbourne. Nur 2006 und 2010 war der Start-GP nicht hier, sondern in Bahrain.

Melbourne zelebriert das „Spektakel der 16.000 PS" wie immer: nämlich emotional-begeistert. Was für ein tolles, dröhnendes Gastspiel in der 3,8-Millionen-Metropole. Mitten in der Stadt, im Albert Park, steigt die größte Grand-Prix-Grillparty des Kontinents. Mit den drei „B" in der ersten Startreihe: Bier, Bikini, Barbecue! Mehr braucht der „Aussie-Mate", also der dortige Kumpel, ja nicht, um rundum glücklich zu sein.

Melbourne präsentiert sich in alter Frische. Auch die automobile Königsklasse erfindet sich beim Saisonauftakt immer wieder neu. „Es ist wie bei jährlichen Festessen, wo die beliebten Hauptspeisen jeweils nur mit anderen Zutaten und neuen Namen aufgemotzt werden, um es als exklusives Gourmet-Menu verkaufen zu können." So hat das der Catering-Chef der Sauber-Hospitality einst treffend bemerkt.

Dieses Mal werden Zutaten unter Namen serviert, die zwar alle schon mal da waren, zuletzt aber hochgradig aufgefrischt wurden: Pedro de la Rosa (41, HRT), Nico Hülkenberg (24, Force India), Romain Grosjean (25, Lotus) und Kimi Räikkönen (32, Lotus). Letzterer rundet das 2012er-GP-Fahrermenu als sechster Weltmeister ab – neben Sebastian Vettel, Jenson Button, Lewis Hamilton, Fernando Alonso und Michael Schumacher.

„Diese Formel I macht Appetit auf mehr", freut sich Chefvermarkter Bernie Ecclestone, der mitgeholfen hat, drei alten Teams neue Namen zu geben: Renault ist nun Lotus (mit der Lizenz in Großbritannien). Team Lotus ist jetzt Caterham (Malaysia). Virgin heißt nun Marussia (Russland). Auch von den drei „Neuen" sind die meisten Mitarbeitenden via Dubai, Singapur und Hongkong nach Down Under eingeflogen. Manche gar mit Qantas, der australischen Känguruh-Airline, die auch den Grand Prix in Melbourne sponsert.

Egal, ob am Airport, draußen im Vorort Tullamarine, in der Stadt, im Park oder im Fahrerlager: Die FI-Leute begrüßen sich, als hätte man sich ewig nicht gesehen. Dabei war die Formel-I-Familie doch erst vor knapp drei Wochen in Barcelona, beim letzten Vorsaison-Test, fast vollzählig versammelt.

Der erste Medientermin in Melbourne führt Titelverteidiger Sebastian Vettel an den populären Strand von St. Kilda, nur ein paar Kilometer vom Zentrum weg. Für einmal sind es die Bikini-Schönheiten, die große Augen machen. Denn der Weltmeister legt im feinen Sand einen Spurt Richtung Wasser hin. Ihm hinterher keucht eine Horde Fotografen und Kameraleute: Was tut man nicht alles für erste Saison-Fotos und bewegte Bilder von dem Burschen, der die Formel I bewegt.

Apropos Badenixen. Am Strand lüftet der Blondschopf mit der neuen Frisur das Geheimnis um den neuen, stets weiblichen Namen seines Red-Bull-RB8-Dienstwagens: „Sie heißt Abbey." Warum Abbey? „Warum nicht?", antwortet der schlagfertige Hesse. Zwei Stunden soll er mit seinen Mechanikern über einen passenden Namen gegrübelt haben. Nach Kinky Kylie, Luscious Liz, Randy Mandy und Kate's Dirty Sister klingt Abbey überhaupt nicht sexy, sondern ungewohnt prüde.

Abbey erinnert auch an den Namen des elften Albums der „Beatles" („Abbey Road"). „Das ist aber nicht der Grund für die Entscheidung gewesen", beteuert der bekennende „Beatles"-Fan Vettel. „Warten wir doch mal ab, wie sich Abbey verhält", sagt er und grinst übers ganze Gesicht, „vielleicht kommt da noch was." In der engeren Auswahl stand übrigens auch „Everybody's Wife". Doch im Englischen ist dieser Name eher negativ besetzt. Es heißt so viel wie „die Frau, die jeder haben kann". Vettels Nachsatz: „Dafür ist das Auto mit dem Knick in der Nase aber nicht sexy genug." Kollege Mark Webber wirft ein: „Meine Nichte heißt Abbey. Ich glaube aber nicht, dass sie der Grund für Sebs Autonamen ist."

Zwischen Vettel und Webber herrscht eine lockere Stimmung. Als die meisten Medienleute den Strand von St. Kilda verlassen haben, spielen die beiden Red-Bull-Stars noch etwas Cricket im Sand. Ganz zur Freude und Belustigung der „Aussies". Down Under lieben sie Cricket – und ihren eigenen „Fußball" noch mehr. Die Formel I mag in Melbourne ein großes Thema sein. Aber das größte ist sie nicht. Die fetten Schlagzeilen macht der Saisonbeginn im „Australian Ruled Football", einer recht körperbetonten Mischung aus Rugby und Football. Danach richtet sich in einigen Teilen des siebten (je nach Zählweise auch sechsten) Kontinents sogar der Beginn der Winterzeit!

Melbournes GP-Organisator dagegen muss seine Uhren immer mehr nach der europäischen Winterzeit richten: Der Start zum Qualifying und Rennen ist mittlerweile erst um 17 Uhr Ortszeit. Damit man in Europa nicht vor 7 Uhr aufstehen muss, um live dabei sein zu können. Ein TV-Quotenhit ist das Rennen um diese Zeit aber nicht. Deshalb wird der Australien-GP auch Jahr für Jahr in Frage gestellt. Dieses Mal kommt die Drohung von Bernie Ecclestone: Entweder gibt es künftig ein Nachtrennen oder wir lassen es.

Das arg defizitäre Rennen im Albert Park ist bisher nur von Politikern des australischen Bundesstaates Victoria in Frage gestellt worden. Der Grund: Im Durchschnitt verbucht die Australian Grand Prix Corporation (AGPC) pro Jahr mindestens 30 Millionen Euro operativen Verlust. Dieser wird, wie in anderen Ländern, mit öffentlichen (Steuer-)Geldern ausgeglichen. Für lokale Rotstift-Politiker ist dieser GP deshalb ein beliebtes Thema zur persönlichen Profilierung vor Wahlen.

Dabei hat AGPC-Chef Ron Walker vorgerechnet, dass das Tennisturnier in Melbourne wesentlich verlustreicher ist. Walker hat sich bisher bei seinem GP-Engagement stets auf FI-CEO Ecclestone verlassen können. Doch nun droht der GP-Zampano offen mit dem Abzug des „am wenigsten profitablen Rennens". Der 81-Jährige erklärt: „Wir haben einen Vertrag, den wir respektieren werden, bis 2015 ist also alles geklärt. Was danach geschehen wird, weiß ich aber jetzt noch nicht." Für den Fall, dass eine Vertragsverlängerung mit Melbourne scheitern sollte, droht Ecclestone gar mit einem völligen Rückzug der Formel I aus Down Under. Der FI-Boss geht sogar noch weiter und bietet der AGPC einen vorzeitigen Ausstieg aus dem bestehenden Vertrag an, falls man das wünsche.

„Mr. E“ hat aber auch noch einen neuen, alten Rettungsplan: Sollten sich die Veranstalter zu einem Nachtrennen und somit zu besseren Renn-TV-Zeiten für Europa entscheiden, wäre die Zukunft des GPs gesichert. Flutlicht im Albert Park – das war jedoch seitens der Organisatoren schon wiederholt abgelehnt worden. Ecclestone persönlich würde den Rückzug aus Melbourne bedauern: „Wir haben andere Rennen, die den Platz von Australien einnehmen können, aber ich möchte nicht, dass das geschieht.“

Auch der Rest der großen FI-Familie möchte das nicht. Denn Melbourne hat Tradition. Neben den vielen alten Gesichtern, die wieder um ein Jahr älter aussehen, gibt es neue, junge Piloten-Köpfe: Charles Pic (21, Marussia) und Jean-Eric Vergne (22, Toro Rosso). Beide bringen französisches Flair zurück. Dazu gibt es neue Autos mit eher hässlichen Höckernasen. Der Grund: Die Fahrzeug-Nase musste um 7,5 cm tiefer gelegt werden. Das dient der Piloten-Sicherheit. Beim Crash von der Seite trifft die „Nasenspitze“ das Kohlefaser-gepanzerte Chassis damit 7,5 cm unterhalb des Cockpitrandes.

Beim heiklen Thema Auspuff verblüffen geniale Aerodynamik-Tricks und pfiffige Abgas-Leitsysteme. Wer dachte, dass es mit den neuen Regeln keinen „angeblasenen Diffusor“ mehr geben würde, der irrte. Der Interpretations-Spielraum des Reglements ist hier längst noch nicht ausgereizt. Die Auspuffendrohr-Varianten können noch extremer werden. Immerhin sollen bei Vollgas 450 Liter Luft pro Sekunde mit 850 km/h aus den Endrohren „schießen“. Ex-Ferrari- und nunmehr Mercedes- Ingenieur Aldo Costa sagt dazu: „Auf dieses Geschenk kannst du nicht verzichten.“

In Melbournes Formel-I-Park wird über die „heiße Luft“ schon am Donnerstag hitzig diskutiert – bei schwülen 29 Grad. Der Albert Park ist eine erholsam grüne Oase, umzingelt von einer Rennstrecke, die fast nur aus öffentlichen Straßen besteht. In seiner Mitte wirkt der kleine, dunkelblaue See mit den noch kleineren, bunten Segelbooten so herrlich idyllisch. Vor allem, wenn sich die Strahlen der Nachmittagssonne darauf spiegeln.

Doch es herrscht Flaute. Die Segelboote, eigentlich sind es ja nur bessere Nussschalen, dümpeln nur so vor sich hin. Ein paar hundert Meter weiter dagegen setzt der Sturm ein: Der Ansturm der Team-Mitarbeitenden auf das Fahrerlager und die Boxen. Wer wird Weltmeister? Das ist dort die Frage aller Fragen. Es sind die üblichen Verdächtigen, die dabei als Saisonauftakt-Sieger und WM-Favoriten gehandelt werden: Vettel ist der meistgenannte Name. Ihm am stärksten zusetzen werden die „big 5“, die fünf anderen Champions, sowie Mark Webber und Nico Rosberg.

Wenn es dagegen nach FI-CEO Ecclestone geht, ist Doppelweltmeister Sebastian Vettel (2010, 2011) zwar der haushohe Favorit, sein größter Herausforderer aber wäre Teamgefährte Mark Webber. Und nicht Jenson Button (Champion 2009), Lewis Hamilton (2008), Kimi Räikkönen (2007), Fernando Alonso (2005, 2006) oder Michael Schumacher (1994, 1995, 2000–2004). Webber als härtester Vettel-Verfolger – und das in seinem letzten Jahr bei Red Bull? Sagt Ecclestone das nur, weil er noch mehr Australiern die Formel I schmackhaft machen will? „Nein, davon bin ich überzeugt", bleibt er dabei. Und was ist mit Nico Rosberg? „Nur Geduld", sagt „Mr. E", „dessen Fahrplan stimmt und seine Zeit wird kommen."

Keineswegs im Plan ist Ferrari und dort vor allem Felipe Massa: Unter den Top-Piloten ist er der mit den geringsten Siegchancen. Wenn ein Topteam-Cockpit gefährdet ist, dann seines. Zudem steigt Ferrari nach seinen misslungenen Vorsaison-Tests nur als Nummer 4 in den Melbourne-Saisonauftakt ein.

Von Vettel sind vor seiner sechsten FI-Saison folgende Kampfansagen überliefert: „Es ist mir wichtig, immer zu gewinnen, und zwar überall. Wenn das nicht klappt, stinkt mir das. Ich bin nun einmal so gepolt, dass ich immer und überall der Erste sein will. Ganz oben auf dem Podium zu stehen, ist emotional durch nichts zu ersetzen. Wenn man bei einem Grand-Prix-Wochenende nach drei Tagen harter Arbeit belohnt wird, ist das für mich mit nichts anderem auf der Welt vergleichbar. Es ist wie ein Rausch oder ein großer Glücksmoment. Dieses Gefühl möchte ich immer wieder spüren." Mit diesem Sieger-Feeling ist Vettel ja auch 2011 aus Melbourne abgereist.

Vettels Chef und Mentor, der Grazer Helmut Marko, sagt in weiser Voraussicht: „Ich sehe uns weiterhin vorne, allerdings sind die Konkurrenten näher gekommen. Manch einer sehr nahe." Damit meint der Steirer das McLaren-Duo Hamilton/Button. Deren Managing Director Jonathan Neale ist überzeugt: „Angesichts der vielen Weltmeister im Starterfeld und der konkurrenzfähigen Form der Teams dürfte uns sicherlich ein sehr enges erstes Quartal ins Haus stehen. Der Wettbewerb auf der Strecke wird viel härter sein."

Im Freitagtraining ist davon leider nichts zu sehen. Kein Wettkampf – und schon gar kein harter. Nach teils heftigen Regenschauern trocknet die Fahrbahn im Vormittags- wie Nachmittagstraining erst langsam ab. Die Rundenzeiten der jeweils „Schnellsten", Button und Schumacher, sind wenig aussagekräftig. Die Teams rätseln weiter, wo sie im Vergleich zur Konkurrenz stehen bzw. fahren, weil sie ihr geplantes Trainingsprogramm nicht durchziehen können.

Lewis Hamilton dagegen weiß, wo er steht: Die Saison 2011 ist für ihn nicht nur auf, sondern vor allem abseits der Strecken turbulent verlaufen. Er gibt zu: Die Schwierigkeiten mit seinem Management und das Auf und Ab in seiner Beziehung zu „Pussycat Doll"-Leadsängerin Nicole Scherzinger haben ihn abgelenkt. 2012 will er den Fokus nur aufs Rennfahren richten. Hamiltons McLaren-Vertrag läuft Ende 2012 aus. Den neuen Millionendeal soll sein neuer Manager Didier Coton (einst bei Mika Häkkinen) aushandeln.

Teamgefährte Jenson Button sieht McLaren jetzt als viel größeren Red-Bull-Herausforderer als 2011: „Ich bin recht glücklich mit dem, was ich beim ersten Rennen zur Verfügung habe. Niemand kennt unsere letzten Updates wirklich, denn alle haben sich auf Red Bull konzentriert." Button lächelt verschmitzt: „Ich bin mit der Richtung, die wir beim neuen Auto eingeschlagen haben, sehr glücklich. Ich mache mir wegen der Balance keine Sorgen. Das Auto reagiert hervorragend auf Änderungen, was äußerst wichtig ist. Es gibt also keine Entschuldigungen – wir haben alles."

Buttons Worten folgen am Samstag, bei gutem Wetter und 20 Grad, die Taten: Im Vormittagstraining ist Hamilton der Schnellste (1:25,681) vor dem Überraschungsmann Romain Grosjean im Lotus. Webber, Button, Rosberg, Schumacher und Vettel folgen. Der erste, echte Kräftevergleich im Albert Park zeigt, Titelverteidiger Red Bull ist noch nicht dort, wo sie sein möchten. Vettel und Webber spielen das Ganze herunter. Doch im Qualifying zeigt sich genau das gleich Bild: Die McLaren-Chrompfeile dominieren, Hamilton holt „Pole" vor Button!

Dahinter sorgt der schweizerisch-französische Doppelbürger Grosjean – sein Vater ist Schweizer, seine Mutter Französin – erneut für die Überraschung des Tages: Startplatz 3 für den 25-jährigen Bankierssohn, der in Genf aufgewachsen ist und mit französischer Rennlizenz fährt.

Wie sein Lotus-Teamkollege Kimi Räikkönen (nur Startplatz 17) hat auch der GPII-Meister 2011 zwei Jahre Formel-I-Pause hinter sich. 2009 fuhr er an der Seite von Alonso sieben GPs bei Flavio Briatore und Renault – als Ersatz für den gefeuerten Nelson Piquet junior. Grosjean legt Wert darauf: „Im Motorsport bin ich eindeutig Franzose, denn während meiner Karriere erfuhr ich die gesamte Unterstützung immer nur aus Frankreich, nie aus der Schweiz."

Neben Grosjean verblüfft Michael Schumacher mit Startplatz 4. Der siebenmalige Weltmeister wirkt wie erlöst, auch wenn er sich das gute Qualifying nicht ganz erklären kann. Immerhin hat er Webber und Vettel wie auch Rosberg hinter sich gelassen.

Schumacher bleibt Realist. Ungeachtet aller Lust und Laune, mit der er in der Formel I fährt, glaubt er nicht, 2012 zum achten Mal den WM-Thron besteigen zu können: „Nüchtern betrachtet kann man ja nicht davon ausgehen, dass wir, von unserem Vorjahrs-Auto ausgehend, nunmehr gleich einen Weltmeister-Wagen haben werden. Wir müssen da langsam hinkommen. Ich bin sehr zuversichtlich, dass wir das schaffen werden."

Schumachers Dreijahresvertrag bei Mercedes läuft Ende 2012 aus. Wenn er also dieses Jahr nicht Weltmeister werden kann, wann dann? Ist der achte WM-Titel überhaupt noch ein realistisches Ziel? „Absolut", sagt er selbstbewusst, „ich bin immer noch hier, um eine Weltmeisterschaft auszukämpfen. Ob wir das schaffen können, wird sich zeigen. Wann auch immer."

Und von wo starten die Ex-Weltmeister Alonso und Räikkönen? Der Spanier bringt den „Fiasko-Ferrari", wie italienische Medien nach der Vorsaisontest-Pleite berichteten, gerade noch auf Startplatz 12. „Das neue Auto ist in einigen Bereichen schwer zu verstehen – selbst für uns, die wir ja schon viele Formel-I-Saisons hinter uns haben", sagt Alonso. Seine Gefährte Massa kommt im Problemgefährt gar über Rang 16 nicht hinaus: „Das Fahrverhalten des F2012 ist unberechenbar und rätselhaft. Doch Ferrari ist stark im Auflösen von Rätseln."

Teamchef Stefano Domenicali muss sich am Samstagabend in der total überfüllten Ferrari-Hospitality sehr kritische Fragen gefallen lassen. Zum Beispiel: Wie kann es sein, dass in Maranello eine Armada von hochbezahlten Ingenieuren und Technikern das von ihnen selbst konstruierte F2012-Auto noch immer nicht versteht? Warum fährt Felipe noch, während ein Klassefahrer wie Adrian Sutil zu Hause sitzen muss? Domenicali tut einem fast schon leid, wild gestikulierend wiederholt er sich: „Die für das Auto Verantwortlichen und Felipe haben unser vollstes Vertrauen. Ich bitte die Fans um Geduld und Besonnenheit."

„Comebacker" Räikkönen war 2007 der bislang letzte Ferrari-Champion. Der 32-jährige Finne entschuldigt seinen 17. Startplatz in knappen Worten mit Kommunikationsproblemen, die zum falschen Timing bei seinem ersten Quali-Einsatz im Lotus führten.

Vor seinem Renn-Comeback erhält er viele Vorschusslorbeeren von Vettel, dem Träger des Silbernen Lorbeerblattes (höchste deutsche Sportler-Ehrung): „Wenn Lotus dem Kimi ein konkurrenzfähiges Auto hinstellt, dann wird er ein ernsthafter Gegner. Die Testfahrten haben ja gezeigt, dass er trotz zweijähriger Formel-I-Pause immer noch weiß, wie es geht." Na ja. Nach dem letzten Test in Barcelona gab Kimi ehrlicherweise zu, hin und wieder noch die falschen Knöpfe und Schalter am Lenker zu erwischen.

Die Rückkehr von Kimi Räikkönen in die Formel I ist eines der meistbeachteten Ereignisse beim Saisonstart. Aus der Sicht von Niki Lauda ist es „eine Belebung und Riesen-Gaudi, das Kimi zurück ist, weil der Urspeed dieses Typen immer toll war. Das ist ein hochtalentierter Mann. Ich glaube auch, dass der Lotus nicht so schlecht ist."

Was den Medienmann Lauda weniger freut, ist, dass der schnelle Kimi bei Interviews oft den „Leerlauf" einlegt. Lauda weiter: „Wichtig ist, dass er nach vorne kommt, denn dann interessiert er uns. Landet er irgendwo im Mittelfeld, ist er nach drei Rennen wieder vergessen. So brutal ist es in der Formel I."

Diese Brutalität spürt am Sonntag, bei angenehmen 24 Grad, Räikkönens Lotus-Kollege Grosjean. Für den Sensationsfahrer des Qualifyings dauert das Rennen nur eine Runde: Nach einem missratenen Start kämpft er mit Pastor Maldonado umso härter um Platz 6. Beide kollidieren – und Grosjean rollt mit Aufhängungsschaden aus. Maldonado dagegen fährt danach das Rennen seines Lebens. Bis ihm in der letzten Runde, auf Rang 6 (!), ein Fahrfehler unterläuft: Teils noch auf den Randsteinen und dem Gras, beschleunigt er zu früh, sein Williams bricht aus, dreht sich und crasht gegen die Streckenbegrenzung. Entgeisterte Gesichter bei Williams. Man kann nicht glauben, was man gesehen hat.

Das erste Saisonrennen machen McLaren und Red Bull unter sich aus: Mit dem besseren Ende für den überlegenen McLaren-Chrompfeil und den „Reifenflüsterer" Button. Das schönste Auto, weil ohne Hakennase, ist auch das schnellste. Button überholt seinen Gefährten und „Pole"-Mann Hamilton bereits beim Start. Danach ist dem Champion von 2009 der Sieg nicht mehr zu nehmen.

Liegt es am Hotelzimmer, das Button in den letzten vier Jahren drei Mal den Australien-GP gewann? „Mir wäre es gar nicht aufgefallen", sagt Button, „aber meine Freundin hat gesagt, dass wir seit 2009 in unserem Hotel in Melbourne immer im gleichen Zimmer sind." Sebastian Vettel, der als Zweiter das Bestmögliche für sich und Red Bull herausholte, fasst für 2013 folgenden Plan: „Jenson, wir werden dafür sorgen, dass du nächstes Jahr hier ein anderes Hotelzimmer bekommst."

Vettel gibt zu: „Jenson war außer Reichweite, er hat zu Recht gewonnen." Dabei wurden dem Doppelweltmeister noch 12,5 Sekunden geschenkt. So viel Rückstand auf Button hatte sich bei ihm bis Runde 36 (von 58) angesammelt. Die Safety-Car-Phase rückte das Feld wieder zusammen. „Als das Safety-Car wieder reinging, ist mir Jenson einfach davongefahren. Keine Chance, ihn zu halten. Es dauerte zu lange, bis meine Reifen auf Betriebstemperatur

MELBOURNE-REKORDE

Erster McLaren-Doppelsieg im Qualifying seit Valencia 2009. Erstmals zwei Briten in der ersten Startreihe seit Adelaide 1995 (Hill und Coulthard). Dafür erstmals seit Monza 2010 kein Red Bull in der ersten Startreihe. Grosjean gibt Lotus den besten Startplatz seit Imola 1988 (Piquet Dritter). Button egalisiert mit seinem 13. GP-Sieg Alberto Ascari und David Coulthard. McLarens 6. Sieg im Albert Park (wie Ferrari). Nur Schumacher (4) hat hier öfter gewonnen als Button (3), Vettel zum 20. Mal in 22 Rennen auf dem Podest. Räikkönen vom 17. Startplatz auf Rang 7, Pérez von 22 auf 8. Mit Webber und Ricciardo zum ersten Mal zwei Australier in den Punkten.

kamen", erklärt Vettel. Er weiß nicht so recht, ob er sich über Platz 2 freuen oder ärgern soll.

Doch vielleicht war das Safety-Car auch für die McLaren-Fahrer ein Geschenk. Teamchef Martin Whitmarsh räumt ein: „Wir haben uns mit dem Spritverbrauch verkalkuliert. Zum Glück sind wir von Anfang an in Führung gelegen und konnten so schon etwas Benzin sparen. Die Safety-Car-Phase kam uns aber nicht ganz ungelegen." Im letzten Renndrittel hörte Button den Funkspruch, dass er sich ums Benzin keine Sorgen mehr machen müsse.

Das Team, dass sich in Melbourne die größten Sorgen machte, fährt als Fünfter ins Ziel: Ferrari mit dem unverwüstlichen Alonso. Erklärbar ist das nur so: Je unrunder der Ferrari läuft, desto mehr kann der Spanier mit seiner fahrerischen Klasse kompensieren.

Jenes Team dagegen, dass vor dem Auftaktrennen die wenigsten Sorgen hatte, steht am Schluss ohne Punkte da: Mercedes hat Schumacher, an dritter Stelle liegend, wegen Getriebeschadens verloren. Und Rosberg verlor in der turbulenten letzten Runde vier Plätze (12.), weil er sich bei der Kollision mit Saubers Sergio Pérez einen Reifen aufschlitzte. Rosbergs Probleme waren generell die Reifen bzw. deren früher Verschleiß. Bei Teamchef Ross Brawn heißt das: „Seine Reifen sind aus dem Arbeitsfenster gefallen."

Anders als Mercedes hat die Sauber-Crew die in sie gesetzten Erwartungen erfüllt. Nach den guten Vorsaison-Tests gelangen Kamui Kobayashi (6.) und Sergio Pérez (8.) gleich zwölf Punkte. Nur McLaren und Red Bull schafften mehr. Die schnellste Runde im Rennen ist Button gefahren. Red Bulls Konsulent Helmut Marko wertet das anders: „Als Mark (Webber) freie Bahn hatte, war er der Schnellste." In diesem Sinne lässt der Steirer seiner Truppe ausrichten: „Wir haben gezeigt, dass wir von hinten nach vorne fahren können. Beim nächsten Mal wäre es schön, wenn wir wieder zum Rennschema vom letzten Jahr zurückkehren könnten."

Sepang: Alonso-Sieg aus dunklem Himmel

SAUBERE SENSATION

BERNIE: DAS SPIEL UM MILLIARDEN

33 Grad in Malaysia: „Aber in England regnet's", erzählt Bernie Ecclestone, der Hitze immer gehasst hat. Das Wetter hat ihn nicht abgehalten, nach Melbourne und Kuala Lumpur zu fliegen, sondern sein Business. „Zu viel Arbeit. Aber in China bin ich wieder da."

Von seinen vier, fünf Telefonen klingelt immer eines. Bahrain, Maranello, Singapur – wo der Formel-I-Zirkus an die Börse gehen soll. „So ein Börsegang", weiß Niki Lauda, „ist immer sehr kompliziert …"

Wesentlich komplizierter als die aktuelle WM. „Mit der bin ich restlos happy", sagt mir Bernie. „Gute Show in Melbourne, spannendes, ausgeglichenes Racing."

Und am Wochenende in Malaysia, Bernie?

„Erwarte ich eine tolle Performance von Mercedes im Qualifying – vielleicht sogar Pole-Position! Aber im Rennen werden dann Red Bull und McLaren wieder groß da sein." Ecclestones WM-Tipp war in den letzten zwei Jahren immer Sebastian Vettel. „Aber wart mal zwei, drei Rennen ab, dann wissen wir mehr."

Beim Rennen hinter den Kulissen wird's länger dauern. Ferrari und McLaren wollen schon länger ein größeres Stück vom Kuchen – Luca Montezemolo hat sogar mit einer eigenen WM gedroht. Jetzt faszinieren ihn die TGVs – Superschnellzüge im Ferrari-Dress. Auch Niki Lauda spielte schon einmal Eisenbahn – im Aufsichtsrat bei der ÖBB. „Ich fuhr mit dem Zug nach Graz. Supermoderner Bahnhof – die Reinigung weniger. Da watschelt einer durch und wedelt hie und da mit einem Staubfetzen …"

Und dann: Das neue Concorde-Agreement – im Sprint mit dem Börsegang. Wie lang wird's dauern, Bernie? „Weiß noch keiner. Hängt alles von CTV ab. Aber die wollen jedenfalls alles dafür tun."

Mit schwindelerregenden Summen: Wie viel ist der ganze Formel-I-Zirkus wert?, fragte ich einmal Bernie. Drei oder fünf Milliarden Dollar? „Viel, viel mehr", rechnete er sofort aus.

Ecclestone hatte immer eine fast erotische Beziehung zum Geld. „Am besten wäre, wenn du bis zum letzten Tag deines Lebens alles ausgegeben hast." Ein Stoßseufzer als Nachsatz: „Pech wäre nur, wenn du es schon früher verbrauchst." Aber diese Gefahr ist gering …

„Selamat Datang!" Willkommen in Malaysia. Das schöne Land am Äquator kommt einem vor wie die größte Sauna der Welt. Auf 330.000 Quadratkilometern gibt es nur wenige kühlere Berg- und Teeregionen, wo einem nicht stündlich (!) mindestens ein „Aufguss" den Schweiß in Strömen aus den Poren treibt. Und mit „Aufguss" ist noch nicht einmal der Tropenregen gemeint: Wie aus einem Guss fällt er vom Himmel, überschwemmt Straßen und sorgt für eine noch unerträglichere Luftfeuchtigkeit. Wer in diesem flächendeckenden Dampfbad keinen kühlenden Pool in der Nähe hat, dem kann man nur raten: abwarten und „Boh's" Cameronian-Tee trinken – bis man auch diesen wieder herausgeschwitzt hat.

Für die Piloten und ihre Boxen-Crews ist der „Große Schweiß" von Malaysia immer wieder aufs Neue eine Tortur. Nirgendwo anders schätzt man noch so laute Klimaanlagen, Highspeed-Ventilatoren und große Deckenpropeller mehr als hier. Auf dem KLIA, dem Kuala Lumpur International Airport, ist von Hitze und Schwüle noch kaum etwas zu spüren. Auch im angeschlossenen Flughafen-Hotel „Pan Pacific" nicht, wo sich die GP-Fahrer traditionell über den Weg laufen.

Mark Webber kommt aus dem australischen Cairns, wo er sich drei Tage auf das tropische Klima einstellen konnte. Sebastian Vettel und Nico Rosberg verbrachten die letzten Tage schon in Kuala Lumpur, sie waren von Melbourne gleich hierher gejettet. Andere relaxten kurz auf Ferieninseln: Fernando Alonso auf Langkawi, Kimi Räikkönen auf Penang. Der Finne soll jedoch nur dort gewesen sein, weil sein Flugzeug einen Servicestopp einlegen musste. Welche (Privat-)Airline das war, behielt der Schweiger aus dem hohen Norden für sich – braungebrannt wirkt er jedenfalls nicht. In Malaysia gelang Räikkönen 2003 sein erster GP-Triumph (im McLaren-Mercedes).

Lewis Hamilton kommt von einem PR-Termin auf Thailands Touristeninsel Phuket. Mit Freundin Nicole Scherzinger („ja, wir verstehen uns wieder") hatte dieser Kurztrip dem Vernehmen nach aber nichts zu tun. Als der McLaren-Pilot im Hotel eincheckt, sieht er einen total verschwitzten Teamkollegen: Jenson Button ist vom Joggen in der Sauna zurück.

Der einst als Grand-Prix-Playboy verschriene Button ist so fit wie nie zuvor. Ein Beispiel gefällig: Vor dem Saisonstart in Melbourne legte er einen Zwischenstopp in Japan in Nagoya ein. Dort nahm er an einem 10-km-Stadtlauf teil: mit persönlicher Bestzeit von 35 Minuten und 30 Sekunden! Kaum in Melbourne angekommen, schwang er sich aufs Rennrad und strampelte sich 245 Kilometer lang die Reisemüdigkeit aus den Beinen.

„Du bist ja fit wie ein Turnschuh", scherzt Hamilton. Button setzt ein breites Grinsen auf und flüstert ihm zu: „Mehr noch als das." Keine Frage, Buttons neue Geheimwaffe ist seine Fitness, „die mir auch mental große Vorteile verschafft". Der

Champion von 2009 ist zum Trainingsfreak geworden: „Es hilft, wenn man weiß, dass man sich im Rennen keine Sorgen darüber machen muss, ob man bis zum Ende durchhalten kann."

Vor allem in der Sauna von Sepang, wo er 2009 im Brawn-Mercedes siegte. Doch damals war es nur eine halbe Sache, und darum gab es nur halbe Punkte: Das Rennen musste nach 31 von 56 Runden gestoppt werden, Starkregen hatte die Strecke überschwemmt.

Am Donnerstag vor dem 14. Malaysia-GP sind abends alle Fahrer und Teamchefs beim royalen Galadiner von Malaysias König Abdul Halim Mu'adzam Shah ibni Sultan Badlishah eingeladen. Auf Malaysias Thron wechseln sich die sieben Sultans und zwei Adelige des Landes im Fünfjahres-Rhythmus ab. Seit dem 12. Dezember 2011 ist oben erwähnte Durchlaucht wieder der Yang di-Pertuan Agong und damit der 14. Wahlkönig von Malaysia. Peter Sauber durfte als einziger FI-Teamchef bisher einer Inthronisierungszeremonie beiwohnen. Das hatte er seiner mehr als zehnjährigen, guten Partnerschaft mit Petronas zu verdanken. Heute sprudelt Malaysias Öl- und Gasquelle für das Mercedes-Team.

Eigentlich herrscht beim königlichen Bankett Smokingpflicht. An diesem Abend erscheinen die meisten Teamchefs mit elegantem Anzug und Krawatte. Peter Sauber sagt: „Einen Smoking habe ich schon lange nicht mehr. Und der Nico Rosberg ist gar im T-Shirt da. Aber Fahrer dürfen sich natürlich alles erlauben." Ein Zeitungsreporter der „New Straits Times" will auch Bernie Ecclestone im Smoking gesehen haben. „Mr. E" trägt zwar ab und zu Smoking, doch der ist nachweislich in London geblieben.

Am Freitagmorgen laufen sich Button und Vettel im Fahrerlager über den Weg. Beide grüßen sich, sind sonst aber nur kurz angebunden. Die Zeit drängt. Beide müssen vor dem freien Training noch zu Technikmeetings. Es reicht nur für ein paar Worte: „Hast du den Wetterbericht gesehen?", fragt Vettel.

„Ja, leider", sagt Button, „am Sonntag soll es Starkregen mit Gewitter geben. Es sieht hier wieder einmal nach halben Punkten aus."

Vettel dazu: „Das macht mir nichts. Hauptsache, ich hole mehr Punkte als du."

Halbe Punkte für ein „halbes" Rennen. Button spielt im „Quick-Chat" mit Vettel auf den Malaysia-GP 2009 an, also wie gesagt abgebrochen werden musste. In Führung lag Button vor den deutschen Nick Heidfeld (BMW-Sauber) und Timo Glock (Toyota). Vettels Red Bull wurde von der Strecke gespült. Seine Erinnerungen daran? „Nässe und sonst nichts."

Am Freitag hält das Wetter. Alle Fahrer bringen ihre Rundenzeiten ins Trockene. Am besten gelingt das Lewis Hamilton, der am Vormittag wie am Nachmittag Schnellster ist. Zuerst vor Vettel und Rosberg. Dann vor Schumacher und Button.

Alles spitzt sich auf einen Dreikampf zwischen McLaren, Red Bull und Mercedes zu. Kein Gedanke an Ferrari.

Am Samstagvormittag ist Rosberg schneller als das Red-Bull-Duo. Viele sagen schon die erste Pole-Position von Mercedes und Rosberg voraus. Der Grund: Die Silberpfeile haben mit dem sogenannten DRS-F-Schacht ein aerodynamisches Wundermittel in Sachen Strömungsabriss und Topspeed-Gewinn. Vor allem im Qualifying, wo das DRS (Drag Reduction System) unbeschränkt eingesetzt werden darf. Red Bull, Lotus und Ferrari laufen gegen diesen raffinierten Aero-Coup bei FIA-Renndirektor Charlie Whiting Sturm – erfolglos.

Doch es kommt anders: Im Qualifying ist Hamilton wieder da (1:36,219), weil ihn Button ans Äußerste treibt (1:36,368). Beide „McBoys" in der ersten Startreihe. Martin Whitmarsh, ihr Teamchef, freut sich innerlich wohl viel mehr, als er es nach außen hin zeigt. Scheinbar gelassen sagt er: „Kompliment an meine Jungs. Doch in Sepang sind die ersten beiden Startplätze noch keineswegs die halbe Miete fürs Rennen. Hier entscheidet das Wetter."

Die Top Ten komplettieren Schumacher, Webber, Räikkönen, der sich überraschend vor Vettel setzte, sowie erneut Romain Grosjean, Rosberg (mit Fahrfehler), Alonso und Sergio Pérez im Sauber. Von den Topteams ist Ferrari am schlechtesten vertreten. Das war erwartet und von den Roten befürchtet worden. Auch Startplatz 10 für Pérez ist keine Überraschung. Denn Sauber war schon in Melbourne dort erwartet worden, so gut, wie die Testzeiten Anfang März waren. Dass der Mexikaner nun, neben Adrian Sutil und Jarno Trulli, als Massa-Nachfolger gehandelt wird, verwundert nicht.

Bei Ferrari gedenkt man des auf der Sepang-Strecke tödlich verunglückten MotoGP-Piloten Marco Simoncelli. In Kurve 10, dort, wo Italiens Motorrad-Idol am 23. Oktober 2011 gestürzt war, wird eine Gedenkminute abgehalten. Alonso und Massa trauern ebenso um den Honda-Piloten wie Teamchef Stefano Domenicali und viele Teammitglieder. Der Honda-Fahrer war damals nach seinem Sturz von Valentino Rossi und Colin Edwards, die nicht mehr ausweichen konnten, überrollt worden. Alonso schreibt auf ein Erinnerungsfoto: „Die ganze Ferrari-Familie und alle Italiener werden sich immer an Marco erinnern. Das ist das Wichtigste."

Am Sonntag geht Alonso mit gemischten Gefühlen ins Rennen: „Hier zu fahren wird für uns alle ein bisschen traurig sein. Im Wissen, dass einer unserer Kollegen kürzlich hier gestorben ist, gehe ich konzentriert und fokussiert, aber auch bedrückt an den Start." Als der spanische Doppelchampion diese Sätze sagt, rechnet er nie und nimmer damit, dass dieser Tag für ihn und die Scuderia noch ein Freudentag werden sollte. Dank Regen-Chaos und Reifen-Krimi.

Malaysia, der romantischste Grand Prix des Jahres. Charmante Flower-Girls beim Eingang zur Rennstrecke, Tribünendächer gestylt als Hibiskus-Blüten. Nicht nur ein Grand Prix für „Petrol Heads", Benzinköpfe. Bernie Ecclestone lebte jahrelang mit der bezaubernden Eurasierin Tuana zusammen – bis Slavica kam. FIA-Präsident Jean Todt hat schon als Ferrari-Chef das James-Bond-Girl Michelle Yeoh („Der Morgen stirbt nie") geheiratet und zwei Strandhäuser geplant. „Eines für mich, eines für Schumi."

Fast wie bei Ayrton Senna und Gerhard Berger: „Wir wollten einmal zusammen ein Haus in Sardinien kaufen …"

Corinna Schumacher ist beim großen Auftritt ihres Michael in Sepang nicht dabei. Auch nicht Nicole an der Seite von Lewis Hamilton – die war nur in Melbourne. Aber Jessica Michibata fiebert in der Box von Jenson Button mit.

Button: „Wenn dir dein Renningenieur am Funk sagt: Platz 1 oder 2, und du kannst mithören, wie sich alle freuen, dein Vater, die Frau, die du liebst, dein ganzes Team – das ist das Schönste am Formel-I-Fahren: spontane Happiness. Ich würde es hassen, mit 40 mit den Boys an der Bar zu hocken und zu diskutieren: Kannst dich noch an dieses oder jenes Rennen erinnern? Oder weißt du noch …?"

Das hat Schumacher nie gefragt. Und jetzt wird ein gigantisches Comeback perfekt. Niki Lauda, der das Gleiche 1983 erlebt hat: „Ich muss in aller Ehrfurcht sagen: Was der leistet, mit 43 gegen die 23-Jährigen, ist unglaublich. Sein ganzer Speed ist zurück, dazu seine Brutalität im Rennen, mit Ausbremsen usw. – alles wieder auf dem Höhepunkt. Mal schauen, wie schnell heute seine Reifen abbauen, das muss Mercedes in den Griff kriegen. Aber wenn das Auto und sein Fahrstil zusammenpassen, es mit mehr Grip besser zu fahren ist – kann er seine ganze Erfahrung umsetzen." Heute zum ersten Stockerlplatz seiner zweiten Karriere – zumindest.

„Schumi packt den Hammer aus!", schreibt „Blick" in der Schweiz schon heute. Michael strahlt selbstbewusst, Sebastian Vettel lächelt ein bissl gequält. Michael: „In Melbourne bin ich leicht vor ihm hergefahren – bis mein Getriebe k. o. ging." Schumacher hat gegen Nico Rosberg den Spieß umgedreht: 2:0 im Qualifying. Aber Mark Webber auch gegen Vettel.

Heute startet Vettel als Einziger der Top Ten mit weichen Reifen. „Sebastian wird der große Joker", prophezeit Dr. Helmut Marko. Für den Jackpot?

Warum sind die Mercedes im Qualifying schneller als im Rennen? Ganz einfach. Die Erklärung ist der versteckte F-Schacht, der aber nur zusammen mit dem DRS-System funktioniert. Und der Heckflügel darf im Rennen nur in der bestimmten DRS-Zone flach gestellt werden, im Training und vor allem Qualifying aber beliebig oft.

Ross Brawn hat diesen Trick ausgeklügelt. Der Luftzug wird zum Frontflügel umgeleitet und von dort, vereinfacht ausgedrückt, zum Heck.

Erlaubt oder regelwidrig? Schon in Melbourne waren Red Bull und Lotus gegen die Mercedes-Idee Sturm gelaufen – abgeschmettert. Und jetzt in Malaysia bestätigte Charlie Whiting, Bernie Ecclestones oberster Schiedsrichter: „Alles regelkonform."

Aber war wäre die Formel I ohne diese Streitereien? Wie ein Fußballmatch ohne Diskussionen über Elfmeter oder Abseits ...

Nur: in einem solchen Hightech-Sport wie der Formel I gibt es immer Grauzonen. Das beste Beispiel: Niki Laudas Staubsauger-Brabham, mit dem er 1978 den GP von Schweden in Anderstorp gewann – mit einem riesigen Ventilator im Heck, der als Ölkühler deklariert war, aber enorme Saugwirkung erzielte und das Chassis in den Kurven auf den Boden presste: die Antwort auf das Wunderauto von Lotus. Lauda behielt seinen Sieg, aber der Staubsauger durfte nie mehr wieder fahren.

Und Lotus selbst schockierte 1991 die Formel I mit seinem doppelten Chassis – das äußere hatte Dämpferwirkung beim Bremsen. Aber von der FIA verboten.

Dunkle Wolken ziehen vor dem Start über dem Sepang-Kurs auf. Die Wetterprognose stimmt fast auf die Minute: Regen zwischen 15.40 und 16 Uhr Ortszeit. Alle Teams außer HRT rüsten ihre Boliden vor dem Start auf Intermediate-Reifen um. Nur eine Runde nach dem Start steuert Pérez bereits die Sauber-Box an und wechselt von Intermediates auf richtige Regenreifen, sogenannte heavy oder full wets. Er setzt auf immer stärker werdenden Regen – und liegt richtig. Diese mutige Strategie-Entscheidung wird zum Grundstein für den späteren zweiten Platz.

Durch seinen frühen Stopp ist Pérez Dritter, als das Rennen nach drei Runden hinter dem Safety-Car – in Runde acht – wegen Starkregens unterbrochen wird. Der HRT-Poker, auf Regenreifen zu starten, katapultiert Narain Karthikeyan auf Platz 10. So weit vorne sind die Spanier noch nie gewesen. Viele Passagen des Sepang International Circuit stehen unter Wasser. Selbst hinter dem langsam fahrenden Safety-Car von Bernd Mayländer sind die Gischtfontänen für die Piloten undurchschaubar geworden.

Mit Unterbrechungen darf ein GP-Rennen neu nicht mehr länger als vier Stunden dauern. In Malaysia ist das mit der Startzeit 16 Uhr reine Theorie. Denn um exakt 19.27 Uhr schaltet dort einer das Licht ab – der Sonnenuntergang setzt allem ein Ende. Und Flutlicht gibt es nicht.

Nach 50 Minuten Pause lichtet sich der Himmel über Sepang wieder. Die Monsun-Regenschleusen schließen sich, das Rennen wird neu gestartet. Hinter dem Safety-Car müssen alle Piloten auf den grob profilierten Regenreifen losfahren: „Cinturato blau" heißt der Reifentyp bei Pirelli. Bei Vollgas fließen pro Sekunde bis zu 60 Liter Wasser durchs Profil ab, im Fachjargon spricht man von „water drainage".

In der Folge trocknet die 5,5 km lange Strecke immer mehr ab. Die Teams wechseln auf die grün markierten Intermediates (bis zu 25 Liter pro Sekunde). In dieser Phase führt Sergio Pérez das erste Mal ein Rennen an, wird aber von Alonso überholt.

In Runde 40 holt sich Alonso Trockenreifen mit Medium-Gummimischung. So bereift, fährt er seinem 28. GP-Triumph, seinem dritten Sieg in Malaysia, entgegen. Es ist einer jener Erfolge, die wie aus heiterem, besser gesagt dunklem Himmel kommen. Alonso ist so überrascht wie überwältigt. Mit seiner fahrerischen Stärke konnte er die Schwächen des Ferraris mehr als nur kompensieren. Dieser Sieg verschafft Ferrari in der Krise viel Motivation und noch mehr Hoffnung – sowie neue Luft zum Durchatmen und etwas Ruhe an der Medienfront.

Im Ferrari-Pavillon lobt Alonso seine Scuderia: „Die Zeiten können für uns noch so schwer sein. Doch wir geben nie auf, weil wir alle fest an uns glauben. Dieses Team kann jedes Tief überwinden. Umso schöner ist dann das Hoch." Alonso ist ja einer, der ein Rennen „lesen" kann. Deshalb lobt er auch den zweitplatzierten Pérez, der zu Ferraris „Young Driver Academy" zählt, als Massa-Nachfolger hoch im Kurs steht und im Rennen über sich hinausgewachsen ist. Immerhin konnte er Lewis Hamilton locker auf Distanz halten – mit Intermediates und Slicks. Der erst 22-Jährige gilt als Reifenkünstler und beendete den GP, im Gegensatz zu Alonso, auf harten Slicks bzw. Trockenreifen. Dieser härtere Gummi war auch der Grund, warum Pérez zu Alonso aufschließen und am Sieg schon riechen konnte. Doch ein Ausrutscher kostete ihn wertvolle Sekunden.

Normalerweise gewinnen bei Chaosrennen jene Fahrer, die bei der Rennstrategie auf Risiko spielen und Glück haben. Dieses Mal aber lagen die beiden Piloten vorne, die punkto Taktik auf Nummer sicher fuhren. Sowohl für Alonso als auch für Pérez ging es vom Start weg nur darum, sich so viele Punkte wie möglich zu sichern. „Wenn man das Rennen anführt, ist es einfach. Wir ha-

MALAYSIA-REKORDE

Schumacher als Quali-Dritter zum ersten Mal seit seinem Comeback auf dem Samstag-Podest. Alonso gewinnt seinen 3. Malaysia-GP, liegt mit seinem 28. GP-Sieg jetzt vor Jackie Stewart. Pérez ist ein neuer Mann auf dem Podium, das 18 Rennen oder 54 Podestplätze lang immer nur aus Vettel, Webber, Alonso, Hamilton, Button bestanden hat. Erster Mexikaner seit Pedro Rodriguez 1971 (Zweiter in Zandvoort) auf dem Podest, bestes Ergebnis für Sauber als Privatteam. Webber zum achten Mal hintereinander in den Top 4, Räikkönen mit seiner 36. schnellsten Runde nur hinter Schumacher und Prost, bestes Karriere-Ergebnis von Senna (6.), erste WM-Punkte für Vergne (8.). Und negativ: Mercedes hat nach zwei Rennen erst einen Punkt, Grosjean nur 5 gefahrene Runden.

ben nur das kopiert, was die anderen gemacht haben. Das reicht manchmal aus", gibt Alonso ehrlich zu. „Als die Fahrer hinter uns Slicks aufgezogen hatten, mussten wir reagieren. Wir waren eine Runde vor Lewis (Hamilton) und Sergio (Pérez) dran. Wir mussten also nur hoffen, dass es in dieser Runde nicht zu regnen begann."

Auch bei Sauber blieb man bei der Strategie auf der sicheren Seite. Nur mit dem frühen Wechsel von Intermediates auf Regenreifen riskierte man ein wenig. „Am Ende ging es für uns nur darum, die gute Position nicht zu verspielen", erklärt Sauber-Teammanager Beat Zehnder. „Wären wir früher als Alonso auf Slicks gegangen, hätten wir das Rennen vielleicht gewinnen können. Aber wenn es dann zu regnen begonnen hätte, wären wir die großen Deppen gewesen."

Warum wechselten die Teams so spät auf Slicks? Als Daniel Ricciardo in der 37. Runde als erster Pilot auf Slicks wechselte, hatte sich schon längst eine trockene Fahrspur auf dem Asphalt gebildet. Prompt fuhr der Australier aus Perth mit dem Toro Rosso pro Runde um vier Sekunden schneller als der Rest auf Intermediates. Erst dann sattelte das Gros innerhalb weniger Runden auf Trockenreifen um. „Wir wussten, dass die Trockenreifen schneller waren. Aber rund um die Strecke hatten sich Gewitter gebildet", erklärt Beat Zehnder, der bei Sauber seit 17 Jahren im Kommandostand an der Boxenmauer sitzt, „die Regenwand zog kontinuierlich in Richtung Strecke. Doch plötzlich verlangsamte sich diese Zelle auf unserem Wetterradar und blieb 500 Meter vor der ersten Kurve stehen. Das konnte keiner voraussehen. Deshalb wollte auch niemand auf Slicks wechseln."

Der Sonntag von Sepang war nicht der Tag von Sebastian Vettel. Der Doppelweltmeister schreibt eine Nullrunde. Genauso wie Melbourne-Sieger Jenson Button. So konnte es Vettel leichter verschmerzen, Sepang mit leeren Händen verlassen zu müssen. Das Wetter machte seinen strategischen Vorteil, mit einem harten Reifensatz starten zu können, schon früh zunichte. Der Start war noch seine beste Szene. Vettel machte sofort einen Platz gut, hatte den Mercedes von Michael Schumacher im Rückspiegel und Teamkollege Mark Webber vor seiner Nase. Die Red-Bull-Piloten lagen damit im Fahrplan. Das McLaren-Duo war in Sichtweite, als der Regen richtig losbrach.

Mit dem Wechsel von Intermediates auf Regenreifen begann die „Bullen"-Misere. Beide Red Bulls stoppten in der fünften Runde hintereinander. Vettel büßte zwei Plätze ein. Sofort nach dem Re-Start brach der Funkkontakt zur Box ab. „Vielleicht eine Folge eines Blitzeinschlags", sagt Teamchef Christian Horner, „denn auch bei Webber gab es immer wieder Aussetzer am Funk."

Wer in einem turbulenten Rennen wie diesem in einem Funkloch fährt, hat schon verloren. Denn die gute, alte Boxentafel ist da kein guter Ersatz. „Wir waren mit dem Timing für die nächsten Boxenstopps immer eine Runde zu spät dran", ärgert sich Vettel. Teamgefährte Webber hatte noch andere Sorgen: „Ich kam mit den Intermediate-Reifen nicht zurecht. Das Auto hatte keinen Grip. Mir fehlte das Vertrauen. Das kam erst wieder, als wir auf Slicks gegangen sind."

Für Vettel kam das dicke Ende, das ihm einen dicken Hals bescherte, in Runde 47 (von 56): Platz vier vor Augen, touchierte ihn der HRT-Wagen von Narain Karthikeyan auf der Gegengeraden am linken Hinterrad. Schon in der Anfangsphase war der Inder Jenson Button zu nahe gekommen. Während Button, der eine neue Frontpartie brauchte, die Schuld auf sich nahm, war Vettel das Opfer. „Einige Leute sollten hier besser aufpassen, wo sie hinfahren", schimpfte Vettel zunächst verhalten. Später aber lauter und direkter.

Sein linker Hinterreifen hing sofort in Fetzen auf der Felge und beschädigte dabei auch die Bremsbelüftungen. „Als die Bremstemperaturen zu hoch wurden", sagt Teamchef Horner, „haben wir Seb gesagt, er soll abstellen." Doch der hörte weg und erklärte nachher im Fahrerlager: „Ich wollte die Zielflagge sehen. Es gehört sich einfach so, dass man versucht, das Rennen zu Ende zu fahren." Ein fairer Sportsmann. Doch seine Ingenieure sind weniger begeistert. Ein Ausfall hätte ihnen die Möglichkeit gegeben, vor dem nächsten Rennen in China das Getriebe ohne Strafe zu tauschen.

Red Bulls Konsulent Helmut Marko wertet das Ergebnis (4. Webber, 11. Vettel) als Schadensbegrenzung: „McLaren hat mehr verloren als wir. Sie verfügen im Moment über das schnellere Paket. Trotzdem haben sie nur drei Punkte auf uns gut gemacht. Den Sieg von Ferrari und den zweiten Platz von Sauber können wir verschmerzen."

„Jetzt muss Ferrari Sergio Pérez holen!", trommelt die Spaghetti-Presse nach der Malaysia-Sensation. Aber wann? Ferrari-Chef Stefano Domenicali: „Scusi, ich versteh die Frage nicht." Aber Peter Sauber lächelt unter Freudentränen: „Wir sind halt eine gute Brutstätte. Irgendwann muss ich Sergio ziehen lassen. Aber ich hoff, er bleibt noch ein bissl bei uns."

„Chicco" (22) ist der neue Held der Formel I. Konnte eine Sekunde schneller fahren als Alonso und hätte ohne Ausrutscher … „Stell dir vor, wir hätten gewonnen!", grübelt Josef Leberer, der Salzburger Fitmacher des Schweizer Teams, der schon Schumacher, Räikkönen, Massa usw. trainiert hat. Niki Lauda über die Pérez-Sensation: „Letztlich sind wir alle Egoisten – für uns selber …"

Pérez verblüffte (wie Vettel) schon in der Formel BMW, stieg raketenhaft in die Formel I auf, überlebte (wie Karl Wendlinger) einen lebensgefährlichen Crash in Monte Carlo – und ist ab jetzt die heißeste Aktie der Formel I. „Superschnell, diszipliniert und konzentriert. Aber lasst ihn noch ein bissl Kind sein", bittet Sauber, „alles andere kommt schnell genug. Aber dieser Erfolg ist für die ganze Mannschaft gigantisch.“ Die Testfahrten waren kein Bluff: vom Underdog aus dem Mittelfeld im Windschatten der Großen.

Sauber hatte sein Team schon für viel Geld an BMW verkauft, aber ein bissl billiger zurückgekauft – Robert Kubica feierte in Montreal den ersten Sieg. Und der 2. Platz von Malaysia? Saubers bestes Ergebnis seit Indianapolis 2003 (Heinz-Harald Frentzen Dritter).

Mit Schumacher/Wendlinger triumphierte Sauber auch in der Sportwagen-WM. Monisha Kaltenborn, mit Wiener und indischen Wurzeln, führt das Kommando in Hinwill. Internationaler geht's nicht.

Pérez ist der erste wirklich schnelle Formel-I-Mexikaner seit dem berühmten Pedro Rodriguez, der nie redete und nie lachte: „Meine Gegner müssen mich fürchten!“ Jochen Rindt war Pedros Cooper-Maserati-Teamkollege 1967. Als der damals in Kyalami gewann, war Jochen so angefressen, dass er auf der Rückreise in Nairobi ausstieg und allein heimflog.

Verblüffende Reaktion von Red Bull auf das Funk-Chaos von Malaysia: Rückkehr zu den guten alten Boxensignalen! Schon beim nächsten Rennen in Shanghai werden Sebastian Vettel und Mark Webber nicht nur über den (hoffentlich funktionierenden) Funk aus den Boxen ferngelenkt, sondern auch durch große Tafeln an der Boxenmauer. Als dringend nötiges zweites System – falls der Funk wieder versagt.

Warum, weiß heute noch keiner. Es war auch nicht Schuld des Teams, sondern der Elektronikfirma, die die meisten (nicht alle) Teams mit ihrem Funksystem versorgt. Und das ließ Vettel schon 2011 in Shanghai im Stich. „Aber das hatte andere Ursachen“, erinnert sich Dr. Helmut Marko, „nur leider mit ähnlichen Folgen.“ Bei Vettel hatte die Hardware einen Defekt – bei Webber ging die Software k. o.

Aber wieso konnten Millionen TV-Zuseher live mithören, wie sich Vettel weigerte, kurz vor Schluss an die Box zu kommen – wenn Red Bull heute noch schwört: „Wir haben Vettel am Funk nicht gehört – und Vettel hat uns nicht gehört“? Weil dieser kurze, hitzige Dialog nur im Fernsehkanal lief, freigeschalten mit ein paar Sekunden Verzögerung – aber zwischen Vettel und der Box war Funkstille. Und so mussten die „Bullen“ improvisieren – mit hastig gemalten Boxentafeln für Motorabstimmung, Boxenstopps usw. Wie in der Steinzeit der Formel I. „Aber das war schwierig, weil wir ja nichts vorbereitet hatten.“

In Shanghai wird das Backup-System funktionieren. Dringend notwendig bei der jetzigen Situation der Formel I: eng wie noch nie zuvor, da entscheidet jeder Punkt. Oder jeder falsche oder nicht gehörte Funkspruch kann den WM-Titel kosten. Man frage nur Stirling Moss.

Es gab schon fröhlichere Formel-I-Analysen als jetzt, nach der Rückkehr aus Malaysia, in der Red Bull-Fabrik in Milton Keynes – aber die Bullen werden zurückbeißen. Zu viel ist in Malaysia passiert: Vettels Reifenschaden „wegen dem depperten Karthikeyan“ (Marko), der verpatzte erste Boxenstopp von Webber, dem der Lollypop-Man 5 Sekunden lang die Ausfahrt nicht freigeben durfte, weil der ganze Nachzügler-Pulk gerade an die Boxen kam – und natürlich der kaputte Funk. „Mit dem hat alles begonnen. Sonst wären wir in der Konstrukteur-WM immer noch auf Platz 1.“

Jetzt können die Bullen nur sagen: „Neubauer, schau aber.“ Alfred Neubauer, Alt-Österreicher und „Mr. Silberpfeil“, hat in den glorreichen 1930er Jahren für Rudolf Caracciola und nochmals in den 1950er Jahren (mit Juan Manuel Fangio) die Boxensignale erfunden. „Tanken und Reifenwechsel in nur einer Minute“, erinnerte er sich stolz. Heute dauert ein Red-Bull-Boxenstopp 3 Sekunden – wenn der Funk mitspielt …

Shanghai: Der Mercedes-Stern geht auf

ENDLICH NICO ROSBERG

Shanghai und die Formel I. Auf den ersten, flüchtigen Blick passt das bestens zusammen. Denn die Hafenmetropole plant, entwickelt und baut im Renntempo. Den größten Containerhafen der Welt hat sie schon. Wolkenkratzer und Bürotürme „schießen" seit Jahren wie Pilze aus dem schwammigen Boden des Jangtsekiang-Deltas. Und jeder will noch höher hinaus als der andere. Alles nach dem Skyscraper-Motto: Über den Wolken ist der Himmel grenzenlos. „Ein Ende des Baubooms ist hier nicht in Sicht", sagt Jenson Button. Sein Hotelzimmer ist auf der 85. Etage: „Doch bisher hatte ich von da oben noch keinen Ausblick, sondern nur das Gefühl, in den Wolken zu wohnen."

In der City, am Huangpu-Fluss, gibt es Hotel- und Aussichtstürme, wo Liftschächte fast Raketen-Abschussrampen gleichen: In Rekordzeit wird man ins 100. Stockwerk „geschossen". Topspeed, Bremsverzögerung und vertikale Fliehkräfte erinnern an die Formel I. Shanghai ist der am schnellsten wachsende Ballungsraum der Welt – mit rund 27 Millionen Menschen. 10 Millionen davon gelten als sogenannte Wanderarbeiter und leben dort nur vorübergehend. Sie sind es, die die Wolkenkratzer in fast unmenschlichen Tag- und Nachtschichten aus dem sumpfigen Boden stampfen – für Hungerlöhne. Und die passen so ganz und gar nicht zur FI.

Weil es dort der großen Masse an Geld fehlt, bleibt der Massenandrang am Shanghai International Circuit auch im neunten Jahr des China-GPs aus. Dabei wird das Interesse am Motorsport und der Formel I im Reich der Mitte von Jahr zu Jahr größer. Doch das Live-Erlebnis an der Rennstrecke ist nach wie vor nur der gehobenen Klasse, Polit-Funktionären und Parteikadern vorbehalten. Die Ausnahme bilden hunderte, wenn es sein muss tausende Militärrekruten, die kurzfristig als Lückenbüßer auf die Tribünen beordert werden, wenn dort eine zu große Leere entsteht.

Die kolossal gebaute Rennstrecke verfügt über mehr als 200.000 Sitzplätze. Allein 29.000 Fans können auf der Haupttribüne Platz nehmen, die am Renntag stets gut gefüllt ist. Sonst dagegen klaffen große Lücken auf den viel zu großzügig gebauten Tribünen. Überdeckt werden diese flächendeckend mit „Jiading"-Schriftzügen. Jiading ist ein Autoindustrie-Distrikt bzw. Vorort von Shanghai. Der Aachener GP-Architekt Hermann Tilke hat dort auf trockengelegtem Schwemmland ein einmaliges PS-Denkmal geschaffen: Das „Fundament" des 5,451 km langen Kurses besteht aus Rekordmengen von Styropor-Schichten – und 40.000 Betonpfeilern, die bis zu 80 m tief in die weiche Erde gerammt wurden.

ebastian Vettel, bereits der jüngste Doppelweltmeister, bei den Göttern der Formel I. Die meisten on ihnen hat er in der Statistik schon überholt. Triple-Champion noch vor ihrem 100. Grand-Prix-tart, das hatten bisher nur zwei Giganten geschafft: Juan-Manuel Fangio und Jackie Stewart.

Vettels Serie gegen Saisonende 2012 war atemberaubend. Bild oben: Sebastian in Singapur vor Lew
Hamilton. Bild unten links: der schnellste Pilot im besten Auto, dem RB 8. Millionen Fans haben sich
an den „Vettel-Finger“ längst gewöhnt. Großes Bild unten: Drama in Abu Dhabi: Nervenkitzel und
Hochspannung beim Start, Vettel und de la Rosa starten aus der Box. Die Aufholjagd beginnt.

Der große Gegner für Red Bull: Fernando Alonso im Ferrari, hier vor Felipe Massa in Monte Carlo. Alonso ist ein Kämpfer, der niemals aufgibt – Massa musste um seine Ferrari-Zukunft bangen (Bild oben). Bild rechts: Alonso dankt in Valencia seinem Team – und seinen Fans. Rechts unten: Offener Dialog Vettel-Alonso – Was hat da wem nicht gepasst?

So sieht ein Siegerauto aus: Sebastian Vettels Red Bull RB 8 in Indien mit der charakteristischen Stufe auf der Schnauze. Dahinter steckt das größte Genie der Formel I: Adrian Newey, der seine Autos nicht am Computer entwirft, sondern meist am Hintersitz seines Privatautos zeichnet.

Red Bull
INFINITI
TOTAL
RENAULT
RAUCH
Pepe Jeans
Red Bull
TOTAL

Red-Bull-Boxenstopps: immer perfekt, aber unter drei Sekunden kam nur Button in Hockenheim. War auch nötig, um vor Vettel wieder rauszukommen. Links: Vettels erster Saisonsieg in Bahrain. Rechts: Die Geheimnisse im Heck des Red Bull – darüber diskutieren Vettel und Dr. Helmut Marko

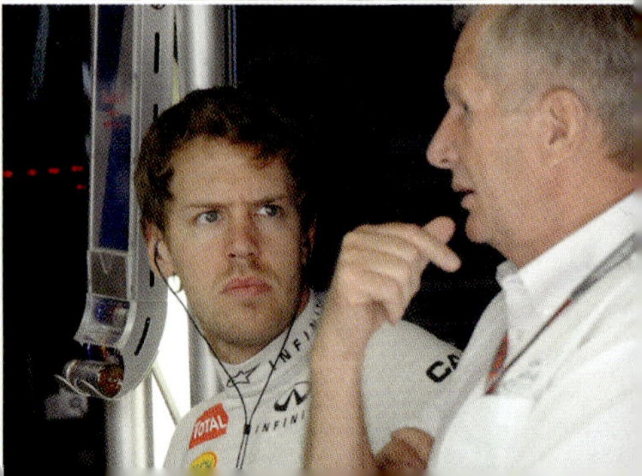

Vo Rauch ist, muss auch Feuer sein, aber das bleibt Alonso nach dem fürchterlichen Crash mit Gros-
an in Spa erspart. Ärzte und Streckenposten sind rechtzeitig beim beschädigten Ferrari. Der emotio-
ale Fernando hat viele Gespräch: beim Plausch mit Vettel, einsam im Cockpit und vor jedem Start.

Das Foto, das keinen Text braucht: Fernando Alonso, wie ihn seine Millionen Fans bewundern: durchgeschüttelt von Emotionen, lachend und weinend zugleich, nach seinem ersten Heim-Sieg in Spanien, dem Grand Prix von Europa in Valencia. Alonso machte die WM super spannend.

Bau-Statiker gehen davon aus, dass sich der Shanghai International Circuit Jahr für Jahr leicht senken, aber nie untergehen wird. „Das gilt hoffentlich auch für die Wohn-Hochhäuser, die rund um die Strecke immer mehr werden", sagt Sebastian Vettel, als er davon erfährt.

Nach seiner Landung auf dem Pudong International Airport verzückt Vettel allein mit seinem Lächeln Chinas FI-Fans. Dann gibt er sich „chinesisch" – und das in ganz neuer Rolle an einem Drehort außerhalb Shanghais: Als Kung-Fu-Filmstar agiert er an der Seite von Hollywood-Schauspielerin, Model und Kampfkunstexpertin Celina Jade. Die kämpferische, zarte Schönheit aus dem Universal-Pictures-Film „Man with the Iron Fists" braucht bei Vettel keine eisernen Fäuste.

Celina bringt „Seb" nur Kung-Fu-Grundstellungen bei – und fertig ist der Kurzfilm. Mit dem Drachen im Titel: „Kung Fu Vettel, Drive of the Dragon." Dann kommt es zum Rollentausch: Auf dem nahen Tianma Circuit zeigt Vettel der Co-Pilotin Celina Jade seine Künste – in einem Infiniti G Coupé. Die Kampfkünstlerin steigt aus und sagt: „Chinas neuen GP-Star müsst ihr anderswo suchen."

Wie wäre es mit Ma Qing Hua? Der 24-jährige Chinese wird am Donnerstag vom spanischen HRT-Teamchef Luis Pérez-Sala als Mitglied seines Fahrer-Kaders präsentiert. Mit dabei auch dessen einflussreicher Förderer Wan He Ping, der Vizepräsident der China Motorsport Federation. Sein langer Arm reicht bis ins oberste Politbüro nach Peking. Ma Qing Hua erhält bei HRT die Gelegenheit, in verschiedenen Rennautos zu testen und im Simulator zu arbeiten. Sollte er sich dabei gut schlagen, darf er ins FI-Cockpit – bei den Young Driver Tests. „Ich träume seit meiner Kindheit davon, Formel I zu fahren", hat Ma Qing Hua vor Freude fast Tränen in den Augen.

Gleich danach trommelt am Donnerstag ein anderer Spanier „seine" Piloten für einen PR-Termin zusammen: Emilo Botín, der „big Banker" und Vorsitzende der Banco Santander, führt Fernando Alonso, Felipe Massa, Jenson Button und Lewis Hamilton zusammen. Es geht darum, mit ihnen für FI-Schulprojekte samt Stipendien an Universitäten zu werben. Spaniens globale Bank zahlt Alonsos Lohn bei Ferrari: schätzungsweise 25 Milionen Euro pro Jahr. Zudem ist die Banco Santander ein großer Sponsor der gesamten Scuderia und ein eher kleinerer Geldgeber bei McLaren.

Apropos: Hamilton nimmt seine Strafe bzw. Rückversetzung um fünf Startplätze sportlich. Erst auf der Anreise hat er davon erfahren. Seine Techniker entdeckten nach dem Malaysia-GP ein Problem am Getriebe, das sich mit neuen Gangrädern und Schaltklauen nicht reparieren ließ. Normalerweise darf das Getriebe erst nach fünf GPs gewechselt werden. Am Sonntag kann der zweimalige China-Sieger (2011, 2008) somit bestenfalls vom sechsten Startplatz aus in die 56-Runden-Schlacht gehen.

Das wirklich „heiße" Fahrerlager-Thema des kühlen Donnerstags ist aber der Lotus-Protest gegen Mercedes. Immer noch ist die Konkurrenz der Meinung, dass der DRS-betätigte F-Schacht am Silberpfeil gegen das Reglement verstößt. Doch die FIA-Kommissare, beraten von Renndirektor Charlie Whiting und dem Technischen Delegierten Jo Bauer, hatten dieses aerodynamische Wundermittel in Sachen Strömungsabriss und Topspeed-Gewinn bereits in Melbourne und Malaysia für legal erklärt. Auch in Shanghai sind die Mercedes-W03-Autos bei der technischen Abnahme nicht beanstandet worden. Deshalb schmettert die FIA den Lotus-Protest ab.

Lotus-Teamchef Eric Boullier verzichtet daraufhin, in die Berufung zu gehen. Mercedes darf weiter vom cleveren System profitieren. Dabei wird nur bei geöffnetem DRS-Flap Luft durch ein Heckflügelloch bis zum Frontflügel geleitet, wo sie an dessen Unterseite durch vier Schlitze entweicht und einen Strömungsabriss erzeugt. Sowohl beim DRS (Drag Reduction System) wie beim sogenannten F-Schacht (F-duct) geht es um die Verringerung des Luftwiderstands und Abtriebs. Was zu mehr Topspeed führt. Im Fall von Mercedes sind es mehr als 10 km/h.

Neben dem Topspeed verbessert das System auch die Balance des Autos bei aktiviertem DRS: Sobald also der Heckflügel-Flap hochklappt, vermindert sich der Abtrieb nicht nur an der Hinterachse, sondern auch an der Front. So können Michael Schumacher und Nico Rosberg im Qualifying, wo das DRS auf der ganzen Runde erlaubt ist, früher mit geöffnetem Flügel aus schnellen Kurven Gas geben. Ohne dass das Heck schlagartig ausbricht. Die Karbonkomponenten dieses quasi doppelten DRS-Systems sind 4 kg schwer.

Am Freitagvormittag sind die Wetterbedingungen am Shanghai International Circuit nicht besonders einladend. Es ist kühl, dunstig und feucht, bei 15 Grad. Der Fahrbetrieb im ersten freien Training hält sich in Grenzen. Die rutschige Strecke verspricht wenig Aufschluss für die Abstimmungsarbeit. Nachmittags bessern sich die Verhältnisse. Michael Schumacher ist Tagesschnellster vor Hamilton, der am Vormittag vorne lag.

Bei Mercedes-AMG läuft es rund. Nachdem man den Kampf neben der Strecke um das DRS-F-Schachtsystem erneut gewonnen hatte, trumpft man auch auf der Strecke auf. Sebastian Vettel kann sich „nur" als Dritter einreihen. Doch bei Red Bull herrscht Ungewissheit. Vettels Trainingstag wird allein vom Vergleich der alten mit der modifizierten Auspuffvariante bestimmt. Mark Webber landet mit der modifizierten Konfiguration knapp drei Zehntel hinter Vettel auf Rang vier. Hinter Rosberg ist Button Sechster und macht sich Gedanken wegen der Medium-Reifen: „Als wenn es in der Formel I nicht schon genug Fragezeichen gäbe, sind diese neuen Mediums noch schwieriger zu verstehen als letztes Jahr."

Button bestätigt: „Besonders dieser Reifentyp ist uns noch ein bisschen ein Rätsel. Die anderen drei Mischungen folgen alle einem Schema. Aber der Medium hat seine eigenen Gesetze. Sein optimales Arbeitsfenster ist kleiner, der maximale Grip sehr schwer zu treffen. Und wenn du einmal aus diesem Arbeitsfenster rausfällst, kommst du nicht wieder rein." Dieses Problem wird die Fahrer in Shanghai bis zur letzten Rennrunde am Sonntag verfolgen. Pirelli hat für den China-GP die Reifentypen medium und soft bereitgestellt.

Am Samstagmorgen versöhnen sich Sebastian Vettel und Narain Karthikeyan. In Sepang schimpfte der Doppelchampion noch wie ein Rohrspatz auf den HRT-Fahrer. Der Inder hatte ihm beim Überrunden nicht genug Platz gelassen und dem auf Platz vier fahrenden „Bullen" den linken Hinterreifen aufgeschlitzt. Als Elfter beschrieb Vettel den Nachzügler als „Gurke" und „Idiot" – und zeigte ihm gar den Mittelfinger.

„Was ich da gesagt und getan habe, tut mir leid. Aber ich war eben sehr verärgert und mächtig in Fahrt. Jetzt haben wir uns ausgesprochen. Der Streit ist ausgestanden." Der Hesse zeigt Verständnis für die Kollegen in den unterlegenen Autos: „Sie werden oft überrundet und können nicht ständig in den Rückspiegel schauen. Trotzdem muss man den Überblick behalten."

Später, am Samstagnachmittag, tut sich Geschichtsträchtiges – und zwar ohne Vettel: Nico Rosberg steht nach dem Qualifying auf seinem Auto und jubelt, weil er zum ersten Mal auf der Pole-Position steht. In seinem 111. GP-Anlauf ist dem gebürtigen Wiesbadener endlich der Knoten geplatzt. Mehr als eine halbe Sekunde liegt er vor dem Rest des Feldes. Seine 1:35,121 sind ihm gleich beim ersten und einzigen Versuch in Q3 gelungen. Damit spart er sich einen frischen Reifensatz fürs Rennen. „Das ist der absolute Hammer", strahlt Rosberg, „wir haben das Set-up für die letzte Runde noch geändert. Alles ist aufgegangen."

Mercedes-Teamkollege Michael Schumacher macht als Zweiter die erste Mercedes-Startreihe perfekt. Er profitiert von Hamiltons Rückversetzung um fünf Startplätze: Von 2 auf 7 wegen Getriebewechsels. Der Stern aus Stuttgart überstrahlt somit erstmals wieder das FI-Startfeld. Zuletzt geschah dies beim Werksteam vor fast 57 Jahren – 1955 in Monza: Damals erhellten drei Silberpfeil-Sterne die erste Startreihe – Juan Manuel Fangio, Stirling Moss und Karl Kling.

Mercedes-Motorsportdirektor Norbert Haug und Teamchef Ross Brawn, die beide seit zwei Jahren unter enormem Erfolgsdruck stehen, liegen sich vor Freude in den Armen. „Ein perfekter Start ins Wochenende", lächelt Schumacher die Niederlage im teaminternen Quali-Duell für einmal weg, „beide Silberpfeile in die erste Reihe zu katapultieren – darauf musste das Team lange hinarbeiten. Aber jetzt haben wir es geschafft."

Red Bull erlebt eine Pleite wie lange nicht. Vettel, der letztes Jahr 15 „Poles" holte, schafft es nicht ins Top-Ten-Quali – 49 Tausendstelsekunden fehlen ihm. Er wird nur Elfter. Seit dem Brasilien-GP 2009 ist er nicht mehr außerhalb der Top

Ten gewesen. Damals fuhr er vom 15. Startplatz noch auf den vierten Rennrang. Teamgefährte Webber startet vom sechsten Platz aus. Im internen Quali-Duell führt der 35-Jährige mit 3:0! Dabei gilt Webber als Auslaufmodell gegenüber dem 24-jährigen Doppelchampion Vettel.

Was Red Bull vorerst fehlt, sind mutige technische Innovationen, die funktionieren. Ist Red Bulls Technik- und Aerodynamik-Genie Adrian Newey für 2012 zu sehr auf der sicheren Seite geblieben? War er sich seiner Sache zu sicher und hat zu wenig riskiert? An seinem RB8-Boliden fehlt jedenfalls McLarens grenzwertiges, aber höchst effizientes Auspuffsystem. Und auch vom umstrittenen DRS-F-Schachtsystem von Mercedes fehlt am RB8 jede Spur.

Die Sensation des Shanghai-Qualifyings ist ein anderes Auto, das von Newey schon bei den Tests gelobt wurde: Der Sauber-C31-Ferrari. Kamui „Kamikaze" Kobayashi gelingt damit Startplatz drei! So weit vorne stand der Japaner noch nie. Neben ihm steht Ex-Sauber-Pilot Kimi Räikkönen im Lotus. Beim Schweizer Sauber-Team ist man hin- und hergerissen, weil auch Sergio Pérez als Achter seinen besten Startplatz schafft.

Am Sonntag allerdings wird Sauber im Rennen jäh aus allen Podestplatz-Träumen gerissen. Denn „Koba" rutscht gleich beim Start auf einer Ölspur aus und verliert vier Plätze. Danach lassen sich die Reifen-Strategien nicht umsetzen, weil die Fahrer zu sehr im Verkehr stecken, nicht so reifenschonend wie geplant fahren können und nicht schnell genug sind. Kobayashi und Pérez werden durchgereicht – bis auf die Ränge zehn und elf. Am Ende bleiben Sauber nur ein WM-Punkt und viel Frustration. Nur Räikkönen ist noch unglücklicher: Sechs Runden vor Schluss ist er Zweiter! Dann bauen seine Reifen rapid ab und er fällt auf Platz 14 zurück.

Eine Sternstunde dagegen erleben Mercedes und Rosberg. Der 15. April 2012 ist der Tag, an dem den beiden alles gelingt. Bei 23 Grad fühlt sich der Mercedes W03 in seinem Element. Rosberg dominiert nach Belieben. Die Reifen halten und haften bis ins Ziel. Die Zwei-Stopp-Strategie ist genau das Richtige im Kampf gegen die McLaren-Verfolger Button und Hamilton. Rosberg fährt mehr als 20 Sekunden vor ihnen ins Ziel. Dort spielen sich Jubelszenen ab, wie man sie bei Mercedes noch nie gesehen hat. So etwa ist Motorsportchef Haug vor Freude zunächst fast sprachlos. Dann sagt er: „Dieser Erfolg geht um die Welt." Es ist der zehnte reine Werks-Sieg, der 90. Mercedes-FI-Erfolg insgesamt.

Fast 57 Jahre sind verstrichen, seit Juan Manuel Fangio zuletzt in einem Werks-Silberpfeil gewonnen hatte: am 11. September 1955 in Monza. Zum damaligen Mercedes-Doppelsieg (2. Piero Taruffi) kommt es in Shanghai nicht, weil an der Box in der Schnelle ein Fehler passiert: Bei Michael Schumacher ist das rechte Vorderrad nicht festgeschraubt, als er wieder auf die Strecke geschickt wird. Er rollt in der 13. Runde aus und grollt im Geheimen.

Doch Rosbergs Premierentriumph überstrahlt alles. 111 GP-Rennen lang musste er auf diesen Erfolg warten. 111 Jahre nach dem ersten Mercedes-Sieg 1901 („Nice Speed Weeks"). „Was gibt es Schöneres als das Lächeln in den Gesichtern meines Teams", sagt der Sohn eines Finnen (Vater Keke) und einer Deutschen (Mutter Sina), der vier Sprachen spricht.

SHANGHAI-REKORDE

Erste Pole-Position, erster Sieg für ROSBERG im 111. GP, erster Sieg für Mercedes, 57 Jahre nach Juan Manuel Fangio 1955 in Monza im Abschiedsrennen der Silberpfeile. Dritter Vater-Sohn-Sieg nach Graham und Damon Hill, Gilles und Jacques Villeneuve, 7. deutscher GP-Sieger, 125. GP-Sieg für Deutschland, nur Großbritannien (219) hat mehr. Das Rennen mit den wenigsten Ausfällen: 2008/09 nur je zwei Piloten out, 2011 nur Alguersuari, 2012 nur Schumacher. Kamui Kobayashi fährt als erst zweiter Japaner die schnellste Rennrunde, aber Hasemis Bestzeit in Fuji 1976 war ein Irrtum der Zeitnehmung. Tatsächlich Rundenbester war Laffite.

Rosberg machte Mercedes beim Abu-Dhabi-GP 2011, als er einen Vertrag bis 2015 unterschrieb, bereits eine „Liebeserklärung": „Ich stelle Mercedes auf ein ähnliches Niveau wie Ferrari. Wenn ich als deutscher Fahrer in einem Silberpfeil gewinnen würde, dann hätte das etwas noch Größeres. Ich sehe auf Mercedes-Veranstaltungen oft Videos aus der Zeit von Fangio – und stelle mir dann vor, wie es sein müsste, so wie er als Mercedes-Fahrer ganz oben zu stehen." Jetzt weiß er es.

„Nico holt den Titel erst 2013, der Junge ist ein Spätstarter", scherzte sein Vater Keke Rosberg noch vor dieser Saison. 1982 bei Williams feierte er seinen ersten GP-Sieg – und mit diesem einen Triumph auch seinen ersten und einzigen WM-Titel. Keke Rosberg war 33, als er erstmals siegte (und auf „Pole" stand). Mit 31 gelang ihm sein erster Podestplatz. Nicht schlecht für einen, der erst mit 29 Jahren sein FI-Debüt gab (1978 im Theodore-Ford). Mit fast 38 hörte Keke 1986 nach dem Australien-GP in Adelaide auf – mit 5 Siegen in 114 GPs.

Was das alles für seinen Sohn Nico bedeutet? „Gar nichts", sagt Keke. Man könne keine Vergleiche ziehen, weil die heutige Formel I eine ganz andere Rennsportklasse sei. Oder wie sein damaliger Konkurrent Niki Lauda sagt: „Das Einzige, was unsere Epoche mit der heutigen GP-Zeit verbindet, ist der Name Formel I und die Tatsache, dass die Autos nach wie vor auf vier Rädern fahren." Fazit: Der Junior ist heute in einer ganz anderen Sportart tätig, als es der Senior war.

Nico Rosberg ist 26, als 20-Jähriger debütierte er 2006 in der Formel I – beim Bahrain-GP im Williams (7.). 2008, als er auf McLarens Fahrerwunschliste Pole-Position hatte, gelangen ihm bei Williams seine ersten beiden Podestplätze. 2010, nach seinem Wechsel zu Mercedes, folgten drei dritte Ränge. Auf die erste Pole-Position und den ersten Sieg wartete er genauso sehnsüchtig wie das Mercedes-AMG-Team, wie es neu heißt. Der 2010 erstellte Fünfjahres-Fahrplan der Silberpfeile sieht so aus: 2012 regelmäßig aufs Podest, 2013 um Siege und 2014 um den Titel zu fahren.

PS: Hinter Rosberg und den beiden McLarens konnten Mark Webber (4.) und Sebastian Vettel (5.) erneut „Schadensbegrenzung betreiben", wie Red-Bull-Teamchef Christian Horner sagt. Vettels Antwort: „Damit muss schleunigst Schluss sein. Schadensbegrenzung kann ja nicht unser Saisonziel sein."

PREMIERENSIEGE

Wer wann und wo für welches Team den ersten Grand Prix gewann:

Alfa Romeo	Dr. Giuseppe Nino Farina	1950	Silverstone
Ferrari	Froilan Gonzalez	1951	Silverstone
Maserati	Juan Manuel Fangio	1953	Monza
Mercedes	Juan Manuel Fangio	1954	Reims
Vanwall	Stirling Moss/Tony Brooks	1957	Aintree
Cooper	Jack Brabham	1958	Buenos Aires
BRM	Joakim Bonnier	1959	Zandvoort
Lotus	Stirling Moss	1960	Monte Carlo
Porsche	Dan Gurney	1962	Rouen
Brabham	Dan Gurney	1964	Rouen
Honda	Richie Ginther	1965	Mexico City
Eagle	Dan Gurney	1967	Spa
McLaren	Bruce McLaren	1968	Spa
Matra	Jackie Stewart	1968	Zandvoort
March	Jackie Stewart	1970	Jarama
Tyrrell	Jackie Stewart	1971	Barcelona
Hesketh	James Hunt	1975	Zandvoort
Penske	John Watson	1976	Zeltweg
Wolf	Jody Scheckter	1977	Buenos Aires
Ligier	Jacques Laffite	1977	Anderstorp
Shadow	Alan Jones	1977	Zeltweg
Williams	Clay Regazzoni	1979	Silverstone
Renault	Jean-Pierre Jabouille	1979	Dijon
Benetton	Gerhard Berger	1986	Mexico City
Jordan	Damon Hill	1998	Spa
Stewart	Johnny Herbert	1999	Nürburgring
BMW-Sauber	Robert Kubica	2008	Montreal
Toro Rosso	Sebastian Vettel	2008	Monza
Brawn	Jenson Button	2009	Melbourne
Red Bull	Sebastian Vettel	2009	Shanghai

Bahrain: Vettel-Sieg und Benzinbomben

DIE WÜSTE BRENNT

Von Shanghai direkt nach Manama, der Hauptstadt Bahrains. Vom 1,4 Milliarden-„Reich der Mitte" auf die kleine Wüsteninsel im Arabischen Golf – mit gerade einmal 1,2 Millionen Einwohnern. Doch so klein dieses Königreich ist, so groß sind der politische Wirbel und die Angst vor Ausschreitungen. Die meisten Piloten kommen wegen der brisanten Lage so spät wie möglich nach Bahrain. Jenson Button, Kimi Räikkönen und Sebastian Vettel reisen erst am Donnerstagvormittag an. Vettel allerdings unfreiwillig: „Mein Flug am Mittwochabend war gestrichen worden."

Wer auf Manamas Al Muharraq Airport ankommt, wo die goldene Gulf-Air zu Hause ist, denkt, hier wäre alles in Ordnung. Von Werbeplakaten lächeln junge Menschen, darüber steht „UniFIed, one nation in celebration". Von der Toilettenfrau über das Flughafenpersonal bis hin zum Taxifahrer und Hotelmanager sind alle bemüht, Bahrain als gastfreundliches Land wirken zu lassen. So, wie man es seit 2004 in guter Erinnerung hat. Doch nicht alles, was glänzt, ist Gold.

Oppositionelle haben Protestaktionen gegen das Bahrain-Rennen angedroht. Damit wollen sie international auf die Missstände im kleinen Inselland aufmerksam machen. Menschenrechtler, die in Manama im Hungerstreik sind, fordern mit anderen Regimegegnern sogar lautstark den Boykott des Wüsten-GPs.

Auslöser dafür ist der „Arabische Frühling" oder die „Arabellion": eine im Dezember 2010 beginnende Serie von Demonstrationen, Aufständen und Revolutionen in der arabischen Welt. Von der Revolution in Tunesien ausgehend, richten sich diese Demokratie-Bewegungen in etlichen Staaten im Nahen Osten, auf der Arabische Halbinsel und in Nordafrika gegen die dort autoritär herrschenden Regime.

Deshalb war die einstige, offene Vorzeigemonarchie Bahrain schon im Februar 2011 nicht mehr zur Ruhe gekommen. Damals konnte das königliche Herrscherhaus den Aufstand und die Krawalle seiner unterdrückten Untertanen nur dank 1.200 Soldaten aus dem benachbarten Saudi-Arabien niederschlagen. Der Grand Prix auf dem Bahrain International Circuit in der Wüste Sakhir musste daraufhin abgesagt werden. Das Risiko für die Formel-I-Leute, einem politischen Anschlag ausgesetzt zu sein, sei zu bedrohlich gewesen, hieß es damals.

Doch auch vor dem Bahrain-GP 2012 ist die Lage im Land unruhig und brisant, um nicht zu sagen explosiv. Für den FI-Tross ist die Situation alles andere als sicher. Die schiitische Bevölkerungsmehrheit lehnt sich nach wie vor gegen den sunnitischen König Hamad bin Isa Al Khalifa auf, der sein winziges Reich wie ein Familienunternehmen führt.

Vom Bauchgefühl her wären die meisten FI-Beteiligten am liebsten daheim ge-

ALS FANGIO GEKIDNAPPT WURDE

Die Formel I auf Kollisionskurs mit Rebellen, Krieg und Chaos – nicht zum ersten Mal. Nur Bernie Ecclestone bleibt immer der Gleiche: ging bisher bei jedem Krisenrennen ungeschützt durchs Fahrerlager. Ohne Panzerhemd, ohne Bodyguards. „Weil ich allen zeigen will: Ich hab keine Angst."

Weil die Formel I immer fährt? Sogar schon am 3. September 1939, drei Tage nach Ausbruch des Zweiten Weltkriegs. Beim Training zum Großen Preis von Jugoslawien in einem Park mitten in Belgrad bricht Angst und Panik aus: England und Frankreich haben den Deutschen den Krieg erklärt. Die meisten Teams wollen sofort abreisen.

Rudolf Caracciola, der Schumi von damals, hat sich schon in die Schweiz abgesetzt, der zweite Silberpfeil-Pilot, Manfred von Brauchitsch, wird von Rennleiter Alfred Neubauer im letzten Moment aus dem Flugzeug geholt.

Fünf Autos am Start, vier im Ziel. Tazio Nuvolari (Auto Union) gewinnt 7,6 Sekunden vor Brauchitsch. Und die kostbaren Silberpfeile werden in Panikaktionen zurück nach Deutschland gerettet.

34 Jahre später. Andere Zeit, andere Welt. Der erste Zeltweger Formel-I-Sieger, Innes Ireland, Fallschirmjäger bei der Suezkanal-Krise, ist während des Jom-Kippur-Krieges im Oktober 1973 mit der Formel I gerade in Watkins Glen (USA). „Was tun wir, wenn sich der Krieg ausbreitet?", machen sich einige Piloten Sorgen in den Boxen. „Gilt dann das erste Training als Qualifying – oder die Startaufstellung als Rennergebnis?"

Die bizarrste Aktion aber ist die „Geheimoperation Fangio": das Kidnapping des fünffachen Weltmeisters beim Großen Preis von Kuba im Februar 1958 durch die Guerrilleros von Fidel Castro.

„Angst? Nein, hatte ich keine", erzählte mir Fangio später. „Im Gefängnis war man sehr nett zu mir. Ich durfte mir sogar im TV ansehen, wie Stirling Moss das Rennen gewann." Allerdings auch, wie der kubanische Rennfahrer Cifuentes in die Zuschauer raste.

Viele Jahr später, 1992, als längst Castro an der Macht war, trafen sie einander in Argentinien wieder: Fangio und sein Entführer Arnol Rodriguez Campos, der sich vor der TV-Kamera beim Superchampion für damals entschuldigte: „Ich wollte nur auf uns aufmerksam machen."

Fangio war ihm nicht bös: „Wenn die Aktion ihren Zweck erfüllt hat, ist das auch mit mir okay." Der Kidnapper wurde 80 Jahre alt und verstarb 2011.

blieben. Wer sucht schon gerne die Konfrontation mit Leuten, die für mehr Demokratie und Menschenrechte kämpfen. Doch in den Wochen vor dem Rennen wollte keiner Verantwortung übernehmen – und keiner traute sich, den umstrittenen Grand Prix abzublasen.

Der Grund, warum dieses so oft in Frage gestellte Wüstenrennen nicht ein weiteres Mal abgesagt wurde, ist ebenfalls politisch. Allerdings geht es da nur um FI-Politik. Denn sowohl CEO Bernie Ecclestone wie FIA-Präsident Jean Todt und auch FOTA-Vorsitzender Martin Whitmarsh drückten sich um die Bahrain-Absage. Jeder schob dem anderen argumentationsreich die Verantwortung zu. Keiner wollte der sein, der ein Rennen in einer Region streicht, wo für das GP-Business immer noch Öl- bzw. Dollar-Quellen sprudeln.

Der wahre Treibstoff der Formel I ist und bleibt das Geld. Für Chefvermarkter Ecclestone sind Bahrain und Abu Dhabi die lukrativsten Einnahmequellen. Davon profitieren auch die zwölf Teams. Todt wiederum sichert sich dort wichtige Stimmen und Sponsoren für seine Wiederwahl am FIA-Hauptsitz in Paris. Zudem ist Bahrains Finanzholding „Mumtalakat" am GP2-Team von Todts Sohn Nicolas beteiligt. Und Whitmarsh ist mit McLaren noch enger an Bahrains Königshaus gebunden. Denn der „Mumtalakat"-Staatsfonds besitzt nach dem Mercedes-Ausstieg rund 50 Prozent von McLaren.

So verwundert es nicht, dass das letzte Wort in Sachen GP-Absage schließlich bei Bahrains nationaler Motorsport-Behörde gelegen wäre. Auf diese kleinste der verantwortlichen Instanzen hatten sich Ecclestone, Todt und Whitmarsh in seltener Einigkeit berufen: natürlich im Wissen, dass die Bahrain Motor Federation und ihr Präsident Kronprinz Salman bin Hamad bin Isa Al Khalifa ihr Rennen – ohne Kriegslage – nie aus dem Kalender kippen werden. Der Kronprinz ist übrigens auch Oberbefehlshaber der Streitkräfte.

Kritik am FI-Auftritt in Bahrain kommt nicht nur von Menschenrechtsorganisationen

BAHRAIN-REKORDE

Qualifying: Erste Pol-Position für Vettel nach 15 Trainingsbestzeiten 2011. Kovalainen boxt Schumacher aus Q 1. Vettel (22. Sieg) ist der erste seit Massa 2007, der in Bahrain aus der Pole-Position gewinnt. Viertes Rennen 2012, der vierte Sieger und jedes Mal ein anderer WM-Leader – bisher nur 2008 passiert. Durch Grosjean erstes Podium für Frankreich seit Alesi 1998 in Spa. Erstmals seit Spanien 1979 (Andretti und Reutemann) zwei Lotus-Piloten auf dem Siegerpodest. Vier Renault-Motoren auf den ersten vier Plätzen wie 1997 am Nürburgring (Villeneuve, Alesi, Frentzen, Berger) mit Williams und Benetton. Webber zum viertenmal 2012 Vierter. ALONSO ist der einzige, der alle 448 Bahrain-Runden ausgefahren ist.

wie Human Rights Watch. Auch aus den USA wird die Formel I für ihr „Bahrain-Abenteuer“ von prominenter Seite gerügt: Ex-Vizepräsidentschaftskandidatin Sarah Palin fordert als Fox-News-Politkommentatorin „mehr Demokratie-Verständnis, vor allem in professionellen Sportverbänden.“

Die USA haben in Bahrain seit langem ihre 5. Flotte stationiert. Dieser große US-Militärstützpunkt ist strategisch wichtig wegen der Nähe zum Iran und dessen Atomprogramm. Deshalb hält sich das Weiße Haus in Washington mit Kritik an Bahrains König zurück. Was der Barack-Obama-Regierung den Vorwurf der Komplizenschaft einträgt. Auf die Frage, warum die US-Regierung Bahrains Hauptstadt Manama als gefährliche Zone eingestuft habe, sagt Ecclestone: „Dann wissen die mehr als wir. Oder weniger.“

Auch Ed Miliband, Chef der britischen Labour-Partei, spricht sich für eine Absage des Bahrain-GPs: „Angesichts der Gewalt und der Menschenrechtsverletzungen glaube ich nicht, dass der Grand Prix stattfinden sollte.“ Gleichzeitig fordert

SPRÜCHE DES FORMEL-I-JAHRES 2012

„Wenn sie so schnell ist, wie sie hübsch ist – ein Gewinn für die Formel I.“ *Bernie Ecclestone zum Engagement von Susie Stoddart als Williams-Entwicklungspilotin.*

„Es bringt ja nix, wenn du irgendeine Tussi ins Auto setzt und hoffst, dass die Sponsoren jetzt Schlange stehen.“ *Toto Wolff, Williams-Miteigentümer und Ehemann von Suzie*

„Der Lauda, den ich jetzt in London getroffen hab, ist nicht mehr der Lauda, den ich kenne. Er hat mir erzählt, wie er die Ostereier für seine Zwillinge versteckt hat.“ *Gerhard Berger*

„Unser Goldjunge in Silber.“ *„Bild“ feiert den neuen Sieger Nico Rosberg in Shanghai.*

„Das war die XXL-Version der österreichischen Bundeshymne.“ *RTL nach der Siegerehrung für Vettel und Red Bull in Bahrain.*

„Lieber seh ich die Kämpfe an der Spitze als wie sich zwei um den 10. und 11. Platz streiten.“ *Bernie Ecclestones TV-Regie*

„Gibt's dort ein freies Cockpit?“ *Marcel Hirscher, Ski-Weltcupsieger, Moto-Cross-Fahrer und Formel-I-Fan, auf die Frage: „Kommst du einmal zu einem Grand Prix?“*

„Ich bin ein Pariser.“ *Romain Grosjean, zweiter Lotus-Pilot und sensationeller Quali-Dritter in Melbourne, zum ewigen Nationalitätenstreit: Fährst du jetzt für Frankreich oder für die Schweiz? Er ist Doppelstaatsbürger. Sein Großvater war bei der Ski-WM 1950 in Aspen Zweiter im Riesenslalom hinter dem großen Stein Eriksen – für die Schweiz.*

„Ein wirklich gelungener Opernball – für meine Begriffe jedenfalls.“ *Niki Lauda, der nach 20 Jahren fürs große Society-Event zum roten Kappl wieder einen Frack anzog.*

„Jetzt bin i wenigstens nimmer der mit der schiachsten Nasn.“ *Alex Wurz über die hässlichen neuen Autos mit dem Höcker auf der Schnauze.*

„Das schönste Rennauto ist immer dasjenige, das gewinnt.“ *Enzo Ferraris berühmter Spruch.*

„Das schnellste Rennauto ist immer dasjenige, dem auf der Ziellinie der Sprit ausgeht.“ *Enzo Ferrari über Benzin und Gewichtsersparnis.*

er den konservativen Premierminister David Cameron auf, ebenfalls ein offizielles Statement abzugeben: „Ich hoffe, dass nun auch die Regierung ihre Meinung kundtun wird." Aus Londons Downing Street Number 10 hört man jedoch lediglich, dass man zwar „besorgt" sei, aber: „Es ist nicht unsere Aufgabe zu diktieren, welche Sportveranstaltungen in anderen Ländern stattfinden sollen."

Der Geschäftsführer der Wüstenrennstrecke, Fayaz Ramzy Fayez, spricht von einer „Nervosität, die durch unnötige Medienberichte" geschürt worden sei, und erklärt: „Trotz allem ist die Vorfreude auf das Rennen genauso groß wie bei der ersten Auflage 2004." Bahrains Innenministerium bezeichnet kritische Berichte zur Lage der Nation als „ausgedacht, bewusst und vorsätzlich, um die Situation genau gegenteilig darzustellen, als sie in Wirklichkeit ist."

Auch dem Vorsitzenden des Sakhir-Kurses, Zayed Al Zayani, scheint angesichts der weltweit negativen Medienberichte langsam der Kragen zu platzen: „Warum sind alle so besorgt darüber, dass ein paar tausend oder ein paar hundert Leute pro-

„Ich will immer und überall der Schnellste sein. Sogar im Lift bin ich derjenige, der als Erster auf den Knopf drückt." *Sebastian Vettel*

„In drei Jahren sind wir Weltmeister." *Optimistische Mercedes-Prognose beim Einstieg 2010. Das dritte Jahr war 2012.*

„Was Sie schon immer über 6 wissen wollten." *Kronen-Zeitung über die sechs Weltmeister im Starterfeld 2012.*

„Ferrari müsste jetzt Fernando Alonso eine Gehaltsaufbesserung geben." *Damon Hill, jetzt BBC-Radioreporter, über den schwachen Ferrari zu Saisonbeginn.*

„Du schaust ja aus, als kämst du direkt aus dem Windkanal." *Jenson Button zu Sebastian Vettel wegen seiner neuen, stromlinienförmigen Frisur.*

„Mir genügt schon der alte Vettel." *Mark Webber, befragt, wie ihm der neue Vettel gefällt.*

„Was die Frau Lehrerin über Zärtlichkeit gesagt hat, macht mich ein bissl nervös." *Gerhard Berger, weil Vettels Kindergartentante ihn als „zarten Buben" beschrieben hat.*

„Wer ist schon so blöd und gewinnt einen Grand Prix mit 242 km/h Schnitt?" *Peter Gethin, Monza-Sieger 1971, Stallkollege von Helmut Marko bei BRM und Sennas erster Formel-I-Teamchef, der letzten Winter gestorben ist. Sein Rekord wurde erst 2003 von Schumacher überboten.*

„Warum immer ich?" *Pastor Maldonado, der „Bad Boy" der Formel I, fragt das Gleiche wie der umstrittene Fußballstar Mario Balotelli von Manchester City.*

„Drei Motorhersteller sind genug." *Norbert Haug über die neue Formel I ab 2014. Nur Mercedes, Ferrari und Renault arbeiten schon an den neuen Motoren.*

„Wenn man dir etwas wegnimmt, das du besonders gern hast, bist du sehr happy, wenn du es wieder zurückkriegst." *Romain Grosjean über sein Comeback in der Formel I.*

„In Hockenheim sagte Fernando: Drehen wir den Motor zurück und sparen wir Benzin – wenn wir das brauchen." *Ferrari-Technikchef Pat Fry über den großen Taktiker Alonso.*

„Spät bremsen. Früh Gas geben. Und nicht zu viel den Mädels nachschauen." *Gerhard Bergers Rat an seinen Neffen Lukas Auer, Sohn seiner Schwester Claudia, in der deutschen Formel-III-Meisterschaft. Ganz der Onkel.*

testieren könnten und dann wieder nach Hause gehen? Oder dass 20 von ihnen vielleicht Molotowcocktails werfen? Warum ist das so eine große Sache?"

Vier Mechaniker des Teams Sahara Force India werden in der Nacht auf Donnerstag Zeugen eines Anschlages. Der Miet-Kleinbus mit den Crew-Mitgliedern von Nico Hülkenberg muss auf dem Weg von der Strecke zum Hotel anhalten, weil junge Regimegegner die Autobahn mit brennenden Reifen und Molotowcocktails blockieren. „Gott sei Dank ist keinem etwas passiert", sagt Hülkenberg später erleichtert, „sie hatten viel Glück, ein paar Sekunden später und es hätte sie treffen können."

„DIE VÖGEL" – FAST WIE BEI HITCHCOCK

Comeback von Vettel und Red Bull mit Pole-Position und Sieg, aber den Vogel schießt Rosbeg ab. Im Freitagtraining prallt dem China-Sieger bei voller Fahrt (280 km/h) ein Vogel gegen den Helm. „Wie eine Explosion." Aber das Visier, laut FIA-Vorschrift kugelsicher, hält – außerdem ist seit dem Da-Matta-Unfall die obere Kante ein zusätzlicher Schutz.

Ein skurriler Zwischenfall, aber schon oft mit tragischem Ausgang. 1960 in Spa verunglückt der junge Engländer Alan Stacey wegen einem aufprallenden Vogel – ein Wochenende mit zwei tödlichen Unfällen.

1972 lädt mich McLaren ein, in Goodwood ein paar schnelle Runden im offenen Can-Am-McLaren mitzufahren. „Tomorrow Goodwood ten o'clock", heißt das Telegramm. Die Strecke: die gleiche, auf der Bruce McLaren 1970 verunglückt ist, weil ein Bolzen der Verkleidung nicht angezogen war. Am Steuer: Exweltmeister Denny Hulme. „Siehst du die schwarzen Punkte am Himmel? Wenn sie größer werden: sofort ducken. Diese Vögel können verdammt gefährlich werden." Trotz Vogel-Alarm und mehr Gewicht (wegen mir) fährt Hulme nur eine Sekunde langsamer als solo im Training.

Die berühmteste Vogel-Story aber erlebt Silberpfeil-Pilot Karl Kling, 1952 mit dem „Sportwagen des Jahrhunderts" (300 SLR) Sieger der Mille-Miglia und der Carrara-Panamericana-Mexico: 3.100 km zwischen der Grenze zu Guatemala im Süden und Ciudad Juárez im Norden. Hitzeflimmern, Reifenplatzer – und das Abenteuer in Oaxaca mit dem Geier.

Kling selbst erzählt mir Jahre später: „Neben der Strecke lauert ein Schwarm Geier, den ich mehr hätte beobachten müssen. Plötzlich fliegt einer davon auf, durchschlägt die Windschutzscheibe und landet direkt bei mir im Cockpit." Hans Klenk, der Copilot, ist blutig und kurz bewusstlos, sagt aber dann: „Karl, fahr weiter." Und Kling erinnerte sich: „Mit dem toten Geier auf dem Rücksitz hat's fürchterlich gestunken." Beim nächsten Stopp, 70 km später, klauben die Mechaniker die Glasscheiben und den toten Vogel aus dem Auto – Flügel-Spannweite 115 Zentimeter. Das ist der zweite Schreck.

Gentleman-Pilot Kling wurde nach seiner Karriere Rennleiter und Betreuer schneller Sportfahrer – in den Zoo ging er vermutlich nimmer.

Die Force-India-Leute sind in ein Gefecht zwischen oppositionellen Aktivisten und der Polizei gekommen. Plötzlich explodierte in ihrer Nähe eine Benzinbombe. Zu allem Überdruss strömte noch Tränengas, das die Polizei neben Blendgranaten einsetzte, in den Force-India-Kleinbus. Zwei Mitglieder des indisch-englischen Teams treten am Donnerstag die Heimreise an – wegen Sicherheitsbedenken.

Der Rest der Truppe bleibt mit höchst ungutem Gefühl. Am Freitag rebelliert dann ein Teil der Equipe. Die Angst geht um. Man will aus Sicherheitsgründen nicht mehr bei Dunkelheit ins Hotel zurückfahren. Es wird sogar diskutiert, komplett abzureisen. FI-CEO Ecclestone kann die Teamleitung zum Bleiben überreden. Force-India-Sportdirektor Bob Fernley: „Wir fahren das Quali und das Rennen, treten aber beim Freitagnachmittag-Training nicht an." Fernley begründet das so: „Wir sprechen hier über Emotionen, nicht über Logik. Wir müssen die emotionalen Bedürfnisse der Mannschaft berücksichtigen."

Force India setzt damit ein Zeichen und will zeigen, unter welchem Druck FI-Teams hier sind. Schließlich haben Demonstranten in Manama und Umgebung die „Tage des Zorns" ausgerufen. Neben Protestaktionen „gegen die Diktatur des Königshauses" liefern sich Oppositionelle und Polizei schon seit Monaten Straßenschlachten. Der Grand Prix kommt für die Demonstranten wie gerufen. So können sie die Zustände in ihrem Land vor internationalen Medien anprangern.

Das Freitagtraining wird so zur Nebensache – obwohl der Bahrain International Circuit von Krawallen verschont bleibt. Im Fahrerlager ist es so wie immer. Business as usual. Teamchefs, Technikdirektoren und Fahrer halten sich mit Kommentaren zu den Protesten zurück. Viel gesprächiger sind sie auch nicht, was ihre Taktik fürs Rennen anbelangt. Pirellis Reifenexperten sagen: Wie wir es bei rund 30 Grad Luft- und 40 Grad Asphalttemperaturen erwartet hatten, ist es in der großen Hitze schwierig, die Reifen konstant zu halten. Das wird zur großen Herausforderung für Teams und Piloten.

Die Fahrer sind dieses Mal auf dem ursprünglichen Streckenlayout des Sakhir Circuits unterwegs, das zuletzt 2009 genutzt wurde. 2010 wurde das Rennen auf einem längeren Kurs mit einem zusätzlichen Abschnitt zwischen den Kurven 4 und 5 ausgetragen. Durch die Rückkehr zum Originalverlauf ist die Strecke wieder schneller und flüssiger zu fahren. Die 15 Kurven erfordern optimale Traktion, besonders beim linken Vorderreifen.

Tagesschnellster ist Shanghai-Sieger Nico Rosberg. Mit seinen 1:32,816 ist er eine Sekunde schneller als Teamgefährte Michael Schumacher (5.). Dem zweitplatzierten Mark Webber nimmt er mehr als vier Zehntel ab. Dahinter Sebastian Vettel und Lewis Hamilton. Red Bull ist wieder im Vormarsch.

Das zeigt auch der Samstag. Im Vormittagstraining ist zwar wieder Rosberg der Schnellste, dicht gefolgt allerdings von Vettel. Webber ist Dritter. Im Qualifying biegt Vettel erstmals 2012 auf die Siegerstraße ein. Etwas knapp, aber umso eindrucksvoller schafft der Titelverteidiger seine erste Saison-Pole-Position. 0,098 Sekunden vor Hamilton, der sich selbst als Favorit für diese „Pole" gesehen hatte. Es sollte nicht die letzte Fehleinschätzung des Wochenendes bei McLaren gewesen sein.

Webber macht als Dritter Red Bulls bisher bestes Quali-Ergebnis der Saison perfekt. In den „Bullen"-Boxen führt das zu Freudentänzen. Drei GPs ohne vordere Startplätze – das nagte am Stolz des Weltmeister-Teams viel mehr, als man es zeigte. Nun ist der Seriensieger zurück.

Der Sonntag beginnt mit einer Kampfansage von McLaren-Teamchef Martin Whitmarsh: „Wir sind sehr gute Starter. Einer meiner Jungs wird schon in der ersten Kurve vorne liegen." Im Rennen zeigt sich, der „McBoss" lag völlig falsch. Vettel fährt vom Start weg allen auf und davon. Fast allen. Nur die sensationell fahrenden Lotus-Piloten Räikkönen und Grosjean können ihm folgen – ebenfalls mit Renault-Power im Rücken. Vor allem der „Comebacker" Räikkönen ist überraschend schnell. Wie Vettel (Kanton Thurgau) lebt er in der Schweiz – im steuerschonenden Kanton Zug. Beide treffen sich dort fast regelmäßig zum Squash und Badminton („es steht 100:0 für mich", sagt Kimi).

Auch beim GP hätte Räikkönen gegen Vettel gewinnen können. Doch letztlich konnte der Finne den Red Bull auf der Geraden wegen eines Fahrfehlers nicht knacken? Lotus hatte schon im Training 10 km/h mehr Topspeed als Red Bull. Die Vorrausetzungen für den Finnen, seinen Kumpel Vettel auf der Geraden zu überholen, waren deshalb gut. Zudem konnte er DRS (und KERS) zu Hilfe nehmen. Trotzdem schaffte er es nicht, an Vettel vorbeizukommen.

Das überraschte selbst Vettel. „Wir haben das ganze Wochenende über gesehen, dass Lotus auf der Geraden schnell war. Deshalb war mir bewusst, wenn er in der DRS-Zone an mir dran ist, wird es schwierig, ihn hinter mir zu halten. Es hat mich gewundert, dass es nicht so kam."

Räikkönen erkannte seinen Fehler selbst. „Ich hatte eine Chance, Sebastian zu überholen, aber ich habe beim Bremsen die falsche Seite ausgesucht und damit war die Sache erledigt. Dumm von mir, ich versuchte es zunächst auf der Innenseite, zog dann aber wieder nach außen, wo ich keine Chance hatte."

Nach vier Rennen gibt es vier verschiedene Sieger in vier unterschiedlichen Autos (Button, Alonso, Rosberg, Vettel) – und den vierten WM-Leader (Button, Alonso, Hamilton, Vettel). Mit Vettels Triumph und Webbers viertem Rang (4 GPs, viermal Vierter) kehrt auch Red Bull an die Spitze der Konstrukteur-WM zurück. Das

Austria-Team profitiert von McLarens Pleiten, Pech und Pannen – vor allem punkto Reifenverschleiß: Hamilton wird nach verpatzten Boxenstopps nur Achter. Button fällt nach Reifenschaden, Auspuff- und Differentialdefekten aus.

Red-Bulls Konsulent Helmut Marko sagt: „Unsere Probleme sind die gleichen, nur wir verstehen sie besser." Ihm ist die Erleichterung nach dem ersten Saison-Sieg anzusehen: „Lotus war ein sehr harter Gegner, mit dem ich in dieser Stärke nicht gerechnet hatte. Sie spielten ihren Vorteil von zwei frischen Reifensätzen gegenüber unseren gebrauchten geschickt aus. Wir mussten alle Register ziehen, um Kimi hinter uns zu halten."

Vettel ließ seinen RB8 gleich nach der Zieldurchfahrt am Boxengassen-Ende stehen. „Wir sind direkt nach der Ziellinie stehen geblieben, damit wir noch genug Benzin an Bord für die technische Abnahme bzw. Gewichtskontrolle haben. Wir waren am Limit", gibt Helmut Marko zu und stellt zufrieden fest: „Es passt wieder. Wir liegen nun in beiden WM-Gesamtwertungen auf den ersten Plätzen." Allen, die Red Bull zuletzt kritisiert hatten, lässt er lächelnd ausrichten: „Totgesagte leben länger."

MARK WEBBER: „JETZT REDE ICH..."

... über seinen Geistertransfer zu Ferrari:

„Das macht nicht mehr viel Sinn, darüber zu reden. Ich bin ein roter Bulle bis 2013. Die Entscheidung zu bleiben, wo ich bin, war letztlich meine – und ich bin damit sehr happy."

... .über seine Probleme, mit seiner Übergröße ins Cockpit zu passen:

„Wenn du nicht gerade 1,60 m groß bist, musst du schon darüber nachdenken. Aber die Mechaniker und ich haben sehr hart dran gearbeitet, dass ich nicht mehr lila und blau geschlagen aus dem Auto steigen muss – wie in den Anfangszeiten. Aber meinen Job bequem zu erledigen, richtig ins Auto zu passen, dass ich das ganze Rennen voll am Limit fahren kann – das hab ich jetzt."

... über die ewigen Gerüchte über einen nicht reglementkonformen Red Bull:

„Das muss für die Leute schon unglaublich langweilig sein. Alles, was wir tun können: jeden einzelnen technischen Test bestehen, und das haben wir getan. Formel I ist keine Markenserie. Du kannst dein Auto innerhalb der technischen Regulation konstruieren – und genau das tun wir."

... über sein Stallduell mit Sebastian Vettel:

„Natürlich willst du auf der Strecke alle schlagen, und zwischen Seb und mir war das heuer ein guter Kampf. Qualifying ist heuer eine andere Story als 2011 – und sehr interessant. Es ist gut so, weil du alle Informationen kriegst, und es ist ein direkter, fairer Kampf, wer über eine Runde den besseren Job machen kann. Seb ist immer einer, der auf einem ganz hohen Level agiert."

Barcelona: Maldonados Meisterstück

„FEUER, FEUER!“

Der Europa-Saisonstart in Barcelona wirft von Anfang an Fragen auf: Gelingt der nächste Sieg eines deutschsprachigen Piloten? Ist nach Nico Rosberg in China und Sebastian Vettel in Bahrain nun Michael Schumacher dran? Niki Lauda sagt: „Schumi wird diese Saison noch gewinnen. Denn der Mercedes-Silberpfeil ist endlich gut genug, um die Spitze angreifen zu können.“

Doch der sechsmalige Barcelona-Sieger Schumacher dämpft diese Erwartungen nach seiner Landung: „Hier wieder siegen? Ich hätte nichts dagegen. Doch meistens kommt es anders, als man denkt.“ Der bisherige Saisonverlauf zeigt: Alles ist möglich, nichts ist unmöglich. Vier GPs, vier verschiedene Sieger und Leader.

Wer ist auf dem Circuit de Catalunya schnell – und wer nicht? Auch die drei finanziell wie materiell aufwändigen Testtage in Mugello bei Florenz haben keine Klarheit gebracht. Nach insgesamt 13.343 Testkilometern ist das Rätselraten vor dem Spanien-GP unter den Teams nur noch größer geworden. Mugello stellte das Ende des langjährigen Testverbots während der Saison dar. 2008 hatte man so zuletzt getestet.

Von Mugello in der Toskana ins katalonische Montmelo. Das bedeutet auch, vom am wenigsten frequentierten Kurs zur meistbefahrenen Strecke der FI. Barcelonas Circuit de Catalunya ist 4,655 km lang – und die Techniker, Datenanalysten und Piloten kennen jeden Millimeter davon. Von keinem Rundkurs haben die Teams mehr Daten in ihren Giga-Rechnern als von jenem nahe Barcelona-Granollers.

Die Strecke gilt seit Jahrzehnten als Gradmesser für den weiteren Saisonverlauf. Doch stimmt das wirklich noch, was der heutige Mercedes-Teamchef Ross Brawn einst sagte: „Wenn dein Aerodynamik-Paket hier gut im Wind liegt, so liegen in der Saison weitere Erfolge in der Luft“? Oder: „Wer auf dem 16-Kurven-Kurs am besten die Kurve kriegt, ist die ganze Saison über Sieganwärter.“ Doch die (Runden-)Zeiten haben sich geändert. Die Uhren der Formel I ticken 2012 anders. Änderungen am Technik-Reglement (Auspuff, Diffusor, Frontpartie) und Pirellis neue Rennreifen-Generation sorgen für neue Zeiten und Überraschungen.

„Barcelona ist als Rennstrecke wie eine Sphinx. Sie verändert sich laufend, auch während einer Session“, weiß Mercedes-Motorsportdirektor Norbert Haug aus jahrzehntelanger Erfahrung. Der dortige Mix aus Asphalt- und Lufttemperaturen sowie dem unterschiedlich starken Wind, abwechselnd aus allen Richtungen, verwirrt selbst Routiniers immer wieder aufs Neue.

Wie recht Haug hat, beweist das Freitagtraining, aus dem keiner so recht schlau wird. Jenson Button ist im modifizierten McLaren MP4-27, mit höher liegender „Nase", Schnellster vor Sebastian Vettel und Nico Rosberg. Dann Lewis Hamilton, gefolgt von Kimi Räikkönen, Romain Grosjean, Mark Webber und Michael Schumacher. McLaren vor Red Bull, Mercedes und Lotus. Bei 29 Grad und bis zu 46 Grad auf dem Asphalt eine klare Sache, oder? Keineswegs.

GROSJEAN: SEIN OPA WAR EINMAL STAR DER SKI-WM

Vom Underdog zum geheimen, heißen WM-Tipp? Romain Grosjean kommt als Sieger im Mini-Grand-Prix von Mugello zum Europa-Auftakt der Formel I nach Barcelona – jeden Testtag eine neue Bestzeit! Und außerdem noch viele Stunden am Lotus-Renault-Simulator, weil Kimi Räikkönen diese Arbeit hasst: „Ich sitz viel lieber aktiv im Rennwagen, dieses technische Zeug brauch ich nicht."

Und Grosjean, der die ganze Teamarbeit auf sich lud, kam immer besser in Schwung. In Bahrain waren die beiden Lotus-Renault-Piloten schon als Zweiter und Dritter gemeinsam auf dem Podest. Hat Räikkönen jetzt leichtfertig seine Nummer-1-Position im Team riskiert? Heißt es bei Lotus nimmer: „Aufschlag Räikkönen", sondern nur noch Rückschläger?

Grosjean kommt aus einer Sportlerdynastie. Der Vater Bobchampion, der Großvater Fernand Zweiter im Riesentorlauf bei der Ski-WM 1950 in Aspen. Das war die WM mit den wilden Stürzen des späteren Schranz-Betreuers Egon Schöpf, aber auch der vielpublizierten Romanze zwischen Schöpf und der Slalomkönigin Dagmar Rom, die später zum Film ging.

Den Riesentorlauf gewann Zeno Colo, der „Holzfäller aus Abetone", vor Grosjean und dem Franzosen James Couttet. Unsere rot-weiß-roten Skihelden wurden damals im Wiener Stadion geehrt, beim Ländermatch Österreich – Schweiz (3:3 und Debüt von Karl Stotz) zum ersten Mal, mit Applaus und Blumen, eine Ehrenrunde auf der Laufbahn.

Wem aber gehört Grosjean wirklich? Seine Mutter ist Schweizerin, der Vater Franzose. Beide Nationen reklamieren ihn für sich. Romain lächelt dazu nur: „Ich bin in Paris geboren." Und hat vorübergehend in Genf in einer Schweizer Bank gearbeitet, als seine Rennkarriere kurz ins Stocken geriet.

Jetzt zählt er nur noch sein eigenes Preisgeld … oder bald seine Blechschäden in der Formel I.

Die Analysten der Teams kommen trotz der Giga-Flut von Daten nicht auf einen Nenner, wer in Wahrheit hier der Schnellste ist. Das Samstagvormittag-Training (Luft 29 Grad, Asphalt 42 Grad) sorgt für weitere Verwirrung: Vettel fährt Bestzeit vor dem Williams-Piloten Pastor Maldonado und Saubers Kamui Kobayashi. Dessen Teamgefährte Sergio Pérez ist Fünfter vor dem überraschenden Fernando Alonso, der ja eigentlich keinen Top-Ferrari fährt. Teamchef Peter Sauber fällt auf: „Der Maldonado ist so richtig schnell unterwegs."

Beim Qualifying herrschen „nur" 28 Grad und bis zu 39 Grad auf dem Asphalt. Dennoch wird's ganz heiß. Zunächst setzt es für Williams-Renault einen Tiefschlag: Bruno Senna scheidet schon in Q1 aus. Doch dann schlägt sein emotionsgeladener Kollege aus Venezuela zu: Maldonado schafft Bestzeit in Q2 vor Hamilton! Im entscheidenden Top-Ten-Quali dreht Hamilton den Spieß um: Mit 1:21,707 stellt er alle in den Schatten und steht auf „Pole". Der Sensationsmann Maldonado kommt ihm mit 1:22,285 am nächsten. Alonso, Grosjean, Räikkönen, Pérez und Rosberg folgen. Vettel, Schumacher und Kobayashi sparen sich ihre Reifensätze lieber fürs Rennen, statt Quali-Rundenzeiten zu fahren.

DIE SÜDAMERIKANER: WENN DAS BLUT KOCHT

Die Formel I steht kopf. Die klassische Grand-Prix-Nation Italien hat heuer zum ersten Mal keinen einzigen Grand-Prix-Piloten mehr! Dafür drängt ein Kontinent in den Startaufstellungen immer mehr nach vorn: Südamerika. Mit Pastor Maldonado (Venezuela), Sergio Pérez (Mexiko) und dessen Landsmann Esteban Gutièrrez, von dem Gerhard Berger glaubt: „Der wird sogar noch besser!" Und, natürlich, dem noch schwer einzuschätzenden Bruno Senna. Erinnert stark an die Samba- und Tango-Invasion vor 30 Jahren. Damals hatte praktisch jedes südamerikanische Land seinen Formel-I-Star: Nicht nur Brasilien mit den Brüdern Emerson und Wilson Fittipaldi, dazu Carlos Pace und später Nelson Piquet und Ayrton Senna bzw. Argentinien mit dem „Indianer" Carlos Reutemann, sondern auch: Venezuela mit Johnny Cecotto, der auf zwei Rädern als Erster den unschlagbaren Giacomo Agostini bezwang. Kolumbien mit Roberto Guerrero. Oder Chile mit Eliseo Salazar, den Piquet nach der lebensgefährlichen 350-km/h-Karambolage von Hockenheim mit wütenden Fußtritten bearbeitete – live für Millionen TV-Zuschauer. Niki Lauda damals: „Die Leute lachen, wenn zwei Rennfahrer mit Handschuhen aufeinander losgehen. Aber keiner weiß, wie leicht man bei einer solchen Karambolage sterben kann." Die Südamerikaner-Invasion von damals hatte einen Namen: Fernsehen! Bernie Ecclestone hatte sich damals bereits alle TV-Rechte gesichert. Zwar noch nicht ganz für Europa, aber für ganz Südamerika. Was die Fahrerauswahl und Teambesetzung erklärt. Ein Formel-I-TV-Star für jedes Land – und die Quoten explodierten. Sogar als Niki Lauda 1979 während des Freitagtrainings in Montreal überraschend zum ersten Mal zurücktrat, wartete in der Hotellobby schon ein rothaariger, fast unbekannter Fahrer auf seinen Einsatz als Lauda-Nachfolger: Roberto Zunino, Argentinier. Lange bevor es Formel I im TV gab, schickte bereits der argentinische Präsident Juan Perón fünf Piloten nach Europa. Der Berühmteste war Juan Manuel Fangio. Aber wer würde sich heute trauen zu behaupten: Fangio war ein „pay driver", ein Bezahl-Fahrer?

Bei McLaren kann sich von Anfang an keiner so richtig über die 150. Pole-Position freuen. Denn als Hamilton in der Q3-Auslaufrunde 2,5 km vor dem Ziel ohne Defekt, aber nach Boxenbefehl ausrollt, ist allen klar, dass das nicht mit rechten

Dingen zugehen kann. Der Grund dafür: Er hatte nur noch 1,3 Liter Sprit im Tank. Zu wenig. Unter Berücksichtigung der vorgeschriebenen Zeit für die Auslaufrunde hätte das wohl gerade noch in den Parc Fermé gereicht.

Doch für die Benzinprobe der FIA-Inspektoren hätte es dann nicht mehr gereicht. Denn die muss mindestens einen Liter betragen. Den „McIngenieuren" ist das alles längst klar. Doch als Hamilton zurück an den Boxen beim Medientermin für die Schnellsten ist, muss er so tun, als ob er von der ganzen Schlamperei beim Tanken nichts wüsste.

Viereinhalb Stunden nach dem Qualifying und in Anbetracht dessen, dass es bei McLaren und Hamilton schon 2010 in Montreal einen ähnlich suspekten Vorfall gab (damals ohne Konsequenzen), wird ein brutales Urteil gefällt: Die FIA-Rennkommissare mit dem Deutschen Hans-Gerd Ennser an der Spitze streichen Hamilton alle Zeiten: Ausschluss aus dem Qualifying wegen Nichteinhaltung von Artikel 6.6.2. des technischen Reglements.

Dieser besagt, dass das Auto aus eigener Kraft an die Boxen zurückkommen muss. Es sei denn, dass dies wegen eines Defekts unmöglich wäre. McLaren dagegen plädiert vor den Kommissaren auf „höhere Gewalt" – und blitzt natürlich ab. Nur weil die Regelhüter doch noch etwas Gnade vor Recht walten lassen, darf der ausgeschlossene „Pole"-Mann als Letzter ins Rennen gehen.

Was ist bei der McLaren-Crew, nach den drei verpatzten Boxenstopps in Bahrain, nun wieder schiefgelaufen? Ein Mechaniker habe sich beim Befüllen des Tanks verrechnet, heißt es. Er habe die Zuleitung zum Tank vorher durchgespült, danach aber nicht mehr „nachgefüllt". Somit sei nur die Menge Benzin in den Tank geflossen, die er eingestellt habe. Es habe also die Spritmenge in der Zuleitung von 1,9 Litern gefehlt. Genug, um die Auslaufrunde zu Ende zu fahren und bei der FIA noch eine Spritprobe abliefern zu können.

Doch hundertprozentig schlüssig ist diese McLaren-Erklärung nicht. Sie klingt eher nach Ausrede. Denn wer spült schon die Tankzuleitung zwischen zwei Runs in Q3? Für die FIA-Race-Stewards Hans-Gerd Ennser, Tom Kristensen und Radovan Novak war diese Version nicht glaubhaft: Sie verhängten die Höchststrafe! Wie sagte doch McLarens Vorsitzender Ron Dennis einst: „Wir lügen nicht, wir sind nur sparsam mit der Wahrheit."

McLarens Teamchef Martin Whitmarsh verzichtet auf eine Berufung und übernimmt die Verantwortung für das Malheur: „Ich habe die Entscheidung getroffen, anzuhalten. Im Nachhinein war das falsch. Ich glaube, es hätte in diesem Moment aber auch niemand damit gerechnet, dass es solche Konsequenzen haben würde."

Damit steht Pastor Maldonado am Sonntag erstmals auf der Pole-Position! Zuletzt gelang Williams solch ein Überraschungs-Coup 2010 in São Paulo/Interlagos mit Nico Hülkenberg. Der junge Deutsche musste kurz danach das Team verlassen, um dem Venezolaner Maldonado und seiner 35-Millionen-Dollar-Mitgift des staatlichen Öl-Konzerns PDVSA (Petroleos de Venezuela S.A.) Platz zu machen. Maldonado hat den Ruf eines Crash-Kids und gilt als Energie- und Nervenbündel. Deshalb erwarten alle Experten, dass er beim Start versagt – und Alonso oder einer der Lotus' von Räikkönen bzw. Grosjean an ihm vorbeiziehen.

Doch die Experten haben nur zum Teil recht. Alonso geht zwar in Führung, doch Maldonado ist an ihm dran – und bleibt cool. Das ganze Rennen über steuert er den Williams-Renault wie ein Routinier. Da staunt der Experte und wundert sich der Laie. Der 27-jährige Südamerikaner fährt das Rennen seines Lebens – vom Crash-Kid zum GP-Siegfahrer. Er nützt die Gunst der Stunde. Ihm ist aufgefallen: „Aus den langsamen Kurven heraus war unser Auto besser als der Ferrari." Maldonados Premierentriumph und der Sieg von Williams, nach acht Jahren Durststrecke, fällt am Schluss souverän aus.

Vielleicht hätte Ferrari dieses Rennen mit einer besseren Strategie auch gewinnen können. Beim zweiten Boxenstopp ließ sich Alonso zwei, beim dritten Halt drei Runden zu lange Zeit. Der Spanier nimmt seine Crew in Schutz. „Der Plan war, das Gleiche zu machen wie Maldonado. Als er beim zweiten Stopp früher hereinkam als ich, habe ich meinen Vorsprung schon in der ersten Runde verloren, weil ich hinter einem Marussia festhing. Deshalb haben wir unseren Plan geändert und versucht, länger als er zu fahren, um beim letzten Stopp frischere Reifen zu haben."

Am Schluss haben nicht die Reifen entschieden. Sieben Runden vor Schluss spürte Alonso einen plötzlichen Gripverlust (weniger Bodenhaftung): „Es passierte nach Kurve 7. Ich habe sofort die Box angefunkt, damit sie nachschauen, ob am Auto etwas kaputt ist." Ferrari-Teamchef Stefano Domenicali erklärt: „Es haben sich Reifenfetzen in den Spalten zwischen den Flügelelementen verfangen."

Doch Alonso, der stolze Asturier, ist auch mit Platz zwei glücklich. In der WM zieht er mit Leader Vettel gleich, beide haben nach fünf Rennen 61 Punkte. Alonso gratuliert Maldonado herzlich und schultert ihn bei der Siegerehrung – in Zusammenarbeit mit Räikkönen, dem Dritten. Danach umarmt Pastor Maldonado senior seinen Junior. Der Vater ist zu Tränen gerührt und freut sich in der Williams-Box fast noch mehr als der Sohn. Pastor Rafael Maldonado Motta, so heißt der Triumphator mit vollem Namen, tritt bei Williams in die Fußstapfen eines temperamentvollen Südamerikaners: Juan Pablo Montoya Roldán. Der Kolumbianer war 2004 in São Paulo der letzte Williams(-BMW)-Sieger.

Maldonado hat eine vernichtende Saison 2011 hinter sich: Ausgerechnet in seinem ersten Williams-Jahr erlebte das britische Traditionsteam seinen absoluten Tiefpunkt – WM-Neunter mit nur fünf Punkten! Nun hat Williams nach fünf GPs schon 43 Punkte – und einen Sensationserfolg. Daran haben auch Österreicher ihren

Anteil. Zum Beispiel „Fahrer-Coach“ Alex Wurz, der von Teameigner Sir Frank Williams (70) nicht erst seit seiner Zeit als Williams-Pilot (2006/07) hochgeschätzt wird. Wurz gibt seit dem Winter seine Erfahrungen an das junge Piloten-Trio Maldonado, Senna und Valtteri Bottas (Fin, Ersatzfahrer) weiter.

Neben dem Niederösterreicher ist auch Christian Klien im Williams-Werk in Grove-Wantage tätig: Seit diesem Jahr sitzt der Vorarlberger Ex-Red-Bull-Zögling an den Rennwochenenden dort im Rennsimulator. Dabei prüft er die Daten, die das Team auf der Strecke sammelt. Ein Novum ist das nicht. Auch andere Teams setzen Fahrer zum Gegen-Check in den Simulator – die wenigsten verfügen aber über einen wie Klien, der 49 GPs hinter sich hat.

Und dann ist da natürlich noch Christian „Toto“ Wolff, der seit 2009 Miteigentümer von Williams FI ist und als Vorstandsmitglied auch in der Teamführung mitentscheidet. Nach dem Ausscheiden des bisherigen CEO Adam Parr fungiert der Wiener auch als „Team-Principal“, „interimistisch allerdings, weil wir noch nicht wissen, ob wir den Posten überhaupt nachbesetzen.“ Wolff ist mit der britischen Mercedes-DTM-Pilotin Susie Stoddart verheiratet. Nach Maldonados Triumph ist „Toto“ Wolff zunächst sprachlos. Dann sagt er: „Nach der richtigen Boxentaktik war plötzlich die Chance zum Sieg da. Und Pastor hat sie ergriffen und machte nicht den kleinsten Fehler. Er konnte Alonso so auf Distanz halten, dass dieser keine reelle Angriffschance bekam.“

Zur Freude kommt der Schock. Nachdem auch „Toto“ Wolff vor den Williams-Boxen für das Mannschaftsfoto posiert hat, bricht kurz danach in der Garage explosionsartig Feuer aus. Mechaniker flüchten in Panik. Helfer schieben Frank Williams im Rollstuhl in aller Eile aus dem Gefahrenbereich. Schwarze Rauchwolken quellen aus der Williams-Box. Das schnelle Eingreifen von Mitgliedern anderer Teams verhindert das Schlimmste. Wagemutig kämpfen auch Leute von HRT, Toro Rosso, Marussia und Force India mit Feuerlöschern im dichten, beißenden Qualm, um ein Übergreifen der Flammen auf andere Boxen zu verhindern.

Die örtliche Feuerwehr kommt mit lautem Getöse spät, aber doch. 31 Personen müssen mit Verbrennungen, Rauchvergiftungen und Schnittwunden in der Circuit-Klinik ambulant behandelt werden. Ein Williams-Mechaniker muss wegen erheblicher Verbrennungen an Armen und Beinen länger im Spital bleiben. Der Mann stand mitten in den Flammen, weil er gerade Benzin von der Betankungsanlage in ein Spritfass pumpte. „Toto“ Wolffs Verdacht: „Wir gehen davon aus, dass eine statische Entladung stattgefunden hat. Das ist extrem selten und kann eigentlich nur passieren, wenn Benzin umgepumpt wird.“

Der Sachschaden ist groß. Das Chassis von Bruno Senna, das zum Zeitpunkt des Feuers in der Garage stand, kann repariert werden. Maldonados Bolide war im Parc

Fermé besser aufgehoben. Von 150 Funkgeräten verbrannten 110! Sie hingen in einer Plastikstellage. Das verbrannte Plastik hat auch den schwarzen Rauch erzeugt. Im IT-Bereich gab es zwar verkohlte Laptops, doch Daten und Software waren abgesichert. Finanziell ist dem Siegerteam von Barcelona kein Schaden entstanden. Sämtliches Material war versichert.

Am Montag wird Pastor Maldonado in seiner Heimat Venezuela, von dort stammt ja auch Zweirad-Champion Johnny Cecotto, wie ein Nationalheld gefeiert. Auch Präsident Hugo Chávez gratuliert: „Unser Pastor hat Geschichte geschrieben." Er hat „seinem" Rennfahrer zum Öl-Sponsor verholfen. In der Hauptstadt Caracas gehen Fans spontan auf die Straßen und zeigen Plakate mit der Aufschrift: „Maldonado, der Stolz von Venezuela!" Pastor steht im Spanischen für Hirte, Schäfer, Seelsorger. Der erste GP-Erfolg eines Fahrers aus Venezuela bringt dem gespaltenen Land wenige Monate vor der Präsidentenwahl einen seltenen Moment der nationalen Einheit.

Das lateinamerikanische Land ist ja nicht gerade für sportliche Großerfolge bekannt. Schlagzeilen macht Venezuela meist aus anderen Gründen: wegen seiner Schönheitsakademien, die mehr Miss Worlds produzieren als jede andere Nation. Wegen seiner Ölvorkommen, die vier Fünftel der Exporteinnahmen ausmachen. Und vor allem wegen Hugo Chávez, dem bekennenden Marxisten, der seinem Land eine eigene Zeitzone und eine streng antiamerikanische Politik verordnete. Die staatliche Ölfördergesellschaft PDVSA ist sein wichtigstes wirtschaftspolitisches Instrument.

Von Maldonado kommt man über Montoya zu Helmut Marko, dessen Schützling der Kolumbianer einst war. Red Bull stellte in Barcelona fest: Auch noch so geniale Aerodynamik-Updates werden von den Reifen neutralisiert. Für Red Bull wird die Titelverteidigung somit alles andere als ein Durchmarsch. Ließ Vettels Sieg in Bahrain noch an einen Durchbruch glauben, so wurde die Weltmeistertruppe in Spanien wieder heftig auf den Boden der Tatsachen zurückgeholt.

Red-Bull-Konsulent Helmut Marko sitzt nach Rennende mit einem Blatt Papier in der Hand in der „Energystation". Darauf sind wilde Kurven zu sehen. Sie zeigen alle wichtigen Daten der 24 Fahrer über die 66 Runden des Spanien-GPs. Marko versucht auszurechnen, wo Vettel (6.) ohne die Durchfahrtsstrafe wegen Missachtung gelber Flaggen gelandet wäre: „Zumindest im Bereich des Vierten Grosjean. Als Sebastian nach seiner Strafe frei fahren konnte, war er so schnell wie die Spitze."

Solch ein Highlight ist für ein Team wie Red Bull nur ein schwacher Trost. Es gibt zu viele offene Fragen und zu wenig schlüssige Antworten. Wenigstens geht es McLaren und Mercedes nicht besser. Auch das tröstet die „Bullen" kaum. Red Bull tut es weh, wenn der Vorsprung durch mehr Geld, bessere Werkzeuge und einen Aero-Stardesigner wie Adrian Newey schrumpft, weil sich bei den GPs nichts mehr berechnen, simulieren und erklären lässt.

Marko fliegt mit Didi Mateschitz nach Hause: zuerst im Helikopter von der Montmelo-Strecke nach Girona, wo der Privatjet nach Salzburg und Graz wartet. Mateschitz erlebte das Rennen hautnah, dennoch sieht er das Ganze distanzierter: „Die Formel I ist hochinteressant, weil Grands Prix weniger vorhersagbar sind. Es kann sein, dass es in Monte Carlo, beim sechsten Rennen, den sechsten verschiedenen Sieger gibt.“ Wenn's so kommt, wär's eine tolle Premiere.

Monaco: Schumachers Tag auf „Pole“

WEBBER IM POOL

Gas geben für den Grand Slam! Formel I in Monte Carlo, der WM-Titel in der Königsklasse und die 24 Stunden von Le Mans. Die drei wichtigsten Siege für Autorennfahrer mit dem größten Prestige, die drei begehrtesten Pokale. Und nur zwei Piloten in 60 Jahren haben sie alle drei gewonnen: unser Jochen Rindt und „Mr. Pokerface“, der schnauzbärtige Graham Hill!

Rindt gewann Le Mans 1965 mit Masten Gregory auf Ferrari, die Formel-I-WM 1970 auf Lotus – viele werden sich am Klassiker-Wochenende in Monaco dran erinnern.

Aber wo blieben die unbezahlbaren Trophäen? Den Le-Mans-Pokal hat das halboffizielle Chinetti-Team, die WM-Trophy hat sich Nina Rindt in Genf behalten – und die phantastische Monaco-Trophy steht jetzt bei irgendeinem Joe Bloke in England am offenen Kamin. Über ein Inserat um nur 20.000 Pfund gekauft – ideeller Wert viel höher! Aber die Siegerpokale waren früher auch viel authentischer.

Als noch alle vom klassischen Hattrick träumten. Hill gewann fünfmal Monaco und zweimal die WM, Juan Manuel Fangio natürlich beides – aber in Le Mans 1955 wurde er nach der Mercedes-Katastrophe aus dem Rennen genommen. „Wir hatten schon fünf Runden Vorsprung“, ärgert sich sein Copilot Stirling Moss noch heute.

Später wurde der Grand Slam auf Indianapolis ausgeweitet. Graham Hill und Jim Clark gewannen beide das 500-Meilen-Rennen, Clark aber nie in Monte Carlo. „Darum ist Jimmy immer weitergefahren und wollte nicht aussteigen – bis er auch Monaco gewonnen hat“, verraten mir seine Schwestern.

Graham Hills Weg zum Hattrick führte über eine Katastrophe. Ausgerechnet sein bester Freund Joakim Bonnier verunglückte in Le Mans. „Aber was zählt alles andere, wenn du Le Mans gewinnst“, sagte Hill damals.

Niki Lauda holte zwei Monaco-Siege und drei WM-Titel, fuhr aber nie in Le Mans oder Indy. „Trotz einiger halbherziger Angebote.“ Michael Schumacher gewann fünfmal Monaco und siebenmal die WM – und 1991 mit seinem Tiroler Copiloten sogar fast in Le Mans. „Wir wurden Vierte mit Getriebewechsel“, erinnert sich Karl Wendlinger, „sonst hätten wir vielleicht gewonnen ...“

Gilles Villeneuve gewann zwar in Monaco, aber nie die WM – bei seinem Junior Jacques war es genau umgekehrt. Jetzt jagen andere nach dem Grand Slam: das ewig faszinierende Auto-Roulette.

„Du glaubst, du hast immer nur einen Fuß im Cockpit, den anderen draußen auf der Straße", so drastisch beschrieb mir Nelson Piquet einmal das schaurig-schöne Abenteuer. „Formel-I-Fahren in Monte Carlo ist wie Hubschrauberfliegen im Wohnzimmer." Oder, wie es Nigel Mansell erlebte: „Wie wenn du mit dem Fahrrad in deinem Badezimmer herumstrampelst." Zwei berühmte Zitate, die jetzt wieder überall auftauchen.

Aber was empfinden Formel-I-Piloten, wenn sie heute gegen 16 Uhr nach höllischen 78 Runden die samtbezogene Treppe zur Fürstenloge hochsteigen? Manche schwankend von der Kurvenorgie, manche haben nach zwei Stunden im Lärm verstopfte Ohren, sodass sie die Gratulation des Fürsten gar nicht richtig hören können: „I'm happy it's you!"

Und alle hatten früher – vor den Schaltwippen und der Servolenkung – von der Knüppelschaltung aufgerissene, blutige Handflächen. „Nicht gratulieren!", rief mir 1983 der Sieger Keke Rosberg zu und zeigte seine rechte Hand: Hautfetzen, mit Blutblasen übersät.

Trotz Schmerzen standen sie vor Rainier III. alle stramm. Sein Nachfolger, Fürst Albert, plaudert mit den Racing-Heroes eher locker. Wie mit Gerhard Berger beim Heli-Skiing in den Rocky Mountains oder früher mit den Bobfahrern in Igls, Cortina oder St. Moritz. Dort nannten sie ihn schlicht „den Bertl".

Inzwischen sind aus den Lorbeerkränzen längst wunderschöne, kostbare Trophäen geworden.

DIE 10 GRÖSSTEN MONACO-SIEGER

6 Ayrton Senna (1987–93)
5 Graham Hill (1963–69)
5 Michael Schumacher (1994–2001)
4 Alain Prost (1984–88)
3 Stirling Moss (1956–61)
3 Jackie Stewart (1966–73)
2 Juan Manuel Fangio (1950–57)
2 Niki Lauda (1975/76)
2 David Coulthard (2000–2002)
2 Fernando Alonso (2006/07)

Neunmal standen Austria-Piloten in Monte Carlo in der Fürstenloge. Rindt, unvergessen, einmal, Niki Lauda und Gerhard Berger je viermal. Niki als Sieger 1975/76 und Zweiter 1977 und 1978, geschlagen nur von Jody Scheckters Wolf und Patrick Depaillers Sechsrad-Tyrrell. Aber berühmt geworden sind seine Handküsse für Gracia Patricia in der Fürstenloge. Nach ihm hat sich das keiner mehr getraut …

Gerhard war 1988 Zweiter hinter Alain Prost, Dritter 1990 hinter Senna und Alboreto, 1994 hinter Schumacher und Brundle, 1995 hinter Schumacher und Hill.

Als wir einmal während des Trainings durch den Tunnel gingen, mitten im Lärm, war Berger entsetzt: „Was, da bin ich auch gefahren? Kann ich mir heute gar nimmer vorstellen …"

1982 drängten sich sogar drei Piloten am Red Carpet, die alle glaubten, sie hätten gewonnen. Die alle in der letzten Runde in Führung liegen geblieben waren, weil ihr Tank oder ihre Batterie leer war: Riccardo Patrese, Didier Pironi und Andrea de Cesaris. Aber Patrese ließ sein Auto bergab anrollen – und gewann.

Nachher stürmte eine jubelnde italienische Signora – gegen das Protokoll – in die offizielle Pressekonferenz und umarmte den Sieger unter Freudentränen: Mamma Patrese.

Und einmal saß Dr. Otto von Habsburg in der Fürstenloge. „Monaco war der erste Staat, der mir nach dem Krieg einen Pass gegeben hat. Ich war auch Präsident von Bugatti – von irgendwas mussten wir ja leben." Sogar in Monte Carlo.

In Vaters Spuren: Während schon alle Fans vom Monte-Carlo-Grand-Prix und seinen Heldensagen reden, gibt es auf der Ferrari-Teststrecke in Fiorano ein emotionelles Requiem: Jacques Villeneuve fährt den legendären Ferrari, mit dem sein unvergessener Vater Gilles 1979 in Monaco gewonnen hatte.

Am 8. Mai – dem 30. Jahrestag seines Unglücks von Zolder, als er im Qualifying mit Jochen Mass kollidierte. „Der arme Gilles flog endlos", trauerte Enzo Ferrari über seinen Lieblingspiloten, „wie ein kleiner Vogel mit gebrochenem Flügel …"

„Gilles war der Beste von uns allen", sagte damals Niki Lauda, „und ganz bestimmt der Schnellste." Und Leidenschaftlichste. Mit dem größten Hang zum Risiko. Nicht nur einmal warnte ihn Enzo Ferrari: „Gilles, denk mehr an deine Kinder …"

Sohn Jacques war 1997 Champion mit Williams, aber in Monaco als 4. und 5. am Podest vorbei.

Monte-Carlo-Sieger in zwei Generationen – das hat noch keine Familie geschafft. Graham Hill triumphierte fünfmal im Fürstentum, sein Sohn Damon holte 1993 Platz 2. Und kollidierte einmal zwischen Mirabeau und Loews-Kurve mit Gerhard Berger.

Jetzt ist das Vater-Sohn-Double am ehesten Nico Rosberg zuzutrauen. Für beide ist Monaco ein Heim-Grand-Prix. Vater Keke, früher wohnhaft in Zell am See, Ibiza und Monaco, stand 1983 mit blutigen, total aufgerissenen Händen, aber als Sieger in der Fürstenloge – Nico, der schon mit Schaltwippen fuhr, hatte bis jetzt die Plätze 6 und 7, aber auch zwei Unfälle.

Bruno Senna fährt erstmals in Monaco – im Windschatten einer Legende. Sein Onkel Ayrton ist Rekordsieger in Monte Carlo – mit sechs Triumphen 1987–93.

Für Rennfahrer ist es immer schwer, in die Fußstapfen erfolgreicher Väter zu treten. In Monaco ganz besonders. Mathias Lauda aber schlug sich bei drei Starts tapfer: zwar in der Formel 3000 ein Unfall in der ersten Kurve, aber im GP-2-Rennen beachtlicher Sechster und im Porsche-Supercup nach verpatztem Start noch 13.

Nach einer Mittelfeld-Kollision sagte der Engländer Sean Edwards, Sohn eines der vier

Lauda-Lebensretter vom Nürburgring: „Mein Vater hat deinen Vater damals aus dem Feuer gezogen – und jetzt fahren wir zwei uns gegenseitig ins Auto …“ „Das war nicht ich“, protestierte Mathias. „Da hat Edwards zwei Autos verwechselt.“

65. Filmfestival in Cannes, 70. Grand Prix in Monte Carlo. Goldene-Palme-Gala und fürstliches Straßen-Roulette. Das eine gibt's seit 1946, das andere gar seit 1929. Kaum ein Film- oder PS-Star hat das eine oder andere High-Society-Spektakel je verpasst. Cannes und Monaco – dass ist das renommierteste, weltweit bekannteste Event-Duo im Mai. „Wer hier nicht dabei ist, hat keinen Rang und keinen Namen oder er ist krank“, scherzt US-Filmgröße Will Smith („Men in Black“).

Im Mai ist die Côte d'Azur der Nabel der Promi-Welt. Die Nabelschau ist oft wörtlich zu nehmen. Auch nach Jahrzehnten geht es hier wie dort immer ums Gleiche: sehen und gesehen werden, auffallen um jeden Preis. Die Dichte an Prominenz ist rekordverdächtig. Der luxuriöse Jet-Set ist hin- und hergerissen: zwischen Cannes' Flaniermeile, dem Boulevard de la Croisette, und Monacos Hafenviertel mit Boulevard Albert I sowie Rue Grimaldi.

Die GP-Fahrer dagegen verbindet eine Hassliebe zur schnellsten Stadtrundfahrt der Welt. PS und Überholkünste sind hier nicht so gefragt, umso mehr aber Konzentration und Präzision – im Rennen 78 Runden lang! Dazu gehört auch, dass die Leitplanken hier Leitpranken heißen – weil sie förmlich nach den Boliden schlagen, krallen und greifen. Auf dem Circuit de Monaco sind alle Beteiligten, alle Boliden und alle Bedingungen am Limit – so, wie es in der Formel I sein soll.

Schon am Mittwoch geht's im Fahrerlager rund. Die VIP-Tempel und -Pagoden der Teams blicken auf das wohl teuerste Hafenbecken der Welt. Red Bull residiert dort wieder in bester Lage – und zwar auf dem Wasser. Die „schwimmende Energystation“ ist die Attraktion und der Treffpunkt. Rund zwei Millionen Euro hat das Team dieses Mal in den Aufbau und Transport für sein dümpelndes Hauptquartier investiert. Schließlich musste der zweistöckige Fahrerlager-Komplex samt Terrasse im ligurischen Ventimiglia auf einer Plattform zusammengebaut und dann wie ein Schiff in den Hafen von Monte Carlo geschleppt werden.

Bei Mercedes läuft's am Mittwochmorgen anders: Michael Schumacher und Nico Rosberg sind für einmal nicht Gastgeber, sondern Gäste. Sie besuchen Teamchef Joachim „Jogi“ Löw und die deutsche Fussball-Nationalmannschaft in ihrem EM-Trainingslager im südfranzösischen Tourrettes. Das Dorf liegt in den Seealpen nahe Cannes und Grasse, der Welthauptstadt des Parfüms. Löw bereitet sein Team dort noch ohne die Profis von Bayern München vor.

Die beiden Mercedes-Piloten sind dort als Taxifahrer begehrt – mit der neuen A- Klasse chauffieren sie Spieler ganz flott zum Training. Dass es dabei zur „Traumkonstellation“ der beiden „kölschen Jung“ Schumi und „Prinz Poldi“ kommt, ist

VON LAUDAS UND STEWART BIS ZU BRUCE WILLIS

Hollywood entdeckt die Formel I – nicht nur für die dramatische Niki-Lauda-Live-Story oder Jackie Stewarts „Weekend of a Champion", nicht erst nächste Woche, wenn die Filmstars vom Cannes-Festival zum Monaco-Grand-Prix wechseln – jetzt taucht sogar Bruce Willis im Grand-Prix-Zirkus auf!

Keine PR-Aktion zwei Autostunden von Wien – er arbeitet. Hollywoods Action-Hero dreht seit ein paar Tagen auf dem Gelände des Hungarorings die fünfte Folge von „Die Hard". Der Parkplatz des vornehmen „Paddock Clubs", der Weg zu den Boxen – überall ein Riesenaufbau der Filmleute. Aber der neueste Bruce-Willis-Film soll alles Bisherige überrunden: Autos stürzen über Brücken usw. – wenn Budapest (und der Hungaroring) nach Russland versetzt sind.

Der Filmtitel – nicht zu brutal für die nicht ungefährliche Formel I? „Wir hatten schon Schlimmeres." Etwa „On the way to a dusty death", geschrieben von Alistair McLean, dem jahrelangen Nachbarn von Jackie Stewart am Genfer See.

Stewart: „Er kam immer zum Zaun, wenn er ein neues Kapitel fertig hatte, und las mir vor." Als Schotte war der Bestsellerautor auch nicht knauserig mit Whisky …

Bruce Willis hat keinen Weltmeister-Nachbarn, sondern für die Dreharbeiten – bis August – ein Haus im noblen Budapester Stadtteil Pécs gemietet. Gedreht wird am Hungaroring-Gelände bis zum Ungarn-GP am 29. Juli – und nach kurzem Boxenstopp, wenn die Boliden eingepackt sind, gleich wieder nach dem 11. WM-Lauf.

Film und Rennen. Hollywood und Hightech. Wer verkörpert das besser als der Oscar-dekorierte US-Regisseur Ron Howard („A Beautiful Mind", „Apollo 13", „Der Da-Vinci-Code") und Niki Lauda (Weltmeister 1975/77/84). Das Thema der beiden am Monaco-Hafen: „Rush", der Film über das Leben und Leiden des jungen Lauda. Der Deutsch-Spanier Daniel Brühl spielt den Lauda. Antonio Banderas dagegen spielt mit seinem „guten Bekannten" und spanischen Landsmann Fernando Alonso – sowie dessen Freunden Poker. Mit dabei auch der Deutsch-Ire Michael Fassbender, der zuletzt mit Banderas im US-Action-Thriller „Haywire" (Regie Steven Soderbergh) mitwirkte. Banderas wie Fassbender outen sich als fanatische FI-Fans, die von Monte Carlo fasziniert sind.

Für Niki Lauda wird in der Nacht vorm Qualifying die Welt um 30 Jahre zurückgedreht. Der zweifache Monaco-Sieger trifft beim exklusiven Abendessen zum ersten Mal seine erste Film-Ehefrau Marlene. Marlene, die damals in der Ferrari-Box mitgezittert hatte? Die jetzige Marlene ist eine gebürtige Rumänin, deutscher Filmstar, und spielt Nikis Ex-Ehefrau im Film „Rush".

Was hat die echte Marlene 1975//76 nicht alles erlebt! Die heimliche Hochzeit, Nikis lebensgefährlichen Traktor-Unfall, die stürmischen Ferrari-Jahre, den ersten WM-Titel 1975, das Feuerdrama vom Nürburgring, die Aufgabe im Regen von Fuji, wo Niki den Mut zur Feigheit hatte und einen WM-Titel herschenkte.

Zu viel für ein ganzes Menschenleben. Zu viel für einen Film?

„Auch ihr Mann ist ein toller Schauspieler, der jetzt bald mit Angelina Jolie dreht. Beides sehr nette Menschen", freut sich Lauda auf die nächsten Dreharbeiten mit dem legendären John Howard, dem Regisseur des Weltraumdramas „Apollo 13".

***

Hollywood im Windschatten von Niki Lauda! Sein Film „Rush" (über sein WM-Duell mit James Hunt 1976) löst eine Formel-I-Nostalgiewelle aus. Beim Grand Prix in Monte Carlo drehen Roman Polanski und Jackie Stewart ein Remake ihres legendären „Weekend of a Champion" vor 40 Jahren.

„Alles wie damals, nur mit perfekterer Technik", verrät Stewart. „Die gleichen Autos wie 1972, unsere gleichen Dialoge in einer Suite des Hotel de Paris." Wo sich der dreifache Weltmeister beim Rasieren schnitt, aber dem Regisseur sagte: „Roman, du hast doch immer gern ein bissl Blut in deinen Filmen …" Das andere große Stewart-Projekt ist ein Film über seine Partnerschaft mit dem Franzosen François Cevert. Produzent: Bill Pohlad, der schon die homophile Cowboy-Story „Brokeback Mountain" gemacht hat.

Aber die Thematik ist eine andere: Der Champion und sein Schüler, Teamkollegen und Rivalen – aber dennoch Freunde. Der spannende Hintergrund: Stewart hatte für Ende 1973 seinen Rücktritt beschlossen, das Geheimnis aber für sich behalten. Nur sein Teamchef Ken Tyrell war eingeweiht, nicht einmal seine Frau Helen. Und Cevert hatte damals ein Ferrari-Angebot, nicht wissend, dass er für 1974 schon als neue Nummer 1 von Tyrrell ausersehen war – und damit als Favorit für den WM-Titel. Der gut aussehende Pariser Juweliersohn war der Schwarm aller Boxenladies, seine Freundin hieß Christina, die einmal bei einem Wien-Besuch auf dem Holztisch eines Grinzinger Heurigen Kasatschok tanzte …

Vielleicht war für Cevert alles zu perfekt. Er verunglückte 1973 beim Training in Watkins Glen (USA) – in der gleichen Kurve wie der hochtalentierte Wiener Helmut Koinigg ein Jahr später.

Stewart sagte mir damals: „Ich hab keine Tränen mehr." Er zog sich nach Ceverts Unglück sofort, also ein Rennen früher als geplant, tief erschüttert von der Formel I zurück. Nach 99 Grand-Prix-Starts. Sein Jubiläumsrennen (das 100.) ist er nie gefahren. Sein Filmdouble in dieser Drama-Story ist Ewan McGregor. Stewart: „Es wird im Zuschauerraum viele Tränen geben …"

klar. Lukas Podolski sitzt auf dem Beifahrersitz und der siebenmalige FI-Weltmeister gibt Gas. Gesprächsthema auf dieser Fahrt ist natürlich der 1. FC Köln und der Abstieg aus der Bundesliga sowie Poldis Wechsel zum Londoner Premier-League-Club FC Arsenal.

Silber unterstützt Schwarz-Rot-Gold: Das ist nicht neu. Schließlich ist Mercedes schon lange Generalsponsor des DFB. Im Gegenzug wird Deutschlands Nationalelf das Silberpfeil-Team am Renntag im Monte-Carlo-Fahrerlager besuchen. Am Tag nach dem Test-Länderspiel gegen die Schweiz werden Spieler und der Trainerstab von Basel mit Hubschraubern ins Fürstentum an der Côte d'Azur geflogen. Die GP-Reise ist für Jogis Team eine willkommene Abwechslung und Ablenkung vor der Europameisterschaft in Polen und der Ukraine.

Bei Ferrari schaut Cesare Prandelli, der Coach der Squadra Azzurra, kurz vorbei. Doch das Thema bei Teamchef Stefano Domenicali ist nicht der Fußball, sondern das Erdbeben. Vor vier Tagen hatte in der Region Emilia-Romagna die Erde gebebt. Die Erschütterungen waren auch in Modena zu spüren. Das nahe Maranello, wo Ferraris FI- und Sportwagen-Werke sowie das Hauptquartier der Gestione Sportiva liegen, zählte auch zur Erdbeben-Region. Domenicali kann allerdings Entwarnung geben: „Bei uns sind bis jetzt glücklicherweise keine ernsthaften Schäden gemeldet worden. Wir sind aber sehr traurig wegen der vielen Opfer." Das Epizentrum des Erdbebens mit der Stärke 5,9 lag in der Gemeinde Finale Emilia, 35 Kilometer von Modena und Bologna entfernt.

Am Donnerstag, dem traditionellen „FI-Freitag" von Monaco, nimmt das Training vormittags, bei Sonne, den gewohnten Verlauf. Nachmittags ziehen immer mehr Wolken auf, später regnet es. Tagesschnellster ist unter diesen Bedingungen Jenson Button (1:15,746). Egal, ob bei Sonne oder Regen, Hitze oder Kühle: Monte Carlos 3,34 km langer Stadtkurs lässt keinen FI-Piloten kalt. Button liebt die Hatz in den Häuserschluchten, im Tunnel und im engen Leitplanken-Käfig.

„Ja, wir alle lieben es, hier durch die Straßen zu fahren", sagt Button, „es ist eine ungewöhnliche Strecke, denn die Leitplanken stehen so nah. Es ist ein Kurs mit langer Tradition. Wir lieben solche Orte. Genauso wie Suzuka und Spa-Francorchamps. Die Strecke an sich hat sich nicht groß verändert, doch es gibt nun bessere Auslaufzonen. Wenn du hier im Qualifying alles aus dem Auto herausholen kannst, gibt es dir ein tolles Gefühl. Dann realisierst du, dass du einen FI-Boliden mit 750 PS kontrollierst. Und das ist in den engen Straßen hier schon eine sehr beeindruckende Sache."

Button gibt zu: „Im Prinzip ist es völlig verrückt, hier mit einem Formel-I-Auto herumzufahren. Es gibt zwar nicht sehr viele schnelle Kurven, doch die sind sehr aufregend. Die Schwimmbad-Passage ist toll, aber auch die Bergauf-Passage und die Bodenwelle beim Casino. Du musst dich behutsam herantasten. Denn sonst schlägt diese Strecke hier brutal zurück, wenn du nur den kleinsten Fehler machst. Deshalb ist es ja so spannend. Wir alle brauchen diesen Nervenkitzel!"

Saubers Kamui Kobayashi dagegen kann dem Monaco-Hype nicht viel Positives abgewinnen. Sein Teamchef Peter Sauber bringt das Thema am Donnerstag in zwei knappen Sätzen auf den Punkt: „Die Formel I ist eine Mischung aus Sport, Hightech und Zirkus. In Monaco überwiegt ganz klar der Zirkus!"

Kobayashi ist mit seinem Chef einig: „Dieser Stadtkurs wird nie zu meinen Lieblingsstrecken zählen. Der Speed ist ja nicht gerade berauschend. Es geht ganz einfach nur darum, das Auto über 78 Runden von den Leitplanken fernzuhalten. Den Vordermann kannst du hier selbst mit Hilfe von KERS und DRS nicht überholen. Und selbst wenn deine Reifen noch in bestem Zustand sind und dein Gegner um drei Sekunden pro Runde langsamer fährt, geht nichts."

Monaco ist gnadenlos konsequent, auch abseits der Strecke. Punkto Sicherheit überlassen die Polizei-, Security- und Ordnungskräfte nichts dem Zufall. Donnerstagabend, um 21.45 Uhr, wird im Fahrerlager, neben dem Eingang zum Medienzentrum, ein verdächtiges weißes Paket gefunden. Die Polizei riegelt sofort den Bereich ab und erklärt ihn zur Sperrzone. Journalisten müssen das Medienzentrum durch den Hinterausgang verlassen. Sprengstoffexperten eilen zur Hilfe und jagen das suspekte Paket kurzerhand und kontrolliert in die Luft.

Freitag ist FI-Ruhetag. „Von wegen", sagt Sebastian Vettel, „die meisten glauben, dass ich an diesem Tag am Meer oder Pool in der Sonne liege, spazieren oder shoppen gehe. Und alle möchten mit mir flanieren und faulenzen. Dabei habe ich an diesem Tag einen PR-Termin und ein Technik-Meeting nach dem anderen – von früh bis spät. Der Freitag ist hier fast hektischer als der Samstag."

Am Samstagvormittag ist der „Monegasse" Nico Rosberg vor seinem „Landsmann" Felipe Massa und Vettel Trainingsschnellster (1:15,159). Der Mercedes-Pilot fährt in Monaco, wie Massa, Button, Pérez und Senna, praktisch vor seiner Haustüre. Das macht dem gebürtigen Wiesbadener, der im Fürstentum aufgewachsen ist, sichtlich noch mehr Spaß: „Am meisten freut mich, dass ich bei diesem GP im eigenen Bett schlafen kann." Neu gilt das auch für Lewis Hamilton, der seinen Wohnsitz erst kürzlich vom Genfersee an die Côte d'Azur ins Steuerparadies Monaco verlegt hat.

Rosberg über seine Stadt und seinen Kurs: „Bei all diesem Rummel ist es nicht einfach, den Fokus stets auf das Rennen auszurichten. Die Strecke ist so speziell. Du musst sowohl vom mentalen Bereich als auch von der körperlichen Fitness her top vorbereitet sein. Dieser schmale Stadtkurs verzeiht dir nicht den winzigsten Fehler. Du hast im Rennen keine Sekunde Zeit, um dich etwas auszuruhen."

Sein Mercedes-Gefährte Michael Schumacher fährt im Qualifying des prestigeträchtigsten Rennens des Jahres mit einer Hypothek: Wegen seiner Barcelona-Rennstrafe (Crash mit Bruno Senna) muss der Rekordsieger um fünf Startplätze zurück. Das ausgerechnet in Monte Carlo, wo gute Startpositionen nicht die halbe, sondern schon die ganze Miete sein können. Zum Thema Monaco sagt der siebenmalige Champion vor dem Quali: „Es ist eigenartig: Seit Jahren unternehmen wir in der Formel I alles Mögliche, um die Sicherheit zu verbessern. Und dann fahren wir auf einem Stadtkurs wie hier in Monte Carlo. Das kann man nur so erklären, dass für einmal die Leidenschaft über die Vernunft siegt. Einmal im Jahr ist das vertretbar."

Und Michael Schumacher hat Samstagnachmittag viel Spaß, sehr viel Spaß. In der letzten Quali-Minute quetscht er alles aus seinem Silberpfeil und schafft die schnellste Rundenzeit! Mit 1:14,301 bleibt der 43-Jährige, der in Monaco bereits fünfmal gewonnen und dreimal Pole-Position hatte, erneut eine Klasse für sich. „Schumi" wirkt befreit. Es ist seine erste „Pole" seit Magny-Cours 2006. Insgesamt ist es seine 69, „die aber mit den anderen Trainingsbestzeiten nicht vergleichbar ist, weil 2010 für mich ja ein neues Kapitel begonnen hat."

Die erste „Pole" war ihm auch in Monaco gelungen – 1994 im Benetton-Ford. Schumacher ist bei seiner ersten Trainingsbestzeit in seiner zweiten GP-Karriere exakt 43 Jahre und 144 Tage alt. Nur drei Fahrer sind in der FI-Historie in höherem Alter schnellste Zeiten im entscheidenden Training gefahren: Giuseppe „Nino" Farina, 1950 der erste FI-Champion, war bei seiner Fahrt auf die Pole-Position beim Argentinien-GP 1954 genau 47 Jahre und 78 Tage alt. Juan-Manuel Fangio stand beim Argentinien-GP 1958 mit 46 Jahren und 208 Tagen auf „Pole". Jack Brabham fuhr 1970 beim Spanien-GP mit 44 Jahren und 16 Tagen auf den besten Startplatz.

Der Rekordweltmeister schwärmt von Mercedes und bedankt sich beim Team, „das auch in harten Zeiten immer an mich und meine Fähigkeiten geglaubt hat." Vor einer Woche hatte er in einem TV-Interview wegen der Strafversetzung um fünf Startplätze noch gescherzt: „Dann fahre ich eben als Sechster weg." So ist es nun.

Noch schlimmer erwischt es Barcelona-Sieger Pastor Maldonado. Weil der Venezolaner im Samstagvormittag-Training offenbar einen Black-out hatte und Sergio Pérez vor die Sauber-Nase flitzte, wird er hart bestraft: Die FIA Race-Stewards Paul Gutjahr (aus Bern), José Abed (Mexiko) und Nigel Mansell (1992 Weltmeister im Williams-Renault) brummen dem Williams-Renault-Piloten eine Strafversetzung um zehn Startplätze auf: Von 9 auf 19! Vettel, der ein frustrierendes Qualifying hinter sich hat, und Nico Hülkenberg profitieren davon: Sie rücken auf die Startplätze neun und zehn vor.

bastian Vettels „Mission Titelverteidigung" beginnt in Melbourne. Erste Startaufstellung 2012: vorne
amilton und Button, dahinter Grosjean und Schumacher, in der dritten Reihe das Red-Bull-Duo
'ebber-Vettel, dahinter Rosberg und Maldonado. Hülkenberg und Ricciardo komplettieren die Top Ten.
ster Saisonsieger wird Jenson Button vor Vettel und Hamilton.

Boxen-Choreografie bei McLaren: Jenson Button, extrem reifenschonend fahrend, kam meist späte
an die Boxen als seine Gegner – aber im Ziel war er schon in Melbourne als Erster. Links: McLare
Teamchef Martin Whitmarsh, mit jedem Sieg ein bisschen lockerer, aber das Glück bei Button-Freundin Jessica ist nie zu toppen.

ur seltene Sternstunden bei Mercedes: Oben: Nico Rosberg in Singapur, dahinter Schumacher. echts: Nico in China. Hätte auch keiner geglaubt, dass der Sohn des Weltmeisters von 1982, Keke osberg, für die Silbernen früher gewinnt als der große Schumi – vielleicht nicht einmal Nicos eundin Vivian Sibold, eine talentierte Innenarchitektin, oder Norbert Haug.

TOTAL
Rexona
LOTUS
Business
MOVIT
NetApp
ELYSIUM
KASPERSKY lab

Und der Herr sei uns gnädig! Lotus-Pilot Grosjean löst nach dem Start in Spa fast eine Katastrophe aus. Zehn Zentimeter, nicht mehr, retten Alonso. Grosjean hat die Distanz, sagt er, falsch eingeschätzt – und entschuldigt sich bei Alonso per SMS. Die FIA sperrt ihn fürs nächste Rennen in Monza.

Schlechter Starter, aber meist ein starker Finisher: Mark Webber gewinnt 2012 seine zwei wichtig ten Grand Prix: Silverstone (links) und Monte Carlo (rechts). Fürst Albert gratuliert, Mark bedank sich artig. Er lebt nicht in Monte Carlo, sondern auf seinem Landsitz in England – wo er mit seiner Freundin Ann auch ein kleines Restaurant betreibt. Rezepte zum Siegen kennt er manchmal auch.

h hab ihn bei der Vertragsunterzeichnung nicht nach seinem Intelligenz-Quotienten gefragt …"
ɔisch englischer Humor von Frank Williams, der in Barcelona seinen neuen Sieger Pastor Maldo-
do bejubelt. Oben: Der Venezolaner hat in Singapur sogar Alonso im Rückspiegel, aber manchmal
rt der wilde Draufgänger auch ohne Hinterrad (links unten).

Reifen-Menü von Pirelli: Die Auswahl des „schwarzen Goldes“ garantierte immer spannende Rennen. Kanada erinnert sich nach 30 Jahren an Gilles Villeneuve. Darunter der Doppelpass Fußball-Formel-I: Chelseas starker Mann Ron Gourlay mit dem respektierten Sauber-Team. Unten: das Drama in der Williams-Box in Barcelona. Nach Maldonados Sieg bricht ein Boxenfeuer aus.

MARK WEBBER UND DER KRIEG DER STERNE

Der Erste, den ich Pfingstsonntag früh treffe, ist Mark Webber – beim Joggen am Hafenkai von Cap d'Ail. Dann frühstückt „Men in Black" Will Smith bei Red Bull. Und dann schneit Antonio Banderas, der im Film Ayrton Senna hätte spielen sollen, mit unzähligen Kameraleuten im Schlepptau durch die Boxen.

Mark Webber plaudert lang mit dem berühmten George Lucas, dem Regisseur von „Star Wars". Auch weil er „immer noch mystifiziert ist, was 2011 mit meinem Auto los war." Um einen „Krieg der Sterne" bei Red Bull erst gar nicht aufkommen zu lassen, werden die beiden Red-Bull-Piloten von den Strategen quasi auseinandergesetzt. Marko: „Webber soll aus der Pole-Position voll auf Sieg fahren – und wenn's regnet, haben wir Vettel als Trumpfkarte." Die fast gestochen hätte. Vater Norbert Vettel sagt mir: „Wäre der Regen früher gekommen, als Sebastian mit 14 Sekunden führte, hätte vieles anders ausgeschaut ..."

Aber die Nummer 1 der Society-Hitparade am Renntag ist der Besuch der deutschen Fußballnationalmannschaft auf der Dachterrasse des Mercedes-Mobilhomes.

Kein Quengeln der EURO-Favoriten nach dem bitteren 3:5 am Vortag gegen die Schweiz in Basel, sondern ein starker, sympathischer Auftritt. Beste Laune, positives Denken, viel Coolness.

Niki Lauda plaudert lang (und überraschend fachmännisch) mit Bastian Schweinsteiger, aber nicht über das Münchner Elferdrama im Champions-League-Finale gegen Chelsea. „Schweini" und Miroslav Klose verraten mir: „Unser erster Grand Prix, unser erstes Monte Carlo – aber wir kommen wieder!" Vielleicht nach Hockenheim als Europameister?

Am meisten freut sich Michael Schumacher über die deutschen Nationalspieler, begrüßt alle mit Handschlag, plaudert mit allen. Für ihn sind das echte Kumpels – und als Hobby-Fußballer ist er sowieso einer von ihnen.

Sein bester Fußballfreund ist Lukas Podolski. „Die beiden telefonieren oft", verrät Schumis Business-Lady Sabine, „schicken sich SMS und E-Mails. Nur schade, dass der Poldi jetzt nach England wechselt."

Auf einer riesigen Flip-Chart notiert RTL die Tipps aller deutschen Kicker für den Monaco-Grand-Prix. Acht tippen auf Rosberg, der schon als Kind mit dem Schulbus täglich über die Monaco-Strecke gefahren ist, sechs auf den Qualifying-Schnellsten Michael Schumacher. Der kollidiert ein paar Stunden später mit dem „halben Schweizer" Grosjean, der für Frankreich fährt – aber schuldlos, nicht als Revanche fürs 3:5 von Basel.

Und später verpasst Nico nur um 0,6 Sekunden den ersten Vater-Sohn-Sieg in Monte Carlo, und Vettel nur um 0,4 den dritten Platz, für den Red Bull immer Spezialprämien zahlt. Vettel hatte anders getippt als die deutschen Fußballer: „Weil die Formel I durch die Reifen so undurchschaubar geworden ist, kann man fast jeden als Sieger tippen. Ich sage deswegen: Timo Glock!" Auf Ferrari tippte keiner – und jetzt führt Alonso die WM an.

Bei Red Bull herrscht eine eigenartige Stimmung aus Frust (Vettel) und Freude (Webber). Denn mit Mark Webber (im August 36) erbt ein anderer Oldie Schumachers Pole-Position. Neben ihm geht am Sonntag mit Rosberg der jüngere Silberpfeil-Draufgänger ins Rennen. Dahinter lauern der „Neo-Monegasse" Hamilton und Romain Grosjean im Lotus.

Der Schweiz-Franzose ist stets für eine Überraschung gut. „Ich will der erste Fahrer nach Olivier Panis sein, der auf dem Siegerpodest die Marseillaise hört", sagt der Doppelbürger, der sich in der Formel I als Franzose sieht. Bissiger Kommentar eines Schweizer Reporters: „Solange er so Crash-anfällig fährt, bleibt er auch besser Franzose."

Die Statistik spricht gegen den Genfer Grosjean: In den vergangenen 20 Jahren haben im Fürstentum nur die Fahrer gewonnen, die vom ersten, zweiten oder dritten Startplatz losgefahren sind. Zehn der letzten 20 Sieger starteten von Position zwei und drei. Einzige Ausnahme: Der von Grosjean erwähnte Olivier Panis. Im Regen-GP 1996 konnte er im Ligier-Mugen von der 14. Startposition aus triumphieren!Der Renntag bringt Klarheit: Der Franzose Panis bleibt auch dieses Mal die Ausnahme der Monaco-Regel. Und Grosjean wird die Marseillaise in der Fürstenloge nicht hören. Im Lotus ist er im Startgetümmel ins Sandwich zwischen Alonso und Schumacher geraten: Er steht quer, dreht sich und verhilft so Kobayashi in Sainte-Devote zu einer sauberen Flugeinlage. Für Grosjean kommt's dick: wieder Ausfall nach Unfall. Auch der Williams von Barcelona-Überraschungssieger Pastor Maldonado hängt nach einer Kollison am Haken eines Streckenkrans.

Webber setzt sich vom Start weg in Führung und macht alle Rosberg-Hoffnungen früh zunichte. Der Silberpfeil-Pilot hatte fest darauf gehofft, dass der Red-Bull-„Aussie" seinem Ruf als schlechter Starter gerecht werden würde. Vergeblich. Webber vor Rosberg – das ist der Anfang vom Ende der „Monaco-Prozession". Die

MONACO-REKORDE

69. Pole-Position für Schumacher – 2142 Tage nach seiner letzten in Magny-Cours 2006, aber wegen seiner Kollision mit Senna in Barcelona um 5 Startplätze zurückgereiht. Bester Startplatz daher für Webber: sechster Sieger im sechsten Rennen 2012. Hamilton nach drei Pole-Positions 2012 immer noch ohne Sieg. Rosberg verpasst den ersten Vater-Sohn-Sieg in Monaco um 0,643. Bestes Saisonergebnis für Massa (6.), Hülkenberg (8.) Kovalainen (13.) und Karthikeyan (15.). Grosjean zum dritten Mal in der 1. Runde durch Kollision out, erster Saisonausfall bei Toro Rosso, vierter bei Schumacher. Schnellster Red-Bull-Boxenstopp aller Zeiten: nur 3,4 Sekunden Standzeit für Vettel nach 46 Runden. 50. Jahrestag für den Monaco-Sieg von Bruce McLaren 1962, Swimmingpool-Einfahrt jetzt benannt nach Louis Chiron, dem ältesten Fahrer, der je in einem GP gestartet ist: 55-jährig, 1955.

weiteren Platz- und Punktefahrer nach 78 Runden heißen Alonso, Vettel, Hamilton, Massa, Paul di Resta, Nico Hülkenberg, Räikkönen und Bruno Senna. Unglaublich, aber wahr: sechs Saisonrennen, sechs verschiedene Sieger. Einmalig!

Und Michael Schumacher? Nach seiner Sternstunde im Qualifying hat er im Rennen erneut Pech. Wieder kein WM-Punkt. Wieder spielt die Technik verrückt. In seinem Silberpfeil fällt der Benzindruck ab. Was den Druck auf ihn teamintern stark erhöht. Aus sechs Rennen hat der 43-Jährige nur zwei Punkte geholt. Doch viele Vorwürfe kann man dem Altmeister nicht machen: In Australien streikte das Getriebe, in Malaysia spielten die Reifen nicht mit, in China war ein Rad nicht richtig montiert, in Bahrain verhinderte ein Heckflügel-Problem im Quali ein besseres Ergebnis. Nur der Crash mit Senna in Barcelona geht auf sein Konto.

„Es ist wirklich schade, das Rennen auf diese Weise beenden zu müssen", erklärt Schumi die erneute Pleite. „Die Enttäuschung ist riesig. Ich hatte ja insgeheim auf einen Platz auf dem Podium gehofft. Jetzt wird es Zeit, dass ich endlich einmal ein sauberes Rennen fahren kann – und dass das Pech ein Ende hat." Hätte sein Kollege Rosberg siegen können? „Mein Auto war das beste Auto im Feld", sagt er. Doch Webber fuhr nur so schnell, wie er musste. Der frühe Boxenstopp von Rosberg war eine Verzweiflungstat. Normalerweise bringen frische Reifen schnellere Rundenzeiten. Doch dieses Mal misslang dieser Trick. Weil die Asphalttemperaturen sanken, dauerte es bis zu zehn Runden, bis die härteren Reifen auf Betriebstemperatur kamen. Webber war mit gebrauchten Supersoft-Reifen schneller unterwegs als Rosberg mit frischen Soft-Sohlen.

Mark Webber ist nach seinem zweiten Monaco-Triumph WM-Zweiter, punktegleich mit Sebastian Vettel. Der Titelverteidiger und Vorjahressieger ist mit einer anderen Strategie losgefahren. Beim Start macht er gleich drei Plätze gut. Obwohl er auf der Reifen-Mischung „Soft" (die härtere) unterwegs ist, kann er das Tempo der „Supersoft"-Fraktion halten. Von Startplatz 9 auf Rennrang 4 – auf dem engen Kurs ist das keine schlechte Bilanz. „Mehr war da aber nicht zu machen", so Vettel, „denn keiner vor mir hat einen Fehler gemacht."

Der mehrfach angekündigte Regen zur Rennmitte kam auch nicht. „Wäre er bis Runde 40 eingetroffen", sagt Marko, „hätte Vettel gewonnen." Doch Vettel verlor das Rennen schon am Samstag: Er griff zwischen freiem Training und Qualifikation in die falsche Trickkiste – und setzte auf die schnellen Kurven. Er ließ die Bodenfreiheit seines RB8 verringern und das Fahrwerk eine Spur härter stellen. Doch dann hatte er Mühe mit der Traktion – und beim Fahren über die Randsteine. „Das, was Sebastian an Abtrieb gewonnen hat, ging beim Bremsen und Beschleunigen mehr als verloren", analysiert sein Förderer Helmut Marko.

Webber machte es umgekehrt. Er setzte auf die langsamen Passagen – und räumte in der Casino-Metropole den Jackpot ab. Danach steht ihm das Wasser bis zum Hals: traditionelle Siegerparty im Red-Bull-Swimmingpool. Mehrmals springt und hechtet er, vor Freude und Freunden, hinein. Und Vettel? „Ich hatte keine Lust aufs Baden und außerdem keine Ersatzklamotten dabei." Und Webber-Freund ist er auch keiner.

Typisch Monte Carlo: Zum Abschluss noch einmal ganz großes Kino. Kaum haben Niki Lauda und Dr. Helmut Marko nach dem „Rennen des Jahres" in Nizza ihren Heimflug angetreten, sehen sie, wie unten am Hafen Mark Webber siegestrunken und noch im Overall in den Swimmingpool springt. Aber beobachtet nicht durchs Fenster des Privat-Jets, sondern live an Bord im Fernsehen. RTL hat für Niki eine Extra-Fernsehleitung in den Flieger geschaltet.

„Unglaublich, was die heutige TV-Technik alles kann", staunt Marko. Und Lauda lächelt noch am Tag danach: „Der Helmut war ganz happy – weil er ja sehen konnte, wie er zweimal gewonnen hat …"

Schon 1972 sind sie aus Monte Carlo zusammen heimgeflogen. Helmut damals als 8., Niki als 16. Vor genau 40 Jahren.

Montreal: Reifen-Lotto, 7. Ziehung

SIEGER MIT MEHR GRIP(S)

Sebastian Vettel erobert Amerika! Jetzt ist der Doppelweltmeister auch ein Star im US-Fernsehen. Und zwar in der größten und populärsten täglichen Late-Night-Show, der „David Lettermann Show" auf CBS. Eine Personality-Show, zu der Talkmaster Lettermann immer nur die absoluten Topstars aus Sport, Politik und Film-Business einlädt. Jetzt, vorm Kanada-Grand-Prix, ist Weltmeister Vettel der ideale Studiogast. Vettel mit seiner erfrischenden, offenen Art, seinem perfekten Englisch und seinen Erfolgen wird sicher auch die US-Sportfans begeistern. Das Interview wird, wie immer, im berühmten Ed-Sullivan-Theater von New York aufgenommen und von CBS in ganz Amerika live gesendet. Von Coast to Coast – also New York bis Kalifornien. Der Gesprächsstoff wird dabei sicher nicht ausgehen. TV-Superstar Lettermann kommt aus Indianapolis …

Weiters auf dem Vettel-Programm: Promotion für die sportliche „Infiniti"-Automarke. Die Amis hoffen auf ein paar Drifts am Times Square oder im Central Park – wenn die Sheriffs nichts dagegen haben. Seine Vorbereitungen für den Kanada-GP hat Vettel wie immer perfekt erledigt: vor dem Abflug nach Nordamerika noch einen ganzen Tag im Red-Bull-Simulator in Milton Keynes. Im Formel-I-Zirkus ist nach Monte Carlo der Verdacht aufgetaucht, Mark Webber habe letzten Sonntag in Führung das Tempo etwas gebremst, um Vettel das Nachkommen von seinem schlechten Startplatz zu erleichtern. „Alles Schwachsinn", dementiert Webber. Und Vettel: „Wenn Mark das gesagt hat, dann stimmt das sicher."

Mit seinem 4. Platz von Monaco ist Vettel durchaus happy: „Vom 9. Startplatz weg ist Rang 4 sicher nicht schlecht, und wir haben wieder eine Menge Punkte geholt. Aber man muss ja sehen, von wo ich losgefahren bin."

Kanada soll anders sein. Vettel hatte in Montreal schon 2011 Pole-Position und führte in einer chaotischen Regenschlacht, die 4 Stunden dauerte, bis zur letzten Runde – dann rutschte er in der letzten Kurve aus und Button gewann. Jetzt freut sich Sebastian auf Montreal; „Schönes Land, schöne Stadt, und die Strecke ist nicht weit weg vom Hotel." Und die WM? „Schwierig einzuschätzen. Ich hoff, das Qualifying geht gut – und dann das Rennen natürlich auch." Letzte Frage, Sebastian: Angst vorm Regen in Montreal? „Sicher nicht …"

SCHATTENSEITEN EINES MÄRCHEN-GRAND PRIX

In Montreal, wo er 1979 das erste Mal zurückgetreten ist, sitzt Niki Lauda seit gestern wieder im Simulator! Aber nicht für ein neues Comeback, sondern seinen vorgeschriebenen 6-Monate-Check für seine Pilotenlizenz. „Jedes halbe Jahr in den Simulator – das ist Pflicht für uns Piloten!"

Und was wird Lauda als RTL-Kommentator auf dem „Circuit Villeneuve" erleben? Wie immer einen spannenden, zwischenfallreichen Grand Prix von Kanada. Pirelli brachte die gleiche Reifenkombination wie zuletzt nach Monte Carlo, also Soft und Supersoft. „Auch Montreal ist keine permanente Rennstrecke, aber viel schneller als Monaco. Wir rechnen mit hohem Reifenverschleiß – und einem Rekord an Boxenstopps." Und dazu kommt, wie immer in Kanada, das wechselhafte Wetter.
Frage an Sebastian Vettel: „Hast du Angst vor Regen?" Vettel: „Ganz sicher nicht ..." Dafür gibt es nur eine DRS-Zone (statt zwei) fürs Runterklappen des Heckflügels.
Red Bull hat, wie berichtet, einen Unterboden ohne die zwei Löcher montiert. Aber betrifft das Verbot auch das Schwesterteam Toro Rosso? „Nein", dementiert Teamchef Franz Tost, „weil wir eine ganz andere Konfiguration haben: höhere Seitenkästen." Konstruiert vom technischen Direktor Giorgio Ascanelli, dem früheren Renningenieur von Gerhard Berger bei Ferrari.
Die Formel I diskutiert aber nicht nur übers Reglement, sondern gedenkt auch zweier der abenteuerlichsten Piloten der Renngeschichte: des Texaners Carroll Shelby, der mit Cowboystiefeln ins Rennauto stieg und dem großen Rivalen immer androhte: „Ich hämmere die Nägel in Ferraris Sarg", und des Engländers Roy Salvadori, Sohn italienischer Eltern – zusammen gewannen sie 1959 in Le Mans, fast gleichzeitig sind sie letzte Woche gestorben.
Salvadori war 1966–67 Rennleiter bei Cooper-Maserati, also Chef von Jochen Rindt, der damals WM-Dritter hinter Jack Brabham und John Surtees wurde. Die Team-Atmosphäre war manchmal hart.
Bernie Ecclestone, schon damals immer in der Rindt-Box dabei: „Roy erkannte sich selber in Jochen und war immer eifersüchtig auf Rindt, weil er sich das gleiche Talent, die gleichen Erfolge zugetraut hätte. Manchmal war's ein ziemlicher Fight zwischen den beiden."
Salvadori war bei einem Rennunfall in einen englischen See gestürzt und seither auf einem Ohr taub. Als Rindt in seinem letzten Cooper-Rennen in Watkins Glen 1967 ausfiel, sagte er in der Box zu Freunden: „Ich hab dem Motor noch einen Extra-Tritt gegeben, damit er ja zum Wegschmeißen ist."
Zufällig hielt Salvadori gerade das gesunde, nicht das taube Ohr hin – und war ziemlich bös. Das war Jochens Abschied vom Cooper-Team.

Der GP von Kanada darf nicht wieder 4 Stunden dauern! Das längstdauernde Formel-I-Rennen aller Zeiten, aber auch das langsamste! Montreal 2011, der Grand Prix, der in die Geschichte einging. Gesamtzeit 4.04:39 Stunden, Schnitt nur 74,864 km/h – wie war das möglich bei der 2-Stunden-Regelung? Weil wegen Regens und vielen Unfällen und Kollisionen 30 Runden hinter dem Safety-Car gefahren werden mussten, im Renntempo aber höchstens eine Stunde, dazu kam eine Regenpause für 25 Runden oder 2.02 Stunden, während der die Uhr aber weiterlief.

Der Fußballer Michael Carrick, Stargast von McLaren, konnte nur den Kopf schütteln: „Ich kenn keinen Fußballfan, der nach einer zweistündigen Halbzeitpause wieder zu seinem Sitz zurückkommt ... Da geht jeder schon lieber nach Hause."

Diese Farce darf sich nicht wiederholen. Darum hat die FIA für heuer beschlossen: Nach 4 Stunden ist unwiderruflich Schluss, dann kommt endgültig die Zielflagge heraus. Hätte diese Regel schon 2011 gegolten, hätte man den Piloten (und TV-Zuschauern) aber auch nicht viel erspart – nur 4 Minuten oder ein, zwei Runden. Aber dann hätte nicht Jenson Button gewonnen, sondern Sebastian Vettel!

Vielleicht fährt am Sonntag wieder Bernd Mayländer im Safety-Car die meisten Führungsrunden von allen. Aber wenn es sogar einen Abbruch und Neustart geben sollte? Auch dann gilt die 4-Stunden-Regel – ab dem Originalstart. Montreal hat seinen Ruf als Schlechtwetterrennen. 2011 die fünf Safety-Car-Einsätze, 76 Boxenstopps – und Sieger Jenson Button überholte 23 Autos. Als Letzten Sebastian Vettel in der letzten Kurve der letzten Runde! Wie Jochen Rindt und Jack Brabham 1970 in Monte Carlo, aber im Regen ...

Wer gewinnt in dieser einmaligen, verrückten Saison das verflixte, siebente Rennen in Montreal? Für FIA-Präsident Jean Todt sind Siegertipps nach sechs GPs mit sechs verschiedenen Siegern nichts anderes als Wahrsagerei. Deswegen bleibt er auch vorsichtig, wenn es um den Gewinner des Kanada-GPs 2012 geht: „Da kommen alle Fahrer jener Teams in Frage, die bisher gepunktet haben." Damit wären wir bei 18 Sieganwärtern, weil neun Teams schon WM-Punkte haben.

FI-CEO Bernie Ecclestone hat punkto Montreal-Sieger eine einfachere Antwort parat: „Das kann heutzutage jeder sein." 2012 – das ist schon ein ganz besonderer Formel-I-Jahrgang. Verrückt, diese Grands Prix, oder? Unterhaltung und Abwechslung pur von Melbourne bis Monaco – mit den Siegern Jenson Button, Fernando Alonso, Nico Rosberg, Sebastian Vettel, Pastor Maldonado und Mark Webber. Allein diese Winner-Show sorgt für ungläubiges Staunen.

Deshalb bräuchte es nun wahrlich kein so verrücktes Rennen mehr, wie es der Kanada-GP in der Provinz Québec traditionell ist. Die Millionenmetropole Montreal und die Île Notre-Dame, eine künstliche Insel im Sankt-Lorenz-Strom, sind mit dem Circuit Gilles Villeneuve ja Garanten für ein aufregendes GP-Spektakel. Deswegen prophezeit Jacques Villeneuve, der Sohn des legendären Ferrari-Frankokanadiers, auch wieder einen neuen, glücklichen Sieger: „The lucky seventh winner."

Schon am Mittwoch vor dem Rennen nennt er dazu Namen. Beim traditionellen Treffen in seinem In-Restaurant „Newtown" in Montreals Innenstadt spricht er in erster Linie vom „Montreal-Spezialisten" Lewis Hamilton und dessen zwei Siegen (2007, 2010) und drei „Poles" (2007, 2008, 2010)! Kimi Räikkönen (Sieger 2005) erwähnt er ebenso wie Romain Grosjean und Felipe Massa.

Natürlich vergisst er auch seinen früheren Erzrivalen Michael Schumacher nicht, wenn es um den siebenten, verschiedenen Saisonsieger geht. Immerhin hat „Schumi" hier schon siebenmal gewonnen und sechsmal Pole-Position geholt! Weil Jacques Villeneuve auch bei Sauber fuhr, zählt er Kamui Kobayashi und Sergio Pérez sowie Bruno Senna im Williams auch dazu. „Sie alle haben Autos zum Siegen und können in Montreal die verrückte 2012er-Serie fortsetzen."

Sebastian Vettel hat auf dem achtstündigen Nordatlantik-Flug von Zürich nach Montreal das geschichtsträchtige Kanada-Rennen 2011 nachgelesen. Eine Lektüre, die ihm sicherlich nicht nur Spaß bereitet. Es war ein Rekord-GP mit insgesamt 30 Safety-Car-Runden, 76 Boxenstopps, Kollisionen zuhauf, den Vettel erst drei Kilometer vor dem Ziel – nach einem Ausrutscher – gegen Button verlor. Vettel: „Wir haben jede Runde geführt und waren ganz nah dran. Natürlich ärgert es einen dann, wenn man den Sieg durch einen kleinen Fehler verliert."

Doch das ist nur eine Geschichte von vielen gewesen. Denn so lange wie im 2011er Montreal-Regen mussten Zuschauer noch nie auf einen FI-Sieger warten: McLarens Button sah erst exakt 4.04:39,537 Stunden nach dem Start die Zielflagge! In dieser langen Zeit dröhnten die Boliden nur 57:10 Minuten im Renntempo. Der Grund für den GP-Marathon war die Regenpause nach 25 (von 70) Runden, die sich 2.02 Stunden in die Länge zog und als Fahrzeit gilt.

Seit diesem Jahr besagt der FIA-Regel-Artikel 5.3, dass kein Rennen länger als maximal vier Stunden dauern darf. Mit der lokalen Sonntags-Startzeit 14.00 Uhr wäre also spätestens um 18.00 Uhr Schluss. Doch dieses Mal wird in den Wettervorhersagen nicht von Regen, sondern von Schönwetter gesprochen. Auf Montreals Pierre Elliott Trudeau International Airport wird Vettel nach seiner Ankunft als Erstes gefragt: Wer gewinnt den Kanada-GP? „Natürlich ich", sagt er lächelnd, „es wird ja langsam Zeit, denn Red Bull hat hier ja noch nie gewonnen."

Im Gegensatz zu Jacques Villeneuve glaubt Vettel nicht daran, dass die GP-Sieger-Lotterie noch lange andauert: „Entweder hier in Montreal oder dann in Valencia werden wir einen Sieger sehen, der in dieser Saison bereits gewonnen hat." Und an wen denkt er dabei? „Natürlich nur an Mark (Webber)", scherzt der Titelverteidiger

JACKIE STEWART: MEINE JUNGEN LÖWEN

Jackie, wenn du das große Schumacher-Comeback in Monte Carlo erlebt hast, tut's dir nicht leid, dass du es nach deinem Rücktritt 1973 nicht noch einmal probiert hast?

Stewart: Überhaupt nicht. Meine Karriere war nach 99 Rennen vorbei. Nach den vielen Unfällen hatte ich keine Tränen mehr. Aber Schumi hat mich sehr beeindruckt – und auch überrascht. Ich freu mich für ihn.

Auch, wie gut er mit der heutigen Technik zurechtkommt?

Stewart: Die hat sich mit KERS, DRS usw. enorm weiterentwickelt. Aber das war schon immer so: ob zur Zeit von Stewart und Lauda oder Clark und Hill oder Fangio und Moss oder sogar Caracciola und Nuvolari.

Wärst du als Pilot mit der heutigen Technik happy?

Stewart: Na klar. Alles was die Entwicklung beschleunigt, die Autos schneller macht, ist gut …

Aber auch für die Fans?

Stewart: Diese WM 2012 ist total verwirrend und unberechenbar. Ich trau mich keinen Tipp abzugeben mit so vielen Toppiloten. Da hast du Vettel und Webber, Hamilton und Button, dann Alonso oder Schumacher und Rosberg – alle auf dem gleichen Level.

Sind das deine aktuellen Top Sieben?

Stewart: Ja, aber plötzlich platzen da Grosjean, Maldonado und Pérez in diese Spitzengruppe herein, sind oft schon schneller als die Stars. Aber das war schon immer so, wenn eine neue Generation kam, wenn die „young lions" angriffen – ich war ja selber einmal ein junger Löwe, zusammen mit Jochen …

Mit dem du dir 1969 in Silverstone ein unvergessliches Duell geliefert hast. Ihr habt euch an der Spitze 29-mal überholt?

Stewart: … und uns dabei kein einziges Mal berührt oder den anderen in ein Schlamassel gehetzt. Das ist heute anders.

Was würde Jochen heute mit 70 wohl machen?

Stewart: Geschäfte mit Bernie, überhaupt keine Frage.

Und du, mit inzwischen auch schon 73, aber mit Lotus immer noch im Zirkus?

Stewart: Gerald Lopez und Eric Lux haben das Team als Marketing-Plattform für ihr Geschäfte gekauft. Ich bin fürs Business und die Strategie zuständig.

Immer noch der gleiche Wirbelwind wie immer, Jackie?

Stewart: Ich hab jetzt einen früheren Armee-Offizier als Bürochef, lebe in England und der Schweiz und hab mittlerweile neun Enkelkinder – von denen zum Glück keiner Go-Kart fährt oder Rennfahrer werden will …

Und das berühmte „Clayton House" am Genfer See, die Nachbar-Villa von Jochen Rindt?

Stewart: Hab ich zuerst an den Popstar Phil Collins vermietet, dann verkauft – jetzt ist Phil geschieden und sucht einen neuen Käufer.

„Das kotzt mich wirklich an", ist Webber am späten Donnerstagnachmittag immer noch gereizt, „unser Auto hat jede technische Überprüfung nach den Rennen bestanden. Keiner hat in Monaco protestiert. Zuvor haben Kontrollen in Bahrain und Barcelona nichts ergeben. Jetzt hat die FIA eben die komplizierten Regeln klargestellt." Aus Webbers Sicht war der RB8-Bolide zu keinem Zeitpunkt illegal: „Wir hatten ein Auto, das im ersten Teil der Saison legal war. Nun wurden die Regeln geändert. Wir sind sehr optimistisch, dass der Wechsel keine Auswirkungen hat."

In den Montreal-Boxen feiert er jedes Jahr seinen Geburtstag – in Silverstone schwärmt er von seinem Jahrhundertduell mit Jochen Rindt 1969: Jackie Stewart, der dreifache Weltmeister im bunten Schotten-Outfit. Kaum einer beobachtet die Formel-I-Szene so scharf wie er. Interview mit Jackie Stewart über Sieger, Technik und Privatleben.

Am Donnerstagabend lernen Webber und viele andere Formel-I-Größen ganz andere Probleme kennen. Sie sind Zeugen, wie Montreals Polizei in der City 40 nackte, jedoch maskierte Demonstranten festnimmt. Nach einem „Nacktmarsch" wollten die Demonstranten eine GP-Cocktailparty von FI-Boss Bernie Ecclestone stören. In Montreal sind seit drei Monaten Studentenproteste im Gang. Dabei geht es um zu hohe Studiengebühren, die die Regierung von Québec festlegte. Studentengruppen haben vor dem Kanada-GP öffentlich angekündigt, sich durch derartige Störaktionen Aufmerksamkeit verschaffen zu wollen. Zudem prangern sie die Millionen-Subventionen von Québec und Montreal für das FI-Gastspiel an.

Jacques Villeneuve, der mit den Weltmeistern Emerson Fittipaldi und Mario Andretti bei der Cocktailparty zu Gast ist, zeigt für die Protestierenden wenig Verständnis: „Geht zurück an die Uni", fordert der Weltmeister von 1997 seine

SPRÜCHE DES FORMEL-I-JAHRES 2012

„Der Grosjean ist ja hin auf der Marille."
„Darf ich zuerst ins Deutsche übersetzen: Marille ist bei uns Aprikose."
(RTL-Dialog zwischen Niki Lauda und Florian König über Grosjeans Monstercrash in Spa)

„Vor genau 50 Jahren bin ich hier mein erstes Autorennen gefahren – und leb immer noch."
„Und ich leb auch immer noch – dank dir ..."
(Niki Lauda traf seinen Nürburgring-Lebensretter Arturo Merzario in Monza)

„Wir wollen das Fliegen für jeden möglich machen."
(Caterham-Chef Tony Fernandez, als er für seine Airline „Air Asia", die er der malaysischen Regierung für einen symbolischen Ringgit abgekauft hatte, 240 Airbusse bestellte.)

Landsleute auf, „es wird Zeit, dass diese Studenten aufwachen und arbeiten, statt faul herumzuhängen. Das dauert jetzt schon lang genug, es reicht." Diese deftigen Äußerungen haben beim Ex-Champion sogar Morddrohungen zur Folge.

Bernie Ecclestone hofft nur, dass diese Protestaktion die letzte an diesem Rennwochenende ist. Der für Donnerstag geplante, traditionelle „Open-House"-Tag, ein Tag der offenen Tür im Fahrerlager, musste aufgrund von Sicherheitsbedenken bereits abgesagt werden. „Es wäre furchtbar, würde jemand sterben, weil er zum Beispiel auf die Strecke läuft", schildert Ecclestone sein Worst-Case-Szenario in Sachen Studentenproteste und Aufmerksamkeit um jeden Preis.

Webber versucht „Mr. E" etwas abzulenken und erzählt ihm seine unglaubliche Montreal-Story vom Fliegen im Fallschirmsprung-Simulator. Dort erhielt der Red-Bull-Pilot nämlich eine Einführung ins Sky-Diving und durfte sich unter Anleitung eines Profis auch selbst in die Lüfte erheben. Teamsponsor Infiniti machte die Luftnummer möglich – wie auch einen spektakulären Stunt: Webber pilotierte einen offenen Infiniti-Straßenwagen, auf dessen Rückbank Red-Bull-Air-Force-Crack Jon DeVore eine perfekte Punktlandung mit dem Fallschirm hinlegte – nachdem er aus einem Hubschrauber gesprungen war. Ecclestone zeigt sich amüsiert.

Im Freitagtraining ist ein anderer amüsiert: Hamilton fährt auf „seiner" Strecke Bestzeit um Bestzeit und ist mit 1:15,259 Tagesschnellster. Knapp dahinter die überraschenden Ferraris von Alonso und Massa, dann der „lochfreie" Red Bull von Vettel. Der Hesse bekommt trotzdem Ärger mit den FIA-Sportkommissaren: Er ist innerhalb von zwei Runden zwei Fahrern zu brutal in die Quere gekommen: Bruno Senna und Nico Hülkenberg. Dafür wird Vettel verwarnt – erstmals in dieser Saison. Bei drei „gelben Karten" setzt es je nach Schwere der Vergehen eine Strafe. Vettel ist der achte „gelb" vorbelastete Fahrer.

Für weitere Aufregung sorgt bei den „Bullen" die FIA-Aufforderung, die vorderen Bremsbelüftungen umzubauen. Gemäß FIA würden diese zweckentfremdet und zu sehr als Aero-Hilfsmittel missbraucht. Red Bulls Technikchef Newey nimmt nach dem „Löcher-Verbot" auch das zur Kenntnis: Er ist ein Grenzgänger und genau so baut er auch seine Boliden. Manchmal schießt er dabei übers Ziel.

Dennoch bleibt Newey bei seiner Devise: Nur wer ans absolute Limit geht, hat in der FI Siegeschancen. Das Freitagtraining bestätigt ihn: Zwischen Platz 1 und Rang 13 liegen nur 0,7 Sekunden! „Im letzten Jahr waren es zweieinhalb Sekunden", erinnert sich der Schweizer Teamchef Peter Sauber.

Knapp und eng geht es am Samstagvormittag weiter. Das dritte Training gibt den Tausendsteltakt fürs Qualifying vor: Vettel ist Schnellster vor Alonso (0,006), Hamilton (0,270), Webber (0,282) und Maldonado (0,313). Die ersten 15 liegen innerhalb von 0,9 Sekunden. Vettel startet als Favorit ins Qualifying. Nach den

Eindrücken vom Vormittag erwarten alle Experten einen dramatischen Tausendstelkrimi beim Kampf um die Pole-Position. Doch als Vettel im Top-Ten-Finale ernst macht, sind die Konkurrenten ohne Chance. Mit 1:13,784 und drei Zehntel Vorsprung fährt der Red Bull-Pilot überlegen auf die beste Startposition – nach Bahrain zum zweiten Mal in dieser Saison. Und in der Wüste siegte er dann ja.

Hamilton holt Startplatz zwei vor Alonso und Webber. Die gleichen waren schon in der Vormittags-Session vorne, bis auf Maldonado. Dessen fünften Platz nimmt nun Nico Rosberg ein. Denn dem Venezolaner wird die berühmte Schikane vor dem Ziel zum Verhängnis: Er prallt in Q2 gegen die berüchtigte „Wall of Champions" und schlägt sich das rechte Hinterrad ab. In der Williams-Box schlagen sie die Arme über ihre Köpfe.

Der Renntag ist sonnig, bei 27/28 Grad. Die Asphalttemperatur variiert zwischen 39 und 44 Grad. So heiß ist der Circuit Gilles Villeneuve am Freitag und Samstag nie gewesen. Das Rennen ist wieder einmal eine Reifensache: zwischen Supersoft- und Soft-Pirellis. Und zweitens eine Strategiefrage: Zwei Stopps oder doch nur einer auf 70 Runden oder 305,27 km? Der Start verläuft normal: „Pole"-Mann Vettel kommt gut weg und führt vor Hamilton, Alonso, Webber, Rosberg, Massa, Di Resta, Grosjean, Schumacher und Button. Ungewöhnlich ist: In der ersten Runde findet in den Top Ten kein einziges Überholmanöver statt.

Auch später läuft nichts mehr wie sonst. Red Bull kann sich nicht entscheiden, ob man es bei Vettel bei einem Reifenstopp belässt oder ihn doch ein zweites Mal, wie geplant, hereinholt. Dieses Zögern führt zu einem viel zu späten zweiten Stopp. Vettel kostet dieses Zaudern am Kommandostand einen Podestplatz (4.). Da nützt es auch nichts mehr, dass die Nummer 1 in den letzten Runden so hart am Limit fährt, dass beim „Felgen-Kuss" an der „Wall of Champions" die Funken sprühen.

Doch nicht nur die Red-Bull-Strategen vergeigen das Rennen. Ferrari nimmt sich an Red Bull ein (schlechtes) Beispiel: Deshalb wird Alonso im letzten Renndrittel von P1 auf P5 durchgereicht. Seine Reifen verlieren, wegen der Taktik-Änderung auf nur einen Stopp, in den letzten Runden immer mehr an Haftung.

Mehr Grip(s) haben McLaren, Lotus und Sauber. Hamilton, der „Mister Montreal", kommt zeitgerecht zu seinem zweiten Stopp und fährt dann zum Sieg. Dahinter werden Romain Grosjean und Sergio Pérez für ihre mutige, von Anfang an geplante Einstopp-Strategie mit Podestplätzen belohnt. Beide sind, ihrer Taktik entsprechend, sehr pfleglich mit den Reifen umgegangen. „Es zahlt sich aus, wenn man auf den Gummi achtet", lacht Pérez. Auf dieses überraschende Podium haben beim Kanada-GP nur wenige getippt. Im siebten Rennen der siebte verschiedene Sieger – diese Einmaligkeit zeigt die Leistungsdichte und Unberechenbarkeit der Formel I 2012!

Verflixte Sieben hin oder her. Hamilton ist im siebten Himmel. Er triumphiert am Circuit Gilles Villeneuve auf den Tag genau (10. Juni 2007) fünf Jahre nach seinem dortigen ersten GP-Sieg. Der 27-jährige Brite feiert seinen insgesamt 18. Sieg und übernimmt die WM-Führung. Seine Erfolgsquote in Montreal bleibt höchst eindrücklich: fünf Kanada-GPs und je drei Pole-Positions und Siege!

Der Champion von 2008 wird mit diesem Triumph für den Ausfall im Vorjahr entschädigt. Damals kollidierte er früh mit dem Teamgefährten und späteren Sieger Jenson Button. Nun ist es Button, der auf ein total missglücktes Wochenende zurückblicken muss: Als 16. bleibt der Weltmeister von 2009 zum zweiten Mal in Folge ohne Punkte. Allein an der von ihm gewählten Hinterachse, älteren Datums, kann es nicht gelegen sein. Hamilton siegte mit dem modifizierten Teil. Button, der Dauerläufer, tröstet sich danach beim (Halb-)Marathon in Toronto.

Valencia: Alonsos Gefühlsausbruch

HEIM-TRIUMPH & TRÄNEN

Valencia zeigt sich bei seinem vorerst letzten Europa-GP von seiner sonnigsten Seite. Dazu passt, dass das Fahrerlager am America's-Cup-Hafen mediterranes Flair ausstrahlt. Blaues Wasser, weiße Schiffe, keine Wolke am Himmel – das alles erinnert an Monte Carlo. Nur der sogenannte Street Circuit, die Straßenrennstrecke, ist hier ungeachtet der 25 Kurven und der schwierigen Überholmanöver ganz anders. Viel breiter, viel schneller, die Höchstgeschwindigkeit liegt bei 320 km/h.

Highspeed und Hitze – Boxen, Boliden und Badestrände, dafür ist Valencia bei den FI-Fans bekannt und beliebt. Für das GP-Wochenende sind 28 bis 34 Grad Hitze vorhergesagt. Gut also, dass die Formel I nach Melbourne und Monaco auch hier nah am Wasser gebaut ist. Nirgendwo sonst dröhnen die Boliden so nahe an der Beach wie in der heißen, spanischen Mittelmeer-Metropole. TV-Aufnahmen belegen immer wieder, dass die bunten Liegestühle an der Playa Arenas besser besetzt sind als die blauen Tribünensitze im benachbarten Street Circuit.

Kein Wunder, am Strand im feinen Sand liegen – und statt dem Meeresrauschen den FI-Motoren lauschen. Wem gefällt das nicht? Zudem sind schattige Cafés, Eissalons, Fischrestaurants und Cerveza-Bars, also Bierbuden, nahe. Für GP-Fans, die bereits am Donnerstag via Laptop, iPad oder iPhone auf dem letzten News-Stand sind, ist dieses Ambiente unschlagbar. Alles nach dem Motto: Den Valencia-GP sehen und vor allem hören – unter dem Sonnenschirm, in Red-Bull-Badehose oder -Bikini. Und das mit Blick aufs azurblaue Meer und den ebensolchen Himmel.

Sind der etwas schleppende Kartenvorverkauf 2012 und der Zuschauerschwund der vergangenen Jahre etwa nur mit dem allzu nahen Strandleben zu erklären? Das wäre zu einfach. Denn die dafür auch verantwortliche Banken- und Finanzkrise ist in Spanien zu hartnäckig, zu hausgemacht, zu komplex und zu kompliziert. Fakt ist: Für Valencia sind die Wirtschafts-, Euro- und GP-Aussichten nicht so sonnig wie das Wetter. Die Kosten-Nutzen-Rechnung eines Grand Prix steht somit mehr denn je auf dem Prüfstand. Die Millionen-Subventionen von Stadt und Region ins PS-Spektakel werden äußerst kritisch hinterfragt.

Deshalb wird am America's-Cup-Hafen vorerst letztmals der Europa-GP gefahren. Doch Valencia will sich als FI-Schauplatz nicht verabschieden. Geplant ist, dort künftig nur noch den Spanien-GP zu veranstalten – nach deutschem Muster: mit GP-Rotationen zwischen Valencia und Barcelona. Beide Millionen-Städte zwingen finanzielle Gründe dazu, dem Beispiel von Hockenheim und Nürburgring ab 2013 (und bis 2019) zu folgen. Der Circuit de Catalunya macht 2013 den Anfang. Vielen Valencia-GP- und Strand-Fans kommen deswegen schon jetzt fast die Tränen. Sind etwa auch sie zu nah am Wasser gebaut?

Der Donnerstag ist der Tag der Medientermine. Für Nico Hülkenberg, den Mann aus der Hansestadt Emmerich am Rhein, beginnt er abwechslungsreicher als sonst. Während seine Landsleute Sebastian Vettel, Michael Schumacher und Nico Rosberg beim Frage-Antwort-Spiel schwitzen, weht Hülkenberg eine leichte Brise entgegen: Der Sahara-Force-India-Pilot ist VIP-Gast auf einem Hightech-Segelschiff der America's-Cup-Klasse: „Höchst beeindruckend, wie das vorwärts geht. Und dabei herrscht ziemlich wenig Wind."

Einem anderen Deutschen geht es im Fahrerlager weniger gut: Timo Glock hat seit Tagen Magen-Darm-Beschwerden. „Rasche Besserung", wünscht ihm Ex-Kollege Nick Heidfeld. Der langjährige FI-Pilot aus Mönchengladbach, mit Wohnsitz in Stäfa am Zürichsee, hat in Valencia keinen Helm unter dem Arm, sondern ein Mikrofon in der Hand. „Ich ersetze eine Zeit lang Anthony Davidson bei Sky", sagt er. Das könnte für „quick" Nick ein längerer Job werden. Denn Davidson brach sich bei seinem Le-Mans-Crash zwei Rückenwirbel. „Er fällt wohl zwei bis drei Monate aus", so Heidfeld.

Apropos Deutschland. Die mächtigsten Männer im Autorennsport sind mit deutschen Automarken unterwegs – und sie genießen als Einzige das Privileg, im Fahrerlager parken zu dürfen. Am Freitagvormittag lassen sich F1-CEO Bernie Ecclestone im großen Mercedes und FIA-Präsident Jean Todt im bulligen Audi von Chauffeuren vorfahren. Ein anderer Großer dagegen fährt selbst: Luca di Montezemolo, der Ferrari-Präsident, kommt im Maserati und parkt draußen, inmitten der roten Team-Transporter. Die „Big 3" schauen sich die Freitagtrainings vor den TV-Screens der Teams und von den Boxen aus an. Tagesschnellster auf dem 5,419 km langen Street Circuit ist Vettel (1:39,334) vor Hülkenberg, Kamui Kobayashi, Michael Schumacher und Bruno Senna. Fünf Fahrer aus fünf Teams trennen nur 31 Hundertstel. Der Benzinverbrauch pro Runde beträgt gemäß Red Bull 3,5 Liter. 70 Gangwechsel belasten das Getriebe pro Runde. Wie knapp es derzeit unter den Fahrern und Boliden hergeht, zeigt die Zeitenliste eindrücklich: 15 Piloten liegen innerhalb nur einer Sekunde! Diese Leistungsdichte ist einmalig. Und das auf dem fahrerisch so anspruchsvollen Kurs am America's-Cup-Hafen.

In diesem Fahrerlager-Hafen ist traditionell die „Indian Empress" das „Flaggschiff". Sie gehört Vijay Mallya, dem Indien-Milliardär und Mitbesitzer des Sahara-Force-India-Teams. Tradition hat auch die VIP-Party, die er auf diesem stolzen Schiff Freitagabends gibt. Für dieses Mal hat der „Maharadscha der Formel I" eine originelle Idee: Er lädt auch die sieben verschiedenen GP-Sieger von Melbourne bis Montreal auf seine luxuriöse Mega-Yacht ein. Das 95 m lange und 15 m breite Schiff zählt zu den 50 längsten Motoryachten der Welt. An Bord gibt's zwölf Suiten für Passagiere, die von einer 27-Mann-Besatzung verwöhnt werden. Drei MTU-Dieselmotoren sorgen für 27.390 PS!

Am Samstagmorgen zieht FI-Enthusiast Vijay Mallya ernüchternd Bilanz: Nahezu alle eingeladenen VIPs sind zwar erschienen, doch fast alle Saisonsieger haben durch Abwesenheit geglänzt. Nur Pastor Maldonado ist gekommen. Jenson Button, Fernando Alonso, Nico Rosberg, Sebastian Vettel, Mark Webber und Lewis Hamilton hatten anderwärtig Termine, haben sich aber entschuldigt. Das tröstet „Mister Money" Mallya kaum. Er kommt zum Schluss: „Es wird Zeit, dass wir aus unseren Reihen Sieger stellen." Seine Piloten Paul di Resta und Nico Hülkenberg lächeln etwas gequält. Die beiden verließen übrigens die VIP-Party vorzeitig – per Schlauchboot.

Der Samstag beginnt mit einer Trainingsbestzeit von Button (1:38,562) vor dem Lotus-Duo Romain Grosjean und Kimi Räikkönen, gefolgt vom Force-India-Duo Hülkenberg und di Resta. Beide können sich die gute Performance ihrer Boliden nicht erklären: „Wir haben für Valencia nichts am Auto gemacht, keine neuen Teile, nicht einmal eine Schraube wurde verändert. Und plötzlich läuft es so gut." Nur 0,33 Sekunden liegt der Engländer Button vor dem Schotten di Resta.

Im Qualifying werden ebenso knappe Abstände erwartet. Mark Webber muss schon in Q1 die Segel streichen: Nach Bremsproblemen am Vormittag ist an seinem Red Bull nun die DRS-Klappe defekt – Startplatz 19. In Q2 liegen 13 Autos innerhalb von nur drei Zehntelsekunden! Doch in Q3 kommt es, wie so oft, anders: Vettel legt mit dem aerodynamisch verbesserten RB8 auf der entscheidenden Runde mehr als drei Zehntel zwischen sich und Hamilton. Das ist schon grandios. Vettels dritte Pole-Position der Saison ist insgesamt seine 33. – damit zieht er mit Jim Clark und Alain Prost gleich.

Vettels Landsmann Timo Glock ist, wie berichtet, im Qualifying wegen seiner Magen-Darm-Beschwerden nicht mehr dabei gewesen. Nach dem dritten Training am Samstag suchte er McLaren-Teamarzt Aki Hintsa auf, der mit ihm ins Spital fuhr: Verdacht auf Darminfektion. Ein GP-Start ist für ihn illusorisch. Das erinnerte FI-Arzt Gary Hartstein an eine alte Geschichte: „Nigel Mansell hatte uns in Spa einmal informiert, dass er wegen Magenbeschwerden im Rennen möglicherweise plötzlich anhalten müsse. Daraufhin hat Alain Prost gemeint: Dann haltet bitte die braune Flagge raus."

Am Samstagabend trifft Bernie Ecclestone im Fahrerlager-Hafen vier Force-India-Leute: „Habt ihr da im Hafen das gut zehn Stockwerke hohe Kreuzfahrtschiff Riviera gesehen?", fragt er die vier und schmunzelt. „Dann könnt ihr eurem Chef ja mal sagen, dass ihr nun wisst, wie ein richtiges Schiff aussieht." Ecclestone spielt auf die „Indian Empress“ an, die dagegen klein und fein wirkt. Zuvor hatten sich Ecclestone, Todt und Montezemolo zum „FI-Gipfel“ auf Vijay Mallyas Luxus-Yacht getroffen. Thema: Der Mastersparplan für die FI. Kommentare darüber wollten sich die „Big 3“ sparen.

Bei Sonne und 28 Grad beginnt das Rennen auf Valencias „heißem“ Street Circuit wie 2011: Vettel fliegt von der Pole-Position los und setzt sich mit 24 Rekordrunden in Folge gut 20 Sekunden von seinem Verfolger Grosjean ab. Das Ganze sieht aus Red-Bull-Sicht so spielerisch aus, als würde Vettel in der Formel I und alle anderen in der GPII-Serie fahren. Ein Grund für Vettels Überlegenheit ist das neue Technik-Update von Aerodynamik-Papst Adrian Newey mit der Luftdurchleitung von den Seitenkästen (Schlitze unten) zum Diffusor (Heck). So wird zusätzlich Abtrieb (Bodenhaftung) generiert.

Vettels Vorsprung wird von seinem Red-Bull-Kollegen Jean-Eric Vergne (im Toro-Rosso) zunichtegemacht. Der 22-jährige Franzose sieht im Cockpit rot. Anders ist nicht zu erklären, dass er Heikki Kovalainen zuerst überholt und ihm dann in rüder Revanchefoul-Manier gegen den linken Vorderreifen fährt. Nach Meinung von FIA-Rennleiter Charlie Whiting tat er das absichtlich. Vergne und Kovalainen verlieren auf ihrem Weg zurück an die Boxen viele Karbon-Splitter und andere Teile, die auf der Fahrbahn liegen bleiben. Deshalb entscheidet die Rennleitung: Das Safety-Car muss raus. Vettels 20-Sekunden-Polster hat sich in Luft aufgelöst.

Am Red-Bull-Kommandostand kritisieren Helmut Marko und Christian Horner die Safety-Car-Phase als „unnötig“. Charlie Whiting widerspricht: „Der Asphalt ist mit Wrackteilen übersät. Das ist zu gefährlich.“ Marko solle besser seinen Schützling Vergne in die Mangel nehmen. Der Franzose muss für seine unnötige Rempelei 25.000 Euro auf das FIA-Strafenkonto einzahlen und muss bei nächsten GP zehn Startplätze zurück.

Nach der Safety-Car-Phase rollt der Führende Vettel aus. Sieben Runden später auch der zweitplatzierte Grosjean. Beiden Renault-Motorisierten macht ein defekter Alternator (Lichtmaschine) einen Strich durchs Rennen. Die Lichtmaschine (elektr. Generator), die mechanische Energie vom Motor in elektrische Energie umwandelt, um diverse Nebenaggregate anzutreiben, streikt plötzlich. „Es sieht so aus, als ob eher ein mechanischer Defekt als Überhitzung in beiden Fällen eine Rolle gespielt hat“, räumt Renault-Motorenchef Rob White ein, „bei der Fehleranalyse werden wir die Situation auf unseren Prüfständen in Viry-Châtillon exakt nachstellen.“

Während sich Vettels Defekt auf dem Lenker-Display ankündigte, traf Grosjean der Stromausfall wie ein Blitz aus heiterem Himmel. Wer den Schaden hat, braucht für den Spott nicht zu sorgen: So feixte Schumacher beim Verlassen des Fahrerlagers zu Vettel: „Hast du bei der Hitze die Klimaanlage zu stark aufgedreht?“ Vettel grinste: „Da war wohl einem zu langweilig und der hat mir den Strom abgestellt.“

DIE OLYMPISCHEN FORMEL-I-PILOTEN

Nach dem spannenden Doppelpass Fußball-EM/Formel I zu den heißen TV-Terminen jetzt der Parallelslalom Olympia und Formel I. Bernie Ecclestone wollte schon 1992 einen „Olympia-Grand-Prix" in Barcelona, der aber an logischen Gesetzen scheiterte: Keine Stadt darf zwei GPs im gleichen Jahr veranstalten.

Aber seine Idee von Gold-, Silber- und Bronzemedaillen statt der Pokale für die ersten drei hat Bernie noch lang nicht begraben.

Aber gibt es „Doppelagenten?" Formel-I-Piloten, die auch um Olympiamedaillen kämpften? Natürlich. Der berühmteste war der spanische Marquis Alfonso de Portago, der Fernando Alonso der 50er Jahre: Prototyp des Latin Lovers, mit vielen Hollywood-Divas liiert, Ferrari-Werkpilot, Rennreiter, französischer Amateur-Champion, Teilnehmer am „Grand National" – und Bobfahrer. Für die Toni-Sailer-Olympiade 1956 in Cortina qualifizierte er sich nach nur ein paar Wochen Training für die Zweierbob-Konkurrenz, verpasste als Vierter nur ganz knapp eine Bronzemedaille. 1956: Das hat auch unserem „goldenen Toni" imponiert.

Juan Manuel Fangios argentinische Rivalen Mieres, Menditeguy usw. waren hervorragende Reiter und Polo-Spieler, aber ohne olympische Medaillen.

Wie auch Jackie Stewart. Der war 1963 Juniorweltmeister im Tontaubenschießen, ballerte Weltrekorde und wurde vom englischen Olympischen Komitee für die Spiele 1964 in Tokio als Ersatzmann nominiert – mit großen Chancen, dass er starten kann. Problem war nur die Terminkollision mit der Formel III, in der Stewart von Sieg zu Sieg raste.

„Aber ich hab selbst auf Tokio verzichtet", verrät mir Jackie, „auch wenn mir das Herz fast gebrochen war. Aber es wäre noch mehr zerbrochen, hätte ich – als Schotte – ein paar tausend Pfund aus der Formel III verloren ..."

1965 war Stewart – zusammen mit Jochen Rindt – bereits in der Formel I. Und 1972 in München, am Olympia-Schießstand, umarmte er einen Gegner von damals – den österreichischen Grafen Saparski. Nur gut, dass dem dreifachen Weltmeister bei seinen vielen Werbeverträgen nicht Avery Brundage in die Quere kam ...

Echter Olympiateilnehmer war Fürst Albert von Monaco, sogar fünfmal. Trainiert hat er meist auf der Bobbahn von Igls. Medaillen hat er keine gewonnen, aber dafür sein Großvater John Brendan Kelly Senior. also der Vater von Grace Kelly: 1920 in Antwerpen und 1924 in Paris Gold im Einer, dazu noch im Doppelzweier.

Und Alberts Onkel John B. Kelly Junior vervollständigte die Familien-Medaillensammlung 1956 in Melbourne mit Bronze im Einer.

Der englische Formel-I-Pilot Robin Widdows fuhr olympische Bobrennen und der Opa des neuen Formel-I-Stars Romain Grosjean, Fernand, die olympischen Skirennen 1948 in St. Moritz und 1952 in Oslo. Seine Silbermedaille gewann er aber bei der WM 1950 in Aspen.

Und Luc Alphand, Herrmann Maiers erster großer Gegner, triumphierte im Wüstensand genau wie im Schnee – als großer Sieger der Abenteuerrallye Paris – Dakar. Jetzt jagt er Weltrekorde in einem dritten Element: bei Segelregatten.

Für Alonso dagegen läuft alles nach Plan. Er nutzt in der 28. von 57 Runden die Safety-Car-Phase zum zweiten Reifen-Boxenstopp. Von diesem perfekten Timing profitieren auch der spätere Zweite Räikkönen und der letztlich Fünfte Hülkenberg. Alonso kämpft sich so von Startplatz 11 (!) auf Rang 1 vor. Das hat auf Valencias Street Circuit, auf dem das Überholen so schwierig ist wie in Monaco, noch keiner geschafft. „Er hat das Unmögliche möglich gemacht", lobt ihn Ferrari-Teamchef Stefano Domenicali.

Das gleiche Wunder schaffen auch Schumacher (Startplatz 12) und Webber (19) mit einem späteren zweiten Stopp (41. bzw. 38. Runde). Dieser wirft die beiden zunächst zurück, gibt ihnen aber den Joker frischer Reifen mit auf die Reise. Mit Webber im Schlepptau holt Schumacher bis zu drei Sekunden pro Runde auf die Spitze auf. Im Ziel fehlen ihm als Dritter 12,6 Sekunden auf Alonso, Webber 13,6. Für „Schumi" hätte es der goldene Reifen-Griff werden können, wäre das Rennen nur vier Runden länger gegangen.

Alonso weiß, wie viel Glück er in seinem Heimrennen hatte. Am Schluss brechen beim Sieger alle Schleusen. Auf der Auslaufrunde parkt er seinen Ferrari auf der Strecke vor den Tribünen. Er steigt aus, ein Fan hüllt ihn in die Nationalfahne ein. Dann legt der Asturier die spanische Flagge auf den Asphalt, verbeugt sich wie ein Matador vor den jubelnden Fans – und hat Tränen in den Augen. „Der emotionalste Moment meiner Karriere. Spanien macht harte Zeiten durch. Ich hoffe, ich konnte die Fans ein bisschen auf andere Gedanken bringen", sagt er später. Alonso ist in Spanien ein nationales Sportidol, wie sein Fußball-Namensvetter Xabi Alonso oder Real-Goalie Iker Casillas und Tennis-Ass Rafael Nadal. Allesamt sind sie Alonso-Freunde.

Wegen seiner Fan- und Fahnen-Zeremonie kommt Alonso zu spät zur Siegerehrung. Dort steht Schumacher nach 2093 Tagen und im dritten Jahr nach dem Comeback wieder auf dem FI-Podest – zum ersten Mal seit dem 1. Oktober 2006 (Sieg in Shanghai). Dem Rekord-Sieger fällt sichtlich ein Stein vom Herzen. Er war lange weg vom Podest.

Was die Podiums-Prozedur betrifft, ist der Mercedes-Pilot etwas aus der Übung gekommen: Bei den TV-Interviews müssen die ersten Drei ihre Schlussworte in ihrer Landessprache halten. Doch Schumacher plaudert munter auf Englisch weiter, bis ihn Alonso daran erinnert, Deutsch zu sprechen. „Schumi" lacht: „Sorry, ich habe das eben lange nicht mehr gemacht." Vettel scherzt: „Der Michael ist in Sachen Siegerinterviews wohl etwas eingerostet."

Romain Grosjean wollte seinen Defekt über Funk melden, „aber der war auch schon kaputt." Bei Sebastian Vettel, dem die Safety-Car-Phase einen 20-Sekunden-Vorsprung gestohlen hatte, zeigte das System schon längst an, dass irgendwas nicht stimmte – als Vorwarnung.

Dass beim Thriller von Valencia beide, der echte und der heimliche Favorit, ausgefallen sind, wissen alle – warum, wird noch analysiert. Damit in Silverstone der Alternator (die Lichtmaschine) nicht wieder überhitzt.

„Geht alles über Renault", bestätigt Dr. Helmut Marko. „Aber unser Motorpartner vermutet einen Produktionsfehler einer ganzen Serie." Wie vor Jahren schon einmal bei Ferrari, wo ein ganzer Satz schadhafter Ventilfedern k. o. ging. Was den WM-Titel kostete.

Anno 2012 ist in der Formel-I-Technik nichts mehr schwarz auf weiß, sondern Vieles Grauzone. Ein System hängt vom anderen ab. Und alles hängt an der Hydraulik.

„Mach keinen Fehler ein zweites Mal", ist ein Formel-I-Spruch. Darum simulieren Red Bull und Lotus unermüdlich das Valencia-K.o. unter gleichen Bedingungen (Safety-Car!) am Prüfstand, im Simulator. „Aber sie haben immer noch nichts Schlüssiges gefunden", ahnt Dr. Helmut Marko.

Da hilft auch keine dramatische Annäherung zur Geschichte. Nur wenige Meilen von Silverstone, in Bletchley, stehen heute noch die historischen Holzbaracken, in denen hunderte englische Techniker 1942 nach vielen Monaten den deutschen U-Boot-Code geknackt haben – kriegsentscheidend. Den Überlebenden von damals hat die dankbare englische Regierung später eine eigene Residenz gebaut – heute noch streng bewacht.

Aber was wird aus der Technik-Streiterei der Formel I? Das Sparpaket hätte bis 20. Juli beschlossen werden sollen – wieder nix. Marko: „Auch wir wollen die Kosten senken – aber zusammen mit dem Motor, als Gesamtpaket." Weniger Tests im Winter, weniger Windkanalstunden sind alte Hüte. Diverse „Arbeitsgruppen" der Formel I konferieren auch in Silverstone fast permanent, Marko schlägt u. a. vor: „Einheitliche Turbolader und für KERS die gleichen Batterien für alle. Das würde viele Kosten sparen."

Vielleicht auch gleich eine einheitliche Lichtmaschine für alle – dann stünde Sebastian Vettel am Sonntag in Silverstone noch als WM-Leader am Start.

Silverstone: Sieg des Auslaufmodells

FASTER, QUICKER, WEBBER

Als der blutjunge Niki Lauda lang vor der Formel I ein Regentraining in Silverstone beobachtete, war er hin- und hergerissen: „Da kommt plötzlich ein Rennauto mit unglaublichem Speed in einem atemberaubenden Drift durch Woodcote Corner, 5. Gang, total quer, eine riesige Gischtwolke – aber der Fahrer gibt durch die Pfützen weiter Vollgas und ist auf und davon. So was hab ich noch nie gesehen …“

„Wer ist das?“, fragte Niki den Streckenposten, der neben ihm stand. „Rindt“, sagte der. „Der fährt immer so …“ Wann immer Lauda heute über Silverstone redet, ist diese Story aus den Sixties in Pole-Position. „Silverstone ist immer ein ganz besonderes Rennen: Tradition, Highspeed, das englische Wetter – da zu gewinnen, ist sehr schwierig. Aber wenn, dann immer ein Highlight. Und der totale Gegensatz zu Monte Carlo – das andere Extrem.“ Laudas liebste von all den schnellen Kurven war immer Woodcote – bis die Schikane kam.

Aber Silverstone war lange die schnellste Rennstrecke der Formel I, abwechselnd mit Zeltweg. Im Juli waren immer die Engländer vorn, im August die Steirer.

Vollgas in Silverstone – die Piloten wie aus einer Kanonenkugel geschossen. Mario Balotelli drosch bei der EM den Fußball mit 128 km/h ins deutsche Tor. Der australische Tennisspieler Samuel Gloth hält seit 13. Juni den Service-Weltrekord mit 262,3 km/h. Und Nico Rosberg (von 2011) den Topspeed-Rekord in Silverstone mit 314,3 km/h.

Silverstone ist das Silicon Valley der Formel I. Außer Ferrari und Sauber sind hier auf ein paar Quadratmeilen alle GP-Teams zusammengeballt. Natürlich auch Williams, das Lieblingsteam der englischen Fans, das jetzt in der Fabrik einen prominenten „Runden Tisch“ zusammentrommelt. Mit kurzem Comeback von Patrick Head, dem langjährigen 40-Prozent-Teilhaber und Konstrukteur-Genie.

Head ist von seiner zweiten Ehefrau, der langjährigen Senna-Sekretärin Beatris, geschieden und hat wieder mehr Zeit für sein großes Hobby – Segelregatten. Jahrzehntelang war er der Vorschotmann für Sir Frank.

1979 gewann Clay Regazzoni für Williams in Silverstone den ersten Grand Prix. Auf dem früheren RAF-Kriegsflughafen, auf dem Franks Vater zu vielen gefährlichen Einsätzen gestartet ist – bis er einmal nicht mehr zurückkam.

Wer sensibel ist, spürt viel in Silverstone. Auch die Tradition. 1950 wurde hier der erste Formel-I-Grand-Prix der Geschichte gefahren. Es gibt Fotos, wie unter der Holztribüne zwei kleine Prinzessinnen in Sommerkleidchen spielen: Elizabeth, heute die Queen, und ihre Schwester Margaret.

Was erwartet uns in Silverstone? Endlich wieder eine Strecke mit schnellen, flüssigen Kurvenfolgen. Doch mit tropischen Temperaturen und viel Sonne darf man nicht rechnen. Der Silverstone Circuit in Mittelengland ist nach heutigen Normen ein Hochgeschwindigkeitskurs. Trotzdem wird am Geburtsort der Formel-I-WM (1950) mit maximalem Abtrieb gefahren. Favorisiert sind die Boliden, die schnelle Kurven mögen, also McLaren, Ferrari, Sauber und Williams.

Ist Silverstone in der Grafschaft Northamptonshire McLaren-Land? Davon kann keine Rede sein. Denn in den vergangenen zwanzig Jahren triumphierten die Chrompfeile dort „nur" fünfmal: 1999 und 2000 mit David Coulthard, 2001 mit Mika Häkkinen, 2005 mit Juan Pablo Montoya. Letzter „McSieger" beim Heimrennen in den Midlands war Lewis Hamilton 2008. Seither musste McLaren im „Home of British Motorsports" Ferrari (Alonso 2011) und Red Bull (Webber 2010, Vettel 2009) den Vortritt auf dem Weg zum Siegerpodium lassen.

Apropos Heimrennen. Red Bulls Hauptquartier in Milton Keynes (oder Mercedes in Brackley, Lotus in Enstone und Williams in Grove) liegen näher bei Silverstone als McLarens Hauptsitz in Woking/London. Der nationalen GP-Strecke am nächsten logiert übrigens Sahara Force India – mit Sitz in Silverstone.

Dennoch: Mit Hamilton/Button ist McLaren das britische FI-Nationalteam. Das ist mehr Bürde als Würde. Kein Wunder, dass McLarens Teamchef stets mit gemischten Gefühlen zu seiner Heimstrecke reist. Am Donnerstag sagt Martin Whitmarsh: „Silverstone müsste unseren Autos von der Streckencharakteristik her eigentlich liegen. In diesem Jahr noch mehr als sonst. Zudem fahren Lewis und Jenson hier sehr gerne und genießen den Extraschub von den Fans. Mal schauen, ob wir dieses Mal unsere durchwachsene Silverstone-Statistik aufmöbeln können."

Whitmarsh weiß, McLarens bisheriger Saisonverlauf gleicht einer Achterbahnfahrt: Das Auf und Ab spiegelt sich in den Punkten wider, die die Chrompfeile in den bisherigen acht Saisonrennen einfuhren: 40, 15, 33, 4, 6, 10, 25, 4. Whitmarsh erklärt dazu bei der Donnerstag-Runde im glänzenden „McPalast": „Von einem Punkteschema zu sprechen ist vermessen. Leider ist uns trotz der ständigen Weiterentwicklungen am Auto zwischenzeitlich die Kontinuität abhandengekommen. Die müssen wir zurückgewinnen."

Die Kontinuität ist in dieser Saison, nach einem verheißungsvollen Start mit dem Sieg in Melbourne und Platz zwei in Shanghai, auch Jenson Button verlorengegangen: In den fünf Rennen vor dem britischen GP kam Button über sechs mickrige WM-Punkte nicht hinaus! Erklärungen für dieses hartnäckige Formtief des Champions von 2009 gibt es viele, Lösungen keine. Sind es wirklich die gravierenden Änderungen an der höheren Nase und am Heck des MP4-27 (das Fehlen des angeblasenen Diffusors), die Balance und Grip so verändert haben, dass Button mit dem Auto nicht mehr klarkommt? Das Silverstone-Heimspiel ist für die „McTruppe“ die Nagelprobe. Die Vize-Weltmeister des Vorjahres müssen auf dem „Homeground“ ihre Berg- und Talfahrt endlich beenden.

Leicht gesagt, schwer getan. Denn am Freitag, beim Training, kommt der Regen. Und alles läuft anders: Button hat die Nase voll und würde den nassen Grand Prix am liebsten schon heute absagen, Hamilton sagt gar nichts mehr. Nicht zum Wetter und erst recht nicht zu den Transfergerüchten (zu Red Bull, Ferrari oder Mercedes?). Dafür sagt sein Teamchef Whitmarsh: „Lewis kennt meine Gefühle, und ich glaube, dass er bleiben möchte. Gleichzeitig muss ich aber die Tatsache akzeptieren, dass sein Management sein Kapital ausschöpfen muss.“

Hamilton steht vor der Entscheidung: Will er für das beste Team fahren, das ihm langfristig ein Auto gibt, um weitere Rennen und Titel zu gewinnen? Oder will er anderswo so viele Millionen wie nur möglich verdienen? Etwa bei Ferrari, als Massa-Nachfolger? Doch dort würde wohl Fernando Alonso sein Veto gegen seinen ständigen Streitpartner einlegen. Die beiden fuhren 2007 bei McLaren mehr gegeneinander als miteinander – und verloren den Titel um einen Punkt an Kimi Räikkönen.

Der zum Teil sintflutartige Regen lässt am Freitag kein vernünftiges Training zu. Pirelli beliefert jedes Team mit einem Extra-Satz Intermediate-Reifen, um sie zu zusätzlichen Trainingsrunden zu ermuntern. Vergeblich. Die Begossenen sind die Fans, die nur wenige Boliden auf der Strecke zu sehen bekommen. Die 1:56er-Zeiten von Hamilton, Grosjean und Co. sagen wenig bis gar nichts aus.

Das Fahrer- und Fan-Lager hat an diesem Regentag noch mehr Zeit, Betroffenheit zu zeigen. Alle beschäftigt der schwere, höchst eigenartige und bislang wohl einmalige Unfall von Marussia-Testfahrerin Maria de Villota (32): Die spanische Pilotin, Tochter des früheren FI-Fahrers Emilio, war bei sogenannten „Straight-Line-Aerodynamik-Tests“ auf dem „Imperial War Museum“-Flugfeld in Duxford verunglückt.

Mit Augen- und Gesichtsverletzungen und einem Schädelbruch musste sie in kritischem Zustand ins Addenbrooke's-Spital nahe Cambridge geflogen werden. Dort konnte ihr Zustand nach einer langwierigen Notoperation stabilisiert werden. Ihr rechtes Auge aber vermochten die Ärzte nicht mehr zu retten. De Villota war nach dem ersten Installations-Run auf dem Flugfeld beim Umdrehen gegen den Teamtransporter geprallt. Sie geriet mit der Wagenfront so plötzlich und so unglücklich unter die Laderampe des LKWs, dass ihr Kopf bzw. Vollvisierhelm mit voller Wucht gegen die Alu-Kante der Transporter-Rampe schlug.

Am Freitagabend wünscht Paul di Resta Maria de Villota baldige Genesung. Erst dann redet der Schotte über das Ende seiner Zusammenarbeit mit Manager Anthony Hamilton. Die Trennung erfolgte schon vor zwei Wochen – plötzlich und heimlich. Beide Seiten beschlossen Stillschweigen. Hamilton senior war seit di Restas F1-Einstieg 2010, als Testfahrer bei Force India, dessen Manager. Zuvor hatte er seinen Sohn Lewis betreut, mit dem er sich zwischenzeitlich auch überworfen hatte.

Di Resta wird neu mit Button-Manager Richard Goddard in Verbindung gebracht. Button, di Resta und DTM-Pilot David Coulthard trainieren regelmäßig in Monaco zusammen. Goddard gründete 2011 mit James Williamson und Button die Firma „The Sports Partnership", die das Management und die PR von Sportlern übernimmt.

Nass ist es auch am Samstag. Silverstone und der Regen – das ist eine endlose Geschichte, eine never ending Story. In good, old England oder dem, was aus dieser großen Epoche auf der Insel noch übrig geblieben ist, hat ja alles Tradition: so auch der Grand Prix in Silverstone – und der dortige Regen erst recht. Intermediates und Regenreifen bleiben auf diesem Circuit nie lange im Trockenen. So war es auch im vergangenen Jahr, als Fernando Alonso seinen nass-trockenen Sieg landete und sein Präsident Luca di Montezemolo witzelte: „Zuerst hat er alle nass gemacht und dann hat er sie abgetrocknet."

Auch dieses Mal gibt es wieder Regenwarnungen und Aufforderungen an die Fans, am Samstag zu Hause zu bleiben. Die Wetterdienste melden Starkregen. Da werden Erinnerungen an das Jahr 2000 wach: Damals fand der Silverstone-GP nicht, wie es die Tradition gebietet, im Juli, sondern im April statt. Das rächte sich. Dauerregen hatte alle Wiesenparkplätze rund um die Strecke in eine Moorlandschaft verwandelt. Autos, Wohnmobile und Campingzelte versanken im Morast. Die Lage war so schlammig und dreckig, dass die Polizei aufgrund der Megastaus die Fans aufforderte, dem Qualifying am Samstag fernzubleiben. So kam es zum ersten Quali – quasi unter Ausschluss der Fans.

Damals blieb selbst Bernie Ecclestone im Stau und Morast stecken. Das nervte ihn so, dass er den Silverstone-GP streichen wollte. Der Vater des damaligen Siegers David Coulthard steckte am Renntag sechs Stunden im Stau – und verpasste so das Rennen wie die Siegerehrung seines Sohnes. Seither findet der britische GP wieder im Sommer statt. Die im April geborene Queen Elizabeth II. verlegt ihre Geburtstagsparaden ja auch seit Jahrzehnten in den Juni – damit sie nicht ins Wasser fallen.

Eine Garantie, dass man Feste oder GPs so ins Trockene bringt, hat man in England aber auch im Juni/Juli nicht: Am Samstag muss nach zwölf Jahren wieder ein Qualifying unter Ausschluss von Fans stattfinden. Rund 30.000, die ein Ticket samt Parkplatz in der Wiese haben, bleiben zu Hause. Der Veranstalter muss Millionen Pfund zurückzahlen, ist aber auch aus einem anderen Grund erleichtert: So bleibt ein Megaverkehrschaos rund um den Circuit aus.

Das erste komplett verregnete Qualifying der Saison dauert rekordverdächtige zweieinhalb Stunden – nach 90-minütiger Regenpause in Q2. Streckenposten müssen, mit Besen „bewaffnet", die größten Pfützen von der Strecke kehren! Jenson Button seufzt: „Die Formel I ist ja dieses Jahr schon unvorhersehbar genug. Und nun auch noch dieses Sauwetter." Button bleibt bereits in Q1 auf der Strecke – als 18. Da weint nicht nur der Himmel über Silverstone, sondern auch das halbe McLaren-Team und zehntausende britische Fans.

Ferrari bringt die Intermediate-Reifen am besten auf Temperatur. Vorjahrssieger Alonso schnappt sich die Pole-Position vor den Oldies Webber und Schumacher. Doppel-Champion Vettel ist Vierter vor Massa und Räikkönen. Hamilton rettet als Achter gerade noch die McLaren-Ehre, doch Freude kommt bei ihm und im Team keine auf. „McLaren ist abgesoffen", kommentiert Jackie Stewart am BBC-Mikrofon.

Der Renntag beginnt bewölkt, aber trocken. Das Fahrerlager füllt sich mit Prominenz: Rowan Atkinson (Mr. Bean) mit Ex-GP-Fahrer John Watson, Hollywood-Schauspieler Hugh Grant mit Jamie Oliver, dem Kochgenie von der Insel. Bernie Ecclestone führt Jacques Rogge, den Präsidenten des Internationalen Olympischen Komitees, herum. Beide treffen auf Multimilliardär Chalerm Yoovidhya. Dem Sohn des verstorbenen Thailänders Chaleo Yoovidhya gehört die Mehrheit an der Red Bull GmbH.

Für Red Bull sollte es noch ein großer Tag werden. Das Rennen ist mehr denn je ein Reifenpoker. Erst recht nach zwei Regentrainingstagen. Am Sonntagnachmittag ist der Asphalt trocken und mit 31 Grad so heiß wie noch nie an diesem GP-Weekend. In Sachen Reifen können die Teams nur raten.

Alonso startet von der „Pole" auf der harten Reifengummimischung. Webber dagegen setzt bei seinem ersten Stint auf „weich", um dann den zweiten und dritten Abschnitt auf harten Reifen fahren zu können. Er wählt die richtige Strategie. Vier Runden vor Schluss profitiert er von der längeren Haltbarkeit des harten Gummis und zieht am bis dahin führenden Alonso vorbei. Der Ferrari-Pilot greift bei den Reifen daneben: Nach zwei Stints auf hartem Gummi fährt er den letzten Abschnitt „weich" – und wird „nur" Zweiter vor Vettel und seinem Teamgefährten Massa, der mit der Webber-Taktik sein bestes Saisonresultat erzielt.

Der große Verlierer des Sonntags und des Silverstone-Wochenendes ist McLaren. Mit Rängen acht und zehn von Hamilton und Button geht die Achterbahnfahrt des stolzen Traditionsteams weiter. In der Konstrukteure-Wertung fallen die Chrompfeile hinter Ferrari und Lotus auf Platz vier zurück

Für den Aufreger des Rennens sorgt Kamui Kobayashi. Beim zweiten Boxenstopp verbremst sich der Japaner und fährt vier Sauber-Mechaniker über den Haufen. Sie kommen mit Verstauchungen, Prellungen und Abschürfungen glimpflich davon. „Koba" muss wegen des „sehr gefährlichen Manövers mit potenziell ernsten Folgen" 25.000 Euro von seinem Konto auf das FIA-Strafenkonto einzahlen. „Für Fahrfehler bezahlen bei uns die Fahrer", zeigt Teamchef Peter Sauber Härte.

CHRISTIAN HORNER: DIE HUNDE IN POLE-POSITION

Schwanzwedelnd und jaulend begrüßen Bernie und Flavio alle Freunde. Aber natürlich nicht Ecclestone und der langjährige Benetton- und Renault-Chef Briatore – so heißen nur die Hunde von Christian Horner, dem jüngsten Teamchef der Formel I, der auf seinem Bauernhof, nur 25 km von Silverstone, jedes Jahr nach seinem Heimat-GP von England die beste Formel-I-Party schmeißt, seit die Formel-I-Combo mit Damon Hill, Eddie Jordan, Eddie Irvine, Heinz-Harald Frentzen & Co. mit ihrem Open-Air aufgehört haben. Dafür ist die Horner-Party immer ein Riesenhit, außer 2010, als es im Red-Bull-Team knisterte. Mark Webber musste damals den neuen Heckflügel an Sebastian Vettel abtreten, gewann trotzdem und sagte, für jeden hörbar, laut über Boxenfunk: „Nicht schlecht für einen Nummer-2-Piloten ..."

Wofür er sich später entschuldigte. Das Team nicht.

Aber Nummer 1 bei Horners Gartenparty ist immer Adrian Newey: „Der grillt die besten Steaks."

Wenn das Wetter mitspielt. Oft genug heißt es ja in Silverstone: „Es regnet Cats and Dogs ..."

Auch auf Bernie und Flavio.

Dass Rennfahrer oder Teamchefs ihre Hunde nach Gegnern taufen, ist originell, aber nicht neu. Jackie Stewarts Hund hieß „Ickx", weil er den Ferrari-Piloten nicht leiden konnte. Fittipaldi sagte zu seinem deutschen Schäferhund „McLaren". Nelson Piquet (wird im August 60) taufte seine drei Rhodesian Ridgebacks „Niki Lauda", „Ayrton Senna" und „Lella" – nach der italienischen Formel-I-Pilotin Lella Lombardi.

Jean Alesis französische Bulldogge heißt „Tazio", nach dem legendären Nuvolari.

Nur Nigel Mansell, oftmaliger Silverstone-Hero, ist nicht auf den Hund gekommen. Sein Labrador heißt „Abbey", nach der berühmten Abbey-Kurve – und wie der Red Bull mit Startnummer 1 von Sebastian Vettel.

Rund 500 Mitarbeiter hat Red Bull, Horner kriegt aber nur 50 Fahrerlagerkarten. Also müssen sich die „Bullen", fast alle mit Frauen und Kindern, abwechseln.

Und sich – vermutlich – wie jedes Jahr bei Horner bedanken. Der Red-Bull-Teamchef zahlt allen Teammitgliedern, von Vettel und Webber bis zur Köchin in Milton Keynes, für jeden Stockerlplatz saftige Prämien – aber eben nur für Rang 1,2 oder 3.

„Thank you for the new kitchen – danke für die neue Küche." Ein häufiges Dankschreiben von Mechaniker-Ehefrauen an den Boss. Auch Sonntag?

Mark Webber feiert bei Red Bull seinen Triumph wie einen Heimsieg – zum zweiten Mal nach 2010. Der Australier lebt in der Grafschaft Buckinghamshire auf einem alten Landsitz in Aston Clinton bei Aylesbury. Welchen Vorteil er daraus zieht? „Ich wohne in der Nähe von Silverstone und bin somit Heimschläfer. Jeden Abend sehe ich meine Hunde, und denen ist es völlig egal, ob ich einen guten Tag oder einen Scheißtag hatte. Sie sind immer happy, wenn sie mich sehen."

Am Montag nach seinem zweiten „Heimsieg“ verlängert Mark Webber seinen Vertrag mit Red Bull um ein weiteres Jahr, bis Ende 2013. Der „Aussie“ ist der Mann für Einjahresverträge. Seit 2009 spielt er das Spiel. Immer wieder hängt er ein Jahr dran. Einmal hatte er die Option, ganz aufzuhören, ein anderes Mal gab es Angebote. Jetzt gibt er zu: „Ich habe mit Ferrari geredet, aber meine Entscheidung fiel für Red Bull. Weil ich von jedem Teammitglied den Namen, die Schuhgröße und seine Macken kenne. Wir sind seit sechs Jahren durch dick und dünn gegangen. Das schweißt zusammen.“

SCHUMI: MEHR ALS EIN PS

Die früher so beliebte Radio-Motorsportsendung gilt schon vor Hockenheim für Michael Schumacher & Co. Seine Frau Corinna organisierte in ihrem großen Reitstall in der Schweiz ihr traditionelles „Celebrity Reining“ – eine Art Dressurprüfung mit Westernpferden. Gewonnen hat die deutsche Popsängerin Sarah Connor, aber neben ihr auf dem Stockerl standen zwei Formel-I-Giganten: Als Zweiter Michael Schumacher, den seine Frau schon längst mit dem Pferde-Virus angesteckt hat, und als Dritter Riccardo Patrese, Monaco-Sieger 1982, Vizeweltmeister – und bis Rubens Barrichello mit seinen 256 Grand-Prix-Starts absoluter Weltrekordmann.

Nach seiner langen Formel-I-Karriere fuhr Patrese, früher Teamkollege von Gustav Thöni, Piero Gros usw. in der „Squadra azzurra“, wieder Skirennen, sogar das Charity-Race in Kitzbühel, gewann aber auch bei Senioren-Radrennen und -Tennisturnieren.

Was Schumacher in seinem zweiten oder dritten Leben machen wird? Zunächst fiebert er seinem Heim-Grand-Prix in Hockenheim entgegen. Noch mehr Interviews, noch mehr TV. Volles Programm im deutschen Formel-I-Nationalteam. Aber den berühmten Silberpfeil von Juan Manuel Fangio, dem fünffachen Weltmeister, fährt Schumi nicht.

Offiziell entscheidet er sich im Oktober, was er nach 2012 tun will, offiziell wartet auch Mercedes so lang, bis sich Schumi entscheidet. „Vorher denken wir nicht einmal daran, wen wir statt ihm in unser Auto setzen könnten …“ Aber ich höre: „Irgendwann demnächst werden wir uns schon zusammensetzen und dann bekannt geben, was genau sein wird.“ Vielleicht schon in Hockenheim? „Sicher noch nicht …“

Der lange Abschied von der Formel I – oder noch ein später Weltrekord? Der älteste Grand-Prix-Sieger der Geschichte war Luigi Fagioli, der 1951 mit 53 Jahren, 22 Tagen auf Alfa Romeo den GP von Frankreich in Reims gewann – als Fangio sein Auto übernahm. Und der älteste Weltmeister Juan Manuel Fangio, der 1957 mit 46 Jahren und 42 Tagen seinen fünften und letzten Titel gewann. Schumi ist 43. Will er noch so lang warten?

Hockenheim: frisch verliebter Sieger

VETTELS BITTERES NACHSPIEL

„Halbzeit" im Hockenheimer Motodrom, dem größten Formel-I-Stadion Europas. Die „Euro 2012" ist vorbei, doch vor dem 10. von 20 Saisonrennen geht es zunächst wieder um Fußball. Vier Tage vor dem Heimspiel auf dem Hockenheimring gewinnen Sebastian Vettel und Michael Schumacher in der Arena von Frankfurt : Mit dem FI-Team der „Nazionale Piloti" siegen sie im Benefiz-Spiel „Kick für Kinder" gegen die „Bigg Allstars" 4:2 (2:1).

Vettel geht als eher defensiv agierender Goalgetter leer aus, sein offensiver Mittelfeldpartner Schumacher schießt das 4:2. Der Rekordchampion, wie immer hochmotiviert und ehrgeizig, muss im Spiel Pfiffe hinnehmen: weil er die einstige Weltfußballerin Birgit Prinz in der Anfangsphase etwas unsanft von den Beinen holt. 5000 Zuschauer sehen auch, wer aller in der Promi-Elf dem Ball hinterherläuft: der Berliner Songwriter Tim Bendzko („Nur noch kurz die Welt retten") und die Drogerie-blonde Daniela „TV" Katzenberger, mit dick aufgetragenem Make-up.

„Es war natürlich ein Highlight, in diesem tollen Stadion zu spielen. Der Rasen war noch frisch, aber bei unserem Niveau macht das ja nicht so viel aus", relativiert Eintracht-Frankfurt-Fan Vettel sein fußballerisches Können. Auch am Sonntag will er im Motodrom einen Heimsieg landen – es wäre sein erster dort.

„Red Bull muss in Hockenheim voll angreifen! Fernando Alonso ist knapp vor WM-Halbzeit schon 20 Punkte vorn – ein bequemer Vorsprung", kalkuliert Niki Lauda und prophezeit: „Vettel und Webber werden einander noch wichtige Punkte wegnehmen. Alonso kann ruhig mit ein bissl weniger Risiko fahren – weil der Ferrari so standfest ist. Dieses Risiko kann er beherrschen. Der Spanier ist komfortabel unterwegs – die Bullen müssen voll attackieren!"

Und McLaren, für Niki eigentlich der logische Verfolger? „Das einzige Topteam, das für 2013 noch nicht fix ist. Lewis Hamiltons Vertrag läuft aus. Soviel ich weiß, hat er sich wirklich noch nicht entschieden, ob er weiterfährt oder nicht. Aber im Team hätte er sich gegen Jenson Button schon durchgesetzt – wenn er bleiben will."

Und Felipe Massa bei Ferrari? „Den zähle ich nicht ganz zu den Top-Piloten …" Dass Mark Webber schon im Juli bei Red Bull verlängert hat, ist für Lauda keine Überraschung: „Nur logisch – bei seiner momentanen Hochform." Und welchen

„Bullen" wünscht sich Lauda als Weltmeister? „Mir wurscht, aber der Beste soll gewinnen."

Und in der Luft? „Fly Niki" ist im Ranking der europäischen Fluglinien aufgerückt. „Aber das hat mit mir nix mehr zu tun ..."

Dafür erinnert unseren Dreifach-Weltmeister die Situation im Bull-Stall „ein bissl an Alain Prost und mich bei McLaren 1984. Wir hatten ein Kopf-an-Kopf-Rennen wie heute Vettel und Webber." Damals holte der Franzose sieben Pole-Positions und sieben Siege gegen fünf von Lauda. Der aber um einen halben Punkt Weltmeister wurde, weil er oft das Qualifying opferte, um sein Auto schon fürs Rennen einzustellen.

2012 spielen die Reifen eine Hauptrolle. „Red Bull, Ferrari, McLaren – sie alle hatten am Saisonbeginn ihre technischen Probleme. Alle drei Teams mussten nachrüsten. Aber Ferrari hat alle Probleme gut in den Griff gekriegt", beobachtet Lauda sein Ex-Team.

Hockenheim 2012: Jubiläumsrennen und eine Premiere! Fernando Alonso zeigt zum ersten Mal seine neue Flamme, die Russin Dasha Kapustina. „Wir haben uns irgendwann auf einer Grand-Prix-Strecke getroffen – und sie war schon in Shanghai dabei." Nicht gerade als Glücksbringer – Fernando rettete als 9. gerade noch zwei WM-Pünktchen. Sonntag müssen es mehr sein, sonst schnappen die „Bullen" nach dem WM-Leader ...

Mark Webber fährt seinen bereits 100. GP für Red Bull, der „kleine Bruder" Toro Rosso seinen 100. mit Ferrari-Motoren – Lewis Hamilton seinen 100. für McLaren, sein bisher einziges FI-Team. Zuletzt fiel er aber mehr durch Party-Fotos als seriöse Verhandlungen auf. Ob das einstige „Wunderkind" aus seinen Chancen wirklich alles herausgeholt hat? „Ich gratuliere Lewis. Aber ihr müsst ihn schon selber fragen, ob er das Maximum aus seiner Karriere gemacht hat", sagt Sebastian Vettel – für den aktuell Alonso der kompletteste Rennfahrer der Welt ist. Für andere auch.

Während McLaren nach dem China-GP noch 24 WM-Punkte Vorsprung hatte, aber zuletzt in Silverstone auf Rang 4 abgestürzt ist, hat Ferrari zwei Plätze aufgeholt. „Ein gutes Omen für uns", freut sich die Scuderia. „Ferrari hat 20-mal den Großen Preis von Deutschland gewonnen – mehr als jedes Team auf irgendeiner Strecke der Welt!"

Am Nürburgring wird keiner mehr dazukommen: 330 Millionen Euro Schulden in der Eifel – Insolvenz! Schuhmacher grinst Vettel an: „Du könntest künftig selber den Nürburgring finanzieren." Vettel lehnt ab: „Und du könntest ihn sogar kaufen – du hast eine dickere Brieftasche als ich ..."

Die Rückkehr der deutschen FI-Helden in die heuer kühle, regnerische „Bratpfanne" Hockenheim? Vettel erinnert sich an sein erstes Mal: „Ich war schon 1992 als kleiner Bub da. Nur Regen, Spray, aber was für ein aufregendes Motorgeräusch! Ein paar Jahre später kam ich zurück nach Hockenheim, saß bei mörderischer Hitze auf der Tribüne – und die Leute verkauften Wasserflaschen für zehn Mark ..."

Im ersten Freitagtraining ein McLaren-Doppelsieg: Button vor Hamilton. Aber jetzt die große Frage: Regenrennen oder nicht? Die kritische Runde am Sonntag ist die 67. – davor halbe, danach volle Punkte. Vettel oder Schumacher? „Von mir kriegt er keine Tipps", schwört Schumi.

Sebastian Vettel gegen den Fluch des Heim-GPs – und im Kampf gegen sein persönliches „Sommerloch": 22 Grands Prix hat der jüngste Doppelweltmeister bisher gewonnen – aber ausgerechnet in der Hochsaison (drei Rennen im Juli) noch keines! Und vor allem noch kein einziges in Deutschland! Löscht er diesen „weißen Fleck" auf seiner Rekordliste mit einem Sieg in Hockenheim?

Flaggen, Transparente, Kuhglocken. Böllerschüsse bei jeder Vettel-Zieldurchfahrt. Was sich am Sonntag in der „glühenden Bratpfanne" Hockenheim abspielt, kennt Michael Schumacher schon seit 20 Jahren. Schumi hat bereits neun Heimrennen gewonnen – mehr als jeder andere Champion auf irgendeiner Strecke: viermal in Hockenheim, fünfmal am Nürburgring. oft unvergessliche Rennen: Wie Michael drei Boxenstopps gegen nur einen von Jean Alesi riskierte, um den führenden Franzosen doch noch zu schlagen.

Rummel, Begeisterung, Hysterie wie früher um Franz Klammer oder Herrmann Maier in Kitzbühel – oder um Jochen Rindt, Niki Lauda, Gerhard Berger in Zeltweg. Der Heim-Grand-Prix – Ansporn oder Belastung? „Beides", wissen Schumacher und Vettel. „Und auch wenn du dir einredest: ein Rennen wie jedes andere – zu Hause zu gewinnen, ist immer etwas ganz Besonderes!"

Weiß sogar Ralf Schumacher. Der Wahl-Salzburger gewann je einmal in Hockenheim und am Nürburgring – nach mörderischem Bruderduell. Im Gegensatz zu den Klitschko-Brüdern, die nie gegeneinander kämpfen. Eher wie Kain und Abel. Niki Lauda hat „noch nie zwei Brüder gesehen, die so erbarmungslos bis knapp an die Boxenmauer fighten. Natürlich gehen sie am Ende vom Gas – aber wirklich erst im allerletzten Moment!"

Michael gewann neunmal sein Heimrennen, andere Champions nie – oder sehr spät. Ayrton Senna musste in Interlagos sieben Jahre auf den ersten Sieg warten, brüllte im Cockpit, aber nicht vor Freude, sondern wegen Krämpfen, vor Schmerzen – und weil zum ersten Mal der Boxenfunk live im TV zu hören war, litten und beteten Millionen Brasilianer mit Senna.

Niki Lauda brauchte in Zeltweg von 1971 bis 1984 – also 13 Jahre. Und dann mit viel Glück: „Gegen Ende ging mein Getriebe k. o., aber weil ich zu faul war, zu Fuß an die Box zu hatschen, ließ ich den McLaren den Berg bis ins Ziel runterrollen." Nelson Piquet, direkt hinter Lauda, ging sofort vom Gas, weil er dachte: Der alte Fuchs Lauda schleicht nur noch sicher ins Ziel. Erst als ihm Niki bei der Siegerehrung den Getriebedefekt verriet, schlug sich Piquet an den Kopf: „Ich Trottel – ich hätte ja gewinnen können …"

Aber dann wäre Lauda 1984 nicht Weltmeister geworden …

Heute kennt Schumacher alle Tricks. Aber vielleicht heißt es am Sonntag in Hockenheim: Spiel, Satz und Sieg – für Vettel?

Der 59. Grand Prix von Deutschland (seit 1950) ist „erst" das 33. FI-WM-Rennen in Hockenheim. Die Rennstrecke wurde zwar schon 1932 gebaut, doch erst 1970 begann die FI-Story im badischen Motodrom: mit dem Sieg von Jochen Rindt, seinem letzten vor dem tödlichen Unfall in Monza. Viele Superstars haben seitdem in der Rennstadt Hockenheim triumphiert: von Niki Lauda über Ayrton Senna, Nelson Piquet, Alain Prost, Michael Schumacher bis Fernando Alonso und Lewis Hamilton. PS: Der Brite fährt seinen 100. GP im Motodrom – er bestritt alle Rennen für McLaren.

Für die PS-Stadt mit 22.000 Einwohnern, in der Nähe von Heidelberg, ist die Rennstrecke wichtigster Wirtschaftsfaktor – und Teil der Geschichte. Seit 1986 gibt es das Hockenheimer Motorsportmuseum, dessen Rennfahrzeuge und Race-Relikte sich sehen lassen können. Darunter die Weltrekord-Motorräder des 1998 verstorbenen Wilhelm Herz, der die Geschichte des Hockenheimrings als Geschäftsführer mitgeprägt hat.

In diesem Museum erfährt man auch, dass die Franzosen im 17. Jahrhundert den Tabak in den Rhein-Neckar-Kreis brachten. Danach habe sich in Hockenheim eine prosperierende Zigarrenindustrie mit mehr als 2200 Arbeitsplätzen entwickelt. Nach dem Zweiten Weltkrieg brach diese Branche zusammen. Anfang des 20. Jahrhunderts verdrängte der Spargel den früheren Hopfenanbau. Damit ist Hockenheim mit dem heutigen Mix aus Speed und Spargel weltweit einmalig. Übrigens: Zur GP-Zeit im Juli ist leider nie Spargelzeit.

Michael Schumacher sagt: „Ich mag Spargel, aber noch mehr mag ich das Motodrom." Kein Wunder, der Rekordsieger hält auch hier den Siegrekord. Der Rheinländer vom Genfersee triumphierte bisher viermal auf dem Kurs, der durch den Hardtwald führt: 1995, 2002, 2004 und 2006 – so oft wie kein anderer GP-Pilot.

Zusammen mit seinem Mercedes-Gefährten Nico Rosberg begibt sich der siebenmalige Champion vor dem Heim-GP auf eine Werkstour in Baden-Württemberg: Das Silberpfeil-Duo macht von der Daimler-Konzernzentrale in Stuttgart-Untertürkheim aus einen Abstecher ins Werk Rastatt. Dort sind beide vom Eindruck und Einblick in die Produktion der A- und B-Klasse-Modelle begeistert.

Danach montieren sie beim Edel-Tuner Mercedes-AMG in Affalterbach die Kolben und Zylinderköpfe eines Hochleistungsmotors. Mercedes-Sportdirektor

Norbert Haug freut sich: „Michael und Nico erhielten einen tiefen Einblick in die Welt von Mercedes-Benz – von den neuen Kompaktklassemodellen, die in Rastatt produziert werden, bis zur exklusiven Hochleistungswelt von Mercedes-AMG."

Bei Deutschlands erstem Formel-I-Fanforum kommt es in der Mercedes-Benz-Niederlassung in Stuttgart zum großen Treffen: zwischen Schumacher und Rosberg, ihren Fahrerkollegen Nico Hülkenberg und Timo Glock sowie 300 Fans und Mitarbeitenden von Daimler. Die Fans und Mercedes-Kollegen können die vier deutschen GP-Piloten (Vettel hatte einen anderen Termin) endlich das fragen, was sie immer schon wissen wollten. So etwa: Wie stehen die Chancen auf einen deutschen Erfolg beim Deutschland-GP? Schumacher antwortet berechnend: „Die Chancen stehen 5 zu 19. Fünf Deutsche gegen 19 andere Fahrer."

Am Donnerstag ist im Fahrerlager die Expertenmeinung von Saubers leitendem Renningenieur Giampaolo Dall'Ara zum Hockenheimring gefragt: „Das letzte Formel-I-Rennen fand hier 2010 statt. Also werden wir nun erstmals mit den Pirelli-Reifen und dem DRS fahren, dem hochklappbaren Heckflügel-Flap zur Verringerung des Luftwiderstands."

Der Sauber-Experte zieht Vergleiche: „Die Strecke hat von allem etwas, wenngleich die Hochgeschwindigkeitskurven nicht den gleichen Einfluss auf die Rundenzeiten haben wie in Silverstone. Der Asphalt ist recht glatt. Pirelli stellt die weiche (soft) und die mittlere (medium) Reifenmischung zur Verfügung, was auf den ersten Blick eher konservativ anmutet. Aber natürlich können die Temperaturen im Juli in Hockenheim hoch sein, und es bleibt abzuwarten, wie sich das auf die Reifen auswirkt."

In der Red-Bull-Hospitality erinnert Vettel daran, dass deutsche Fans beim letzten FI-Auftritt im Motodrom 2010 nur im Qualifying jubeln konnten. Denn die Zuschauer und er selbst hatten damals an der „Pole" nicht lange Freude gehabt: Schon am Start verlor der Heppenheimer zwei Plätze gegen die beiden Ferraris, die den Sieg danach unter sich ausmachten. Es war ein Triumph in Rot mit lauten Nebengeräuschen: Weil Ferraris Kommandostand Fernando Alonso per Boxenbefehl an Felipe Massa vorbei-„orderte", gab es ein Pfeifkonzert bei der Siegerehrung.

Für das Freitagtraining haben einige Teams wieder größere Updates und Aero-Pakete angekündigt. Vor allem McLaren muss etwas tun, um den negativen Trend (nur neun Punkte aus den letzten beiden GPs) zu stoppen. „Im Heckbereich und bei den Seitenkästen hat sich der MP4-27 auch für Laien sichtbar verändert", sagt Teamchef Martin Whitmarsh. Experten erkennen gar gravierende Veränderungen am Auspuff-Unterboden-System sowie bei den Seitenkästen-Lamellen. „Und wenn die erst wüssten, was unter der Verkleidung alles neu ist", meint Whitmarsh halb im Ernst, halb im Spaß.

le-Position und Sieg sind ja schöner als Sex“, sagt Lewis Hamilton seit seinen ersten Formel-I-
ɔlgen. 2012 kann er alles genießen. Nicht nur in Monza, wo er Alonso überholt (Bild unten)
r auf seiner Lieblingsstrecke Silverstone. Dass Lewis 2013 von McLaren zu Mercedes wechselt,
:aunt den ganzen Formel-I-Zirkus.

Die Entdeckung des Jahres, Sergio Pérez, der junge Mexikaner, bringt den Sauber zweimal auf Platz jetzt wird „Checo“ der Hamilton-Nachfolger bei McLaren. Seine beherzten Fahrten erinnern viele an die mexikanischen „Wunderkinder“ Ricardo und Pedro Rodriguez. Links unten in Valencia, rech unten in Monza – und in Zukunft ist Pérez sicher ein großer Rivale für Alonso.

ue Lotus-Blüten: Comeback-Superstar Kimi Räikkönen gewinnt in Abu Dhabi den ersten Grand Prix
ner zweiten Karriere nach drei Jahren Pause. Für Lotus: Der erste Sieg seit Ayrton Senna – aber
. war damals ein anderes Team. Darunter: Lotus-Renault-Teamchef Eric Boullier mit Raikkönen und
rash-Kid" Grosjean. Was für ein aufregendes Rennjahr, bis der „Iceman" in der Wüste triumphiert.

Der lange Ritt nach Texas: Endlich kehrt der Formel-1-Zirkus nach Amerika zurück. Vor der Premiere in Austin kommt David Coulthard als erster Pilot zum PS-Rodeo und zeigt den Cowboys bei einer Demonstrationsfahrt, was Formel 1 heißt. „Go West, young men", wird man noch jahrelang hören.

TOTAL
INFINITI
MOBILE
31
RAUCH

Die Richtung stimmt: Felipe Massa darf bei Ferrari weiterfahren. Aber die ganze Saison schwankt d
Brasilianer zwischen Verzweiflung mit seinem Manager Nicolas Todt, dem Sohn des Fiat-Präsidente
(links), Spannung und seltenem Jubel. Alonso hatte sich sehr dafür eingesetzt, dass Massa bleibt.

/ahrscheinlich überhol ich deshalb so oft, weil ich schmale Augenschlitze hab – da seh ich die
leren Autos gar nicht." Der Sauber-Japaner Kamui Kobayashi ist im Sauber-Team sehr beliebt,
ht nur wegen seines Humors. Höhepunkt des Jahres: sein Podestplatz in Suzuka.

Starke Leistungen im Schatten des WM-Gigantenduells: Links: die Force India-Piloten Hülkenberg und di Resta. Rechts der fleißige Punkte-Hamsterer Bruno Senna, darunter das Youngster-Duell Vergne gegen Pic. Und damit niemand bei soviel Hightech nicht die menschliche, traditionelle Seite der Formel I vergisst: das fast altmodische Abwinken mit der Zielflagge für Vettel in Suzuka.

KOLLISION MIT 300 KM/H: NUR FÜR DIE LEUTE LUSTIG

Nelson Piquet, der frühere Lauda-Zauberlehrling und dreifache Weltmeister, feiert am 17. August seinen 60. Geburtstag. Und wird sich erinnern, wie Eliseo Salazar 1982 in Hockenheim beinahe seinen 30. verhindert hätte. Kollision mit 350 km/h am Ende der (damals) langen Geraden, vor der Schikane – weil der Chilene nicht aufgepasst hatte, als ihn der führende Piquet überrundete.

Wutentbrannt sprang Piquet aus seinem Brabham, stürzte sich auf Salazar und strafte ihn gnadenlos mit Fußtritten und Boxhieben – mitten im Rennen. Formel-I-Fans erinnern sich heute noch an diese Szene – und viele lachten über diese Comic-Show mit großen Handschuhen und Sturzhelm.

„Für viele Leute war's vielleicht lustig", sagt Niki Lauda noch heute. „Aber die wenigsten denken dran, dass dabei zwei Fahrer hätten sterben können."

Jetzt, nach den Zwischenfällen mit Pastor Maldonado, verschärft die FIA die Regeln fürs Zweikampfverhalten – und droht höhere Strafen an.

Aber in Hockenheim stehen schon genug Kreuze – weil das „Restrisiko" immer noch groß ist. 1968 starb Jim Clark durch einen „schleichenden Patschen" am Formel-II-Lotus im Regen, 1980 das große österreichische Talent Markus Höttinger – weil ihn ein weggebrochenes Rad des Engländers Derek Warwick bei voller Fahrt am Helm traf. Am Auto: nicht ein Kratzer.

Warwicks Bruder und der Sohn von John Surtees verunglückten später durch ähnlich unglückliche Umstände. Beide am Weg steil nach oben – wie Höttinger, Sohn einer burgenländischen Schuldirektorin, Sportstudent und schon Testpilot des sagenhaften BMW-Turbos.

„Du musst immer schauen, dass du das beste Material kriegst", hatten ihm seine Entdecker Dr. Helmut Marko, damals Renault-Austria-Sportchef, und Dieter Stappert eingeschärft. Klassischer Dialog: „Hast dir den neuen Teil von Renault geholt?" – „Nein, die waren grad beim Essen." Und nachher? „Da waren wir beim Essen ..."

Aber Höttinger sagte auch: „Wenn mir etwas passiert, macht euch keine Vorwürfe. Nicht ihr habt es so gewollt, sondern ich." So viel zum Restrisiko.

Auch Lotus bringt beim E20 eine Aerodynamik-Ausbaustufe, die den schwarzgoldenen Renner vor allem im Heckbereich (mehr Abtrieb durch eine Art „F-Schachtsystem") endlich zum Siegerauto machen soll. Kimi Räikkönen testet diese Neuerung nur im Training. Alles im Hinblick auf den Ungarn-GP, wo maximaler Abtrieb nötig ist. Romain Grosjean fährt die herkömmliche Version, um die Daten vergleichen zu können. Bei Mercedes und Red Bull gibt es ebenfalls neue Teile. Ferrari experimentiert weiter mit neuen Frontflügelkonfigurationen, die bisher noch nicht im Rennen eingesetzt wurden. Die roten haben die produktivste und kostspieligste Technikabteilung.

Am Freitagvormittag fährt Jenson Button auf dem 4,574 km langen Kurs Bestzeit (1:16,595): Vor Lewis Hamilton (0,498), Alonso (0,775), Schumacher (0,787) und Sergio Pérez (0,818). Doch die Rundenzeiten sind wenig aussagekräftig, weil die 90-Minuten-Session von drei leichten Regenschauern verwässert wird. Auch am Nachmittag bleibt es nass, deshalb bleibt Button „Tagesschnellster“. Das WM-Führungstrio Alonso, Webber und Vettel fährt jeweils gut 20 Pflichtrunden. Vettels Motto dabei lautet: „Hauptsache, das Auto bleibt ganz.“ Denn immerhin hat die Strecke 17 durchaus heikle Kurven (6 links, 11 rechts).

Schumacher dagegen leistet sich eine Unaufmerksamkeit: Auf rutschigem Asphalt, Eingangs Motodrom, verliert er die Kontrolle über den Silberpfeil und schlittert in die Reifenstapel. Seiner Mechaniker-Crew ist an den Boxen sofort klar: Dieser Schaden sieht nach einer Nachtschicht aus. Schumacher entschuldigt sich bei „den Jungs“, bietet seine Hilfe als Kfz-Mechaniker an, weiß aber selbst: „Ich bin keine große Hilfe und würde den Jungs nur im Weg stehen.“

1985 begann er in Otzberg bei Darmstadt mit seiner Ausbildung zum Kfz-Mechaniker, die er drei Jahre später mit der Gesellenprüfung abschloss. „Mit dem Fachwissen von damals kann ich heute wahrscheinlich nicht mehr viel anfangen“, räumt er ein, „denn nun steckt zu viel Elektronik in den Autos. Deshalb gibt's ja heute keine Kfz-Mechaniker mehr, sondern Kfz-Mechatroniker.“

Der deutsche Sommer enttäuscht auch am Samstag. Doch zumindest im Vormittagstraining ist es trocken – bis am Schluss wieder Regen einsetzt. Alonso ist Schnellster vor Hamilton und Pérez. Schumacher ist es vorsichtig angegangen. Der einstige „Regenkönig“ hofft im Qualifying und Rennen „von Herzen“ auf Regen. „Nur dann haben wir Chancen aufs Podium“, räumt er ein. Sein Silberpfeil ist nach dem Freitag-Crash wieder wie neu. Doch nicht nur bei Mercedes war Nachtarbeit angesagt. Auch in der Red-Bull-Box wurde die Nacht zum Tag, weil bei Webber ein vorzeitiger Getriebetausch unumgänglich war.

Dadurch verstieß Red Bull gegen die sogenannte Sperrstundenregelung, die in der Nacht auf Samstag von 2.00 bis 8.00 gilt. Allerdings ist es den Teams im Saisonverlauf viermal gestattet, die Sperrstunde zu überziehen. Red Bull machte zum ersten Mal davon Gebrauch. Um fünf Startplätze strafversetzt wird nicht nur Webber, sondern auch Rosberg. Bei Mercedes hadert man deshalb vor dem Qualifying mit dem Defektteufel: Ausgerechnet vor dem Heimrennen des gebürtigen Wiesbadeners zeigen sich bei der Getriebe-Ölkontrolle winzige Metallspäne – die Schaltbox muss getauscht werden.

Fünf Plätze in der Startaufstellung verliert auch Lotus-Pilot Romain Grosjean. Beim Genfer war allerdings bereits nach dem Silverstone-Rennen klar, dass das Getriebe defekt ist. Er hatte es dort gerade noch als Sechster ins Ziel geschafft – sozusagen auf dem letzten Zahnrad des Getriebes.

Am Samstagnachmittag, beim Qualifying, hat Schumacher viel Glück: Nur 55 Tausendstel bewahren ihn vor der Schmach, vor heimischen Fans schon in Q1 auszuscheiden. „Das war haarscharf", sagt er und atmet als 17. kräftig durch. Jean-Eric Vergne, 18. im Toro Rosso, ärgert sich: „Beinahe hätte ich ihn gepackt, den großen Champion." Von da an läuft es für „Schumi" wie geschmiert. Sein „Schmiermittel" tropft zunächst vom Himmel und kommt dann in Schauern. Im verregneten Q2 wird er Zweiter hinter Hamilton und vor Vettel.

In Q3 haben die Top Ten Regenreifen montiert, die blau markierten Heavy-Wets. Alonso fährt mit dem groben Profil am feinsten. Nach der Regen-„Pole" von Silverstone sichert er sich auch im nassen Hockenheim den ersten Startplatz. Dahinter das Red-Bull-Duo Vettel/Webber. Die erste Startreihe mit Alonso und Vettel ist in dieser Saison eine Premiere. Weil Webber, das „Känguruh", um fünf Plätze zurückhüpfen muss, rücken zwei Deutsche auf die Startplätze drei und vier vor: Schumacher und der einmal mehr überraschende Force-India-Pilot Nico Hülkenberg! Drei Deutsche unter den ersten Vier ist eine Quali-Premiere.

Kimi Räikkönen kommt über Startplatz zehn nicht hinaus und stellt fürs ganze Lotus-Team fest: „Der Regen hat uns auf dem falschen Fuß erwischt." Nässe liebt der Lotus E20 genauso wenig wie nur 17 Grad. 18-mal hat der Finne bereits in der FI gewonnen, doch beim Deutschland-GP noch nie. „Vielleicht habe ich in einem früheren Leben etwas Böses getan", hinterfragt sich der „Iceman" und kommt zum Schluss: „Der Hockenheim- wie der Nürburgring waren bisher nicht nett zu mir, obwohl ich beide mag. Das Glück war einfach nicht auf meiner Seite. Vielleicht kommt ja dieses Mal für mich alles Gute zusammen."

Gut wird es für Kimi schon einmal vom Wetter her. Denn nach zwei Tagen mit wechselhaftem Wetter sagen die Météo-France-Experten, der GP-Wetterdienst auf allen Kursen, einen trockenen Sonntag voraus. Damit beginnt bei den Teams erneut das Reifen-Rätsel. Denn keine Equipe verfügt über genügend „Trocken"-Daten, was die Abnützung der Pirelli-Soft und -Medium auf dem Hockenheimring betrifft. Zudem ist Pirelli als FI-Reifenlieferant zum ersten Mal auf dieser Strecke.

Zum ersten Mal seit vielen Jahren ist Bernie Ecclestone nicht beim Deutschland-GP vor Ort dabei. Der 81-jährige FI-CEO schaut sich das Rennen in seinem Geschäftssitz am Londoner Hydepark an. Dem Briten droht in einer Schmiergeldaffäre von der Staatsanwaltschaft in München eine Anklage. Sein einstiger Business-Partner bei der Bayerischen Landesbank, Gerhard Gribkowsky, wurde in diesem 45-Millionen-Dollar-Bestechungsfall zu achteinhalb Jahren Gefängnis verurteilt. Er ging in Revision. Ecclestone beteuert seine Unschuld.

NOSTALGISCHE DEUTSCHE FORMEL I – UND HEUTE?

1954, bei der Siegerehrung auf dem Nürburgring, fielen einander die beiden Argentinier Juan Manuel Fangio und Froilán González, zwei Erzfeinde, weinend in die Arme: Ihr junger, hochtalentierter Landsmann Onofre Marimón war tödlich verunglückt.

Fangios bitterer Triumph ist immer noch der letzte Mercedes-Sieg in ihrem deutschen Heim-Grand-Prix. Holen die „Silberpfeile" jetzt in Hockenheim, 58 Jahre danach, wieder die Sterne vom Himmel?

Vorm Krieg beherrschte das deutsche Duell Mercedes gegen Auto-Union (heute Audi) die Grand-Prix-Szene. 1962 gewann der Amerikaner Dan Gurney – Sohn eines Opernsängers an der Met und heute Schwager von Mercedes-Sportchef Norbert Haug – auf Porsche den GP von Frankreich in Rouen.

Und die 80er Jahre lebten vom Gigantenduell BMW gegen Porsche in der großen Turbo-Ära. Porsche baute für McLaren die V6-Turbomotoren – als Auftragsproduktion für 120 Millionen Dollar. Und BMW hatte geheime Kontakte zum deutschen Raketensprit der 40er Jahre – der war pechschwarz und hat wohl nie einen Tropfen Erdöl gesehen.

Fast jedes Wochenende das gleiche Bild: Nelson Piquet schoss die Brabham-BMW-Rakete mit 1.500 PS in einer Wahnsinnsrunde in Pole-Position – dann zerplatzte der Motor. Aber im Rennen waren die TAG-Turbos von Niki Lauda und Alain Prost da – wegen geringerem Ladedruck und reduziertem Sprit (1984/85 noch 220 Liter, 1986 dann 195 Liter und 1988 gar nur 150 Liter) mit weniger Leistung.

„Kann man sich heute überhaupt nimmer vorstellen", schaudert Niki Lauda noch heute. Nicht wegen der explodierten Spritpreise, sondern wegen dem gewaltigen Unterschied. „Im Training doppelt so viele PS wie im Rennen, fast die doppelte Geschwindigkeit …" Und das Risiko im Gasfuß.

Vorm WM-Finale 1984 in Estoril hatte ich Lauda und den Porsche-Chefingenieur Hans Mezger – mit dem V6-Turbo als Handgepäck – live im TV-Studio. Sehr stark, wie Niki seinen Motorchef fast beschwörend bat: „Hans, ich bitt' dich …"

Der Motor hielt und Lauda war 1984 Weltmeister. Alain Prost danach 1985/86, dann wurden die TAG-Turbos eingemottet – oder als Schiffsmotoren verkauft. Ing. Mezger war oft in Hockenheim – als Boxengast, nicht zum Kaffeetratsch mit Niki Lauda: „Sollen wir drüber reden, wie schön es früher war?"

Vier Stunden vor dem Rennstart wird ein anderer „Fall" im Fahrerlager heiß diskutiert: Dabei bricht bei Red Bull das große Zittern aus. Die FIA-Inspektoren haben in der Renault-Motorsoftware ein Programm entdeckt, das eigentlich gegen den Geist des Reglements verstößt. Bei genauer Durchsicht des unpräzisen Regeltextes entscheiden die Rennkommissare jedoch, dass Red Bull rein juristisch legal gehandelt hat.

Vettel und Webber dürfen starten. Doch am besten kommt Alonso weg. Der Routinier kontrolliert seine Reifen, den Ferrari und das Geschehen. Er fährt ein perfektes Rennen. Bis auf drei von 67 Runden führt er den Grand Prix von Deutschland an. Dabei steht er ständig unter Druck und Beschuss. Zuerst von Vettel, dann von Button. Der Spanier verteidigt sich weltmeisterlich. „Wir konnten uns zum Glück bei unseren einstigen Schwachpunkten, Topspeed und Traktion, stark verbessern", sagt er hinterher. „Ich hatte nicht das schnellste Auto im Feld, aber es war schnell genug, um vorne zu bleiben."

Vettel ist aufgefallen: „Auf freier Strecke hätte ich schneller als Fernando fahren können. Aber sobald ich in den Windschatten des Ferraris kam, wurde mein Auto unruhig. Deshalb konnte ich ihn auch nie angreifen." Der zweifache Weltmeister aus Oviedo in Asturien fährt im Ferrari in der Form seines Lebens. Am besten zeigt sich das, als sich Hamilton zurückrunden will. An Vettel kommt der McLaren-Pilot vorbei. „Ich habe nicht damit gerechnet, dass mich einer angreift, der schon überrundet ist", ärgert sich Red Bulls Nummer I.

Alonso ist vorgewarnt. Er hält den ungestümen Hamilton in Schach. „Wenn er es mit der Brechstange versucht hätte, wäre ich auf die Seite ausgewichen", sagt Alonso nach dem Rennen. Als WM-Leader hat er sich mit seinem dritten Saisonsieg noch mehr Luft verschafft. Bei Saison-„Halbzeit" ist der Spanier plötzlich der große WM-Favorit: 34 Punkte Vorsprung auf Webber, 44 auf Vettel, 56 auf Räikkönen und 62 auf Hamilton. Alonso sagt: „Das ist keine Vorentscheidung." Webber kontert: „... aber eine Kampfansage an die Verfolger." Sicher ist: So einfach holt man so viele Punkte nicht auf einen Fahrer auf, der keine Fehler macht, dessen Auto verlässlich ist – und der immer punktet.

Für Vettel kommt das böse Erwachen knapp zwei Stunden nach Rennende. Sein umstrittenes Überholmanöver aus der vorletzten Runde hat ein Nachspiel: Da hatte er Button vor der Spitzkehre ausgebremst und sich danach neben die Strecke treiben lassen. Beim anschließenden Beschleunigungsduell zog Button den Kürzeren. Die FIA-Rennkommissare mit dem Schweizer Paul Gutjahr und dem Briten Derek Warwick urteilen: „Vettel verließ die Strecke mit allen vier Rädern und verschaffte sich einen Vorteil, als er wieder auf diese zurückkam." Deshalb brummen sie Vettel eine Durchfahrtsstrafe bzw. 20-Sekunden-Zeitstrafe auf. Er fällt von Platz zwei auf Rang fünf zurück.

Der Titelverteidiger verteidigt sein Manöver damit, dass er Button Platz lassen wollte: „Ich wusste, dass Jenson noch da ist, wusste aber nicht, wo. In so einer Situation willst du keinen Crash riskieren." Diese Begründung stimmte die Race-Stewards nicht um. „Wenn an dieser Stelle eine Mauer oder ein Kiesbett ist, überholt er nicht so", sagt einer aus der Rennleitung. Renndirektor Charlie Whiting begründet das harte FIA-Urteil so: „Wenn Sebastian die Kurve enger fahren muss, verliert er Drehmoment. Durch den weiten Bogen, den er fuhr, konnte er früher aufs Gas, als wenn er innerhalb der Bahn geblieben wäre."

Helmut Marko ärgert das Strafmaß: „Das ist so, wie wenn man Hühnerdiebstahl mit Todesstrafe ahnden würde." Bleibt noch die Frage, welche Schuld Red Bull und Vettel selber an der Strafe tragen? „Hätte Vettel seinen Gegner Button nach dem strittigen Manöver wieder vorbeigelassen, wäre ihm nichts passiert", hört man aus der Rennleitung. Deshalb wundern sich Button und McLaren-Chef Whitmarsh, dass der Weltmeister nicht zurückgesteckt hat. Whitmarsh: „Vettel hat ja gesehen, dass Buttons Hinterreifen am Ende waren. Er wäre in der letzten Runde locker an ihm vorbeigekommen."

Die letzte, höchst ungewöhnliche Aktion setzt Triumphator Alonso: In der Ferrari-Box posiert er auf seinem F2012-Auto – wohl aus lauter Freude über seinen 30. GP-Sieg – mit einer 22-Jährigen. Es ist die Russin Dasha Kapustina, seine neue Freundin, in die er sich Hals über Kopf verliebt hat.

HOCKENHEIM-REKORDE

Alonsos 30. GP-Sieg, als Nächstes wird er Mansell (31) einholen. Der 21. Ferrari-Sieg im deutschen GP – ein Rekord. Nur Schumacher (4) hat dieses Rennen öfter gewonnen als Alonso (3). Vettel wie schon 2009 am Nürburgring 2. im Heimrennen. Alonso zum 22. Mal in den Punkterängen, nur Schumacher (24) war es öfter. Button zum ersten Mal seit 7 Rennen in den WM-Punkten, Räikkönen zum 7. Mal 2012. Katayamas 50. GP (5.) egalisiert seine besten Ergebnisse 2011 in Monaco und 2012 in Spanien. Sauber erstmals seit Spa 2009 mit beiden Autos in den Top-Six. Schumacher schon 50 Rennen ohne Sieg. Hamilton der einzige Ausfall, erstmals seit Brasilien 2011. Fünftes Rennen der Geschichte mit 23 oder mehr Autos im Ziel.

Budapest: Hamilton furios

SCHUMIS KURIOSE TAGE

Die Formel I trifft in Budapest auf die „Formel Massentourismus". Beide haben Hochsaison und laufen auf Hochtouren. Die ungarische Hauptstadt an der „grauen" Donau ist vor allem im Sommer ein immer beliebter werdendes Reiseziel. Für einen Euro erhält man knapp 300 Forint. Das ist ein sehr attraktiver Kurs für Euro-Touristen, selbst wenn die steigende Nachfrage auch dort für steigende Preise sorgt.

Die Urlauber kommen aus allen Himmelsrichtungen – per Auto, per Bahn, per Flugzeug und per Schiff. Hotels sind ausgebucht – und das, obwohl alle Flussreisenden auf ihren immer länger werdenden Hotel-Schiffen nächtigen. Der große Hit ist „Budapest by Night" vom Schiff aus. Vor allem die direkt an der Donau liegenden Stadtteile von Buda und Pest quellen mit Ferienreisenden über.

Dort sind auch die Touristenmagneten: Elisabethbrücke, Gellértberg, Freiheitsstatue, Zitadelle, das Gellért-Hotel und seine Thermalquellen, die Markthalle, der massige Burg-Berg (UNESCO-Weltkulturerbe) mit dem ehemaligen Königlichen Schloss, dem Palais des Staatspräsidenten, der Fischer-Bastei und Matthiaskirche sowie die Kettenbrücke und das eindrucksvolle Parlamentsgebäude.

Die Formel I beschert der 1,9-Millionen-Stadt einen zusätzlichen Besucherstrom. Auch wenn es, wie in den besten Zeiten, keine Luftbrücke mehr zwischen Helsinki und Budapest gibt. Zu Häkkinens und Räikkönens Hoch-Zeiten wurden zehntausende finnische Fans eingeflogen. Heute sind es noch Tausende. Topteams und Spitzenpiloten residieren in den Fünf-Sterne-Hotels an der Donau. Schon am Donnerstagabend versammeln sich vor den Einfahrten des Marriotts, InterContinentals und Four Seasons Gresham Palace, wo Ferrari logiert, hunderte Fans. Sie alle wollen einen Blick auf ihre Grand-Prix-Idole erhaschen, wenn sie vom Hungaroring zurückkommen.

Die 4,381 km lange Strecke in Mogyoród verlangt fast so viel Abtrieb wie der Stadtkurs in Monaco. Anders als in Monaco sind die Kurven – überwiegend langsame und mittelschnelle – aber flüssiger. Dafür muss die Fahrzeugbalance passen. Ebenfalls eine wichtige Rolle spielen die Wechselkurven, von denen es gleich mehrere und unterschiedlich schnelle gibt: von der langsamen Schikane bei Kurve sechs bis zur schnellen Passage in den Kurven zwei und drei.

Die Start-Zielgerade ist nur 700 Meter lang und die einzige Gerade der 4,381 km langen Strecke. Während der restlichen Runde reihen sich 14 Kurven aneinander.

SERVUS, THOMAS: HERZINFARKT VORM GRAND PRIX

Sein Traum war immer ein „k.u.k."-Grand-Prix: Eine Zusammenlegung der Formel-1-Rennen vom Österreich- und vom Hungaroring, wie zwei Läufe – aber nur ein Sieger. „Gute Idee", sagte Bernie Ecclestone zum ungarischen Formel-I-Chef Thomas Frank, „aber wir machen weiter wie immer. Jedes der beiden Rennen ist so spannend, dass es für sich allein ein Grand Prix sein muss."

Und jetzt gibt es den ersten ungarischen GP ohne Thomas Frank: Herzinfarkt kurz vor seinem großen Heimrennen. Ab jetzt organisiert seine Familie den halben Heim-Grand-Prix der österreichischen Race-Fans.

Aber Frank, 1969 nach Österreich gekommen, hat selber für zwei Nationen gewonnen, als Handballer für Ungarn und Österreich: 20 Länderspiele, rund 700 Tore geworfen für Rapid, WAT Margareten und Stockerau. Und auch als Tennisspieler beim WAC ein Siegertyp.

Als Businessman fing er mit einem winzigen Wäschegeschäft in der Mariahilferstraße an. Aber bald sagten die Ungarn, die ihm nach Wien folgten: „Wo sind der Gerngroß und Herzmansky? Vis-à-vis vom Frank ..." Das imponierte auch Bernie Ecclestone: „Tommy war einer meiner wirklich engen Freunde. Und davon hab ich nicht so viele." Die beiden setzten bei der FIA durch, dass der Privatrennfahrer Nissany, ein früherer Offizier des Geheimdienstes Mossad, als erster israelischer Pilot am Hungaroring offiziell mitfahren durfte –wenigstens im Vormittagstraining. Frank brachte auch Zsolt Baumgartner von den Strebersdorfer Schulbrüdern für 26 Rennen in die Formel I. In Wien und Budapest organisierte er 1996/97 die große „History Tour" von Michael Jackson, mit Angst und Bangen, weil beim Superstar Minuten vor seiner großen Show fast der Kreislauf kollabierte. Auch die aktuellen Hungaroring-Promis für kommenden Sonntag hat noch Frank verpflichtet: Bruce Willis, der am Hungaroring-Gelände „Stirb langsam" gedreht hat, und Bryan Adams, der im Puskás-Stadion (früher Nep-Stadion) auftritt.

Am Hungaroring wird der Rennleiterturm, wo Frank immer das Büro direkt neben Bernie hatte, auf „Thomas Frank Control Tower" umbenannt. Wie 1970 unser Österreichring in Jochen-Rindt-Ring – bis die Politik dazwischenfunkte. Einer dagegen kann unbehelligt, weil unerkannt, auf der Hotelterrasse abendessen: Nico Hülkenberg startet mit einem köstlichen, saftigen und scharfen „Chili-Paprika-Burger" ins Ungarn-GP-Wochenende. Für einmal darf sich der Force-India-Deutsche diese „ungarische Spezialität" schon gönnen. Sein Teamchef Vijay Mallya, Milliardär und Maharadscha, dagegen wird beim „Inder" in der Innenstadt gesehen. Wo sonst, könnte man sagen. Doch Mallya selbst betont ja stets, dass er genauso gerne „international" wie „indisch" diniere.

Apropos Teamchef: Die Mehrheit der FI-Verantwortlichen kommt gerne in das „Monte Carlo an der Donau". Der Hungaroring war die erste Rennstrecke, die vor dem Fall des Eisernen Vorhangs 1986 in den Rennkalender aufgenommen wurde. Der enge und kurvige Kurs, gebaut in nur acht Monaten, ist zwar eine permanente Rennstrecke, weist aber Charakteristiken eines Straßenkurses auf. Die Durchschnittsgeschwindigkeit ist niedrig, ebenso der Grip. Die Haftung des Autos bzw. der Reifen steigt im Verlauf des Wochenendes deutlich, je mehr Gummi sich auf dem Asphalt ablagert.

Folglich fahren die Piloten auch nur zehn Sekunden pro Runde mit Vollgas. Zwischen den Kurven sechs und sieben fahren die Autos über die Kerbs, die auf der Ideallinie liegen. Dabei müssen die Reifen Kräfte von umgerechnet 800 Kilogramm aushalten. Auf dem Hungaroring können die Piloten die Ideallinie kaum verlassen. Links und rechts davon ist der Belag zu schmutzig. Das macht das Überholen schwierig bis unmöglich – und das Qualifying umso wichtiger.

Fernando Alonso hat am Sonntag in Budapest vier Trabanten: keine Domestiken oder Wasserträger – eher Bodyguards! Vier Piloten, die sich alle große Hoffnungen machen, ab 2013 statt Felipe Massa für Ferrari zu fahren – und mit denen Ferrari auch schon diskret verhandelt hat. Die geheime Ferrari-Liste: 1. Jenson Button, 2. Paul di Resta, 3. Nico Hülkenberg, 4. Sergio Pérez. Alle vier kämpfen um die Chance ihres Lebens, aber sicher nicht Rad an Rad mit Alonso. Eher gegen dessen Konkurrenten Vettel.

Wird einer der vier der Nachfolger von Felipe Massa und neuer Teamkollege von Alonso? Hat ich Ferrari bereits entschieden: Der Vertrag mit Massa, der heuer ausläuft, wird nicht verlängert? „Er hat seit zwei Jahren nichts mehr gewonnen – und Ferrari braucht wegen der Konstrukteur-WM immer zwei Siegfahrer." Das ist Massa für die Scuderia offensichtlich nicht mehr: letzter Sieg 2008 in Interlagos, aber unter Tränen – weil er die WM in der letzten Kurve um einen Punkt gegen Lewis Hamilton verlor ...

Ferrari trennt sich also vielleicht von Massa, „außer er gewinnt die nächsten zwei Rennen." Das meldet „Radio Fahrerlager" noch im Sommer. Was aber spricht für seine potenziellen Nachfolger – was gegen sie?

Jenson Button ist ein Gentleman-Pilot, der von Erziehung, Benehmen und Klasse perfekt zur Nobelmarke Ferrari passen würde. Und Ferrari machte mit seinen englischen Fahrern meist beste Erfahrungen. Mike Hawthorn 1958, John Surtees 1964 wurden Weltmeister, Peter Collins, Tony Brooks usw. gewannen große Preise. Für den Weltmeister 2009 spricht aber auch seine reifenschonende Fahrweise – und sein Wert für den Exportmarkt England.

Paul di Resta, der von der DTM in die Formel I kam, hat schon in seiner ersten Saison 2011 bei Force India beeindruckt, stach Adrian Sutil aus. Nach Jim Clark, Jackie Stewart und David Coulthard endlich wieder ein Schotte mit dem Sieger-Gen? Gerhard Berger sagt nicht als Einziger: „Für mich gehört di Resta schon längst zu Ferrari."

Nico Hülkenberg kam aus der GP 2 als Testpilot zu Force India, holte 2010 sensationelle Pole-Position in Brasilien und wurde 2012 Stammpilot – wenn er nicht gerade seine tollen Fernseh-Analysen bei Sky machte. Ein echter Publikumstyp mit Star-Qualitäten. Sein bestes Rennen heuer: Valencia.

Sergio Perez, Aufsteiger des Jahres mit dem Sauber-Ferrari, stand schon in Malaysia knapp vor seinem ersten GP-Sieg, den er erst in der letzten Runde gegen Alonso verlor. Und er erinnert ältere Ferrari-Fans sicher an die mexikanischen Wunderknaben Pedro und Ricardo Rodriguez. „Aber für Ferrari ist er noch zu jung und unerfahren", glauben die Chefs in Maranello.

Am Freitag stört das ungarische Sommer-Hoch ein Zwischen-Tief: Heftiger Regen hatte zuvor schon die freien Trainings in Silverstone und Hockenheim heimgesucht. Nun gewittert und regnet es auch beim Nachmittagstraining in Mogyoród am Hungaroring, nur rund 20 km von der Budapest-City entfernt. Die Temperaturen fallen allerdings nicht unter 28 Grad. Diese Hitze behagt den Lotus-Renault-E20. Kimi Räikkönen ist denn auch lange Zeit der Schnellste (1:22,180). Bis Lewis Hamilton, schon im Vormittagstraining vorne, seine Tagesbestzeit im McLaren MP4-27 unmittelbar vor dem Regen fährt: 1:21,995.

Thema des Freitags ist der erneute Regen-Crash von Michael Schumacher. Der einstige „Regenkönig" traut sich mit Intermediates auf den nassen Asphalt und rutscht aus: In der Bremszone von Kurve 12 steht zu viel Wasser. Aquaplaning und blockierende Vorderreifen sorgen dafür, dass der Mercedes-Fahrer nur noch zum Passagier wird und gegen die Reifenstapel prallt. Der an der Front zerknitterte Silberpfeil wird vom Kranwagen geborgen, Schumacher kann von einem überdachten TV-Kameraturm nur zuschauen. „Schumis" Bilanz nach dem Hockenheim-Abflug: 7 Tage, 2 Regen-Crashs!

Am Samstag dominiert der Hochsommer wieder. Doch zunächst hält der von Bernie Ecclestone angeführte FI-Tross eine Gedenkminute für Tamas Frank ab. Er war Hungaroring-Mitbesitzer und seit 1994 mit seiner Agentur „Ostermann Formula One" Veranstalter des Ungarn-Grand-Prix. Frank war bekenntlich die treibende Kraft hinter dem Budapester FI-Engagement. Am Hungaroring widmet man ihm zu Ehren das Renngebäude, in Mogyoród eine Straße.

Die 6300-Einwohner-Stadt Mogyoród liegt dort, wo sich Fuchs und Hase gute Nacht sagen? Nein, sie liegt natürlich dort, wo sich der kurvige Hungaroring in einer Senke schlängelt. Landschaftlich also schön „in the middle of nowhere" gelegen. Dadurch kann man von einer Anhöhe, auf der sich eine Erlebniswelt und ein Aquapark befinden, die Boliden nicht nur hören, sondern auch sehen. Bei 34 Grad Hitze, die die Senke zur Bratpfanne mit kreisenden und kreischenden Boliden macht, ist das ein wahrlich „cooles" Erlebnis.

Von dort oben sieht man auch die großen Parkplätze. An den Autos dort überwiegen die internationalen Kennzeichen: Wenn Sie also wie so viele Österreicher, Slowaken, Tschechen, Slowenen, Kroaten, Serben, Rumänen, Moldawier, Ukrainer, Polen und Weißrussen auch dorthin wollen, geografisch aber nicht so sattelfest sind, hier noch der Hinweis: Mogyoród liegt ganz in der Nähe von Budapest. In gut zwanzig Minuten kann man aus der City an der Strecke sein – wenn man auf der M3-Autobahn die reservierte FI-Spur für sich hat.

Die Nähe zu Ungarns touristischem Highlight und der enge 14-Kurven-Kurs trugen dem Rennen den Titel „Monaco an der Donau" ein. Der gefällt den Magyaren deutlich besser, als wenn heute immer noch das Novum vom ersten Grand Prix hinter dem „Eisernen Vorhang" strapaziert wird. Was 1986 der Fall war. Danach fielen ja nicht nur die Stacheldrahtzäune an der ungarisch-österreichischen Grenze, sondern auch die Mauer. Tempi passati!

Wenn Sie gerne in der Vergangenheit und in der Geschichte stöbern, aber nicht zu weit weg vom Hungaroring wollen, bietet sich das nahe gelegene „Königliche Schloss Gödöllö" an. McLaren mit Teamchef Martin Whitmarsh und Lewis Hamilton sowie Vater John und Junior Jenson Button machten einen Abstecher dorthin – zwecks TV-Filmaufnahmen. Und Filme wurden dort schon viele gedreht: Immerhin war es einst ja auch ein Schloss von Österreichs Kaiser und Ungarns König Franz Joseph I. Und nicht zu vergessen von dessen Gemahlin Elisabeth, besser bekannt unter dem Filmtitel „Sisi".

Das Qualifying wird zum tollen „Werbefilm" für McLaren und Hamilton. Bei 31 Grad und 45 auf dem Asphalt zeigt sich der launische Brite auf Soft-Pirellis von seiner besten Seite – und fährt die Konkurrenz in Grund und Boden: Er ist „sauschnell" in Q1 und Q2 – und auch im entscheidenden Q3 bleibt er an der Spitze: 1:20,953 bedeutet vier Zehntel Vorsprung auf den „heißen" Lotus-Mann Romain Grosjean (1:21,366). Dahinter reihen sich Sebastian Vettel (1:21,416), Jenson Button (1:21,583), Kimi Räikkönen (1:21,730) und WM-Leader Fernando Alonso ein (1:21,844). Bei McLaren wird die 150. Pole-Position gleich in den Boxen gefeiert.

Thema des Samstags ist aber wieder Schumacher. In seiner entscheidenden Runde in Q2 hat der „Regen-Crasher" vom Freitag wieder Pech – und auch ein bisschen Glück: Pastor Maldonado kommt 200 Meter vor ihm mit dem Williams von der Strecke ab, hüllt Schumacher in eine Staubwolke und legt eine Sandspur auf die Ideallinie. Klar, dass der Silberpfeil-Pilot diese Rundenzeit abschreiben kann. Deshalb bleibt „Schumi" nur der 17. Startplatz. Wer auf dem Hungaroring von so weit hinten starten muss, geht mit wenig Hoffnung in ein Rennen, bei dem das Überholen so schwierig oder so unmöglich ist wie in Monte Carlo.

Am Sonntag geht Michael Schumachers Pleiten-, Pech- und Pannen-Serie beim Ungarn-GP weiter. Und wie! Es läuft alles schief, was schieflaufen kann: gleich beim Start zum Rennen, wo er auf den falschen Startplatz rollt – auf den 19. statt 17. 298-mal ist er in seiner Karriere schon in die Startaufstellung gefahren, aber so etwas ist ihm noch nie passiert. Renndirektor und Starter Charlie Whiting hat von seinem Turm aus den Eindruck, dass Kamui Kobayashi vor ihm nur zögerlich seine Startposition 15 bezieht und Schumacher deshalb abgelenkt ist. Schumacher bemerkt nicht, dass die Lücke zu seinem Vordermann statt der üblichen 16 nun plötzlich 32 Meter lang ist.

Heikki Kovalainen auf dem Startplatz hinter dem Mercedes-Piloten hat dagegen sofort gesehen, dass hier etwas nicht stimmt: „Ich habe an meine Box gefunkt, dass er auf meinem Platz steht. Ich habe gehofft, dass Charlie mithört und den Fehler bemerkt." Whiting muss den Start abbrechen und schaltet die Ampel auf blinkendes Gelblicht. Schumacher stellt den Motor ab. „Das war früher immer so", entschuldigte sich der Routinier später. Das stimmt, aber heute nicht mehr. Bis 2005 wurden Rennen tatsächlich für fünf Minuten unterbrochen. Doch seit 2006 wird sofort in die zweite Formationsrunde gestartet.

Schumachers Leidensweg geht weiter. Die Streckenposten schieben den Silberpfeil in die Boxengasse. Dort wird der Motor angelassen und der Rekordsieger fährt zur Boxenausfahrt. Leider um 11,4 km/h zu schnell (Tempolimit 100). Dafür hätte es eine Geldstrafe geben müssen (200 Euro pro km/h zu schnell), weil es vor dem Start passierte. Doch die Rennkommissare verpassen Schumacher eine Durchfahrtsstrafe. Damit kann der Mercedes-Pilot das Rennen endgültig vergessen. Zu allem Überfluss kommt in der ersten Runde noch ein „schleichender Plattfuß" hinzu, eingefangen beim Wegschieben des Autos. Noch ein Boxenstopp.

Nach 59 von 69 Runden nimmt Mercedes seinen Altmeister aus dem Rennen. Vom 18. Platz, eine Runde hinter Spitzenreiter Lewis Hamilton, war kein Blumentopf mehr zu gewinnen. Da schonte Mercedes lieber den Motor und verschaffte sich die Möglichkeit, mit einem neuen Getriebe nach der Sommerpause in den Belgien-GP zu starten.

Für Hamilton ist der Weg zum zweiten Saisonsieg und dritten Budapest-Erfolg frei, als er den Start gegen Romain Grosjean gewinnt. Von da an muss der Brite seine Führung nur verwalten, was leicht gesagt, aber schwer getan ist. Ihm gelingt das über 69 Runden bestens. Er leistet sich im McLaren-Mercedes nicht die kleinste Unaufmerksamkeit. Auch an den Boxen funktioniert seine Zwei-Stopp-Strategie fehlerlos. Am Hungaroring ist es wie in Monaco: Die Start-Zielgerade ist auch mit Doppel-DRS zu kurz, um zu überholen. Und sonst kommt man nirgendwo am Vordermann vorbei, wenn der es nicht will. Hamilton wahrt mit diesem furiosen Triumph, er war von Freitag bis Sonntag immer der Schnellste, seine kleine WM-Chance.

Für Titelverteidiger Red Bull dagegen ist der Ungarn-GP ein Rennen der verpassten Chancen. Wenn der WM-Leader Alonso schwächelt (5.), muss Vettel (4.)

mehr als nur zwei Punkte auf den Ferrari-Piloten gutmachen. Denn der Red Bull RB8 ist flotter als der Ferrari F2012 und einen Tick schneller als der Lotus E20. Doch Lotus hat das beste Reifen-Management. Räikkönen und Grosjean werden nach je zwei Stopps Zweiter und Dritter. Vettel und Webber (8.) liegen mit ihren Drei-Stopp-Strategien falsch. Der McLaren MP4-27 ist auf eine Runde gesehen der Schnellste, doch die Chrompfeile haben immer noch einen zu hohen Reifenverschleiß an der Hinterachse.

Nach der Siegerehrung wird Hamilton nicht von Ex-Piloten wie Jackie Stewart oder Niki Lauda für die Fans interviewt, sondern von Placido Domingo. Der Opern-Weltstar fragt: „Ist es nicht fantastisch, in London beginnen die Olympischen Spiele und du gewinnst hier in Budapest?"

Hamilton sagt: „Ja, ich könnte vor Freude singen. Doch das überlasse ich lieber großen Meistern. Mein Job ist das Rennfahren. Jetzt freue ich mich auf die Sommerferien."

BUDAPEST-REKORDE

Button gewann 2011 in Ungarn bei seinem 200. GP-Start, Hamilton 2012 bei seinem 100. Hamilton holte schon die 150. Pole-Position für McLaren – wie in Barcelona, aber dort zurückgestuft. Grosjean als erster Franzose seit Jean Alesi 1999 in Frankreich in der ersten Startreihe. Alonsos knappster Quali-Sieg (0,056) gegen Massa, Senna erstmals wieder in den Top Ten, Webber verpasst Q3 zum dritten Mal, Rosberg zum dritten Mal in Folge. Hamiltons dritter Sieg in Budapest, nur Ayrton Senna (4) hat öfter gewonnen. Neffe Bruno mit dem besten Ergebnis seit China. Alonsos 23. Rennen in den WM-Punkten ohne Pause. Räikkönen zum 67. Mal auf dem Podium, Lotus zum zweiten Mal 2012 mit beiden Piloten auf dem Podest.

Braucht die Formel I die Sommerpause? Wenn es nach Ecclestone geht, sicher nicht. Der Brite braucht sein GP-Business wie die Luft zum Atmen. Am Heiligen Abend weiß er nicht, was er tun soll, weil keiner seiner Leute erreichbar ist. Ähnlich geht es ihm auch im August, wenn die FI Ferien macht. Auch Schumacher bräuchte keine Sommerpause, „aber auf die Ferien mit der Familie freue ich mich." Wie „Mr. E" besteht auch „Schumi" zu 100 Prozent aus Formel I. Er braucht das Rennfahren, um zu leben. Doch wenn man Vettel nach der „Quali"-Qual bei der Medienkonferenz gesehen hat, muss man ihm dringend zum Urlaub raten – so müde und ausgelaugt wirkte er. Wie Vettel geht es Mechanikern, Technikern und weiteren Teammitgliedern: Sie alle verdienen Ferien – ungeachtet von Bernie und Michael.

Vettels Devise im Urlaub: „Ich werde mir in der Sommerpause überlegen, was ich alles hätte besser machen können – und dann sind ja eh schon die 4 Wochen vorbei."

DIE MAGIE DER FORMEL-I-HELME: JEDER WILL SIE

Der Michael Phelps der Formel I! Budapest-Sieger Lewis Hamilton spult derzeit in Monte Carlo ein fast masochistisches Trainingsprogramm im Wasser ab. Nein, Fliesen zählt er keine, höchstens Wellen. „Lewis schwimmt momentan unglaublich lange Distanzen“, berichtet mir das McLaren-Team, „Bis zu vier Kilometer am Stück – mehrmals am Tag!“

Mit soviel Trainings-Fanatismus kann Hamilton in der zweiten WM-Hälfte gar nicht baden gehen. Aber auch Button quält sich: als Triathlet in Ceby auf den Philippinen.

Aber worum geht's im Vertragsstreit zwischen Lewis Hamilton und McLaren wirklich? Um ein paar Millionen auf oder ab? Um die Garantie des Nummer-1-Piloten gegen Jenson Button? Nein, vielleicht auch um die „Häferln“. Um die Pokale und Sturzhelme. „Die Pokale, die ich erkämpfe, gehören alle zu mir. Aber das Team kassiert sie jedes Mal. Dann werden sie in der Fabrik, im Showroom, groß ausgestellt – und wir Fahrer kriegen irgendwann später nur die Replicas. Aber das sind nicht die echten“, beklagt sich Hamilton. Und verrät zum ersten Mal: „Dass ich meine Originalpokale behalten darf, wird noch ein heißer Vertragspunkt.“

Formel-I-Fans erinnern sich: Vorm Monza-Grand-Prix 1989 war der McLaren-Streit zwischen den Stallrivalen Ayrton Senna und Alain Prost explodiert. „Wer kann mir erklären, wieso Ayrton um 1,6 Sekunden schneller war als ich?“, ärgerte sich der Franzose. „Ich will gegen meinen Teamkollegen nur das gleiche Material – sonst nichts.“

Im Rennen fiel Senna neun Runden vor der Zielflagge mit Motorschaden aus. Prost erbte den Sieg, hatte aber seine miese Benachteiligung nicht vergessen. Und natürlich auch nicht, dass er für 1990 schon für Ferrari unterschrieben hatte …

Oben auf dem Podest feierten ihn 100.000 Tifosi, sein Teamchef Ron Dennis stand daneben mit saurer Miene. Und Prost ließ seinen Siegerpokal ganz langsam los, dann herunterfallen – in die Hände der Tifosi. Öffentlicher konnte er Ron Dennis nicht bestrafen. Der schäumte vor Wut, schmiss den gewonnenen Konstrukteur-Pokal Prost vor die Füße – und trat bitterbös ab. Nachspiel gab es sicher. Rennfahrer und ihre Pokale – schon immer eine heiße Story. Nina Rindt versteigerte vor ein paar Jahren Jochens Pokale für nur 20.000 Pfund. Alle, außer dem WM-Pokal und der Watkins-Glen-Trophy – Jochens ersten Lotus-Pokal hab ich.

Rindts berühmter Monte-Carlo-Pokal ging für nur 12.000 Pfund weg. Ein Schnäppchen, das uns wehtat. Niki Lauda gab seine Trophäen einer Salzburger Tankstelle zum Putzen und Aufbewahren. Außer einem Golfpokal (!), den er bei einem Formel I-Turnier in Watkins Glen gewonnen hat – der steht bei mir. Mehr emotionalen Bezug zu seinen Trophäen hat Gerhard Berger.

Michael Schumacher sammelt seit Go-Kart-Zeiten alle Pokale, genauso Fernando Alonso, sicher auch Sebastian Vettel.

Und die Sturzhelme? Dafür hat McLaren eine eigene Galerie. Entweder eingekauft oder den Fahrern abgenommen. Aber Hamilton gibt seine Helme nur höchst ungern her. „Da drin stecken Blut, Schweiß und Tränen vom ganzen Jahr. Und das alles gehört nur mir allein.“

Spannend zu sehen, wenn Hamilton und Martin Whitmarsh einander in Spa oder Monza zur Siegerehrung treffen. McLaren, der Gegner Nr. 1 von Red Bull – anders als die anderen! Medienchef Matt Bishop: „Alle unsere Konkurrenten haben sich erst in der zweiten und dritten Woche die von der FIA befohlene Sommerpause ausgesucht – nur wir haben sie um eine Woche vorverlegt. Damit können wir auch früher mit unseren Vorbereitungen für Spa, Monza usw. anfangen!"

Sie schwimmen, tauchen, haben ihre Beach- und Bootspartys – viel Zeit bis zum nächsten GP. Aber für den Blick zurück? Renndirektor Charlie Whiting überraschte in Budapest mit seiner kleinen Tochter Charlotte, die an Papas Hals hing, hatte aber auch Augen fürs Formel-I-Geschehen. Ihm fiel als Einzigem (!) auf, dass Michael Schumacher auf dem falschen Startplatz stand. Was aber im riesengroßen Mercedes-Team keiner bemerkte. Und wer dort nachfragt, hört vermutlich: Wir blicken nur nach vorn, nie nach hinten.

FIA-Chefsteward Paul Gutjahr: „Wir haben noch immer keine Info, keine Meldungen, nur mitgekriegt, dass Schumi auf dem falschen Platz stand. Warum und wieso, wissen wir nicht ..."

Charlie Whiting brach den Start ab, Schumacher stellte seinen Motor ab, weil er an die alte 5-Minuten-Regel dachte. „Das war früher immer so." Als es endlich losging, hatte Schumi schon in der ersten Runde Reifenschaden, musste an die Box, bekam wegen Speedings (11,54 km zu schnell) eine Durchfahrtsstrafe aufgebrummt. Dr. Helmut Marko: „Er hatte einige Blackouts." Und wurde später in Runde 58, hoffnungslos zurück, von Mercedes aus dem Rennen genommen. Wegen zu hoher Öl- und Wassertemperaturen. Und um den Motor fürs nächste Rennen in Spa zu schonen – das erste nach der Sommerpause.

Spa ist Michaels Spezialrennen: GP-Debüt 1991, erster Sieg 1992, insgesamt schon sechs in den belgischen Ardennen.

Der nächste? Vielleicht am 2. September, wenn sein Team die richtigen Schlüssel für sein „Wohnzimmer Spa" findet. Tür 17, nicht 19.

Spa: Button-Sieg und Crash-Vorteil Vettel

GROSJEAN, DER BRUCHPILOT

„Superhirn" Adrian Newey war tauchen auf den Malediven, Teamchef Christian Horner in Italien, Sebastian Vettel an der Adria, Mark Webber in seinem Ferienhaus in Südfrankreich – nach der längsten Sommerpause der Formel I (fünf Wochen) fiebern jetzt alle dem abenteuerlichsten Grand Prix entgegen: Spa in den belgischen Ardennen – wo Vettel und Webber 2011 einen Doppelsieg feierten. Jetzt müssen sie aus einem 40-Punkte-Rückstand Fernando Alonso attackieren. Sportchef Dr. Helmut Marko verrät den Formel-I-Fans alle Red-Bull-Geheimnisse.

Helmut, im Gegensatz zu früher heuer Ferien ohne Stürze und Verletzung?

Marko: Unsere Piloten sind erfahren und klug genug zu wissen, wie sie sich fit halten müssen. Ich bin überzeugt: Beide kommen in Top-Verfassung nach Spa.

Die Autos auch? Während der Sommerpause durfte ja nicht gearbeitet werden?

Marko: Kleine Verbesserungen am Auto – aber nichts Wesentliches.

Wie legt ihr das belgische Wochenende an?

Marko: Konzentriert an die Sache herangehen, ja keine Ausfälle, immer konstant vorn sein – vor allem im Qualifying. Wir wollen es machen wie Alonso.

Aber 40 Punkte aufzuholen wird schwierig?

Marko: Alonso ist ja nur deshalb so weit vorn, weil er nie ausfällt. Ohne den Valencia-Ausfall und die Rückversetzung in Hockenheim wäre Vettel auf seinem Niveau – und hätte genauso viele Punkte.

2011 gab es einen Doppelsieg der Bullen, auch heuer möglich?

Marko: Beide lieben Spa mit seinen schnellen Kurven. Aber das Schwierigste ist dort, die Reifen auf Temperatur zu bringen.

Pirelli bringt wieder die Medium- und harten Reifen. Ein Vor- oder Nachteil?

Marko: Das Problem ist das Blistering. Darum gehen wir jetzt mit dem Sturz zurück, um die Blasenbildung zu verhindern.

Spa hat mit 7,004 km die längste Runde der Formel I. Ein zusätzliches Problem, weil sich in den Ardennen immer das Wetter ändert?

Marko: Nach meinen Infos haben wir wieder wechselhaftes Wetter. In Spa kann's passieren, dass am Start die Sonne scheint – und ein paar Kilometer weiter regnet's.

Darum arbeiten in Spa alle Teams mit Meteorologen, Funk und Radar, privaten Wetterstationen, was fällt Red Bull ein?

Marko: Wir haben seit zwei Jahren ein streng geheimes System, wie wir damit umgehen.

Und seid nie danebengelegen?

Marko: Nur ein einziges Mal, heuer in Malaysia. Da hätten wir schon eine Runde früher Reifen wechseln müssen. Aber sonst waren wir immer okay.

Goldenes Jubiläum für Sebastian Vettel in Spa, silbernes für Fernando Alonso & Co.! Unser Red-Bull-Doppelweltmeister feiert in den belgischen Ardennen sein bereits 100. Grand-Prix-Wochenende. Zwar startet der Deutsche am Sonntag erst in seinen 94. Grand Prix, aber war ja schon 2006/07 als Freitag-Pilot für Sauber-BMW dabei.

Aber aufpassen, Seb: Der „Vettel-Finger" (den er nach jedem Sieg zeigt) war schon 2006 in Gefahr. Damals flog Vettel im Renault-World-Series-Rennen aus der gefürchteten Kurve von Eau Rouge und verletzte sich am Finger. Aber 2012 gewann er dafür in Spa aus der Pole-Position. Die 58 (!) Überholmanöver passierten damals ohne ihn.

Wenn Vettel (oder Mark Webber) am Sonntag nur 4 Führungsrunden gelingen, reißt Red Bull wieder eine Schallmauer nieder: 2.000 Formel-I-Runden auf Platz 1!

Und die anderen Jubilare? Jenson Button fährt seinen 50. GP für McLaren – ausgerechnet in Spa, wo die „Supermacs" 1968 zum ersten Mal überhaupt gewonnen haben. Am Steuer: der unvergessene Bruce McLaren, der 1970 bei Can-Am-Testfahrten in Goodwood verunglückte, weil ihm die Verkleidung wegflog. Bruce wäre am 30. August 75 Jahre alt geworden.

Zum 50. Mal für ihr aktuelles Team fahren auch Fernando Alonso (Ferrari), der oftmalige Spa-Held Michael Schumacher und Nico Rosberg (Mercedes) und Kamui Kobayashi (Sauber).

Sie alle sind Sonntag auf Rekordjagd. Erlebt Spa einen neuen Speed-Weltrekord? Die 263 km/h, von Jacky Ickx 1973 im Training für die 1.000 km von Spa gefahren, sind immer noch die zeitlose schnellste Runde auf einem Straßenkurs – und der Siegerschnitt von Pedro Rodriguez 1970 mit 241,3 km/h war damals das schnellste Autorennen aller Zeiten –, nur in Monza wurde noch schneller gefahren. Aber seit 2002 wurde die Strecke geändert – seither ist Jarno Trulli der Raketenmann von Spa. Traummarke im Qualifying: 1:41,402 – das wären 150 Stundenmeilen Schnitt.

Und die magische Zahl am Sonntag, wenn in den Ardennen wie so oft ein Wolkenbruch droht: die 33. Runde. Wenn davor die rote Flagge rauskommt – nur halbe Punke. Danach die vollen.

JACKY ICKX: JENSEITS VON AFRIKA

Er war der erste Österreichring-Sieger 1970, „Meister des Nürburgrings“, der Regenkönig der Formel I, zweimal Vizeweltmeister, Jochen Rindts letzter großer Gegner, sechsmal Sieger in Le Mans, „Mr. Paris-Dakar“, Rennleiter des Monaco-Grand-Prix – und ist in Belgien heute noch Nationalidol. Jacky Ickx (67) gibt kaum mehr Interviews. Aber für mich eine Ausnahme – vor seinem belgischen Heim-GP in der „Hölle von Spa“.

Jacky, normalerweise warst du im August immer auf Ferien am Wörthersee – vorm Zeltweg-Rennen?

Ickx: Daran denk ich heute noch oft. War eine tolle Zeit und wir hatten sehr viel Spaß. Heute kam ich aus Afrika zurück. In Mali hab ich ein Haus, das heißt viel Arbeit. Heißes Pflaster. Aber nicht gefährlich. Die Gegend, wo ich mit meiner Frau aus Burundi lebe, ist ruhig.

Afrika – du hast doch immer von einem eigenen Zoo geträumt?

Ickx: Und vom Wildhüter und Tierparkwächter – wie meine Tochter Vanina. Die hat Biologie studiert. Und dann wurden wir beide Rennfahrer …

Du hast 1985 nach einer abenteuerlichen Karriere aufgehört – warum?

Ickx: Ich hatte mit meinem Schutzengel vereinbart, er sagt mir, wann er zurücktritt. Und dann hör auch ich auf.

Ohne WM-Titel, obwohl Ferrari 1970 nach Rindts Unfall der FIA ernsthaft vorschlug: Jochen soll eine Tapferkeitsmedaille bekommen wie ein gefallener Krieger, du aber als WM-Zweiter den Weltmeisterpokal?

Ickx: Den hätte ich nie genommen. Jochen war der einzige und wahre Weltmeister. Neben ihm auf dem Podest zu stehen, war schon eine Ehre für mich.

Sebastian Vettel, der viele alte TV-Dokumentationen gesehen hat, glaubt: „Früher hatten die Rennfahrer mehr Respekt voreinander, und da war auch mehr Kameradschaft“?

Ickx: Glaub ich nicht. Die 70er Jahre waren gefährlich, darum war in den alten Zeiten zwischen uns viel Respekt. Heute weiß ich nicht. Aber wenn du ihnen vor der Siegerehrung zusiehst, da ist schon immer viel Respekt und Achtung zwischen den ersten drei. Und auch ein bissl Freundschaft.

Worum geht's am Sonntag in Spa?

Ickx: Jedes Jahr um den Beweis: Das härteste Rennen, das die tapfersten Fahrer braucht. Der Speed, die langen Geraden, die berühmten Kurven Eau Rouge, Blanchimont usw. Ein bissl wie Monte Carlo – aber schneller.

Die Piloten fürchten es jedes Jahr. Das letzte Mal Spa?

Ickx: Wir kämpfen um Spa, unser Grand Prix darf nicht sterben. Jetzt hör ich wieder: Spa wird künftig alternierend mit dem französischen GP gefahren. Ich bin sehr gegen das Austauschen der Rennstrecken. Um den alten Nürburgring tut es mir am meisten leid.

Fernando Alonso kommt mit 40 Punkten Vorsprung. Schlägt dein Herz immer noch für dein Exteam Ferrari?

Ickx: Sie haben nicht das schnellste Auto, aber sie führen in beiden WM-Wertungen. Alonso macht einen grandiosen Job.

Sieht man dich in den Boxen von Spa?

Ickx: Natürlich. Dann reden wir über die guten alten Zeiten: Mit 67 ist die Straße nicht mehr so lang. Also musst du jeden Meter nützen.

Rechts schoss Michael Schumachers Ferrari daher wie ein Kampfjet vor dem Start, links Mika Hakkinens McLaren auch mit knapp 350 km/h – und dazwischen eingezwickt, überrundet, der junge Brasilianer Ricardo Zonta. Tief ins Cockpit verkrochen, hätte er sich am liebsten in Luft aufgelöst. Die 22. Runde im GP von Belgien 2000: Hakkinens tollkühnes Überholmanöver auf der Kemmel-Geraden gegen Schumi in dessen „Wohnzimmer Spa“ galt als das mutigste des Jahrzehnts. Aber Ende 2000 war trotzdem der Deutsche Weltmeister.

Spa – das heißt für die Formel-I-Piloten jedes Jahr: zur Hölle und zurück. Nirgendwo sonst gab es diese brutalen Zweikämpfe. 1985 verunglückte Stefan Bellof nach Kollision mit Jacky Ickx in der Eau Rouge, wo symbolisch mehr Kreuze stehen als auf anderen Rennstrecken. Die gefährlichste Kurve der Formel I. Dort drehte sich auch Gerhard Berger. Ayrton Senna und Nigel Mansell waren in den Ardennen oft im Clinch. Sogar Niki Lauda brach sich 1985 in seinem letzten Formel-I-Jahr in der Stavelot-Kurve das Handgelenk.

Aber Jochen Rindt schrieb eine Heldensaga: 1966 führte er im strömenden Regen zum ersten Mal in einem Grand Prix – bis zwei Runden vor Schluss sein Differential k. o. ging. Damals redeten noch viele von der schaurigsten Geschichte von Spa. Zum ersten – und einzigen – Mal verunglückten dort im Juni 1960 zwei Piloten im gleichen Rennen.

Stirling Moss hatte Riesenglück, als er in einer der schnellen Fliehkraftkurven plötzlich sein loses Lenkrad in der Hand hielt, Alan Stacey Pech, weil ihn ein aufprallender Vogel am Helm traf – fast die Parallele zu Karl Klings berühmtem Silberpfeil-Abenteuer mit einem Geier bei der Carrera Panamericana. Keine rote Flagge, kein Safety-Car. Nur wenige Minuten nach Bristow starb der Lotus-Pilot Alan Stacey, den die Kameraden noch extra gewarnt hatten: „Lass dich mit dem Hitzkopf Willy Mairesse auf Ferrari in ja kein Duell ein!“ Stacey hatte als Jugendlicher bei einem Motobike-Crash seinen rechten Unterschenkel verloren. Aber wie Mathias Lanzinger und Alex Zanardi kämpfte er sich auf die Rennpisten zurück – tapfer wie der doppelt beinamputierte Pistorius. Alan montierte einen Seilzug zum Schaltknüppel – streng geheim. Und wenn ihm der Rennleiter beim Fitness-Check vorm Start aufs „fasche Knie“ klopfte, schrie immer einer seiner Rennkollegen, im Kreis versammelt, vor Schmerz „Au!“

Die Formel-I-Welt von damals. Nicht immer so cool und happy. WillyMairesse litt an unerträglichen Kopfschmerzen und erhängte sich in einem Hotelzimmer in Ostende.

Erfrischt von der dreiwöchigen Sommerpause, reist der Grand-Prix-Tross nach Ostbelgien in die Ardennenwälder an. Im dortigen Kurort Spa hat das Wort Sommerfrische eine ganz andere Bedeutung: Oft ist es dort nämlich bereits im August so frisch, dass von Sommer keine Rede sein kann. Fans und Fahrern ist das egal. Sie lieben den Circuit de Spa-Francorchamps und das Traditionsrennen um den Großen Preis von Belgien.

Diese legendäre Strecke in den Ardennen ist eine atemberaubende Berg- und Talbahn. Mit etwas über sieben Kilometern ist das der längste Kurs im Formel-1-Kalender. Auch dieser Faktor trägt zu den häufig sehr wechselhaften Bedingungen auf der Strecke bei. So hat das in den Ardennen gelegene Spa sein eigenes Mikroklima, mit einer sehr hohen Regenwahrscheinlichkeit. Wegen der Länge des Kurses kommt es nicht selten vor, dass es auf einigen Abschnitten regnet, währen andere Passagen völlig trocken sind.

Kurven wie Blanchimont, Raidillon oder Eau Rouge, benannt nach dem Bach, der darunter fließt, sind ebenso berühmt wie berüchtigt und fahrerisch höchst anspruchsvoll. Dazu ein eindrucksvoller, fast unvorstellbarer Wert: In Eau Rouge drücken in der Spitze Vertikalkräfte von jeweils über 1.000 Kilogramm auf die Vorderreifen!

Unser Interview mit Sebastian Vettel vorm Schlüssel-Rennen in Spa.

Sebastian, gut erholt, relaxt – wird die zweite Saisonhälfte für dich leichter oder schwerer? Vielleicht sogar wie 2010, wo du die letzten drei Rennen gewonnen hast?

Vettel: Ich denk schon. Fernando führt im Moment die Tabelle an, aber wir haben ja gesehen, was alles passieren kann. Und wie eng das Feld beieinander liegt.

Riskierst du für uns trotzdem eine Prognose?

Vettel: Die Favoritenrolle kann in der zweiten Saisonhälfte noch häufig wechseln. Trotzdem glaub ich, dass der WM-Titel für mich absolut möglich ist!

Spa und Monza sind zwei Klassiker. Du hast 2011 beide gewonnen. Wo ist die Herausforderung größer? Der Stress? Das Abenteuer? Die Freude über den Sieg?

Vettel: Die Herausforderung sollte bei jedem Grand Prix gleich groß sein, sonst brauchst du am Sonntag gar nicht an den Start zu gehen. Jeder muss auf sich schauen, das Maximum aus seinem Auto rausholen.

Welche Strategie hast du dir für die letzten 9 Rennen 2012 überlegt?

Vettel: Konstanz ist wichtig – so viele Siege wie nur möglich heimzufahren natürlich auch. Aber am wichtigsten ist, das Auto ins Ziel zu bringen. Weil am Ende selbst ein 4. Platz noch sehr wichtig sein kann.

Was macht den Unterschied bei den Fahrern und den Autos?

Vettel: Kleinigkeiten … Deswegen kann man auch nicht sagen, bei welchem Rennen Stress und Abenteuer größer sind. Es ist einfach so schwer, dieses Jahr eine Einschätzung zu geben, was passieren wird.

Deine Vorbereitung aber ist immer die gleiche?

Vettel: Auf jeden Fall. Ich bin auch vor Monza im Simulator.

Ist die WM heuer schwieriger zu gewinnen als 2010 mit deinem Fotofinish, aber leichter als 2011? 2010 hast du vom 3. Platz weg gewonnen, jetzt greifst du vom 4. Platz an?

Vettel: Du kannst nie sagen, was leichter oder schwieriger zu gewinnen ist, weil sich die Verhältnisse immer ändern. 2011 hat vielleicht für Außenstehende leicht ausgesehen, aber das kann man nicht wirklich so sagen. Aber der Fokus ist jedenfalls der gleiche wie vorher.

Auch deine Einstellung, die Taktik?

Vettel: Du solltest nie sagen: Ich versuch jetzt, härter zu fahren, weil ich ein paar Plätze zurück lieg. Das würde ja heißen, dass man es vorher nicht hart genug versucht hat.

Deine WM-Chancen – in Prozenten?

Vettel: Das sollte man lieber die Experten fragen. Ich red nicht so gern über mich selbst. Aber ich hoff natürlich, die WM zu gewinnen, und kämpf wie in den letzten Jahren sehr hart dafür.

Die Gummiwalzen sind in Spa einer hohen Kompression ausgesetzt. Daher ist es für die Teams von entscheidender Bedeutung, beim Auto-Set-up das richtige Maß für die Bodenfreiheit sowie den optimalen Federweg einzustellen. Andernfalls könnten die Wagen in einigen Passagen gestaucht werden. Der Reifen wird zur wesentlichen Komponente des Fahrwerks. Die Deformation des Gummis durch die enorme Gewichtsbelastung verursacht fast die Hälfte des kompletten Federweges eines Boliden.

Alles dreht sich um die Reifen (Medium und Hart). WM-Leader Fernando Alonso sagt: „In Spa macht es sich ganz besonders bezahlt, die besten Reifen-Wissenschaftler im eigenen Team zu haben." Ferrari kann hier auf den früheren Bridgestone-Verantwortlichen Hirohide Hamashima zählen. Der Japaner ist Ferraris Reifen-Konsulent. Alonso schätzt ihn sehr – nicht nur in Spa, wo die Autos 75 Prozent einer Runde mit Volllast fahren. Durch das hohe Tempo steigt die Reifen-Temperatur, speziell dann, wenn ein Set-up mit aggressivem Radsturz maximalen Grip erzeugen soll.

Unter den 24 GP-Piloten ist keiner, der gegen diese superschnelle, in die Jahre gekommene Strecke Vorbehalte hat. Oder gar Ängste verspürt? „Nein, mit Angst fährt hier keiner. Aber mit Respekt, sehr viel Respekt", spricht Jenson Button auch für seine Pilotenkollegen und bestätigt: Alle kommen gerne nach Spa und ins belgische Königreich.

Belgien überzeugt von der Nordsee bis zu den Ardennen durch Vielseitigkeit, Vielsprachigkeit und viel Gastfreundlichkeit. Auch wenn hierzulande Medien oft ein ganz anderes Belgien-Bild vermitteln. Egal ob in Brüssel, in Flandern, in Wallonien oder im grenznahen Ostbelgien, wo deutsch gesprochen wird – man gibt sich große Mühe mit den Besuchern des Königreichs. Belgien-Reisende erleben das Jahr für Jahr – von der geschäftigen Hafenstadt Ostende bis ins geruhsame Ardennen-Dorf Weywertz, einem Geheimtipp in Sachen Sommer-Frische und Ferien-Idylle, nur rund 20 km Luftlinie von der deutschen Grenze weg.

Womit wir wieder bei der Ardennen-„Achterbahn“ sind. Dem Circuit de Spa-Francorchamps, einem Relikt aus alten, klassischen GP-Zeiten: Eröffnung im August 1921! Deshalb gilt der Kurs auch als „Jurassic Park“ der Formel I – nicht mehr zeitgemäß im Vergleich zu den Retorten-Strecken „made by Hermann Tilke“, dem GP-Kurs-Architekten aus Aachen, nur 50 km von Spa entfernt. Keine Frage, diese 7,004-km-Strecke scheidet die Geister der FI-Verantwortlichen: Der Mythos lebt, die Faszination schwindet. Einig sind sich nur die GP-Piloten: Spa ist fantastisch, weil es die Mut-Piste ist. Das sagen alle mit leuchtenden Augen – von Fernando Alonso bis Narain Karthikeyan.

Keine leuchtenden Augen haben Tausende Spa-Fans wie jene beiden aus Schweden, die seit Jahrzehnten aus der Region zwischen Malmö und Göteborg in die Ardennen reisen. Eine 12-Stunden-Autofahrt! Sie hatten Online-GP-Tickets bei der Rotterdamer Agentur „The Ticket Enterprise“ gebucht und bezahlt. Doch die in finanzielle Schieflage geratene Firma lieferte die Eintrittskarten nicht mehr.

Trotz Zusagen per E-Mail gibt es auch vor Ort für die beiden Schweden keine GP-Tickets, obwohl ihre Namen auf der Liste der rund 6.000 Betrogenen stehen: Sie haben die Einspruchsfrist – wie Tausende andere – verpasst, heißt es. Da bleibt den eingefleischten „Spa-Schweden“ nur eine Anzeige bei der Polizei – und der erneute Ticket-Kauf. Spas Gastfreundlichkeit leidet für einmal stark.

Die härtesten Spa-Fans schreckt nichts so schnell ab. Auch von heftigen Regenschauern, wie sie am Freitag in Serie über die Ardennenwälder ziehen, lassen sie sich nicht beirren. Rund um die Strecke herrscht eine nass-fröstelnde Nebelstimmung wie im November. Die Fans bleiben und harren der Dinge, die so auf sie zukommen. Doch auf dem Kurs kommt nichts, fast nichts. Nur ab und zu riskiert ein Pilot ein paar Regenrunden. Dafür sind in den Fahrerlager-Hospitalities der Teams kaum Plätze frei. Kunststück, keiner will bei dem Sauwetter hinaus.

Wenn einer am Freitag draußen auf der Strecke ist, dann nur auf „Blau“. Also mit Pirellis Regenreifen, den Heavy Wets. Für die grün markierten Intermediates ist der Asphalt schlicht zu nass. Pirellis Cinturato-Blue-Regenreifen verdrängen Wasser rund sechsmal wirksamer als Pkw-Reifen: Bei Höchstgeschwindigkeit schaffen sie 60 Liter in der Sekunde! Ein durchschnittlicher Pkw-Reifen hingegen leitet bei deutlich geringerem Tempo lediglich zehn Liter in der Sekunde ab.

Die „schnellste“ Freitagrunde fährt Sauber-Pilot Kamui Kobayashi. Gegen Ende der Morgen-Session erzielt er auf den Regenreifen 2:11,309. Damit ist er eine halbe Sekunde schneller als Pastor Maldonado von Williams. Nachmittags regnet es noch heftiger. Nur zehn Piloten setzen in der zweiten Trainingseinheit eine Rundenzeit. Diesmal ist Charles Pic, dessen Familie in Frankreich ein Transport-Imperium gehört, im Marussia mit 2:49,354 Minuten vorne. Damit beschert er seinem Team bei dessen 50. Grand-Prix-Teilnahme die erste Bestzeit.

Nach der Regenflut ist es am Samstagvormittag trocken, bei 15 Grad. Erleichterung bei allen Teams. Endlich können sie im Training richtig loslegen. Dementsprechend turbulent geht es während der dritten und letzten Session auf der Strecke zu. Alle müssen ihre komplette Vorbereitung für das Qualifying und Rennen innerhalb von nur einer Stunde absolvieren. Dabei gilt es für die Fahrer, möglichst viele Erfahrungen mit beiden Slick-Mischungen zu sammeln (Medium, Hart). Alonso fährt mit 1:48,542 die schnellste Zeit, gefolgt von Lotus-Pilot Kimi Raikkönen und den Sauber-Fahrern Sergio Pérez und Kamui Kobayashi. Kündigt sich da eine Überraschung im Quali an?

Als in Spa endlich die Sonne scheint, verfinstert sich die Lage für Nico Rosberg: Getriebeschaden nach nur fünf Runden im Vormittagstraining. Fünf Startplätze zurück! Ohne Training läuft auch das Qualifying des Mercedes-Piloten schief: Out in Q1 als 18. – plus fünf ergibt Startplatz 23. Sein Teamkollege Michael Schumacher, der als 300-GP-Jubilar gefeiert wird, kommt zumindest bis ins Q2, als 13. Auch Felipe Massa (14.) und Sebastian Vettel (11.) schaffen es nicht in Q3.

Der Medium-Reifen ist pro Runde zwischen 0,6 und 0,9 Sekunden schneller als der harte Slick. Folglich setzen in Q3 im Kampf um die Top-Ten-Startplätze alle auf diese Mischung. Wieder einmal entscheiden die letzten Sekunden über die besten Startplätze: Jenson Button holt seine erste Pole-Position seit Monaco 2009, damals noch im Brawn. Folglich ist es seine erste „Pole“ für McLaren – im 50. Grand Prix, den er für dieses Team fährt!

Was sich vormittags ankündigte, trifft nachmittags ein: Den Sauber-Piloten gelingen sensationell die Startplätze zwei (Kobayashi) und fünf (Pérez). Endlich steht das vielleicht schnellste Auto im Feld, der Sauber-C31-Ferrari, dort, wo er hingehört: Der Japaner ist noch nie aus Reihe eins gestartet. Auch für den Mexikaner ist es der beste Startplatz, er rückt auf P4, weil Pastor Maldonado (3.) einmal mehr eine Strafe ausfasst: drei Startplätze zurück wegen Behinderung von Nico Hülkenberg.

Mark Webber hat Pech. Im Gegensatz zu Vettel fährt er ins Q3, muss wegen vorzeitigen Getriebewechsels aber um fünf Ränge zurück – und steht als Zwölfter hinter dem Red-Bull-Gefährten. Frustration und Ratlosigkeit bei den „Bullen", wo alle Hoffnung nun dem Rennen gilt. Doch auch für den Sonntag muss Teamchef Christian Horner Alarm schlagen. Seine Spezialisten entdecken am linken Vorderreifen einen ungewohnt hohen Verschleiß. Es ist nicht Blasenbildung, sondern exorbitanter Gummi-Abrieb.

Pirelli legte nach den 2011er-Erfahrungen den Radsturz an der Vorderachse vorsichtshalber auf 3,5 Grad fest. Red Bull probierte offenbar etwas anderes. Ferrari, McLaren, Lotus und Sauber hatten keine Probleme. Reifenschwierigkeiten sind bei Red Bull in Spa nichts Neues. 2011 hatte man ähnliche Probleme, im Rennen siegte dann Vettel vor Webber. Und alles war vergessen.

Trockenes Wetter am Sonntag, bei 21 Grad. Am Start rauchen die Räder von Kobayashi. Er hat das „Heißfahren" der Bremsen auf der Warm-up-Runde zu gut gemeint, weil man in Spa immer lange warten muss – vor allem in Reihe 1. Sein Start ist nicht gut. Hinter ihm und Pérez fabriziert Maldonado (6.) einen Fehlstart, der mit bloßem Auge erkennbar ist: Als die Lichter der Startampel erlöschen, ist der Venezolaner schon auf dem Weg in die erste Kurve. Rennleiter Charlie Whiting schüttelt auf seinem Kommandostand ungläubig den Kopf, als der Williams an ihm vorbeischießt. „Mir ist die Hand vom Kupplungshebel gerutscht", verteidigt sich der Williams-Pilot über Funk, „der Startprozess ist dann nicht mehr aufzuhalten."

Nicht mehr aufzuhalten ist auch Romain Grosjean: Vom achten Startplatz drängt der Lotus-Pilot sofort nach rechts und touchiert mit dem ebenfalls aus der vierten Reihe gestarteten Lewis Hamilton. Das rechte Hinterrad des Lotus verfängt sich mit dem linken Vorderrad des McLaren. Ihre Boliden heben ab und reißen Alonso und Pérez ganz mit, Kobayashi teilweise. Für die vier Fahrer ist das Rennen nach der Startkarambolage zu Ende. Kobayashi muss an die Box.

Bei Sauber traut man seinen Augen nicht: So eine tolle Ausgangslage – und dann gleich so viel Karbon-Schrott in La Source. Alles vorbei nach nur 300 Metern! Gut und gerne wären da mehr als zwanzig Punkte drin gelegen. Leider wurde diese schöne Vorstellung, aus der Sicht der Eidgenossen, von Romain Grosjean zunichtegemacht – einem Genfer Doppelbürger (Schweiz/Frankreich), der in der Formel I Franzose sein will und vom Schweizer Team nunmehr ins „Pfefferland" gewünscht wird.

Noch bei der Startaufstellung hatte Kobayashi in Reihe 1 der französischen TF1-Reporterin Marion Jollet ein Interview gegeben. Minuten später wurde der Sauber-Japaner von wild gewordenen Boliden auf die Hörner genommen. Die Kollision hatte Grosjean auf dem Gewissen. Und Grosjean ist mit der TF1-Frau verheiratet. Der darauf angesprochene Kobayashi brummte grimmig: „Die braucht mich in der Startaufstellung nichts mehr zu fragen."

ICH BIN ALONSO – FERNANDO ZWITSCHERT

Als bei McLaren 2007 die Feindschaft Alonso-Hamilton öffentlich explodierte und die Spionageaffäre Ferrari-McLaren aufflog, musste McLaren-Chef Ron Dennis zugeben: „Unsere Schuld – weil wir die Kraft der neuen Medien unterschätzt haben!" Auch Fernando Alonso wollte von Facebook, Twitter usw. jahrelang nichts wissen. Aber jetzt „zwitschert" er zum ersten Mal! Ferrari-Fans und internationale Formel-I-Magazine sind hingerissen. 25.000 Antworten des WM-Favoriten und Supermans – hier ein paar typische.

Dein Charakter?

Alonso: Ich bin pünktlich. Aber ich neige manchmal zum Misstrauen.

Was sagt deine Mutter, wenn sie dich fast jeden Tag mit irgendeiner angeblichen Freundin in der Zeitung sieht?

Alonso: Meine Mutter findet die Fotos der ganzen Mädchen zum Brüllen komisch.

Welches war bisher dein psychologisch schwierigstes Rennen?

Alonso: Valencia 2009 – weil ein paar Tage vorher meine Oma gestorben war. Sie sagte mir jedes Mal: Vergiss nicht, mich im Fernsehen zu grüßen, wenn du gewonnen hast ...

Bist du sogar jemals verletzt ins Auto gestiegen?

Alonso: Mehrmals. Ein paar Mal mit Fieber. Oder mit Muskelzerrung, verspanntem Nacken – und Anfang 2011 schmerzte der Ischiasnerv.

Wird ein Formel-I-Pilot, wenn er älter wird, weniger aggressiv?

Alonso: Sicher nicht. Ich bin ein Kämpfer. 2010 und 2011 fuhr ich einige meiner aggressivsten Rennen.

Hast du im Regen Angst, wenn du in die Gischt des Vordermanns reinfährst?

Alonso: Angst und Rennfahren passen nicht zusammen. Aber mit 300 km/h im Blindflug – das ist nicht schön.

Stimmt es, dass du deine Siegesprämien mit deinen Mechanikern teilst?

Alonso: Stimmt. Für mich ist das nur fair, jenen etwas abzugeben, die es mir erst ermöglichen, aufs Siegerpodest zu kommen.

Kannst du selber an deinen Privatautos (Maserati oder Alfa Romeo Giulietta) Reifen wechseln?

Alonso: Das musste ich vor zwei Jahren. Ich hab 10 Minuten gebraucht ...

Deine Reaktionszeit am Start?

Alonso: Vom Erlöschen der Startampel bis zum Wegfahren: im Schnitt 185 Millisekunden.

Die schwierigste Kurve der Formel I?

Alonso: Kurve 14 in Malaysia, bevor es auf die Gegengerade geht.

Der größte Speed, den du je gefahren bist?

Alonso: 372 km/h in Monza.

Du kannst sensationell gut zaubern. Und was sammelst du außer Siegen und WM-Titeln?

Alonso: Am liebsten die Helme meiner Gegner ...

Die Startkollision auf dem Weg zur La-Source-Spitzkehre zeigt wieder einmal, dass es in der Formel I keine 100-prozentige Sicherheit gibt. In Spa wird erneut die Schwachstelle von FI-Autos deutlich: Der Helm des Fahrers ist trotz erhöhter und verstärkter Cockpit-Seitenwänden relativ ungeschützt in exponierter Position – bei Kollisionen ist der Kopf stets in Gefahr.

Zum Glück hatte Alonso seinen Schutzengel an Bord, als der Lotus von Romain Grosjean mit einem Startgewicht von knapp 800 Kilogramm über ihn flog. Der Helm des Spaniers wurde vom Hinterreifen um einen Meter verfehlt. Auch die Hand, die beim Einlenken in die Kurve aus dem Cockpit ragte, war in direkter Reichweite. „Der Alonso hat ein Riesenmassel gehabt. Wenn er ihn am Kopf getroffen hätte, wäre das wohl ein Genickbruch gewesen", analysiert Niki Lauda in gewohnter Deutlichkeit.

„Ich habe mich etwas verschätzt. Das war ein kleiner Fehler mit großen Auswirkungen", erklärt Grosjean nach dem Rennen und nachdem ihn die FIA-Stewards für ein Rennen, als den Monza-GP, gesperrt haben. Er akzeptiert die Bestrafung, die auch eine 50.000-Euro-Strafe beinhaltet. Einigen geht das Urteil aber nicht weit genug. Der Lotus-Pilot ist bekannt als aggressiver Starter, der kompromisslos die Lücken sucht, wenn das Feld noch dicht beisammen ist. In den ersten zwölf Rennen dieser Saison hatte der Franzose schon siebenmal „Feindkontakt"!

Nach dem Rennen tauchte Bösewicht und Bruchpilot Grosjean unter. Etwas anderes blieb ihm auch gar nicht übrig. Eddie Irvine hatte es 1994 gewagt, nach einer Kollision beim Brasilien-GP eine Strafe der FIA zu kritisieren. Der damalige Jordan-Pilot wurde statt für ein Rennen gleich für drei gesperrt.

SPA-REKORDE

Erstmals seit Spa 2005 keine einzige gezeitete Runde im freien Training: zu starker Regen am Freitag, obwohl die Cinturato-Blue-Full-Wet-Reifen von Pirelli sechsmal mehr Wasser verdrängen als normale Pkw-Reifen: 60 Liter pro Sekunde bei Fullspeed. Samstag trockene Strecke, 15 Grad. Erste Pole-Position für Button seit Monaco 2009 (mit Brawn) nach 61 GPs ohne Trainingsbestzeit, seine erste „Pole" für McLaren und seine erste für Pirelli.

Nachdem sich der Staub der Kollision legt, die Trümmer und Splitter während der Safety-Car-Phase beseitig sind, wird das Rennen neu gemischt. Button fährt vorne weg, Räikkönen dahinter – wie gehabt. Dahinter profitieren die Deutschen Vettel, Schumacher und Hülkenberg vom „neuen" Rennen. Apropos Schumacher: Er stellte gegenüber Vettel vor dem Rennen fest, dass Alonso im WM-Fight den Vorteil genieße, keinen Teamkollegen zu haben, der ihm die Punkte wegschnappe.

„Siehst du das genauso?", fragte er Vettel.

„Das kommt immer auf das Rennen an. Wenn man es schafft, vor dem Teamgefährten zu sein, dann kann der einem auch keine Punkte wegnehmen. Wenn man das nicht schafft, kann das am Ende unter Umständen schmerzhaft sein." Künftig will der Titelverteidiger von Red Bull seinen Blick noch mehr aufs Wesentliche konzentrieren: „Wir schauen nur auf uns, der Rest wird sich zeigen. Wenn die Siegchance da ist, wollen wir diese ergreifen. Wenn es aber unrealistisch ist, bringt es nichts, etwas Blödes zu probieren."

Etwas Blödes muss Vettel im Rennen nicht probieren. Das hat ein anderer schon getan. Weil er die Karambolage von La Source ohne Kratzer übersteht, nicht zuletzt dank seinem schlechten zehnten Startplatz, wird er zum Gewinner im WM-Kampf. „Seb" sieht während der 44 Runden und seiner Aufholjagd ein, dass es unrealistisch ist, seinen Sieg vom Vorjahr wiederholen zu können. Er probiert deshalb nichts Blödes und bleibt clever Zweiter hinter Button, der in der Fahrer-WM weiter zurückliegt.

Vorteil Vettel: Der Profiteur des Crashs verdrängt Webber (nur 6.) als WM-Zweiten und „halbiert" den Rückstand auf Leader Alonso von 42 auf 24 Punkte! Der Titelverteidiger fährt wieder auf Kurs.

Monza: „Viva Mexico“ – „Hopp Schwiiz“

FALSCHER FERRARI

Madonna mia! Monza erlebt am Sonntag den Formel-I-WM-Lauf ohne einen einzigen italienischen Piloten – zum ersten Mal überhaupt! Wie früher ein Österreichring-Grand-Prix ohne Jochen Rindt, Niki Lauda, Gerhard Berger – unvorstellbar. Noch dazu bei der klassischen Formel-I-Nation Italien, die früher oft 10–12 Fahrer in den Boxen hatte. Und jetzt: niente.

Ähnlich wie bei den Franzosen. Die haben momentan wenigstens einen: Jean-Eric Vergne. Klingt nach Jules Verne – blickt der in die Zukunft? Alberto Ascari, 1952/53 der erste Ferrari-Champion, ist immer noch Italiens letzter Weltmeister – vor 60 Jahren. Giancarlo Fisichella Italiens letzter Grand-Prix-Sieger – in Malaysia 2006. Und der letzte Italiener, der am Start eines GP stand, ist Vitantonio Liuzzi: 2011 mit Force India WM-15. Also konnten die Tifosi nur „halbe Italiener“ bejubeln: den Italo-Amerikaner Mario Andretti, den Tessiner Clay Regazzoni („nostro Regazzoni“), Jean Alesi wurde auf „Giovanni“ umbenannt, und bei Rubens Barrichello musste ein italienischer Urgroßvater herhalten ... Und der Austro-Italiener Mirko Bortolotti, der schon in Fiorano einen F1-Ferrari testen durfte? Der kühlte sein Temperament während der August-Hitze im Eissalon seiner Familie in Wien-Erdberg. Aber noch lieber würde er in Monza schwitzen. „Ich hab heuer ein schwieriges Jahr, kein echtes Programm, nur zwei BWM-GT-Rennen, Sachsenring und Nürburgring – aber ich gehöre in den Formel-Sport.“

Gerhard Berger ist FIA-Chef für alle Rennsportkategorien unterhalb der Formel I – also Go-Kart bis GP 2. Und kümmert sich vor allem um die Formel III, das große Sprungbrett: „Ein Supertalent hab ich schon entdeckt: Marcello!“ Dabei war das italienische System jahrelang sehr erfolgreich. Das italienische „Totocalcio“ (Fußballtoto) sponserte junge Rennfahrer auf dem Weg in die Formel I: Die ersten drei jeder Nachwuchsserie erhielten finanzielle Unterstützung.

Darum jubelten Azzurri-Rennfahrer immer wieder von den Stadien, plauderten gern über Fußball – und ohne Jarno Trulli lief kein Champions-League-Finale. Aber zuletzt ist der Fußball-Geldstrom versickert. Und so werden die Tifosi auch am Sonntag keinem Azzurri-Piloten bei der Siegerehrung zujubeln können.

Nicht zu glauben: Der letzte italienische Monza-Sieger war Ludovico Scarfiotti 1966 – vor sechs, sieben Formel-I-Generationen. Und das nur auf Kommando aus der Ferrari-Box, die den schnelleren Rennfahrer-Ingenieur Mike Parkes einbremste. Scarfiotti aus der Fiat-Agnelli-Dynastie musste unbedingt gewinnen.

MONZA VERGISST SEINE OPFER

Die österreichischen Formel-I-Touristen, die jeden September nach Monza pilgern, wundern sich – vor allem die Jochen-Rindt-Fans sind enttäuscht: Nichts, absolut nichts erinnert im königlichen Park von Monza an unser Nationalidol. Kein Gedenkstein, keine Plakette, keine Blumen.
Für den dreifachen Weltmeister Ayrton Senna steht auf fast jeder Formel-I-Strecke ein kleines Denkmal – aber nicht für unseren Champion von 1970. Und auch nicht für unseren ersten Motorradweltmeister Rupert Hollaus, der 1954 in der Lesmo-Kurve verunglückte.
In der Parabolica wurden die Leitplanken ausgewechselt, in der Lesmo sieht man immer noch die Kratzspuren im Asphalt – wo der 22-Jährige aus Traisen seine NSU 125 zu tief heruntergewinkelt hatte.
Monza vergisst seine Opfer – aber warum? „Weil die Stadt Mailand, die Regionalpolitiker und die Monza-Direktoren so beschlossen haben …“ Man wollte keine Pilgerfahrt zum berühmtesten Autodrom – kein Graceland der Formel I. Für keinen Rennfahrer.
Die schwarze Monza-Serie begann 1955 mit dem Todessturz des ersten Ferrari-Champions Alberto Ascari. Er traf Enzo Ferrari zum Mittagessen im Tribünenrestaurant. Unten testete Eugenio Castellotti den neuen 2-Liter-Sportwagen. „Setz dich rein für ein paar Runden und sag mir deine Eindrücke“, befahl der Commendatore. Ascari starb. Warum, darüber geisterten jahrzehntelang mystische Erklärungen. Weil Ascari seinen veilchenfarbenen Helm (sein Talisman) nicht aufhatte. Weil ihm die Krawatte vor die Augen flog. Weil ihm nach der Riesenportion Spaghetti schlecht wurde … Ich kenne die „Geheimakte Ascari“. Die Wahrheit musste wegen Sponsormillionen geheim bleiben: Reifenplatzer. Für Ascaris Sohn Tonino, der in der „Formel Italia“ hängen blieb, wurde später Mario Andretti der beste Freund.
Aber die Monza-Tragödien gingen weiter. 1961 verunglückte Wolfgang Graf Berghe von Trips, den WM-Titel vor Augen, durch Kollision mit Jim Clark. Und 1978 Ronnie Peterson, der laut Lotus-Stallbefehl gegen Andretti nicht gewinnen durfte. Der Schwede wurde Opfer einer Massenkarambolage am Start. Vier Autos nebeneinander, das konnte nicht gut gehen. Die etablierten Piloten gaben einem jungen Heißsporn die Schuld: Riccardo Patrese. Und sperrten ihn gleich fürs nächste Rennen in Watkins Glen. Ronnies Witwe Barbro starb fast zehn Jahre später auf tragische Art. Und auch ihre Tochter Nina-Luise, Vollwaise, verliebte sich in einen Rennfahrer.

Aber für die Italiener zählt sowieso nur Ferrari. In Imola 1983 führte Riccardo Patrese auf Brabham, bis er kurz vor Schluss von der Strecke flog, und Monza feierte einen viel bejubelten Ferrari-Sieg von Patrick Tambay. „In Italien zählt nur Ferrari“, sagte Patrese bitter, „wir italienischen Fahrer sind den Leuten völlig wurscht …“

Die Wetter-Fee auf Italiens TV Rai Uno („Rai 1“) sagt alles: Sommer, Sonne, 26 bis 30 Grad von Donnerstag bis Sonntag. „Perfetto“ für die Region Mailand und

Monza-Brianza. Schöner kann es für das Europa-Finale beim „Gran Premio d'Italia" gar nicht sein. Monza zelebriert 90 Jahre Autorennen, deshalb steht auf den aktuellen GP-Kapperln „1922". Hier ist alles Historie.

Auch das herrliche Ambiente des schier endlosen Parco di Monza. Im königlichen Stadtpark thront das klassizistische Maria-Theresia-Schloss aus dem 18. Jahrhundert: Die Villa Reale, die an GP-Tagen Ferrari-beflaggt ist. Inmitten dieser Wald- und Grünlandschaft blüht und gedeiht das Autodromo Nazionale di Monza. Eine Rennstrecke, die wie keine andere eine Geschichte hat, die so unter die Haut geht.

25 Salzburger Red-Bull- und offensichtlich auch Monza-Fans inspiriert das zu folgendem Spruch auf ihrem großen Transparent: „Servus Monza! Hier lieben wir alle Piloti, Bolidi, Motori, Tifosi und natürlich Spaghetti, Tortellini, Panini und Capuccini!" Italien-Feeling pur, in der Mehrzahl stimmig aufs „i" gebracht – klingender kann man es nicht treffen, auch wenn sprachlich nicht alles hundertprozentig sitzt. In Monza darf der Fan noch Fan sein. Die Massen an den FI-Toren sind dort so einmalig wie das Flair, das diese Strecke umweht.

Auf Tribünen und Rängen herrscht Gänsehaut-Atmosphäre, erst recht, wenn die Boliden dröhnen. Doch am Donnerstag vor dem 13. Saison-GP dröhnt es nur aus Lautsprechern und von großen Leuchtbildwänden. Das Fahrerlager gleicht bereits einem Ameisenhaufen. Die Boxen einem Bienenstock. Für Teamchefs, Techniker, Mechaniker und Piloten sind am heißen Lombardei-Wochenende die sechs „M" gefragt: Mailand, Mode, Monza, Mythos, Motoren und Moneten.

Dazu gehören auch Medien, Mercedes und Michael Schumacher. Der 43-Jährige hat in Monza noch immer mehr Fans als Ferraris WM-Leader Fernando Alonso. Bei seinem Medientermin bei Mercedes geht es ums Gleiche wie bei Red Bull und Sebastian Vettel. Zwei deutsche Formel-I-Weltmeister – mit einem Ziel: endlich wieder siegen! Und das am besten beim Grand Prix im königlichen Park, wo Triumphe und Tragödien, Trubel und Tränen so nahe beieinanderliegen wie sonst kaum wo.

Vettels letzter Sieg? Beim Bahrain-GP, am 22. April 2012. Bei Schumacher, dem 91-fachen Rekordsieger, muss man weiter zurückgehen: China-GP in Shanghai, am 1. Oktober 2006 – also vor seiner dreijährigen, schöpferischen Pause (2007 bis 2009).

„Schumi" und „Seb" haben im Autodromo schon alles gewonnen: Pole-Positions und Rennen. Der Rheinländer vom Genfersee hat dort auch schon alles erlebt, er triumphierte bereits fünfmal (2006, 2003, 2000, 1998, 1996). Unvergesslich ist sein bislang letzter Monza-Sieg: Am 10. September 2006. Es war der große Tag des Ferrari-Idols Michael Schumacher: Nach monatelangen Spekulationen um seine Zukunft gab der siebenfache Weltmeister damals seinen Rücktritt per Saisonende bekannt. Dieses Mal bleibt er beim Medientreff die Antwort um seine Zukunft schuldig – und vertröstet alle auf Oktober.

Vettel sagt über sein einstiges Idol: „Je länger Michael fährt, desto mehr freut es mich." Der Hesse aus dem Schweizer Kanton Thurgau gewann in Monza zweimal (2011, 2008). Unvergessen ist sein Regen-Triumph im unterlegenen Toro-Rosso vom 14. September 2008. Unter der damaligen Austria-Teamführung Gerhard Berger/ Franz Tost holte er seine erste Pole-Position und gewann seinen ersten Grand Prix.

Beim Freitagtraining sagt Mailand- und Monza-Fan Vettel, worum es beim Italien-GP wirklich geht: „Um Highspeed und Highheels, um Parabolica und Parties." Schmunzelnd geht er Richtung Red-Bull-Box. Doch je länger die Trainings-Session dauert, desto mehr vergeht ihm das Lachen. Der Titelverteidiger, der 2011 in Monza den „Triumph total" feierte, „Pole" und den Sieg nach Zweistopp-Strategie, kommt mit dem RB8 nie auf Top-Rundenzeiten, egal, was er probiert. Sein Training schafft mehr Rätsel als Lösungen fürs Rennen. Übrigens auch bei Teamgefährte Mark Webber, der sich auf Medium-Reifen wohler fühlt als Vettel.

Für Schumacher beginnt der Freitag mit einer guten Nachricht: Das in der letzten Runde in Spa beschädigte, neue Schnellschaltgetriebe (kein sechster Gang) konnte repariert werden. Und zwar so, dass es keine Strafe (fünf Startplätze zurück) nach sich zieht. Das Reglement erlaubt den Austausch von beschädigten Gangrädern und Schaltklauen ohne Strafe. Eine Garantie ist das allerdings nicht. Mercedes-Teamchef Ross Brawn ist aber überzeugt, dass die Schwachstelle im Getriebe in Monza nicht wieder aufbrechen wird. „Das liegt an der anderen Streckencharakteristik", sagt Brawn, dessen weitere Getriebe-technische Erklärungen vielen „spanisch" vorkommen.

Für Schumacher geht es „chinesisch" weiter, und das nicht nur, weil im Freitagvormittag-Training plötzlich der erste GP-Chinese rund um den Kurs rast: Ma Qing Hua, der zweite Bursche aus dem Reich der Mitte (nach Ho-Pin Tung) mit FI-Lizenz, darf für 90 Minuten den HRT-Lenker des Inders Narain Karthikeyan übernehmen. Am Ende ist Mas schnellste Runde um fast sechs Sekunden langsamer als „Schumis" Bestzeit in P1 (1:25,422).

„Chinesisch" geht es auch zu, als Schumacher einen neuen, persönlichen Sponsor präsentiert – seinen siebenten Privatgeldgeber: Er wirbt nun auch für chinesische Navigationsgeräte namens „erlinyou". Ein Deal, der rund 7,5 Mio. Euro auf sein Konto spült. Eine Orientierungshilfe für den Mercedes-Fahrer? Natürlich ruft das die Sprücheklopfer auf den Plan: Braucht er dieses „China-Navi", um künftig seinen Weg zu finden? Oder die Siegerstraße? Oder seinen Startplatz? Die Chinesen schwärmen von Schumacher als „lebende Legende ". Schmacher zieht noch immer – von Monza bis China. Für Werbepartner ist er ein ganz sicherer Wert.

Sichere Monza-Werte sind nach den Freitagtrainings die McLaren-Chrompfeile und die roten Renner aus Maranello: Lewis Hamilton ist Tagesschnellster (1:25,290) vor Kollege Jenson Button und den Ferrari-Piloten Fernando Alonso und Felipe Massa. Höchste Priorität hat für die Teams im freien Training, wie sich das Gewicht der Tankfüllung auf die Reifen auswirkt: Pro zehn Kilo Benzin (rund 13 Liter) wird die Rundenzeit um etwa vier Zehntel langsamer. Wird das DRS (Drag Reduction System) im freien Training deaktiviert, verschlechtern sich in Monza die Rundenzeiten um weitere sieben Zehntel.

Am Samstagvormittag sind McLaren und Ferrari wieder vorne. Im dritten Training fährt Hamilton 1:24,578, Alonso 1:24,579. Nur ein Tausendstel „trennt" die beiden. Dritter ist überraschend Paul di Resta. Doch der Force-India-Pilot ist mit der Hypothek belastet, fünf Startplätze zu verlieren – wegen eines außerplanmäßigen Getriebewechsels. Hinter dem Schotten fahren Massa und Button ebenfalls Zeiten, die unter 1:25,00 liegen.

Nico Rosberg liegt knapp darüber, setzt im Silberpfeil aber ein Zeichen für den Aufwärtstrend. Saubers Sergio Pérez ist Siebenter. „Zugunsten der Höchstgeschwindigkeit fährt man in Monza mit sehr wenig Abtrieb. Dennoch ist es wichtig, ausreichend mechanischen Grip zu haben, weil man sehr hart über die Randsteine räubern muss", verrät der Mexikaner. Dieser Kurs gehört zu seinen persönlichen Favoriten: „Ich bin hier schon sehr gute Rennen gefahren. In der Formel III habe ich mich als 14. qualifiziert und dennoch beide Läufe gewonnen."

Und wo ist Red Bull? 11. Webber, 12. Vettel. „Wir dachten alle, dass wir heute klüger wären", sagt Vettel, „aber wir rätseln immer noch". Wer glaubte, die „Bullen" hätten „nur" Probleme mit Reifen und Balance, irrte. Sie haben auch noch oder schon wieder Schäden an der Lichtmaschine (Alternator). Vettel rollt gegen Ende des Vormittagtrainings aus. Dieser Defekt kostete ihn schon den Sieg in Valencia. Eigentlich sollte Motorlieferant Renault, in dessen Kompetenz der Alternator fällt, diese Schwachstelle längst bei Prüfstandversuchen behoben haben. Doch auch diesbezüglich ist man offenbar noch nicht klüger geworden.

Am Nachmittag ändert sich das Gesamtbild im Qualifying erwartungsgemäß nicht groß: Einzig Alonso hat viel Pech. Bis zu Q3 schüttelt er die Top-Rundenzeiten nur so aus dem Handgelenk. Die Monza-Pole-Position vor den Tifosi ist für ihn zum Greifen nahe. Aber ein seltenes Problem mit der hinteren Querstrebe (Stabilisator) reißt ihn und den F2012 aus Q3. „So etwas ist seit 15 Jahren nicht mehr aufgetreten", ärgert sich Alonso. Und Ferrari-Präsident Luca di Montezemolo kann sich als Boxen-Ehrengast kaum mehr beruhigen.

So holt sich Hamilton die Pole-Position. Button komplettiert für McLaren die erste Startreihe im Ferrari-Park. Dahinter Massa und di Resta, der ja fünf Startplätze retour muss. Dadurch rücken Schumacher und Vettel auf die Plätze vier und fünf vor. „Ich habe mein Auto wie eine Zitrone ausgepresst. Auf einer Runde lag wirk-

:hs aus 24 – soviele Weltmeister wie noch nie im Starterfeld. Oben: Maldonado, Senna; di Resta, lkenberg; de la Rosa, Karthikeyan; Glock, Pic – Mitte: Kovalainen, Petrov; Ricciardo, Vergne; bayashi, Perez – unten: Rosberg, Schumacher; Massa, Alonso; Webber, Vettel; Button, Hamilton; kkönen, Grosjean. Darunter: Das Safety-Car dreht 2012 mehr Führungskilometer als die echten erpfeile.

Servus, Schumi! Der lange Abschied des siebenfachen Weltmeisters: Nach fast 60 Rennen ohne Sieg, aber mit den meisten Ausfällen 2012 beendet Michael Schumacher seine zweite Karriere. Blitzlichter seiner letzten Formel-1-Saison: Schumi überholt Räikkönen in Hockenheim (ganz links), freut sich mit Räikkönen und Alonso auf dem Siegerpodest in Valencia, fährt in Monte Carlo fantastische Qualifying-Bestzeit, wird aber zurückversetzt. Der Traum vom deutschen „Formel-1-Nationalteam" mit dem englischen Teamchef und Manchester-United-Fan Ross Brawn platzt. Kein „Sommermärchen" für Schumacher und Norbert Haug.

Mercedes-Benz
PETRONAS

PETRONAS

Lady-Power in der Formel I: Monisha Kaltenborn ist der erste weibliche Teamchef der Formel I – außerdem 30-Prozent-Besitzerin des Sauber-Teams. Links unten: die tapfere Spanierin Maria de Villota. Rechts Suzie Wolff, Ehefrau des neuen starken Mannes von Williams, Toto Wolff, und Test- und Ersatzpilotin seines Teams. Die „Formel-Austria" in fast allen Boxen.

l zu reden in diesem Jahr: Bernie Ecclestone mit Ex-Pilot Martin Brundle, jetzt TV-Star in der
rmel I. Niki Lauda, perfekter RTL-Analytiker für Millionen Grand-Prix-Fans wird Vorstandsvorsit-
der von Mercedes-Formel-I. Unten: Red-Bull-Teamchef Christian Horner, der in Abu Dhabi aber
nt auf Vettel wettet: „Ich hab nicht soviel Geld wie Marko." Unten: Jean Todt mit Felipe Massa.

Spannung vorm Start: Roman Abramowitsch, Besitzer von Chelsea, in Monaco (rechts oben). Fröhli
Atturo Merzario, der Lauda-Lebensretter 1976, in Monza. Neugierig: Will Smith, der im Film den gr
Mohammed Ali spielt. Cool: Antonio Banderas, der einmal Senna darstellen sollte. Aufgeregt: Filmst
Owen Wilson in Malaysia. Glücklich: Bernie Ecclestone mit seiner Fabiana und Robert Carlos.

h Society: die Ecclestone-Töchter Petra und Tamara, Hollywood-Star Jude Law in der Red-Bull-Box,
en zweiten Sonntag Treffpunkt der Berühmten, Schönen und Reichen. Darunter IOC-Präsident
ues Rogge, der aber die Formel I nicht olympisch machen will. Rechts: die Grid-Girls beim poesie-
en Grand Prix von Malaysia – nicht nur aerodynamisch absolut perfekt.

Eine ganz seltene Röntgenaufnahme: das geheime Innenleben des Weltmeisterautos von Red Bul
Einzige Schwachstelle: die Lichtmaschine, die bei Vettel zweimal k.o. ging. Bild unten: So lieben un
verehren die Japaner ihren und unseren „Mister Formel I", Bernie Ecclestone. Bis 2013 – Sayona

lich nicht mehr drin", sagt Vettel, „derzeit liegen McLaren und Ferrari für uns außer Reichweite." Webber bestätigt das mit Platz elf, in Q2 war für ihn Endstation.

„Pole"-Mann Hamilton weiß: Auf dem ersten Startplatz zu stehen, ist in Monza ein großer Vorteil. Denn seit 2000 siegten hier neun Fahrer von der besten Startposition aus. Der Monza-Hochgeschwindigkeitskurs wird von Hamilton so geliebt wie gefürchtet. „Nirgendwo wird weniger Abtrieb (Downforce) gefahren", sagt er mit großen Augen. Ein Triumph auf dieser klassischen GP-Strecke fehlt noch in seiner Sammlung.

LAUDAS FLUCHT VON FERRARI ZU BRABHAM

Triumph und Tragik in Monza – aber auch Sternstunden in Rot-Weiß-Rot: Jochen Rindt verlor 1969 im Autodrom (noch ohne Schikanen) eine atemberaubende Windschattenschlacht nur um Reifenbreite gegen Jackie Stewart, weil die Lotus-Box vergaß, ihm die letzte Runde anzuzeigen. Niki Lauda zerriss 1974 auf dem Weg zum Sieg und WM-Titel eine Ventilfeder. Aber 1975 passte alles. Sogar der Padre von Arcore verzichtete darauf, am Sonntag die Glocken zu läuten, nur damit „Niki nazionale" im Hotel Sant' Eustorgio länger schlafen konnte. Taktisch clever, ließ Lauda damals Regazzoni davonfahren und auch Fittipaldi überholen – Platz 3 genügte ihm zum ersten WM-Titel. Ferraris erstem seit John Surtees 1964! Das Autodrom explodierte. Ich traf Niki ein paar Minuten später fast ängstlich im Fahrerlager, eingekesselt von berittenen Carabinieri. Die großen Polizistenpferde waren ihm nicht ganz wurscht. 1977 chauffierte ich Niki (sehr gebückt) während der Ferrari-Testfahrten aus dem Autodrom. Weil niemand wissen durfte, dass er im George-Premier-Restaurant im Monza-Park Bernie Ecclestone, damals Brabham-Besitzer, und Parmalat-Chef Calliste Tanzi zum heimlichen Mittagessen traf. Dabei wurde sein Brabham-Verrtrag für 1978 fixiert. Also beim Ferrari-Erzfeind. Wie Lauda 1978 für Brabham-Alfa in Monza gewann, zeigte seine Intelligenz. Auf Startplatz 3 kriegte Niki mit, dass die erste Startreihe (Mario Andretti und Gilles Villeneuve) zu früh wegfuhr. Frühstart bedeutete damals eine Strafminute. Also stieg Niki extra auf die Bremse, damit alles noch eklatanter aussah, kam als Dritter im Ziel, war aber, ganz logisch, Sieger. 1984 auf McLaren gewann Lauda ohne Tricks. Die wusste dafür Willi Dungl, der in der Nacht vorm Rennen nach einem Lauda-Hilferuf nach Monza eilte, um Nikis eingeklemmten Nerv zu befreien.
1988 war das große McLaren-Jahr. Alain Prost und Ayrton Senna fuhren die Konkurrenz in Grund und Boden, gewannen alle Rennen, schienen auch in Monza unschlagbar. Ferrari machte sich keine Hoffnungen, Gerhard Berger schon. „Was zahlt ihr, wenn ich gewinn?", fragte er den großen Luca Montezemolo am Startplatz. Luca sagte spontan: „Wenn du wirklich gewinnst, Gerhard, schenk ich dir dein Auto." Berger gewann – nach einer Kollision des führenden Senna – wirklich. Und sagte seinen Ingenieuren, als er ausstieg, sofort: „Das Auto könnt ihr mir gleich einpacken …"

Auf dem schnellsten Circuit der Saison werden Höchstgeschwindigkeiten von 346–347 km/h erwartet! Im Qualifying hat man die Lotus-Piloten Kimi Räikkönen und Jerome d'Ambrosio (Ersatz für den gesperrten Grosjean) als Speed-Schnellste mit 342,7 und 342,4 km/h gemessen. Der Monza-Speed-Rekord liegt bei 360!

Für das Rennen im „Tempo-Tempel" gilt: Gut 70 Prozent der Rundenzeit werden mit Vollgas gefahren. 16 Sekunden lang dauert die längste Periode. Da geht es im Cockpit längst nicht mehr ums Agieren und Reagieren, sondern allein um Reflexe. Piloten, Reifen, Motoren und Bremsen stehen gleichermaßen unter Dauerstress. Die Reifen etwa werden bis auf 130 Grad (!) „heiß gefahren". Wegen der hohen Geschwindigkeiten auf der Geraden kann selbst die harte Gummimischung arg überhitzen, weil es keine „Verschnaufpausen" für die Walzen gibt.

Dazu hat das Autodromo vier schnelle Rechtskurven, wo der linke Vorderreifen stark belastet wird: Curva Grande, Lesmo I und II sowie die Parabolica. Das sind laut Pirelli die „Zutaten", um Reifen zu überhitzen, was im schlimmsten Fall zu Blasenbildung auf der Lauffläche führt. Pirelli verringerte deshalb die Dicke der Gummi-Lauffläche um 0,3 Millimeter. Das entspricht ungefähr zehn Prozent der Gesamtdicke. Je dünner die Gummischicht, umso weniger kann der Gummi „arbeiten" und überhitzen.

Für das Rennen wählt Pirelli, wie zuletzt in Spa, die Mischungen „Medium" (Option) und „Hart" (Prime). Die Top Ten müssen auf Option starten, ihrem Q3-Reifen. Die anderen haben freie Wahl. Pérez riskiert es als einer von wenigen mit den Harten zu beginnen! Eine erfolgversprechende Taktik?

Am Sonntag konzentriert sich alles auf den Start. 630 Meter sind es von dort bis zur ersten Schikane – und ersten Vollbremsung. Haben die Fahrer aus der Spa-Startkarambolage und der Grosjean-Sperre ihre Lehren gezogen? Schumacher sieht keine Probleme, „denn es fehlt ja einer" – der damalige Verursacher und für diesen GP gesperrte Romain Grosjean, er schaut von der Box aus zu. Der Start verläuft ohne größere Vorkommnisse. Hamilton kommt als Erster weg und setzt sich gleich ab. Nach 23 Runden wechselt er als Leader auf harte Reifen. Er bleibt vorne. Der McLaren-Pilot hält an seiner Ein-Stopp-Strategie souverän bis ins Ziel fest. Das gelingt seinem Teamgefährten Button nicht, weil dessen Benzinpumpe streikt.

Bei „Halbzeit" stockt allen Tifosi der Atem. Alonso (5.) wird beim Versuch, Vettel in der Curva Grande zu überholen, vom Red-Bull-Fahrer aufs Gras abgedrängt. Und das bei Tempo 300. Alonso bleibt mit dem Fuß auf dem Gaspedal und bringt mit viel Glück den Ferrari wieder auf die Strecke. 2011 gab es das gleiche haarsträubende Manöver zwischen den beiden, nur mit verteilten Rollen. Alonso ging damals straffrei aus. Doch nun muss Vettel den „Bußgang" durch die Boxengasse antreten (Durchfahrtsstrafe). Er fällt zurück.

Red Bull sieht eine Verschwörung hinter der Strafe. Doch Vettel wird einzig und allein deshalb bestraft, weil sich die Regeln geändert haben. Beim Kanada-GP im Juni präsentierte FIA-Rennleiter Charlie Whiting den Piloten einen neuen Verhaltenskodex für Zweikämpfe dieser Art: Wenn der Hintermann seinen Frontflügel neben die Hinterräder des Vordermannes setzt, muss der Vordermann seitlich eine Wagenbreite Platz lassen. Auf der Rennstrecke wohlgemerkt, nicht auf dem Gras.

Für Vettel ist es letztlich egal. Er rollt später aus, als in seinem RB8 die Lichter ausgehen: Alternator defekt! Einmal mehr. Immer wieder diese Lichtmaschine ... Renault und Red Bull tappen im Dunkeln. Dazu passt im Finish auch der Webber-Ausfall wegen Vibrationen nach einem Highspeed-Dreher. Red Bulls erste Nullnummer im 13. Saisonrennen.

Alonsos F2012 hat nach der Rallyeeinlage auf dem Gras ein Loch im Unterboden, am Diffusor fehlt ein Stück und der hintere Stoßdämpfer ist beschädigt. Renningenieur Andrea Stella weist Alonso an, im Finish langsamer zu fahren: Platz drei ist ihm sicher. Massa hat sich hinter ihn fallen lassen und schirmt ihn ab. Gegen den heranstürmenden Pérez im Sauber-Ferrari haben beide Werks-Ferraris keine Chance. Selbst in einem intakten Auto hätte Alonso Pérez nicht hinter sich halten können.

MONZA-REKORDE

McLaren hat die letzten drei Rennen alle aus der Pole-Position für sich entschieden.
180. Sieg für McLaren, der zehnte in Monza. Und Hamilton hat jetzt auf bereits 15 GP-Strecken gewonnen.

Der 22-jährige Mexikaner fährt seit seinem späten Reifenwechsel nach Runde 29 (von Hart auf Medium) wie in Trance. Seine gewagte Reifentaktik ist ein strategisches Meisterwerk der Sauber-Crew – alle anderen „Ein-Stopper" unter den Top Ten starteten mit Medium-Reifen. Von Startplatz zwölf auf Rennrang zwei: Sein dritter Podestplatz der Saison.

„Viva Mexico" und „Hopp Schwiiz". In Monza wird die harte Arbeit im Hightechwerk in Hinwil im Zürcher Oberland belohnt: Sauber holt mit Pérez (2.) und Kamui Kobayashi (9.) zwanzig WM-Punkte – wie zuletzt in Hockenheim. Dazwischen liegen die „Nullrunden" von Ungarn und vor allem von Belgien. Dieser schmerzliche „Verlust" an WM-Punkten in Spa (Startplätze 2 und 4!), ist in Monza in einen „Gewinn" umgewandelt worden.

PS: Nach dem Hamilton-Sieg und dem Vettel-Webber-Nuller fehlen McLaren in der Konstrukteur-WM „nur" noch 29 Punkte auf Leader Red Bull. In der Fahrer-WM vergrößerte Alonso seinen Vorsprung. Hamilton liegt 37 Punkte zurück, Räikkönen 38 und Vettel 39. „Wir haben noch sieben Rennen, wo 175 Punkte zu holen sind. Da kann noch viel passieren", macht Vettel sich und seinen Fans Mut.

Singapur: Gute Nacht, Lewis Hamilton

VETTELS ZITTERPARTIE

Die Silberpfeile fliegen weiter – aber wohin? Das wurde schon vorm Schumi-Crash heiß diskutiert: zwischen Monza und Singapur bei einer Geheimkonferenz in Stuttgart. Teamchef Ross Brawn und Technikdirektor Bob Bell mussten vorm Mercedes-Vorstand antanzen. Und erklären, warum das Ziel mit dem deutschen Formel-I-Nationalteam („in drei Jahren Weltmeister") auch heuer klar verfehlt wurde.

Fix ist nur: Die Deutschen fahren weiter. Aber unter welchem Namen? Mercedes, AMG oder ganz ein anderer?

„Wir sind nicht happy, aber was tun wir in Zukunft?" Das hat wieder mit dem berühmten Concorde Agreement zu tun, das nicht nur die technische Seite regelt, sondern vor allem die politische: Mitspracherechte. Und die Aufteilung der TV-Millionen.

Die geschieht nach streng geheimen Regeln: Punkte, Siege, WM-Titel, Sendungsminuten im TV. Und, am wichtigsten, die Geschichte der Teams.

Wenn theoretisch Marussia oder HRT ab jetzt alle Rennen gewinnen – sie bekämen nie annähernd so viel Geld wie Ferrari fürs bloße Dabei Sein.

Und genau da hakt Mercedes ein. Beruft sich zwar nicht auf Rudolf Caracciola in den 30er Jahren, wohl aber auf Juan Manuel Fangio in den 50er Jahren, den Wiedereinstieg, und verlangt: „Wir sind jetzt sieben Jahre dabei und möchten politisch und technisch die gleichen Rechte wie Red Bull, Ferrari und McLaren. Weil auch wir unsere Historie haben."

Das lehnt Bernie Ecclestone ab: „Ihr seid ja als Honda, als BAR, als Brawn und was weiß ich noch alles gefahren – aber nicht immer als Mercedes!"

Und darum kriegen die Silberpfeile auch weder mehr Geld noch größere Mitspracherechte. Wenn das Team wirklich umgetauft wird, zählen dann auch die letzten Jahre nicht mehr?

Jetzt versteht man, warum Renault und Caterham so lange stritten, wer sich „Lotus" nennen darf. Aber auch, warum sich das neue Concorde Agreement, das alle Teams unterschreiben müssen, zieht wie ein Strudelteig.

War es ein Fehler, wieder anzufangen?, fragen mich viele Formel-I-Fans. Schumacher würde verneinen. „Ich liebe das Kämpfen auf den Rennstrecken, am liebsten Rad an Rad – fast noch mehr als das Gewinnen."

Aber warum blieb er so lange sieglos? Ich glaube: aus drei Gründen.

Erstens leidet Schumacher unter dem radikalen Teststopp am meisten. In Fiorano

DER VERLORENE SCHUTZENGEL: PROF. WATKINS

Die Formel-I-Piloten haben ab Singapur einen neuen Schutzengel – aber mit so großen Flügeln wie Prof. Sid Watkins? Nachfolger des berühmten, geliebten und respektierten Arztes, der vielen Rennfahrern das Leben gerettet hat, ist sein bisheriger Assistent, der US-Professor Gary Hartstein von der Uni-Klinik in Lüttich. „Ich hab mich vor Operationen oft gefragt, ob ich Sid anrufen dürfte, was er mir raten würde – und es ist halbwegs gelungen."

Worauf Prof. Watkins, der sympathischste und humorvollste Zigarrenraucher im Zirkus, freundlich nickte: „Du hattest ja auch einen verdammt guten Lehrmeister."

Dem viele Formel-I-Stars ihr Leben verdanken. Als Mika Hakkinen 1995 in Adelaide seine Zunge verschluckte, rettete ihn Prof. Watkins mit einem Luftröhrenschnitt vorm Ersticken – sogar noch im Wrack. Ohne ihn hätte Martin Brundle einen Fuß verloren. Und als Alex Zanardi in Spa zum ersten Mal crashte, „hat er nur nach seiner Freundin gerufen", erzählte Watkins oft. Michael Schumacher bat ihn gleich nach einem Silverstone-Unfall 1999: „Sag bitte meiner Frau: Ich hab mir den Fuß gebrochen. Und sag Ferrari: Die Bremsen …"

Viele Fahrer bedankten sich bei ihm: „Wenn ich nach einem Unfall dein Gesicht neben mir im Cockpit auftauchen sah, wusste ich: Das wird gut ausgehen." Gerhard Berger sagte ihm während seiner Defekt- und Unfallserie bei Ferrari 1989: „Heuer hab ich dich schon öfter gesehen als meinen Renningenieur." Vor allem bei seinem Feuerunfall in Imola.

Heute ist das ganze Formel-I-Feld in seiner Schuld. Frank Williams, den der „Doc" nach seinem Autounfall elf Wochen lang behandelte: „Ich bin nicht mehr ganz mobil. Aber dass ich heute wieder ein gesundes und normales Leben führen kann, verdank ich ihm."

Bei kleineren Problemen riet Watkins: „Nimm ein Aspirin und einen kräftigen Schluck Whisky." Das war sein britischer Humor. Die Flasche hatte er bei den Grands Prix immer mit – im Handschuhfach seines „Doctor's Car". Und seine Zigarrenkiste.

Prof. Watkins kämpfte unermüdlich für mehr Sicherheit im Rennsport, vor allem für sichere Cockpits. Das System „Hans" (Hals- und Nackenschutz) hat er mit erfunden.

Als Ayrton Senna 1994 nach dem Barrichello-Crash im Imola-Training 1994 schockiert war, riet ihm Watkins: „Hör auf damit, gehen wir lieber fischen." Ayrton musste ablehnen: „Ich hab noch eine Mission zu erfüllen."

Tags darauf verunglückte der geniale Brasilianer, von dem Alain Prost sagte: „Er dachte, sein Glaube an Gott macht ihn unverwundbar." Prof. Watkins kniete neben dem sterbenden Senna, was er später sehr einfühlsam beschrieb: „Als Ayrton noch einmal seufzte, spürte ich: Jetzt hat ihn seine Seele verlassen – und ist zum Himmel aufgestiegen."

Watkins war ab 1977 der medizinische Chef der FIA. Hätte es ihn schon 1970 in Monza gegeben, hätte Jochen Rindt wahrscheinlich überlebt. Aber das Rennstreckenspital, den Rettungshubschrauber usw. gab es erst später – dank Professor Watkins. Dem Bernie Ecclestone heute nachsagt: „Sid ist unersetzbar. Einen wie ihn wird es nie mehr geben. Einen solchen Menschen triffst du nur einmal im Leben."

testete der Perfektionist phasenweise Tag und Nacht, und wenn er auch nur ein paar Tausendstel aus dem Ferrari herausquetschen konnte.

Zweitens: die Stallorder. Während Rubens Barrichello (21-mal Zweiter hinter Schumacher) bei Ferrari manchmal bremsen und nicht nur in Spielberg Schumacher gewinnen lassen musste, würde Nico Rosberg heute dieses Spielchen nicht mitmachen.

Drittens: Schumacher (43) ist älter geworden, die neue Fahrergeneration während seiner Rennpause besser und schneller, selbstbewusster, nicht respektloser, aber egoistischer.

Nur: War früher jeder Pilot vom Gas gegangen, wenn er den gelben Helm (Senna) oder den roten Helm (Schumacher) in seinem Rückspiegel auftauchen sah, ist Michael heute ein Gegner wie jeder andere.

DER „PAMPAS"-STIER WIRD 90

Der „Pampas-Stier" feiert seinen 90. Geburtstag. Damit ist Froilán González, Juan Manuel Fangios großer argentinischer Rivale und Ferraris erster Grand-Prix-Sieger, der älteste lebende Formel-I-Champion der Geschichte: Der bullige, kraftstrotzende González leuchtet herüber aus einer längst vergangenen, fast vergessenen Epoche.
Wie Fangio lernte er das Rennfahren in den abenteuerlichen Langstreckenrennen der Pampas, wie Fangio schickte ihn der damalige Staatspräsident Juan Perón 1949 mit viel Geld nach Europa – als erster Sponsor der Formel I!
Freunde waren die beiden Rennfahrer nie, eher Rivalen.
González große Stunde schlug am 14. Juli 1951 in Silverstone. Er gewann auf Ferrari vor Fangio und Villoresi den Großen Preis von England – der erste von bisher 219 Ferrari-Sieg der Formel I. Der 50 Jahre später, 2001 in Silverstone, stürmisch gefeiert werden sollte. Der Siegerwagen von 1950 stand da, alles wartete auf den Helden von gestern – aber González kam nicht. „Zu weite und zu komplizierte Anreise", hieß es.
Ich traf González bei einem der letzten argentinischen GPs 1998 in Buenos Aires, bei dem Alex Wurz überraschend die schnellte Runde im Rennen fuhr. Ums Eck vom Rennfahrerhotel betrieb González eine (längst verpachtete) Renault-Filiale.
Fangios genialer Vergleich fiel mir ein: „Wenn heute ein Formel-I-Pilot einen Grand Prix gewinnt, hat er für sein Leben ausgesorgt."
„Ich bin fünffacher Weltmeister und muss mit 80 immer noch arbeiten", sagte Fangio einmal.
González war – ohne Bitterkeit – nie Weltmeister. Da schaute schon Fangio drauf, als er in seinen Mercedes-Verträgen festschrieb: „Während der Saisons 1954 und 1955 darf Mercedes keinen zweiten argentinischen Rennfahrer engagieren."
Das Beispiel, das Schule machte. 1993/94 verlangten viele Formel-I-Piloten in ihren Verträgen den Passus: „No Senna!" Aber auch Schumacher und heute Alonso können über ihre Stallgefährten entscheiden. Ob in Maranello am 5. Oktober noch jemand an González denkt?

Sogar mit noch mehr Tricks. Unvergessen, wie er in Monte Carlo die Strecke blockierte, nur damit ihm Alonso nicht mehr sie Pole-Position entreißen konnte.

Bei der folgenden Fahrer-Sitzung wären sie alle gern über Schumi hergefallen, aber der setzte nur seine Kopfhörer auf und hörte gar nicht zu.

Bei seinem ersten Rücktritt sagte er: „Ob ich jetzt 91 oder 92 Grands Prix gewonnen habe, ist doch wurscht." Aber sind die 91 Siege und sieben WM-Titel ein Rekord für die Ewigkeit? Hängt davon ab, wie lang Alonso, Vettel und Hamilton fahren werden.

Einen neuen Schumacher wird's sowieso nimmer geben. Michaels Sohn Mick, jetzt im besten Go-Kart-Alter, interessiert sich wesentlich mehr für Eishockey. Die Bodychecks hat er vom Papa gelernt.

Faszinierende Formel I am Äquator. Genauer gesagt, am Marina Bay Circuit von Singapur. Dort, wo die Nacht dank 1.600 Halogen-Leuchten mit insgesamt 3.180.000 Watt zum Tag wird! Oder anders gesagt: Mit mehr als 3.000 Lux ist die Beleuchtungsstärke auf der Strecke rund viermal heller als in einem Stadion mit Flutlicht! So grell und so strahlend wie im Stadt- und Inselstaat leuchtet ein Grand Prix sonst nirgendwo.

Die „Königsklasse" kann man sich ohne dieses Nachtrennen kaum mehr vorstellen. Einmalig, was die südostasiatische Finanz- und Wirtschaftsmetropole mit ihren fünf Millionen Einwohnern für diesen GP in der City alles auf die Beine stellt. Ein organisatorisches Meisterwerk. Bernie Ecclestone hat den Vertrag mit Singapur gleich bis 2017 verlängert. Übrigens: Die Investmentfirma „CVC Capital Partners", die die oberste FI-Holding „Delta Topco" kontrolliert, hat Anteile ihres eigenen Unternehmens an Staatsfonds von Singapur und Kuwait sowie an einen weiteren Asien-Investor verkauft.

Am schönsten ist der Blick vom höchsten Swimmingpool Singapurs: vom Drei-Türme-Hotelkomplex Marina Bay Sands, dessen Oberdeck auf knapp 200 m einem Schiff gleicht. Die darunter liegenden 2.600 Studios, Appartements und Suiten, normale Zimmer gibt es kaum, sind für das GP-Wochenende längst ausgebucht. Wer nachts dort oben im Swimmingpool plätschert und auf das Lichterband der FI-Strecke hinuntersieht, will nie mehr zurück in diese Niederungen. Schon allein wegen der unerträglichen Schwüle und permanenten 32-Grad-Hitze, die in den Straßen unten noch erdrückender ist.

Um 18 Uhr Ortszeit knipst in Singapur regelmäßig einer das Tageslicht aus. Die Dunkelheit bricht fast überfallsartig über die Löwenstadt herein – und überrascht ihre Besucher mit einem beeindruckenden, unvergesslichen Lichtermeer. Singapur ist nach Valencia und Monaco das letzte Stadtrennen der Saison. Gefahren wird auf dem 5,073 km langen Marina Bay Circuit entgegen dem Uhrzeigersinn. 14 Links- und 9 Rechtskurven wechseln sich ab. Durch Straßenmarkierungen und Kanaldeckel wird die Bodenhaftung noch weiter reduziert. Dennoch wirken beim Bremsen Fliehkräfte von bis zu 4,3 g auf Piloten und Boliden.

Wenn es Nacht wird, dröhnen die Motoren in den Skyline-Schluchten und unter dem bleiernen Tropenhimmel noch lauter als sonst. Die Erfolgsformel auf dem holprigen Singapur-Asphalt steht für die Technik-Crews fest: Maximaler Abtrieb, gute Traktion und eine neutrale Auto-Balance. Das 61-Runden-Nachtrennen mit Start um 20 Uhr Ortszeit (14:00 MEZ) zählt zu den härtesten Prüfungen für Mensch und Material. Die GP-Dauer liegt nahe an der Zwei-Stunden-Grenze. Bei gut 30 Grad (auch nachts!) und gut 75 Prozent tropischer Luftfeuchtigkeit fahren die Piloten im wahrsten Sinn des Wortes am Limit.

Zeit zum Verschnaufen bleibt ihnen in den Cockpits kaum. Dafür gibt es zu wenig richtig lange Geraden, dafür umso mehr Kurven. Im Schnitt wird 80-mal pro Runde geschaltet, 4880-mal im Rennen. Eine Tortur für jedes Getriebe. In den knapp zwei Rennstunden verliert ein Fahrer rund drei Kilo an Flüssigkeit. Apropos Getränke, der „Singapore Sling" ist nicht nur ein Cocktail und Longdrink des Traditionshotels Raffles, sondern auch eine Kurve am Ende der längsten Geraden: ein Härtetest für die Reifen, weil die Fahrer die Randsteine dort voll nutzen, um die schnellste Linie zu halten. Dabei treffen die Reifen mit 130 km/h auf die Kanten der „Curbs".

Die meisten Piloten und Team-Mitarbeiter bleiben in Singapur im Europa-Rhythmus. Sie ignorieren also den 6-Stunden-Zeitunterschied und machen den dortigen Tag zur Nacht – und die Nacht zum Tag: Mitteleuropa 14 Uhr, Singapur 20 Uhr. Der Vorteil: Der Körper spart sich die ermüdende Akklimatisierungsphase. Die Team-Meetings dauern immer bis weit nach Mitternacht, oft bis 3 Uhr früh. Sebastian Vettel etwa kehrt dann ins Hotel zurück und schaut sich DVDs an – Filme aller Art je nach Lust und Laune, bis ihm die Augen zufallen. Das sollte nicht vor 5 oder 6 Uhr früh sein, weil er zu Hause ja auch nicht vor 23 Uhr oder Mitternacht ins Bett kommt.

Michael Schumacher ist in der Singapur-Nacht um 4 Uhr früh über die Rennstrecke geradelt, um sich die Zeit zu vertreiben. Dabei traf er Jenson Button beim Joggen. Andere gehen um diese nachtschlafende Zeit im Hotel ins Fitnesszentrum, um sich schwitzend wach zu halten. Und so mancher Kollege ist bis zum Morgengrauen an der Hotelbar zu finden – natürlich mit harmlosen Drinks. Man muss eben „das natürliche Gefühl, in der Nacht müde zu werden, austricksen", verrät Bruno Senna. „Wir bleiben auf europäischer Zeit, der Körper bleibt im Rhythmus – obwohl es sich schon merkwürdig anfühlt, ins Bett zu gehen, wenn die Sonne aufgeht", sagt Nico Hülkenberg.

WETTEN, DASS ... MAYLÄNDER AM LÄNGSTEN FÜHRT?

Wetten dass ... Bernd Mayländer am Sonntag in Singapur die meisten Führungsrunden dreht? Mit dem Safety-Car, das in Marina Bay jedes Jahr aus den Boxen kommt – für zumindest vier Runden. Die winkelige, exotische Strecke (23 Kurven) schreit geradezu nach Unfällen und Karambolagen, nicht nur, weil Romain Grosjean wieder mitfahren darf. Hochgerechnet auf 61 Runden: 1403-mal Kollisionsgefahr!

Mayländer und sein Safety-Car also unter Strom, die Superhirne in den Boxen aber auch. „Wir müssen mehrere Strategien ausarbeiten", verrieten mir ein paar Teamchefs. „Ohne oder mit Safety-Car – und wann die Reifenwechsel?" Seit 2009 hat in Singapur immer der Mann in Pole-Position gewonnen – nach dem größten Skandal der Formel-I-Historie. 2008 befahl der damalige Renault-Teamchef Flavio Briatore seinem Nr.-2-Piloten Nelson Piquet jr., absichtlich in die Mauer zu fahren, damit das Safety-Car rauskommen muss und Fernando Alonso sofort an die Box fahren kann – und prompt das Rennen gewinnt.

Der Betrug flog auf. Die FIA reagierte mit drakonischen Strafen und Sperren. Piquet jr. war seinen Renault-Job sowieso los, „Mastermind" arbeitet jetzt bei einem Nachzüglerteam – und Flavio?

Den sah man weder in Monza noch in Singapur. Den Sommer hat er mit seiner Elisabetta und dem Buben Falco (3) auf seiner Yacht in der Karibik genossen. Jetzt pendelt er wieder zwischen seiner Villa in London und seinem Büro in Monaco – wo er Freizeitmode verkauft. Und Alonso und Webber managt.

Singapur 2008? „Die Wahrheit wird schon noch rauskommen", sagt mir Flavio lässig. Wir warten drauf.

Das Safety-Car hat Geburtstag: Auf den Tag genau vor 39 Jahren der erste Einsatz in Mosport (Kanada) – in einem heillosen Chaos. Safety-Car-Pilot Eppie Wietzes pickte den falschen Führenden heraus – Howden Ganley. Was dem New Yorker Playboy und Kosmetik-Millionenerben Peter Revson ermöglichte, fast eine ganze Runde aufzuholen und zu gewinnen. Auch wenn heute noch vier Piloten behaupten, in Wahrheit waren sie die Sieger: Stewart, Fittipaldi, Beltoise und Oliver.

Was 1973 fast unterging: Der junge Niki Lauda (BRM) hatte im Regen schon mit 30 Sekunden geführt. Und war auf dem Absprung zu Ferrari.

Ferrari musste sich für 1974 zwischen vier Piloten entscheiden. James Hunt war dem Commendatore zu hippiehaft. Jean-Pierre Jarier plauderte zu früh in französischen Zeitungen. Peter Revson war ein heißer Tipp, aber Ferrari wollte ihn nur exklusiv. Revson: „Sorry, aber als Ami muss ich auch die 500 Meilen von Indy fahren." Wegen Ferraris Veto platzte der Revson-Vertrag – und Niki Lauda bekam das begehrteste Cockpit der Formel I.

Das Schwierigste ist das Ausschlafen am Vormittag. Bei den meisten klingelt der Wecker gegen 14 Uhr Ortszeit, doch das Umfeld ist darauf nicht ausgerichtet. Weltmeister Vettel verrät, dass er sein Hotelzimmer total verdunkelt, mit Jalousien, Rollos und extra-dicken Vorhängen, „damit mich die Sonne nicht zu früh aufweckt". Gegen 14.30 Uhr gibt es Frühstück. Im Fahrerlager an der Rennstrecke, wo das Riesenrad namens „Singapore Flyer" seine Runden dreht, kommt der Betrieb erst nach 15 Uhr so richtig auf Touren.

Am Freitag geht es früher los, weil das Training um 18 Uhr beginnt. Ein heftiges Tropengewitter mit Blitz und Donner zieht über Singapur hinweg. Abkühlung bringt das keine. Vielmehr fühlt sich alles noch mehr nach Sauna-Aufguss an. Die größten Pfützen auf dem Asphalt verdampfen daher schnell. In den beiden 90-Minuten-Trainings konzentrieren sich alle Teams darauf, wie sich Soft- und Supersoft-Reifen bei unterschiedlichen Spritmengen verhalten.

Wer bei dieser Analyse lange genug sucht, findet den Schlüssel zum Sieg. Denn beim Nachtrennen wird mit der schwersten Tankfüllung der Saison gestartet – bis zu 160 kg (ca. 210 Liter). Daher verändert sich mit Fortdauer des langen Rennens, durch Spritverbrauch/Gewichtsverlust, die Balance der Boliden drastisch. Und dies wirkt sich auch deutlich auf den Verschleiß und das „Arbeiten" der Pirelli-Reifen aus.

Bei den Piloten „arbeitet" am Freitag Sebastian Vettel am schnellsten. Das zuletzt anfälligste Teil im Auto, die Lichtmaschine (Alternator), hält. Red Bulls Nummer 1 stellt im verbesserten, auf den Stadtkurs „zugeschnittenen" RB8-Auto gleich in beiden Sessionen Bestzeiten auf. Jeweils vor einem McLaren, zuerst mit 1:50,566 knapp vor Lewis Hamilton (0,049), dann mit 1:48,340 vor Jenson Button (0,311).

Schon in der Nacht auf Samstag kristallisiert sich heraus, dass Red Bull und McLaren, genauer Vettel und Hamilton, die großen Favoriten für Pole-Position und Sieg beim Nacht-GP sind. Das dritte freie Training liefert dafür eine weitere Bestätigung: Vettel ist mit 1:47,947 Schnellster vor Hamilton (0,325) und Fernando Alonso (0,676). Mit diesen drei Namen sind alle bisherigen Singapur-GP-Sieger genannt: 2008 und 2010 Alonso, 2009 Hamilton und 2011 Vettel.

Das Qualifying wird am Samstagabend um 21 Uhr gestartet. Diese Stunde entscheidet mehr als anderswo über den Rennverlauf am Sonntag. Denn auf dem nach Monaco langsamsten GP-Kurs (Schnitt 170 km/h) ist das Überholen Schwerstarbeit. Zu den „Überholmanövern" kommt es nur dank der zwei Reifenmischungen (Zeitunterschied 1,5 Sek./Runde), dank Taktik, Boxenstopps und Safety-Car-Phasen. Letztere sind beim Nachtrennen serienmäßig, weil immer wieder Boliden gegen die Beton-Begrenzungen prallen.

Von den bisherigen vier Singapur-GPs wurden drei von der Pole-Position weg gewonnen. Nach den drei Trainingsbestzeiten ist sich selbst der mit Prognosen vorsichtige Red-Bull-Konsulent Helmut Marko sicher: „Sebastian fährt auf die ‚Pole'." Doch als Hamilton im ersten Versuch in Q3 mit 1:46,362 Minuten eine erste Richtzeit auf den Asphalt hämmert, kommt von Vettel keine Antwort mehr. Seine Zeit liegt sechs Zehntel darüber. Weil auch Pastor Maldonado schneller ist, bleibt nur Startplatz drei. Vettel ist ratlos: „Der Speed war da, aber wir konnten uns in Q3 nicht mehr so wie erwartet steigern. In Q2 bin ich relativ locker eine 1:46,7-Minuten-Runde gefahren. Ich war mir sicher, eine tiefe 1:46er-Zeit fahren zu können."

Mark Webber erwischt es noch schlimmer. Der Australier sackt auf Startplatz sieben ab und ist sauer: „Die Hinterreifen hatten plötzlich keinen Grip mehr. Wir haben die Frontflügel-Wirkung reduziert, damit der Heckflügel besser zur Geltung kommt, aber es hat nichts geholfen. Keine Ahnung, aber wir haben ja 8.000 Ingenieure, die jetzt auch über das nachdenken können." Das „auch" bezieht sich auf die Lichtmaschine, die Rätsel aufgibt.

Für Hamilton ist es die 24. „Pole", die fünfte dieser Saison. McLaren kann die vierte Pole-Position in Folge und die insgesamt 153. feiern. Es ist eine historische Trainingsbestzeit, weil sie am 22. September 2012 erzielt wird. Denn vor 40 Jahren, am 23. September 1972, gelang US-Pilot Peter Revson in Mosport/Kanada die allererste McLaren-Pole-Position. „McTeamchef" Martin Whitmarsh war damals 14 Jahre jung …

Sonntagabend, knapp vor 20 Uhr. Seit zwei Stunden ist es dunkel. Alle Halogen-Strahler sind auf die spektakuläre FI-Kulisse gerichtet. Die Boliden stehen in der Startaufstellung – Piloten und Team-Verantwortliche auch. Sie haben sich vor der ersten Startreihe versammelt, um für den im Alter von 84 Jahren verstorbenen, längst legendären FI-Rennarzt Sid Watkins eine Gedenkminute abzuhalten. Doch einer fehlt bzw. kommt zu spät.

Michael Schumacher ist auf der Toilette, ein Ritual wie vor jedem Rennen. Das heißt aber nicht, dass er den Liverpooler „Professor Sid" nicht schätzen würde. Ganz im Gegenteil: „Sid war äußerst kompetent und hatte ein großes Herz für uns Fahrer – ich erinnere mich da natürlich an meinen Silverstone-Unfall 1999, als er sofort an meiner Seite war. Meine Gedanken sind bei seiner Familie", würdigt ihn Schumacher.

Nach dem Start, bei dem Crashpilot Maldonado keinem in die Quere kommt, heißt es nur noch: Hamilton oder Vettel? Die Frage erübrigt sich nach 22 Runden, weil der führende McLaren-Pilot mit Getriebeschaden stehen bleiben muss. Es ist Hamiltons vierter technisch bedingter Saison-Ausfall. Der Red-Bull-Titelverteidiger hat freie Bahn – und nützt sie: Neun Rennen in Folge war Vettel sieglos, doch nun zeigt er, dass er doch noch gewinnen kann. Die Lichtmaschine hält. Nach zwei Stunden und nur 59 (statt 61) Runden steht er erneut als Triumphator des Nachtrennens fest. Vorerst.

Denn nach Rennende muss er noch drei Stunden bei den FIA-Rennkommissaren um seinen Sieg bangen – und verpasst so den Singapore-Airlines-Airbus A380 nach Zürich. Was ist passiert? Immer wieder diese Safety-Car-Phasen. Immer wieder muss man da um Vettel bangen. Besser gesagt: um seine Platzierung. Wieder ermitteln die Stewards in diesem Fall.

Wie schon in Fuji 2007 und in Budapest 2010 ist Vettel in dieser Phase einmal mehr ein Vorfall passiert, der bestraft werden könnte: Richtung Neustart gab er als Führender Vollgas, bremste aber abrupt wieder ab. Der von diesem unberechenbaren Manöver komplett überraschte Button wäre ihm fast ins Heck gekracht. Der Brite beklagte sich über Funk. Letztlich vergeblich, weil die Regel schwammig verfasst ist: Einerseits darf der Führende das Tempo bestimmen. Anderseits darf er beim Restart keinen gefährden. Fazit: Glück gehabt, Seb, doch äußerste Vorsicht beim nächsten Mal!

Schumacher kommt nicht so glimpflich davon. Er muss beim Japan-GP um zehn Startplätze zurück, weil er nach 38 Runden Jean-Eric Vergne ins Heck gekracht ist. Beide mussten an ihre Boxen zurück – zu Fuß.

2012SINGAPUR-REKORDE

VETTEL zum ersten Mal in allen drei freien Trainings Erster, aber vierte Pole-Position hintereinander für McLaren (erstmals seit Hakkinen 1999) und die bereits 24. für Hamilton (so viele wie Lauda und Piquet). 12:2 für HAMILTON im Qualifying-Stallduell mit Button. MALDONADO erstmals seit Barcelona in der ersten Startreihe, Massa verpasst Q3 zum neunten Mal 2012. Senna dreimal in der Mauer. Das Rennen ist der erste komplette Trocken-Grand-Prix über die volle 2-Stunden-Distanz seit Arizona 1991 (Sieger Ayrton Senna). 23. Sieg für Vettel, so viele wie Piquet, 81. Podium für Alonso, nur Schumacher (156) und Prost (106) haben mehr. Massa seit 35 Rennen (Korea 2010) ohne Podium, aber als Letzter gestartet und noch 8. Der älteste Fahrer (Schumacher) kollidiert mit dem jüngsten (Vergne). Für Suzuka um 10 Startplätze rückversetzt. GROSJEAN punktet im ersten Rennen nach seiner Sperre wie 1995 Irvine, Hakkinen und Schumacher. Für di Resta (4.) das beste Karriere-Ergebnis, für ROSBERG (5.) das beste seit Monaco. Hülkenberg fährt zum ersten Mal die schnellste Runde im Rennen, als bereits 10. Fahrer 2012.

Suzuka: Schumacher sagt Tschüs

VETTELS TRIPLE-ÄRGER

„Wenn Michael Schumacher mit uns reden will, werden wir mit ihm reden ...“ Dafür hat Peter Sauber Zeit genug: auf dem Flug nach Japan, danach im „Suzuka Circuit Hotel“. Der Rekordweltmeister von Mercedes zu Sauber – zurück zu seinen Wurzeln?

Formel-I-Fans erinnern sich: Schumi, Karl Wendlinger und Heinz-Harald Frentzen waren vor 20 Jahren die „Mercedes-Junioren“, ein hoffnungsvolles Trio, das mit dem Sauber-Mercedes die Langstrecken-WM fuhr. Jochen Mass war ihr Lehrmeister, die drei waren abwechselnd die Copiloten. Bis Ende 1991 – da gewannen Wendlinger/Schumacher den WM-Lauf in Autopolis (Japan).

Und jetzt soll sich das Rad um 20 Jahre zurückdrehen? Eher unlogisch. „Ich weiß nicht warum“, sagte mir Wendlinger, „aber aus irgendeinem Grund kann ich mir das nicht vorstellen.“ Sauber baute immer junge Talente auf. Wie Felipe Massa: Formel-I-Pilot bei Sauber, aber gleichzeitig Testfahrer für Ferrari. Oder Kimi Räikkönen, der bei Sauber mit einer FIA-Superlizenz „zur Probe“ einstieg, aber schon beim Debüt einen WM-Punkt holte – ehe ihn Sauber teuer an McLaren verkaufte. Oder zuletzt Sergio Pérez: Der Hamilton-Nachfolger bei McLaren.

Irgenwie passt Schumi nicht in dieses Schema. Aber er will weiterfahren und hat noch keinen Vertrag. Natürlich hätte er schon im April/Mai bei Mercedes verlängern können, „aber ich möchte zuerst abwarten, wie sich das Auto entwickelt.“ Gleichzeitig gewann Nico Rosberg in Shanghai ...

Jetzt will sich Schumi seine Zukunft noch genau überlegen. Abhängig von den letzten Rennen? Vom Geld? Peter Sauber sagte schon vor zwei, drei Wochen: „Ich würde Schumacher sofort nehmen.“ Aber mit radikaler Gagenkürzung: Von 21 Millionen bei Mercedes auf 4 oder 5 Millionen bei Sauber. Das Geld ist Michael nicht so wichtig – sein Marktwert aber schon. Und die Chance, zu kämpfen.

Sauber könnte mit Schumi gigantische Sponsorgelder zusammenraffen. Aber so denkt neuerdings auch Renault ...

Am skurrilsten wäre Schumis Rückkehr zu Ferrari – wenn auch nur für ein Jahr, als Platzhalter für Sebastian Vettel, auf den Maranello für 2014 hofft. Aber da hätte Alonso sicher etwas dagegen. Wie sagte Fernando? „Mit einem Sauber hätte Schumacher heuer schon zwei, drei Rennen gewonnen!“ Sogar gegen Ferrari?

Zum Frühstück geht man durch einen japanischen Garten. Alle Formel-I-Piloten und Teamchefs wohnen im „Suzuka Circuit Hotel“ Tür an Tür – ähnlich wie früher in der legendären „Kyalami Ranch" in Südafrika. Wer dort sonst noch hinein darf, bestimmt Bernie Ecclestone, sonst keiner.

Suzuka gehört Honda, ist aber das Disneyland der Formel I. Riesenrad, Hochschaubahn, Souvenirshops, Autodrom. Ausverkauft mit 200.000 Zuschauern. Aber bestellt werden jedes Jahr 40-mal so viele Tickets – die Gewinner werden ausgelost.

Gebaut wurde die Rennstrecke vom „Mr. Zandvoort", dem Holländer Jan Hugenholtz, dem Hermann Tilke der 60er Jahre. Die Kurven sind längst klassisch. Die Degner-Kurve, benannt nach dem ersten Motorradchampion der DDR, dann „Spoon Corner", die Löffelkurve – und vor allem die R 130 (Radius), für viele Rennfahrer die tollste Kurve der Formel I, aufregender noch als die Eau Rouge in Spa.

Dort hatte Michael Schumacher beim ersten Auftritt 1991 einen bösen Trainingsunfall, sagte aber im Rettungswagen ungerührt zu Sid Watkins: „Professor, könnten Sie bitte das Fenster zumachen. Es zieht."

Als der Formel-I-Zirkus 1987 zum ersten Mal nach Suzuka kam, staunten alle über die leise, höfliche Art der japanischen Rennfans – sogar bei Autogrammwünschen. Keine losen Zettel, sondern weiße Kartons, in Gold eingefasst – und mit Verbeugung hingehalten.

„Überall anders auf der Welt", staunte ein Gran-Prix-Champion, „kommen wir still und leise daher – und die Fans brüllen und machen ihren Zirkus. Aber in Japan sind wir die Lauten ..."

Sonntag, nach dem Rennen, verharren die 100.000 unbewegt und wortlos auf ihren Sitzen und verfolgen auf einer riesigen Videowall ehrfurchtsvoll die Aufzeichnung des gesamten Grand Prix.

100.000 – und noch einer! Ich erinnere mich an Ayrton Sennas ersten Suzuka-Sieg 1988. Der saß am Abend allein in seinem Zimmer, ohne Licht, zugezogene Vorhänge, und fuhr noch einmal sein Rennen: bei der Video-Aufzeichnung des gesamten Grand Prix. Aber Senna hörte nur auf die Motorgeräusche: beim Schalten, Bremsen, Beschleunigen usw. Den störenden Kommentar hatte er abgedreht.

Was würden Formel-I-Piloten wohl heute tun?

Beim Wort Suzuka wird den GP-Piloten warm ums Herz. Japans Formel-I-„Achterbahn", deren Streckenverlauf der Form einer Acht ähnelt, ist so einmalig wie anspruchsvoll. Doch dieses Mal wird auch allen anderen im FI-Tross warm: sonniges Wetter und 27 Grad. Also alles in trockenen Tüchern.

Und das auf der Rennstrecke, wo Wetterkapriolen Tradition haben: Wegen sintflutartiger Regenfälle (2010) und einer Taifun-Warnung (2004) mussten Qualifyings dort schon auf Sonntagvormittag verlegt werden. Quali und Rennen an einem Tag – das droht den zehntausenden Fans für den 2012er-Japan-GP nicht.

Der Suzuka-International-Racing-Course und der dazugehörende Honda-Motopia-Vergnügungspark mit dem Riesenrad zeigen sich von ihrer schönsten Wetterseite. Passend zum Japan-Leitbild: das Land der aufgehenden Sonne. In der Industrie-Präfektur Mie, wo der Kurs in der Nähe von Nagoya liegt, ist diese „rote" Sonne sonst nur „milchig" in diffusem Licht zu sehen.

Japanischen FI-Fans ist das Wetter so oder so egal – vor allem jenen, die auf Parkplätzen, Hinterhöfen und anderen Nischen rund um den Circuit campieren. Viele haben Le-Mans-Sticker auf ihren Autos. Mit Le Mans verbindet Suzuka eine Städtepartnerschaft.

Die Strecke feiert ihr 50-Jahre-Jubiläum. 1962 ist sie im Auftrag von Honda von Rennstrecken-Planer Hans Hugenholtz als Testkurs gebaut worden. Der 1995

ALS ENZO FERRARI IN DER BERGER-BOX ANRIEF

Tränenerstickt, schon etwas brüchig, kam Enzo Ferraris Stimme aus 10.000 Kilometern am Telefon durch: von Maranello nach Suzuka. „Grazie, Gerhard, grazie!", stammelte der große alte Mann immer wieder. Gerhard Berger hockte in der kleinen Koje hinter der Ferrari-Box und freute sich über die Gratulation seines Chefs: Zweieinhalb Jahre, seit Michele Alboretos Nürburgring-Sieg 1985, war Ferrari sieglos geblieben, kritisiert und verspottet – und dann 1987 endlich der erste Sieg. „Grazie, Gerhard. Ich hab mit dir gelitten und gejubelt", dankte ihm Enzo Ferrari später mit einem Brief – das Original hab ich heute noch.

Vier Jahre später, 1991, gab es andere Emotionen. Berger und Ayrton Senna als McLaren-Honda-Teamkollegen. Sprit sparen war der Befehl in der Turbo-Ära. Berger führte 18 Runden, bremste das Tempo für seinen Teamkollegen. Senna führte 33 Runden und ließ Gerhard in der letzten Kurve überholen.

Nicht ganz so demonstrativ stehen geblieben, wie es Rubens Barrichello oft mit Schumacher tat, aber deutlich genug. Berger wollte von einem „geschenkten Sieg" nichts hören: „Ich hab halt am Beginn des Rennens für Senna gebremst – und er am Ende für mich." Um 0,344 Sekunden getrennt, rasten die McLaren-Honda-Doppelsieger über die Ziellinie.

Gestritten hat keiner, aber still und andächtig gefeiert. Suzuka 1991 war das erste japanische Rennen nach dem Tod des legendären Soichiro Honda, der im Krieg den Zero-Bomber konstruiert und geflogen und später den roten Feuerball überhaupt erst auf die Landkarte der Autorennen gebracht hatte.

Seine Witwe war auf der Rennstrecke in Suzuka und gab für ihre Fahrer eine kleine private, leise, fast andächtige Siegesfeier. Keine Reden, kein Champagnergespritze, nur ein stilles Requiem für den großen Soichiro Honda. Bergers Dank an die zwei großen Männer, die wichtigsten seiner Formel-I-Karriere: Er gewann nicht nur das erste Rennen nach dem Tod von Soichiro Honda, sondern auch das erste nach Enzo Ferraris Ableben – in Monza.

Und auch das erste, nachdem er seinen Vater verloren hatte: 1997 in Hockenheim.

verstorbene Holländer ist auch für das Hockenheim-Motodrom und die Strecken in Nivelles, Zolder (beide Belgien) und Madrid-Jarama verantwortlich.

In Suzuka liegen die meisten Unterkünfte und Hotels relativ weit von der Strecke weg: In den benachbarten Städten Yokkaichi und Tsu. Sehr frühes Aufstehen ist angesagt. Der Großteil der Zuschauer aus den Millionen-Metropolen Nagoya und Osaka nimmt Züge zur Shiroko-Station und von dort Busse und Taxis zur Strecke. Fahrzeit je nach Stau: 30 bis 90 Minuten für 15 km.

Japans GP-Anhänger sind überaus geduldig und ausdauernd: Die Tribünen sind schon ab 6 Uhr morgens besetzt und gegenüber dem Paddock sitzen sie bis spät in die Nacht hinein, um ja keine „Action" in der Boxengasse zu verpassen.

Auch wenn der japanische Einfluss in der Formel I in den vergangenen Jahren spürbar zurückgegangen ist: Nach Honda (2008) und Toyota (2009) verabschiedete sich Ende 2010 auch Reifenhersteller Bridgestone aus der „Königsklasse". Den heimischen Fans ist nur noch Kamui Kobayashi zum Daumendrücken geblieben. Doch der Sauber-Fahrer muss vor seinem Heim-GP noch um seinen Formel-I-Vertrag für 2013 bangen. 2009 hatte „Kobas" FI-Karriere in Suzuka begonnen, als er von Timo Glocks Verletzungspech profitierte: So kam er als Ersatzfahrer zu seiner GP-Premiere im Toyota.

Viele bedauern, dass in Japan nicht mehr das Saisonfinale mit den legendären WM-Schlussfeiern in den Karaoke-Boxen über die Bühne geht. Diese Feste und Gesänge haben Formel-I-Geschichte geschrieben. Besonders laut war 2003 der „Teletext" bei Ferrari gesungen worden, als Michael Schumacher ein achter Platz zum Titel gereicht hatte. Danach lief „Schumi" leicht angeheitert mit einem Toyota-Shirt durch die Gegend. Dabei sorgte er mit einem Gabelstapler für Unruhe beim „Circuit Flower-Garden-Hotel", wo die Teams logieren.

Am frühen Donnerstagmorgen dreht sich wieder alles um Schumacher. Vor der 15. Runde im heißen und hitzigen WM-Kampf, der bekanntlich über 20 Runden geht, gibt es im Fahrerlager nur ein Thema: den 28. September 2012. An diesem Freitag, zwischen Singapur und Suzuka, wurden bei drei Teams Weichen für 2013 gestellt: McLaren gab in London die mehrjährige Verpflichtung von Saubers Sergio Pérez bekannt. Mercedes bestätigte in Stuttgart das dreijährige Engagement von Lewis Hamilton – und den neuen Aufsichtsratsvorsitzenden des FI-Teams, Niki Lauda. Der dreimalige Weltmeister und RTL-TV-Experte wird zum obersten „Controller" des Silberpfeilteams.

Die Transfers bringen die FI-Szene mächtig auf Touren. Auch weil Schumacher damit sein Mercedes-Cockpit überraschend schnell verliert. Daraufhin redet der 43-Jährige mit Sauber und telefoniert mit Ferrari, wie Niki Lauda weiß. Bei Ferrari sagt man sofort: „Wir planen ohne Michael." Teamchef Peter Sauber dagegen erklärt: „Wir würden Michael gerne nehmen." Als Kobayashi das hört, entfährt es ihm: „Ich kann mir nicht vorstellen, dass Schumacher für Sauber fahren würde."

Am Donnerstagvormittag wirkt Schumacher noch nicht wie ein Fahrer, der zurücktreten will. Er strampelt auf dem Rennrad, mit Kollege Timo Glock, rund um die Suzuka-„Achterbahn". Als Glock nach drei Runden aussteigt, tritt der Silberpfeil-Pilot weiter fest in die Pedale. Ist das ein Mann, der wenige Stunden später seinen endgültigen Rücktritt erklären will? Man hat eher den Eindruck, dass Schumacher sich für eine Fortsetzung der Karriere fit hält. Doch nachmittags kommen erste Zweifel auf.

Die übliche Medienrunde mit Schumacher wird kurzfristig um eine Viertelstunde verlängert: von 16.45 Uhr bis 17.15 Uhr. Schumachers Managerin Sabine Kehm setzt Norbert Haug und Ross Brawn ebenso kurzfristig ins Bild. Der Mercedes-Motorsportdirektor und sein Teamchef haben sich auf eine ganz andere Pressekonferenz vorbereitet: Wie kommentieren wir den Wechsel von Hamilton zu uns?

Doch nun geht's nur um den siebenmaligen Weltmeister. Schumacher tritt mit einem Blatt Papier ans Pult: Der Rekordsieger erklärt seinen Rücktritt per Saisonende. Ein zweites Mal nach 2006. Und dieses Mal für immer.

Wer in Monza 2006 dabei war, der wurde aus Schumachers damaliger Erklärung nicht ganz schlau. Denn die Sätze, dass die Batterien leer seien und dass er nicht mehr die volle Motivation aufbringe, die er von sich selbst verlange, stimmten dort nicht mit seinem Gesichtsausdruck überein. Ferrari hatte damals Kimi Räikkönen an Bord genommen, und es lag an Schumacher zu entscheiden, ob er sich neben dem Finnen eine weitere Saison antun wolle oder nicht. Er wollte nicht. Schumacher wirkte damals weder glücklich noch überzeugend.

Jetzt sagt Schumacher nicht nur „ich fühle mich erleichtert", er wirkt auch so, als wäre eine schwere Last von ihm gefallen. Klar, die Worte kommen ihm nicht leicht über die Lippen – aber sie kommen. Wieder ist von leeren Batterien und einer nicht mehr hundertprozentigen Motivation die Rede. Der Transfer von Hamilton zu Mercedes habe ihm die Entscheidung abgenommen. „Sie hat mir geholfen, meine eigenen Zweifel, ob ich weitermachen soll oder nicht, zu beantworten. Es war wie eine Befreiung", sagt der Rekordweltmeister.

Den Beweis, dass er im Alter von 43 Jahren noch mit den besten Fahrern der Welt mithalten kann, hat Schumacher geliefert. Spätestens seit seiner Trainingsbestzeit in Monte Carlo musste das jedem klar sein. Nur zum Sieg hat es nicht gereicht. Betrachtet der 91-fache GP-Sieger deshalb seine zweite Karriere als unvollendetes Geschäft? „Ich habe ja noch sechs Rennen Zeit", lächelt Schumacher, wohl wissend, dass sein aktueller Silberpfeil kein Siegerauto ist. „Wir haben unsere Ziele verfehlt. Zusammen mit Mercedes wollte ich ein Auto entwickeln, dass die Weltmeisterschaft gewinnen kann. Das ist uns nicht gelungen, und daran müssen wir uns messen lassen."

Schumacher bestreitet, dass ihn der Transfer von Hamilton vor vollendete Tatsachen gestellt habe. Zum einen hätte er bereits im Mai seinen Mercedes-Vertrag verlängern können, wenn er sich über seine Absichten und Motivation im Klaren gewesen wäre. „Ich war in die Entscheidungsfindung involviert. Aber ich konnte dem Team ohnehin keine langfristige Basis mehr bieten. Selbst wenn ich mich für ein Weitermachen entschieden hätte, wäre das von kurzfristiger Dauer gewesen." Teamchef Brawn bestätigt: „Wir brauchten eine langfristige Zusage. Als dann Lewis auf dem Markt war, haben wir zugegriffen. So eine Chance kommt nicht alle Tage."

Am Freitag geht es wieder um Dinge, die auf der Strecke passieren: Suzuka-Vorjahressieger Jenson Button (1:34,507) und Lewis Hamilton (0,233) sind im ersten Training vor Mark Webber, Nico Rosberg, Schumacher und Kobayashi die Schnellsten. Button fährt mit der Hypothek, wegen Getriebewechsels vor Ablauf der 5-GP-Frist fünf Startplätze zurück zu müssen. Am Nachmittag setzt Webber im RB8 neue Maßstäbe und ist Tagesschnellster (1:32,493). Gefolgt von Hamilton (0,214) und Sebastian Vettel (0,343), Nico Hülkenberg (0,494) und WM-Leader Fernando Alonso (0,600).

Paul di Resta und Schumacher prallen in der gefährlichen Spoon-Kurve gegen die Reifenstapel, ihre Autos müssen geborgen werden. Vitaly Petrov verliert bei Tempo 300 spektakulär den Heckflügel seines Caterhams, er kann einen Crash gerade noch verhindern. Kimi Räikkönen wird in der Boxengasse geblitzt: 2.200 Euro wegen Speedings.

Der Freitag zeigt: Suzuka ist und bleibt eine der anspruchsvollsten Strecken des Jahres. Neben Barcelona ist es der Kurs, auf dem die meiste Energie durch die Reifen „strömt". Hauptursache sind die vielen langen und schnellen Kurven wie die 130R und die Spoon. Tatsächlich ist die 130R die schnellste Kurve der gesamten Rennsaison. Die Piloten fahren sie im siebenten Gang mit 310 km/h. Die Reifen müssen zeitgleich drei Kräfte ausgleichen: Abtrieb, Fliehkraft und Beschleunigung. Alleine die lateralen Kräfte wirken hier mit 3,1 g.

Noch höhere Seitenkräfte wirken in der Dunlop-Kurve auf die Slicks: 3,4 g. Durch mechanische und thermische Einflüsse erhitzt sich die Lauffläche auf 110 Grad. Der rechte Vorderreifen steht vor einer besonderen Herausforderung: In der 130R belastet ihn der Abtrieb mit umgerechnet 800 kg – und das bei Höchstgeschwindigkeit. Wenn das Set-up des Autos nicht stimmt, können die Belastungen bei den Reifen zu „Blistering" führen. Dieses Phänomen wird durch Hitzebläschen verursacht, die besonders an der Reifenschulter entstehen können. Wenn die Belastungen dann nicht reduziert werden, können Teile der Slick-Lauffläche herausbrechen.

Für den bisher zweimaligen Japan-Sieger Vettel beginnt der Samstag mit der Bestzeit im dritten Training (1:32,136). Diese schnellste Zeit (und die Pole-Position) sind ihm von einer Hellseherin aus Tokio prophezeit worden, als er vor dem Japan-GP als Infiniti-Markenbotschafter das Werk des Autoherstellers in Tochigi besuchte. Dort ist er „seine" Modellreihe Probe gefahren: die „Infiniti FX Vettel Edition" mit 5-Liter-V8-Motor und 420PS. Inklusive FI-inspirierter Technologie mit Aerodynamik-Teilen und Kohlefaser-Komponenten kostet die Vettel-Karosse rund 120.000 Euro. Wahrlich weltmeisterlich, auch dieser Preis. Infiniti ist die Luxusautomarke aus dem Hause Nissan.

Wie prophezeit, setzt sich der hessische Wohnsitz-Schweizer auch nachmittags im Qualifying durch. Alle merken: Vettel hat im WM-Kampf wieder Lunte gerochen. Er fährt seine Runden so fokussiert und „aggressiv dosiert" wie in den besten Zeiten: Webber (2.), Button (3./plus 5 Startplätze) und Kobayashi (4.) beißen sich die Zähne aus. Mit 1:30,839 steht Vettel auf der Pole-Position. Er verlängert damit sein „Pole"-Abo in Japan zum vierten Mal in Folge.

Doch seine 34. Pole-Position ist gefährdet, weil WM-Leader Alonso Protest einlegt: inoffiziell, weil ihm die RB8-Boliden mit Doppel-DRS nur so um die Ohren sausen – und pro Runde fast eine Sekunde schneller sind. Offiziell, weil er sich von Vettel in Q3 „aufgehalten" fühlte – und so nur Startplatz sechs holte. Die FIA-Stewards belassen es bei einer Verwarnung für Vettel.

Bei sieben von zehn Suzuka-GPs hat der Fahrer gesiegt, der von der „Pole" ins Rennen gestartet ist. Das ist ein gutes Omen für Vettel. Zudem spricht die Japan-GP-Statistik für den Doppelchampion: Seit 1993 triumphieren dort nur Fahrer mit WM-Titel, bis auf eine Ausnahme: Rubens Barrichello 2003.

Suzuka ist 2012 der einzige GP-Kurs, wo es auf der Start-Ziel-Geraden bergab geht. Ein Balanceakt für die Fahrer beim Rennstart, wenn sie gleichzeitig das Bremspedal und die Schaltwippenkupplung loslassen und Vollgas geben müssen. Frühstarts sind hier viel wahrscheinlicher als anderswo.

Doch am Sonntag kommt es zu keinem sogenannten „Jump-Start", keiner fährt zu früh los. Dafür ist sonst genug los. Räikkönen touchiert links außen mit Alonso – und schlitzt dem WM-Leader mit dem Fronflügel den linken Hinterreifen auf. Alonso dreht sich im Drei-Reifen-Ferrari in einer großen Staubwolke von der Strecke. Sein Ausfall nach nur 400 m kommt Vettel, der das Rennen souverän anführt, auf seiner WM-Aufholjagd natürlich gelegen. Obwohl der Hesse auf so eine Schützenhilfe verzichten könnte.

200 m weiter löst der zweite Lotus eine Kollision aus: Erneut ist es „Bruchpilot" Romain Grosjean, der dieses Mal Webber trifft und dessen Red Bull quer vor sich her schiebt. Mit einer Stop-and-Go-Strafe (10 Sekunden an der Box) kommt der „Serientäter" aus Genf viel zu glimpflich davon. Erst zuletzt in Monza musste er eine Rennsperre absitzen, weil er die Startkollision in Spa verursachte, die Alonso fast das Genick gebrochen hätte.

Vettel nützt die Chance eiskalt. Sein dritter Suzuka-Triumph ist nie gefährdet. Dank Alonsos „Nuller" kommt er dem WM-Leader bis auf vier Punkte nahe! Mit dem 24. GP-Triumph nimmt seine Titelverteidigung wieder richtig Fahrt auf. Im WM-Duell stecke wieder Sprengstoff, zündelt Bernie Ecclestone und reibt sich die Hände. „Achtung Explosionsgefahr", scherzt Red Bulls Teamchef Christian Horner und ergänzt: „Sebs Fahrt war ein Genuss von A bis Z, von der ersten bis zur 53. Runde."

Dennoch: „Sebastian hat uns am Schluss alle unnötig nervös gemacht", ärgert sich Vettel-Mentor Helmut Marko trotz aller Freude. Denn sein Schützling wollte das „Triple" auf sicher haben: „Pole", Sieg und schnellste Rennrunde. Letztere fixierte er in der vorletzten Runde, dabei unterbot er seine eigene Bestmarke nochmals! Und das nach dem Funkspruch: „Mach langsamer, sei vorsichtig." Niki Lauda sagt zu Marko: „In so einer komfortablen Lage wäre keiner von uns dieses Risiko eingegangen." Marko gibt ihm recht: „Wir versuchen, Sebastian diese unnötigen Spielchen auszureden. Aber Vettel ist ein Racer. Er will zeigen, was in ihm und im Auto steckt."

Mit Vettel stehen zwei Piloten auf dem Podest, die man dort nicht unbedingt erwartete: Felipe Massa rettet als Zweiter das Rennen für Ferrari – und auch sein Cockpit für 2013. Es ist sein bisher bestes Saisonresultat. Sein überhaupt bestes FI-Ergebnis schafft Kamui Kobayashi mit Rang drei. Als 16-Jähriger träumte der Japaner von einem Podiumsplatz beim Heimrennen in Suzuka. Jetzt, wo er dort oben steht, kann es der Sauber-Fahrer kaum fassen. Zehntausende japanische Fans hören nicht mehr auf, ihre weiß-roten Fähnchen zu schwingen: „Kamui, Kamui" jubeln sie ihm zu. So etwas hat Suzuka seit 22 Jahren nicht mehr erlebt: 1990 war dort mit Aguri Suzuki letztmals ein Japaner auf dem Podest (3.) mit Sprechchören gefeiert worden.

Vettel klopft „Koba" auf die Schulter und witzelt: „Das hat aber lange gedauert. Das letzte Mal, als wir gemeinsam auf dem Podest standen, war nach einem Formel-III-Rennen." In diesem Sinne: Sayonara! Auf Wiedersehen!

Yeongam: Vettel überflügelt Alonso

STUNK VOR DEM SIEG

Der Formel-I-Tross ist am südlichsten Zipfel Südkoreas angelangt. Rund 400 km südlich von Seoul. Mokpo heißt die 350.000-Einwohner-Stadt, die von den weltgrößten Werften, viel Industrie und dem Hafen am Gelben Meer lebt. Yeongam dagegen steht für eine tolle, topmoderne FI-Strecke im Niemandsland. Ein paar Berge am Horizont, viel trockengelegte Sumpflandschaft – und der vom Aachener Architekten Hermann Tilke erbaute Korea-International-Circuit. Erst seit 2010 wird dort gekreist. Fernando Alonso und Sebastian Vettel sind die bisherigen Sieger.

Nirgendwo wirkt eine GP-Strecke mit dieser illustren, glitzernden PS-Gesellschaft der Formel I so deplatziert wie in der öden Szenerie der Provinz Jeollanamdo. Der Grand Prix passt dort genauso hin wie die Faust aufs Auge. Daran hat sich seit 2010 nichts geändert. Die meisten Fahrer sind vom abwechslungsreichen Kurs begeistert, doch die Atmosphäre drum herum ist tagsüber gewöhnungsbedürftig und nachts gespenstisch. Im krassen Gegensatz zu den Japanern fährt die Formel I an den Südkoreanern irgendwie noch immer vorbei.

„Südkorea ist eines der noch jüngeren Rennen in unserem Kalender, was man leider noch ein bisschen daran merkt, dass nicht allzu viele Zuschauer zum Rennen kommen“, sagt etwa Michael Schumacher gewohnt diplomatisch. Wie alle seine Piloten-Kollegen ist auch der 43-Jährige so spät wie möglich nach Yeongam gekommen. Die Fahrer blieben nach dem Japan-GP lieber noch einige Tage in den beliebten Vergnügungsvierteln von Tokio oder Seoul – und reisten erst auf den letzten Drücker in die Yeongam-Tristesse. Für sie gibt es hier einfach nichts, womit sie sich ein bisschen ablenken könnten.

Auch für Zuschauer ist die Reise in den südlichsten Süden von Südkorea nicht gerade reizvoll. Weil es in der Umgebung rund um den Kurs nicht genügend Hotels gibt, müssen Fans in eindeutig zweideutigen Etablissements oder Love-Motels nächtigen. Diese unzähligen Liebesnester werden in Mokpo sonst hauptsächlich und regelmäßig von koreanischen Paaren frequentiert, denen in den eigenen vier Wänden der Platz, die Laune und die Lust fehlen. FI-Leute fallen in diesen Häusern, deren Eingänge durch Tiefgaragen führen, schon deswegen auf, weil sie nicht für Stunden, sondern Tage bleiben.

Die „Korea Times“ berichtet über ganz anderes: Südkoreanische Steuerzahler müssten immer tiefer in die Taschen greifen, um das Rennen am Leben zu erhalten. Ein Minus von umgerechnet rund 110 Millionen Euro sollen die GP-Organisatoren in den ersten drei Jahren eingefahren haben. Immerhin konnten die Yeongam-Veranstalter jetzt mit FI-CEO Bernie Ecclestone einen neuen Vertrag mit für sie verbesserten Bedingungen abschließen, um so die Zukunft des Rennens bis 2016 zu sichern.

Um dieses Mal mehr Fans an die 5,615 Kilometer lange Strecke zu locken, haben sich die Macher etwas Besonderes einfallen lassen. Wenn schon Stars wie Vettel, Alonso, Hamilton, Räikkönen und Schumacher nicht für genügend Aufmerksamkeit sorgen, muss eben ein anderer Zuschauer-Magnet her: Niemand bringt die Südkoreaner im Moment mehr auf Trab und mehr in Ekstase als Rapper Psy alias Park Jae-sang. Der Musiker hat im Internet mit seinem Song „Gangnam Style" in Kürze Kultstatus erreicht. In Yeongam gibt er einen Kurzauftritt – auch im Rennen, wo er die Zielflagge schwenken wird. Und wen wird Psy als Sieger abwinken? „Vettel natürlich", sagt der Koreaner, als er aus der Red-Bull-Box kommt. Und was ist mit Webber? „Fährt der auch mit?", fragt Psy lächelnd.

Am Freitag jedenfalls liegt Psy richtig. Das Red-Bull-Duo fährt am schnellsten: Vettel 1:38,832, Webber 0,032 zurück. Der Kurs liegt den RB8-Autos sichtlich. Und Adrian Neweys Aerodynamik-Neuerungen bezüglich Front- und Heckflügel (Doppel-DRS) funktionieren. Michael Schumacher ist hinter Alonso, Hamilton und Button Tages-Sechster (0,498), kassiert aber fünf Rennen vor Karriere-Ende seine zweite Verwarnung. Bei der dritten müsste er zehn Startplätze zurück. Er ist damit einer von vier Fahrern im Feld, die kurz vor Gelb-Rot stehen: Sebastian Vettel, Pastor Maldonado und Pedro de la Rosa sind die anderen „Sünder".

Dumm gelaufen für Schumacher: Im zweiten Training behindert der Mercedes-Pilot die beiden HRT-Fahrer de la Rosa und Narain Karthikeyan. Ja, Sie haben richtig gelesen: HRT. Unglaublich, aber war. Der Rekordweltmeister legt sich mit den langsamsten Hinterher-Fahrern an. Tatsächlich steht zuerst de la Rosa Schumacher im Weg. Doch der schlägt zurück und drängt den Spanier in der nächsten Kurve weit ab. Die FIA-Sportkommissare sehen darin ein Revanchefoul. BBC-Experte David Coulthard wundert sich: „Dass Michael so etwas immer noch nötig hat? Auch wenn ihm de la Rosa die Runde kaputtgemacht hat, es war doch nur ein freies Freitagtraining."

Das allgemeine Fazit des Freitags für die Teams: Der 18-Kurven-Yeongam-Circuit ist für Fahrer und Technik gleichermaßen herausfordernd und einzigartig: Einige der Highspeed-Kurven werden so schnell durchfahren wie in Suzuka, andere Passagen wiederum sind dem winkeligen, langsamen Monaco-Kurs ähnlich. Und die Gerade ist mehr als 1,1 km lang. „Eine interessante Mischung", findet etwa Vettel. Übrigens: Auf der halbpermanenten Rennstrecke wird entlang des Hafens auf normalen Straßen gefahren.

Reifenhersteller Pirelli warnt die Teams: In der Einfahrt zu Kurve drei wirken mit 5,2g besonders große Kräfte auf die Reifen. Dabei lasten durch die Gewichtsverlagerung mehr als 900 kg auf den Vorderreifen! Da der Korea-International-Circuit eines der wenigen Rennen ist, bei denen gegen den Uhrzeigersinn gefahren wird, muss der rechte Vorderreifen die meiste Arbeit leisten und in vielen Kurven den nötigen mechanischen Grip liefern. Die „Achillesferse" der Boliden liegt dieses Mal also rechts vorne.

„Im ersten Abschnitt der Strecke ist es ein ständiges Hin und Her zwischen Gaspedal und Bremse", gewährt Vorjahrssieger Vettel Einblicke in die Cockpit-Arbeit, „besonders bei den Einfahrten in die Kurven eins, drei und vier müssen wir die Autos stark abbremsen, sie liegen am Ende langer Geraden. Bei den Ausfahrten der engen Haarnadelkurven drei und vier wird viel Traktion von den Reifen verlangt."

Auch bei Red Bull weiß man: Auf diesem Asphalt besteht das Risiko, dass es bei den Reifen zu Graining kommt – besonders wenn die Strecke noch wenig Grip (Haftung) hat. Graining tritt auf, wenn die Autos zu stark und häufig driften. Dadurch ist der Reifen- oder Gummiabrieb nicht mehr gleichmäßig, eine unebene Lauffläche beeinflusst wiederum die Performance der Slicks. „Gleich zu Beginn der Runde wartet eine lange Gerade auf die Fahrer", erklärt Teamchef Christian Horner, „das macht es schwieriger, die Reifen auf Betriebstemperatur zu bekommen. Sind die Reifen zu kalt, kann das in der Folge zu häufigerem Graining oder gar Rissen in der Lauffläche führen."

Red Bull und Vettel haben auch im Samstagvormittag-Training alles im Griff: Mit 1:37,642 ist der Doppelchampion deutlich schneller unterwegs als das McLaren-Duo Lewis Hamilton (0,527) und Jenson Button (0,869). McLaren-Teamchef Martin Whitmarsh und Ferraris Stefano Domenicali grübeln und rätseln – und können sich die Überlegenheit der „Bullen" nicht so recht erklären. Vor allem Vettels Leichtigkeit verwirrt die Konkurrenz, die sich die Frage stellt: Das kann doch nicht nur an den verstellbaren Bremstrommeln liegen, über die man die Reifentemperatur vorne besser kontrollieren kann? Diesen Trick hat sich Red Bull von McLaren abgeschaut, allerdings hilft der mehr im Rennen als im Training.

Eine große Hilfe für Vettel und Webber ist im Qualifying das so genannte Doppel-DRS am RB8. DRS steht für Drag Reduction System, also weniger Luftwiderstand, mehr Topspeed. Drückt der Fahrer den DRS-Knopf, reißt am oberen und am unteren Heckflügelelement die Strömung ab. Wenn der Flap am oberen Heckflügel hochklappt, werden auf den Innenseiten der Endplatten zwei Eintrittslöcher freigegeben. Die dort eingesaugte Luft wird in zwei Kanälen durch die Endplatten nach unten geleitet und unterhalb des unteren Heckflügelelements (Beam-Wing) wieder ausgeblasen. Durch diesen gezielten Luftstrahl von links und rechts werden im DRS-Betrieb die Strömung des unteren Flügels und des Diffusors gestört. Das ergibt eine zusätzliche Reduzierung von Anpressdruck und Luftwiderstand – und erklärt Red Bulls bessere Top-Speed-Werte.

Samstagnachmittag, 22 Grad: Alles sieht nach einer „Pole" für Red Bull und im Speziellen für Vettel aus. In den Trainings hat er ja die schnellsten Rundenzeiten aus dem Handgelenk geschüttelt. Doch dann passiert es. Webber kann in Q3 bei seinem zweiten Versuch deutlich zulegen: Der „Aussie" schließt seine Runde mit 1:37,242 ab. Nun warten alle auf den Konter von Vettel, doch zur Überraschung aller kommt da nichts mehr. Mit 1:37,316 bleibt er 0,074 Sekunden hinter dem Teamgefährten. In Vettel „kocht" es. Er hat einen dicken Hals und schiebt in der ersten Emotion Felipe Massa die Schuld zu.

„Du bist P2", funkt Renningenieur Guillaume „Rocky" Roquelin Vettel ins Cockpit, „deine Runde war nicht gut genug. Mark ist P1." Vettel meldet sich mit gereizter Stimme: „Warum habt ihr mich nicht vor Massa gewarnt?" Der Ferrari war am Ende seiner Aufwärmrunde plötzlich vor ihm aufgetaucht. „Rocky" entgegnet: „Was hätte ich sagen sollen?" Dann herrscht Stille am Boxenfunk.

KOREA-REKORDE

200. Pole-Position für Renault, Vettels dritter Sieg hintereinander, total sein 25. – so viel wie Jim Clark und Niki Lauda. Seit der 23. Runde von Singapur hat er ununterbrochen geführt, wurde 145 Runden lang von niemandem überholt. Webber Zweiter, damit erster Doppelsieg 2012. 75. Podium für Red Bull, 9. für Alonso 2012, Räikkönnen zum 13. Mal in den Punkten – hat als Einziger alle Rennrunden 2012 fertig gefahren. Alonso verliert seine WM-Führung: im Sommer noch 40 Punkte vorn, jetzt fünf Punkte zurück. Schumacher verwarnt, weil er im Training de la Rosa und Karthikeyan behinderte – Mercedes mit 10.000 Euro wegen „unsicherem Rauslassen" von Schumacher nach dem Boxenstopp bestraft.

Während Vettel den Ärger einige Minuten später schon wieder relativiert, ist Red Bulls Konsulent Helmut Marko weniger gelassen: „Sebastian hat sich durch Massa, der vor ihm hinausfuhr und dann plötzlich die Runde abgebrochen hat, zu sehr irritieren lassen." Für Marko, der eine Verschwörung seitens Ferraris und Alonsos gegen Vettel wittert, hat sich der Vorfall so dargestellt: „Massa ist mit neuen Reifen hinausgefahren. Er ist auch die Anwärmrunde in einem Tempo gefahren, das darauf hindeutete, dass er auf Zeit fährt. Doch dann hat er plötzlich abgebrochen. Vielleicht hat er von seinem Team einen Funkspruch bekommen, in dieser Phase wäre das leicht möglich." Vettel sagt zwar, dass er durch diese Aktion behindert wurde, will Massa aber keinen Vorwurf machen: „Im letzten Sektor war er direkt vor mir. Ich musste vom Gas gehen. Das ist natürlich nicht ideal."

Am Sonntag wandelt Vettel den „Pole"-Ärger in einen perfekten Start um. Webber dagegen sucht in der Formationsrunde noch den idealen Kupplungs-Druckpunkt, findet ihn nicht – und kommt wegen „durchdrehender Räder" nicht optimal weg. Vettel zieht aus Kurve eins als Erster weg. Webbers sofortiger Konter auf der Geraden misslingt. Red Bulls Nummer eins fährt auf und davon. Der Hesse ist nicht mehr einzuholen und aufzuhalten. Der Start hat das Rennen entschieden.

Red Bulls Rivalen behaupten hinter vorgehaltener Hand: Der Start sei eine abgemachte Sache gewesen. Webber habe Vettel Platz machen müssen, schließlich stehe bei „Seb" ja der dritte WM-Titel auf dem Spiel. Dafür habe man durchaus Verständnis, weil man selbst in Sachen Teamregie bei dieser Ausgangslage auch so gehandelt hätte. Horner und Marko dementieren solch eine „Abmachung". Für Teamchef Horner ist es zudem „zu früh für eine Teamregie". Das Bild des Rennens liefert Hamilton (10.), der im Finish ein Stück Kunstrasen (vom Streckenrand) seitlich am Auto mitschleppt.

Vettels 25. GP-Triumph bringt ihm Mitte Oktober die WM-Führung zurück, die er in Monaco Ende Mai verloren hatte. Der bisherige WM-Leader Alonso wird hinter Webber Dritter – und liegt nun in der WM sechs Punkte hinter Vettel, der seit Singapur einen „richtigen Lauf" hat: Drei Siege in Folge! Apropos Lauf: Drei Stunden nach Rennende, es ist stockdunkel, joggt „Seb" mit Trainer und Taschenlampe noch eine Runde um den Kurs: 26 Minuten für 5,6 km. Wie sagte doch Marko: Wenns läuft, dann läufts."

Sebastian Vettel kratzt am Weltrekord. Wenn er seine Hochform von Singapur, Suzuka und Korea nach Indien rettet, fährt er am Sonntag seine 1000. Führungsrunde in der Formel I. Aber der „Super-Bulle" will natürlich auch seinen Indien-Sieg von 2011 wiederholen – am liebsten wieder mit dem „Grand Slam": Pole-Position, Sieg, schnellste Runde und pausenlos in Führung – wie zuletzt schon in Japan. Dagegen hat Fernando Alonso seit Hockenheim im Juli nie mehr geführt – aber jetzt wartet alles gespannt auf den Ferrari-Endspurt.

Vor neun Rennen (Montreal) hat Alonso die WM-Führung verloren, war in den letzten fünf Rennen dreimal Dritter, zweimal in der ersten Kurve aus dem Rennen geschossen, aber, der Spanier hält einen tollen Saisonrekord: Der einzige Fahrer im Feld, der 2012 nach der ersten Runde nie eine Position verloren hat!

Dagegen Vettel: Auch bei ihm häufen sich die Rekorde. Lionel Messi hat in der Primera División in Spanien schon 15-mal den Hattrick geschafft – in der Formel I jagt Vettel weiter nach dem Grand Slam. Schade nur, dass es die aufregenden Boxensignale – wenn ein Mechaniker seinem führenden Starpiloten bei jeder Vorbeifahrt „P 1" signalisiert – nicht mehr gibt. Dann könnten die Fans noch mehr mitfahren mit Vettel …

Aber, überraschend: Vettels 145 ununterbrochene Führungsrunden seit Singapur sind gar nicht der aktuelle Rekord. Den hält sein Stallgefährte Mark Webber noch von 2010, als er in Barcelona, Monaco und Istanbul 159 Runden en suite geführt hat. In der ewigen Rekordliste war nur einer noch perfekter: Ayrton Senna, der 1988 in Silverstone Gerhard Berger in der 14. Runde überholte und fünf Rennen immer vorn lag – bis zur Kollision mit dem Williams-Ersatzpiloten Jean-Louis Schlesser in Monza.

Schnee von gestern. Jetzt brennt die Frage: Wer wird der jüngste Tripel-Weltmeister? Den Fans unter den Fingernägeln. Michael Schumacher war bei seinem dritten Titelgewinn 2000 in Suzuka genau 31 Jahre und 278 Tage alt. Alonso war 31 im Juli, Vettel 25 im Juli. Aber Vettel könnte schaffen, was bisher nur Juan Manuel Fangio und Jackie Stewart geglückt ist: dreifache Weltmeister noch vor dem 100. Grand Prix! Alonso immerhin vor seinem 200. Adelardo, Fernando. Oder gib Gas, Sebastian!

Neu-Delhi: Vettels Liebe zu Buddha
„KING OF INDIA"

Indien ist anders. Der Subkontinent ist eine Welt für sich – mit allen Klischees: Kühe auf den Straßen, Fußgänger und Radfahrer auf den Autobahnen, Hunde auf der Rennstrecke. Und überall diese Gerüche, doch leider liegt nicht immer Curry in der Luft. Was vor einem Jahr bei der GP-Premiere noch höchst aufregend war, wird zum Alltag. Delhi, das Neu-Delhi mit einschließt, empfängt den Formel-I-Tross zum zweiten Mal mit Temperaturen um 31 Grad, Dauer-Smog und permanentem Verkehrschaos. Alles, was nur irgendwie mobil ist und sich bewegt, fährt kreuz und quer oder steht sich im Weg.

Ist das „Inder-Wahnsinn"? „Am unberechenbarsten", findet Sebastian Vettel, „sind die motorisierten Rikschas, die wegen ihrer eigenartigen Motorengeräusche zu Recht Tuk-Tuk genannt werden." Oft tuckern diese Dreirad-Gefährte heillos überladen mitten auf der Straße. Oder schleichen quer über die Fahrbahn. Oder sind rollende Mini-Läden samt Curry-Spießchen-Grill. Natürlich ist auch Vettel, wie alle anderen GP-Piloten, schon Tuk-Tuk gefahren. Ein Muss für jeden Indien-Besucher. Die Buddh-Strecke eignet sich zum Fahrtest allerdings besser als die überfüllten Straßen.

Vor einem Jahr konnte es Vettel in Indien viel lockerer angehen lassen, weil er als Weltmeister schon feststand. Jetzt steckt er nach dem Rollentausch mit Fernando Alonso, der ihn vom Jäger zum Gejagten macht, tief im WM-Fight. Nur sechs Punkte beträgt sein Vorsprung als neuer WM-Leader. Bei Red Bull hofft man auf eine Wiederholung von 2011. Damals war Vettel der am meisten gefeierte Mann der Indien-GP-Premiere: Pole-Position, Start-Ziel-Sieg und schnellste Rennrunde im letzten Umlauf – mehr Dominanz ging nicht! Die „Times of India" schrieb vom „Racing-Prince of India". Zudem verzückte Vettel die indischen Fans, und da vor allem die Frauen, mit einem Satz auf Hindi: „Danke, ihr habt wundervolle Augen."

Seither haben viele FI-interessierte Inderinnen nur Augen für Vettel. Doch seither konnte der blonde Bursche, der Buddh, also den indischen GP-Kurs liebt, keine Hindi-Wörter mehr dazulernen. Und dieses Mal begleitet ihn ja auch seine Langzeit-Freundin Hanna Sprater in Indien. Für Vettel ist „das alles gut und schön". Doch seine Konzentration gilt nur diesem „sehr wichtigen Rennen". Im 17. von 20 Saison-GPs will er einen „weiteren, kleinen Schritt" zum dritten Titel machen.

HAPPY BIRTHDAY, MR. ECCLESTONE!

Happy birthday, Bernie! Der „Mr. Formel I" wird Sonntag, am Tag des GPs von Indien, 82. Erst das zweite Mal in bisher 876 Grands Prix, dass sein Geburtstag und ein Formel-I-Lauf zusammenfallen. Das erste Mal war 1951 in Pedralbes, Spanien, als Juan Manuel Fangio gewann.

„Aber damals war ich noch nicht in der Box. Ich arbeitete im Londoner Gaswerk, studierte Chemie und handelte schon mit Gebraucht-Motorrädern." 1958 wagte sich Bernie in die Formel III, provozierte aber in Brands Hatch eine Massenkollision.

„Ich seh schlecht. Und darum glaub ich heute noch: Das Wichtigste für einen Rennfahrer ist nicht der Wagemut – das sind die Augen. Erinnere dich an Jochen: Der konnte sehen wie ein Adler."

1958 saß Bernie schon im Formel-I-Rennwagen. Er hatte das Connaught-Team gekauft, trainierte in Monaco und Silverstone, konnte sich aber nicht qualifizieren, „obwohl ich alle Tricks ausprobierte. Stirling Moss und Tony Brooks, die Stars von damals, setzten meinen Helm auf und stiegen in mein Auto, die anderen Rennfahrer bildeten einen Kreis – aber leider kamen die Sportkommissare drauf." Und darum steht in jedem Formel-I-Almanach: „Charles Bernard Ecclestone, no-qualifier." Was ihm wehtut.

Aber er half Jochen Rindt mit seinen Lotus-Verträgen, kaufte Brabham für 60.000 Pfund und machte später die ganze Formel I zum weltweiten Milliardenbusiness. Details: streng geheim. Von den gigantischen TV-Geldern gehen heute 47 Prozent an die Teams, 30 an die FIA, 23 an die FOPA, die aber die Preisgelder zahlt.

Als im Millionenstreit McLaren und Williams mehr Geld wollten, beschlossen sie: „Wir packen Bernie bei seinen Balls." Ecclestone blieb cool: „Eure Hände sind dafür nicht groß genug …"

An seinen Geburtstagen, sogar an den ganz runden, saß er immer im Büro. Jedes Jahr die gleiche Antwort. „Ich arbeite genau wie jeden anderen Tag." Also ohne Torte und Kerzen? Karl-Heinz Zimmermann, Bernies Exklusiv-Wirt im Fahrerlager: „Nein – Champagner und Kuchen gibt's am Sonntag ganz bestimmt."

Birthday-Partys mit Bernie können sehr lustig sein: In Hockenheim bekam Big Boss Bernie einmal eine Schlagsahne-Torte mitten ins Gesicht – und lachte dazu. Denn: „Ich bin ein sehr guter Freund – aber ein noch viel besserer Feind." Und er verriet mir trotz seines dreifachen Bypasses sein Lebensziel: „Ich möchte hundert Jahre alt werden!"

Ohne finanzielle Sorgen. „Ich wünsch mir, dass ich bis zum letzten Tag meines Lebens all mein Geld ausgegeben hab." Kurzer Seufzer: „Pech wäre nur, wenn's mir früher ausgeht."

Die Gefahr ist gering: 1,466 Milliarden Pfund Vermögen, hat die „Sunday Times" ausgerechnet.

„Wenn Seb nochmals siegt", prophezeit Rennstrecken-CEO Sameer Gaur, „wird er zum King of India gekrönt." Also vom Prinzen zum König innerhalb eines Jahres? Vettel lässt auch das kalt. Indien aber lässt ihn nicht kalt: „Ich würde hier gerne mehr Zeit verbringen und herumreisen." Das WM-Duell hat Vorrang. Im Gegensatz zu Fahrerkollegen verzichtet er auf den üblichen Ausflug zum Taj Mahal, dem „Kronen-Palast"-Mausoleum bei Agra. Indiens Touristenmagnet liegt wie Noida im Bundesstaat Uttar Pradesh, gut drei Autostunden von Delhi.

Vom Zentrum der Hauptstadt Neu-Delhi geht es für Vettel, Alonso und Co. an der Industrie-Vorstadt Noida vorbei ins rund 40 km entfernte Greater Noida. Letzteres steht für New Okhla Industrial Development Authority und hat wegen des starken Bevölkerungswachstums mit Besiedelungsprojekten und Wohnraum-Beschaffungsprogrammen zu tun. Im Großraum Delhi leben mehr als 16 Millionen Menschen! Nach Mumbai (einst Bombay) ist es Indiens zweitgrößte Mega-Metropole.

Über den „Greater Noida Expressway" kommt der GP-Tross zum „Yamuna Expressway", einer neuen Autobahn, die nach Neu-Delhis großem Fluss benannt ist und direkt zum Buddh International Circuit führt. Dort ist alles parat und noch besser vorbereitet als 2011. Nur einige große Plakatwände weisen noch immer auf die Strecken-Eröffnung 2011 hin ... andere wurden überklebt: mit dem Vettel-Siegerbild von 2011.

Mit dieser schönen Erinnerung ans Vorjahr und zuletzt drei Rennsiegen in Folge strotzt Red Bulls Nummer 1 voller Selbstvertrauen. Auch wenn sein Teamgefährte Mark Webber den Ferrari-Rivalen Alonso starkredet: „Ich denke, dass Fernando eine sehr gute Chance hat, dieses Jahr den Titel zu gewinnen." Vettel lässt sich durch solche Querschüsse nicht ablenken. „Friendly Fire" nennt man das im Militärjargon. Auch Meldungen der BBC, wonach er bei Ferrari einen Vorvertrag für 2014 unterschrieben haben soll, bringen ihn nicht aus dem Tritt. Sein Förderer und Red-Bull-Konsulent Helmut Marko stellt sofort klar: „Sebastian hat bei Red Bull bis Ende 2014 einen kugelsicheren Vertrag. Da will einfach jemand Unruhe bei uns stiften."

Vettels Gedanken kreisen nur um das Rennen. „Im vergangenen Jahr habe ich das Layout der Strecke geliebt, und das nicht nur, weil ich das Rennen gewonnen habe", schwärmt der Hesse von der „Hochgeschwindigkeitsbahn". Doch nicht nur wegen Durchschnittsgeschwindigkeiten um 210 km/h bereitet dem WM-Führenden der Kurs in Greater Noida viel Freude: „Es gibt viele Höhenunterschiede während der Runde, was den Spaß erhöht. Bei bis zu acht Prozent Gefälle und bis zu zehn Prozent Steigung fühlt es sich an wie auf einer Achterbahn."

Für Ex-Weltmeister Kimi Räikkönen ist der Buddh International Circuit, nur zwei Wochen nach dem Korea International Circuit, die zweite Strecke, auf der er zuvor nie unterwegs war. Obwohl der Finne nicht viel von Rennsimulatoren hält, hatte er sich mit einigen Runden am Lotus-Simulator im Werk in Enstone (GB) ein erstes Bild vom 5,125 km langen Kurs verschafft. „Ich komme immer wieder gern in neue Länder. Indien ist ein aufregender Ort und die Strecke sieht interessant aus“, sagt der Finne, aus Zürich kommend, bei seiner Ankunft am „Indira Gandhi International Airport“, wo er Diplomaten-Status genießt.

Isst du gern Indisch?, wird der „Iceman“ gefragt: „Ja, das mag ich, wenn es das Gleiche wie in Europa ist.“ In Delhi verlängert Kimi seinen Lotus-Vertrag für 2013. Für Räikkönens Teamgefährten Romain Grosjean ist Indiens GP-Strecke ebenfalls Neuland. Auch Sahara-Force-India-Pilot Nico Hülkenberg, 2013 bei Sauber, fährt auf dem „Buddh“ zum ersten Mal. 2011 war der Rheinländer in seiner Rolle als Ersatzfahrer des indischen Teams zwar vor Ort, auf der Strecke selbst aber nicht unterwegs.

Die „indischen“ Piloten Hülkenberg und Paul di Resta sind für den Heim-GP ihres Teams schon früh angereist, um alle PR- und Medientermine wahrnehmen zu können. Beide „fürchten“ das scharfe, indische Essen übrigens nicht so wie etwa Vettel, Alonso, Hamilton und Co., die ausschließlich von ihren Teamküchen verpflegt werden. In einzelnen Teams gilt für alle Mitarbeitenden die Order: Gegessen und getrunken wird nur im Fahrerlager! So will man Ausfällen wegen Durchfällen vorbeugen – in einem Land, wo Curry als Gewürz wie auch als Darm-Desinfektionsmittel wirkt.

Am Freitag sind alle Fahrer 100-prozentig fit, bis auf einen: Sergio Pérez. Ausgerechnet den Mexikaner hat ein „Infekt“ erwischt, wie das Sauber-Team meldet. Nun schlägt seinem Lands- und Ersatzmann Esteban Gutièrrez die Stunde. Der 21-Jährige kommt im Vormittagstraining zu seinem ersten Einsatz im C31-Auto. Ein Vorgeschmack für 2013, wo der GP-Neuling neben Hülkenberg für das Schweizer Team fahren soll. Als Pérez nachmittags wieder das Auto übernimmt, ist er verschnupft und gekränkt: „Schön, dass man sich so rührend um mich sorgt. Doch ich wäre fit genug gewesen.“

Vettel ist auch fit und in Form: Er schließt dort an, wo er 2011 in Indien aufgehört hatte – und fährt erneut Bestzeit um Bestzeit. 1:27,619 am Vormittag, 1:26,221 am Nachmittag. Damit ist er Tagesschnellster vor Webber (0,118) und WM-Rivalen Fernando Alonso (0,599). Vettels Augen leuchten, wenn er von der „fast endlosen Kurve zehn“ spricht: „Auf dem linken Vorderreifen wirken hier Kräfte von 4g. Maximaler Grip ist nötig, um in diesem langen Bogen die Ideallinie halten zu können. Die Reifen werden wohl sieben Sekunden lang gewaltig belastet, mehr Verschleiß ist die Folge.“

Am Samstagvormittag steigert sich der Titelverteidiger im Red Bull RB8 auf 1:25,842. Seine dritte Bestzeit im dritten Training, vor Button, Webber, Hamilton und Räikkönen. Das Qualifying wird zum „Vettelfying", allerdings macht's der Hesse dort spannender, als ihm lieb ist. In seiner ersten schnellen Runde unterläuft ihm ein kleiner Fahrfehler. Erst beim zweiten Versuch gelingt ihm hier – wie 2011 – seine „Pole"-Zeit. Eine knappe Sache: 44 Tausendstel bleibt er vor Teamkollege Webber. Damit holt sich Red Bull zum dritten Mal in Folge die ersten beiden Startplätze (Japan, Südkorea, Indien).

Vettel feiert seine 35. Pole-Position, die fünfte in dieser Saison. Auf den Soft-Reifen, die gemeinsam mit den harten Pirellis für dieses Rennen nominiert wurden, legt er 1:25,283 auf den Asphalt. Der zweimalige Champion wurde auf dem „Buddh" mit jeder Session schneller. Die während des Jahres nicht viel genutzte Strecke ermöglichte immer schnellere Rundenzeiten, je mehr Gummi sich auf dem Belag ablagerte. So ist Vettels „Pole"-Zeit um fast zweieinhalb Sekunden schneller als seine Bestmarke beim ersten Freitagtraining.

Erzrivale Alonso will sich bei 31 Grad Hitze durch „Slipstreaming" in eine bessere Startposition bringen: Ferraris Nummer 1 fährt ganz dicht hinter seinem „Assistenten" Felipe Massa im aerodynamischen Sog, um auf der Geraden seinen Topspeed zu verbessern. Doch es nützt alles nichts. Nur Startplatz fünf für den enttäuschten Spanier hinter den beiden Red Bulls und McLarens. Und Alonso weiß, dass er mit dem F2012 im Rennen kein Auto zum Siegen hat. P2 wäre also das höchste der Ferrari-Gefühle.

Der Sonntag steht zunächst im Zeichen von Bernie Ecclestone, der Gratulationen zu seinem 82. Geburtstag entgegennimmt – mehr oder weniger amüsiert. Ohne ihn, den Geschäftemacher und Chefvermarkter, wäre die Formel I nie in die Milliarden-Märkte China und Indien vorgedrungen. Sein Tipp fürs Rennen? „Sebastian, natürlich." Und wer wird Weltmeister? „Ist mir egal. Hauptsache, die Entscheidung fällt beim letzten GP."

Der Start verläuft in den ersten Reihen reibungslos und ganz im Sinne der Red-

INDIEN-REKORDE

Sebastian Vettels dritter Start-Ziel-Sieg hintereinander – was zuletzt Ayrton Senna 1989 (Imola, Monaco, Mexico) gelungen war. Vettel hat jetzt 205 Führungsrunden en suite, Senna hatte 1988 264. In Kilometern: Vettel führte in Singapur, Japan, Indien zusammen 922 km – genauso viel wie die Distanz zwischen Milton Keynes und Heppenheim: 75. Podium für Vettel/Webber, 58. Rennen des Australiers ohne technischen Defekt – womit er den Schumacher-Rekord (Budapest 2001–Malaysia 2005) egalisiert. 75. Podium für deutsche Piloten, damit jetzt eines mehr als Brasilien. Sechs Piloten drehen ihre schnellste Runde in der letzten – auch Button, womit er Vettel die schnellste Runde wegschnappt. Bemerkenswert: Indien ist das erste Rennen seit Monza 2008 ohne Verwarnungen, Rückversetzungen, Penaltys oder andere Strafen.

Bull-Verantwortlichen Helmut Marko und Christian Horner. „Eine Stallorder brauchen wir nicht", sagt Horner, „Webber ist intelligent genug." Marko appelliert „an die Vernunft unserer Fahrer." Vettel biegt denn auch vor Webber in die erste Kurve ein. Dann verwaltet er seine Führung geschickt mit einer Ein-Stopp-Strategie. Er horcht in seinen RB8 hinein und tut nur das, was er tun muss. Nach 60 Runden sieht er als überragender Sieger die Zielflagge – vor Alonso, Webber (mit KERS-Problemen), Hamilton und Button. Die „Buddh"-Debütanten Räikkönen und Hülkenberg punkten als Siebenter und Achter. Alle Achtung!

Vettels perfektes Wochenende: Mit diesem erneuten Indien-Triumph ist der nunmehrige „King of India" der Titelverteidigung einen weiteren Schritt näher gekommen. Er baut seinen Vorsprung auf Alonso von 6 auf 13 Punkte aus. Das erste Mal in seiner Karriere gewinnt der Wohnsitz-Schweizer vier Rennen in Folge – und das in einem Jahr. Saisonübergreifend gelang ihm dies schon 2010/11. Mit seinem 26. GP-Triumph, dem fünften in dieser Saison, überholt er in der ewigen Bestenliste Niki Lauda und Jim Clark (beide 25).

Die FI-Historie lehrt: Vier GPs in Folge zu triumphieren, ist so gut wie eine Titel-Garantie. Doch Vettel kratzt auch das nicht. „Ich zähle nicht mit", sagt er eher humorlos, „ich weiß, ihr wollt eine andere Antwort hören, aber wenn die Ampel angeht, besser gesagt die roten Lichter ausgehen, beschäftigt man sich nicht mit so etwas. Wir sind in einer guten Position, aber in keiner, wo wir uns zurücklehnen können."

Abu Dhabi: Leerer Tank, volle Punkte

ICEMAN + WÜSTENFUCHS

Die Grand-Prix-Ochsentour zieht weiter – und wird zur Karawane: Auf Singapur, Japan, Südkorea und Indien folgt die Wüste. Das Saisonfinish ist eine Herausforderung für alle Fahrer und die Mitarbeitenden aller Teams. Die Flugmeilen-Sammler haben Hochsaison. „Fasten your seat belts": sieben Rennen an zehn Wochenenden in Asien, dem Fernen und Mittleren Osten, in den USA und in Südamerika.

Für die GP-Leute geht's Schlag auf Schlag, Start-Landung, Start-Landung – Check-in, Check-out in den Terminals und Hotels. Beim drittletzten Rennen 2012 macht der FI-Tross zum vierten Mal Station in Abu Dhabi in den Vereinigten Arabischen Emiraten. Boliden, Boxenausrüstung und das ganze andere Material kommen direkt aus Neu-Delhi. Das Sauber-Team etwa hat 25 Tonnen Luftfracht in Containern auf die Reise geschickt!

Noch während die Cargo-Jumbojets Boeing-747 in der Luft sind, bestätigt Sauber für 2013 Nico Hülkenberg als Nachfolger von Sergio Pérez. Der Rheinländer wird von Sahara-Force-India zu den Schweizern wechseln. Hülkenberg gibt „lose Kontakte" zu Ferrari „und ein gegenseitiges Abtasten" zu. Doch seit Felipe Massa für 2013 bestätigt ist, herrscht diesbezüglich Ruhe in Maranello.

Hülkenberg bleibt immerhin der Ferrari-Motor im Sauber-Auto. Möglicherweise kann sich der Mann vom Niederrhein bei Sauber für Ferrari empfehlen. Massas Vertrag wurde nur um ein Jahr verlängert. „Hülk" will jedenfalls nicht verraten, wie lange sein Sauber-Vertrag läuft. Ferrari ist in Abu Dhabi fast so präsent wie in Maranello. Man könnte meinen, die Roten hätten hier ihre weltweit größte Niederlassung für Sportwagen. Die Ferrari-Dichte in den Garagen der noblen Villen-Viertel ist global unvergleichlich.

Viele fahren mit ihren „Rennern" auch ostwärts hinaus auf die künstlich aufgeschüttete Yas-Ferieninsel. Ein Landgewinnungs-Projekt, wo Milliarden Petrodollars verbaut werden. Dort liegt gleich neben dem Yas-Marina-Circuit der gigantische Themenpark „Ferrari World". Seine Fläche: 250.000 m²! Davon sind 80.000 m² überdacht. Auf diesem Komplex prangt groß das Ferrari-Symbol mit dem „Springenden Pferdchen".

Im klimatisierten Innern werden zwanzig Superlative rund ums Speed- und Unterhaltungs-Business angeboten. Die Attraktionen reichen von der schnellsten Achterbahnfahrt bis zum „Power-Tower", mit 62 m hoher Vertikalfahrt (G-Kräfte-

Simulation). Freizeitrennstrecke, Kartbahn, Rallye-Parcours und Drag-Racing-Piste gehören ebenso dazu wie Shopping-Malls und Kinos.

Es versteht sich von selbst, dass neben Fernando Alonso und Felipe Massa auch die bisherigen Abu-Dhabi-GP-Sieger Sebastian Vettel (2009, 2010) und Lewis Hamilton (2011) in der „Ferrari World" alle Jahre wieder Stammgäste sind. Massa hat dort schon Urlaub gemacht. Heikki Kovalainen überlegt, sich in der Nähe eine Villa am Meer zu kaufen. Außerdem spekuliert der Caterham-Finne damit, sich mit Sponsoren aus den Emiraten für ein neues FI-Cockpit noch attraktiver zu machen. Etwa bei Force India oder Williams, wo drei Rennen vor Schluss noch gute Plätze zu haben wären.

Abu Dhabis Rennpremiere stand 2009 unter dem Motto „Join the Party!" 2010 wurde das Rennen dann zur ganz großen, unvergesslichen Party von Sebastian Vettel. Der Hesse ging als WM-Dritter ins Rennen – 15 Punkte hinter Alonso, 7 hinter Webber, 9 vor Hamilton – und schaffte in einem überaus dramatischen und höchst spannenden Vierer-WM-Finale seinen ersten WM-Titel. Er triumphierte im Rennen vor Hamilton. Der Geist aus der Wunderlampe war mit ihm und in ihn gefahren. Es war so, als würde ein Märchen aus 1001 Nacht wahr.

Vettel schwebte wie auf einem „fliegenden Teppich". Während Alonso als Siebenter (vor Webber) am liebsten in den Wüstenboden versunken wäre. Sein Chefstratege Chris Dyer setzte damals auf die falsche Renn- und Boxenstopp-Taktik. Ferrari trennte sich von ihm. Dyer nimmt zwei Jahre danach, ausgerechnet vor dem Abu-Dhabi-GP, bei BMW den DTM-Job als Chefingenieur an. Ferrari wünscht ihm gutes Gelingen.

Alonso dagegen will keinen Gedanken mehr an diese Schlappe verschwenden. 13 Punkte fehlen ihm auf WM-Leader Vettel – „und nur darum geht es", sagt der Spanier mit Tunnelblick. Was Alonso nicht sagt, sondern nur denkt: „Seb" muss ausfallen, sonst sind seine Chancen mit dem Ferrari F2012 im Titelkampf dahin. „Ich kämpfe ja nicht gegen Sebastian, sondern vor allem gegen Adrian Newey", poltert der Asturier. Damit will er die Relationen aus seiner Sicht zurechtrücken: Vettel sei nicht der bessere Pilot, er habe nur das viel schnellere Auto, den RB8 „made by Newey". Vettel entgegnet: „Wenn sein Auto wirklich schlecht wäre, könnte er nicht um den Titel fighten."

Genug gesagt, jetzt wird gefahren. Klimaanlagen in allen Boxen und ein Tunnel als Boxenausfahrt sorgen immer noch für Aufsehen. Der Freitag (und der Samstag) sind in Abu Dhabi Wochenende. Sonntag ist Werktag. Auch für die Formel I ist der Freitag dort etwas ganz Besonderes: Ab 13.30 Uhr wird 90 Minuten lang bei Tageslicht trainiert und ab 17 Uhr das Gleiche unter Flutlicht. Die Temperaturen liegen bei 34 bzw. 29 Grad. Der Start bei Sonnenschein, das Ende unter Mondschein. So werden Qualifying und Rennen simuliert, die in der Dämmerung stattfinden. Eine einmalige Sache.

Der Veranstalter will dabei „das Beste aus zwei Welten" präsentieren: Abu Dhabis Strecke „by Day and by Night" – mit dem markant leuchtenden Yas-Viceroy-Luxushotel als Highlight. Exakt 5389 schwenkbare LED-Flächenleuchten sorgen für diese Hotel-Festbeleuchtung. Der 5,554 km lange Yas-Marina-Circuit führt am und unter dem Hotelkomplex vorbei. Es wird gegen den Uhrzeigersinn über eine der längsten Geraden (1,2 km, 16 Sek. Vollgas) und durch 21 Kurven (12 links, 9 rechts) gefahren. Am Nachmittag ist Vorjahrssieger Hamilton auf der härteren Reifenmischung (Medium) Schnellster mit 1:43,285. Nach Sonnenuntergang fährt Vettel auf den Soft-Gummis mit 1:41,751 Tagesbestzeit vor Hamilton (0,168) und Jenson Button (0,661).

McLarens Techniker setzen mehr denn je auf den Mercedes-Motor. Weil Abu Dhabi auf Höhe des Meeresspiegels liegt, ist der Luftdruck recht hoch. Das ist gut für die Kraftentwicklung in den Motoren, die umso besser wird, je tiefer die Temperaturen sinken. Die Triebwerke sind also in Hochform, drehen auf Hochtouren – verbrauchen aber auch mehr Sprit als sonst. Neben Melbourne füllen die Teams auf dem Yas-Marina-Circuit das meiste Benzin in die Tanks.

Hamilton ist am Samstag, im dritten Training zwischen 14 und 15 Uhr Ortszeit, mit 1:42,130 nicht zu schlagen. Bei ihm läuft alles nach Plan. Bei Vettel nicht: Nach zwei Installationsrunden biegt er in die Box ab. Erst vier Minuten vor Schluss kommt er wieder auf die Strecke. „Wir hatten ein gröberes Problem und mussten in der Folge alle vier Bremssättel wechseln", erklärt Red Bulls Teamchef Christian Horner, „der Fahrer hat es in diesem Fall mit einem weichen Bremspedal zu tun. Das ist sehr unangenehm für das Gefühl auf der Bremse. In diesem Auto brauchst du ein hartes Pedal."

Im Qualifying ist Hamilton der große Favorit. Auch er weiß: Das DRS kann auf einer Runde zu 59 Prozent benützt werden. Der höchste Wert liegt übrigens bei 63 Prozent: in Monza und Montreal. Hamilton kommt in Fahrt: Schnellster in Q1, Schnellster in Q2. Und für Q3 hat er aus der Abu-Dhabi- Trainingsniederlage 2011 gegen Vettel gelernt. „Dieses Mal ist Lewis in der Q3-Aufwärmrunde viel aggressiver ans Werk gegangen. Damit verlieren die Reifen am Abend nicht so schnell an Temperatur und Grip", freut sich McLaren-Teamchef Martin Whitmarsh über Hamiltons 25. Pole-Position. Zu der gratuliert auch der künftige Hamilton-Chef, Mercedes-Motorsportdirektor Norbert Haug.

Mit diesem Trick ist Vettel vor einem Jahr auf „Pole" gefahren. Jetzt reicht es ihm nur zu Startplatz drei (1:41,073) hinter Mark Webber (1:40,978) und Hamilton (1:40,630). In seiner Q3-Auslaufrunde kommt plötzlich über Funk der Boxenbefehl: „Stell sofort den Motor ab." Renningenieur Guillaume Rocquelin klingt aufgeregt. Vettel parkt den RB 8 sofort – unter dem Yas-Viceroy-Hotelübergang. „Wir hatten verdächtigeTelemetrie-Daten und wollten nicht den Motor riskieren", erklärt Renaults Triebwerke-Ingenieur Remi Taffin. Dieses abrupte Manöver lässt nichts Gutes ahnen. Auch wenn Red Bulls Verantwortliche lange Zeit gute Miene zum bösen Spiel machen.

Vettels Techniker werden von den FIA-Rennkommissaren, unter anderen von Ex-GP-Pilot Derek Warwick, vorgeladen. Dort plädieren sie auf „höhere Gewalt", man habe den brandneuen Renault-Motor vor Schaden bewahren wollen, heißt es. Die Rennleitung nimmt das den „Bullen" zunächst ab. Viereinhalb Stunden nach dem Ende des Qualifyings folgt der Tiefschlag. Das Auslitern ergibt: Es ist zu wenig Benzin für die Spritprobe im Tank. Also keine „höhere Gewalt", sondern bei Red Bull hat man sich schlicht bei der Benzinmenge verrechnet. Was für ein Flop im Finish des WM-Kampfes.

Vettel werden alle Rundenzeiten gestrichen. Er wird von Startplatz drei ans Ende des Feldes strafversetzt. Genau das Gleiche ist Hamilton Mitte Mai in Barcelona widerfahren. Das Reglement ist klar: Auto und Fahrer müssen nach der Qualifikation aus eigener Kraft an die Boxen und in den Parc Fermé zurückkommen. Diese Regel soll verhindern, dass mit der Benzinmenge getrickst wird. Ein Fahrer könnte seinen Boliden ja nach der letzten, schnellen Quali-Runde sofort abstellen und so Sprit-Gewicht sparen. Nur bei höherer Gewalt wird eine Ausnahme gemacht: zum Beispiel bei einem Crash, einem Motorschaden oder Getriebedefekt.

Im Parc Fermé muss dann mindestens ein Liter Sprit für die Benzinprobe im Tank sein. Man rechne: Vettel stellte das Auto 400 m vor dem Ziel ab. Dort hätte er also mindestens 1,2 Liter Sprit im Tank haben müssen: 1 Liter für die Probe, 0,2 Liter für den restlichen Weg ins Ziel. Gemessen wurden aber nur 0,85 Liter. Also 0,35 Liter zu wenig. Das klingt nicht nach viel, ist aber ein krasser Regelverstoß. Ein äußerst plumper noch dazu. „Red Bulls Kommandostand muss das schon früher gewusst haben", sagt Williams-Fahrercoach Alex Wurz, „so ein Fehler in der Sprit-Kalkulation tritt nicht plötzlich auf."

Am Sonntag kursiert der Witz von HRT-Teamchef Luis Perez-Sala im Fahrerlager: „Unsere Ingenieure können Red Bull Tipps für das Set-up des Autos geben. Denn wir wissen, wie es ist, wenn man von ganz hinten startet." Konsulent Marko lächelt etwas gequält dazu. Für das Rennen baut Red Bull Vettels Auto um: Abstimmung und Getriebeübersetzung werden auf Highspeed getrimmt, um besser überholen zu können. Daher darf er nicht von Platz 24 starten, sondern muss aus der Boxengasse seine Aufholjagd beginnen.

Trotz eines beschädigten Frontflügels hat sich Vettel in sieben Runden auf Platz 13 vorgekämpft. Rosbergs Silberpfeil wird über den HRT von Karthikeyan katapultiert: Es folgt die erste Safety-Car-Phase, in der Vettel die Reifen (von Medium auf Soft) und die Frontpartie wechselt. Den zusätzlichen Speed der weicheren Gummimischung, die etwa eine halbe Sekunde pro Runde schneller ist als die Mediums, nutzt der WM-Leader, um bis auf Platz zwei vorzupreschen! „Ich habe überholt wie auf der Autobahn", sagt er dazu später.

Nach seinem zweiten Boxenstopp in Runde 37 von 55 kommt er wieder auf Soft-Reifen als Vierter zurück auf die Strecke. Pérez, Di Resta, Grosjean, Webber kollidieren: Es folgt ein zweiter Einsatz des Safety-Cars, durch den das Feld erneut zusammenrückt. Drei Runden vor Schluss zieht Vettel an Button vorbei – und ist als Dritter auf dem Podest! Geschafft. Weil der Sieger Kimi Räikkönen heißt, wird WM-Verfolger Alonso „nur" Zweiter – und kann Vettels Vorsprung nur um drei Punkte verringern: Von 13 auf 10 WM-Punkte oder 245:255.

DIE LÄNGSTEN SIEGESSERIEN IN DER FORMEL I

Ed Moses hat einmal 122 Hürdenrennen in ununterbrochener Reihenfolge gewonnen, Bayern München blieb von April bis September 1981 15 Spiele ungeschlagen – und Ferraris erster großer Star Alberto Ascari hat 1952/53 neun Grand-Prix-Rennen hintereinander gewonnen! Aber auch Sebastian Vettel rückt in der ewigen Rekordliste der längsten Formel-I-Siegesserien unaufhaltsam nach vorn.

9 Siege: Alberto Ascari Spa 1952–Spa 1953
7 Siege: Michael Schumacher Nürburgring 2004–Budapest 2004
6 Siege: Michael Schumacher Monza 2000–Malaysia 2001
5 Siege: Jack Brabham Zandvoort 1960–Oporto 1960
5 Siege: Jim Clark Spa 1965–Nürburgring 1965
5 Siege: Nigel Mansell Kyalami 1992–Imola 1992
5 Siege: Michael Schumacher Melbourne 2004–Barcelona 2004
4 Siege: Juan Manuel Fangio Monza 1953–Reims 1954
4 Siege: Jim Clark Spa 1963–Silverstone 1963
4 Siege: Jack Brabham Reims 1966–Nürburgring 1966
4 Siege: Jochen Rindt Zandvoort 1970–Hockenheim 1970
4 Siege: Ayrton Senna Silverstone 1988–Spa 1988
4 Siege. Ayrton Senna Phönix 1991–Monaco 1991
4 Siege. Alain Prost Montreal 1993–Hockenheim 1993
4 Siege: Michael Schumacher Interlagos 1994–Monaco 1994
4 Siege: Michael Schumacher Interlagos 2002–Zeltweg 2002
4 Siege: Fernando Alonso Barcelona 2006–Montreal 2006
4 Siege: Jenson Button Bahrain 2009–Istanbul 2009
4 Siege: Sebastian Vettel Interlagos 2010–Malaysia 2011
4 Siege: Sebastian Vettel Singapur 2012–Indien 2012

Der programmierte Sieger dieses Rennens, „Pole"-Mann Lewis Hamilton, führt souverän bis zu 19. Runde: dann rollt sein MP4-27 wegen defekter Benzinpumpe aus. McLaren fährt dennoch einen Rekord ein. Weil Button als Vierter punktet, sind die Chrompfeile zum 56. Mal in Folge in den Punkterängen! Ferrari hielt bisher den Rekord mit 55 Mal. McLarens Serie hält seit dem Australien-GP 2010 an.

Immer gepunktet hat in dieser Saison das Lotus-Team. Doch zum Sieg reichte es nicht. In Bahrain waren „Comebacker" Kimi Räikkönen und Romain Grosjean nahe dran. Beim zweiten Wüsten-GP hat es geklappt: erster Triumph für Räikkönen und Lotus, insgesamt ist es der 19. Sieg für den Finnen. Teamchef Eric Boullier

DIE GRÖSSTEN AUFHOLJAGDEN:

Roberto Mieres (ARG)	privater Maserati	1954 Silverstone	von 32 auf 6 = 26 Plätze
Christian Danner (GER)	Rial-Ford	1989 Phönix	von 26 auf 4 = 22 Plätze
Sebastian Vettel (GER)	Red Bull	2012 Abu Dhabi	von 24 auf 3 = 21 Plätze
John Watson (IRL)	McLaren-Ford	1983 Long Beach	von 22 auf 1 = 21 Plätze
Niki Lauda (AUT)	McLaren-Ford	1983 Long Beach	von 23 auf 2 = 21 Plätze
M. Schumacher (GER)	Mercedes	2011 Spa	von 24 auf 5 = 19 Plätze
Rubens Barrichello (BRA)	Ferrari 2000 *(im Regen auf Slicks)*	Hockenheim	von 18 auf 1 = 17 Plätze
M. Schumacher (GER)	Ferrari	2006 Monte Carlo	von 22 auf 5 = 17 Plätze
John Watson (IRL)	McLaren-Ford	1982 Detroit	von 17 auf 1 = 16 Plätze
Kimi Räikkönen (FIN)	McLaren-Mercedes	2005 Suzuka	von 17 auf 1 = 16 Plätze
Jackie Stewart (SCO)	Tyrrell-Ford	1973 Kyalami	von 16 auf 1 = 15 Plätze
M. Schumacher (GER)	Benetton-Renault	1995 Spa	von 16 auf 1 = 15 Plätze
Sebastian Vettel (GER)	Toro Rosso-Ferrari	2008 Monte Carlo	von 19 auf 4 = 15 Plätze
Fernando Alonso (SPA)	Renault *(von Flavio Briatore befohlener Unfall von Nelson Piquet jr.)*	2008 Singapur	von 15 auf 1 = 14 Plätze

DIE SIEGE VON DEN SCHLECHTESTEN STARTPLÄTZEN:

John Watson (IRL)	McLaren-Ford	1983 Long Beach	von 22 auf 1 = 21 Plätze
Rubens Barrichello (BRA)	Ferrari	2000 Hockenheim	von 18 auf 1 = 17 Plätze
John Watson (IRL)	McLaren-Ford	1982 Detroit	von 17 auf 1 = 16 Plätze
Kimi Räikkönen (FIN)	McLaren-Mercedes	2005 Suzuka	von 17 auf 1 = 16 Plätze
Jackie Stewart (SCO)	Tyrrell-Ford	1973 Kyalami	von 16 auf 1 = 15 Plätze
M. Schumacher (GER)	Benetton-Renault	1995 Spa	von 16 auf 1 = 15 Plätze
Alan Jones (AUS)	Shadow-Ford	1977 Zeltweg	von 14 auf 1 = 13 Plätze
Olivier Panis (FRA)	Ligier-Honda	1996 Monte Carlo	von 14 auf 1 = 13 Plätze
Johnny Herbert (ENG)	Stewart-Ford	1999 Nürburgring	von 14 auf 1 = 13 Plätze
Bruce McLaren (NZL)	Cooper-Climax	1960 Buenos Aires	von 13 auf 1 = 12 Plätze
Alain Prost (FRA)	Ferrari	1990 Mexico City	von 13 auf 1 = 12 Plätze

verrät seine Erfolgsformel für den gar nicht so pflegeleichten Kimi: „Gebt ihm ein schnelles Auto, lasst ihn mit PR-Arbeit in Ruhe und haltet am Funk möglichst die Klappe – dann macht es der Kimi schon."

Das Team aus dem mittelenglischen Enstone feiert diesen langersehnten Erfolg ausgelassen im Fahrerlager, dann im Yas-Hotel und später in Abu-Dhabi-City. „Keiner feiert die Feste so wie Kimi", lacht Vettel, „da kommt einiges auf Abu Dhabi zu. Kimi braucht keinen, der ihm einen ausgibt. Da sorgt er schon selber für sich." Was trinkt der Finne am liebsten? Wasser mit Eis und einem tüchtigen Schuss Wodka. „Sportsman-Drink" nennt er das. Andere reden von „Kimi on the Rocks": ein Drittel Wasser, zwei Drittel Wodka und einen Eiswürfel. Dieser Mix sieht aus wie Wasser, hat aber eine ganz andere Wirkung.

Die Lotus-Siegesfeier steht unter dem Motto „Ice-Age", also Eiszeit in der Wüste. Noch am Freitag war er der vom Wüstenwind verwehte „Sandman", jetzt ist er der coole, schnelle „Iceman". Räikkönen ist wandlungsfähig. So versteht er es auch, abseits der Strecken Vollgas zu geben. Wer ihn als „Eiswürfel in der Wüste" sieht, weil er sich zuweilen muffig und launisch gibt und den Mund nicht aufbringt, kennt nur eine Seite von ihm. Es gibt auch den unterhaltsamen, lachenden, lauten Kimi – wenn es so weit ist, bleibt nur sein Humor trocken. Für Vettel ist klar: „Er liebt nichts mehr, als Rennen zu fahren – abgesehen von der Party nach dem Sieg."

Kimis Partypläne nach Abu Dhabi? „Ich habe jetzt fast zwei Wochen Zeit. Ich muss es nur irgendwie schaffen, zum nächsten Rennen zu kommen, dann ist das Team glücklich", sagt der Weltmeister von 2007 allen Ernstes, „ich werde aber versuchen, zwischendurch auch mal nach Hause zu fahren."

In der Formel I bist du immer nur so gut wie dein letztes Rennen – der alte Spruch. Für Michael Schumacher also Platz 11 in Abu Dhabi. Aber nach Austin und Interlagos: Wie sollen dich die Fans in Erinnerung behalten? Als siebenfachen Weltmeister, 91-fachen Grand-Prix-Sieger? „Nein", sagt Schumi bescheiden, „lieber als einen Kämpfer, der immer gefightet hat – und nie aufgibt." Aber viele fragen nach den Wüsten-Thrillern: Was kann Kimi Räikkönen, was Schumacher nicht kann? Auch Kimi war drei Jahre weg von der Formel I – genau wie Niki Lauda nach seinem ersten Rücktritt 1979 in Montreal bis zum Comeback 1982 in Kyalami. Schumacher ist in seiner zweiten Karriere jetzt schon 58 Rennen ohne Sieg, der geplatzte deutsche Sommernachtstraum – der „Iceman" Räikkönen hat beim 18. Start ausgerechnet in der Wüste wieder gewonnen. Und Niki Lauda? Der brauchte von allen Comeback-Superstars die wenigste Zeit: Erster Sieg „danach" 1982 in Long Beach – schon beim dritten Start! Zuvor 4. in Kyalami, dann punktelos in Rio-Jacarepagua, aber in Kalifornien schlug Niki mit seinem McLaren wieder zu. In typischer Lauda-Manier: vom zweiten Startplatz, neben dem irrlichternden Andrea de Cesaris auf Alfa, den er rundenlang verfolgte, bis er eine Hand vom Lenkrad nahm, um einem Überrundeten zu drohen. De Cesaris vergaß aufs Runterschalten – und schon war Lauda vorbei! Sein Comeback-Sieg am Pazifikstrand schlug haushohe Wellen. „Grandioses Beispiel, was du im Leben alles erzwingen kannst, wenn du nur willst!", applaudierte der Franzosen-Starpilot Jacques Laffite damals. Ein Jahr später raste der McLaren-Express John Watson/Niki Lauda in Long Beach vom 21. und 22. Startplatz zum Doppeltriumph. Der Sieg vom schlechtesten Startplatz: und die größten Aufholjagden? Roberto Mieres mit einem privaten Maserati 1954 in Silverstone von 32 auf 6, der heutige RTL-Starkommentator Christian Danner 1989 in Phönix von 26 auf 4 – und zuletzt Vettel in Abu Dhabi von 24 auf 3. Eine Supershow! Aber vielleicht nicht wieder notwendig …

Austin: High Noon in Texas

DER GETRIEBE-SCHMÄH

Barack Obama ist als US-Präsident wiedergewählt. Und auch die Formel I hat die USA wieder gewählt – nach fünf Jahren für einen Grand Prix, der dieses Mal in Texas, in der Hauptstadt Austin, seine Premiere erlebt. Die extra für die „Königsklasse" gebaute 5,516-km-Strecke heißt „Circuit of the Americas" und stellt den zehnten Schauplatz für einen US-GP dar: Nach Indianapolis (8), Phoenix (3), Dallas (1), Detroit (7), Las Vegas (2), Long Beach (8), Watkins Glen (20), Riverside (1) und Sebring (1).

Das neue Renngelände ist 25 km von Austin-Downtown entfernt und sieht imposant aus: Es ist fast so groß wie 200 Fußballfelder! Riesig waren auch die eingesetzten Baumaschinen. Daher waren nur knapp 2.500 Bauarbeiter nötig, um die Anlage in knapp zwei Jahren aus dem Boden zu stampfen. Die privaten und staatlichen Investitionen belaufen sich bisher auf rund 400 Millionen Dollar. „Texas scheute weder Mühen noch Kosten", ist Austins FI-Galionsfigur Mario Andretti stolz. Die US-Legende eröffnete am 21. Oktober die Strecke und fuhr die erste Runde. Sein Tipp für das „head-to-head"-Finish: „Blau gewinnt gegen Rot."

Das tippt auch Bernie Ecclestone, sagt es aber nicht so offen. Mit „Mr. E" hat der Organisator, allen voran Hedgefonds-Milliardär Bobby Epstein und San-Antonio-Milliardär Red McCombs, einen 10-Jahresvertrag abgeschlossen. Für die GP-Antrittsgebühr von 30 Millionen Dollar, die jährliche Teuerungsrate beträgt zehn Prozent, haftet der Bundesstaat Texas. Für dieses Rennen also Gouverneur Rick Perry, ein Republikaner, was sonst in Texas.

Austin ist mit rund 800.000 Einwohnern nur die viertgrößte Texas-City – nach den Millionen-Metropolen Houston, San Antonio und Dallas. 1835 wurde die Stadt unter dem Namen „Waterloo" gegründet, 1838 jedoch zu Ehren von Stephen F. Austin umbenannt. Er war der Gründer der damals unabhängigen Republik Texas (Lone-Star-State). Seit 1839 ist Austin Hauptstadt von Texas. Das Texas State Capitol überragt das Kapitol in Washington D.C. sogar um sechs Meter. Wegen seiner hügeligen Landschaft und vieler IT-Unternehmen wie Dell, Facebook, IBM, Nixdorf, Hewlett-Packard und Apple wird Austin auch „Silicon Hills" genannt.

Zuletzt gastierte die Formel I 2007 in den Vereinigten Staaten: Lewis Hamilton siegte im Indianapolis Motor Speedway vor Fernando Alonso – ein McLaren-Doppelsieg. Sebastian Vettel holte damals im BMW-Sauber, als Ersatz für den verletzten Robert Kubica, in seinem ersten GP den ersten WM-Punkt (8.). Seither hält er auch den Rekord als jüngster Pilot in den Punkten (19 Jahre, 349 Tage). Wie sein Debüt fährt er jetzt auch sein Jubiläumsrennen in den USA: den 100. Grand Prix! „Wie schnell doch die Zeit vergeht", sagt Vettel, „aber wenn's dir Spaß macht, dann zählst du nicht die Stunden, Tage, Monate, Jahre und Rennen."

Back to the USA! Der ganze Formel-I-Zirkus freut sich aufs amerikanische Abenteuer, besonders Sebastian Vettel: Zurück zu seinen Wurzeln. In Indianapolis hat er 2007 in der Formel I debütiert. Auf Anhieb gleich einen WM-Punkt erkämpft – und Sonntag fährt er in Austin seinen bereits 100. Grand Prix! Drei WM-Titel noch vor dem 100. GP – das haben bisher nur zwei Giganten geschafft: Juan Manuel Fangio (fuhr total GP) und der große Jochen-Rindt-Gegner Jackie Stewart (99). Schafft das auch Vettel, der neue Supermann im exklusiven Hunderter-Club? Die USA waren für die „Formel Austria" schon immer ein goldener Boden, wenn es um WM-Titel ging – und meist war auch Ferrari verstrickt. Mit oder gegen uns. 1969 gewann Jochen Rindt in Watkins Glen (New York Upstate) seinen ersten GP – zu spät für die WM. Aber 1970, vier Wochen nach der Monza-Tragödie, rettete ihm dort Emerson Fittipaldi den posthumen WM-Titel, weil er vor den Ferrari-Stars Jacky Ickx und Clay Regazzoni gewann. Es wäre fast knapp geworden, weil Ferraris Technik-Direktor Mauro Forghieri allen Ernstes der FIA vorschlug: „Ein toter Weltmeister wäre schlecht für unseren Sport. Also gebt Jochen eine Tapferkeitsmedaille wie einem Soldaten – aber Ickx oder Regazzoni den WM-Pokal." Alle protestierten stürmisch, sogar Ickx. 1975, wieder in Watkins Glen, brauchte Niki Lauda nur einen 4.Platz für seinen zweiten WM-Titel. Aber die Ferrari-Atmosphäre war ergiftet. Niki hatte nach Monza bei Ferrari gekündigt, um zum „Todfeind" Alfa Romeo zu wechseln. Der WM-Titelgewinn kam gerade noch rechtzeitig – wegen Sippenhaftung. Ferrari schmiss aus Rache den langjährigen Lauda-Chefmechaniker Ermanno Cuoghi raus, ließ ihn ohne Geld, ohne Flugticket in New York allein zurück. Lauda sah seine „Sicherheit nicht mehr garantiert" und fuhr die letzten Rennen in Moport und Fuji nicht mehr. Und der aufblühende Sauber-BMW-Pilot Vettel 2007? Seine Chance war der mörderische Unfall von Robert Kubica zuvor in Montreal. Zwar war Timo Glock der offizielle Test- und Ersatzpilot, aber Vettel hatte den Formel-Junior-BMW-Titel gewonnen und auch schon einen Vertrag mit Red Bull. Also bekam Vettel das Cockpit – und fuhr sensationell gleich auf Platz 8. Startschuss zur Weltkarriere. Didi Mateschitz damals: „Nächstes Jahr gehört Vettel sowieso uns!" Da gewann er mit Toro Rosso gleich den Klassiker von Monza. Jetzt kehrt Vettel zurück in die USA. 99 Rennen und zwei Weltmeister-Titel später.

DER LANGE RITT VON SEBRING NACH TEXAS

Go West, young man! „Amerika ist für den Autorennsport das gelobte Land der Zukunft“, weissagte vor fünf, sechs Rennfahrergenerationen der dreifache Weltmeister Jackie Stewart. „Und wenn es so weit ist, möchte ich gern Moses sein …“ Damals teilte Bernie Ecclestone den Formel-I-Zirkus noch nicht wie Gott im Alten Testament das Rote Meer – in eine europäische Hälfte und in eine Übersee-Fraktion. Aber von 1950–1960 zählten die „Indianapolis 500“, wenn auch nach total anderem Reglement, zur Formel-I-WM, um ihr einen internationalen Touch zu geben.
Jetzt ist „Zirkus Ecclestone“ wieder „back in the USA“, aber nicht in Indy, wo man sich nach 2006 verabschiedet hatte, sondern im hitzeglühenden Austin, Texas: der zehnte Austragungsort des USA-GPs. nicht einmal Frankreich hatte mehr Rennstrecken.
Das US-Abenteuer beginnt 1959 auf dem Flugplatz von Sebring, Florida, 12 Jahre später berühmt geworden, als „der New Yorker Playboy und Kosmetik-Millionenerbe Peter Revson und der Hollywood-Stuntman und Filmschauspieler Steve McQueen“ (so der offizielle Ergebnisdienst) im 12-Stunden-Rennen zur Sportwagen-WM sensationelle Zweite wurden. Das erregte mehr Aufsehen als das Formel-I-Drama von 1959: Dem Australier Jack Brabham ging auf dem Weg zum Weltmeister in der letzten Runde der Sprit aus. Er schob seinen Cooper-Climax rund 500 Meter bis ins Ziel, um Vierter zu werden – genau diese Platzierung brauchte er für seinen ersten WM-Titel. Und er schaffte es – fast 5 Minuten hinter dem Sieger Bruce McLaren im Ziel, schweißüberströmt und abgekämpft, aber Weltmeister.
Dann kam 1960 Riverside mit dem Sieger Stirling Moss, danach zog der Zirkus um nach Watkins Glen, ein früheres Goldgräbernest in Upstate New York, nahe Buffalo. Die Gegend erinnerte viele an Österreich: bergig, viele kleine Seen. Und ausgerechnet dort gewann Jochen Rindt 1969, längst verdient, im 50. Anlauf seinen ersten Grand Prix. „Noch dazu den mit dem höchsten Preisgeld!“, sagte der Österreicher über 50.000 Dollar Siegesprämie ganz cool.
Watkins Glen im „Indian Summer“, dem Altweibersommer, blieb 20 Jahre ein Fixpunkt im Kalender. Mit dem „Glenn Motor Inn“ als Herz des GPs. Aber nur die echten Teamchefs durften dort im Hotel schlafen, alle anderen, auch Ron Dennis, mussten in die Dependance. Wer heute das „Glenn Motor Inn“ betritt, muss glauben: Die Zeit steht still. Da sitzt der Italo-Amerikaner Victor Franzese, Chef des Rennens, mit den gleichen Damen wie früher am Tisch, nur spielen die Boxenladies von seinerzeit jetzt Bridge und Canasta.

Aber die alten Stories, immer wieder erzählt, sind die gleichen geblieben: Beschleunigungs-Wettbewerbe und Retourgang-Tests der Rennfahrerstars draußen auf der Straße – eine faszinierende Zeitreise mit qualmenden Reifen. Was neu dazugekommen ist: ein Golfplatz und ein Museum.
Und die Erinnerung an Jackie Stewarts letzten Grand Prix, seinen 99., denn seinen 100. (1973 in Watkins Glen) hat er nach dem tödlichen Trainingsunfall seines

Tyrrell-Stallkollegen Francois Cevert abgesagt: „Nach den vielen Todesstürzen, die ich miterleben musste, hab ich keine Tränen mehr." Cevert wusste nie, dass er 1974 Nummer-1-Pilot bei Tyrrell geworden wäre, und Helmut Koinigg rutschte unter der Leitplanke durch. Nach einem schrecklichen Drogen-Vorfall ging in Watkins Glen der Vorhang zu.
Aber in Kalifornien wieder auf. Nach Riverside kam von 1976–1983 Long Beach mit seinem Touch of Hollywood, während Watkins Glem den USA-Grand-Prix Ost ausrichtete. Größere Gegensätze waren undenkbar. Der luxuriöse Ozeanriese „Queen Mary" dümpelte im Hafen – und zum ersten Mal sah man Filmstars wie Charlton Heston („Die zehn Gebote") in den Boxen. Mario Andretti nannte die Strecke verächtlich „Fiorano West", weil sie Ferrari bevorzugte. Das spannendste Rennen war aber 1982, als die McLaren-Stars Niki Lauda und John Watson das Training verpatzten und deshalb von ganz hinten starten mussten. Watson aus der 11., Lauda sogar nur aus der 12. Reihe, also aus der 22. und 23. Position. Trotzdem gab es nach furioser Aufholjagd einen Doppelsieg: Der Ire 27,9 Sekunden vor dem Österreicher. Weltrekord war's trotzdem keiner: Jenson Button gewann seinen ersten Grand Prix 2006 in Budapest vom 14. Startplatz. Aber Watson hält immer noch die Bestmarke für den Grand-Prix-Sieger vom schlechtesten Startplatz.
Daytona erlebte keine Formel I, aber die stürmischste Siegerparty des klassischen 24-Stunden-Rennens. Mario Andretti und Pedro Rodriguez triumphierten, und im Siegesrausch fuhr Andretti sein Leihauto an den Strand und versenkte es im Meer. Er selbst kroch durch die Fensterscheibe und schwamm zurück ans Ufer. „Uns war heiß, wir hatten gewonnen und das Adrenalin strömte ..."

Und, Mario? „Nix und, Nur Avis hat mir zehn Jahre lang kein Auto mehr gegeben ..."
Das brauchte man 1981/82 auch in Las Vegas nicht, denn der Grand Prix wurde auf dem Parkplatz (!) des legendären Hotels „Caesar's Palace" gefahren, fast zwischen den einarmigen Banditen hindurch. Alles hatte die Formel I schon erlebt, nur kein Rennen auf dem Parkplatz, auf dem normal die Tennisstars servierten und smashten, dirigiert vom berühmten Pancho González, früher die Nummer 1 der Tenniswelt, jetzt Parkplatz-Chef in Las Vegas. Das war die Szenerie, in der Keke Rosberg 1982 Weltmeister wurde, weil der „Indianer" Carlos Reutemann vom eigenen Williams-Team verraten wurde.
So was passiert auch in Death Valley. Manfred Winkelhock nützte den Grand Prix für Motorrad-Ausflüge in die Wüste. Andere ritten auf Mauleseln in den „Grand Canyon", und wer den Hubschrauberflug riskierte, dem wurde schlecht.
Schon immer eine andere Welt, die Formel I in Amerika. Von 1882 bis 1988 war die Ford- und Motorcity Detroit ein Fixpunkt im Kalender. „Motown" war aufregend. Live-Music im Ford-Museum, klapprige Kanaldeckel auf der buckligen Rennstrecke, aber dafür immer ein Weltstar im Rahmenprogramm und in den Boxen: Hollywood-Legende Paul Newman, mit 60 plus noch amerikanischer Sportwagenmeister. Und auch in Detroit im Trans-Am sauschnell. aber im Ziel meist völlig ausgepumpt und

erschöpft. Interviews lehnte er zuerst ab, „too tired – ich bin zu müde." Niki Laudas grinsende Reaktion: „Den Satz muss ich mir merken. Nächstes Mal sag ich auch: Ich bin zu müde ..."
Ein Vollblutprofi durch und durch, kam Newman auch zur Pressekonferenz der ersten drei: Im T-Shirt, die Baseball-Kappe tief in die Stirn gezogen, große Sonnenbrillen – so saß Newman auf dem Podium. Angefleht von einer blonden US-Reporterin: „Mr. Newman, können Sie bitte nur für einen Augenblick Ihre Sonnenbrillen abnehmen, damit ich kurz Ihre wunderschönen himmelblauen Augen sehen kann?" „Sorry, Madam", lehnte Newman ab, „als ich das letzte Mal vor einer Lady die Sonnenbrillen abnahm, sind gleich meine Hosen runtergerutscht ..."

Phönix in Arizona, zwischen Riesenkakteen, sah 1990 Gerhard Bergers Premierenrennen bei McLaren – trotz Teamkollegen Ayrton Senna gleich eine Premiere mit Pole-Position.
Und Dallas in Texas war der größte Baustellen-Grand-Prix der Geschichte, aber dafür in einer echten Fernseh-Kulisse – sogar in der berühmten Southfork-Ranch, Stätte von so vielen Intrigen. Das Arrows-Team engagierte die Hauptdarsteller der „Dallas"-Serie aus dem TV für ein echt amerikanisches Steak-Dinner. Vor allem die jüngeren Formel-I-Piloten waren fassungslos. Riccardo Patrese ging respektvoll zum bösen „J. R." (Larry Hagman), bat ihn um ein Autogramm – und lief mit dem unterschriebenen Foto stolz wie ein kleiner Junge durchs Fahrerlager. Dann bestürmte er Bobby Ewing (Paddy McDuffy) und sogar „Little Joe".
Mehr war lang nicht zu tun. Unter glühender Sonne brach immer wieder der Asphalt auf: Freitag kein Training, Samstag kein Training – und erst Sonntag früh das Qualifying. Da lautete der Fahrer-Beschluss längst: Wir streiken. Aber dann startete Nigel Mansell plötzlich seinen Motor – und da stiegen auch die anderen ein. Mansell brach im Rennen kurz vor der Zielflagge zusammen, brauchte erste Hilfe, und Keke Rosberg gewann: der erste Sieg für den Williams-Honda-Turbo.
Dann kamen die letzten amerikanischen Boxenstopps der Formel I in Indianapolis – wo die Geschichte der amerikanischen WM-Läufe begonnen hatte. Die überhöhte Zielkurve war weniger aufregend als die Berliner Avus, die Steilwand von Monza bis 1961 oder die „Peralta"-Zielkurve von Mexico City. Aber gemerkt haben sich die Fans vor allem Indy 2005. Nur sechs Autos am Start, weil sieben Michelin-Teams nach Reifenproblemen aus Sicherheitsgründen vom Rennen zurückgezogen wurden.
Michael Schumacher gewann, wollte den Fans aber schon 2002 – als Wiedergutmachung für die peinliche Ferrari-Stallorder von Zeltweg – eine Show bieten und mit seinen Ferrari-Kollegen Rubens Barrichello ein totes Rennen provozieren: zwei Autos direkt nebeneinander im Ziel. Er verwechselte aber beim Zieleinlauf die zwei Querlinien und verlor gegen den Brasilianer um den Hauch von 0,011 Sekunden: die geplatzte Supershow. „Shit!", entfuhr es Schumi im Bordmikro – was die TV-Zuseher damals aber noch nicht mithören konnten.

Boxenstopp in Kanada! Niki Lauda erledigte in Montreal seinen halbjährigen Piloten-Check, bevor er nach Austin, Texas, weiterflog.

Um schon am Sonntag die neue Weltmeister-Krönung mitzuerleben, Niki?

Lauda: Nein! Sebastian Vettel gewinnt wieder den WM-Titel", prophezeit der Dreifach-Weltmeister, sonst immer vorsichtig, im Interview. „Aber noch nicht in Austin, sondern erst beim Finale in Interlagos!

Niki, warum wieder Vettel und nicht Fernando Alonso, für viele der Fahrer des Jahres?

Lauda: Fahrerisch sind sie beide gleich. Zwei wirkliche Giganten, große Champions. Kompliment an beide. Aber der Red Bull ist halt eine halbe Sekunde schneller als der Ferrari.

Vettel sagt: „Jeder von uns beiden würde den Titel verdienen, wir hatten 2012 beide den gleichen Anteil von Pech, Ausfällen, Kalamitäten?

Lauda: Das passiert, wenn sich die WM zu einem Duell Mann gegen Mann zuspitzt.

Und wenn du die beiden vergleichst?

Lauda: Beim Überholen sind beide gleich gut. Auch in der Strategie beide top. Aber Alonso fährt halt schon mehr Rennen, ist einen Tick länger im Geschäft. Das heißt: mehr Erfahrung.

Vettel sagt oft: „Ich kann mir fast nicht vorstellen, dass ich jetzt meinen 100. Grand Prix fahre – und 99-mal durch die erste Kurve gekommen bin …

Lauda: Er hat das beste und schnellste Auto in der Formel I, aber das muss man erst umsetzen können. Was mich am meisten beeindruckt, ist seine Leistung, wenn er unter enormen Druck geraten ist. Zum Beispiel für eine einzige schnelle Runde im Qualifying. Da ist er am besten!

Und warum sagt Alonso oft: Ich kämpf nicht nur gegen Vettel und Webber, sondern auch gegen Adrian Newey?

Lauda: Vettel setzt sich mit Neweys Auto mehr und besser auseinander, die ganze Stufe, die ganze Entwicklung und analysiert immer alles – bis ins kleinste Detail. Bei beiden Teams beeindruckt, wie zuverlässig ihre Autos sind. Wenn du früher in der Formel I drei Rennen gewonnen hast, sagten alle: Beim nächsten Mal fällst du aus. Dass sich bei Vettel nach vier Siegen Fehler einschleichen, war mir klar: Die Bremsprobleme im Training von Abu Dhabi, im Qualifying zuwenig Sprit – das war ein Schock für alle im Team.

Vielleicht genau zeitgerechnet vorm großen WM-Finish?

Lauda: Vettel wird Weltmeister, sag ich. Aber Alonso kämpft bis ans bittere Ende, wird ja immer Zweiter, Dritter oder Vierter – gute Punkte, aber das kann auch nicht ausgehen, wenn Vettel gewinnt. Nur: Entschieden wird diese WM erst in São Paulo!

Endlich geht's los in Austin – mit einer hektischen Last-Minute-Aktion bei Red Bull! Adrian Newey hat schon wieder Aerodynamik-Updates ausgetüftelt, „die wieder eine Kleinigkeit bringen sollen." Eingetroffen sind sie Donnerstagnacht per Luftfracht – heute früh sind sie in den Boxen montiert, unmittelbar vor Trainingsbeginn. Harakiri- oder SOS-Aktionen sind in der Formel I nicht selten. Oft geht's wirklich um Minuten. Als Sebastian Vettel zuletzt in Suzuka bei einem Trainingscrash am Freitag seinen teuren Karbonflügel demolierte, musste aus Milton Keynes ein neuer nach Japan geflogen werden – und war genau zwei Minuten vorm Qualifying am Auto montiert. Vettel bedankte sich mit Bestzeit! Solche Logistik – nicht außergewöhnlich in der Formel I. Aber sensationell, wer den „Rettungsflug" bezahlt hat: Vettel selber, „weil der Freitag-Unfall ja meine Schuld war!" Wie teuer war's? „Ist sich mit meinem Preisgeld gerade ausgegangen ..." Die Bullen springen – nicht nur in Texas. Jeder will das WM-Siegerauto von Vettel und Webber sehen: bei Demonstrationsfahrten in der halben Welt. Dr. Helmut Marko: „Wir müssen jetzt schon mit einem zweiten Show-Car-Team operieren!" Mit den Stammpiloten, jungen Fahrern – und zuletzt sogar zwei Champions am Lenkrad: Damon Hill und Alain Prost in Barcelona. Deine Eindrücke, Alain? „Der Motor ist ähnlich wie früher. Der große Unterschied: der gigantische Anpressdruck. Keine Chance für mich, echt ans Limit zu gehen. Und dazu die unzähligen Spielereien, Schalter, Knöpfe – und Verstellmöglichkeiten im Cockpit." Blick zurück, Blick nach vorn. 2013 weht am Red-Bull-Ring wieder ein Hauch von Grand Prix: Ein Rennen der World-Serie Renault 3,5 im Juli ist schon fix! Die Autos, die wie Formel-I-Raketen aussehen, aus denen schon so viele in die Formel I vorstießen: Vettel, der Pole Robert Kubica – bis zum aktuellen Champion Robert Frijns, der schon für Sauber und Red Bull getestet hat. Ein Ansporn für Walter Grubmüller & Co.: Fast ein Heim-GP im Juli ...

Vettel, Hamilton, Alonso und Jenson Button sind die ersten Fahrer, die auf dem Austin-Bergstrom International Airport landen und danach hochoffiziell begrüßt werden. Für „The Great Seb" steht eine Riesentorte mit 100 Marzipan-Kerzen parat. Er lacht und freut sich, obwohl er sich in Texas insgeheim etwas ganz anderes gewünscht hatte: nämlich ein Empfangskomitee „aus einer Horde wilder Cowboys, die bis auf die Zähne bewaffnet sind."

Nicht nur Vettel muss sein Texas-Bild von wegen „Wilder Westen" sofort korrigieren: Zwischen City und Prärie, zwischen Skyline und Ranch bestehen haushohe Unterschiede. Nicht jeder Texaner trägt einen Cowboyhut, Stetson genannt. Und nicht jeder, der dort einen Cowboyhut trägt, ist ein Cowboy. Zudem laufen einem in der Uni-Stadt Austin ohnedies viel mehr Studenten als Westernhelden über den Weg ...Auch die Anreise zur Strecke ist kein wilder Ritt, sondern eine gemütliche Autobahnfahrt. „Den wilden Ritt haben die Piloten auf der Strecke, wenn sie ihre Boliden gesattelt haben", prophezeit Western-Fan Hermann Tilke. Von seinem Aachener Architektenbüro stammt einmal mehr das Streckendesign. Im Entwicklungsstadium „fuhr" Alex Wurz im McLaren-Simulator erste Proberunden – und gab Tilke Tipps und Anregungen.

Der „Circuit of the Americas" ist einer von fünf Kursen, die 2012 gegen den Uhrzeigersinn gefahren werden. Pro Runde warten 20 Kurven (11 links, 9 rechts) und eine Höhendifferenz von 41 m auf die Fahrer. Der höchste Punkt ist „Turn One", die Boliden erreichen ihn gleich nach dem Start, von wo es ähnlich bergauf geht wie einst auf dem alten Österreichring/Zeltweg.

Am Donnerstag, dem Medientag, gelingt Abu-Dhabi-Triumphator Kimi Räikkönen in der Lotus-Hospitality die „Untertreibung der Saison": Ein Texas-Reporter fragt aufgeregt: „Was fühlst du nach dem ersten Sieg für Lotus seit Ayrton Senna 1987 (Detroit!) und deinem ersten Triumph seit 2009?"

„Nicht viel, wirklich nicht viel", antwortet der „Iceman".

„Du machst Witze, oder?", hakt der Reporter nach.

„In solchen Sachen nie", klärt ihn Kimi auf.

Die Medienrunde beschließt der Finne mit den Worten: „Genug geredet. Schließlich bin ich ja zum Fahren hier." Dazu fällt einem der Witz von Mika Häkkinen ein: „Treffen sich zwei Finnen in einer Bar. Fragt der eine: Und, wie war dein Tag? Darauf der andere: Sind wir zum Trinken oder zum Quatschen hier?"

Niki Lauda reitet, als „Django" verkleidet, mit Cowboyhut in die TV-Kameras, aber welcher Asphalt-Cowboy zieht heute in Texas am schnellsten – Sebastian Vettel oder Fernando Alonso? Wenn Seb gewinnt und Alonso nicht unter die ersten vier kommt, ist der Red-Bull-Pilot schon in Austin Dreifach-Weltmeister! Aber der Spanier schwört unaufhörlich: „Ich geb nie auf, kämpfe bis zum letzten Atemzug!"

Alonso steht zum vierten Mal in einem WM-Finale: „Aber ich bin so ruhig wie nie zuvor …" Sein Ziel für heute und dann Interlagos? „Unbedingt mehr Punkte machen als Vettel – um den 10-Punkte-Rückstand zu verringern. Dann geht sich die WM noch aus", sagt der Doppelweltmeister von 2005/6 (mit Renault).

Und der Vergleich mit früheren Showdowns, Fernando? „2006, im Finale gegen Schumacher, hatte ich zu viel Stress, konnte nicht schlafen – das war mir alles zu intensiv und emotional. 2007 und 2010 hab ich zwar auch im letzten Rennen die WM verloren, aber viel daraus gelernt. Jetzt bin ich besser vorbereitet, siegessicherer und ruhiger als je zuvor!"

Starke Sprüche von Alonso, der im Sommer schon wie der sichere Champion aussah, aber seit Hockenheim im Juli nichts mehr gewonnen hat. „Doch jetzt haben wir neue Teile, immer noch nicht das beste Auto – aber maximale Anstrengung und Konzentration vom ganzen Team. Auch wenn die Leute sagen: nur Platz 6 oder 7 im

Qualifying? Ciao, WM-Titel. Das ist die Position, wo wir momentan hingehören. Aber nicht im Rennen!"

Für Lewis Hamilton ist Alonso unverändert der beste Fahrer der Formel I. Und Vettel? „Der kann in einer Runde vier Kurven verpatzen und ist immer noch der Schnellste. Weil er das beste Auto hat."

Vettel in Texas also schon Weltmeister? „So kann man das nicht sehen", bremst Vettel in deutschen TV-Interviews. „Ich rate zu größter Vorsicht. Der frische Asphalt, die relativ tiefen Temperaturen kommen uns nicht gerade entgegen." Und die Streckenführung? „Die eigentlich schon ..." Niki Lauda bleibt bei seinem Tipp: „Vettel wird Weltmeister – aber erst in Brasilien."

Bei McLaren liefert Hamilton Munition für das High-Noon-Duell zwischen „Cowboy" Vettel und Alonso, der eher für Indianer schwärmt. Lewis zündelt: „Seb kann in einer Runde vier Kurven verpassen und ist dennoch der Schnellste. Das liegt einzig an seinem Auto." Im Klartext: Hamilton schätzt den jüngeren Vettel, hält den älteren Alonso allerdings für den besseren Fahrer. Schon am Donnerstag gibt's im Fahrerlager nur ein Thema: Um wie viel baut Vettel seinen WM-Vorsprung auf Alonso aus. Es steht 255:245 – und Red Bull ist der große Favorit, Ferrari wird kaum ein Sieg zugetraut.

Der Freitag ist auf dem neuen Kurs „äußerst arbeitsintensiv", wie es Vettel nennt. Anders als auf bekannten Strecken fahren in den Trainings alle so viele Runden wie möglich. Die dritte und letzte Schicht des Asphaltbelags wurde erst Ende September aufgetragen. „Die Fahrbahn-Oberfläche ist also anfangs noch sehr grün und rutschig", sagt Pirellis Motorsportchef Paul Hembery, „der Gummiabrieb der Medium- und Hard-Reifen wird den Grip auf der Ideallinie erst von Training zu Training verbessern. Ein frischer Asphaltbelag entwickelt häufig einen dünnen Ölfilm auf der Oberfläche. Dieser entsteht beim Auftragen des Asphalts."

Am Freitag gibt's für jeden Fahrer ein Einstandsgeschenk: nämlich einen Extra-Satz harter Reifen. In den Red-Bull-Boxen ist viel von kurzer Getriebeübersetzung und mittlerem Abtrieb die Rede. Vettels Technikchef Adrian Newey erklärt die Trainings-Taktik: „Wir müssen die Basisabstimmung der Autos überprüfen, die wir zu Hause nur mittels Streckendaten berechnen und simulieren konnten. Dazu kommt eine neue Datenflut, und die Fahrer müssen sich mit dem Kurs vertraut machen. Das allein kann drei, fünf, zehn oder mehr Runden dauern." Vettel und Mark Webber brauchen nur jeweils fünf Runden dazu.

Bei Sauber herrscht „Fiesta Mexicana". Von Sponsor Telmex kommen hundert VIPs und wegen Sergio Pérez zehntausende Mex-Fans aus dem Nachbarland. Der Mexikaner nimmt uns auf eine Runde bei seinem „Heimrennen" mit: „Es beginnt mit einer ansteigenden Geraden bis zur ersten Kurve, gefolgt von einer Abfolge schneller Kurven. Dieser Teil sollte unserem Auto am meisten liegen. Nach einer sehr engen Linkskurve folgt eine lange Gerade, danach kommen einige enge Kurven sowie eine lange Rechtskurve mit mehreren Scheitelpunkten. Dann geht es zurück auf die Start-Ziel-Gerade."

Der künftige McLaren-Mann Pérez verzichtete dieses Mal aufs Training am Renn-Simulator, um für das GP-Neuland von vornherein ein besseres Gefühl zu bekommen. „Ich kann Strecken schnell lesen", sagt er selbstbewusst, „und viele Unwägbarkeiten lernst du sowieso erst vor Ort kennen. Wie etwa die Feinheiten des Radsturzes in den Kurven." Solche Sätze hörte man zuvor schon von Webber, Alonso, Räikkönen und Button.

Die Streckensimulationen im McLaren Technology Centre ergaben eine Durchschnitts-Rundenzeit von 1:38. Mercedes rechnete mit etwa 1:37 im Quali und um 1:42 im Rennen. 1:38,125 und 1:37,718 sind die schnellsten Rundenzeiten im ersten und zweiten Freitagtraining – gefahren von Vettel. Trotz Wasserlecks und obwohl die Temperaturen bei Sonne zu kühl für Red Bull waren: 15 bis 21 Grad (Asphalt 15 bis 31 Grad). Der erste Eindruck des WM-Leaders: „Der brandneue Circuit of the Americas bietet alles, was das Rennfahrerherz begehrt. Der neue Asphalt wird im Minutentakt griffiger, wenngleich die Kombination aus harten Reifen und niedrigen Temperaturen für ein generell niedriges Grip-Niveau sorgt."

Am Samstagmorgen wird bei nur 12 Grad trainiert. Vettel fährt dennoch Bestzeit: Mit 1:36,490 arbeitet er sich weiter an die unglaublichen 1:35,5 heran. Diese tollkühne Rundenzeit hatten die Lotus-Renault-Ingenieure für die Pole-Position prognostiziert. Um 12 Uhr, bei 21 Grad, startet das Qualifying – High Noon in Texas: Rund um die Strecke wird der Weltmeister 2012 in Wildwest-Manier per „Steckbrief" gesucht. „Wanted" steht auf den Schildern, dazu die Köpfe von Vettel und Alonso.

Doch im Quali kommt es zu keinem Duell. Der Red Bull RB8 ist zu überlegen, der Ferrari F2012 zu unterlegen. Vettel fährt furios und kommt der Simulator-Fabelzeit von Lotus bis auf gut ein Zehntel nahe: 1:35,657! Alonso dagegen enttäuscht: 1:37,300, nur Startplatz 9, wegen Grosjeans Getriebewechsel gewinnt er einen Startplatz (8.). Massa ist schneller und holt Startplatz 6.

Sein „Red Bull Strato"-Held Felix Baumgartner wird in Amerika immer noch gefeiert. „Die Reichweite für seine drei Weltrekorde geht in die Milliarden!", sagt Didi Mateschitz, der nicht in den USA live dabei ist – wenn Sebastian Vettel heute Abend in Texas vielleicht in eine neue Rennfahrer-Dimension springt: der jüngste Dreifachweltmeister der Formel-I-Geschichte! Darüber alles von „Mr. Red Bull" im Exklusivinterview für die Grand Prix Story.

Didi, wo wirst du heute Abend den GP der USA miterleben?

Mateschitz: Bei mir zuhause in Maria Alm vorm Fernseher. Bei RTL, wenn der Niki drauf ist. Sonst switch ich.

Wieso bist du in Texas nicht live dabei?

Mateschitz: „Vielleicht ein bissl aus Aberglauben. Wo ich 2012 dabei war, z. B. Barcelona und Monza, haben wir nicht allzu viele Punkte geholt. Ich war auch zwei-, dreimal bei den Testfahrten. Aber Seb und Mark fahren heute auch ohne mich gut."

Und nächsten Sonntag in Interlagos?

Mateschitz: Bin ich wahrscheinlich dort. Aber kommt drauf an ...

Dein Gefühl für heute Abend?

Mateschitz: Gut! Vettel ist in Hochform, das ganze Team ist top. Wenn wir kein Pech haben, sollten wir mit 10 Punkten Vorsprung Weltmeister werden können. Oder sag so: Wenn alles glatt geht, brauchen wir heute gar kein Glück – wir dürfen nur kein Pech haben."

Was fürchtest du?

Mateschitz: Was alles in der Formel I passieren kann. Die erste Kurve, die Reifen, der Frontflügel, mechanischer Defekt, Unfall, eine Strafe ... Du weißt ja nie, was der FIA einfällt ...

Viele glauben, Startplatz 2 wäre heute besser als Pole-Position, wenn es steil den Hügel raufgeht – wie auf deinem neuen Red-Bull-Ring in Spielberg?

Mateschitz: Das kannst dir nicht aussuchen, nicht absichtlich auf Platz 1 oder 2 fahren – bei ein paar Hundertstel Abstand. Aber die alte Weisheit: Die erste Kurve entscheidet nicht. Weil es dann noch zwei Stunden geht.

Also unbedingt ankommen – auch wegen der Konstrukteur-WM?

Mateschitz: Die ist so gut wie fix! Die nimmt uns keiner weg. Dreimal hintereinander – wie Ferrari. Aller guten Dinge sind drei.

Welcher Titel ist dir lieber oder wichtiger, Fahrer oder Konstrukteure?

Mateschitz: Beide absolut gleichwertig, vor allem auch für die Techniker, unser ganzes Team in Milton Keynes. Aber die Team-WM hängt auch vom zweiten Fahrer ab.

Du hast Adrian Newey vor Jahren gefragt: Ist es möglich, mit einem Privatteam die großen Giganten der Formel I zu besiegen?

Mateschitz: Und Newey hat gesagt: Ja, das ist möglich. Er hat's bewiesen.

Nur manche Reaktionen sind komisch bis neidig: Red Bull ist kein Racing Team, sondern nur eine Marketing-Plattform etc.?

Mateschitz: Taktische Kriegsführung, psychologische Spielchen auch von Alonso, der sagt: Ich kämpf nicht nur gegen Vettel und Webber, sondern auch gegen Newey – aber das kennen wir ja schon.

Nur vier Punkte, also bloß „little points“ für Sebastian Vettel und Mark Webber in Texas oder São Paulo, dann ist Red Bull zum dritten Mal hintereinander Konstrukteur-Weltmeister! Selbst wenn Ferrari in beiden Rennen Doppelsiege Alonso-Massa schaffen sollte – eher unwahrscheinlich. So verrückt ist nicht einmal die Formel I. Schon gar nicht in Vettels 100. Grand Prix: „Der geht im Zug der WM leider ein bissl unter“, spürt Dr. Helmut Marko. „Aber klar macht das Team etwas. Am besten natürlich mit einem Sieg!“ Die große Frage wie immer: Wer schießt sich rascher auf eine neue, oft exotische Strecke ein – vielleicht sogar schneller als im Simulator? Vettel oder Alonso? Die meisten Premierensiege hamsterte in der aktuellen Formel-I-Ära Ferrari: Eddie Irvine 1999 in Malaysia, Michael Schumacher 2004 in Bahrain und 2000 in Indy, Rubens Barrichello 2004 in Shanghai, Fernando Alonso 2010 in Korea. Dazu kamen auf Anhieb die Siege von McLaren (Kimi Räikkönen 2005 in Istanbul) und Renault (Alonso 2008 in Singapur) – wie aus einer Schnellfeuerpistole. Aber Red Bull? Viele aufregende Feuertaufen, aber bisher nur ein Premierensieg: Vettel 2011 in Indien. „Doch wann immer wir ab 2009 auf eine neue Strecke kamen, waren wir vorn dabei“, erinnert sich Dr. Helmut Marko. „Auch in Istanbul – bis zu unserer kleinen Kollision, aber beim ersten Mal in Abu Dhabi und in Korea hatten wir geführt.“ Und sonst, Helmut? „Bahrain ist lang her ... aber seit wir gewinnen, fahren wir auf jeder neuen Strecke um den Sieg mit! Auch in Texas.“ Und das Rezept? Perfekte Vorbereitung? „Ganz ehrlich: Wir wissen oft selbst nicht genau, warum wir so gut dastehen. Vielleicht haben wir den besten Simulator und darum das beste Set-up. Unsere Leute, alle im Team, können sich halt schneller auf neue Gegebenheiten einstellen.“ Dazu gehören auf der schnellen, heißen Austin-Strecke mit ihrer Haarnadel gleich nach dem Start, dann schnellen Fliehkraft-Kurven wie in Silverstone oder Spa besonders die Reifen. Pirelli gab für Freitag jedem Team einen Extra-Satz „schwarzes Gold“. Aber der hilft in Austin nicht wirklich – das sind schon die Reifen der Generation 2013.

Am Sonntag reagiert Ferrari auf diese ungewöhnliche Konstellation mit einer ungewöhnlichen Maßnahme: An Massas Auto wird absichtlich eines von drei Getriebe-Siegeln gebrochen. Es ist eine altmodische Drahtplombe. Massas Schicksal ist damit besiegelt: Er muss um fünf Startplätze zurück – und Alonso rückt einen weiter vor und steht als Siebenter auf der sauberen Grid-Seite mit besserem Grip. Im WM-Duell heiligt der Zweck eben fast alle Mittel. Ferrari wartet mit diesem Trick bis zweieinhalb Stunden vor dem Start, um Red Bull mit Webber (3.) nicht auf die gleiche Idee zu bringen. Dann wäre Alonso zwar wieder vorgerückt, aber auf der dreckigen Seite der Startaufstellung gestanden.

Der Start zeigt: Ferraris Taktik-Poker geht auf. Massa wurde nicht umsonst „geopfert“. Alonso macht alles richtig. Er ist schnell und clever, zieht an Hülkenberg,

Räikkönen und Schumacher vorbei und ist nach der ersten Kurve Vierter. Vorne fahren Vettel, Webber und Hamilton weg. In Runde 5 überholt Hamilton Webber. Für den „Aussie“ gehen in der 18. Runde alle Lichter aus: Schon wieder ein Lichtmaschinen-Schaden (Alternator). Alonso ist damit Dritter.

In Runde 43 von 56 fällt die Entscheidung.Vettel läuft vor dem Kurven-Geschlängel auf Narain Karthikeyan auf und muss sich von Kurve 2 bis 7 hinter dem HRT anstellen. Erst in Kurve 8 flitzt er vorbei. Da hängt Hamilton bereits voll in seinem Windschatten. Vettel sagt später: „Somit hatte ich nur noch eine Kurve, um mich von Lewis abzusetzen. Das war zu wenig. Als der McLaren mit offenem DRS-Flügel anflog, wusste ich, Widerstand ist zwecklos. Egal, welche Seite ich ihm zumache. Er fährt an mir mit viel mehr Top-Speed vorbei.“

Vettel gibt dem Inder die Schuld, dass er das Rennen nicht gewonnen hat: „Ohne ihn hätte ich Lewis hinter mir gehalten.“ Karthikeyan wehrt sich: „Im Fahrerbriefing hat uns Charlie Whiting ganz klar erklärt, dass wir im ersten Teil des Geschlängels keinen vorbeilassen müssen. Du bist so schnell dort, dass es gar nicht möglich ist. Vettel war beim Meeting. Hat er nicht zugehört?“

Einen Titel konnte Red Bull in Austin dennoch einfahren: den Triumph in der Konstrukteure-WM, zum dritten Mal in Folge! „Dieser Titel ist auch sehr wichtig für uns, weil es für alle einen Bonus gibt“, freut sich Konsulent Helmut Marko. Und beim Saisonfinale in Interlagos ist der Fahrertitel fällig? „Wenn man nur einen Titel holt“, so Marko, „geht wieder die Diskussion los, welcher wichtiger ist. Also gewinnen wir am besten einfach beide, dann müssen wir uns keinen Kopf machen.“

Interlagos: Rutschiges Herzschlagfinale

„RAMBASAMBA“ BEI VETTEL

Hamilton, Vettel und Alonso mit Cowboyhüten und Sheriffstern – das Foto, das um die Welt ging. Eine unglaubliche, aber wahre Premiere: Lewis, Sebastian und Fernando standen in Texas zum ersten Mal überhaupt gemeinsam auf einem Siegerpodest! Ob sich das Bild in Interlagos wiederholt? Mit Hamilton zum letzten Mal im McLaren-Overall, Vettel oder Alonso aber als jüngster Triple-Weltmeister der Formel I?

Zahlen können die Dramatik dieser außergewöhnlichen WM nicht wiedergeben – aber trotzdem ein paar verblüffende Rekorde für die Formel-I-Fans.

Christian Horner (39) ist der jüngste Teamchef, der je dreimal die Konstrukteur-WM gewonnen hat. Und er ist auch jünger als vier Weltmeister: Dr. Giuseppe Nino Farina, Juan Manuel Fangio, Jack Brabham und Nigel Mansell.

Red Bull eroberte als einziges Team außer Ferrari, McLaren und Williams dreimal die Konstrukteur-WM. Pech nur für Mark Webber: 59 Rennen hintereinander ohne Defekt – bis ausgerechnet in Austin seine goldene Serie abriss.

Hamilton ist mit seinem 21. Sieg der dritterfolgreichste McLaren-Pilot der Geschichte hinter Ayrton Senna (35) und Alain Prost (30). McLaren hat aber nicht nur in Austin seinen 12. Sieg in einem USA-GP geholt, sondern auch einen sensationellen Weltrekord aufgestellt: Schon seit 57 Grands Prix, beginnend mit Jenson Button in Bahrain 2010, haben die „Super Macs“ in jedem Rennen gepunktet – total bereits ???Grand Prix.

Dagegen die armselige Bilanz von Mercedes: Jetzt schon fünf Rennen en suite ohne Punkte. Ob der Stallwechsel von Hamilton wirklich so clever ist …?

Auch im Vergleich mit Ferrari: Dort war Alonso in Texas zum 12. Mal heuer auf dem Podium – und Massa immerhin zum 9. Mal in den Punkten. Webber hätte gesagt: „Not bad for a number two …“

Fußball, Samba und die Formel I: Das ist Brasilien. Mit einer der mörderischsten Grand-Prix-Strecken, dem „Autodromo Carlos Pace“ außerhalb von São Paulo. Mit der abschüssigen, buckligen Start-Ziel-Geraden und dem Senna-S, in dem die Autos fast senkrecht abstürzen. Auf welchem Startplatz stehen Sebastian Vettel oder Fernando Alonso also am Sonntag am besten? Trickst Ferrari wieder wie in Texas? „Das Wichtigste war, dass wir sicherstellen: Die WM geht bis Brasilien!“

FELIPE MASSA – WELTMEISTER FÜR 13 SEKUNDEN

Zum 26. Mal seit 1950 wird die Formel-I-WM erst im allerletzten Rennen entschieden. Und zum dritten Mal ist Interlagos die Bühne für ein oft unheimliches Schauspiel: das Drama von Sieg und Niederlage. Und immer spielte Felipe Massa eine Hauptrolle: der sympathische brasilianische Pizza-Boy, der mit 17, noch zu Gerhard Bergers Zeiten, die Verköstigung fürs Benetton-Team in die Box brachte. „Damals meine einzige Chance, der Formel I ein bissl nahe zu kommen …" Was sich später dramatisch änderte. Aber nicht sehr glücklich.

Interlagos 2006: Schumacher (Ferrari) hat noch Hoffnung, Alonso (Renault) den Titel abzujagen, aber Fernando behält die Nerven, wird Zweiter, Schumi nur Vierter – aber alles überstrahlt der große Heimsieg von Felipe Massa, gefeiert wie Emnerson Fittipaldi oder Ayrton Senna. WM-Endstand: 1. Alonso 134, 2. Schumacher 121, 3. Massa 80.

Interlagos 2007: schon wesentlich knapper. Titelfavoriten sind Hamilton und Alonso. Kimi Räikkönen (Ferrari) ist der große Außenseiter, an den keiner glaubt. Aber dann führen plötzlich beide Ferraris, Räikkönen vor Massa. Alonso mit dem McLaren ist Dritter. Wenn er die WM gewinnen will, muss er an Massa vorbei. Aber Felipe trotzt ihm, fährt die letzten Runden vorsichtig wie auf rohen Eiern, weil er weiß: Nur ein Dreher oder Ausrutscher – dann wäre Alonso Weltmeister. Dank Massas aufopfernder, fehlerloser Fahrt holt der „Iceman" Sieg und WM-Titel – aber so knapp wie nie: 1. Räikkönen 110, dann Hamilton und Alonso je 109.

Interlagos 2008. Massa hätte sich längst den Titel verdient, aber er braucht einen Sieg und Hamilton dürfte nur höchstens Sechster werden. Ein Wolkenbruch und der turbulente Rennverlauf wirbeln alles durcheinander. Am Ende gewinnt Massa 13 Sekunden vor Alonso, dahinter laufen Räikkönen und Vettel ein. Hamilton, der große Gegner, ist in der letzten Runde nur Sechster. Glückstränen und Freudentänze der Massa-Familie in der Ferrari-Box. Endlich Weltmeister – aber leider nur für 13 Sekunden. Entsetzlich für Massa und Ferrari: In der letzten Kurve überholt Hamilton den Deutschen Timo Glock, der auf Slicks im Regen unterwegs ist. Und er entscheidet diese WM.
Hamilton wird Fünfter und ein glücklicher Weltmeister, und Königsmacher Timo Glock entschuldigt sich: „Ich konnte mit Slicks nimmer schneller fahren, ich bin nur noch hilflos gerutscht." Ein winziger Punkt fehlt Massa zum WM-Titel, er weint und ganz Brasilien mit ihm. Endstand: 1. Hamilton 98, 2. Massa 97, 3. Räikkönen 75.

Für Sonntag ist wieder ein Wolkenbruch angekündigt, von dem viele sagen: Der spielt Alonso in die Hände …

Das Manöver mit Felipe Massa in Austin war nicht das erste der Formel-I-Geschichte. Ferrari trickste schon 1974 in Monte Carlo mit Niki Lauda und Clay Regazzoni, die damals beide um die WM kämpften! Lauda hatte Pole-Position, neben ihm sein Teamkollege. Ihr gefährlichster WM-Rivale Emerson Fittipaldi (McLaren) dahinter als Dritter.

Und da hatte der damalige Ferrari-Rennleiter Luca Montezemolo (heute großer Ferrari-Chef) die raffinierte Idee: „Lauda und Regazzoni sollen ihre Startplätze tauschen!" Das war damals möglich – der Trainingsschnellste suchte sich seinen Startplatz aus, rechts oder links, dahinter dann die Kolonne.

Lauda sicherte sich den besten Startplatz, der in Monaco das Wichtigste ist. Aber Luca dachte anders: „Wenn wir unsere Positionen umdrehen, ist Fittipaldi am Start nimmer Dritter, sondern praktisch nur noch Vierter – und eingezwickt."

Lauda protestierte stürmisch: „Ich hab mir schon meine ganze Taktik zurechtgelegt, und dann gibt's nichts Schlimmeres, als wenn sie mir jemand umdreht." Aber Montezemolo beharrte auf seiner Version von Strategie und Teamplay: „Die Formel I ist auch Mannschaftssport."

So kam, was kommen musste: Regazzoni gewann von seiner „falschen" Pole-Position den Start, Lauda dahinter und nicht gerade happy. Er setzte den führenden Teamkollegen sofort unter Feuer, der Zentimeterabstand machte Clay nervös, er verbremste sich ein paarmal, sein Sitz brach – und dann donnerte er prompt in die Leitplanken.

Damit führte der echte „Pole"-Mann Lauda, bis ihn ein lächerlicher Defekt aus dem Rennen riss: eine kaputte Zündspule. Als sein Mechaniker nach dem Rennen den Motor startete, lief er sofort wie ein Glöckerl …

Gewonnen hat übrigens nicht Fittipaldi, sondern Ronnie Peterson. Aber Ende 1974 war Fittipaldi trotzdem Weltmeister – vor Regazzoni.

Jetzt wartet alles mit Spannung auf die Startaufstellung in Interlagos – und die erste Kurve nach dem Start. Dort trickste Juan-Pablo Montoya bei seiner Premiere sogar den großen Schumi aus, bis alle fragten: „Ist das die neue Technik des Rennfahrens?"

Und Alex Wurz überholte vor der ersten Kurve sehr mutig den Vizeweltmeister Heinz-Harald Frentzen – was viele überraschte.

Die Formel I erfüllt den sehnlichsten Wunsch von Bernie Ecclestone: Die Titel-Entscheidung fällt beim letzten Saisonrennen, vielleicht in der letzten Runde, am besten noch auf den letzten Metern. „Zu Weihnachten wünsche ich mir dieses Szenario immer."

Die Pause nach der Austin-Premiere, dem wilden GP-Ritt in Texas, ist kurz gewesen. Dennoch haben die meisten im F1-Tross diese wenigen, freien Tage bis zum

Trainingsauftakt in São Paulo/Interlagos voll genießen können: Red Bulls Konsulent Dr. Helmut Marko machte einen Abstecher nach Rio de Janeiro, zum Zuckerhut, zur Christusstatue auf dem Corcovado und zu den Stränden mit den bekannten Namen und unbekannten Schönheiten.

Am Strand sonnten sich auch zwei weitere „Bleichgesichter", die in den Hallen des mittelenglischen Red-Bull-Hightechwerks in Milton Keynes nur selten Sonne sehen: Teamchef Christian Horner und Technikchef Adrian Newey – und zwar in South Beach/Miami Beach.

Auch Sebastian Vettel blieb mit seiner blonden Freundin Hanna Sprater in den USA. Beide haben wohl in den Weiten Kaliforniens, an einem geheimen Ort, Ruhe für Zweisamkeit gesucht – und gefunden.

Niki Lauda flog „solo" im Privatjet nach Brasilia, um seinen alten Kumpel Nelson Piquet wieder mal zu sehen. Dessen Sohn und Ex-Renault-Pilot Nelson Piquet junior behauptet: „Fernando Alonso wäre längst Champion, wenn er im Sauber-Ferrari sitzen würde." Der Senior stimmt zu, Lauda nicht. „Die Reise hat sich gelohnt. Wir hatten drei Tage nur Spaß", freut sich Lauda, bevor er im Interlagos-Fahrerlager wieder zum RTL-Mikrofon greift.

Vettels WM-Rivale arbeitete auch an seinen freien Tagen – und läutete für Sponsor „Banco Santander" an Manhattans Wall Street die berühmte Börsenglocke der New York Stock Exchange. Die Bilder gehen jeweils um die Welt, wenn Stars und Promis auf der dortigen Empore mit der Glocke bimmeln und den Börsenstart einläuten. Als „Bulle" hätte Vettel allerdings besser dorthin gepasst. Der Stier symbolisiert ja die Hausse, die steigenden Kurse. Apropos symbolisch: Wem schlägt in Interlagos die Stunde? Ist Alonsos Weltmeister-Kurs nach seinem Börsenauftritt gestiegen?

Bernie Ecclestone, der an der Börse so zu Hause ist wie in der Formel I, gibt am Donnerstag Antworten: „Ich setze im Titelkampf auf Sebastian." Und wie viel? „So viel Sie wollen." Noch klarer wird der F1-Boss bei der Frage, ob das entscheidende Brasilien-Rennen mit Regen zur Lotterie werden könnte? „Wichtig ist nur, dass alle dieselben Voraussetzungen haben. Und es regnet nie nur für einen." Da spricht ein wahrlich erfahrener Mann.

Red-Bull-Gründer Dietrich Mateschitz jettet nicht nach São Paulo. Er verfolgt das WM-Duell mit seinem Schützling aus der Ferne, in der Abgeschiedenheit zwischen dem Gebirgszug des Steinernen Meeres und den Pinzgauer Grasbergen: Auf seiner Alm, dem Gut Hochreit im Salzburger Maria Alm. „Didi" düst erst danach ab, auf seine private Südsee-Insel – mit einem WM-Titel mehr im Gepäck?

Auch für Alonso wäre es der dritte Titel. Auch er kommt mit seiner blonden Freundin nach São Paulo: Dem russischen Model Dasha Kapustina. Ein Glücksbrin-

THE LONG GOODBYE: LETZTE RENNEN VON SCHUMI &CO

Am Abend vor seinem letzten Rennen – 1985 – saß Niki Lauda in einem Restaurant in Adelaide. Keine Spur von Dungl-Biokost. Er aß nur, was ihm schmeckte, und spülte es mit ein, zwei Gläsern australischem Rotwein runter. Nicht gerade, was die Fitness-Gurus am Abend vorm Rennen anordnen. Aber Niki sagte mir: „Ich hab schon einen ganz miserablen Startplatz. Gott sei Dank. Und weißt, was ich mir für morgen im Rennen wünsch? Kopfweh und einen Kater vom Wenig-Schlafen, dazu ein schlecht liegendes Auto und möglichst bald einen Motor- oder Getriebeschaden. Dann kann ich aufhören – ohne Bedauern."

Adelaide ist eine reifenmordende Strecke. Aber weil Lauda gescheit und mit viel Gefühl fuhr, lag er gegen Ende plötzlich in Führung. „Da hat mich der Schreck gepackt: Was ist, wenn ich jetzt wirklich gewinn? Dann kann ich ja gar nicht aufhören ..."

Wie Annemarie Moser-Pröll, die am Tag nach ihrem Olympiasieg in Lake Placid 1980 am Sessellift plötzlich in Tränen ausbrach. „Weil mir bewusst wurde, dass jetzt alles vorbei ist."

Ein Bremsdefekt erlöste Lauda. Der McLaren steckte plötzlich in der Mauer. Laudas 171. und letzter Grand Prix war erledigt.

Ein anderer Austria-Pilot hätte beinahe seinen 210. und letzten Grand Prix gewonnen: Gerhard Berger 1997 in Jerez. Nach der Skandal- Kollision Schumacher-Villeneuve ein heilloses Durcheinander im Ziel. Villeneuve war Weltmeister, aber Frank Williams funkte ihn an: „Lass die zwei McLaren vorbei. Als Dank, dass sie dich nicht behindert haben." Dann befahl auch noch McLaren-Chef Ron Dennis seinen Piloten Hakkinen und Coulthard, Platz zu tauschen. In diesem Chaos schlich sich Berger an und hätte fast noch gewonnen. Auf den Zielstrich fehlten ihm nur 0,3 Sekunden aufs Stockerl, nur 1,9 zum Sieg!

Was wird mit Schumacher in Interlagos? „The long good-bye" wie bei Raymond Chandler ? Oder: „Sag zum Abschied leise servus"?

Hakkinen trat als Doppelweltmeister zurück. Bei der großen Farewell-Party in Suzuka musste jeder Fahrer ein Hakkinen-Erlebnis preisgeben. Johnny Herbert, der zeitweilig mit dem Finnen ein Zimmer teilte, war am besten: „Als ich am ersten Tag ins Badezimmer kam, lag schon Mika in der Badewanne und spielte mit einer Gummiente. Oh my God, hab ich nur gedacht ..." Alain Prost blieb bei 199 Grand Prix hängen, weil er seinen Ferrari als „schwergängig wie ein Lastauto" beschimpfte - darauf gab ihm Ferrari kein Auto mehr. Und Jackie Stewart fuhr seinen 100. Grand Prix nicht mehr, weil in Watkins Glen 1973 sein Tyrrell-Stallkollege Francois Cevert verunglückt war.

Nigel Mansell, etwas dicker geworden, paßte am Ende nicht mehr in den McLafren und ließ ihn beim letzten Rennen in Barcelona frustriert auf der Strecke stehen, behauptet aber noch heute mit 59: „Ich bin ja nie zurückgetreten."

ger mehr kann nicht schaden. Doch er weiss, ohne Unfall oder Technikausfall oder wenn sich Red Bull und Vettel nicht selbst ein Bein stellen, hat er keine Chance. „Wenn alles normal läuft, wird Seb Weltmeister. Ich brauche verrückte Umstände", spricht der Spanier Klartext und gibt gleich noch ein Geheimnis preis: „Dennoch sagt mir meine innere Stimme, du holst diesen Titel."

Doch Alonso ist auf dem 4,309 km langen Interlagos-Kurs nur einer von drei Gegnern, die Vettel das WM-Finale gründlich vermiesen könnten. Die anderen zwei sind noch unheimlicher, als Alonso: Zum einen ist es das unbeständige und unberechenbare (Regen-)Wetter der Region São Paulo, die 900 m über dem Meeresspiegel liegt und traditionell Treffpunkt grauschwarzer Gewitterwolken ist. Zum anderen ist es die ohne Vorwarnung streikende Lichtmaschine im RB8-Renault. Diesen Alternator gibt es in jedem Pkw, er ist für die Energiegewinnung der Bordelektronik zuständig.

Letztes Opfer dieser rätselhaften Defekt-Serie war Webber in Austin. Zuvor hatten Lichtmaschinen-Ausfälle in Valencia und Monza Vettel dunkle Stunden beschert. Dieses Bauteil kommt vom italienischen Hersteller Magneti Marelli und wird von Red Bull im Paket mit dem Renault-Motor bezogen. Zum plötzlichen Stromausfall in den RB8 kam es wegen Überhitzung. Die Alternatoren sind regelrecht zu Klumpen geschmolzen.

„Die Situation ist nicht ideal". schüttelt Teamchef Horner den Kopf, „ich weiss, unser Partner Renault tut was er kann und sammelt Daten, um unsere neue Alternator-Version nach allen Seiten abzusichern." Drastischer formuliert Aerodynamik-Guru Newey das stete Ärgernis: „Das Ding ist eine tickende Zeitbombe. Du weisst nicht, wann sie losgeht." Remi Taffin, der Technikchef von Renault, beruhigt seine besten Partner: „Die neue Lichtmaschine ist zu 99 Prozent sicher."

Beim Donnerstag-Medientermin kommt es zum ersten Duell: Vettel und Alonso sitzen in der ersten Reihe, nur getrennt von Michael Schumacher, der vor seinem letzten GP und seinem zweiten Rücktritt zur Pufferzone wird.

0:0 steht es nach diesem ersten Aufeinandertreffen. Zu einem gemeinsamen Foto der beiden besten Fahrer dieser Saison kommt es trotz ausdrücklichem Wunsch der Fotografen nicht. „Vielleicht später", murmelt Alonso. Vettel nickt. Die Fotografen „schiessen" beim Brasilien-GP aber so oder so tolle, aufregende Bilder: Denn das Autodromo ist in Interlagos, also zwischen den Seen, so schön in die Landschaft eingebettet, dass die Ränge für die heißblütigen Fans und ihre Samba-Trommler zum Grand-Prix-Amphitheater werden. Und die Strecke wird so zur idealen Bühne.

1:0 für Vettel steht es Freitagmittag. Der Titelverteidiger ist nach dem ersten Training nur ganz knapp Zweiter (1:14,140) hinter Hamilton (1:14,131). Herausforderer Alonso ist Fünfter (1:14,392). Vettel fehlt es an der üblichen Lockerheit, er wirkt wesentlich angespannter, als sonst. „Das ist nur natürlich in seiner Lage“, wiegelt sein Förderer Marko ab.

2:0 geht Vettel in Führung, als das zweite Freitagtraining abgewinkt wird. Eine Doublette der ersten Session: Hamilton ist Tagesschnellster (1:14,026) vor Vettel (1:14,300). 5. Alonso (1:14,592). Der Spanier wirkt so, als würde ihn die Bürde seines 13-Punkte-Rückstandes extrem belasten. „Der Druck ist erdrückend, aber dem hält er stand“, sagt und hofft Ferrari-Teamchef Stefano Domenicali.

3:0 führt Vettel nach Training Nummer 3 am Samstagvormittag. Nur Jenson Button ist mit 1:13,188 schneller, als Red Bulls Nummer 1 (1:13,245). Nur Rang acht für Alonso mit 1:13,691. Wiederum kommt ihm „Assistent“ Massa so nahe (1:13,712), dass die roten Alonso-Fans schwarz sehen. Danach geht ein Regenschauer nieder und es ist spürbar kühler, 22 Grad.

4:0 heißt es im Qualifying nach Q3. Vettel zeigt zwar Nerven und kommt auf seiner schnellen Runde kurz und knapp neben die Strecke. Doch es reicht hinter Hamilton (1:12,458), Button und Webber zu Startplatz vier (1:12,760). Alonso

DIE WELTMEISTER MIT 25

Was taten sie, als sie so alt waren wie Vettel?

Juan Manuel Fangio fuhr noch abenteuerliche Tourenwagenrennen in der argentinischen Pampas. Fing erst mit 38 in der Formel I an und hörte mit 46 auf.

Jack Brabham fuhr knallharte Sandbahnrennen in Australien, bevor er nach England kam – und fast 30-jährig mit Cooper in die Formel I einstieg. Als er mit 40 noch fuhr, fotografierten sie ihn als alten Mann mit Bart und Stock …

Niki Lauda war mit 25 gerade von BRM zu Ferrari gewechselt, gewann in Jarama und Zandvoort seine ersten GOs und wurde 1974 schon WM-Vierter.

Jackie Stewart war mit 25 Juniorenweltmeister bei den Tontaubenschützen, 1964 für Tokio Ersatzmann im britischen Olympiateam, schon Formel-III-Star und mit 26 in der Formel I.

Alain Prost fuhr gerade sein erstes Formel-I-Jahr für McLaren, ehe er zu Renault wechselte.

Michael Schumacher war mit 25 schon 10-facher Grand-Prix-Sieger und durch die Kollision mit Damon Hill in Adelaide erstmals Weltmeister – damals der jüngste.

Nelson Piquet, der Diplomatensohn, studierte in den USA, fuhr aber viel lieber bereits in der Formel III, in der Formel I kurz danach.

Ayrton Senna war mit 25 WM-Vierter – mit Siegen in Estoril und Spa im schwarzen Lotus.

Fernando Alonso hatte mit 25 bereits 14 Grand Prix gewonnen und war 2006 mit Renault schon zweifacher Weltmeister – der damals jüngste Doppelchampion.

verzweifelt fast, weil seine Medium-Pirellis zu wenig Grip aufbauen, vor allem die Vorderreifen: Nur Startplatz acht (1:13,253). Massa bringt den „Gummi" besser auf Temperatur und zum Haften – und ist Fünfter. Weil Pastor Maldonado strafversetzt wird, rückt Alonso auf Startplatz sieben vor.

273:260 – Vorteil Vettel also vor dem finalen Rennen. Vettel vs. Alonso geht in die letzte Runden. Und was für welche! Was vom Start weg bei leichtem Regen geschieht ist an Dramatik und Turbulenz kaum zu überbieten. Ein echtes Herzschlagfinale „made in Interlagos": Vettel startet mittelprächtig. Was Webber neben ihm macht, ist auch nicht hilfreich. So muss der Titelverteidiger zurückstecken – und steckt vier Kurven später in großen Schwierigkeiten: Pérez berührt Senna, der wiederum touchiert Vettel und dreht den Red Bull um. „Ich spürte einen Schlag auf die Hinterachse und plötzlich kam mir das Feld entgegen. Kein gutes Gefühl", wird Vettel nach dem GP sagen. Und zum Übeltäter Bruno Senna: „Eigentlich wussten alle, dass es nass war. Einer hat es offenbar vergessen."

Vettel fährt als Letzter weiter. Auspuff und Unterboden sind an seinem RB8 demoliert. Das kostet Abtrieb, erhöht den Luftwiderstand und stört die Balance. Am Kommandostand an den Boxen werden in aller Eile Ferndiagnosen über den Zustand des Autos erstellt und analysiert. Adrian Newey brütet über großen Fotoausdrucken, die den Schaden zeigen. Es besteht die Sorge, dass der Auspuff zu heiß wird, bricht und brennt. Deshalb wird das Motorenprogramm geändert, um die Temperatur besser kontrollieren zu können. Das kostet Vettel einige PS. Was ihn nicht hindert, in den nächsten acht Runden von P24 auf P8 vorzupreschen. Beim ersten Boxenstopp in Runde 10 wird der Frontflügel nachjustiert, um die Aerodynamik wieder etwas auszubalancieren.

Rivale Alonso behauptet trotz Drehern Platz vier. Bei Vettel hält das Auto, aber nicht der Wetterbericht. Vor seinem dritten Boxenstopp wird das Regenende vorhergesagt, er bleibt daher auf Trockenreifen. Doch der Regen wird immer stärker. Nur zwei Runden später muss er von Slicks auf Intermediates umsatteln. Weil sein Boxenfunk gestört ist, überrascht er seine unvorbereitete Crew an den Boxen. Hastig werden die Heizdecken von den Regenreifen gerissen. Nur drei von vier Reifen sind parat. Es ist sein vierter und letzter Stopp, 17 Runden vor Schluss!

Vettel überholt Schumacher und ist Sechster. Weil die führenden Hülkenberg und Hamilton kollidieren, fährt Button dem Sieg und Alonso Platz zwei entgegen. Das ist zu wenig für den Ferrari-Piloten. In der vorletzten Runde crasht di Resta. Das Safety-Car kommt auf die Strecke – Überholverbot. Die Zitterpartie hat ein Ende. Bei Red Bull liegen sich Marko, Horner und Newey, die pro Runde vor Aufregung jeweils um ein Jahr gealtert sind, in den Armen: Geschafft! Mit 281:278. Nach der Zieldurchfahrt funktioniert Vettels Funk wieder, doch er bringt keinen Ton raus. Marko sagt: „Nach diesem Rennen fehlen nicht nur ihm die Worte."

„Auch Sebastian Vettel wird sieben WM-Titel gewinnen – genau wie Michael Schumacher!" prophezeit Niki Lauda nach dem Sensationsrennen von Interlagos. „Das Reglement ändert sich 2013 ja nur unwesentlich – also spricht nichts dagegen, dass Sebastian noch vier Titel holt. Drei hat er ja schon. Der Michael wird aufpassen müssen ..." gratuliert Niki noch in Brasilien.

Niki, dein Schlusswort zu dieser atemberaubenden WM?

Lauda: „Vettel ist sensationell gefahren, und Red Bull hat dieses Jahr perfekt abgeschlossen. Besser geht's gar nicht."

Obwohl – von Vettel abgesehen – diesmal nicht alles problemlos ablief?

Lauda: „Als Vettel an die Box kam, hatten sie die falschen Reifen ausgepackt und die richtigen erst herrichten müssen – weil es am Funk Probleme gab. Das hat Zeit gekostet. In so einem Chaosrennen mit den Wetterkapriolen kann immer alles passieren."

Die Formel-1-Fans hatten ja schon in der ersten Runde einen Schock, du auch?

Lauda: „Das war der Wahnsinn von Bruno Senna, der Vettel ins Auto fuhr. Dass bei Vettel nur Auspuff und Bodywork beschädigt waren – ein Riesenglück! Dann nahm alles seinen Verlauf."

Du sagtest, das verrückte und beste Rennen, das du je gesehen hast. Wie hast du die Übersicht bewahrt? Immer mitgerechnet, wie sich das Rennen entwickelt? Und wie die WM – mit dauernd neuem Punktestand?

Lauda: „Ich hab das gebannt verfolgt. Du schaust einfach auf die Rundenzeiten und dann weißt du gleich alles. Vor allem, dass Vettel in dem Chaos ein perfektes Rennen fuhr. Ohne unnötiges Risiko die WM nach Hause gebracht hat."

Und Ferrari, diesmal ohne alle Tricks?

Lauda: „Die stehen ein bissl blöd da und haben von Red Bull schon wieder eine drübergekriegt."

Und McLaren?

Lauda:„Die haben mir am besten gefallen. Jenson Button kam mit den Bedingungen am besten zurecht – während Hamilton ja von Hülkenberg rausgeschoben wurde. Jetzt freu ich mich schon auf 2013! Aber die Deutschen haben wieder ihren großen Hero ..."

Die lange Nacht von São Paulo! „Sie feiern immer noch", grinst Dr. Helmut Marko, als er Montag früh in Graz aus dem Flieger klettert: müde, aber glücklich. „Was Sebastian Vettel in Interlagos aufführte, war das Beste, was er je gezeigt hat!" Freudentränen und Champagner in der Box nach Sebastian Vettels drittem Rekord-WM-Titel. Aber dann weiß der Supermann, der schon auf eigene Kosten einmal einen

Red-Bull-Flügel hat einfliegen lassen, was er seiner Crew schuldig ist – fürs ganze Jahr. Vettel lädt seine gesamte Mannschaft (rund 30 Techniker und Mechaniker) zum Abendessen in eine Churrascaria– mit seiner Freundin, während seine Eltern in Heppenheim feiern.

Wie die Party nachher in Samba-Clubs oder wo auch immer weiterging, weiß man nicht genau. Aber Vettels Crew freut sich nicht nur über die zwei WM-Titel, sondern auch über die Prämie für den millionenschweren Konstrukteur-WM-Titel. „Das passt für jeden von uns gut zum Weihnachtsgeld ...“ Für die Fahrer-WM freilich gibt's nur für den Weltmeister eine Extra-Prämie – für Vettel schon zum dritten Mal.

Als Alan Jones 1980 Weltmeister wurde, hatte er seinen Williams-Mechanikern zum Dank ein feines Dinner versprochen. Dann lud er sie zu McDonalds ein ... Das ist eben der Unterschied zu Vettel

Christian Horner und Adrian Newey, die „Superhirne“, fliegen um Mitternacht zurück nach England – bei der Vettel-Party schießen immer wieder die Bilder dieses verrückten Grand Prix in die Köpfe. Auch die Manöver von Mark Webber. „Der war nicht sehr kooperativ“, sagt Marko. „Er hat Vettel am Start keinen Platz gelassen und wäre beim Re-Start fast in ihn reingeknallt.“ Vorwürfe gabs keine. „Vom Team her wars nicht unser optimaler Tag“, gibt Marko zu – „aber Vettel war sensationell.“ Trotzkaputten Boxenfunk. „Das klären wir in den nächsten Tagen.“

Vettels erste Woche als historischer Dreifach-Weltmeister? Am Dienstag Filmaufnahmen in England für die gigantische Red-Bull-Weltmeisterparty in Milton Keynes. Mit einem Pop-Superstar auf der Bühne – aber der muss lang geheimbleiben. Und dann kann Vettel wieder den Sturzhelm aufsetzen: Er fährt sein Weltmeisterauto, die „Abbey“, in einer Supershow durch die Altstadt von Graz.

Danke, Didi. Er hat mehr als einen Hauch Formel I in die Steiermark zurückgebracht.

DIE SUPERLATIVE 2012

Team des Jahres: Red Bull. Anfangs sieglos, Vettel gewann erst das vierte Rennen in Bahrain, später aber vier in Folge. Ab Spätsommer das eindeutig beste Auto – mit dem besten Konstrukteur, dem besten Team, der besten Technik.

Fahrer des Jahres: Fernando Alonso mit einem unterlegenen Ferrari. Gab aber nie auf, peitschte das ganze Team weiter: „Ich kämpfe nicht nur gegen Vettel und Webber, sondern auch gegen Newey."

Flop des Jahres: Mercedes, vor drei Jahren als „deutsches Formel-I-Nationalteam" angetreten, „um bis 2012 die WM zu gewinnen", aber trotz 150 Millionen Euro Budget (nächstes Jahr: 200 Mio.) nur heiße Luft – bis auf Rosbergs Sieg in China.

Enttäuschung des Jahres: Michael Schumacher. Zwar Bestzeit in Monaco, in Valencia (3.) auf dem Podest, aber in seiner zweiten Karriere fast 60 Rennen ohne Sieg.

Comeback des Jahres: Kimi Räikkönen und Lotus mit dem Sensationssieg in Abu Dhabi – drei Jahre nach seinem Rücktritt.

Teamchef des Jahres: Christian Horner, mit 39 Jahren der jüngste Teamchef der Formel I – jünger als die Weltmeister Farina, Fangio, Brabham und Mansel.

Überraschungssieger des Jahres: Der stürmische Maldonado (Williams) in Barcelona.

Entdeckung des Jahres: Sergio Pérez. Zweiter in Malaysia und Monza, geschlagen nur von Alonso und Hamilton, seinem Vorgänger bei McLaren.

Techno-Trick des Jahres: Doppel-DRS und erfinderische Auspuff-Gestaltung – fast schon wieder der „angeblasene Diffusor".

Crash-Kid des Jahres: Romain Grosjean. Karambolagen in sieben Rennen gleich nach dem Start. Wegen der Beinahe-Katastrophe für Monza gesperrt.

Glückspilz des Jahres: Fernando Alonso in Spa. Zehn Zentimeter retteten ihm nach dem fürchterlichen Grosjean-Unfall das Leben.

Transfer des Jahres: Hamilton von McLaren zu Mercedes – was keiner versteht.

Rennen des Jahres: Abu Dhabi mit der sensationellen Vettel-Aufholjagd.

Ruhigste Rennen des Jahres: Korea und Indien – weil Vettel so überlegen war.

Pechvogel des Jahres: Lewis Hamilton, in Singapur und Abu Dhabi in Führung ausgeschieden.

Bester Boxenstopp: 2,31 Sekunden für Jenson Button (McLaren) in Hockenheim – damit er vor Vettel wieder raus kam. Sensoren in den vier Pressluft-Schlagschraubern zeigen an, ob jedes Rad perfekt montiert ist – erst dann kommt grünes Licht.

Schicksal des Jahres: die Spanierin Maria de Villota (Marussia) verlor bei einem Testunfall ein Auge.

Hochzeit des Jahres: Bernie Ecclestone (82) mit der Brasilianerin Flosi, seine dritte Ehe.

Drink des Jahres: „Kimi on the rocks" oder „Sportsman's Drink": Ein Drittel Mineralwassser, darüber zwei Drittel Wodka, gemixt natürlich von Räikkönen.

Aufstieg des Jahres. Niki Lauda vom RTL-Analytiker zum Vorstandsvorsitzenden von Mercedes F1 – aber noch ohne silbernes Kappl.

Vor 30 Jahren starben Villeneuve und Chapman

ZEITREISE MIT ZWEI GIGANTEN

Die GRAND PRIX STORY hatte 2010 ein ausführliches Special über Jochen Rindt, 2011 ein Extra über Wolfgang Graf Berghe von Trips. Dieses Jahr erinnern wir an den legänderen Gilles Villeneuve und den risikofreudigen, aber genialen „Mr. Lotus" Colin Chapman.

Colin Chapman
„MR. LOTUS"

* 19. Mai 1928 in Richmond, Surrey, England
† 16. Dezember 1982 in Norwich

„Ich mag das Abenteuer und den Erfolg", beschrieb mir „Mr. Lotus" einmal seine Lebensphilosophie. „Ich war immer ein Gambler." Und ein Pionier. Seine Monocoque-Idee (Schalenrahmen-Chassis) und später sein Flügelauto revolutionierten die Formel I wie danach nur John Coopers Heckmotor-Rennwagen, John Barnards Carbonfiber-Chassis oder Adrian Neweys aerodynamische Zaubertricks beim Red Bull – und zwischendurch auch der Sechsrad-Tyrrell oder Niki Laudas Staubsauger-Brabham.

Erinnerungen aus fast 50 Jahren an Gespräche mit einem Genie. „Erfolg im Business", verglich Chapman , „wird immer an deinem Bankkonto gemessen. Erfolg im Rennsport an der Statistik deiner Siege." Insgesamt 79 bei 510 Starts und sechs Weltmeistertitel durch Jim Clark 1963 und 1965, Graham Hill 1968, Jochen Rindt (posthum) 1970, Emerson Fittipaldi 1972 und Mario Andretti 1978. Macht in der ewigen Rekordliste Platz 4 hinter Ferrari, McLaren und Williams.

Und jetzt blühen – mit Renault – neue Lotus-Blüten. Immer wiederkehrend wie Orchideen.

Chapman gründete Lotus mit seiner Abfertigung von der Royal Air Force und 500 geborgten Pfund von seiner Ehefrau Hazel. Beim ersten Konstrukteur-Weltmeister Vanwall 1958 wirkte er schon als Aerodynamiker mit, aber einmal sogar als Formel-I-Pilot: Im ersten Training in Reims fuhr Chapman die fünftbeste Zeit, bevor er crashte. Berühmt wurde aber dann das Duo Jim Clark – Colin Chapman. Ein Erfolgsduo wie heute Sebastian Vettel und Adrian Newey. Der schnellste Pilot seiner Ära und der genialste Konstrukteur, angefangen beim Lotus 25 (später Lotus 33), der die alten Rohrrahmen-Aluminium-Chassis ablöste, die oft bei Unfällen über den Beinen des Piloten brachen. Als Clark erstmals in den Schalenrahmen-Lotus kletterte, hatte er „ das Gefühl, ich steig in eine Badewanne auf Rädern."

Clark fuhr immer nur für Lotus – 72 Große Preise, davon gewann er 25. Wie viel war der Fahrer wert, wie viel das Auto? Eine damals brennende Frage im Formel-I-Zirkus, von Chapman bei einem privaten Mittagessen am Nürburgring so beantwortet: „Jimmy could do well in any car, but nobody could do so well in a Lotus – Jimmy wäre in jedem anderen Auto genauso gut, aber keiner wäre im Lotus so gut wie er."

„Weil er von allen Rennfahrern die leichtesten Arme und Beine hatte", analysierte die Konkurrenz. „Später, mit Piloten mit mehr Gewicht, brachen Radaufhängungen und Halbachsen."

Ferrari-Chefingenieur Mauro Forghieri kritisierte einmal: „Wenn ich solche Teile an meinem Auto hätte wie der Lotus, könnte ich nicht ruhig schlafen."

Graham Hill ätzte: „Wann immer mich mein Hinterrad überholt, weiß ich, dass ich in einem Lotus sitze."

Der Schwede Gunnar Nilsson später bei ersten Testfahrten auf die Frage „Was fehlt dem Auto?" kurz und bündig: „10 Liter Superbenzin und ein Streichholz ..."

Chapman war not amused. „An unserer Reputation ist die Presse schuld und ein bissl auch unsere turbulente Anfangszeit" – etwa als Stirling Moss öfter ein loses Lotus-Lenkrad in der Hand hielt. Aber Colin hört auch erfreut, wie Jochen Rindt seine Mechaniker anweist: „Dont touch the car, it's bloody marvellous" – ändert nur ja nichts am Auto, es ist phantastisch. Rindt sagt auch direkt zu Chapman: „Dein Lotus 72 ist so gut, dass damit auch ein Affe gewinnen könnte." Leider ist er auch zerbrechlich, und Rindts Vorschlag, soundsoviele Kilo abzuhungern, damit Chapman stärkere Bremswellen bauen kann, verhallt in der Box. „Das ist wie mit einer Brücke, die auch nicht starr sein darf, weil sie schwanken muss."

Chapman kann stur sein. Genau wie Alec Guiness im Film „Die Brücke am Kwai" vergleicht Jochen: „Er verhindert die Zerstörung der Brücke, die er für den Feind gebaut hat."

Aber Rindt weiß auch: „Es gibt nichts, das Chapman nicht verwirklichen kann: Indianapolis-Auto, Turbinenauto, Vierradantrieb – was immer du willst."

Diese Autos laufen auch auf den Rennstrecken. Nur Chapmans letzte verblüffende Kreation, der Lotus 88 mit den zwei übereinanderliegenden Chassis zwecks Dämpfung und besserer Bremswirkung, darf nicht – von der FIA verboten. Chapman scheitert am winzigen Unterschied im Regelbuch. Dort heißt es auf Englisch „the chassis" (Einzel- und Mehrzahl), im französischen Text, der im Zweifelsfall gilt, aber nur „le chassis", also Einzahl. Damit stirbt diese Idee, aber Chapman hatte in seinem turbulenten Leben viele andere – als Erster. Wie seine ersten Sponsorverträge, als die FIA 1968 die branchenfremde Werbung auf den Boliden erlaubt. Ab sofort prangt der Matrose von „Players Navycut" auf den Lotus. Noch schöner aber ist ab 1971 der schwarz-goldene John Player Special, vielleicht das beste Marketing der Formel-I-Geschichte.

Aber ein Genie hat viele Gesichter. Bei einer zufälligen Notlandung auf den Balearen entdeckt Chapman, der begeisterte und abenteuerlustige Flieger, die Trauminsel Ibiza – damals noch fast unbewohnt. Aber bald wird sie dank Colin die Sommerresidenz des halben Formel-I-Zirkus': Lauda, Senna, Berger, Rosberg, Piquet usw.

Aber Chapman verfolgen auch die Schatten von früher. Nach Jim Clarks tödlichem Unfall in einem Formel-II-Rennen in Hockenheim 1968 lässt er das Unglücksauto vernichten, „um jede Evidenz auszulöschen". Nach Jochen Rindts Tod in Monza wegen gebrochener Bremswelle stöhnt er: „Oh my God, not another one – lieber Gott, bitte nicht schon wieder einer."

Aber seine Philosophie ist typisch für die damalige Zeit: „Du kannst nicht alles haben im Leben. Der Rennfahrer ist der, der von der ganzen Welt bewundert, geliebt und hoch bezahlt wird, er genießt, wovon viele nur träumen, allen Glanz und Glamour. Sein Sterben ist ein Teil davon."

Sein letzter Sieger, dem er seine schwarze Samtkappe wie früher Alfred Neubauer seinen Hut vor die Vorderräder wirft, ist Ayrton Senna 1987 in Monte Carlo und Detroit. Danach wird es stiller um Lotus, aber man hört vom Finanzabenteuer mit de Lorean usw.

Am 16. Dezember 1982 stirbt Colin Chapman an Herzschlag. Aber die Gerüchte verstummen lange nicht, dass er mit anderem Namen und anderer Identität in Brasilien weiterlebt. Falls wirklich, vermutlich als Mix zwischen Albert Einstein und Robinson Crusoe.

Gilles Villeneuve

ENZO FERRARIS LIEBLINGSFAHRER

* 18. Januar 1950 in Saint-Jean-sur-Richelieu, Kanada
† 8. Mai 1982 in Löwen, Belgien

„Er war der Beste von uns. Und ganz bestimmt der Schnellste." Ein Requiem von Niki Lauda für den Kanadier Gilles Villeneuve, dessen Todestag sich am 8. Mai 2012 zum 30. Mal jährt. Villeneuve fuhr 67 Grands Prix, bis auf sein McLaren-Premierenrennen 1977 in Silverstone alle für Ferrari, und gewann sechs. Weltmeister wurde er nie, siegte aber in Monte Carlo – bei seinem Sohn Jacques war es genau umgekehrt. Aber Kult war er nie. Dafür genoss Gilles ähnlich wie Ayrton Senna Heldenverehrung und ist 30 Jahre nach seinem Tod immer noch von der Legende verklärt.

Vielleicht der mutigste, tollkühnste, draufgängerischste Autorennfahrer, den es je gegeben hat. Und der typische Ferrari-Pilot mit seiner Rennleidenschaft: immer bereit zum größten Risiko.

Villeneuve war Enzo Ferraris Lieblingspilot. Im grandiosen Enzo-Ferrari-Film (keine Dokumentation) warnt ihn der Darsteller des Commendatore: „Gilles, brems dich ein. Du darfst nicht immer so heldenmütig sein. Denk an deine Kinder." Und in der Film-Box in Fiorano spielen die Film-Doubles von Jacques und seiner Schwester Melanie.

Aber Gilles Villeneuve ist kein Holzhammer-Rennfahrer, sondern hat viele Begabungen. Beim berühmten Fahrerstreik 1982 in Kylami, als alle Formel-I-Piloten 24 Stunden lang im Ballsaal eines Johannesburg-Hotels eingeschlossen sind, setzt er sich ans Klavier und spielt traumhafte Sonaten. Gitarre beherrscht er genauso virtuos. Und in Zeltweg bläst er gekonnt das Trompetensolo aus „Verdammt in alle Ewigkeit".

1982 ist das Villeneuve-Schicksalsjahr. Eine außergewöhnliche Saison: Comeback von Niki Lauda, der Fahrerstreik in Kyalami, Aufbruch der „jungen Löwen", sieben Teams, elf verschiedene Sieger, die alle ihre WM-Chance wittern. Und ein Stallkrieg bei Ferrari, der leider Gottes tödlich endet. Wegen dem politischen Streit FISA – FOCA starten beim GP von San Marino nur 14 Autos. Ferrari fühlt sich verpflichtet, im eigenen Autodrom den Fans wenigstens eine Show zu bieten.

Villeneuve und Didier Pironi sollen sich, von den Fans bejubelt, in 60 Runden mehrmals an der Spitze ablösen – aber der Kanadier muss als Erster ins Ziel fahren.

Wie 1958 beim französischen GP in Reims, als Mike Hawthorn vorm Rennen ein Telegramm von Enzo Ferrari erhielt: „Du musst für die Ehre von Ferrari gewinnen!" Und an Luigi Musso telegrafierte er: „Gewinn für die Ehre Italiens." Dann starb Musso für die Ehre Italiens, Hawthorn gewann und wurde Weltmeister.

Imola 1982 ist ähnlich. Plötzlich wird, wie in Robert Redfords Fliegerfilm „Woldo Pepper", aus dem Schaukampf bitterer Ernst. Pironi lässt sich in der letzten Runde nicht mehr überholen und schlägt den Ferrari-Lieblingspiloten um 0,366 Sekunden. Der „verbotene Sieg" hat Folgen. Die Bilder von der Siegerehrung sagen alles. „Nie mehr wieder", sagt der grenzenlos enttäuschte Gilles, „red ich mit dem Kerl ein Wort." Er hat sich 1979 in Monza brav hinter Jody Scheckter angestellt, seinem damaligen Ferrari-Stallkollegen den WM-Titel gesichert – umso bitterer trifft ihn jetzt der Verrat von Pironi.

12 Tage später: Training für den Großen Preis von Belgien in Zolder. Die Luft in der Ferrari-Box ist zum Schneiden dick. Pironi verdrängt Villeneuve aus der zweiten Startreihe. Worauf sich Gilles, zu allem entschlossen, mit weit aufgerissenen Augen nochmals auf die Piste stürzt – und verunglückt.„Er flog wie ein Vogel mit geknicktem Flügel", sagte Enzo Ferrari später, „und er flog endlos ..."

Natürlich zog Ferrari in Zolder Pironi zurück. Aber der Fluch blieb haften. Fünf Wochen später, auf dem „Circuit Gilles Villeneuve" in Montreal, hat Pironi Pole-Position, kommt aber am Start nicht weg, worauf der junge Italiener Riccardo Paletti mit 200 km/h am Ferrari aufprallt. Der nächste Tote. Der kanadische GP sieht den ersten BMW-Sieg durch Nelson Piquet, aber der deutsche GP in Hockenheim das nächste Drama. Pironi gerät im Training auf nasser Piste in eine Dreierkollision mit Alain Prost und Derek Daly. Der Hinterreifen wird zur Sprungschanze. Der Ferrari steigt auf. „Ich hab die Bäume von oben gesehen", erzählt Pironi später schaudernd. Er hat sich nahezu jeden Knochen seines Körpers gebrochen. Ende der Karriere als Vizeweltmeister hinter Keke Rosberg, Fortsetzung später in der TV-Kabine.

Am 23. August 1987 verunglückt Pironi bei einem Motorbootunfall. Villeneuves Witwe Joanne präsentiert in Montreal eine berührende Villeneuve-Biographie mit einzigartigen Fotos für Freunde – alle handsigniert und nummeriert: „Sorry, dass ich dir die Ausgabe 27 nicht geben kann. Aber 27 war Gilles liebste Startnummer, die möchte ich behalten ..."

Und Pironis langjährige Freundin Catherine Goux überrascht mit einer noch berührenderen Nachricht, als sie Zwillinge zur Welt bringt. Zwei Buben. Sie tauft sie Gilles und Didier.

STATISTIK

AUTOMOBIL-WELTMEISTER

1950 Dr. Giuseppe Nino Farina (Italien) auf Alfa Romeo
1951 Juan Manuel Fangio (Argentinien) auf Alfa Romeo
1952 Alberto Ascari (Italien) auf Ferrari
1953 Alberto Ascari (Italien) auf Ferrari
1954 Juan Manuel Fangio (Argentinien) auf Maserati und Mercedes
1955 Juan Manuel Fangio (Argentinien) auf Mercedes
1956 Juan Manuel Fangio (Argentinien) auf Ferrari
1957 Juan Manuel Fangio (Argentinien) auf Maserati
1958 Mike Hawthorn (England) auf Ferrari
1959 Jack Brabham (Australien) auf Cooper-Climax
1960 Jack Brabham (Australien) auf Cooper-Climax
1961 Phil Hill (USA) auf Ferrari
1962 Graham Hill (England) auf BRM
1963 Jim Clark (Schottland) auf Lotus-Climax
1964 John Surtees (England) auf Ferrari
1965 Jim Clark (Schottland) auf Lotus-Climax
1966 Jack Brabham (Australien) auf Brabham-Repco
1967 Denis Hulme (Neuseeland) auf Brabham-Repco
1968 Graham Hill (England) auf Lotus-Ford
1969 Jackie Stewart (Schottland) auf Matra-Ford
1970 Jochen Rindt (Österreich) auf Lotus-Ford
1971 Jackie Stewart (Schottland) auf Tyrrell-Ford
1972 Emerson Fittipaldi (Brasilien) auf Lotus-Ford
1973 Jackie Stewart (Schottland) auf Tyrell-Ford
1974 Emerson Fittipaldi (Brasilien) auf McLaren-Ford
1975 Niki Lauda (Österreich) auf Ferrari
1976 James Hunt (England) auf McLaren-Ford
1977 Niki Lauda (Österreich) auf Ferrari
1978 Mario Andretti (USA) auf Lotus-Ford
1979 Jody Scheckter (Südafrika) auf Ferrari
1980 Alan Jones (Australien) auf Williams-Ford
1981 Nelson Piquet (Brasilien) auf Brabham-Ford
1982 Keke Rosberg (Finnland) auf Williams-Ford
1983 Nelson Piquet (Brasilien) auf Brabham-BMW-Turbo
1984 Niki Lauda (Österreich) auf McLaren-Porsche-Turbo
1985 Alain Prost (Frankreich) auf McLaren-Porsche-Turbo
1986 Alain Prost (Frankreich) auf McLaren-Porsche-Turbo
1987 Nelson Piquet (Brasilien) auf Williams-Honda
1988 Ayrton Senna (Brasilien) auf McLaren-Honda
1989 Alain Prost (Frankreich) auf McLaren-Honda
1990 Ayrton Senna (Brasilien) auf McLaren-Honda
1991 Ayrton Senna (Brasilien) auf McLaren-Honda
1992 Nigel Mansell (England) auf Williams-Renault
1993 Alain Prost (Frankreich) auf Williams-Renault
1994 Michael Schumacher (Deutschland) auf Benetton-Ford
1995 Michael Schumacher (Deutschland) auf Benetton-Renault
1996 Damon Hill (England) auf Williams-Renault
1997 Jacques Villeneuve (Kanada) auf Williams-Renault
1998 Mika Hakkinen (Finnland) auf McLaren-Mercedes
1999 Mika Hakkinen (Finnland) auf McLaren-Mercedes
2000 Michael Schumacher (Deutschland) auf Ferrari
2001 Michael Schumacher (Deutschland) auf Ferrari
2002 Michael Schumacher (Deutschland) auf Ferrari
2003 Michael Schumacher (Deutschland) auf Ferrari
2004 Michael Schumacher (Deutschland) auf Ferrari
2005 Fernando Alonso (Spanien) auf Renault
2006 Fernando Alonso (Spanien) auf Renault
2007 Kimi Räikkönen (Finnland) auf Ferrari
2008 Lewis Hamilton (England) auf McLaren-Mercedes
2009 Jenson Button (England) auf Brawn GP-Mercedes
2010 Sebastian Vettel (Deutschland) auf Red Bull-Renault
2011 Sebastian Vettel (Deutschland) auf Red Bull-Renault
2012 Sebastian Vettel (Deutschland) auf Red Bull-Renault

KONSTRUKTEUR-WELTMEISTER

1958 Vanwall (Großbritannien)
1959 Cooper-Climax (Großbritannien)
1960 Cooper-Climax (Großbritannien)
1961 Ferrari (Italien)
1962 BRM (Großbritannien)
1963 Lotus-Climax (Großbritannien)
1964 Ferrari (Italien)
1965 Lotus-Climax (Großbritannien)
1966 Brabham-Repco (Großbritannien)
1967 Brabham-Repco (Großbritannien)
1968 Lotus-Ford (Großbritannien)
1969 Matra-Ford (Frankreich)
1970 Lotus-Ford (Großbritannien)
1971 Tyrrell-Ford (Großbritannien)
1972 Lotus-Ford (Großbritannien)
1973 Lotus-Ford (Großbritannien)
1974 McLaren-Ford (Großbritannien)
1975 Ferrari (Italien)
1976 Ferrari (Italien)
1977 Ferrari (Italien)
1978 Lotus-Ford (Großbritannien)
1979 Ferrari (Italien)
1980 Williams-Ford (Großbritannien)
1981 Williams-Ford (Großbritannien)
1982 Ferrari (Italien)
1983 Ferrari (Italien)
1984 McLaren-Porsche (Großbritannien)
1985 McLaren-Porsche (Großbritannien)
1986 Williams-Honda (Großbritannien)
1987 Williams-Honda (Großbritannien)
1988 McLaren-Honda (Großbritannien)
1989 McLaren-Honda (Großbritannien)
1990 McLaren-Honda (Großbritannien)
1991 McLaren-Honda (Großbritannien)
1992 Williams-Renault (Großbritannien)
1993 Williams-Renault (Großbritannien)
1994 Williams-Renault (Großbritannien)
1995 Benetton-Renault (Großbritannien)
1996 Williams-Renault (Großbritannien)
1997 Williams-Renault (Großbritannien)
1998 McLaren-Mercedes (Großbritannien)
1999 Ferrari (Italien)
2000 Ferrari (Italien)
2001 Ferrari (Italien)
2002 Ferrari (Italien)
2003 Ferrari (Italien)
2004 Ferrari (Italien)
2005 Renault (Frankreich)
2006 Renault (Frankreich)
2007 Ferrari (Italien)
2008 McLaren-Mercedes (Großbritannien)
2009 Brawn GP-Mercedes (Großbritannien)
2010 Red Bull-Renault (Österreich)
2011 Red Bull-Renault (Österreich)
2012 Red Bull-Renault (Österreich)

FAHRERWELTMEISTERSCHAFT 2012

	Australien	Malaysia	China	Bahrain	Spanien	Monaco	Kanada	Europa	Grossbritannien	Deutschland	Ungarn	Belgien	Italien	Singapur	Japan	Südkorea	Indien	Abu Dhabi	USA	Brasilien	**gesamt**
1. Sebastian Vettel (GER) Red Bull-Renault	18	0	10	25	8	12	12	0	15	10	12	18	0	25	25	25	25	15	18	8	**281**
2. Fernando Alonso (ESP) Ferrari	10	25	2	6	18	15	10	25	18	25	10	0	15	15	0	15	18	18	15	18	**278**
3. Kimi Räikkönen (FIN) Lotus-Renault	6	10	0	18	15	2	4	18	10	15	18	15	10	8	8	10	6	25	8	1	**207**
4. Lewis Hamilton (ENG) McLaren-Mercedes	15	15	15	4	4	10	25	0	4	0	25	0	25	0	10	1	12	0	25	0	**190**
5. Jenson Button (ENG) McLaren-Mercedes	25	0	18	0	2	0	0	4	1	18	8	25	0	18	12	0	10	12	10	25	**188**
6. Mark Webber (AUS) Red Bull-Renault	12	12	12	12	0	25	6	12	25	4	4	8	0	0	2	18	15	0	0	12	**179**
7. Felipe Massa (BRA) Ferrari	0	0	0	2	0	8	1	0	12	0	2	10	12	4	18	12	8	6	12	15	**122**
8. Romain Grosjean (FRA) Lotus-Renault	0	0	8	15	12	0	18	0	8	0	15	0	–	6	0	6	2	0	6	0	**96**
9. Nico Rosberg (GER) Mercedes	0	0	25	10	6	18	8	8	0	1	1	0	6	10	0	0	0	0	0	0	**93**
10. Sergio Pérez (MEX) Sauber-Ferrari	4	18	0	0	0	0	15	2	0	8	0	0	18	1	0	0	–	0	0	0	**66**
11. Nico Hülkenberg (GER) Force India-Mercedes	0	2	0	0	1	4	0	10	0	2	0	12	0	0	6	8	4	0	4	10	**63**
12. Kamui Kobayashi (JAP) Sauber-Ferrari	8	0	1	0	10	0	2	0	0	12	0	0	2	0	15	0	0	8	0	2	**60**
13. Michael Schumacher (GER) Mercedes	0	1	0	1	0	0	0	15	6	6	0	6	8	0	0	0	0	0	0	6	**49**
14. Paul Di Resta (SCO) Force India-Mercedes	1	6	0	8	0	6	0	6	0	0	0	1	4	12	0	0	0	2	0	0	**46**
15. Pastor Maldonado (VEN) Williams-Renault	0	0	4	0	25	0	0	0	0	0	0	0	0	0	4	0	0	10	2	0	**45**
16. Bruno Senna (BRA) Williams-Renault	0	8	6	0	0	1	0	1	2	0	6	0	1	0	0	0	1	4	1	0	**31**
17. Jean-Eric Vergne (FRA) Toro Rosso-Ferrari	0	4	0	0	0	0	0	0	0	0	0	4	0	0	0	4	0	0	0	4	**16**
18. Daniel Ricciardo (AUS) Toro Rosso-Ferrari	2	0	0	0	0	0	0	0	0	0	0	2	0	2	1	2	0	1	0	0	**10**
19. Vitaly Petrov (RUS) Caterham-Renault	0	0	0	0	0	0	0	0	0	0	0	0	0	0	0	0	0	0	0	0	**0**
20. Timo Glock (GER) Marussia-Cosworth	0	0	0	0	0	0	0	0	0	0	0	0	0	0	0	0	0	0	0	0	**0**
21. Charles Pic (FRA) Marussia-Cosworth	0	0	0	0	0	0	0	0	0	0	0	0	0	0	0	0	0	0	0	0	**0**
22. Heikki Kovalainen (FIN) Caterham-Renault	0	0	0	0	0	0	0	0	0	0	0	0	0	0	0	0	0	0	0	0	**0**
23. Jérôme D'Ambrosio (BEL) Lotus-Renault	–	–	–	–	–	–	–	–	–	–	–	–	0	–	–	–	–	–	–	–	**0**
24. Narain Karthikeyan (IND) HRT-Cosworth	0	0	0	0	0	0	0	0	0	0	0	0	0	0	0	0	0	0	0	0	**0**
25. Pedro de la Rosa (ESP) HRT-Cosworth	0	0	0	0	0	0	0	0	0	0	0	0	0	0	0	0	0	0	0	0	**0**

Punkteschema 25-20-15-10-8-6-4-3-2-1 Punkte für die ersten 10 Fahrer
X = disqualifiziert, – = nicht gefahren

KONSTRUKTEURBEWERB 2012

	Australien	Malaysia	China	Bahrain	Spanien	Monaco	Kanada	Europa	Grossbritannien	Deutschland	Ungarn	Belgien	Italien	Singapur	Japan	Südkorea	Indien	Abu Dhabi	USA	Brasilien	**gesamt**
1. Red Bull-Renault	30	12	22	37	8	37	18	12	40	14	16	26	0	25	27	43	40	15	18	20	**460**
2. Ferrari	10	25	2	8	18	23	11	25	30	25	12	10	27	19	18	27	26	24	27	33	**400**
3. McLaren-Mercedes	40	15	33	4	6	10	25	4	5	18	33	25	25	18	22	1	22	12	35	25	**378**
4. Lotus-Renault	6	10	8	33	27	2	22	18	18	15	33	15	10	14	8	16	8	25	14	1	**303**
5. Mercedes	0	1	25	11	6	18	8	23	6	7	1	6	14	10	0	0	0	0	0	6	**142**
6. Sauber-Ferrari	12	18	1	0	10	0	17	2	0	20	0	0	20	1	15	0	0	8	0	2	**126**
7. Force India-Mercedes	1	8	0	8	1	10	0	16	0	2	0	13	4	12	6	8	4	2	4	10	**109**
8. Williams-Renault	0	8	10	0	25	1	0	1	2	0	6	0	1	0	4	0	1	14	3	0	**76**
9. Toro Rosso-Ferrari	2	4	0	0	0	0	0	0	0	0	0	6	0	2	1	6	0	1	0	4	**26**
10. Caterham-Renault	0	0	0	0	0	0	0	0	0	0	0	0	0	0	0	0	0	0	0	0	**0**
11. Marussia-Cosworth	0	0	0	0	0	0	0	0	0	0	0	0	0	0	0	0	0	0	0	0	**0**
12. HRT-Cosworth	0	0	0	0	0	0	0	0	0	0	0	0	0	0	0	0	0	0	0	0	**0**

SO FUHREN SIE 2012

1 Sebastian Vettel (GER) Red Bull-Renault V8
2 Mark Webber (AUS) Red Bull-Renault V8

3 Jenson Button (ENG) McLaren-Mercedes V8
4 Lewis Hamilton (ENG) McLaren-Mercedes V8

5 Fernando Alonso (ESP) Ferrari V8
6 Felipe Massa (BRA) Ferrari V8

7 Michael Schumacher (GER) Mercedes V8
8 Nico Rosberg (GER) Mercedes V8

9 Kimi Räikkönen (FIN) Lotus-Renault V8
10 Romain Grosjean (FRA) Lotus-Renault V8
10 Jérôme D'Ambrosio (BEL) Lotus-Renault V8

11 Paul Di Resta (SCO) Force India-Mercedes V8
12 Nico Hülkenberg (GER) Force India-Mercedes V8

14 Kamui Kobayashi (JAP) Sauber-Ferrari V8
15 Sergio Pérez (MEX) Sauber-Ferrari V8

16 Daniel Ricciardo (AUS) Toro Rosso-Ferrari V8
17 Jean-Eric Vergne (FRA) Toro Rosso-Ferrari V8

18 Pastor Maldonado (VEN) Williams-Renault V8
19 Bruno Senna (BRA) Williams-Renault V8

20 Heikki Kovalainen (FIN) Caterham-Renault V8
21 Vitaly Petrov (RUS) Caterham-Renault V8

22 Pedro de la Rosa (ESP) HRT-Cosworth V8
23 Narain Karthikeyan (IND) HRT-Cosworth V8

24 Timo Glock (GER) Marussia-Cosworth V8
25 Charles Pic (FRA) Marussia-Cosworth V8

D'Ambrosio fährt in Italien statt Grosjean

FREITAG VORMITTAG TESTFAHRER 2012

Sauber F1 Team
15 Esteban Gutiérrez (MEX) Sauber-Ferrari V8

Gutiérrez fährt in Indien

Sahara Force India F1 Team
11,12 Jules Bianchi (FRA) Force India-Mercedes V8

Bianchi fährt in Spanien, Europa, Grossbritannien, Deutschland, Ungarn, Italien, Korea und Abu Dhabi

---

Williams F1 Team
19 Valtteri Bottas (FIN) Williams-Renault V8

Bottas fährt in Malaysia, China, Bahrain, Spanien, Europa, Grossbritannien, Deutschland, Ungarn, Belgien, Italien, Japan, Korea, Indien, Abu Dhabi und Brasilien

---

Caterham F1 Team
21 Giedo van der Garde (NDL) Caterham-Renault V8
20 Alexander Rossi (AUS) Caterham-Renault V8

Van der Garde fährt in China, Japan, Korea, Indien, Abu Dhabi und Brasilien
Rossi fährt in Spanien

HRT F1 Team
23 Dani Clos (ESP) HRT-Cosworth V8
23 Ma Qing Hua (CHN) HRT-Cosworth V8

Clos fährt in Spanien, Grossbritannien, Deutschland, Ungarn, Belgien und Korea
Qing Hua fährt in Italien, Singapur, Abu Dhabi und USA

Marussia F1 Team
25 Max Chilton (ENG) Marussia-Cosworth V8

Chilton fährt in Abu Dhabi

PLATZIERUNGEN ALLER 25 PILOTEN 2012

	Australien	Malaysia	China	Bahrain	Spanien	Monaco	Kanada	Europa	Grossbritannien	Deutschland	Ungarn	Belgien	Italien	Singapur	Japan	Südkorea	Indien	Abu Dhabi	USA	Brasilien
1. Vettel	2	11	5	1	6	4	4	○	3	5	4	2	(22)	1	1	1	1	3	2	6
2. Alonso	5	1	9	7	2	3	5	1	2	1	5	○	3	3	○	3	2	2	3	2
3. Räikkönen	7	5	14	2	3	9	8	2	5	3	2	3	5	6	6	5	7	1	6	10
4. Hamilton	3	3	3	8	8	5	1	(19)	8	○	1	○	1	○	5	10	4	○	1	○
5. Button	1	14	2	(18)	9	(16)	16	8	10	2	6	1	○	2	4	○	5	4	5	1
6. Webber	4	4	4	4	11	1	7	4	1	8	8	6	(20)	11	9	2	3	○	○	4
7. Massa	○	15	13	9	15	6	10	16	4	12	9	5	4	8	2	4	6	7	4	3
8. Grosjean	○	○	6	3	4	○	2	○	6	18	3	○	–	7	(19)	7	9	○	7	○
9. Rosberg	12	13	1	5	7	2	6	6	15	10	10	11	7	5	○	○	11	○	13	15
10. Pérez	8	2	11	11	○	11	3	9	○	6	14	○	2	10	○	11	○	15	11	○
11. Hülkenberg	○	9	15	12	10	8	12	5	12	9	11	4	(21)	14	7	6	8	○	8	5
12. Kobayashi	6	○	10	13	5	○	9	○	11	4	(18)	13	9	13	3	○	14	6	14	9
13. Schumacher	○	10	○	10	○	○	○	3	7	7	○	7	6	○	11	13	(22)	11	16	7
14. Di Resta	10	7	12	6	14	7	11	7	○	11	12	10	8	4	12	12	12	9	15	(19)
15. Maldonado	(13)	(19)	8	○	1	○	13	12	16	15	13	○	11	○	8	14	16	5	9	○
16. Senna	(16)	6	7	(22)	○	10	17	10	9	17	7	12	10	(18)	14	15	10	8	10	○
17. Vergne	11	8	16	14	12	12	15	○	14	14	16	8	○	○	13	8	15	12	○	8
18. Ricciardo	9	12	17	15	13	○	14	11	13	13	15	9	12	9	10	9	13	10	12	13
19. Petrov	○	16	18	16	17	○	19	13	○	16	19	14	15	19	17	16	17	16	17	11
20. Glock	14	17	19	19	18	14	○	○	18	22	21	15	17	12	16	18	20	14	19	16
21. Pic	(15)	20	20	○	○	○	20	15	19	20	20	16	16	16	○	19	19	○	20	12
22. Kovalainen	○	18	23	17	16	13	18	14	17	19	17	17	14	15	15	17	18	13	18	14
23. D'Ambrosio	–	–	–	–	–	–	–	–	–	–	–	–	13	–	–	–	–	–	–	–
24. Karthikeyan	–	22	22	21	○	15	○	18	21	23	○	○	19	○	○	20	21	○	22	18
25. De la Rosa	–	21	21	20	19	○	○	17	20	21	22	18	18	17	18	○	○	17	21	17

Zahl = Resultat, (Zahl) = bei Rennschluß nicht mehr im Rennen, aber gewertet, ○ = ausgefallen, gestürzt, aufgegeben, X = disqualifiziert, – = nicht gefahren

ALLE QUALIFYING-ERGEBNISSE 2012

	Australien	Malaysia	China	Bahrain	Spanien	Monaco	Kanada	Europa	Grossbritannien	Deutschland	Ungarn	Belgien	Italien	Singapur	Japan	Südkorea	Indien	Abu Dhabi	USA	Brasilien
1. Vettel	6	6	11	1	7	10	1	1	4	2	3	11	6	3	1	2	1	24	1	4
2. Alonso	12	9	9	9	2	6	3	11	1	1	6	6	10	5	7	4	5	6	9	8
3. Räikkönen	18	5	5	11	4	8	12	5	6	10	5	4	8	12	8	5	7	4	5	9
4. Hamilton	1	1	2	2	24	4	2	2	8	8	1	8	1	1	9	3	3	1	2	1
5. Button	2	2	6	4	10	13	10	9	18	7	4	1	2	4	3	11	4	5	12	2
6. Webber	5	4	7	3	11	2	4	19	2	3	11	7	11	7	2	1	2	2	3	3
7. Massa	16	12	12	14	16	7	6	13	5	14	7	14	3	13	11	6	6	8	7	5
8. Grosjean	3	7	10	7	3	5	7	4	10	15	2	9	–	8	5	7	11	9	4	18
9. Rosberg	7	8	1	5	6	3	5	6	13	17	13	18	7	10	15	9	10	7	17	10
10. Pérez	17	10	8	8	5	24	15	15	17	12	14	5	13	14	6	12	8	11	15	13
11. Hülkenberg	9	16	16	13	13	11	13	8	9	5	10	12	24	11	10	8	12	10	8	7
12. Kobayashi	13	17	4	12	9	12	11	7	12	13	15	2	9	18	4	13	17	15	16	15
13. Schumacher	4	3	3	18	8	1	9	12	3	4	17	13	5	9	13	10	14	13	6	14
14. Di Resta	15	14	15	10	12	15	8	10	11	9	12	10	4	6	12	14	16	12	13	11
15. Maldonado	8	11	13	17	1	9	17	3	7	6	8	3	12	2	14	15	9	3	10	6
16. Senna	14	13	14	15	17	14	16	14	15	16	9	17	14	17	18	18	13	14	11	12
17. Vergne	11	18	18	19	14	17	20	18	16	18	16	15	17	16	17	17	18	17	14	17
18. Ricciardo	10	15	17	6	15	16	14	17	14	11	18	16	15	15	16	16	15	16	18	16
19. Petrov	20	20	20	20	18	19	19	20	19	20	20	20	19	19	23	19	19	20	21	19
20. Glock	21	21	21	23	21	20	22	–	21	22	22	21	20	21	20	22	21	21	19	21
21. Pic	22	22	22	21	20	22	23	23	24	21	21	23	21	22	22	21	24	19	20	22
22. Kovalainen	19	19	19	16	19	18	18	16	20	19	19	19	18	20	19	20	20	18	22	20
23. D'Ambrosio	–	–	–	–	–	–	–	–	–	–	–	–	16	–	–	–	–	–	–	–
24. Karthikeyan	24	24	24	24	23	23	24	22	23	24	24	24	22	23	24	24	23	23	24	23
25. De la Rosa	23	23	23	22	22	21	21	21	22	23	23	22	23	24	21	23	22	22	23	24

Gesamtklassement nach Qualifying, ohne Strafversetzungen, jedoch inklusive Disqualifikation

ANALYSE DER 20 WM-LÄUFE 2012

Rennen	Qualifying - Poleposition (Vorsprung)	Führungsrunden		Sieger (Vorsprung)	Schnellste Runde
Melbourne (Australien)	Hamilton +0,152	Button Hamilton Button Vettel Button	1 - 15 16 17 - 35 36 37 - 58	Button +2,139	Button
Sepang (Malaysia)	Hamilton +0,149	Hamilton Pérez Alonso Pérez Alonso	1 - 13 14 - 15 16 - 39 40 - 41 42 - 56	Alonso +2,263	Räikkönen
Shanghai (China)	Rosberg +0,505	Rosberg Pérez Rosberg Button Rosberg	1 - 13 14 - 16 17 - 34 35 - 39 40 - 56	Rosberg +20,626	Kobayashi
Sakhir (Bahrain)	Vettel +0,098	Vettel Di Resta Vettel Grosjean Vettel	1 - 11 12 13 - 39 40 41 - 57	Vettel +3,333	Vettel
Barcelona (Spanien)	Maldonado +0,017	Alonso Maldonado Alonso Maldonado Alonso Räikkönen Maldonado	1 - 9 10 - 11 12 - 26 27 - 41 42 - 44 45 - 46 47 - 66	Maldonado +3,195	Grosjean
Monte Carlo (Monaco)	Webber +0,067	Webber Alonso Massa Vettel Webber	1 - 28 29 30 31 - 45 46 - 78	Webber +0,643	Pérez
Montreal (Kanada)	Vettel +0,303	Vettel Hamilton Alonso Grosjean Hamilton Alonso Hamilton	1 - 15 16 17 - 19 20 21 - 49 50 - 63 64 - 70	Hamilton +2,513	Vettel
Valencia (Europa)	Vettel +0,324	Vettel Alonso	1 - 33 34 - 57	Alonso +6,421	Rosberg
Silverstone (Grossbritannien)	Alonso +0,047	Alonso Hamilton Alonso Webber	1 - 15 16 - 18 19 - 47 48 - 52	Webber +3,060	Räikkönen
Hockenheim (Deutschland)	Alonso +0,405	Alonso Vettel Alonso	1 - 17 18 - 20 21 - 67	Alonso +6,949	Schumacher

Rennen	Qualifying - Poleposition (Vorsprung)	Führungsrunden		Sieger (Vorsprung)	Schnellste Runde
Budapest (Ungarn)	Hamilton +0,413	Hamilton Grosjean Räikkönen Hamilton Räikkönen Hamilton	1 - 17 18 - 19 20 21 - 40 41 - 45 46 - 69	Hamilton +1,032	Vettel
Spa Francorchamps (Belgien)	Button +0,298	Button	1 - 44	Button +13,624	Senna
Monza (Italien)	Hamilton +0,123	Hamilton Pérez Hamilton	1 - 23 24 - 28 29 - 53	Hamilton +4,356	Rosberg
Singapur (Singapur)	Hamilton +0,442	Hamilton Button Hamilton Vettel	1 - 11 12 - 14 15 - 22 23 - 59	Vettel +8,959	Hülkenberg
Suzuka (Japan)	Vettel +0,251	Vettel	1 - 53	Vettel +20,639	Vettel
Yeongam (Südkorea)	Webber +0,074	Vettel	1 - 55	Vettel +8,231	Webber
Greater Noida (Indien)	Vettel +0,044	Vettel	1 - 60	Vettel +9,437	Button
Abu Dhabi (Abu Dhabi)	Hamilton +0,348	Hamilton Räikkönen	1 - 19 20 - 55	Räikkönen +0,852	Vettel
Austin (USA)	Vettel +0,109	Vettel Hamilton	1 - 41 42 - 56	Hamilton +0,675	Vettel
Interlagos (Brasilien)	Hamilton +0,055	Hamilton Button Hamilton Button Hülkenberg Hamilton Button	1 - 5 6 7 8 - 17 18 - 47 48 - 54 55 - 71	Button +2,754	Hamilton

Führungsrunden gesamt 2012: 1. Vettel 368, 2. Hamilton 229, 3. Alonso 216, 4. Button 136, 5. Webber 66, 6. Rosberg 48, 7. Räikkönen 44, 8. Maldonado 37, 9. Hülkenberg 30, 10. Pérez 12, 11. Grosjean 4, 12. Di Resta 1, 13. Massa 1

Polepositions 2012: 1. Hamilton 7, 2. Vettel 6, 3. Alonso 2, 4. Webber 2, 5. Rosberg 1, 6. Maldonado 1, 7. Button 1

Siege 2012: 1. Vettel 5, 2. Hamilton 4, 3. Alonso 3, 4. Button 3, 5. Webber 2, 6. Rosberg 1, 7. Maldonado 1, 8. Räikkönen 1

Schnellste Runden 2012: 1. Vettel 6, 2. Räikkönen 2, 3. Rosberg 2, 4. Button 2, 5. Kobayashi 1, 6. Grosjean 1, 7. Pérez 1, 8. Schumacher 1, 9. Senna 1, 10. Hülkenberg 1, 11. Webber 1, 12. Hamilton 1

Lauf 1 - Großer Preis von Australien - Melbourne, 18. März 2012

1. Training (Freitag Vormittag): 1. Button 1:27,560, 2. Hamilton 1:27,805, 3. Schumacher 1:28,235, 4. Alonso 1:28,360, 5. Webber 1:28,467, 6. Rosberg 1:28,683, 7. Ricciardo 1:28,908, 8. Maldonado 1:29,415, 9. Räikkönen 1:29,565, 10. Kobayashi 1:29,722, 11. Vettel 1:29,790, 12. Hülkenberg 1:29,865, 13. Di Resta 1:29,881, 14. Senna 1:29,953, 15. Pérez 1:30,124, 16. Grosjean 1:30,515, 17. Kovalainen 1:30,586, 18. Massa 1:30,743, 19. Vergne 1:31,178, 20. Petrov 1:31,983, 21. Glock 1:34,730, 22. Pic 1:40,256, 23. Karthikeyan keine Zeit

2. Training (Freitag Nachmittag): 1. Schumacher 1:29,183, 2. Hülkenberg 1:29,292, 3. Pérez 1:30,199, 4. Alonso 1:30,341, 5. Kobayashi 1:30,709, 6. Di Resta 1:31,466, 7. Massa 1:31,505, 8. Kovalainen 1:31,932, 9. Rosberg 1:32,184, 10. Vettel 1:32,194, 11. Webber 1:32,296, 12. Glock 1:32,632, 13. Petrov 1:32,767, 14. Grosjean 1:32,822, 15. Button 1:33,039, 16. Hamilton 1:33,252, 17. Maldonado 1:34,108, 18. Räikkönen 1:34,275, 19. Senna 1:34,312, 20. Vergne 1:34,485, 21. Ricciardo 1:34,604, 22. Pic 1:34,770, 23. Karthikeyan 1:42,627, 24. De la Rosa keine Zeit

3. Training (Samstag)		**Qualifying** (Samstag) **(1.Phase)**			**(2.Phase)**		**(3.Phase)**
1. Hamilton	1:25,681	1. Kobayashi	1:26,182	1. Rosberg	1:25,469	1. Hamilton	1:24,922
2. Grosjean	1:25,758	2. Vergne	1:26,493	2. Grosjean	1:25,485	2. Button	1:25,074
3. Webber	1:25,900	3. Grosjean	1:26,498	3. Schumacher	1:25,571	3. Grosjean	1:25,302
4. Button	1:25,906	4. Schumacher	1:26,586	4. Hamilton	1:25,626	4. Schumacher	1:25,336
5. Rosberg	1:25,929	5. Pérez	1:26,596	5. Button	1:25,663	5. Webber	1:25,651
6. Schumacher	1:26,078	6. Alonso	1:26,688	6. Vettel	1:25,982	6. Vettel	1:25,668
7. Vettel	1:26,211	7. Rosberg	1:26,763	7. Maldonado	1:26,206	7. Rosberg	1:25,686
8. Maldonado	1:26,470	8. Vettel	1:26,773	8. Webber	1:26,297	8. Maldonado	1:25,908
9. Pérez	1:26,632	9. Hamilton	1:26,800	9. Hülkenberg	1:26,314	9. Hülkenberg	1:26,451
10. Ricciardo	1:26,723	10. Maldonado	1:26,803	10. Ricciardo	1:26,319	10. Ricciardo	-:--
11. Vergne	1:26,733	11. Button	1:26,832	11. Vergne	1:26,429		
12. Räikkönen	1:26,737	12. Senna	1:27,004	12. Alonso	1:26,494		
13. Kobayashi	1:26,755	13. Ricciardo	1:27,024	13. Kobayashi	1:26,590		
14. Hülkenberg	1:27,029	14. Webber	1:27,117	14. Senna	1:26,663		
15. Senna	1:27,119	15. Hülkenberg	1:27,464	15. Di Resta	1:27,086		
16. Alonso	1:27,323	16. Di Resta	1:27,469	16. Massa	1:27,497		
17. Di Resta	1:27,428	17. Massa	1:27,633	17. Pérez	-:--		
18. Massa	1:28,023	18. Räikkönen	1:27,758				
19. Kovalainen	1:28,341	19. Kovalainen	1:28,679				
20. Petrov	1:28,702	20. Petrov	1:29,018				
21. Glock	1:30,728	21. Glock	1:30,923				
22. Pic	1:31,225	22. Pic	1:31,670				
23. De la Rosa	1:33,114	23. De la Rosa	1:33,495				
24. Karthikeyan	1:33,261	24. Karthikeyan	1:33,643				

Startaufstellung: Zuerst die Piloten 1 bis 10 aus der dritten Qualifying-Phase, danach die Piloten 11-17 aus der zweiten Qualifying-Phase, dahinter die Piloten 18-24 aus der ersten Qualifying-Phase - inklusive Strafversetzungen:

1. Lewis Hamilton
McLaren-Mercedes MP4/27 V8
1:24,922

2. Jenson Button
McLaren-Mercedes MP4/27 V8
1:25,074

3. Romain Grosjean
Lotus-Renault E20 V8
1:25,302

4. Michael Schumacher
Mercedes F1 W03 V8
1:25,336

5. Mark Webber
Red Bull-Renault RB8 V8
1:25,651

6. Sebastian Vettel
Red Bull-Renault RB8 V8
1:25,668

7. Nico Rosberg
Mercedes F1 W03 V8
1:25,686

8. Pastor Maldonado
Williams-Renault FW34 V8
1:25,908

9. Nico Hülkenberg
Force India-Mercedes VJM05 V8
1:26,451

10. Daniel Ricciardo
Toro Rosso-Ferrari STR7 V8
keine Zeit

11. Jean-Eric Vergne
Toro Rosso-Ferrari STR7 V8
1:26,429

12. Fernando Alonso
Ferrari F2012 V8
1:26,494

13. Kamui Kobayashi
Sauber-Ferrari C31 V8
1:26,590

14. Bruno Senna
Williams-Renault FW34 V8
1:26,663

15. Paul di Resta
Force India-Mercedes VJM05 V8
1:27,086

16. Felipe Massa
Ferrari F2012 V8
1:27,497

17. Kimi Räikkönen
Lotus-Renault E20 V8
1:27,758

18. Heikki Kovalainen
Caterham-Renault CT01 V8
1:28,679

19. Vitaly Petrov
Caterham-Renault CT01 V8
1:29,018

20. Timo Glock
Marussia-Cosworth MVR-03 V8
1:30,923

21. Charles Pic
Marussia-Cosworth MVR-03 V8
1:31,670

22. Sergio Pérez
Sauber-Ferrari C31 V8
keine Zeit

De la Rosa und **Karthikeyan** können sich nicht für das Rennen qualifizieren weil die Zeiten in der ersten Qualifying-Phase um mehr als sieben Prozent langsamer waren als die Bestzeit.
Pérez wird nach Getriebewechsel um 5 Plätze nach hinten versetzt

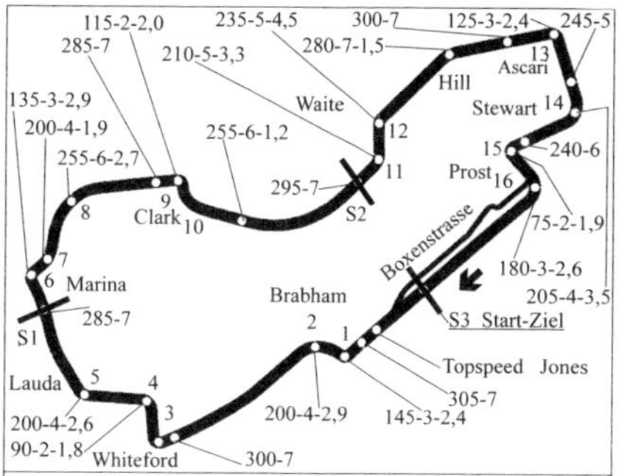

Legende: 132-2-2,1 = 132 km/h-2. Gang-2,1 Gravitation

Wetter am Renntag: Sonnig, trocken und warm,
22° Lufttemperatur, 28°-22° Asphalttemperatur,
45 % Luftfeuchtigkeit, 114.900 Zuschauer am Renntag

Distanz: 58 Runden à 5,303 km = 307,574 km
Ziellinie 0,000 km hinter der Startlinie

Sieger 2011: Vettel (Red Bull-Renault),
1.29:30,259 = 206,184 km/h

Poleposition 2011: Vettel (Red Bull-Renault),
1:23,529 = 228,552 km/h

Schnellste Runde 2011: Massa (Ferrari),
1:28,947 = 214,631 km/h

Boxenstopps:

Senna:	1. Runde: Neuer Frontflügel nach Kontakt mit Ricciardo und Reifenwechsel von weich auf medium, verliert total 24,5 sec., Platz 20-19
Ricciardo:	1. Runde: Neuer Frontflügel nach Kontakt mit Senna und Reifenwechsel von weich auf medium, verliert total 32,3 sec., Platz 21-20
Massa:	11. Runde: Reifenwechsel von weich auf weich in total 22,3 sec., Platz 15
Rosberg:	12. Runde: Reifenwechsel von weich auf weich in total 23,2 sec., Platz 12-10
Alonso:	13. Runde: Reifenwechsel von weich auf medium in total 22,0 sec., Platz 8-9
Kobayashi:	13. Runde: Reifenwechsel von weich auf weich in total 25,3 sec., Platz 14-13
Di Resta:	13. Runde: Reifenwechsel von weich auf weich in total 24,9 sec., Platz 15-14
Webber:	14. Runde: Reifenwechsel von weich auf medium in total 23,3 sec., Platz 8-10
Kovalainen:	14. Runde: Reifenwechsel von weich auf medium in total 24,3 sec., Platz 16-19
Button:	16. Runde: Reifenwechsel von weich auf medium in total 23,2 sec., Platz 2-1
Vettel:	16. Runde: Reifenwechsel von weich auf weich in total 24,2 sec., Platz 4-6
Maldonado:	16. Runde: Reifenwechsel von weich auf weich in total 23,4 sec., Platz 9-10
Hamilton:	17. Runde: Reifenwechsel von weich auf medium in 4,2 sec., total 22,8 sec., Platz 2-4
Petrov:	18. Runde: Reifenwechsel von medium auf medium in total 24,5 sec., Platz 15-16
Räikkönen:	19. Runde: Reifenwechsel von weich auf weich in total 24,8 sec., Platz 9-11
Vergne:	19. Runde: Reifenwechsel von medium auf weich in total 23,2 sec., Platz 13
Glock:	20. Runde: Reifenwechsel von weich auf weich in total 26,3 sec., Platz 19-18
Pic:	21. Runde: Reifenwechsel von weich auf weich in total 25,3 sec., Platz 19
Ricciardo:	22. Runde: 2. Stopp, Reifenwechsel von medium auf weich in total 23,2 sec., Platz 17
Pérez:	24. Runde: Reifenwechsel von medium auf weich in total 23,8 sec., Platz 13
Massa:	28. Runde: 2. Stopp, Reifenwechsel von weich auf medium in total 22,5 sec., Platz 13-14
Senna:	30. Runde: 2. Stopp, Reifenwechsel von medium auf medium in total 23,7 sec., Platz 16
Rosberg:	31. Runde: 2. Stopp, Reifenwechsel von weich auf medium in 4,4 sec., total 23,0 sec., Platz 10-11
Di Resta:	33. Runde: 2. Stopp, Reifenwechsel von weich auf medium in total 24,5 sec., Platz 12
Alonso:	34. Runde: 2. Stopp, Reifenwechsel von medium auf medium in total 21,9 sec., Platz 7-8
Kovalainen:	34. Runde: 2. Stopp, Reifenwechsel von medium auf medium in total 24,5 sec., Platz 17-16
Button:	36. Runde: 2. Stopp, Reifenwechsel von medium auf medium in total 22,8 sec., Platz 2-1
Hamilton:	36. Runde: 2. Stopp, Reifenwechsel von medium auf medium in total 23,4 sec., Platz 4-3
Kobayashi:	36. Runde: 2. Stopp, Reifenwechsel von weich auf medium in total 24,1 sec., Platz 11-10
Pic:	35. Runde: 2. Stopp, Reifenwechsel von weich auf medium in total 48,9 sec., Platz 18
Vettel:	37. Runde: 2. Stopp, Reifenwechsel von weich auf medium in 5,2 sec., total 24,1 sec., Platz 2
Webber:	37. Runde: 2. Stopp, Reifenwechsel von medium auf medium in total 22,9 sec., Platz 4
Maldonado:	37. Runde: 2. Stopp, Reifenwechsel von weich auf medium in total 23,1 sec., Platz 5-6
Räikkönen:	37. Runde: 2. Stopp, Reifenwechsel von weich auf medium in total 23,3 sec., Platz 8-9
Vergne:	37. Runde: 2. Stopp, Reifenwechsel von weich auf weich in total 23,5 sec., Platz 12
Glock:	36. Runde: 2. Stopp, Reifenwechsel von weich auf medium in total 25,0 sec., Platz 17
Massa:	37. Runde: 3. Stopp, Reifenwechsel von medium auf medium in total 22,1 sec., Platz 13
Kovalainen:	37. Runde: 3. Stopp, Reifenwechsel von medium auf medium in total 28,8 sec., Platz 16
Ricciardo:	38. Runde: 3. Stopp, Reifenwechsel von weich auf weich in total 24,3 sec., Platz 15
Senna:	47. Runde: 3. Stopp, Nach Kontakt mit Massa Reifenwechsel von medium auf weich, verliert total 30,8 sec., Platz 15
Pic:	51. Runde: 3. Stopp, Reifenwechsel von medium auf medium in total 17,0 sec., Platz 16

Ausfälle:

Hülkenberg:	1. Runde: Kollision mit Webber, Platz 9 (in der Startaufstellung)
Grosjean:	2. Runde: Kollision mit Maldonado, Platz 6
Schumacher:	11. Runde: Getriebeschaden, Platz 3
Petrov:	37. Runde: Defekte Servolenkung, Platz 14
Kovalainen:	39. Runde: Aufhängung defekt, Platz 16
Massa:	47. Runde: Kollision mit Senna, Platz 13
Senna:	53. Runde: Kollision mit Massa, Platz 15 (Platz 16 im Endergebnis)
Pic:	54. Runde: Öldruck, Platz 16 (Platz 15 im Endergebnis)
Maldonado:	58. Runde: Dreher, Platz 6 (Platz 13 im Endergebnis)

Stand nach der 1. Runde:
1. Button, 2. Hamilton, 3. Schumacher, 4. Rosberg, 5. Vettel, 6. Grosjean, 7. Maldonado, 8. Alonso, 9. Webber, 10. Massa

Safety Car-Phase:
36. bis 40. Runde um den defekten Lotus-Renault von Petrov auf der Start/Ziel-Geraden zu entfernen

Ergebnis:

1. Jenson Button (England) McLaren-Mercedes	1.34:09,565 = 195,991 km/h	
2. Sebastian Vettel (Deutschland) Red Bull-Renault	1.34:11,704 = 195,917 km/h	2,139 zurück
3. Lewis Hamilton (England) McLaren-Mercedes	1.34:13,640 = 195,850 km/h	4,075 zurück
4. Mark Webber (Australien) Red Bull-Renault	1.34:14,112 = 195,833 km/h	4,547 zurück
5. Fernando Alonso (Spanien) Ferrari	1.34:31,130 = 195,246 km/h	21,565 zurück
6. Kamui Kobayashi (Japan) Sauber-Ferrari	1.34:46,331 = 194,724 km/h	36,766 zurück
7. Kimi Räikkönen (Finnland) Lotus-Renault	1.34:47,579 = 194,681 km/h	38,014 zurück
8. Sergio Pérez (Mexiko) Sauber-Ferrari	1.34:49,023 = 194,632 km/h	39,458 zurück
9. Daniel Ricciardo (Australien) Toro Rosso-Ferrari	1.34:49,121 = 194,628 km/h	39,556 zurück
10. Paul Di Resta (Schottland) Force India-Mercedes	1.34:49,302 = 194,622 km/h	39,737 zurück
11. Jean-Eric Vergne (Frankreich) Toro Rosso-Ferrari	1.34:49,413 = 194,618 km/h	39,848 zurück
12. Nico Rosberg (Deutschland) Mercedes	1.35:07,207 = 194,011 km/h	57,642 zurück
13. Pastor Maldonado (Venezuela) Williams-Renault	1.32:57,859 = 195,088 km/h	Dreher
14. Timo Glock (Deutschland) Marussia-Cosworth	1.34:54,824 = 191,081 km/h	1 Runde zurück
15. Charles Pic (Frankreich) Marussia-Cosworth	1.30:30,587 = 186,317 km/h	Öldruck
16. Bruno Senna (Brasilien) Williams-Renault	1.27:08,928 = 189,851 km/h	Kollision

Maldonado, Pic und **Senna** beenden nicht das Rennen, werden aber aufgrund der zurückgelegten Distanz gewertet
Kovalainen wird wegen Überholens des Safety Cars beim nächsten Rennen in der Startaufstellung um 5 Plätze nach hinten versetzt

Schnellste Runde im Qualifying: Hamilton (McLaren-Mercedes): 1:24,922 = 224,803 km/h (erzielt in Phase 3)
Schnellste Runde im Rennen: Button (McLaren-Mercedes): 1:29,187 = 214,053 km/h
Höchstgeschwindigkeiten (Freitag, Training): 1. Grosjean 314,5, 2. Schumacher 311,8, 3. Pérez 311,7, 4. Kobayashi 311,1, 5. Rosberg 308,6, 6. Di Resta 308,3, 7. Vergne 308,0, 8. Hülkenberg 307,9, 9. Kovalainen 307,4, 10. Petrov 307,3, 11. Alonso 304,2, 12. Glock 303,8, 13. Massa 303,6, 14. Pic 301,6, 15. Senna 300,1, 16. Karthikeyan 299,0, 17. Räikkönen 298,6, 18. Vettel 297,7, 19. Button 297,6, 20. Webber 297,1, 21. Maldonado 297,1, 22. Hamilton 296,7, 23. Ricciardo 296,0, 24. De la Rosa 150,3

Höchstgeschwindigkeiten (Samstag, Qualifying): 1. Pérez 316,7, 2. Hamilton 314,0, 3. Schumacher 313,4, 4. Rosberg 313,2, 5. Kobayashi 312,5, 6. Button 310,7, 7. Grosjean 310,2, 8. Räikkönen 310,2, 9. Vergne 309,2, 10. Ricciardo 308,6, 11. Maldonado 308,1, 12. Di Resta 308,1, 13. Senna 308,0, 14. Hülkenberg 308,0, 15. Petrov 307,3, 16. Kovalainen 307,1, 17. Massa 305,5, 18. Alonso 305,0, 19. Vettel 303,7, 20. Webber 302,6, 21. Karthikeyan 302,4, 22. Pic 301,0, 23. Glock 300,7, 24. De la Rosa 297,7

Höchstgeschwindigkeiten (Sonntag): 1. Hamilton 313,8, 2. Kobayashi 313,6, 3. Pérez 311,9, 4. Rosberg 311,0, 5. Räikkönen 310,2, 6. Maldonado 308,9, 7. Ricciardo 308,4, 8. Vergne 308,4, 9. Kovalainen 307,4, 10. Senna 307,2, 11. Di Resta 306,8, 12. Petrov 306,7, 13. Massa 305,8, 14. Alonso 304,0, 15. Vettel 303,4, 16. Webber 303,1, 17. Button 300,7, 18. Schumacher 297,6, 19. Pic 295,8, 20. Glock 294,5, 21. Grosjean 291,4, 22. Hülkenberg 239,3

Schnellste Runde jedes Fahrers im Rennen: 1. Button 1:29,187 (56.), 2. Vettel 1:29,417 (57.), 3. Webber 1:29,438 (57.), 4. Hamilton 1:29,538 (57.), 5. Maldonado 1:30,254 (53.), 6. Vergne 1:30,274 (52.), 7. Alonso 1:30,277 (52.), 8. Ricciardo 1:30,592 (53.), 9. Di Resta 1:30,605 (57.), 10. Kobayashi 1:30,620 (55.), 11. Räikkönen 1:30,759 (50.), 12. Pérez 1:30,843 (46.), 13. Senna 1:30,855 (49.), 14. Rosberg 1:30,931 (53.), 15. Massa 1:31,940 (46.), 16. Petrov 1:33,214 (27.), 17. Kovalainen 1:33,693 (26.), 18. Schumacher 1:34,021 (4.), 19. Glock 1:34,253 (43.), 20. Pic 1:35,011 (45.)

WM-Stand: 1. Button 25, 2. Vettel 18, 3. Hamilton 15, 4. Webber 12, 5. Alonso 10, 6. Kobayashi 8, 7. Räikkönen 6, 8. Pérez 4, 9. Ricciardo 2, 10. Di Resta 1

Konstrukteur-WM: 1. McLaren-Mercedes 40, 2. Red Bull-Renault 30, 3. Sauber-Ferrari 12, 4. Ferrari 10, 5. Lotus-Renault 6, 6. Toro Rosso-Ferrari 2, 7. Force India-Mercedes 1

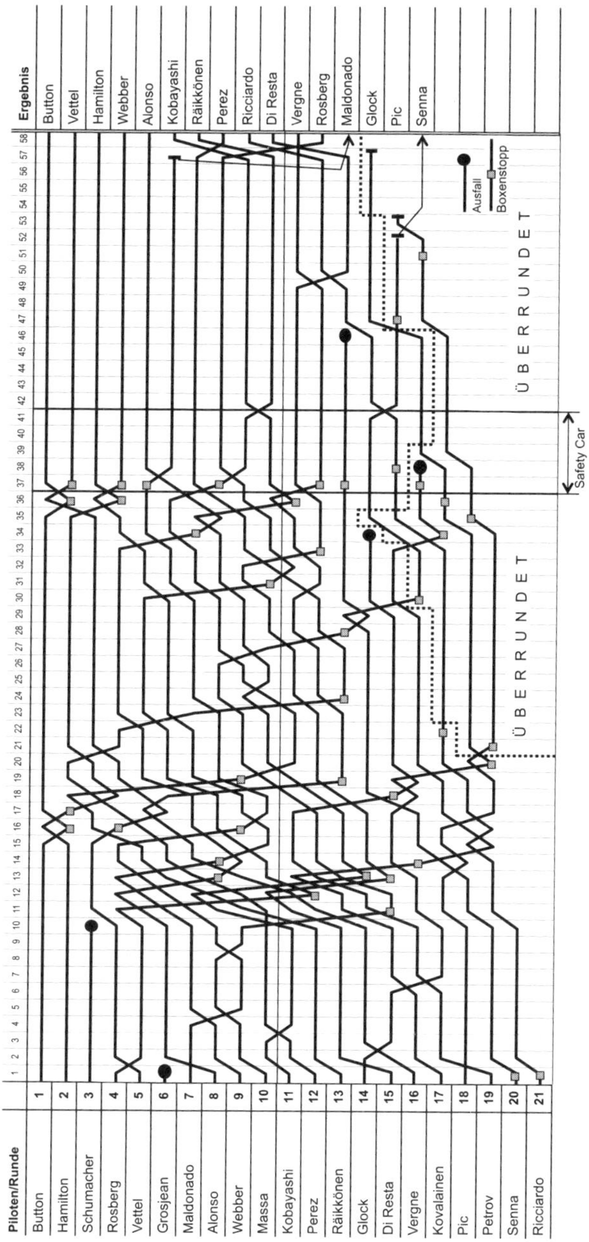
Piloten/Runde
Button
Hamilton
Schumacher
Rosberg
Vettel
Grosjean
Maldonado
Alonso
Webber
Massa
Kobayashi
Perez
Räikkönen
Glock
Di Resta
Vergne
Kovalainen
Pic
Petrov
Senna
Ricciardo
Ergebnis
Button
Vettel
Hamilton
Webber
Alonso
Kobayashi
Räikkönen
Perez
Ricciardo
Di Resta
Vergne
Rosberg
Maldonado
Glock
Pic
Senna
Ausfall
Boxenstopp
Safety Car
ÜBERRUNDET
ÜBERRUNDET

Lauf 2 - Großer Preis von Malaysia - Sepang, 25. März 2012

1. Training (Freitag Vormittag): 1. Hamilton 1:38,021, 2. Vettel 1:38,535, 3. Rosberg 1:38,813, 4. Schumacher 1:38,826, 5. Grosjean 1:38,919, 6. Webber 1:39,092, 7. Räikkönen 1:39,128, 8. Di Resta 1:39,298, 9. Button 1:39,323, 10. Hülkenberg 1:39,440, 11. Bottas 1:39,724, 12. Maldonado 1:39,783, 13. Massa 1:39,896, 14. Kobayashi 1:39,910, 15. Alonso 1:39,980, 16. Vergne 1:40,099, 17. Kovalainen 1:40,247, 18. Ricciardo 1:40,469, 19. Petrov 1:40,857, 20. Pérez 1:41,085, 21. Glock 1:43,170, 22. Pic 1:44,580, 23. Karthikeyan 1:45,360, 24. De la Rosa 1:45,528

2. Training (Freitag Nachmittag): 1. Hamilton 1:38,172, 2. Schumacher 1:38,533, 3. Button 1:38,535, 4. Rosberg 1:38,696, 5. Ricciardo 1:38,853, 6. Alonso 1:38,891, 7. Webber 1:39,133, 8. Vergne 1:39,297, 9. Grosjean 1:39,311, 10. Vettel 1:39,402, 11. Maldonado 1:39,444, 12. Hülkenberg 1:39,464, 13. Di Resta 1:39,625, 14. Kobayashi 1:39,687, 15. Räikkönen 1:39,696, 16. Massa 1:40,271, 17. Senna 1:40,678, 18. Pérez 1:40,947, 19. Petrov 1:41,464, 20. Glock 1:41,681, 21. Kovalainen 1:42,594, 22. Pic 1:42,874, 23. Karthikeyan 1:43,658, 24. De la Rosa 1:43,823

3. Training (Samstag)		**Qualifying** (Samstag) **(1.Phase)**		**(2.Phase)**		**(3.Phase)**	
1. Rosberg	1:36,877	1. Webber	1:37,172	1. Räikkönen	1:36,715	1. Hamilton	1:36,219
2. Vettel	1:37,320	2. Schumacher	1:37,517	2. Button	1:36,928	2. Button	1:36,368
3. Webber	1:37,338	3. Button	1:37,575	3. Rosberg	1:36,996	3. Schumacher	1:36,391
4. Räikkönen	1:37,356	4. Rosberg	1:37,696	4. Schumacher	1:37,017	4. Webber	1:36,461
5. Grosjean	1:37,382	5. Maldonado	1:37,789	5. Hamilton	1:37,106	5. Räikkönen	1:36,461
6. Button	1:37,404	6. Hamilton	1:37,813	6. Grosjean	1:37,338	6. Vettel	1:36,634
7. Maldonado	1:37,455	7. Pérez	1:37,933	7. Webber	1:37,375	7. Grosjean	1:36,658
8. Schumacher	1:37,663	8. Räikkönen	1:37,961	8. Alonso	1:37,379	8. Rosberg	1:36,664
9. Hamilton	1:37,776	9. Grosjean	1:38,058	9. Vettel	1:37,419	9. Alonso	1:37,566
10. Kobayashi	1:37,977	10. Vettel	1:38,102	10. Pérez	1:37,477	10. Pérez	1:37,698
11. Senna	1:38,091	11. Alonso	1:38,151	11. Maldonado	1:37,589		
12. Pérez	1:38,178	12. Hülkenberg	1:38,303	12. Massa	1:37,731		
13. Alonso	1:38,246	13. Di Resta	1:38,325	13. Senna	1:37,841		
14. Hülkenberg	1:38,285	14. Kobayashi	1:38,372	14. Di Resta	1:37,877		
15. Ricciardo	1:38,423	15. Massa	1:38,381	15. Ricciardo	1:37,883		
16. Vergne	1:38,640	16. Ricciardo	1:38,419	16. Hülkenberg	1:37,890		
17. Di Resta	1:38,794	17. Senna	1:38,437	17. Kobayashi	1:38,069		
18. Massa	1:39,209	18. Vergne	1:39,077				
19. Petrov	1:39,704	19. Kovalainen	1:39,306				
20. Kovalainen	1:40,189	20. Petrov	1:39,567				
21. Pic	1:41,901	21. Glock	1:40,903				
22. Glock	1:42,007	22. Pic	1:41,250				
23. De la Rosa	1:42,464	23. De la Rosa	1:42,914				
24. Karthikeyan	1:43,378	24. Karthikeyan	1:43,655				

Startaufstellung: Zuerst die Piloten 1 bis 10 aus der dritten Qualifying-Phase, danach die Piloten 11-17 aus der zweiten Qualifying-Phase, dahinter die Piloten 18-24 aus der ersten Qualifying-Phase - inklusive Strafversetzungen:

1. Lewis Hamilton
McLaren-Mercedes MP4/27 V8
1:36,219

2. Jenson Button
McLaren-Mercedes MP4/27 V8
1:36,368

3. Michael Schumacher
Mercedes F1 W03 V8
1:36,391

4. Mark Webber
Red Bull-Renault RB8 V8
1:36,461

5. Sebastian Vettel
Red Bull-Renault RB8 V8
1:36,634

6. Romain Grosjean
Lotus-Renault E20 V8
1:36,658

7. Nico Rosberg
Mercedes F1 W03 V8
1:36,664

8. Fernando Alonso
Ferrari F2012 V8
1:37,566

9. Sergio Pérez
Sauber-Ferrari C31 V8
1:37,698

10. Kimi Räikkönen
Lotus-Renault E20 V8
1:36,461

11. Pastor Maldonado
Williams-Renault FW34 V8
1:37,589

12. Felipe Massa
Ferrari F2012 V8
1:37,731

13. Bruno Senna
Williams-Renault FW34 V8
1:37,841

14. Paul di Resta
Force India-Mercedes VJM05 V8
1:37,877

15. Daniel Ricciardo
Toro Rosso-Ferrari STR7 V8
1:37,883

16. Nico Hülkenberg
Force India-Mercedes VJM05 V8
1:37,890

17. Kamui Kobayashi
Sauber-Ferrari C31 V8
1:38,069

18. Jean-Eric Vergne
Toro Rosso-Ferrari STR7 V8
1:39,077

19. Vitaly Petrov
Caterham-Renault CT01 V8
1:39,567

20. Timo Glock
Marussia-Cosworth MVR-03 V8
1:40,903

21. Charles Pic
Marussia-Cosworth MVR-03 V8
1:41,250

22. Pedro de la Rosa
HRT-Cosworth HRT F112 V8
1:42,914

23. Narain Karthikeyan
HRT-Cosworth HRT F112 V8
1:43,655

24. Heikki Kovalainen
Caterham-Renault CT01 V8
1:39,306

Räikkönen wird nach Getriebewechsel um 5 Plätze nach hinten versetzt
Kovalainen wird wegen Überholens des Safety Cars in Australien um 5 Plätze nach hinten versetzt

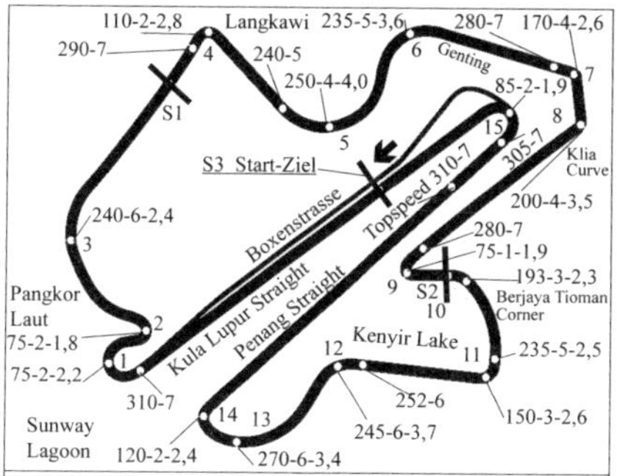

Legende: 132-2-2,1 = 132 km/h-2. Gang-2,1 Gravitation

Wetter am Renntag: Schwerer Regen der gegen Ende stoppt, 26° Lufttemperatur, 28°-24° Asphalttemperatur, 85-86 % Luftfeuchtigkeit, 119.900 Zuschauer am Renntag

Distanz: 56 Runden à 5,543 km = 310,408 km
Ziellinie 0,000 km hinter der Startlinie

Sieger 2011: Vettel (Red Bull-Renault),
1.37:39,832 = 190,699 km/h

Poleposition 2011: Vettel (Red Bull-Renault),
1:34,870 = 210,338 km/h

Schnellste Runde 2011: Webber (Red Bull-Renault),
1:40,571 = 198,415 km/h

Boxenstopps:

Pérez:	1. Runde: Reifenwechsel von Intermediates auf Regenreifen in 25,6 sec., Platz 11-23
Senna:	1. Runde: Reifenwechsel von Intermediates auf Regenreifen in 31,0 sec., Platz 24
Di Resta:	2. Runde: Reifenwechsel von Intermediates auf Regenreifen in 23,9 sec., Platz 16-23
Massa:	3. Runde: Reifenwechsel von Intermediates auf Regenreifen in 4,1 sec., total 24,0 sec., Platz 12-18
Glock:	3. Runde: Reifenwechsel von Intermediates auf Regenreifen in 25,0 sec., Platz 18-21
Pic:	3. Runde: Reifenwechsel von Intermediates auf Regenreifen in 29,3 sec., Platz 21-23
Button:	4. Runde: Reifenwechsel von Intermediates auf Regenreifen in 4,4 sec., total 24,3 sec., Platz 3-6
Alonso:	4. Runde: Reifenwechsel von Intermediates auf Regenreifen in 4,6 sec., total 24,6 sec., Platz 7-12
Hülkenberg:	4. Runde: Reifenwechsel von Intermediates auf Regenreifen in 23,8 sec., Platz 12-16
Ricciardo:	4. Runde: Reifenwechsel von Intermediates auf Regenreifen in 25,4 sec., Platz 14-18
Petrov:	4. Runde: Reifenwechsel von Intermediates auf Regenreifen in 24,7 sec., Platz 15-19
Kovalainen:	4. Runde: Reifenwechsel von Intermediates auf Regenreifen in 32,6 sec., Platz 16-21
Hamilton:	5. Runde: Reifenwechsel von Intermediates auf Regenreifen in 4,6 sec., total 24,2 sec., Platz 1
Webber:	5. Runde: Reifenwechsel von Intermediates auf Regenreifen in 4,2 sec., total 24,5 sec., Platz 2-4
Vettel:	5. Runde: Reifenwechsel von Intermediates auf Regenreifen in 25,6 sec., Platz 3-6
Rosberg:	5. Runde: Reifenwechsel von Intermediates auf Regenreifen in 25,6 sec., Platz 4-9
Maldonado:	5. Runde: Reifenwechsel von Intermediates auf Regenreifen in 25,5 sec., Platz 5-14
Räikkönen:	5. Runde: Reifenwechsel von Intermediates auf Regenreifen in 27,6 sec., Platz 7-13
Kobayashi:	5. Runde: Reifenwechsel von Intermediates auf Regenreifen in 28,1 sec., Platz 9-16
Schumacher:	5. Runde: Reifenwechsel von Intermediates auf Regenreifen in 24,8 sec., Platz 10-15
Senna:	7. Runde: 2. Stopp, Reifenwechsel von Regenreifen auf Regenreifen in 26,2 sec., Platz 22-23
Button:	13. Runde: 2. Stopp, Reifenwechsel von Regenreifen auf Intermediates in 25,9 sec., Platz 8-17
Rosberg:	13. Runde: 2. Stopp, Reifenwechsel von Regenreifen auf Intermediates in 25,1 sec., Platz 14-17
Räikkönen:	13. Runde: 2. Stopp, Reifenwechsel von Regenreifen auf Intermediates in 24,9 sec., Platz 16-18
Kobayashi:	13. Runde: 2. Stopp, Reifenwechsel von Regenreifen auf Intermediates in 26,2 sec., Platz 18-20
De la Rosa:	13. Runde: Drive-Through-Strafe weil am Grid noch Teampersonal Sekunden vor dem Restart anwesend war, verliert total 15,6 sec., Platz 20-19
Petrov:	13. Runde: 2. Stopp, Reifenwechsel von Regenreifen auf Intermediates in 29,3 sec., Platz 21-23
Glock:	13. Runde: 2. Stopp, Reifenwechsel von Regenreifen auf Intermediates in 25,6 sec., Platz 22
Senna:	13. Runde: 3. Stopp, Reifenwechsel von Regenreifen auf Intermediates in 24,9 sec., Platz 23-19
Hamilton:	14. Runde: 2. Stopp, Reifenwechsel von Regenreifen auf Intermediates in 27,9 sec., Platz 2-6
Alonso:	14. Runde: 2. Stopp, Reifenwechsel von Regenreifen auf Intermediates in 22,8 sec., Platz 3-5
Webber:	14. Runde: 2. Stopp, Reifenwechsel von Regenreifen auf Intermediates in 26,3 sec., Platz 5-10
Massa:	14. Runde: 2. Stopp, Reifenwechsel von Regenreifen auf Intermediates in 24,4 sec., Platz 8-11
Di Resta:	14. Runde: 2. Stopp, Reifenwechsel von Regenreifen auf Intermediates in 22,8 sec., Platz 9-14
Maldonado:	14. Runde: 2. Stopp, Reifenwechsel von Regenreifen auf Regenreifen in 21,6 sec., Platz 10-17
Schumacher:	14. Runde: 2. Stopp, Reifenwechsel von Regenreifen auf Intermediates in 24,0 sec., Platz 11-16
Ricciardo:	14. Runde: 2. Stopp, Reifenwechsel von Regenreifen auf Intermediates in 24,5 sec., Platz 12-19
Kovalainen:	14. Runde: 2. Stopp, Reifenwechsel von Regenreifen auf Intermediates in 25,1 sec., Platz 13-20
Pérez:	15. Runde: 2. Stopp, Reifenwechsel von Regenreifen auf Intermediates in 24,5 sec., Platz 1-2
Vettel:	15. Runde: 2. Stopp, Reifenwechsel von Regenreifen auf Intermediates in 24,0 sec., Platz 2-5
Vergne:	15. Runde: Reifenwechsel von Intermediates auf Intermediates in 24,2 sec., Platz 3-10
Hülkenberg:	15. Runde: 2. Stopp, Reifenwechsel von Regenreifen auf Intermediates in 23,5 sec., Platz 4-11
Pic:	15. Runde: 2. Stopp, Reifenwechsel von Regenreifen auf Intermediates in 36,5 sec., Platz 8-22
Karthikeyan:	15. Runde: Reifenwechsel von Regenreifen auf Intermediates in 36,8 sec., Platz 12-23
Button:	15. Runde: 3. Stopp, Neuer Frontflügel nach Kontakt mit Karthikeyan und Reifenwechsel von Intermediates auf Intermediates , verliert total 36,5 sec., Platz 13-21
Maldonado:	15. Runde: 3. Stopp, Reifenwechsel von Regenreifen auf Intermediates in 23,9 sec., Platz 17-20
De la Rosa:	16. Runde: 2. Stopp, Reifenwechsel von Regenreifen auf Intermediates in 38,8 sec., Platz 19-23
Kovalainen:	23. Runde: 3. Stopp, Reifenwechsel von Intermediates auf Intermediates in 34,1 sec., Platz 20-21
Button:	24. Runde: 4. Stopp, Reifenwechsel von Intermediates auf Intermediates in 4,2 sec., total 23,5 sec., Platz 19
Ricciardo:	25. Runde: 3. Stopp, Reifenwechsel von Intermediates auf Intermediates in 22,6 sec., Platz 15-18
Rosberg:	26. Runde: 3. Stopp, Reifenwechsel von Intermediates auf Intermediates in 23,0 sec., Platz 8-16
Massa:	27. Runde: 3. Stopp, Reifenwechsel von Intermediates auf Intermediates in 4,1 sec., total 23,1 sec., Platz 12-16
Ricciardo:	37. Runde: 4. Stopp, Reifenwechsel von Intermediates auf medium in 23,6 sec., Platz 17-18
Karthikeyan:	37. Runde: 2. Stopp, Reifenwechsel von Intermediates auf hart in 27,7 sec., Platz 23
Massa:	38. Runde: 4. Stopp, Reifenwechsel von Intermediates auf medium in 26,9 sec., Platz 17-19
Kovalainen:	38. Runde: 4. Stopp, Reifenwechsel von Intermediates auf medium in 23,7 sec., Platz 21
Webber:	39. Runde: 3. Stopp, Reifenwechsel von Intermediates auf medium in 4,2 sec., total 23,1 sec., Platz 6-8
Di Resta:	39. Runde: 3. Stopp, Reifenwechsel von Intermediates auf hart in 22,1 sec., Platz 8-9
Senna:	39. Runde: 4. Stopp, Reifenwechsel von Intermediates auf medium in 23,8 sec., Platz 10-11
Schumacher:	39. Runde: 3. Stopp, Reifenwechsel von Intermediates auf hart in 22,1 sec., Platz 12
Maldonado:	39. Runde: 4. Stopp, Reifenwechsel von Intermediates auf medium in 23,4 sec., Platz 13
Rosberg:	39. Runde: 4. Stopp, Reifenwechsel von Intermediates auf hart in 23,2 sec., Platz 14
Button:	39. Runde: 5. Stopp, Reifenwechsel von Intermediates auf medium in 4,7 sec., total 23,4 sec., Platz 15-16

Petrov:	39. Runde: 3. Stopp, Reifenwechsel von Intermediates auf medium in 30,3 sec., Platz 16-17
Glock:	39. Runde: 3. Stopp, Reifenwechsel von Intermediates auf medium in 25,3 sec., Platz 18-19
Alonso:	40. Runde: 3. Stopp, Reifenwechsel von Intermediates auf medium in 3,2 sec., total 22,5 sec., Platz 2-3
Pic:	39. Runde: 3. Stopp, Reifenwechsel von Intermediates auf medium in 32,2 sec., Platz 20-21
Vettel:	40. Runde: 3. Stopp, Reifenwechsel von Intermediates auf hart in 4,1 sec., total 22,9 sec., Platz 4
Räikkönen:	40. Runde: 3. Stopp, Reifenwechsel von Intermediates auf hart in 5,5 sec., total 25,0 sec., Platz 5-6
Vergne:	40. Runde: 2. Stopp, Reifenwechsel von Intermediates auf medium in 23,3 sec., Platz 6-9
Hülkenberg:	40. Runde: 3. Stopp, Reifenwechsel von Intermediates auf hart in 23,3 sec., Platz 7-10
Kobayashi:	40. Runde: 3. Stopp, Reifenwechsel von Intermediates auf medium in 23,6 sec., Platz 10-13
De la Rosa:	39. Runde: 3. Stopp, Reifenwechsel von Intermediates auf hart in 28,4 sec., Platz 22-23
Pérez:	41. Runde: 3. Stopp, Reifenwechsel von Intermediates auf hart in 4,4 sec., total 24,5 sec., Platz 1-2
Hamilton:	41. Runde: 3. Stopp, Entfernen von einem Klebeband bei der Bremse rechts vorne und Reifenwechsel von Intermediates auf medium in 8,1 sec., verliert total 26,3 sec., Platz 2-3
Vettel:	47. Runde: 4. Stopp, Nach Kontakt mit Karthikeyan Reifenschaden links hinten, daher Reifenwechsel von hart auf medium, verliert total 25,8 sec., Platz 8-12

Ausfälle:

Grosjean:	4. Runde: Dreher, Platz 17
Kobayashi:	47. Runde: Defekte Bremsen, Platz 16
Maldonado:	55. Runde: Motorschaden, Platz 11 (Platz 19 im Endergebnis)

Stand nach der 1. Runde:
1. Hamilton, 2. Button, 3. Webber, 4. Vettel, 5. Alonso, 6. Rosberg, 7. Maldonado, 8. Räikkönen, 9. Kobayashi, 10. Massa

Vor dem Start:
De La Rosa bleibt beim Vorstart wegen Benzindruckproblemen stehen und startet aus der Boxengasse in das Rennen

Safety Car-Phase:
6. bis 8. Runde um das Rennen wegen Starkregens zu neutralisieren
9. bis 12. Runde um das Rennen neu zu starten
- Nach 25 Minuten wird das Rennen in der 8. Runde für 51 Minuten wegen Unfahrbarkeit unterbrochen
- Während der Wartezeit auf den Neustart dürfen Arbeiten an den Autos durchgeführt werden.
- Das Feld startet beim Neustart hinter dem Safety Car wegen des noch immer andauernden Regens, es gibt keine Aufwärmrunde, alle Piloten starten auf Regenreifen bis auf Ricciardo, der auf Intermediates in das Rennen geht

Stand nach dem Restart: 1. Hamilton, 2. Button, 3. Webber, 4. Pérez, 5. Alonso, 6. Vettel, 7. Vergne, 8. Massa, 9. Rosberg, 10. Di Resta

Ergebnis:

1. Fernando Alonso (Spanien) Ferrari	2.44:51,812 = 112,969 km/h	
2. Sergio Pérez (Mexiko) Sauber-Ferrari	2.44:54,075 = 112,943 km/h	2,263 zurück
3. Lewis Hamilton (England) McLaren-Mercedes	2.45:06,403 = 112,802 km/h	14,591 zurück
4. Mark Webber (Australien) Red Bull-Renault	2.45:09,500 = 112,767 km/h	17,688 zurück
5. Kimi Räikkönen (Finnland) Lotus-Renault	2.45:21,268 = 112,633 km/h	29,456 zurück
6. Bruno Senna (Brasilien) Williams-Renault	2.45:29,479 = 112,540 km/h	37,667 zurück
7. Paul Di Resta (Schottland) Force India-Mercedes	2.45:36,224 = 112,464 km/h	44,412 zurück
8. Jean-Eric Vergne (Frankreich) Toro Rosso-Ferrari	2.45:38,797 = 112,435 km/h	46,985 zurück
9. Nico Hülkenberg (Deutschland) Force India-Mercedes	2.45:39,704 = 112,424 km/h	47,892 zurück
10. Michael Schumacher (Deutschland) Mercedes	2.45:41,808 = 112,400 km/h	49,996 zurück
11. Sebastian Vettel (Deutschland) Red Bull-Renault	2.46:07,339 = 112,113 km/h	75,527 zurück
12. Daniel Ricciardo (Australien) Toro Rosso-Ferrari	2.46:08,640 = 112,098 km/h	76,828 zurück
13. Nico Rosberg (Deutschland) Mercedes	2.46:10,405 = 112,078 km/h	78,593 zurück
14. Jenson Button (England) McLaren-Mercedes	2.46:11,531 = 112,065 km/h	79,719 zurück
15. Felipe Massa (Brasilien) Ferrari	2.46:29,131 = 111,868 km/h	97,319 zurück
16. Vitaly Petrov (Russland) Caterham-Renault	2.45:05,170 = 110,802 km/h	1 Runde zurück
17. Timo Glock (Deutschland) Marussia-Cosworth	2.45:47,835 = 110,326 km/h	1 Runde zurück
18. Heikki Kovalainen (Finnland) Caterham-Renault	2.45:51,814 = 110,282 km/h	1 Runde zurück
19. Pastor Maldonado (Venezuela) Williams-Renault	2.42:26,499 = 110,558 km/h	Motor
20. Charles Pic (Frankreich) Marussia-Cosworth	2.44:56,936 = 108,878 km/h	2 Runden zurück
21. Pedro de la Rosa (Spanien) HRT-Cosworth	2.46:22,889 = 107,940 km/h	2 Runden zurück
22. Narain Karthikeyan (Indien) HRT-Cosworth*	2.46:29,679 = 107,867 km/h*	2 Runden zurück

Maldonado beendet nicht das Rennen, wird aber aufgrund der zurückgelegten Distanz gewertet
Karthikeyan erhält im Nachhinen eine 20-sec.-Drive-Through-Strafe wegen Verursachens einer Kollision und Vettel
*Inklusive der 20-Sekunden-Drive-Through-Strafe
Schnellste Runde im Qualifying: Hamilton (McLaren-Mercedes): 1:36,219 = 207,389 km/h (erzielt in Phase 3)
Schnellste Runde im Rennen: Räikkönen (Lotus-Renault): 1:40,722 = 198,117 km/h
Höchstgeschwindigkeiten (Freitag, Training): 1. Vergne 313,4, 2. Rosberg 312,5, 3. Ricciardo 309,9, 4. Grosjean 309,4, 5. Hülkenberg 309,2, 6. Kovalainen 309,1, 7. Schumacher 309,1, 8. Button 309,0, 9. Di Resta 308,9, 10. Räikkönen 307,3, 11. Hamilton 307,3, 12. Webber 305,6, 13. Pérez 305,6, 14. Petrov 305,5, 15. Maldonado 305,3, 16. Senna 304,9, 17. Vettel 304,2, 18. Massa 303,8, 19. Bottas 303,5, 20. Kobayashi 302,4, 21. Glock 301,9, 22. Karthikeyan 301,3, 23. De la Rosa 301,2, 24. Pic 300,4, 25. Alonso 300,4
Höchstgeschwindigkeiten (Samstag, Qualifying): 1. Schumacher 312,7, 2. Grosjean 310,8, 3. Rosberg 309,9, 4. Räikkönen 309,8, 5. Ricciardo 309,8, 6. Hülkenberg 309,4, 7. Hamilton 309,1, 8. Button 308,9, 9. Di Resta 308,7, 10. Kovalainen 308,3, 11. Vergne308,1, 12. Petrov 307,6, 13. Kobayashi 306,8, 14. Maldonado 305,1, 15. Senna 305,0, 16. Pérez 304,0, 17. Alonso 302,6, 18. Massa 302,0, 19. Karthikeyan 301,2, 20. De la Rosa 300,0, 21. Webber 299,0, 22. Vettel 298,7, 23. Pic 296,6, 24. Glock 296,6
Höchstgeschwindigkeiten (Sonntag): 1. Vergne 299,6, 2. Hülkenberg 299,3, 3. Kovalainen 297,6, 4. Ricciardo 297,6, 5. Maldonado 296,6, 6. Di Resta 296,5, 7. Senna 296,2, 8. Button 295,4, 9. Räikkönen 293,1, 10. Rosberg 293,0, 11. Pérez 292,3, 12. Petrov 292,2, 13. Karthikeyan 292,0, 14. Schumacher 291,6, 15. Vettel 291,6, 16. Hamilton 291,4, 17. Kobayashi 289,8, 18. Webber 289,3, 19. Alonso 289,1, 20. De la Rosa 288,5, 21. Glock 287,8, 22. Massa 287,7, 23. Grosjean 284,9, 24. Pic 284,9
Schnellste Runde jedes Fahrers im Rennen: 1. Räikkönen 1:40,722 (53.), 2. Webber 1:41,017 (52.), 3. Pérez 1:41,021 (54.), 4. Vettel 1:41,342 (50.), 5. Senna 1:41,404 (55.), 6. Hamilton 1:41,539 (50.), 7. Alonso 1:41,680 (53.), 8. Ricciardo 1:41,756 (54.), 9. Schumacher 1:41,760 (53.), 10. Di Resta 1:41,819 (55.), 11. Rosberg 1:41,863 (51.), 12. Vergne 1:41,922 (55.), 13. Massa 1:42,051 (56.), 14. Button 1:42,100 (50.), 15. Hülkenberg 1:42,173 (51.), 16. Maldonado 1:42,237 (51.), 17. Petrov 1:43,513 (52.), 18. Kovalainen 1:43,803 (54.), 19. Kobayashi 1:44,202 (44.), 20. Glock 1:44,757 (50.), 21. Pic 1:44,813 (50.), 22. Karthikeyan 1:45,909 (52.), 23. De la Rosa 1:46,244 (54.), 24. Grosjean 2:08,464 (2.)
WM-Stand: 1. Alonso 35, 2. Hamilton 30, 3. Button 25, 4. Webber 24, 5. Pérez 22, 6. Vettel 18, 7. Räikkönen 16, 8. Senna 8, 9. Kobayashi 8, 10. Di Resta 7, 11. Vergne 4, 12. Ricciardo 2, 13. Hülkenberg 2, 14. Schumacher 1
Konstrukteur-WM: 1. McLaren-Mercedes 55, 2. Red Bull-Renault 42, 3. Ferrari 35, 4. Sauber-Ferrari 30, 5. Lotus-Renault 16, 6. Force India-Mercedes 9, 7. Williams-Renault 8, 8. Toro Rosso-Ferrari 6, 9. Mercedes 1

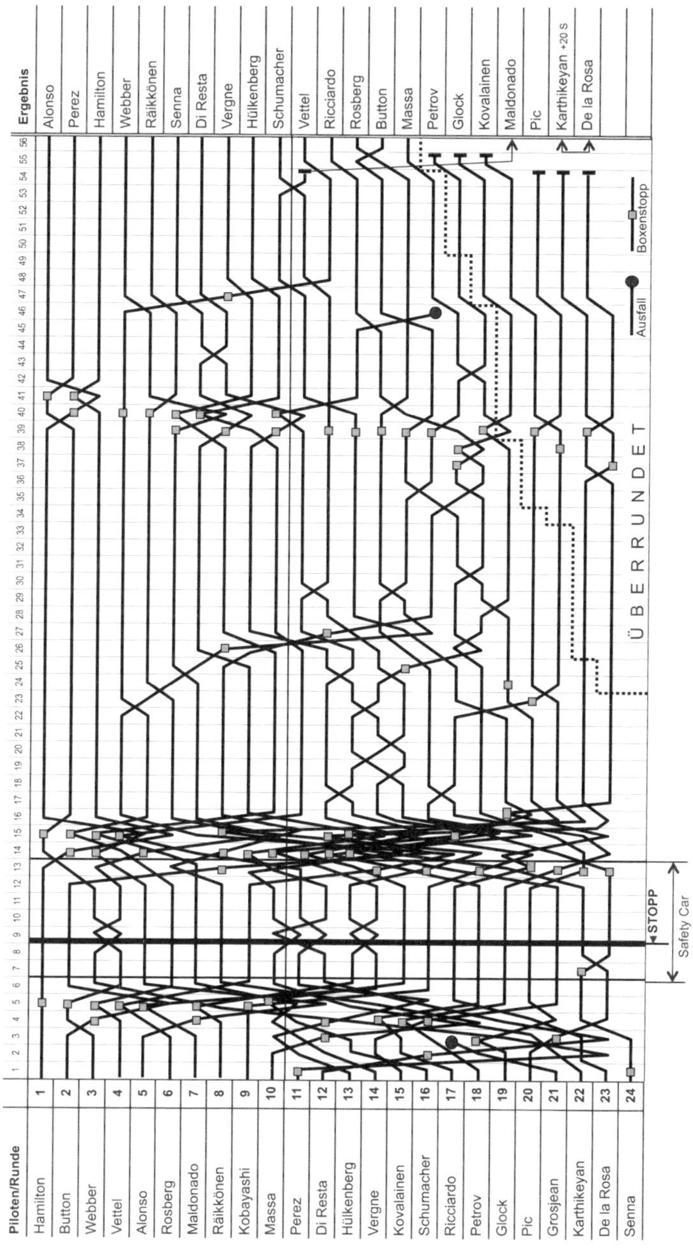

Piloten/Runde
Hamilton
Button
Webber
Vettel
Alonso
Rosberg
Maldonado
Räikkönen
Kobayashi
Massa
Perez
Di Resta
Hülkenberg
Vergne
Kovalainen
Schumacher
Ricciardo
Petrov
Glock
Pic
Grosjean
Karthikeyan
De la Rosa
Senna
Ergebnis
Alonso
Perez
Hamilton
Webber
Räikkönen
Senna
Di Resta
Vergne
Hülkenberg
Schumacher
Vettel
Ricciardo
Rosberg
Button
Massa
Petrov
Glock
Kovalainen
Maldonado
Pic
Karthikeyan +20 s
De la Rosa
STOPP
Safety Car
Ü B E R R U N D E T
Ausfall
Boxenstopp

Lauf 3 - Großer Preis von China - Shanghai, 15. April 2012

1. Training (Freitag Vormittag): 1. Hamilton 1:37,106, 2. Rosberg 1:38,116, 3. Schumacher 1:38,316, 4. Pérez 1:38,584, 5. Kobayashi 1:38,911, 6. Webber 1:38,977, 7. Vettel 1:39,198, 8. Button 1:39,199, 9. Ricciardo 1:39,748, 10. Vergne 1:39,768, 11. Alonso 1:40,056, 12. Massa 1:40,153, 13. Bottas 1:40,298, 14. Hülkenberg 1:40,328, 15. Maldonado 1:40,540, 16. Kovalainen 1:41,071, 17. Grosjean 1:41,204, 18. Glock 1:42,330, 19. Van der Garde 1:42,521, 20. Bianchi 1:44,118, 21. De la Rosa 1:44,227, 22. Pic 1:44,500, 23. Karthikeyan 1:47,204, 24. Räikkönen 1:50,465

2. Training (Freitag Nachmittag): 1. Schumacher 1:35,973, 2. Hamilton 1:36,145, 3. Vettel 1:36,160, 4. Webber 1:36,433, 5. Rosberg 1:36,617, 6. Button 1:36,711, 7. Kobayashi 1:36,956, 8. Di Resta 1:36,966, 9. Hülkenberg 1:37,191, 10. Alonso 1:37,316, 11. Pérez 1:37,417, 12. Ricciardo 1:37,616, 13. Räikkönen 1:37,836, 14. Vergne 1:37,930, 15. Grosjean 1:37,972, 16. Maldonado 1:38,176, 17. Massa 1:38,293, 18. Senna 1:38,783, 19. Kovalainen 1:38,990, 20. Petrov 1:39,346, 21. Glock 1:39,651, 22. De la Rosa 1:40,343, 23. Pic 1:40,753, 24. Karthikeyan 1:41,125

3. Training (Samstag)		**Qualifying** (Samstag) (**1.Phase**)			**(2.Phase)**		**(3.Phase)**
1. Hamilton	1:35,940	1. Pérez	1:36,198	1. Webber	1:35,700	1. Rosberg	1:35,121
2. Button	1:36,063	2. Alonso	1:36,292	2. Rosberg	1:35,725	2. Hamilton	1:35,626
3. Rosberg	1:36,389	3. Grosjean	1:36,343	3. Schumacher	1:35,794	3. Schumacher	1:35,691
4. Schumacher	1:36,512	4. Maldonado	1:36,528	4. Pérez	1:35,831	4. Kobayashi	1:35,784
5. Webber	1:36,635	5. Massa	1:36,556	5. Kobayashi	1:35,853	5. Räikkönen	1:35,898
6. Maldonado	1:36,765	6. Di Resta	1:36,639	6. Hamilton	1:35,902	6. Button	1:36,191
7. Pérez	1:36,781	7. Senna	1:36,674	7. Grosjean	1:35,903	7. Webber	1:36,290
8. Kobayashi	1:36,880	8. Webber	1:36,682	8. Räikkönen	1:35,921	8. Pérez	1:36,524
9. Vettel	1:37,039	9. Button	1:36,746	9. Button	1:35,942	9. Alonso	1:36,622
10. Räikkönen	1:37,061	10. Hamilton	1:36,763	10. Alonso	1:35,982	10. Grosjean	keine Zeit
11. Hülkenberg	1:37,237	11. Schumacher	1:36,797	11. Vettel	1:36,031		
12. Grosjean	1:37,274	12. Räikkönen	1:36,850	12. Massa	1:36,255		
13. Di Resta	1:37,288	13. Kobayashi	1:36,863	13. Maldonado	1:36,283		
14. Senna	1:37,425	14. Rosberg	1:36,875	14. Senna	1:36,289		
15. Alonso	1:37,465	15. Vettel	1:36,911	15. Di Resta	1:36,317		
16. Vergne	1:37,493	16. Hülkenberg	1:36,921	16. Hülkenberg	1:36,745		
17. Ricciardo	1:37,628	17. Ricciardo	1:36,933	17. Ricciardo	1:36,956		
18. Massa	1:37,831	18. Vergne	1:37,714				
19. Petrov	1:38,701	19. Kovalainen	1:38,463				
20. Kovalainen	1:39,198	20. Petrov	1:38,677				
21. Glock	1:39,796	21. Glock	1:39,282				
22. Pic	1:40,048	22. Pic	1:39,717				
23. Karthikeyan	1:41,263	23. De la Rosa	1:40,411				
24. De la Rosa	1:41,499	24. Karthikeyan	1:41,000				

Startaufstellung: Zuerst die Piloten 1 bis 10 aus der dritten Qualifying-Phase, danach die Piloten 11-17 aus der zweiten Qualifying-Phase, dahinter die Piloten 18-24 aus der ersten Qualifying-Phase - inklusive Strafversetzungen:

1. Nico Rosberg
Mercedes F1 W03 V8
1:35,121

2. Michael Schumacher
Mercedes F1 W03 V8
1:35,691

3. Kamui Kobayashi
Sauber-Ferrari C31 V8
1:35,784

4. Kimi Räikkönen
Lotus-Renault E20 V8
1:35,898

5. Jenson Button
McLaren-Mercedes MP4/27 V8
1:36,191

6. Mark Webber
Red Bull-Renault RB8 V8
1:36,290

7. Lewis Hamilton
McLaren-Mercedes MP4/27 V8
1:35,626

8. Sergio Pérez
Sauber-Ferrari C31 V8
1:36,524

9. Fernando Alonso
Ferrari F2012 V8
1:36,622

10. Romain Grosjean
Lotus-Renault E20 V8
keine Zeit

11. Sebastian Vettel
Red Bull-Renault RB8 V8
1:36,031

12. Felipe Massa
Ferrari F2012 V8
1:36,255

13. Pastor Maldonado
Williams-Renault FW34 V8
1:36,283

14. Bruno Senna
Williams-Renault FW34 V8
1:36,289

15. Paul di Resta
Force India-Mercedes VJM05 V8
1:36,317

16. Nico Hülkenberg
Force India-Mercedes VJM05 V8
1:36,745

17. Daniel Ricciardo
Toro Rosso-Ferrari STR7 V8
1:36,956

18. Heikki Kovalainen
Caterham-Renault CT01 V8
1:38,463

19. Vitaly Petrov
Caterham-Renault CT01 V8
1:38,677

20. Timo Glock
Marussia-Cosworth MVR-03 V8
1:39,282

21. Charles Pic
Marussia-Cosworth MVR-03 V8
1:39,717

22. Pedro de la Rosa
HRT-Cosworth HRT F112 V8
1:40,411

23. Narain Karthikeyan
HRT-Cosworth HRT F112 V8
1:41,000

24. Jean-Eric Vergne
Toro Rosso-Ferrari STR7 V8
1:37,714

Hamilton wird nach Getriebewechsel um 5 Plätze nach hinten versetzt
Vergne startet aus der Boxengasse weil der Toro Rosso-Ferrari umgebaut wurde

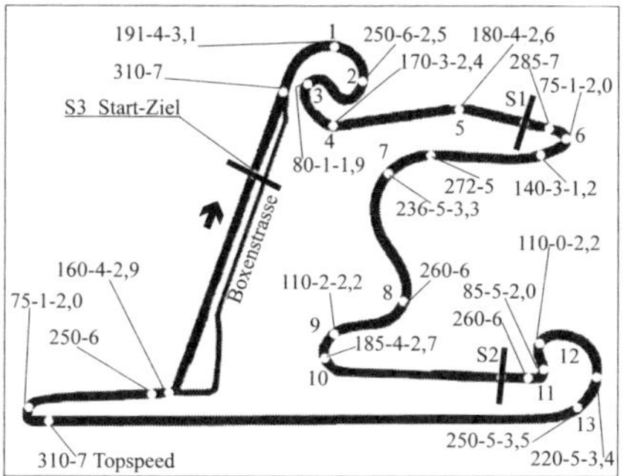

Legende: 132-2-2,1 = 132 km/h-2. Gang-2,1 Gravitation

Wetter am Renntag: Bewölkt und trocken, 22° Lufttemperatur, 24°-23° Asphalttemperatur, 52-51 % Luftfeuchtigkeit, 100.000 Zuschauer am Renntag

Distanz: 56 Runden à 5,451 km = 305,066 km
Ziellinie 0,190 km hinter der Startlinie

Sieger 2011: Hamilton (McLaren-Mercedes), 1.36:58,226 = 188,758 km/h

Poleposition 2011: Vettel (Red Bull-Renault) 1:33,706 = 209,416 km/h

Schnellste Runde 2011: Webber (Red Bull-Renault) 1:38,993 = 198,232 km/h

Boxenstopps:

Webber:	6. Runde: Reifenwechsel von weich auf medium in total 20,4 sec., Platz 11-20
Kobayashi:	9. Runde: Reifenwechsel von weich auf medium in total 21,5 sec., Platz 8-16
Vettel:	9. Runde: Reifenwechsel von weich auf medium in 4,6 sec., total 21,4 sec., Platz 14-18
Hülkenberg:	9. Runde: Reifenwechsel von weich auf medium in total 32,4 sec., Platz 19-24
Räikkönen:	10. Runde: Reifenwechsel von weich auf medium in 4,5 sec., total 21,4 sec., Platz 6-14
Hamilton:	10. Runde: Reifenwechsel von weich auf weich in 4,2 sec., total 20,9 sec., Platz 7-12
Petrov:	10. Runde: Reifenwechsel von weich auf medium in total 21,8 sec., Platz 19-23
Button:	11. Runde: Reifenwechsel von weich auf weich in total 20,5 sec., Platz 5-7
Grosjean:	11. Runde: Reifenwechsel von weich auf medium in total 21,1 sec., Platz 8-13
Di Resta:	11. Runde: Reifenwechsel von weich auf medium in total 20,3 sec., Platz 9-16
Maldonado:	11. Runde: Reifenwechsel von weich auf medium in total 21,5 sec., Platz 10-17
Vergne:	11. Runde: Reifenwechsel von medium auf medium in total 22,8 sec., Platz 18-21
Schumacher:	12. Runde: Reifenwechsel (Radmutter rechts vorne nicht befestigt) in 4,9 sec., total 21,7 sec., Platz 3
Alonso:	12. Runde: Reifenwechsel von weich auf medium in total 20,2 sec., Platz 5-8
Senna:	12. Runde: Reifenwechsel von medium auf weich in total 21,1 sec., Platz 6-13
Kovalainen:	12. Runde: Reifenwechsel von weich auf medium in total 22,7 sec., Platz 15-19
Rosberg:	13. Runde: Reifenwechsel von weich auf medium in total 21,1 sec., Platz 1-3
Pérez:	16. Runde: Reifenwechsel von weich auf medium in 4,8 sec., total 23,0 sec., Platz 1-10
Karthikeyan:	16. Runde: Reifenwechsel von weich auf weich in total 24,9 sec., Platz 23
Ricciardo:	17. Runde: Reifenwechsel von medium auf weich in total 21,8 sec., Platz 15-21
De la Rosa:	17. Runde: Reifenwechsel von weich auf weich in total 23,6 sec., Platz 22
Massa:	18. Runde: Reifenwechsel von medium auf medium in total 20,2 sec., Platz 4-14
Glock:	18. Runde: Reifenwechsel von weich auf medium in total 21,3 sec., Platz 20-21
Pic:	19. Runde: Reifenwechsel von weich auf medium in total 22,3 sec., Platz 20-21
Webber:	21. Runde: 2. Stopp, Reifenwechsel von medium auf medium in 3,4 sec., total 20,3 sec., Platz 6-14
Hamilton:	22. Runde: 2. Stopp, Reifenwechsel von weich auf medium in 3,9 sec., total 20,6 sec., Platz 3-13
Button:	24. Runde: 2. Stopp, Reifenwechsel von weich auf medium in 3,8 sec., total 20,4 sec., Platz 2-9
Kobayashi:	25. Runde: 2. Stopp, Reifenwechsel von medium auf weich in total 21,0 sec., Platz 8-14
Alonso:	27. Runde: 2. Stopp, Reifenwechsel von medium auf weich in total 20,1 sec., Platz 3-13
Räikkönen:	28. Runde: 2. Stopp, Reifenwechsel von medium auf medium in 4,3 sec., total 21,4 sec., Platz 2-13
Vergne:	28. Runde: 2. Stopp, Reifenwechsel von medium auf weich in total 23,6 sec., Platz 16-17
Kovalainen:	28. Runde: 2. Stopp, Reifenwechsel von medium auf medium in total 22,6 sec., Platz 19-23
Senna:	29. Runde: 2. Stopp, Reifenwechsel von weich auf medium in total 21,3 sec., Platz 12-14
Petrov:	29. Runde: 2. Stopp, Reifenwechsel von medium auf medium in total 22,0 sec., Platz 18-19
Hülkenberg:	30. Runde: 2. Stopp, Reifenwechsel von medium auf medium in total 21,0 sec., Platz 16-17
Kovalainen:	29. Runde: 3. Stopp, Reifenwechsel (Radmutter rechts hinten klemmt) von medium auf medium, verliert total 37,7 sec., Platz 19-23
Vettel:	31. Runde: 2. Stopp, Reifenwechsel von medium auf medium in 4,1 sec., total 21,1 sec., Platz 7-13
Grosjean:	32. Runde: 2. Stopp, Reifenwechsel von medium auf medium in total 25,8 sec., Platz 3-12
De la Rosa:	31. Runde: 2. Stopp, Reifenwechsel von weich auf medium in total 23,4 sec., Platz 21
Di Resta:	32. Runde: 2. Stopp, Reifenwechsel von medium auf medium in total 21,0 sec., Platz 12-14
Maldonado:	33. Runde: 2. Stopp, Reifenwechsel von medium auf medium in total 21,2 sec., Platz 10-13
Ricciardo:	33. Runde: 2. Stopp, Reifenwechsel von weich auf medium in total 22,3 sec., Platz 15-17
Karthikeyan:	32. Runde: 2. Stopp, Reifenwechsel von weich auf medium in total 23,1 sec., Platz 22
Rosberg:	34. Runde: 2. Stopp, Reifenwechsel von medium auf medium in 4,0 sec., total 20,6 sec., Platz 1-2
Webber:	34. Runde: 3. Stopp, Reifenwechsel von medium auf medium in total 20,4 sec., Platz 6-12
Pérez:	35. Runde: 2. Stopp, Reifenwechsel von medium auf medium in total 22,5 sec., Platz 5-13
Glock:	36. Runde: 2. Stopp, Reifenwechsel von medium auf medium in total 21,5 sec., Platz 20
Pic:	37. Runde: 2. Stopp, Reifenwechsel von medium auf medium in total 23,5 sec., Platz 19-20
Hamilton:	38. Runde: 3. Stopp, Reifenwechsel von medium auf medium in 3,6 sec., total 20,1 sec., Platz 3-10
Alonso:	38. Runde: 3. Stopp, Reifenwechsel von weich auf medium in 3,1 sec., total 20,0 sec., Platz 4-11

Kobayashi: 38. Runde: 3. Stopp, Reifenwechsel von weich auf medium in total 21,7 sec., Platz 9-14
Button: 39. Runde: 3. Stopp, Reifenwechsel (Schlagschrauber musste gewechselt werden) von medium auf medium in 9,7 sec., verliert total 26,6 sec., Platz 1-5
Massa: 41. Runde: 2. Stopp, Reifenwechsel von medium auf weich in total 20,0 sec., Platz 8-14
Vergne: 41. Runde: 3. Stopp, Reifenwechsel von weich auf weich in total 22,5 sec., Platz 15-17
Pic: 48. Runde: 3. Stopp, Fährt durch die Boxengasse um die Führenden vorbei zu lassen, total 13,9 sec., Platz 20
Kovalainen: 47. Runde: 4. Stopp, Reifenwechsel plus Check von medium auf weich, verliert total 1,25 min., Platz 23

Ausfälle:

Schumacher: 13. Runde: Rad rechts vorne locker, Platz 3

Stand nach der 1. Runde:

1. Rosberg, 2. Schumacher, 3. Button, 4. Räikkönen, 5. Hamilton, 6. Pérez, 7. Kobayashi, 8. Alonso, 9. Webber, 10. Massa

Vor dem Start:

Vergne startet aus der Boxengasse weil der Toro Rosso-Ferrari umgebaut wurde

Ergebnis:

1. Nico Rosberg (Deutschland) Mercedes	1.36:26,929 = 189,779 km/h	
2. Jenson Button (England) McLaren-Mercedes	1.36:47,555 = 189,104 km/h	20,626 zurück
3. Lewis Hamilton (England) McLaren-Mercedes	1.36:52,941 = 188,929 km/h	26,012 zurück
4. Mark Webber (Australien) Red Bull-Renault	1.36:54,853 = 188,867 km/h	27,924 zurück
5. Sebastian Vettel (Deutschland) Red Bull-Renault	1.36:57,412 = 188,784 km/h	30,483 zurück
6. Romain Grosjean (Frankreich) Lotus-Renault	1.36:58,420 = 188,751 km/h	31,491 zurück
7. Bruno Senna (Brasilien) Williams-Renault	1.37:01,526 = 188,651 km/h	34,597 zurück
8. Pastor Maldonado (Venezuela) Williams-Renault	1.37:02,572 = 188,617 km/h	35,643 zurück
9. Fernando Alonso (Spanien) Ferrari	1.37:04,185 = 188,565 km/h	37,256 zurück
10. Kamui Kobayashi (Japan) Sauber-Ferrari	1.37:05,649 = 188,517 km/h	38,720 zurück
11. Sergio Pérez (Mexiko) Sauber-Ferrari	1.37:07,995 = 188,441 km/h	41,066 zurück
12. Paul Di Resta (Schottland) Force India-Mercedes	1.37:09,202 = 188,402 km/h	42,273 zurück
13. Felipe Massa (Brasilien) Ferrari	1.37:09,708 = 188,386 km/h	42,779 zurück
14. Kimi Räikkönen (Finnland) Lotus-Renault	1.37:17,502 = 188,134 km/h	50,573 zurück
15. Nico Hülkenberg (Deutschland) Force India-Mercedes	1.37:18,142 = 188,114 km/h	51,213 zurück
16. Jean-Eric Vergne (Frankreich) Toro Rosso-Ferrari	1.37:18,685 = 188,096 km/h	51,756 zurück
17. Daniel Ricciardo (Australien) Toro Rosso-Ferrari	1.37:30,085 = 187,730 km/h	63,156 zurück
18. Vitaly Petrov (Russland) Caterham-Renault	1.36:30,554 = 186,271 km/h	1 Runde zurück
19. Timo Glock (Deutschland) Marussia-Cosworth	1.37:20,154 = 184,689 km/h	1 Runde zurück
20. Charles Pic (Frankreich) Marussia-Cosworth	1.37:20,552 = 184,676 km/h	1 Runde zurück
21. Pedro de la Rosa (Spanien) HRT-Cosworth	1.38:03,223 = 183,337 km/h	1 Runde zurück
22. Narain Karthikeyan (Indien) HRT-Cosworth	1.37:15,280 = 181,480 km/h	2 Runden zurück
23. Heikki Kovalainen (Finnland) Caterham-Renault	1.37:38,545 = 177,410 km/h	3 Runden zurück

Schnellste Runde im Qualifying: Rosberg (Mercedes): 1:35,121 = 206,301 km/h (erzielt in Phase 3)
Schnellste Runde im Rennen: Kobayashi (Sauber-Ferrari): 1:39,960 = 196,314 km/h
Höchstgeschwindigkeiten (Freitag, Training): 1. Grosjean 321,8, 2. Pérez 321,4, 3. Rosberg 320,9, 4. Schumacher 320,8, 5. Kovalainen 320,1, 6. Van der Garde 320,0, 7. Räikkönen 320,0, 8. Petrov 319,3, 9. Vergne 319,2, 10. Di Resta 318,6, 11. Hülkenberg 318,4, 12. Bianchi 318,3, 13. Kobayashi 317,6, 14. Webber 316,2, 15. Vettel 316,2, 16. Ricciardo 315,6, 17. Button 314,1, 18. Hamilton 313,7, 19. Alonso 313,4, 20. Senna 312,1, 21. Maldonado 312,1, 22. Glock 311,9, 23. Massa 311,4, 24. De la Rosa 311,4, 25. Pic 311,3, 26. Bottas 311,3, 27. Karthikeyan 311,2
Höchstgeschwindigkeiten (Samstag, Qualifying): 1. Pérez 322,4, 2. Kobayashi 319,6, 3. Vergne 319,4, 4. Grosjean 318,4, 5. Ricciardo 316,8, 6. Petrov 315,9, 7. Kovalainen 315,8, 8. Räikkönen 314,9, 9. Senna 314,5, 10. Schumacher 314,1, 11. Maldonado 313,9, 12. Hülkenberg 313,8, 13. Rosberg 313,8, 14. Di Resta 313,5, 15. Button 313,4, 16. Hamilton 313,2, 17. Alonso 312,7, 18. Massa 312,6, 19. Vettel 311,5, 20. Webber 311,3, 21. Karthikeyan 311,0, 22. De la Rosa 310,3, 23. Glock 307,8, 24. Pic 307,7
Höchstgeschwindigkeiten (Sonntag): 1. Pérez 326,1, 2. Kobayashi 322,8, 3. Ricciardo 320,2, 4. Vergne 319,6, 5. Kovalainen 315,4, 6. Alonso 315,0, 7. Grosjean 314,9, 8. Räikkönen 314,8, 9. Maldonado 314,7, 10. Senna 314,4, 11. Hülkenberg 314,1, 12. Rosberg 314,0, 13. Di Resta 313,8, 14. Button 313,7, 15. Hamilton 313,5, 16. Petrov 313,1, 17. Vettel 313,1, 18. Massa 312,7, 19. Webber 312,5, 20. Karthikeyan 311,0, 21. De la Rosa 310,4, 22. Glock 307,8, 23. Pic 307,8, 24. Schumacher 306,6
Schnellste Runde jedes Fahrers im Rennen: 1. Kobayashi 1:39,960 (40.), 2. Vergne 1:40,019 (48.), 3. Button 1:40,422 (56.), 4. Maldonado 1:40,482 (36.), 5. Webber 1:40,490 (52.), 6. Hamilton 1:40,530 (40.), 7. Vettel 1:40,601 (33.), 8. Rosberg 1:40,967 (40.), 9. Hülkenberg 1:40,977 (48.), 10. Pérez 1:41,071 (37.), 11. Grosjean 1:41,120 (35.), 12. Alonso 1:41,152 (41.), 13. Kovalainen 1:41,190 (53.), 14. Massa 1:41,240 (48.), 15. Ricciardo 1:41,251 (40.), 16. Senna 1:41,293 (37.), 17. Di Resta 1:41,498 (40.), 18. Räikkönen 1:41,794 (43.), 19. Petrov 1:42,385 (38.), 20. Pic 1:42,621 (39.), 21. Glock 1:42,748 (41.), 22. De la Rosa 1:43,610 (54.), 23. Karthikeyan 1:43,935 (40.), 24. Schumacher 1:44,109 (9.)
WM-Stand: 1. Hamilton 45, 2. Button 43, 3. Alonso 37, 4. Webber 36, 5. Vettel 28, 6. Rosberg 25, 7. Pérez 22, 8. Räikkönen 16, 9. Senna 14, 10. Kobayashi 9, 11. Grosjean 8, 12. Di Resta 7, 13. Vergne 4, 14. Maldonado 4, 15. Ricciardo 2, 16. Hülkenberg 2, 17. Schumacher 1
Konstrukteur-WM: 1. McLaren-Mercedes 88, 2. Red Bull-Renault 64, 3. Ferrari 37, 4. Sauber-Ferrari 31, 5. Mercedes 26, 6. Lotus-Renault 24, 7. Williams-Renault 18, 8. Force India-Mercedes 9, 9. Toro Rosso-Ferrari 6

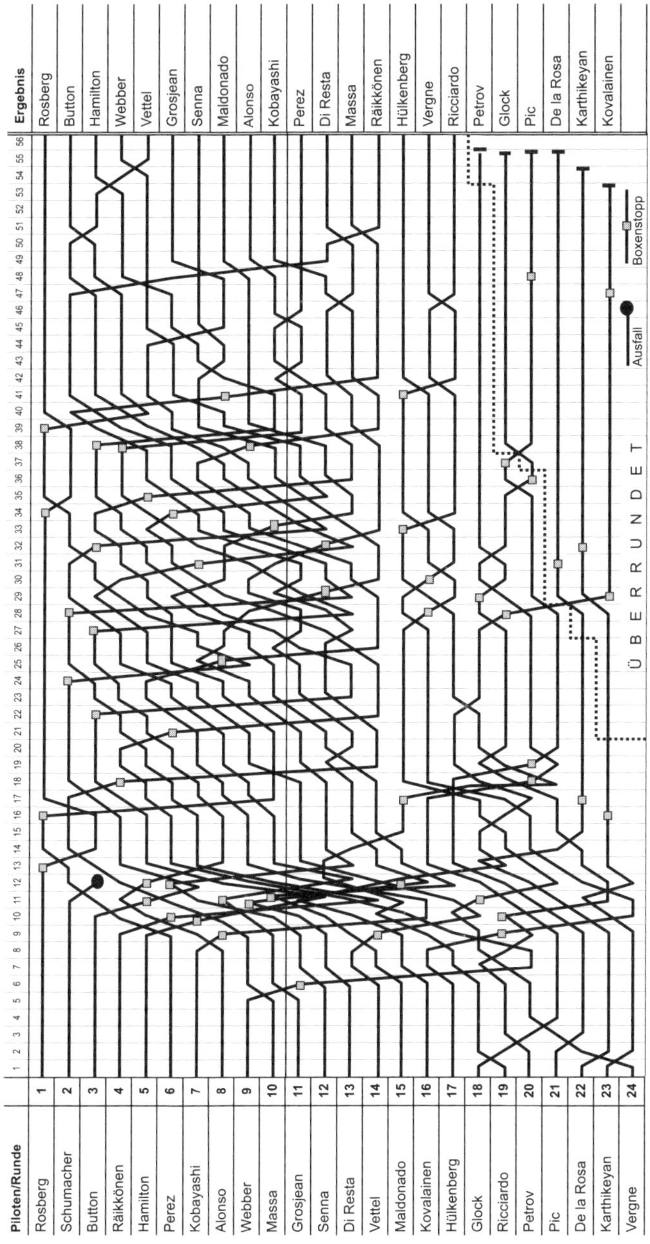
Piloten/Runde
Rosberg 1
Schumacher 2
Button 3
Räikkönen 4
Hamilton 5
Perez 6
Kobayashi 7
Alonso 8
Webber 9
Massa 10
Grosjean 11
Senna 12
Di Resta 13
Vettel 14
Maldonado 15
Kovalainen 16
Hülkenberg 17
Glock 18
Ricciardo 19
Petrov 20
Pic 21
De la Rosa 22
Karthikeyan 23
Vergne 24
1 2 3 4 5 6 7 8 9 10 11 12 13 14 15 16 17 18 19 20 21 22 23 24 25 26 27 28 29 30 31 32 33 34 35 36 37 38 39 40 41 42 43 44 45 46 47 48 49 50 51 52 53 54 55 56
Ergebnis
Rosberg
Button
Hamilton
Webber
Vettel
Grosjean
Senna
Maldonado
Alonso
Kobayashi
Perez
Di Resta
Massa
Räikkönen
Hülkenberg
Vergne
Ricciardo
Petrov
Glock
Pic
De la Rosa
Karthikeyan
Kovalainen
ÜBERRUNDET
Ausfall
Boxenstopp

Lauf 4 - Großer Preis von Bahrain - Sakhir, 22. April 2012

1. Training (Freitag Vormittag): 1. Hamilton 1:33,572, 2. Vettel 1:33,877, 3. Di Resta 1:34,150, 4. Rosberg 1:34,249, 5. Button 1:34,277, 6. Hülkenberg 1:34,344, 7. Schumacher 1:34,483, 8. Webber 1:34,552, 9. Räikkönen 1:34,609, 10. Grosjean 1:34,847, 11. Pérez 1:35,024, 12. Maldonado 1:35,268, 13. Alonso 1:35,436, 14. Bottas 1:35,497, 15. Massa 1:35,719, 16. Kobayashi 1:35,929, 17. Vergne 1:36,195, 18. Kovalainen 1:36,330, 19. Petrov 1:36,484, 20. Ricciardo 1:36,591, 21. Pic 1:37,467, 22. Glock 1:38,006, 23. De la Rosa 1:38,877, 24. Karthikeyan 1:39,996

2. Training (Freitag Nachmittag): 1. Rosberg 1:32,816, 2. Webber 1:33,262, 3. Vettel 1:33,525, 4. Hamilton 1:33,747, 5. Schumacher 1:33,862, 6. Button 1:34,246, 7. Kobayashi 1:34,411, 8. Alonso 1:34,449, 9. Grosjean 1:34,615, 10. Pérez 1:34,893, 11. Ricciardo 1:34,895, 12. Massa 1:34,941, 13. Räikkönen 1:35,183, 14. Vergne 1:35,229, 15. Maldonado 1:35,459, 16. Petrov 1:35,913, 17. Kovalainen 1:35,968, 18. Senna 1:36,169, 19. Glock 1:36,587, 20. Pic 1:37,803, 21. De la Rosa 1:37,812, 22. Karthikeyan 1:39,649, 23. Di Resta keine Zeit, 24. Hülkenberg keine Zeit

3. Training (Samstag)		**Qualifying** (Samstag) **(1.Phase)**			**(2.Phase)**		**(3.Phase)**
1. Rosberg	1:33,254	1. Pérez	1:33,814	1. Hamilton	1:33,209	1. Vettel	1:32,422
2. Vettel	1:33,401	2. Ricciardo	1:33,988	2. Rosberg	1:33,219	2. Hamilton	1:32,520
3. Webber	1:33,663	3. Webber	1:34,015	3. Grosjean	1:33,246	3. Webber	1:32,637
4. Hamilton	1:33,782	4. Grosjean	1:34,041	4. Webber	1:33,311	4. Button	1:32,711
5. Schumacher	1:33,796	5. Kobayashi	1:34,131	5. Alonso	1:33,403	5. Rosberg	1:32,821
6. Button	1:33,899	6. Vettel	1:34,308	6. Button	1:33,416	6. Ricciardo	1:32,912
7. Räikkönen	1:33,976	7. Massa	1:34,372	7. Di Resta	1:33,510	7. Grosjean	1:33,008
8. Ricciardo	1:34,197	8. Senna	1:34,466	8. Vettel	1:33,527	8. Pérez	1:33,394
9. Grosjean	1:34,401	9. Räikkönen	1:34,552	9. Ricciardo	1:33,556	9. Alonso	-:--
10. Alonso	1:34,895	10. Rosberg	1:34,588	10. Pérez	1:33,660	10. Di Resta	-:--
11. Maldonado	1:34,918	11. Hülkenberg	1:34,601	11. Räikkönen	1:33,789		
12. Vergne	1:34,977	12. Di Resta	1:34,624	12. Kobayashi	1:33,806		
13. Pérez	1:35,067	13. Maldonado	1:34,639	13. Hülkenberg	1:33,807		
14. Kobayashi	1:35,128	14. Alonso	1:34,760	14. Massa	1:33,912		
15. Di Resta	1:35,336	15. Button	1:34,792	15. Senna	1:34,017		
16. Massa	1:35,536	16. Hamilton	1:34,813	16. Kovalainen	1:36,132		
17. Senna	1:35,623	17. Kovalainen	1:34,852	17. Maldonado	-,--		
18. Kovalainen	1:35,694	18. Schumacher	1:34,865				
19. Hülkenberg	1:35,773	19. Vergne	1:35,014				
20. Petrov	1:36,532	20. Petrov	1:35,823				
21. Pic	1:37,267	21. Pic	1:37,683				
22. Glock	1:37,654	22. De la Rosa	1:37,883				
23. De la Rosa	1:38,973	23. Glock	1:37,905				
24. Karthikeyan	1:39,221	24. Karthikeyan	1:38,314				

Startaufstellung: Zuerst die Piloten 1 bis 10 aus der dritten Qualifying-Phase, danach die Piloten 11-17 aus der zweiten Qualifying-Phase, dahinter die Piloten 18-24 aus der ersten Qualifying-Phase - inklusive Strafversetzungen:

1. Sebastian Vettel
Red Bull-Renault RB8 V8
1:32,422

2. Lewis Hamilton
McLaren-Mercedes MP4/27 V8
1:32,520

3. Mark Webber
Red Bull-Renault RB8 V8
1:32,637

4. Jenson Button
McLaren-Mercedes MP4/27 V8
1:32,711

5. Nico Rosberg
Mercedes F1 W03 V8
1:32,821

6. Daniel Ricciardo
Toro Rosso-Ferrari STR7 V8
1:32,912

7. Romain Grosjean
Lotus-Renault E20 V8
1:33,008

8. Sergio Pérez
Sauber-Ferrari C31 V8
1:33,394

9. Fernando Alonso
Ferrari F2012 V8
keine Zeit

10. Paul di Resta
Force India-Mercedes VJM05 V8
keine Zeit

11. Kimi Räikkönen
Lotus-Renault E20 V8
1:33,789

12. Kamui Kobayashi
Sauber-Ferrari C31 V8
1:33,806

13. Nico Hülkenberg
Force India-Mercedes VJM05 V8
1:33,807

14. Felipe Massa
Ferrari F2012 V8
1:33,912

15. Bruno Senna
Williams-Renault FW34 V8
1:34,017

16. Heikki Kovalainen
Caterham-Renault CT01 V8
1:36,132

17. Jean-Eric Vergne
Toro Rosso-Ferrari STR7 V8
1:35,014

18. Vitaly Petrov
Caterham-Renault CT01 V8
1:35,823

19. Charles Pic
Marussia-Cosworth MVR-03 V8
1:37,683

20. Pedro de la Rosa
HRT-Cosworth HRT F112 V8
1:37,883

21. Pastor Maldonado
Williams-Renault FW34 V8
keine Zeit

22. Michael Schumacher
Mercedes F1 W03 V8
1:34,865

23. Timo Glock
Marussia-Cosworth MVR-03 V8
1:37,905

24. Narain Karthikeyan
HRT-Cosworth HRT F112 V8
1:38,314

Maldonado und **Schumacher** werden nach Getriebewechsel um 5 Plätze nach hinten versetzt

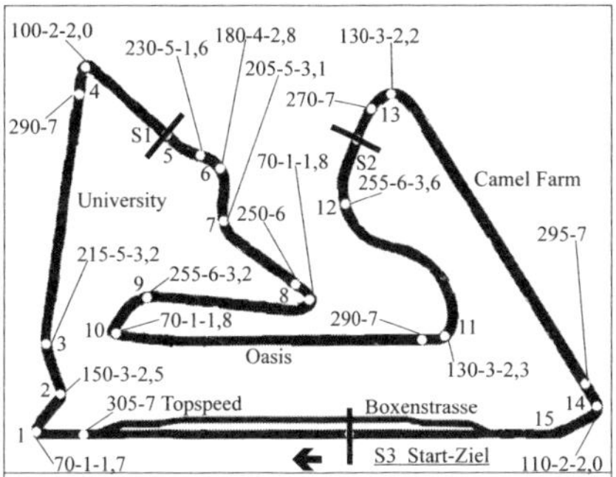

Legende: 132-2-2,1 = 132 km/h-2. Gang-2,1 Gravitation

Wetter am Renntag: Sonnig, heiss und trocken, 27° Lufttemperatur, 32-29° Asphalttemperatur, 27-32 % Luftfeuchtigkeit, 29.000 Zuschauer am Renntag

Distanz: 57 Runden à 5,412 km = 308,238 km
Ziellinie 0,246 km hinter der Startlinie

Streckenlänge 2010: 6.299 km
Sieger 2010: Alonso (Ferrari), 1.39:20,396 = 186,272 km/h
Poleposition 2010: Vettel (Red Bull-Renault), 1:54,101 = 198,739 km/h
Schnellste Runde 2010: Alonso (Ferrari), 1:58,287 = 191,706 km/h

Streckenlänge 2009: 5,412 km
Sieger 2009: Button (Brawn-Mercedes), 1.31:48,182 = 201,456 km/h
Poleposition 2009: Trulli (Toyota), 1:33,431 = 208,530 km/h
Schnellste Runde 2009: Trulli (Toyota), 1:34,556 = 206,049 km/h

Boxenstopps:

Kovalainen:	1. Runde: Reifenwechsel wegen Reifenplatten nach Kontakt von weich auf weich, verliert total 25,0 sec., Platz 24
Ricciardo:	7. Runde: Neuer Frontflügel nach Kontakt und Reifenwechsel von weich auf medium, verliert total 25,8 sec., Platz 19-23
Button:	8. Runde: Reifenwechsel von weich auf medium in 4,3 sec., total 23,0 sec., Platz 7-16
Massa:	8. Runde: Reifenwechsel von weich auf medium in 4,8 sec., total 23,5 sec., Platz 9-18
Rosberg:	8. Runde: Reifenwechsel von weich auf weich in total 22,2 sec., Platz 10-17
Hamilton:	9. Runde: Reifenwechsel (Radmutter links hinten klemmt) von weich auf medium in 9,9 sec., verliert total 28,3 sec., Platz 3-11
Webber:	9. Runde: Reifenwechsel von weich auf medium in total 22,2 sec., Platz 5-7
Alonso:	9. Runde: Reifenwechsel von weich auf medium in 3,3 sec., total 22,0 sec., Platz 6-9
Pérez:	9. Runde: Reifenwechsel von weich auf weich in total 23,4 sec., Platz 9-16
Senna:	9. Runde: Reifenwechsel von weich auf weich in total 23,4 sec., Platz 11-17
Schumacher:	9. Runde: Reifenwechsel von weich auf weich in total 21,9 sec., Platz 13-18
Hülkenberg:	9. Runde: Reifenwechsel von weich auf weich in total 22,4 sec., Platz 14-20
De la Rosa:	9. Runde: Reifenwechsel von weich auf medium in total 24,2 sec., Platz 22-24
Grosjean:	10. Runde: Reifenwechsel von weich auf medium in 4,7 sec., total 23,2 sec., Platz 2-5
Vergne:	10. Runde: Reifenwechsel von weich auf medium in total 22,7 sec., Platz 8-19
Petrov:	10. Runde: Reifenwechsel von weich auf weich in total 23,4 sec., Platz 13-20
Glock:	10. Runde: Reifenwechsel von weich auf medium in total 23,4 sec., Platz 21-22
Karthikeyan:	10. Runde: Reifenwechsel von weich auf medium in total 25,8 sec., Platz 23-24
Vettel:	11. Runde: Reifenwechsel von weich auf medium in 3,3 sec., total 22,0 sec., Platz 1-2
Räikkönen:	11. Runde: Reifenwechsel von weich auf weich in total 22,4 sec., Platz 2-6
Maldonado:	11. Runde: Reifenwechsel von weich auf weich in total 22,8 sec., Platz 6-13
Pic:	12. Runde: Reifenwechsel von weich auf weich in total 24,0 sec., Platz 19-21
Kovalainen:	13. Runde: 2. Stopp, Reifenwechsel von weich auf weich in total 23,3 sec., Platz 20-23
Di Resta:	14. Runde: Reifenwechsel von weich auf medium in total 22,0 sec., Platz 3-12
Kobayashi:	14. Runde: Reifenwechsel von medium auf medium in total 22,7 sec., Platz 7-16
Hülkenberg:	19. Runde: 2. Stopp, Reifenwechsel von weich auf medium in total 22,4 sec., Platz 15-19
Pérez:	21. Runde: 2. Stopp, Reifenwechsel von weich auf medium in total 23,4 sec., Platz 13-17
Karthikeyan:	21. Runde: 2. Stopp, Reifenwechsel von medium auf medium in total 25,2 sec., Platz 24
Button:	22. Runde: 2. Stopp, Reifenwechsel von medium auf medium in 3,5 sec., total 22,2 sec., Platz 6-11
Rosberg:	22. Runde: 2. Stopp, Reifenwechsel von weich auf medium in 3,9 sec., total 22,9 sec., Platz 8-13
Massa:	22. Runde: 2. Stopp, Reifenwechsel von medium auf weich in 3,2 sec., total 21,9 sec., Platz 11-15
De la Rosa:	22. Runde: 2. Stopp, Reifenwechsel von medium auf medium in total 23,4 sec., Platz 23
Webber:	23. Runde: 2. Stopp, Reifenwechsel von medium auf weich in total 22,6 sec., Platz 4-5
Hamilton:	23. Runde: 2. Stopp, Reifenwechsel (Radmutter links hinten klemmt wieder) von medium auf medium in 12,2 sec., verliert total 30,6 sec., Platz 5-13
Alonso:	23. Runde: 2. Stopp, Reifenwechsel von medium auf medium in total 23,4 sec., Platz 6-8
Maldonado:	23. Runde: 2. Stopp, Reifenwechsel von weich auf medium in total 22,3 sec., Platz 8-14
Schumacher:	23. Runde: 2. Stopp, Reifenwechsel von weich auf medium in total 22,1 sec., Platz 7-17
Petrov:	23. Runde: 2. Stopp, Reifenwechsel von weich auf medium in total 23,4 sec., Platz 18-19
Ricciardo:	23. Runde: 2. Stopp, Reifenwechsel von medium auf weich in total 22,2 sec., Platz 19-21
Glock:	23. Runde: 2. Stopp, Reifenwechsel von medium auf medium in total 29,6 sec., Platz 22
Räikkönen:	24. Runde: 2. Stopp, Reifenwechsel von weich auf medium in 4,9 sec., total 22,3 sec., Platz 3
Senna:	24. Runde: 2. Stopp, Reifenwechsel von weich auf medium in total 22,3 sec., Platz 10-16
Vettel:	25. Runde: 2. Stopp, Reifenwechsel von medium auf weich in 4,1 sec., total 22,7 sec., Platz 1
Grosjean:	25. Runde: 2. Stopp, Reifenwechsel von medium auf medium in total 22,8 sec., Platz 2-3
Vergne:	25. Runde: 2. Stopp, Reifenwechsel von medium auf medium in total 23,3 sec., Platz 15-17
Kovalainen:	25. Runde: 3. Stopp, Reifenwechsel von weich auf medium in total 23,6 sec., Platz 19
Kobayashi:	31. Runde: 2. Stopp, Reifenwechsel von medium auf weich in total 25,5 sec., Platz 11-15
Di Resta:	33. Runde: 2. Stopp, Reifenwechsel von medium auf medium in total 22,4 sec., Platz 6-13
Karthikeyan:	32. Runde: 3. Stopp, Reifenwechsel von medium auf medium in total 26,4 sec., Platz 22
Rosberg:	36. Runde: 3. Stopp, Reifenwechsel von medium auf medium in 3,4 sec., total 21,8 sec., Platz 7-11
Hamilton:	36. Runde: 3. Stopp, Reifenwechsel von medium auf medium in 5,4 sec., total 23,6 sec., Platz 10-14
Hülkenberg:	36. Runde: 3. Stopp, Reifenwechsel von medium auf medium in total 22,5 sec., Platz 13-16
Button:	37. Runde: 3. Stopp, Reifenwechsel von medium auf medium in 4,7 sec., total 22,6 sec., Platz 5-8
Alonso:	37. Runde: 3. Stopp, Reifenwechsel von medium auf medium in total 23,2 sec., Platz 6-9
Pérez:	37. Runde: 3. Stopp, Reifenwechsel von medium auf medium in total 22,9 sec., Platz 8-14
Schumacher:	37. Runde: 3. Stopp, Reifenwechsel von medium auf medium in total 22,1 sec., Platz 9-13
Massa:	38. Runde: 3. Stopp, Reifenwechsel von weich auf medium in 3,3 sec., total 21,9 sec., Platz 5-11
Senna:	38. Runde: 3. Stopp, Reifenwechsel von medium auf medium in total 22,7 sec., Platz 11-16
Ricciardo:	38. Runde: 3. Stopp, Reifenwechsel von weich auf medium in total 22,4 sec., Platz 18

Kovalainen:	38. Runde: 4. Stopp, Reifenwechsel von medium auf medium in total 23,1 sec., Platz 19
Vettel:	39. Runde: 3. Stopp, Reifenwechsel von weich auf medium in 3,6 sec., total 21,8 sec., Platz 1-2
Räikkönen:	39. Runde: 3. Stopp, Reifenwechsel von medium auf medium in 4,3 sec., total 22,5 sec., Platz 2-3
Webber:	39. Runde: 3. Stopp, Reifenwechsel von weich auf medium in total 21,7 sec., Platz 4
Glock:	38. Runde: 3. Stopp, Reifenwechsel von medium auf weich in total 22,9 sec., Platz 20
Petrov:	39. Runde: 3. Stopp, Reifenwechsel von medium auf medium in total 23,1 sec., Platz 17-18
De la Rosa:	38. Runde: 3. Stopp, Reifenwechsel von medium auf medium in total 24,5 sec., Platz 21-22
Grosjean:	40. Runde: 3. Stopp, Reifenwechsel von medium auf medium in 3,9 sec., total 22,7 sec., Platz 1-3
Vergne:	40. Runde: 3. Stopp, Reifenwechsel von medium auf weich in total 22,2 sec., Platz 15-16
Karthikeyan:	45. Runde: 4. Stopp, Reifenwechsel von medium auf weich in total 24,3 sec., Platz 21-22
Kobayashi:	50. Runde: 3. Stopp, Reifenwechsel von weich auf weich in total 24,6 sec., Platz 15-17
Button:	53. Runde: 4. Stopp, Reifenwechsel wegen Reifenplatten von medium auf weich in 4,9, verliert total 23,9 sec., Platz 7-13

Ausfälle:

Pic:	25. Runde: Defektes Luftventil, Hydraulik Platz 18
Maldonado:	26. Runde: Defektes linkes Rad und Plattfuss, Platz 20
Senna:	55. Runde: Handling, Platz 14 (Platz 22 im Endergebnis)
Button:	56. Runde: Gebrochener Auspuff, Platz 14 (Platz 18 im Endergebnis)

Stand nach der 1. Runde:
1. Vettel, 2. Hamilton, 3. Webber, 4. Grosjean, 5. Alonso, 6. Button, 7. Räikkönen, 8. Massa, 9. Rosberg, 10. Pérez

Ergebnis:

1. Sebastian Vettel (Deutschland) Red Bull-Renault	1.35:10,990 = 194,302 km/h	
2. Kimi Räikkönen (Finnland) Lotus-Renault	1.35:14,323 = 194,188 km/h	3,333 zurück
3. Romain Grosjean (Frankreich) Lotus-Renault	1.35:21,184 = 193,955 km/h	10,194 zurück
4. Mark Webber (Australien) Red Bull-Renault	1.35:49,778 = 192,991 km/h	38,788 zurück
5. Nico Rosberg (Deutschland) Mercedes	1.36:06,450 = 192,433 km/h	55,460 zurück
6. Paul Di Resta (Schottland) Force India-Mercedes	1.36:08,533 = 192,363 km/h	57,543 zurück
7. Fernando Alonso (Spanien) Ferrari	1.36:08,793 = 192,355 km/h	57,803 zurück
8. Lewis Hamilton (England) McLaren-Mercedes	1.36:09,974 = 192,315 km/h	58,984 zurück
9. Felipe Massa (Brasilien) Ferrari	1.36:15,989 = 192,115 km/h	64,999 zurück
10. Michael Schumacher (Deutschland) Mercedes	1.36:22,480 = 191,899 km/h	71,490 zurück
11. Sergio Pérez (Mexiko) Sauber-Ferrari	1.36:23,692 = 191,859 km/h	72,702 zurück
12. Nico Hülkenberg (Deutschland) Force India-Mercedes	1.36:27,529 = 191,732 km/h	76,539 zurück
13. Kamui Kobayashi (Japan) Sauber-Ferrari	1.36:41,324 = 191,276 km/h	90,334 zurück
14. Jean-Eric Vergne (Frankreich) Toro Rosso-Ferrari	1.36:44,713 = 191,164 km/h	93,723 zurück
15. Daniel Ricciardo (Australien) Toro Rosso-Ferrari	1.35:16,866 = 190,694 km/h	1 Runde zurück
16. Vitaly Petrov (Russland) Caterham-Renault	1.35:30,905 = 190,227 km/h	1 Runde zurück
17. Heikki Kovalainen (Finnland) Caterham-Renault	1.35:42,092 = 189,856 km/h	1 Runde zurück
18. Jenson Button (England) McLaren-Mercedes	1.33:21,310 = 191,149 km/h	Ausfall
19. Timo Glock (Deutschland) Marussia-Cosworth	1.35:59,562 = 185,897 km/h	2 Runden zurück
20. Pedro de la Rosa (Spanien) HRT-Cosworth	1.36:30,175 = 184,915 km/h	2 Runden zurück
21. Narain Karthikeyan (Indien) HRT-Cosworth	1.36:30,771 = 184,896 km/h	2 Runden zurück
22. Bruno Senna (Brasilien) Williams-Renault	1.31:35,306 = 191,291 km/h	Ausfall

Button und **Senna** beenden nicht das Rennen, werden aber aufgrund der zurückgelegten Distanz gewertet

Schnellste Runde im Qualifying: Vettel (Red Bull-Renault): 1:32,422 = 210,806 km/h (erzielt in Phase 3)

Schnellste Runde im Rennen: Vettel (Red Bull-Renault): 1:36,379 = 202,151 km/h

Höchstgeschwindigkeiten (Freitag, Training): 1. Kobayashi 320,1, 2. Räikkönen 318,1, 3. Grosjean 318,1, 4. Di Resta 318,0, 5. Pérez 317,8, 6. Hülkenberg 317,6, 7. Hamilton 317,4, 8. Button 317,2, 9. Schumacher 316,9, 10. Rosberg 316,8, 11. Petrov 315,5, 12. Kovalainen 315,4, 13. Vergne 315,4, 14. Ricciardo 315,2, 15. Maldonado 313,4, 16. Bottas 313,4, 17. Senna 311,5, 18. Alonso 309,8, 19. Massa 309,3, 20. Vettel 307,3, 21. Webber 307,2, 22. Karthikeyan 307,2, 23. De la Rosa 307,2, 24. Glock 304,2, 25. Pic 300,8

Höchstgeschwindigkeiten (Samstag, Qualifying): 1. Grosjean 318,1, 2. Räikkönen 317,9, 3. Hamilton 317,2, 4. Di Resta 316,9, 5. Hülkenberg 316,7, 6. Kobayashi 315,5, 7. Pérez 314,9, 8. Button 313,4, 9. Rosberg 313,4, 10. Schumacher 312,8, 11. Senna 312,3, 12. Petrov 311,2, 13. Kovalainen 311,1, 14. Maldonado 311,1, 15. Alonso 310,7, 16. Massa 310,2, 17. Vergne 308,1, 18. Ricciardo 307,8, 19. Webber 307,0, 20. Vettel 306,9, 21. Karthikeyan 306,6, 22. De la Rosa 306,4, 23. Pic 300,6, 24. Glock 300,4

Höchstgeschwindigkeiten (Sonntag): 1. Hülkenberg 318,2, 2. Grosjean 318,0, 3. Di Resta 317,9, 4. Räikkönen 317,8, 5. Pérez 317,6, 6. Hamilton 317,5, 7. Kobayashi 316,8, 8. Maldonado 315,9, 9. Button 313,6, 10. Rosberg 312,9, 11. Schumacher 312,6, 12. Massa 312,5, 13. Alonso 312,1, 14. Petrov 311,2, 15. Senna 310,6, 16. Vergne 309,1, 17. Ricciardo 308,9, 18. Webber 307,4, 19. Vettel 307,2, 20. De la Rosa 306,7, 21. Karthikeyan 306,5, 22. Kovalainen 305,5, 23. Glock 299,7, 24. Pic 293,9

Schnellste Runde jedes Fahrers im Rennen: 1. Vettel 1:36,379 (41.), 2. Kobayashi 1:36,700 (54.), 3. Grosjean 1:36,928 (42.), 4. Vergne 1:37,058 (43.), 5. Räikkönen 1:37,116 (41.), 6. Webber 1:37,437 (45.), 7. Hamilton 1:37,733 (38.), 8. Ricciardo 1:37,903 (42.), 9. Button 1:38,046 (47.), 10. Rosberg 1:38,080 (41.), 11. Senna 1:38,087 (51.), 12. Massa 1:38,123 (42.), 13. Schumacher 1:38,128 (39.), 14. Pérez 1:38,146 (39.), 15. Alonso 1:38,203 (44.), 16. Petrov 1:38,305 (42.), 17. Hülkenberg 1:38,312 (46.), 18. Di Resta 1:38,372 (41.), 19. Kovalainen 1:38,441 (43.), 20. Karthikeyan 1:39,747 (48.), 21. Maldonado 1:39,876 (14.), 22. De la Rosa 1:40,237 (41.), 23. Glock 1:40,323 (46.), 24. Pic 1:41,519 (14.)

WM-Stand: 1. Vettel 53, 2. Hamilton 49, 3. Webber 48, 4. Button 43, 5. Alonso 43, 6. Rosberg 35, 7. Räikkönen 34, 8. Grosjean 23, 9. Pérez 22, 10. Di Resta 15, 11. Senna 14, 12. Kobayashi 9, 13. Vergne 4, 14. Maldonado 4, 15. Ricciardo 2, 16. Hülkenberg 2, 17. Massa 2, 18. Schumacher 2

Konstrukteur-WM: 1. Red Bull-Renault 101, 2. McLaren-Mercedes 92, 3. Lotus-Renault 57, 4. Ferrari 45, 5. Mercedes 37, 6. Sauber-Ferrari 31, 7. Williams-Renault 18, 8. Force India-Mercedes 17, 9. Toro Rosso-Ferrari 6

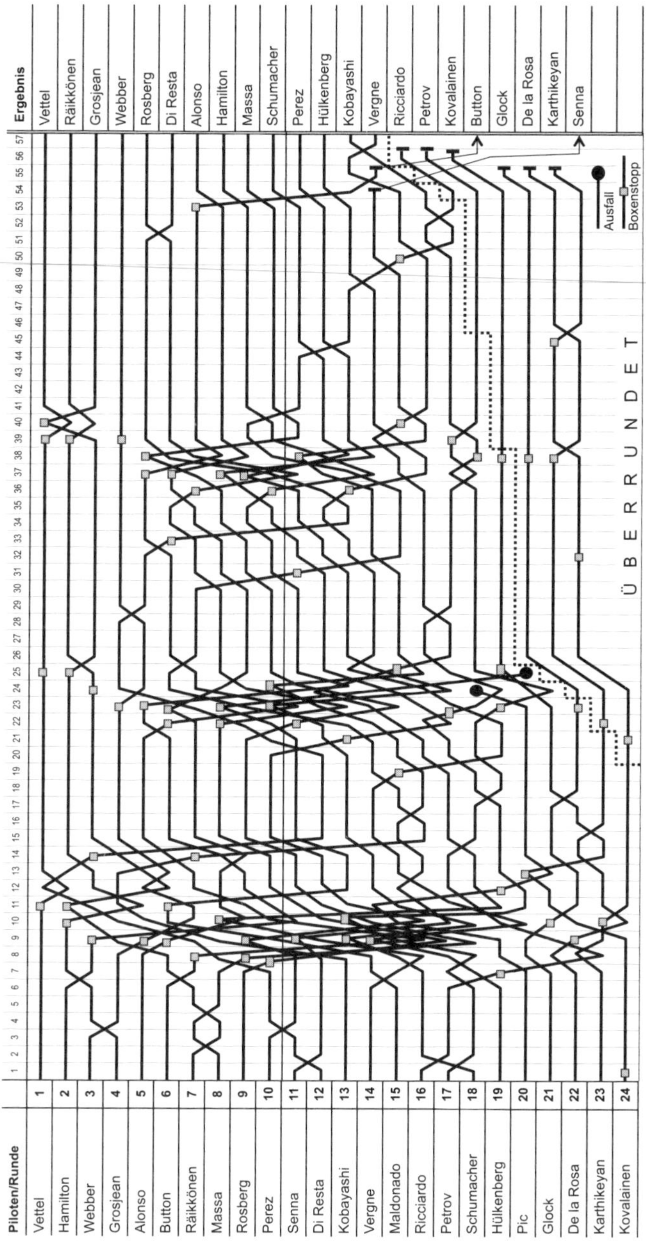
Piloten/Runde
Vettel
Hamilton
Webber
Grosjean
Alonso
Button
Räikkönen
Massa
Rosberg
Perez
Senna
Di Resta
Kobayashi
Vergne
Maldonado
Ricciardo
Petrov
Schumacher
Hülkenberg
Pic
Glock
De la Rosa
Karthikeyan
Kovalainen
Ergebnis
Vettel
Räikkönen
Grosjean
Webber
Rosberg
Di Resta
Alonso
Hamilton
Massa
Schumacher
Perez
Hülkenberg
Kobayashi
Vergne
Ricciardo
Petrov
Kovalainen
Button
Glock
De la Rosa
Karthikeyan
Senna
ÜBERRUNDET
Ausfall
Boxenstopp

Lauf 5 - Großer Preis von Spanien - Barcelona, 13. Mai 2012

1. Training (Freitag Vormittag): 1. Alonso 1:24,430, 2. Vettel 1:24,808, 3. Kobayashi 1:24,912, 4. Button 1:24,996, 5. Bottas 1:25,120, 6. Schumacher 1:25,187, 7. Grosjean 1:25,217, 8. Hamilton 1:25,252, 9. Räikkönen 1:25,285, 10. Hülkenberg 1:25,339, 11. Vergne 1:25,367, 12. Massa 1:25,433, 13. Webber 1:25,539, 14. Rosberg 1:25,607, 15. Pérez 1:25,918, 16. Ricciardo 1:26,226, 17. Maldonado 1:26,297, 18. Bianchi 1:26,630, 19. Petrov 1:27,475, 20. Glock 1:28,267, 21. Rossi 1:28,448, 22. Pic 1:28,633, 23. De la Rosa 1:29,107, 24. Clos 1:31,618

2. Training (Freitag Nachmittag): 1. Button 1:23,399, 2. Vettel 1:23,563, 3. Rosberg 1:23,771, 4. Hamilton 1:23,909, 5. Räikkönen 1:23,918, 6. Grosjean 1:23,964, 7. Webber 1:24,065, 8. Schumacher 1:24,080, 9. Kobayashi 1:24,214, 10. Hülkenberg 1:24,365, 11. Massa 1:24,418, 12. Pérez 1:24,422, 13. Maldonado 1:24,468, 14. Alonso 1:24,600, 15. Di Resta 1:24,688, 16. Vergne 1:24,733, 17. Ricciardo 1:24,769, 18. Senna 1:25,047, 19. Kovalainen 1:26,296, 20. Petrov 1:26,740, 21. Glock 1:27,314, 22. Pic 1:27,664, 23. De la Rosa 1:28,235, 24. Karthikeyan keine Zeit

3. Training (Samstag)		**Qualifying** (Samstag) **(1.Phase)**			**(2.Phase)**		**(3.Phase)**
1. Vettel	1:23,168	1. Hamilton	1:22,583	1. Maldonado	1:22,105	1. Maldonado	1:22,285
2. Maldonado	1:23,336	2. Grosjean	1:23,248	2. Hamilton	1:22,465	2. Alonso	1:22,302
3. Kobayashi	1:23,350	3. Alonso	1:23,276	3. Grosjean	1:22,667	3. Grosjean	1:22,424
4. Webber	1:23,578	4. Rosberg	1:23,370	4. Pérez	1:22,773	4. Räikkönen	1:22,487
5. Pérez	1:23,742	5. Maldonado	1:23,380	5. Räikkönen	1:22,856	5. Pérez	1:22,533
6. Alonso	1:23,807	6. Kobayashi	1:23,386	6. Alonso	1:22,862	6. Rosberg	1:23,005
7. Vergne	1:23,833	7. Räikkönen	1:23,406	7. Rosberg	1:22,882	7. Vettel	-:--
8. Button	1:23,909	8. Button	1:23,510	8. Vettel	1:22,884	8. Schumacher	-:--
9. Räikkönen	1:23,936	9. Webber	1:23,592	9. Kobayashi	1:22,897	9. Kobayashi	-:--
10. Rosberg	1:24,070	10. Hülkenberg	1:23,720	10. Schumacher	1:22,904	10. Hamilton	-:--
11. Massa	1:24,179	11. Schumacher	1:23,757	11. Button	1:22,944		
12. Hülkenberg	1:24,323	12. Vettel	1:23,850	12. Webber	1:22,977		
13. Ricciardo	1:24,331	13. Di Resta	1:23,852	13. Di Resta	1:23,125		
14. Senna	1:24,409	14. Massa	1:23,886	14. Hülkenberg	1:23,177		
15. Di Resta	1:24,599	15. Ricciardo	1:23,906	15. Vergne	1:23,265		
16. Hamilton	1:24,778	16. Pérez	1:24,261	16. Ricciardo	1:23,442		
17. Schumacher	1:24,825	17. Vergne	1:24,362	17. Massa	1:23,444		
18. Petrov	1:25,911	18. Senna	1:24,981				
19. Kovalainen	1:26,587	19. Petrov	1:25,277				
20. Pic	1:27,469	20. Kovalainen	1:25,507				
21. Glock	1:27,689	21. Pic	1:26,582				
22. Karthikeyan	1:28,207	22. Glock	1:27,032				
23. De la Rosa	1:28,373	23. De la Rosa	1:27,555				
24. Grosjean	-:--	24. Karthikeyan	1:31,122				

Startaufstellung: Zuerst die Piloten 1 bis 10 aus der dritten Qualifying-Phase, danach die Piloten 11-17 aus der zweiten Qualifying-Phase, dahinter die Piloten 18-24 aus der ersten Qualifying-Phase - inklusive Strafversetzungen:

1. Pastor Maldonado
Williams-Renault FW34 V8
1:22,285

2. Fernando Alonso
Ferrari F2012 V8
1:22,302

3. Romain Grosjean
Lotus-Renault E20 V8
1:22,424

4. Kimi Räikkönen
Lotus-Renault E20 V8
1:22,487

5. Sergio Pérez
Sauber-Ferrari C31 V8
1:22,533

6. Nico Rosberg
Mercedes F1 W03 V8
1:23,005

7. Sebastian Vettel
Red Bull-Renault RB8 V8
keine Zeit

8. Michael Schumacher
Mercedes F1 W03 V8
keine Zeit

9. Kamui Kobayashi
Sauber-Ferrari C31 V8
keine Zeit

10. Jenson Button
McLaren-Mercedes MP4/27 V8
1:22,944

11. Mark Webber
Red Bull-Renault RB8 V8
1:22,977

12. Paul di Resta
Force India-Mercedes VJM05 V8
1:23,125

13. Nico Hülkenberg
Force India-Mercedes VJM05 V8
1:23,177

14. Jean-Eric Vergne
Toro Rosso-Ferrari STR7 V8
1:23,265

15. Daniel Ricciardo
Toro Rosso-Ferrari STR7 V8
1:23,442

16. Felipe Massa
Ferrari F2012 V8
1:23,444

17. Bruno Senna
Williams-Renault FW34 V8
1:24,981

18. Vitaly Petrov
Caterham-Renault CT01 V8
1:25,277

19. Heikki Kovalainen
Caterham-Renault CT01 V8
1:25,507

20. Charles Pic
Marussia-Cosworth MVR-03 V8
1:26,582

21. Timo Glock
Marussia-Cosworth MVR-03 V8
1:27,032

22. Pedro de la Rosa
HRT-Cosworth HRT F112 V8
1:27,555

23. Narain Karthikeyan
HRT-Cosworth HRT F112 V8
1:31,122

24. Lewis Hamilton
McLaren-Mercedes MP4/27 V8
keine Zeit

Hamilton, der in Phase 3 zunächst die schnellste Zeit (1:21,707) erzielt, hätte zu wenig Sprit im Tank gehabt um in den Parc Fermé zurück zu kehren und stellt den Wagen vorzeitig auf der Strecke ab. Aufgrund des Bruchs des Artikels 6.6.2 des Technischen Formel-1-Reglements wird ihm die Zeit gestrichen, jedoch darf er vom letzten Platz starten.

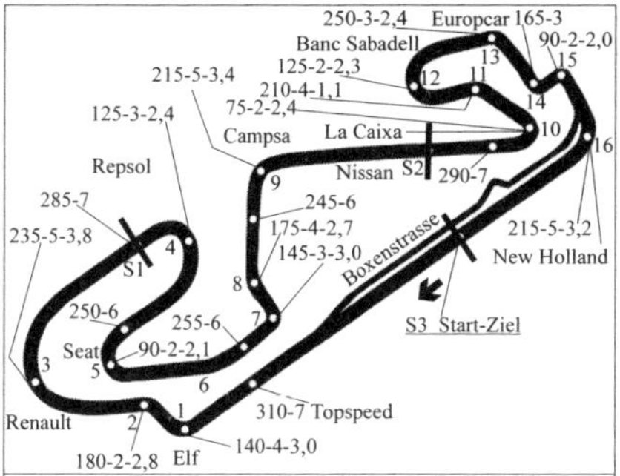

Legende: 132-2-2,1 = 132 km/h-2. Gang-2,1 Gravitation

Wetter am Renntag: Sonnig, trocken und warm,
22°-23° Lufttemperatur, 34° Asphalttemperatur,
56-57 % Luftfeuchtigkeit, 80.000 Zuschauer am Renntag

Distanz: 66 Runden à 4,655 km = 307,104 km
Ziellinie 0,126 km hinter der Startlinie

Sieger 2011: Vettel (Red Bull-Renault),
1.39:03,301 = 186,020 km/h

Poleposition 2011: Webber (Red Bull-Renault),
1:20,981 = 206,937 km/h

Schnellste Runde 2011: Hamilton (McLaren-Mercedes),
1:26,727 = 193,227 km/h

Boxenstopps:

Pérez:	1. Runde: Reifenplatten nach Kontakt mit Grosjean, Reifenwechsel von weich auf hart, verliert total 21,8 sec., Platz 24
Webber:	6. Runde: Reifenwechsel von weich auf hart in 4,0 sec., total 20,1 sec., Platz 14-22
Vettel:	7. Runde: Reifenwechsel von weich auf hart in 3,6 sec., total 19,7 sec., Platz 9-18
Kobayashi:	8. Runde: Reifenwechsel von weich auf hart in 5,8 sec., total 22,2 sec., Platz 8-19
Rosberg:	9. Runde: Reifenwechsel von weich auf weich in 3,5 sec., total 20,5 sec., Platz 5-13
Button:	9. Runde: Reifenwechsel von weich auf hart in 4,1 sec., total 20,3 sec., Platz 7-15
Di Resta:	9. Runde: Reifenwechsel von weich auf weich in total 19,9 sec., Platz 11-20
Alonso:	10. Runde: Reifenwechsel von weich auf hart in total 19,4 sec., Platz 2-3
Grosjean:	10. Runde: Reifenwechsel von weich auf weich in 3,5 sec., total 20,2 sec., Platz 4-9
Schumacher:	10. Runde: Reifenwechsel von weich auf weich in 3,8 sec., total 20,1 sec., Platz 5-10
Vergne:	10. Runde: Reifenwechsel von weich auf hart in total 20,3 sec., Platz 7-16
Massa:	10. Runde: Reifenwechsel von weich auf hart in total 20,1 sec., Platz 8-17
Hülkenberg:	10. Runde: Reifenwechsel von weich auf weich in total 20,5 sec., Platz 10-19
Petrov:	10. Runde: Reifenwechsel von weich auf hart in total 24,8 sec., Platz 16-22
De la Rosa:	10. Runde: Reifenwechsel von weich auf weich in total 22,2 sec., Platz 23-24
Maldonado:	11. Runde: Reifenwechsel von weich auf hart in 4,2 sec., total 20,6 sec., Platz 1-2
Räikkönen:	11. Runde: Reifenwechsel von weich auf weich in 3,5 sec., total 19,7 sec., Platz 2-3
Ricciardo:	11. Runde: Reifenwechsel von weich auf hart in total 21,1 sec., Platz 6-19
Karthikeyan:	11. Runde: Reifenwechsel von weich auf weich in total 21,5 sec., Platz 23-24
Kovalainen:	13. Runde: Reifenwechsel von weich auf weich in total 21,2 sec., Platz 10-17
Hamilton:	14. Runde: Reifenwechsel von weich auf hart in 4,0 sec., total 21,9 sec., Platz 4-14
Glock:	14. Runde: Reifenwechsel von weich auf weich in total 21,0 sec., Platz 18-20
Pic:	15. Runde: Reifenwechsel von weich auf weich in total 20,9 sec., Platz 19-20
Webber:	17. Runde: 2. Stopp, Neue Nase wegen Mangels an Anpressdruck und Reifenwechsel von hart auf hart in 8,7 sec., verliert total 24,8 sec., Platz 15-17
Pérez:	17. Runde: 2. Stopp, Reifenwechsel von hart auf hart in total 21,0 sec., Platz 18-19
Hülkenberg:	19. Runde: 2. Stopp, Reifenwechsel von weich auf hart in total 20,5 sec., Platz 14-16
De la Rosa:	19. Runde: 2. Stopp, Reifenwechsel von weich auf hart in total 22,1 sec., Platz 21-22
Rosberg:	22. Runde: 2. Stopp, Reifenwechsel von weich auf hart in 3,9 sec., total 20,0 sec., Platz 7-13
Karthikeyan:	22. Runde: 2. Stopp, Reifenwechsel von weich auf hart in total 22,5 sec., Platz 21
Di Resta:	23. Runde: 2. Stopp, Reifenwechsel von weich auf hart in total 21,6 sec., Platz 10-15
Vergne:	23. Runde: 2. Stopp, Reifenwechsel von hart auf weich in total 22,6 sec., Platz 12-16
Maldonado:	24. Runde: 2. Stopp, Reifenwechsel von hart auf hart in 3,6 sec., total 20,2 sec., Platz 2-3
Button:	25. Runde: 2. Stopp, Nach Bremsplatten Reifenwechsel von hart auf weich in 4,6 sec., verliert total 21,0 sec., Platz 6-10
Ricciardo:	25. Runde: 2. Stopp, Reifenwechsel von hart auf weich in total 20,1 sec., Platz 11-16
Alonso:	26. Runde: 2. Stopp, Reifenwechsel von hart auf hart in 3,8 sec., total 20,0 sec., Platz 1-3
Grosjean:	26. Runde: 2. Stopp, Reifenwechsel von weich auf hart in total 21,2 sec., Platz 4-5
Kobayashi:	26. Runde: 2. Stopp, Reifenwechsel von hart auf hart in total 20,3 sec., Platz 6-10
Glock:	26. Runde: 2. Stopp, Reifenwechsel von weich auf hart in total 20,9 sec., Platz 19-20
Räikkönen:	27. Runde: 2. Stopp, Reifenwechsel von weich auf hart in 5,0 sec., total 21,3 sec., Platz 2-3
Vettel:	27. Runde: 2. Stopp, Reifenwechsel von hart auf hart in 3,7 sec., total 19,6 sec., Platz 4-6
Kovalainen:	27. Runde: 2. Stopp, Reifenwechsel von weich auf weich in total 22,5 sec., Platz 16-18
Pic:	27. Runde: 2. Stopp, Reifenwechsel von weich auf hart in total 21,3 sec., Platz 19-20
Massa:	28. Runde: 2. Stopp, Drive-Through-Strafe wegen Ignorierens der gelben Flaggen, verliert total 13,2 sec., Platz 7-12
Petrov:	28. Runde: 2. Stopp, Reifenwechsel von hart auf weich in total 23,0 sec., Platz 17-18
Massa:	29. Runde: 3. Stopp, Reifenwechsel von hart auf hart in total 19,6 sec., Platz 12-16
Vettel:	30. Runde: 3. Stopp, Drive-Through-Strafe wegen Ignorierens der gelben Flaggen, verliert total 13,3 sec., Platz 6-9
Hamilton:	35. Runde: 2. Stopp, Reifenwechsel von hart auf hart in 3,8 sec., total 19,9 sec., Platz 8-14
De la Rosa:	35. Runde: 3. Stopp, Reifenwechsel von hart auf hart in total 21,5 sec., Platz 21
Pérez:	37. Runde: 3. Stopp, Reifenwechsel (Radmutter re. hinten schlecht befestigt) von hart auf hart, verliert total 28,5 sec., Platz 16
Button:	38. Runde: 3. Stopp, Reifenwechsel von weich auf hart in 3,6 sec., total 19,8 sec., Platz 8-14
Hülkenberg:	39. Runde: 3. Stopp, Reifenwechsel von hart auf hart in total 20,5 sec., Platz 10-14
Ricciardo:	39. Runde: 3. Stopp, Reifenwechsel von weich auf hart in total 20,0 sec., Platz 15
Rosberg:	40. Runde: 3. Stopp, Reifenwechsel von hart auf hart in total 20,1 sec., Platz 7
Webber:	40. Runde: 3. Stopp, Reifenwechsel von hart auf hart in total 20,1 sec., Platz 9-13
Vergne:	40. Runde: 3. Stopp, Reifenwechsel von weich auf hart in total 20,4 sec., Platz 13-15
Maldonado:	41. Runde: 3. Stopp, Reifenwechsel (Radmutter li. hi. klemmt) von hart auf hart in 6,0 sec., verliert total 22,8 sec., Platz 1-3
Kobayashi:	41. Runde: 3. Stopp, Reifenwechsel von hart auf hart in total 21,3 sec., Platz 6-7
Vettel:	42. Runde: 4. Stopp, Neue Nase nachdem ein Trümmerteil den Flügel nach Schumacher/Senna-Unfall beschädigt und Reifenwechsel von hart auf hart in 10,0 sec., verliert total 26,1 sec., Platz 5-10

Di Resta:	42. Runde: 3. Stopp, Reifenwechsel von hart auf hart in total 19,8 sec., Platz 11-15
Alonso:	44. Runde: 3. Stopp, Reifenwechsel von hart auf hart in 3,5 sec., total 20,1 sec., Platz 1-3
Kovalainen:	43. Runde: 3. Stopp, Reifenwechsel von weich auf hart in total 21,2 sec., Platz 16-17
Petrov:	44. Runde: 3. Stopp, Reifenwechsel von weich auf hart in total 21,8 sec., Platz 16-18
Massa:	45. Runde: 4. Stopp, Reifenwechsel von hart auf hart in total 22,6 sec., Platz 10-15
Räikkönen:	48. Runde: 3. Stopp, Reifenwechsel von hart auf hart in 4,0 sec., total 20,0 sec., Platz 3-4
Glock:	47. Runde: 3. Stopp, Reifenwechsel von hart auf hart in total 20,6 sec., Platz 18
Grosjean:	51. Runde: 3. Stopp, Reifenwechsel von hart auf hart in 4,8 sec., total 21,0 sec., Platz 4
De la Rosa:	51. Runde: 4. Stopp, Reifenwechsel von hart auf weich in 21,4 sec., Platz 19

Ausfälle:

Schumacher:	13. Runde: Kollision mit Senna, Platz 9
Senna:	13. Runde: Kollision mit Schumacher, Platz 8
Karthikeyan:	23. Runde: Rad, Platz 21
Pic:	36. Runde: Halbwelle defekt, Platz 20
Pérez:	38. Runde: Defekt im Antriebsstrang, Platz 16

Stand nach der 1. Runde:
1. Alonso, 2. Maldonado, 3. Räikkönen, 4. Rosberg, 5. Grosjean, 6. Schumacher, 7. Vettel, 8. Button, 9. Kobayashi, 10. Vergne

Ergebnis:

1. Pastor Maldonado (Venezuela) Williams-Renault	1.39:09,145 = 185,837 km/h	
2. Fernando Alonso (Spanien) Ferrari	1.39:12,340 = 185,737 km/h	3,195 zurück
3. Kimi Räikkönen (Finnland) Lotus-Renault	1.39:13,029 = 185,716 km/h	3,884 zurück
4. Romain Grosjean (Frankreich) Lotus-Renault	1.39:23,944 = 185,376 km/h	14,799 zurück
5. Kamui Kobayashi (Japan) Sauber-Ferrari	1.40:13,786 = 183,839 km/h	64,641 zurück
6. Sebastian Vettel (Deutschland) Red Bull-Renault	1.40:16,721 = 183,750 km/h	67,576 zurück
7. Nico Rosberg (Deutschland) Mercedes	1.40:27,064 = 183,434 km/h	77,919 zurück
8. Lewis Hamilton (England) McLaren-Mercedes	1.40:27,285 = 183,428 km/h	78,140 zurück
9. Jenson Button (England) McLaren-Mercedes	1.40:34,391 = 183,212 km/h	85,246 zurück
10. Nico Hülkenberg (Deutschland) Force India-Mercedes	1.39:09,709 = 183,003 km/h	1 Runde zurück
11. Mark Webber (Australien) Red Bull-Renault	1.39:09,928 = 182,996 km/h	1 Runde zurück
12. Jean-Eric Vergne (Frankreich) Toro Rosso-Ferrari	1.39:16,101 = 182,806 km/h	1 Runde zurück
13. Daniel Ricciardo (Australien) Toro Rosso-Ferrari	1.39:20,967 = 182,657 km/h	1 Runde zurück
14. Paul Di Resta (Schottland) Force India-Mercedes	1.39:25,660 = 182,513 km/h	1 Runde zurück
15. Felipe Massa (Brasilien) Ferrari	1.39:27,047 = 182,471 km/h	1 Runde zurück
16. Heikki Kovalainen (Finnland) Caterham-Renault	1.39:51,054 = 181,740 km/h	1 Runde zurück
17. Vitaly Petrov (Russland) Caterham-Renault	1.40:06,205 = 181,281 km/h	1 Runde zurück
18. Timo Glock (Deutschland) Marussia-Cosworth	1.39:23,541 = 179,768 km/h	2 Runden zurück
19. Pedro de la Rosa (Spanien) HRT-Cosworth	1.39:46,180 = 176,289 km/h	3 Runden zurück

Schumacher wird wegen Verursachens des Unfalls mit Senna beim nächsten Rennen in der Startaufstellung um 5 Plätze nach hinten versetzt

Schnellste Runde im Qualifying: Maldonado (Williams-Renault): 1:22,105 = 204,104 km/h (erzielt in Phase 2)

Schnellste Runde im Rennen: Grosjean (Lotus-Renault): 1:26,250 = 194,295 km/h

Höchstgeschwindigkeiten (Freitag, Training): 1. Grosjean 321,6, 2. Räikkönen 321,3, 3. Pérez 320,6, 4. Hülkenberg 317,9, 5. Bianchi 317,4, 6. Di Resta 317,3, 7. Rosberg 317,0, 8. Schumacher 316,6, 9. Kovalainen 316,3, 10. Rossi 315,6, 11. Alonso 315,6, 12. Petrov 315,6, 13. Massa 313,4, 14. Hamilton 313,4, 15. Button 313,1, 16. Vergne 312,5, 17. Ricciardo 312,3, 18. Maldonado 312,1, 19. Vettel 311,8, 20. Webber 311,6, 21. Senna 311,5, 22. Bottas 311,2, 23. Clos 310,7, 24. Kobayashi 309,5, 25. De la Rosa 309,4, 26. Glock 307,5, 27. Pic 307,4, 28. Karthikeyan 305,4

Höchstgeschwindigkeiten (Samstag, Qualifying): 1. Grosjean 323,2, 2. Räikkönen 323,1, 3. Ricciardo 319,4, 4. Vergne 318,9, 5. Hamilton 318,3, 6. Button 318,2, 7. Di Resta 317,8, 8. Hülkenberg 317,4, 9. Schumacher 316,7, 10. Rosberg 316,5, 11. Kovalainen 315,6, 12. Alonso 315,5, 13. Massa 315,5, 14. Petrov 315,5, 15. Kobayashi 315,5, 16. Senna 313,8, 17. Pérez 313,7, 18. Maldonado 313,7, 19. Webber 311,2, 20. Vettel 311,1, 21. Karthikeyan 310,8, 22. Pic 310,7, 23. De la Rosa 310,6, 24. Glock 310,4

Höchstgeschwindigkeiten (Sonntag): 1. Grosjean 323,8, 2. Vergne 320,1, 3. Ricciardo 319,8, 4. Button 318,4, 5. Hamilton 318,1, 6. Räikkönen 318,1, 7. Di Resta 317,8, 8. Hülkenberg 317,8, 9. Kobayashi 317,1, 10. Schumacher 316,9, 11. Massa 316,6, 12. Rosberg 316,4, 13. Petrov 315,8, 14. Kovalainen 315,7, 15. Alonso 315,7, 16. Senna 314,5, 17. Maldonado 314,5, 18. Pérez 313,6, 19. Vettel 312,1, 20. Webber 311,9, 21. Pic 311,5, 22. De la Rosa 304,7, 23. Karthikeyan 304,6, 24. Glock 299,9

Schnellste Runde jedes Fahrers im Rennen: 1. Grosjean 1:26,250 (53.), 2. Räikkönen 1:26,938 (50.), 3. Alonso 1:27,390 (46.), 4. Vettel 1:27,768 (65.), 5. Webber 1:27,857 (44.), 6. Maldonado 1:27,906 (26.), 7. Rosberg 1:28,150 (45.), 8. Kobayashi 1:28,266 (45.), 9. Vergne 1:28,308 (54.), 10. Di Resta 1:28,313 (44.), 11. Massa 1:28,448 (47.), 12. Ricciardo 1:28,587 (44.), 13. Pérez 1:28,605 (20.), 14. Button 1:28,624 (41.), 15. Kovalainen 1:28,715 (50.), 16. Petrov 1:28,773 (48.), 17. Hülkenberg 1:28,912 (48.), 18. Hamilton 1:28,918 (50.), 19. Glock 1:29,599 (49.), 20. De la Rosa 1:30,722 (54.), 21. Schumacher 1:31,089 (4.), 22. Pic 1:31,136 (29.), 23. Senna 1:31,822 (10.), 24. Karthikeyan 1:32,903 (15.)

WM-Stand: 1. Vettel 61, 2. Alonso 61, 3. Hamilton 53, 4. Räikkönen 49, 5. Webber 48, 6. Button 45, 7. Rosberg 41, 8. Grosjean 35, 9. Maldonado 29, 10. Pérez 22, 11. Kobayashi 19, 12. Di Resta 15, 13. Senna 14, 14. Vergne 4, 15. Hülkenberg 3, 16. Ricciardo 2, 17. Massa 2, 18. Schumacher 2

Konstrukteur-WM: 1. Red Bull-Renault 109, 2. McLaren-Mercedes 98, 3. Lotus-Renault 84, 4. Ferrari 63, 5. Mercedes 43, 6. Williams-Renault 43, 7. Sauber-Ferrari 41, 8. Force India-Mercedes 18, 9. Toro Rosso-Ferrari 6

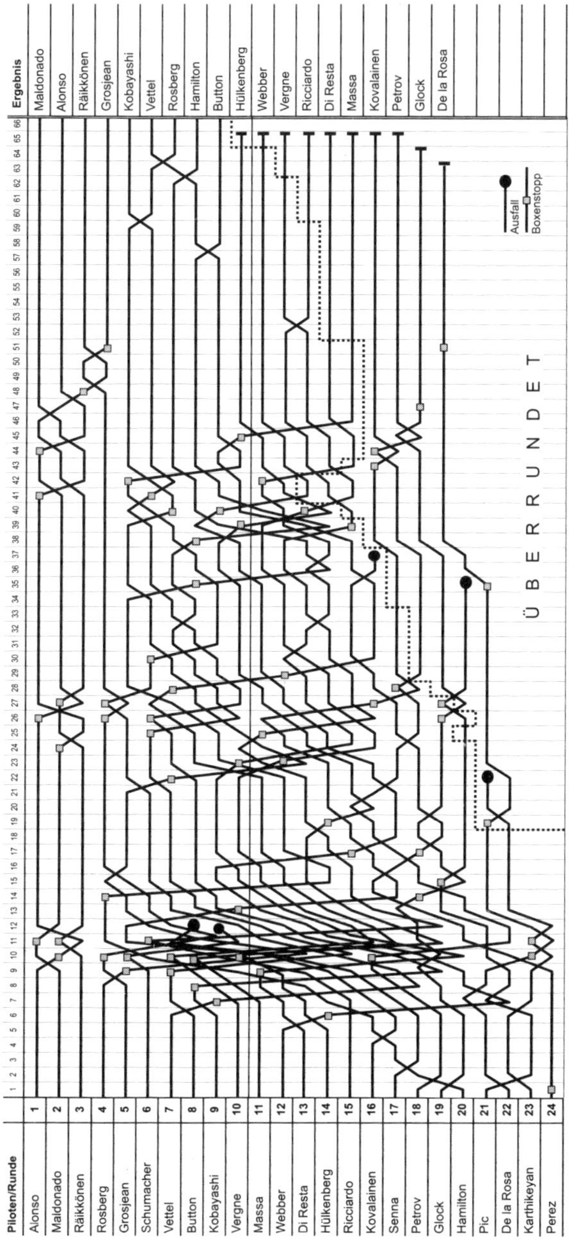
Piloten/Runde
1 Alonso
2 Maldonado
3 Räikkönen
4 Rosberg
5 Grosjean
6 Schumacher
7 Vettel
8 Button
9 Kobayashi
10 Vergne
11 Massa
12 Webber
13 Di Resta
14 Hülkenberg
15 Ricciardo
16 Kovalainen
17 Senna
18 Petrov
19 Glock
20 Hamilton
21 Pic
22 De la Rosa
23 Karthikeyan
24 Perez
Ergebnis
Maldonado
Alonso
Räikkönen
Grosjean
Kobayashi
Vettel
Rosberg
Hamilton
Button
Hülkenberg
Webber
Vergne
Ricciardo
Di Resta
Massa
Kovalainen
Petrov
Glock
De la Rosa
Ü B E R R U N D E T
Ausfall
Boxenstopp

Lauf 6 - Großer Preis von Monaco - Monte Carlo, 27. Mai 2012

1. Training (Donnerstag Vormittag): 1. Alonso 1:16,265, 2. Grosjean 1:16,630, 3. Pérez 1:16,711, 4. Hamilton 1:16,747, 5. Maldonado 1:16,760, 6. Massa 1:16,843, 7. Kobayashi 1:17,038, 8. Button 1:17,190, 9. Vettel 1:17,222, 10. Rosberg 1:17,261, 11. Schumacher 1:17,413, 12. Hülkenberg 1:17,631, 13. Webber 1:18,106, 14. Vergne 1:18,209, 15. Ricciardo 1:18,252, 16. Di Resta 1:18,302, 17. Senna 1:18,617, 18. Kovalainen 1:19,039, 19. Petrov 1:19,341, 20. Karthikeyan 1:20,838, 21. Pic 1:20,895, 22. Glock 1:21,638, 23. De la Rosa 1:22,423

2. Training (Donnerstag Nachmittag): 1. Button 1:15,746, 2. Grosjean 1:16,138, 3. Massa 1:16,602, 4. Alonso 1:16,661, 5. Maldonado 1:16,820, 6. Rosberg 1:17,021, 7. Webber 1:17,148, 8. Kobayashi 1:17,153, 9. Schumacher 1:17,293, 10. Vettel 1:17,303, 11. Hamilton 1:17,375, 12. Di Resta 1:17,395, 13. Senna 1:17,655, 14. Hülkenberg 1:17,800, 15. Pérez 1:18,251, 16. Petrov 1:18,440, 17. Vergne 1:18,522, 18. Ricciardo 1:18,808, 19. Räikkönen 1:19,267, 20. Glock 1:19,309, 21. Kovalainen 1:20,029, 22. Pic 1:20,240, 23. De la Rosa 1:20,631, 24. Karthikeyan 1:20,886

3. Training (Samstag)		**Qualifying** (Samstag) **(1.Phase)**			**(2.Phase)**		**(3.Phase)**
1. Rosberg	1:15,159	1. Hülkenberg	1:15,418	1. Massa	1:14,911	1. Schumacher	1:14,301
2. Massa	1:15,197	2. Kobayashi	1:15,648	2. Rosberg	1:15,022	2. Webber	1:14,381
3. Vettel	1:15,209	3. Grosjean	1:15,718	3. Maldonado	1:15,026	3. Rosberg	1:14,448
4. Alonso	1:15,210	4. Vettel	1:15,757	4. Webber	1:15,035	4. Hamilton	1:14,583
5. Grosjean	1:15,445	5. Schumacher	1:15,873	5. Schumacher	1:15,062	5. Grosjean	1:14,639
6. Button	1:15,471	6. Räikkönen	1:15,889	6. Alonso	1:15,128	6. Alonso	1:14,948
7. Hamilton	1:15,734	7. Rosberg	1:15,900	7. Hamilton	1:15,166	7. Massa	1:15,049
8. Schumacher	1:15,893	8. Senna	1:15,923	8. Grosjean	1:15,219	8. Räikkönen	1:15,199
9. Pérez	1:16,110	9. Massa	1:15,983	9. Vettel	1:15,234	9. Maldonado	1:15,245
10. Webber	1:16,219	10. Webber	1:16,013	10. Räikkönen	1:15,322	10. Vettel	-:--
11. Vergne	1:16,226	11. Maldonado	1:16,017	11. Hülkenberg	1:15,421		
12. Räikkönen	1:16,301	12. Di Resta	1:16,062	12. Kobayashi	1:15,508		
13. Kobayashi	1:16,311	13. Hamilton	1:16,063	13. Button	1:15,536		
14. Ricciardo	1:16,479	14. Alonso	1:16,153	14. Senna	1:15,709		
15. Hülkenberg	1:17,027	15. Ricciardo	1:16,360	15. Di Resta	1:15,718		
16. Senna	1:17,055	16. Button	1:16,399	16. Ricciardo	1:15,878		
17. Kovalainen	1:17,276	17. Vergne	1:16,491	17. Vergne	1:16,885		
18. Di Resta	1:17,390	18. Kovalainen	1:16,538				
19. Petrov	1:17,404	19. Petrov	1:17,404				
20. Glock	1:18,259	20. Glock	1:17,947				
21. Maldonado	1:18,488	21. De la Rosa	1:18,096				
22. Pic	1:19,099	22. Pic	1:18,476				
23. Karthikeyan	1:19,147	23. Karthikeyan	1:19,310				
24. De la Rosa	1:19,151	24. Pérez	-:--				

Startaufstellung: Zuerst die Piloten 1 bis 10 aus der dritten Qualifying-Phase, danach die Piloten 11-17 aus der zweiten Qualifying-Phase, dahinter die Piloten 18-24 aus der ersten Qualifying-Phase - inklusive Strafversetzungen:

1. Mark Webber
Red Bull-Renault RB8 V8
1:14,381

2. Nico Rosberg
Mercedes F1 W03 V8
1:14,448

3. Lewis Hamilton
McLaren-Mercedes MP4/27 V8
1:14,583

4. Romain Grosjean
Lotus-Renault E20 V8
1:14,639

5. Fernando Alonso
Ferrari F2012 V8
1:14,948

6. Michael Schumacher
Mercedes F1 W03 V8
1:14,301

7. Felipe Massa
Ferrari F2012 V8
1:15,049

8. Kimi Räikkönen
Lotus-Renault E20 V8
1:15,199

9. Sebastian Vettel
Red Bull-Renault RB8 V8
keine Zeit

10. Nico Hülkenberg
Force India-Mercedes VJM05 V8
1:15,421

11. Kamui Kobayashi
Sauber-Ferrari C31 V8
1:15,508

12. Jenson Button
McLaren-Mercedes MP4/27 V8
1:15,536

13. Bruno Senna
Williams-Renault FW34 V8
1:15,709

14. Paul di Resta
Force India-Mercedes VJM05 V8
1:15,718

15. Daniel Ricciardo
Toro Rosso-Ferrari STR7 V8
1:15,878

16. Jean-Eric Vergne
Toro Rosso-Ferrari STR7 V8
1:16,885

17. Heikki Kovalainen
Caterham-Renault CT01 V8
1:16,538

18. Vitaly Petrov
Caterham-Renault CT01 V8
1:17,404

19. Timo Glock
Marussia-Cosworth MVR-03 V8
1:17,947

20. Pedro de la Rosa
HRT-Cosworth HRT F112 V8
1:18,096

21. Charles Pic
Marussia-Cosworth MVR-03 V8
1:18,476

22. Narain Karthikeyan
HRT-Cosworth HRT F112 V8
1:19,310

23. Sergio Pérez
Sauber-Ferrari C31 V8
keine Zeit

24. Pastor Maldonado
Williams-Renault FW34 V8
1:15,245

Schumacher wird wegen Verursachens des Unfalls mit Senna beim vorigen Rennen in der Startaufstellung um 5 Plätze nach hinten versetzt. **Maldonado** wird wegen Verursachens einer Kollision mit Pérez im 3. Training um 10 Plätze und nach Getriebewechsel um weitere 5 Plätze nach hinten versetzt. **Pérez** wird nach Getriebewechsel um 5 Plätze nach hinten versetzt.

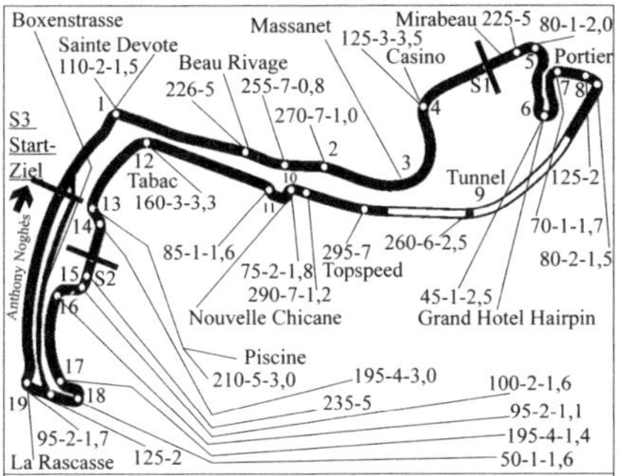

Legende: 132-2-2,1 = 132 km/h-2. Gang-2,1 Gravitation

Wetter am Renntag: Bedeckt, warm und trocken, leichter Niesel in den letzten 10 Runden
22°-21° Lufttemperatur, 36°-31° Asphalttemperatur, 62-64 % Luftfeuchtigkeit, 80.000 Zuschauer am Renntag

Distanz: 78 Runden à 3,340 km = 260,520 km
Ziellinie 0,000 km hinter der Startlinie

Sieger 2011: Vettel (Red Bull-Renault), 2.09:38,373 = 120,574 km/h

Poleposition 2011: Vettel (Red Bull-Renault), 1:13,556 = 163,467 km/h

Schnellste Runde 2011: Webber (Red Bull-Renault), 1:16,234 = 157,724 km/h

Boxenstopps:

Kobayashi:	1. Runde: Check nach Kontakt mit Grosjean und Reifenwechsel von superweich auf weich, verliert total 28,3 sec., Platz 21
Petrov:	3. Runde: Reifenwechsel von weich auf weich in total 39,3 sec., Platz 21
Vergne:	17. Runde: Reifenwechsel von superweich auf weich in 4,0 sec., total 26,0 sec., Platz 19
Rosberg:	27. Runde: Reifenwechsel von superweich auf weich in 3,4 sec., total 24,8 sec., Platz 6
Webber:	29. Runde: Reifenwechsel von superweich auf weich in 3,4 sec., total 25,5 sec., Platz 4-3
Hamilton:	29. Runde: Reifenwechsel von superweich auf weich in 4,3 sec., total 25,7 sec., Platz 6
Räikkönen:	29. Runde: Reifenwechsel von superweich auf weich in 4,7 sec., total 26,3 sec., Platz 16-14
Hülkenberg:	29. Runde: Reifenwechsel von superweich auf weich in 4,1 sec., total 26,4 sec., Platz 17-16
Senna:	29. Runde: Reifenwechsel von superweich auf weich in total 26,4 sec., Platz 18-17
Karthikeyan:	29. Runde: Reifenwechsel von superweich auf superweich in total 27,3 sec., Platz 19
Alonso:	30. Runde: Reifenwechsel von superweich auf weich in 3,7 sec., total 25,2 sec., Platz 5-4
Kovalainen:	30. Runde: Reifenwechsel von superweich auf weich in total 26,0 sec., Platz 15-17
Glock:	30. Runde: Reifenwechsel von superweich auf weich in total 25,5 sec., Platz 18
Massa:	31. Runde: Reifenwechsel von superweich auf weich in 3,3 sec., total 24,9 sec., Platz 6-7
Pic:	33. Runde: Reifenwechsel von superweich auf weich in total 27,1 sec., Platz 18
Schumacher:	34. Runde: Reifenwechsel von superweich auf weich in 3,2 sec., total 25,1 sec., Platz 10-9
Pérez:	34. Runde: Reifenwechsel von superweich auf weich in total 25,6 sec., Platz 17
Di Resta:	35. Runde: Reifenwechsel von weich auf superweich in total 25,6 sec., Platz 11
Button:	38. Runde: Reifenwechsel von superweich auf weich in 3,9 sec., total 25,2 sec., Platz 14-15
Pérez:	39. Runde: 2. Stopp, Drive-Through-Strafe wegen Behinderns von Räikkönen, verliert total 19,6 sec., Platz 17
Ricciardo:	40. Runde: Reifenwechsel von superweich auf weich in 3,6 sec., total 25,3 sec., Platz 15
Vettel:	46. Runde: Reifenwechsel von weich auf superweich in 3,4 sec., total 25,0 sec., Platz 3-4
Glock:	54. Runde: 2. Stopp, Neuer Frontflügel und Reifenwechsel von weich auf weich total 36,5 sec., Platz 18
Vergne:	70. Runde: 2. Stopp, Reifenwechsel von weich auf Intermediates in total 26,1 sec., Platz 11
Kovalainen:	73. Runde: 2. Stopp, Reifenwechsel von weich auf superweich in total 31,2 sec., Platz 13
Karthikeyan:	74. Runde: 2. Stopp, Reifenwechsel von superweich auf weich in total 26,9 sec., Platz 15

Ausfälle:

Maldonado:	1. Runde: Kollision mit De la Rosa und Grosjean, Platz 24 (in der Startaufstellung)
De la Rosa:	1. Runde: Kollision mit Maldonado und Grosjean, Platz 20 (in der Startaufstellung)
Grosjean:	1. Runde: Kollision mit Maldonado und De la Rosa, Platz 4 (in der Startaufstellung)
Kobayashi:	6. Runde: Gebrochene Lenkung nach Kollision in 1. Runde, Platz 20
Petrov:	16. Runde: Elektrikdefekt, Platz 20
Schumacher:	64. Runde: Benzindruck, Platz 9
Pic:	65. Runde: Auspuff, Platz 16
Ricciardo:	66. Runde: Steuerung, Platz 14
Button:	71. Runde: Plattfuss, Platz 13 (Platz 16 im Endergebnis)

Stand nach der 1. Runde:
1. Webber, 2. Rosberg, 3. Hamilton, 4. Alonso, 5. Massa, 6. Vettel, 7. Räikkönen, 8. Schumacher, 9. Hülkenberg, 10. Senna

Safety Car-Phase:
1. bis 2. Runde um Wrackteile nach Kollision zu entfernen

Ergebnis:

1. Mark Webber (Australien) Red Bull-Renault	1.46:06,557 = 147,312 km/h	
2. Nico Rosberg (Deutschland) Mercedes	1.46:07,200 = 147,297 km/h	0,643 zurück
3. Fernando Alonso (Spanien) Ferrari	1.46:07,504 = 147,290 km/h	0,947 zurück
4. Sebastian Vettel (Deutschland) Red Bull-Renault	1.46:07,900 = 147,281 km/h	1,343 zurück
5. Lewis Hamilton (England) McLaren-Mercedes	1.46:10,658 = 147,217 km/h	4,101 zurück
6. Felipe Massa (Brasilien) Ferrari	1.46:12,752 = 147,169 km/h	6,195 zurück
7. Paul Di Resta (Schottland) Force India-Mercedes	1.46:48,094 = 146,357 km/h	41,537 zurück
8. Nico Hülkenberg (Deutschland) Force India-Mercedes	1.46:49,119 = 146,333 km/h	42,562 zurück
9. Kimi Räikkönen (Finnland) Lotus-Renault	1.46:50,593 = 146,300 km/h	44,036 zurück
10. Bruno Senna (Brasilien) Williams-Renault	1.46:51,073 = 146,289 km/h	44,516 zurück
11. Sergio Pérez (Mexiko) Sauber-Ferrari	1.46:13,000 = 145,276 km/h	1 Runde zurück
12. Jean-Eric Vergne (Frankreich) Toro Rosso-Ferrari	1.46:47,649 = 144,491 km/h	1 Runde zurück
13. Heikki Kovalainen (Finnland) Caterham-Renault	1.46:53,421 = 144,361 km/h	1 Runde zurück
14. Timo Glock (Deutschland) Marussia-Cosworth	1.46:57,671 = 144,265 km/h	1 Runde zurück
15. Narain Karthikeyan (Indien) HRT-Cosworth	1.47:16,134 = 141,983 km/h	2 Runden zurück
16. Jenson Button (England) McLaren-Mercedes	1.36:33,358 = 145,283 km/h	Ausfall

Button beendet nicht das Rennen, wird aber aufgrund der zurückgelegten Distanz gewertet

Schnellste Runde im Qualifying: Schumacher (Mercedes): 1:14,301 = 161,828 km/h (erzielt in Phase 3)
Schnellste Runde im Rennen: Pérez (Sauber-Ferrari): 1:17,296 = 155,557km/h

Höchstgeschwindigkeiten (Freitag, Training): 1. Ricciardo 282,6, 2. Petrov 280,1, 3. Hamilton 279,9, 4. Button 279,1, 5. Webber 278,8, 6. Di Resta 278,7, 7. Hülkenberg 278,5, 8. Massa 278,3, 9. Vergne 278,3, 10. Kovalainen 278,1, 11. Räikkönen 278,1, 12. Rosberg 278,0, 13. Schumacher 277,9, 14. Grosjean 277,9, 15. Senna 277,4, 16. Kobayashi 277,4, 17. Karthikeyan 277,3, 18. De la Rosa 277,2, 19. Alonso 276,9, 20. Glock 276,6, 21. Pérez 276,3, 22. Maldonado 276,2, 23. Pic 275,7, 24. Vettel 274,9

Höchstgeschwindigkeiten (Samstag, Qualifying): 1. Hülkenberg 282,5, 2. Button 282,2, 3. Rosberg 281,6, 4. Ricciardo 281,6, 5. Vettel 281,2, 6. Kovalainen 281,1, 7. Webber 281,0, 8. Schumacher 280,5, 9. Maldonado 280,4, 10. Hamilton 280,3, 11. Di Resta 279,8, 12. Vergne 279,6, 13. Massa 279,5, 14. Senna 279,3, 15. Petrov 279,0, 16. Alonso 278,9, 17. Karthikeyan 278,5, 18. Grosjean 278,4, 19. De la Rosa 278,2, 20. Räikkönen 278,2, 21. Glock 277,4, 22. Pic 276,9, 23. Kobayashi 276,6, 24. Pérez 276,4

Höchstgeschwindigkeiten (Sonntag): 1. Rosberg 285,1, 2. Pérez 284,2, 3. Vergne 284,2, 4. Alonso 284,2, 5. Button 284,1, 6. Massa 283,8, 7. Schumacher 282,5, 8. Senna 282,0, 9. Hamilton 281,8, 10. Ricciardo 281,5, 11. Kovalainen 281,4, 12. Vettel 281,2, 13. Webber 280,8, 14. Hülkenberg 280,5, 15. Räikkönen 278,8, 16. Karthikeyan 277,9, 17. Di Resta 277,2, 18. Pic 276,7, 19. Glock 276,6, 20. Petrov 273,0, 21. Kobayashi 268,9, 22. De la Rosa 207,2

Schnellste Runde jedes Fahrers im Rennen: 1. Pérez 1:17,296 (49.), 2. Hülkenberg 1:18,423 (35.), 3. Webber 1:18,805 (45.), 4. Hamilton 1:18,806 (46.), 5. Alonso 1:18,857 (45.), 6. Schumacher 1:18,904 (52.), 7. Rosberg 1:18,977 (46.), 8. Vergne 1:19,013 (25.), 9. Vettel 1:19,076 (43.), 10. Massa 1:19,101 (41.), 11. Senna 1:19,187 (51.), 12. Räikkönen 1:19,246 (51.), 13. Kovalainen 1:19,305 (76.), 14. Pic 1:19,604 (61.), 15. Glock 1:19,637 (60.), 16. Ricciardo 1:19,752 (44.), 17. Di Resta 1:19,757 (51.), 18. Button 1:19,923 (51.), 19. Karthikeyan 1:20,286 (44.), 20. Petrov 1:20,825 (12.), 21. Kobayashi 1:25,480 (4.)

WM-Stand: 1. Alonso 76, 2. Vettel 73, 3. Webber 73, 4. Hamilton 63, 5. Rosberg 59, 6. Räikkönen 51, 7. Button 45, 8. Grosjean 35, 9. Maldonado 29, 10. Pérez 22, 11. Di Resta 21, 12. Kobayashi 19, 13. Senna 15, 14. Massa 10, 15. Hülkenberg 7, 16. Vergne 4, 17. Ricciardo 2, 18. Schumacher 2

Konstrukteur-WM: 1. Red Bull-Renault 146, 2. McLaren-Mercedes 108, 3. Ferrari 86, 4. Lotus-Renault 86, 5. Mercedes 61, 6. Williams-Renault 44, 7. Sauber-Ferrari 41, 8. Force India-Mercedes 28, 9. Toro Rosso-Ferrari 6

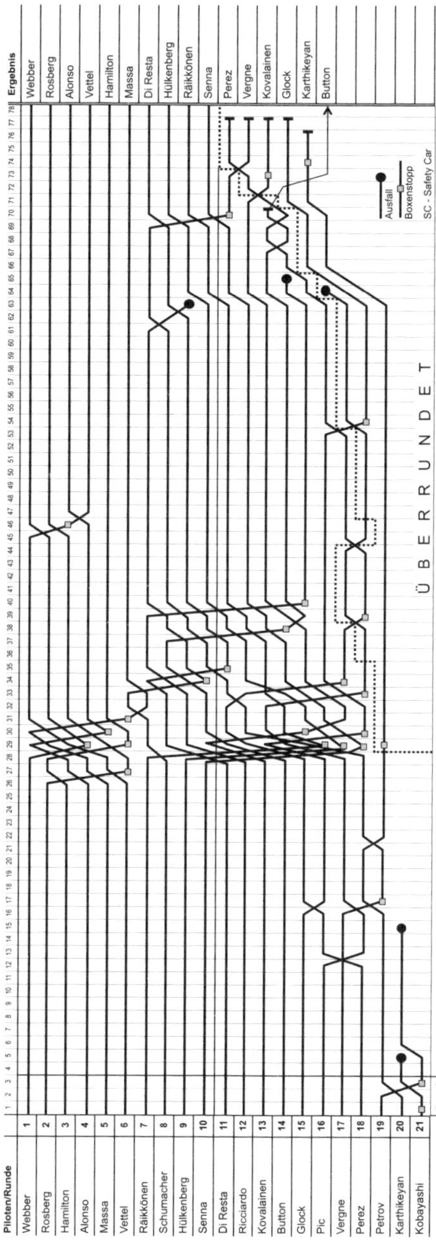
Piloten/Runde
Webber
Rosberg
Hamilton
Alonso
Massa
Vettel
Räikkönen
Schumacher
Hülkenberg
Senna
Di Resta
Ricciardo
Kovalainen
Button
Glock
Pic
Vergne
Perez
Petrov
Karthikeyan
Kobayashi
Ergebnis
Webber
Rosberg
Alonso
Vettel
Hamilton
Massa
Di Resta
Hülkenberg
Räikkönen
Senna
Perez
Vergne
Kovalainen
Glock
Karthikeyan
Button
ÜBERRUNDET
Ausfall
Boxenstopp
SC - Safety Car
SC

Lauf 7 - Großer Preis von Kanada - Montreal, 10. Juni 2012

1. Training (Freitag Vormittag): 1. Hamilton 1:15,564, 2. Vettel 1:15,682, 3. Rosberg 1:15,782, 4. Alonso 1:15,842, 5. Webber 1:15,897, 6. Hülkenberg 1:15,986, 7. Kobayashi 1:16,000, 8. Pérez 1:16,249, 9. Schumacher 1:16,264, 10. Button 1:16,347, 11. Di Resta 1:16,460, 12. Massa 1:16,619, 13. Maldonado 1:16,859, 14. Grosjean 1:16,890, 15. Räikkönen 1:17,014, 16. Vergne 1:17,352, 17. Ricciardo 1:17,580, 18. Petrov 1:17,935, 19. Kovalainen 1:18,177, 20. De la Rosa 1:18,182, 21. Senna 1:18,762, 22. Karthikeyan 1:19,354, 23. Glock 1:20,004, 24. Pic 1:20,067

2. Training (Freitag Nachmittag): 1. Hamilton 1:15,259, 2. Alonso 1:15,313, 3. Massa 1:15,410, 4. Vettel 1:15,531, 5. Di Resta 1:15,544, 6. Kobayashi 1:15,651, 7. Schumacher 1:15,697, 8. Hülkenberg 1:15,799, 9. Button 1:15,812, 10. Rosberg 1:15,878, 11. Pérez 1:15,898, 12. Webber 1:15,907, 13. Maldonado 1:15,987, 14. Grosjean 1:16,360, 15. Räikkönen 1:16,562, 16. Kovalainen 1:16,981, 17. Senna 1:17,022, 18. Petrov 1:17,075, 19. Vergne 1:17,124, 20. Ricciardo 1:17,716, 21. De la Rosa 1:18,908, 22. Glock 1:19,084, 23. Karthikeyan 1:19,378, 24. Pic 1:19,902

3. Training (Samstag)		**Qualifying** (Samstag) **(1.Phase)**			**(2.Phase)**		**(3.Phase)**
1. Vettel	1:14,442	1. Vettel	1:14,661	1. Vettel	1:14,187	1. Vettel	1:13,784
2. Alonso	1:14,448	2. Button	1:14,799	2. Alonso	1:14,314	2. Hamilton	1:14,087
3. Hamilton	1:14,712	3. Hamilton	1:14,891	3. Hamilton	1:14,371	3. Alonso	1:14,151
4. Webber	1:14,724	4. Schumacher	1:14,892	4. Webber	1:14,479	4. Webber	1:14,346
5. Maldonado	1:14,755	5. Alonso	1:14,916	5. Schumacher	1:14,480	5. Rosberg	1:14,411
6. Massa	1:14,767	6. Webber	1:14,956	6. Rosberg	1:14,568	6. Massa	1:14,465
7. Schumacher	1:14,796	7. Maldonado	1:14,979	7. Grosjean	1:14,627	7. Grosjean	1:14,645
8. Grosjean	1:14,873	8. Senna	1:14,995	8. Di Resta	1:14,639	8. Di Resta	1:14,705
9. Räikkönen	1:14,977	9. Räikkönen	1:14,995	9. Massa	1:14,641	9. Schumacher	1:14,812
10. Hülkenberg	1:14,992	10. Di Resta	1:15,019	10. Button	1:14,680	10. Button	1:15,182
11. Di Resta	1:15,067	11. Rosberg	1:15,098	11. Kobayashi	1:14,688		
12. Pérez	1:15,112	12. Kobayashi	1:15,101	12. Räikkönen	1:14,734		
13. Kobayashi	1:15,126	13. Hülkenberg	1:15,106	13. Hülkenberg	1:14,748		
14. Senna	1:15,237	14. Grosjean	1:15,163	14. Ricciardo	1:15,078		
15. Button	1:15,327	15. Massa	1:15,194	15. Pérez	1:15,156		
16. Ricciardo	1:15,498	16. Pérez	1:15,326	16. Senna	1:15,170		
17. Petrov	1:16,268	17. Ricciardo	1:15,552	17. Maldonado	1:15,231		
18. Kovalainen	1:16,545	18. Kovalainen	1:16,263				
19. De la Rosa	1:17,705	19. Petrov	1:16,482				
20. Glock	1:17,974	20. Vergne	1:16,602				
21. Karthikeyan	1:18,189	21. De la Rosa	1:17,492				
22. Pic	1:18,684	22. Glock	1:17,901				
23. Vergne	-.--	23. Pic	1:18,255				
24. Rosberg	-.--	24. Karthikeyan	1:18,330				

Startaufstellung: Zuerst die Piloten 1 bis 10 aus der dritten Qualifying-Phase, danach die Piloten 11-17 aus der zweiten Qualifying-Phase, dahinter die Piloten 18-24 aus der ersten Qualifying-Phase - inklusive Strafversetzungen:

1. Sebastian Vettel
Red Bull-Renault RB8 V8
1:13,784

2. Lewis Hamilton
McLaren-Mercedes MP4/27 V8
1:14,087

3. Fernando Alonso
Ferrari F2012 V8
1:14,151

4. Mark Webber
Red Bull-Renault RB8 V8
1:14,346

5. Nico Rosberg
Mercedes F1 W03 V8
1:14,411

6. Felipe Massa
Ferrari F2012 V8
1:14,465

7. Romain Grosjean
Lotus-Renault E20 V8
1:14,645

8. Paul di Resta
Force India-Mercedes VJM05 V8
1:14,705

9. Michael Schumacher
Mercedes F1 W03 V8
1:14,812

10. Jenson Button
McLaren-Mercedes MP4/27 V8
1:15,182

11. Kamui Kobayashi
Sauber-Ferrari C31 V8
1:14,688

12. Kimi Räikkönen
Lotus-Renault E20 V8
1:14,734

13. Nico Hülkenberg
Force India-Mercedes VJM05 V8
1:14,748

14. Daniel Ricciardo
Toro Rosso-Ferrari STR7 V8
1:15,078

15. Sergio Pérez
Sauber-Ferrari C31 V8
1:15,156

16. Bruno Senna
Williams-Renault FW34 V8
1:15,170

17. Heikki Kovalainen
Caterham-Renault CT01 V8
1:16,263

18. Vitaly Petrov
Caterham-Renault CT01 V8
1:16,482

19. Jean-Eric Vergne
Toro Rosso-Ferrari STR7 V8
1:16,602

20. Pedro de la Rosa
HRT-Cosworth HRT F112 V8
1:17,492

21. Timo Glock
Marussia-Cosworth MVR-03 V8
1:17,901

22. Pastor Maldonado
Williams-Renault FW34 V8
1:15,231

23. Charles Pic
Marussia-Cosworth MVR-03 V8
1:18,255

24. Narain Karthikeyan
HRT-Cosworth HRT F112 V8
1:18,330

Maldonado wird nach Getriebewechsel um 5 Plätze nach hinten versetzt

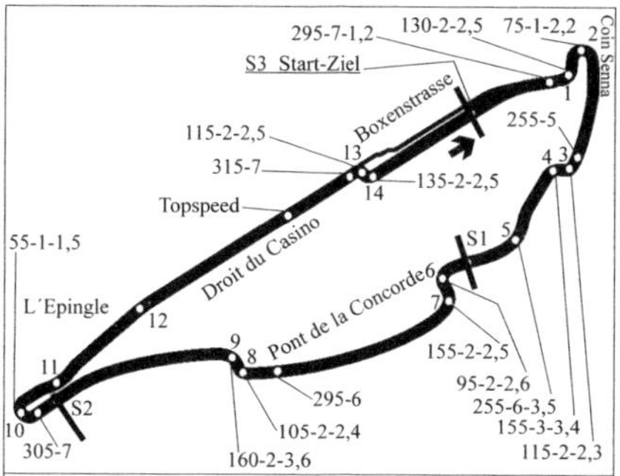

Legende: 132-2-2,1 = 132 km/h-2. Gang-2,1 Gravitation

Wetter am Renntag: Sonnig, warm und trocken, 27°-29° Lufttemperatur, 44°-39° Asphalttemperatur, 26-25 % Luftfeuchtigkeit, 90.000 Zuschauer am Renntag

Distanz: 70 Runden à 4,361 km = 305,270 km
Ziellinie 0,000 km hinter der Startlinie

Sieger 2011: Button (McLaren-Mercedes),
4.04:39,537 = 74,864 km/h

Poleposition 2011: Vettel (Red Bull-Renault),
1:13,014 = 215,021 km/h (erzielt in Phase 3)

Schnellste Runde 2011: Button (McLaren-Mercedes),
1:16,956 = 204,007 km/h

Boxenstopps:

Massa:	12. Runde: Reifenwechsel von superweich auf weich in total 21,1 sec., Platz 20-19
Di Resta:	13. Runde: Reifenwechsel von superweich auf weich in 3,7 sec., total 21,4 sec., Platz 15
Schumacher:	13. Runde: Reifenwechsel von superweich auf weich in 3,9 sec., total 21,8 sec., Platz 16-17
Button:	15. Runde: Reifenwechsel von weich auf superweich in 3,9 sec., total 21,7 sec., Platz 18
Vettel:	16. Runde: Reifenwechsel von superweich auf weich in 4,1 sec., total 21,6 sec., Platz 5
Vergne:	16. Runde: Reifenwechsel von superweich auf weich in total 22,2 sec., Platz 19
Hamilton:	17. Runde: Reifenwechsel von superweich auf weich in total 21,3 sec., Platz 3-4
Webber:	17. Runde: Reifenwechsel von superweich auf weich in total 21,1 sec., Platz 9-10
Ricciardo:	17. Runde: Reifenwechsel von superweich auf weich in total 21,6 sec., Platz 17
Kovalainen:	17. Runde: Reifenwechsel von superweich auf weich in total 21,7 sec., Platz 22
Petrov:	18. Runde: Reifenwechsel von superweich auf weich in total 21,8 sec., Platz 23
Alonso:	19. Runde: Reifenwechsel von superweich auf weich in 3,7 sec., total 21,1 sec., Platz 1-3
Rosberg:	19. Runde: Reifenwechsel von superweich auf weich in total 21,2 sec., Platz 8
Grosjean:	21. Runde: Reifenwechsel von superweich auf weich in total 21,8 sec., Platz 9
Hülkenberg:	21. Runde: Reifenwechsel von weich auf superweich in total 24,5 sec., Platz 15
Senna:	23. Runde: Reifenwechsel von superweich auf weich in total 22,7 sec., Platz 21
Kobayashi:	24. Runde: Reifenwechsel von superweich auf weich in 4,1 sec., total 21,4 sec., Platz 11-12
Glock:	24. Runde: Reifenwechsel von superweich auf weich in total 25,5 sec., Platz 23
Pic:	28. Runde: Reifenwechsel von superweich auf weich in total 23,2 sec., Platz 21
Maldonado:	29. Runde: Reifenwechsel von weich auf superweich in total 22,7 sec., Platz 17
Button:	33. Runde: 2. Stopp, Reifenwechsel von superweich auf superweich in total 21,8 sec., Platz 17
Rosberg:	38. Runde: 2. Stopp, Reifenwechsel von weich auf weich in total 21,1 sec., Platz 8
Räikkönen:	40. Runde: Reifenwechsel von weich auf superweich in 3,9 sec., total 21,5 sec., Platz 8-9
Pérez:	41. Runde: Reifenwechsel von weich auf superweich in total 21,4 sec., Platz 7-8
Hülkenberg:	42. Runde: 2. Stopp, Reifenwechsel von superweich auf weich in total 23,6 sec., Platz 16-15
Kovalainen:	42. Runde: 2. Stopp, Reifenwechsel von weich auf weich in total 21,7 sec., Platz 20
Schumacher:	43. Runde: 2. Stopp, Reifenwechsel von weich auf weich in total 22,5 sec., Platz 14
Vergne:	43. Runde: 2. Stopp, Reifenwechsel von weich auf weich in total 23,1 sec., Platz 17-16
Petrov:	43. Runde: 2. Stopp, Reifenwechsel von weich auf weich in total 21,4 sec., Platz 19
Di Resta:	44. Runde: 2. Stopp, Reifenwechsel von weich auf weich in total 21,7 sec., Platz 12
Vergne:	47. Runde: 3. Stopp, Drive-Through-Strafe wegen überhöhter Geschwindigkeit in der Boxengasse, verliert total 14,6 sec., Platz 17-16
Hamilton:	50. Runde: 2. Stopp, Reifenwechsel (Radmutter klemmt hinten rechts) von weich auf weich in 4,0 sec., verliert total 22,5 sec., Platz 3
Webber:	52. Runde: 2. Stopp, Reifenwechsel von weich auf weich in total 21,2 sec., Platz 8
Button:	52. Runde: 3. Stopp, Reifenwechsel von superweich auf weich in total 21,3 sec., Platz 16
Massa:	58. Runde: 2. Stopp, Reifenwechsel von weich auf superweich in total 21,1 sec., Platz 10
Ricciardo:	58. Runde: 2. Stopp, Reifenwechsel von weich auf superweich in total 21,5 sec., Platz 14
Vettel:	63. Runde: 2. Stopp, Reifenwechsel von weich auf superweich in 4,9 sec., total 22,4 sec., Platz 5

Ausfälle:

Karthikeyan:	23. Runde: Dreher, Platz 24
De la Rosa:	25. Runde: Defekte Bremsen, Platz 18
Schumacher:	44. Runde: Bewegliches Heckflügelelement blockiert, Platz 14
Glock:	57. Runde: Defekte Bremsen, Platz 21

Stand nach der 1. Runde:
1. Vettel, 2. Hamilton, 3. Alonso, 4. Webber, 5. Rosberg, 6. Massa, 7. Di Resta, 8. Grosjean, 9. Schumacher, 10. Button

Ergebnis:

1. Lewis Hamilton (England) McLaren-Mercedes	1.32:29,586 = 198,027 km/h	
2. Romain Grosjean (Frankreich) Lotus-Renault	1.32:32,099 = 197,938 km/h	2,513 zurück
3. Sergio Pérez (Mexiko) Sauber-Ferrari	1.32:34,846 = 197,840 km/h	5,260 zurück
4. Sebastian Vettel (Deutschland) Red Bull-Renault	1.32:36,881 = 197,767 km/h	7,295 zurück
5. Fernando Alonso (Spanien) Ferrari	1.32:42,997 = 197,550 km/h	13,411 zurück
6. Nico Rosberg (Deutschland) Mercedes	1.32:43,428 = 197,535 km/h	13,842 zurück
7. Mark Webber (Australien) Red Bull-Renault	1.32:44,671 = 197,490 km/h	15,085 zurück
8. Kimi Räikkönen (Finnland) Lotus-Renault	1.32:45,153 = 197,473 km/h	15,567 zurück
9. Kamui Kobayashi (Japan) Sauber-Ferrari	1.32:54,018 = 197,159 km/h	24,432 zurück
10. Felipe Massa (Brasilien) Ferrari	1.32:54,858 = 197,130 km/h	25,272 zurück
11. Paul Di Resta (Schottland) Force India-Mercedes	1.33:07,279 = 196,691 km/h	37,693 zurück
12. Nico Hülkenberg (Deutschland) Force India-Mercedes	1.33:15,822 = 196,391 km/h	46,236 zurück
13. Pastor Maldonado (Venezuela) Williams-Renault	1.33:16,638 = 196,362 km/h	47,052 zurück
14. Daniel Ricciardo (Australien) Toro Rosso-Ferrari	1.33:34,061 = 195,753 km/h	64,475 zurück
15. Jean-Eric Vergne (Frankreich) Toro Rosso-Ferrari	1.32:44,636 = 194,670 km/h	1 Runde zurück
16. Jenson Button (England) McLaren-Mercedes	1.32:49,820 = 194,489 km/h	1 Runde zurück
17. Bruno Senna (Brasilien) Williams-Renault	1.32:51,248 = 194,439 km/h	1 Runde zurück
18. Heikki Kovalainen (Finnland) Caterham-Renault	1.33:04,336 = 193,984 km/h	1 Runde zurück
19. Vitaly Petrov (Russland) Caterham-Renault	1.33:08,933 = 193,824 km/h	1 Runde zurück
20. Charles Pic (Frankreich) Marussia-Cosworth	1.32:32,961 = 189,425 km/h	3 Runden zurück

Schnellste Runde im Qualifying: Vettel (Red Bull-Renault): 1:13,784 = 212,777 km/h (erzielt in Phase 3)
Schnellste Runde im Rennen: Vettel (Red Bull-Renault): 1:15,752 = 207,249 km/h
Höchstgeschwindigkeiten (Freitag, Training): 1. Kobayashi 325,6, 2. De la Rosa 324,3, 3. Petrov 323,5, 4. Kovalainen 322,6, 5. Pérez 322,5, 6. Di Resta 322,0, 7. Hülkenberg 321,7, 8. Schumacher 320,8, 9. Massa 320,0, 10. Vergne 320,0, 11. Ricciardo 319,9, 12. Rosberg 319,4, 13. Räikkönen 318,9, 14. Hamilton 318,6, 15. Grosjean 318,5, 16. Button 318,3, 17. Maldonado 318,0, 18. Senna 317,6, 19. Karthikeyan 317,6, 20. Alonso 316,5, 21. Glock 314,3, 22. Vettel 312,3, 23. Webber 312,0, 24. Pic 309,7
Höchstgeschwindigkeiten (Samstag, Qualifying): 1. Kobayashi 324,8, 2. Pérez 324,6, 3. Karthikeyan 324,0, 4. De la Rosa 323,7, 5. Kovalainen 323,3, 6. Ricciardo 323,0, 7. Petrov 323,0, 8. Hamilton 322,2, 9. Vergne 322,0, 10. Räikkönen 322,0, 11. Button 322,0, 12. Hülkenberg 321,8, 13. Di Resta 321,6, 14. Grosjean 321,6, 15. Massa 320,0, 16. Alonso 320,0, 17. Glock 319,9, 18. Pic 319,3, 19. Senna 318,8, 20. Maldonado 317,8, 21. Schumacher 317,0, 22. Rosberg 316,9, 23. Vettel 316,0, 24. Webber 316,0
Höchstgeschwindigkeiten (Sonntag): 1. Pérez 328,7, 2. Kobayashi 327,1, 3. Karthikeyan 324,8, 4. Di Resta 323,6, 5. Petrov 323,5, 6. Kovalainen 323,5, 7. Ricciardo 322,8, 8. Vergne 322,8, 9. Räikkönen 322,4, 10. Hülkenberg 322,1, 11. Grosjean 322,0, 12. Button 320,8, 13.Hamilton 320,7, 14. De la Rosa 320,3, 15. Massa 320,3, 16. Alonso 319,7, 17. Maldonado 319,1, 18. Pic 319,1, 19. Senna 318,9, 20. Schumacher 317,4, 21. Rosberg 317,0, 22. Vettel 316,8, 23. Webber 316,5, 24. Glock 316,4
Schnellste Runde jedes Fahrers im Rennen: 1. Vettel 1:15,752 (70.), 2. Massa 1:16,182 (69.), 3. Pérez 1:16,414 (67.), 4. Ricciardo 1:16,609 (70.), 5. Räikkönen 1:16,764 (70.), 6. Hamilton 1:17,020 (59.), 7. Rosberg 1:17,060 (67.), 8. Webber 1:17,131 (62.) 9. Hülkenberg 1:17,202 (62.), 10. Di Resta 1:17,219 (63.), 11. Grosjean 1:17,264 (57.), 12. Kobayashi 1:17,464 (61.), 13. Maldonado 1:17,489 (67.), 14. Senna 1:17,817 (67.), 15. Alonso 1:17,820 (42.), 16. Button 1:17,843 (63.), 17. Vergne 1:17,875 (55.), 18. Petrov 1:18,093 (58.), 19. Kovalainen 1:18,128 (62.), 20. Schumacher 1:18,433 (37.), 21. Pic 1:20,632 (63.), 22. Glock 1:21,032 (47.), 23. De la Rosa 1:21,535 (23.), 24. Karthikeyan 1:22,044 (12.)
WM-Stand: 1. Hamilton 88, 2. Alonso 86, 3. Vettel 85, 4. Webber 79, 5. Rosberg 67, 6. Räikkönen 55, 7. Grosjean 53, 8. Button 45, 9. Pérez 37, 10. Maldonado 29, 11. Kobayashi 21, 12. Di Resta 21, 13. Senna 15, 14. Massa 11, 15. Hülkenberg 7, 16. Vergne 4, 17. Ricciardo 2, 18. Schumacher 2
Konstrukteur-WM: 1. Red Bull-Renault 164, 2. McLaren-Mercedes 133, 3. Lotus-Renault 108, 4. Ferrari 97, 5. Mercedes 69, 6. Sauber-Ferrari 58, 7. Williams-Renault 44, 8. Force India-Mercedes 28, 9. Toro Rosso-Ferrari 6

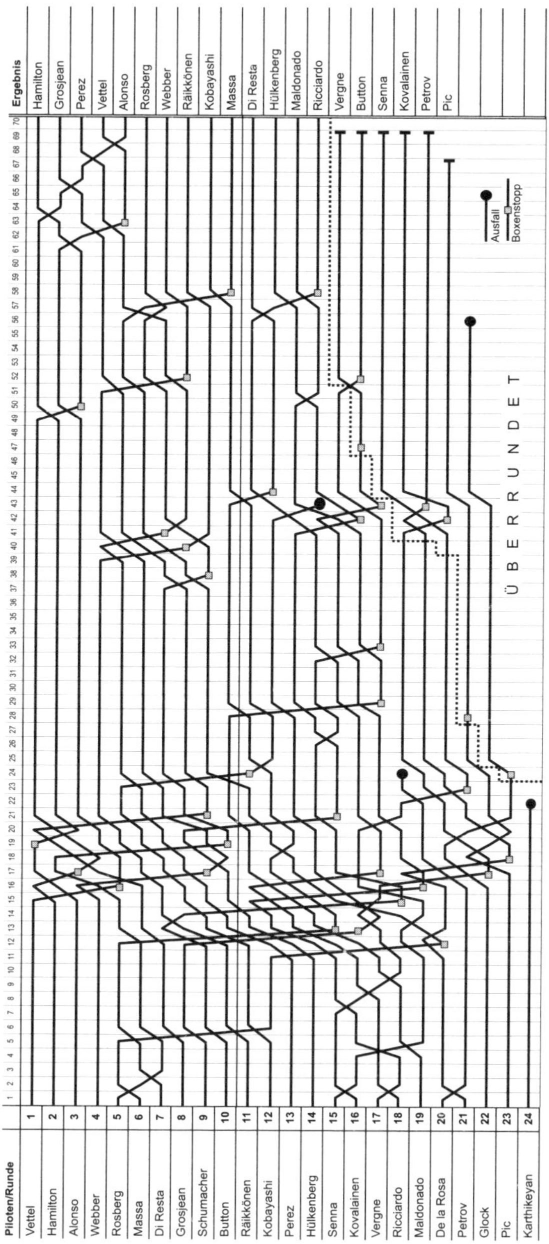

Piloten/Runde
Vettel
Hamilton
Alonso
Webber
Rosberg
Massa
Di Resta
Grosjean
Schumacher
Button
Räikkönen
Kobayashi
Perez
Hülkenberg
Senna
Kovalainen
Vergne
Ricciardo
Maldonado
De la Rosa
Petrov
Glock
Pic
Karthikeyan
Ergebnis
Hamilton
Grosjean
Perez
Vettel
Alonso
Rosberg
Webber
Räikkönen
Kobayashi
Massa
Di Resta
Hülkenberg
Maldonado
Ricciardo
Vergne
Button
Senna
Kovalainen
Petrov
Pic
Ausfall
Boxenstopp
ÜBERRUNDET

Lauf 8 - Großer Preis von Europa - Valencia, 24. Juni 2012

1. Training (Freitag Vormittag): 1. Maldonado 1:40,890, 2. Vettel 1:40,973, 3. Webber 1:40,984, 4. Button 1:40,994, 5. Alonso 1:41,065, 6. Di Resta 1:41,105, 7. Schumacher 1:41,117, 8. Hamilton 1:41,158, 9. Rosberg 1:41,182, 10. Räikkönen 1:41,620, 11. Grosjean 1:41,784, 12. Kobayashi 1:41,838, 13. Pérez 1:41,861, 14. Massa 1:42,109, 15. Bianchi 1:42,175, 16. Bottas 1:42,299, 17. Kovalainen 1:42,442, 18. Vergne 1:42,758, 19. Ricciardo 1:42,777, 20. Petrov 1:43,209, 21. Pic 1:44,173, 22. De la Rosa 1:44,996, 23. Karthikeyan 1:45,120, 24. Glock 1:45,338

2. Training (Freitag Nachmittag): 1. Vettel 1:39,334, 2. Hülkenberg 1:39,465, 3. Kobayashi 1:39,595, 4. Schumacher 1:39,601, 5. Senna 1:39,644, 6. Di Resta 1:39,700, 7. Alonso 1:39,733, 8. Grosjean 1:39,868, 9. Webber 1:39,901, 10. Rosberg 1:39,926, 11. Räikkönen 1:39,945, 12. Button 1:39,990, 13. Maldonado 1:40,075, 14. Hamilton 1:40,147, 15. Massa 1:40,244, 16. Pérez 1:40,511, 17. Petrov 1:40,963, 18. Ricciardo 1:41,121, 19. Kovalainen 1:41,197, 20. Vergne 1:41,263, 21. Glock 1:42,424, 22. Pic 1:42,958, 23. Karthikeyan 1:44,201, 24. De la Rosa 1:44,260

3. Training (Samstag)		**Qualifying** (Samstag) **(1.Phase)**			**(2.Phase)**		**(3.Phase)**
1. Button	1:38,562	1. Maldonado	1:38,825	1. Grosjean	1:38,489	1. Vettel	1:38,086
2. Grosjean	1:38,655	2. Di Resta	1:38,858	2. Rosberg	1:38,504	2. Hamilton	1:38,410
3. Räikkönen	1:38,759	3. Hülkenberg	1:39,009	3. Di Resta	1:38,519	3. Maldonado	1:38,475
4. Hülkenberg	1:38,819	4. Rosberg	1:39,061	4. Vettel	1:38,530	4. Grosjean	1:38,505
5. Di Resta	1:38,892	5. Hamilton	1:39,169	5. Räikkönen	1:38,531	5. Räikkönen	1:38,513
6. Pérez	1:39,084	6. Pérez	1:39,353	6. Button	1:38,563	6. Rosberg	1:38,623
7. Schumacher	1:39,141	7. Massa	1:39,388	7. Maldonado	1:38,570	7. Kobayashi	1:38,741
8. Hamilton	1:39,178	8. Alonso	1:39,409	8. Hamilton	1:38,616	8. Hülkenberg	1:38,752
9. Massa	1:39,318	9. Schumacher	1:39,447	9. Hülkenberg	1:38,689	9. Button	1:38,801
10. Maldonado	1:39,357	10. Senna	1:39,449	10. Kobayashi	1:38,703	10. Di Resta	1:38,992
11. Kobayashi	1:39,358	11. Räikkönen	1:39,464	11. Alonso	1:38,707		
12. Alonso	1:39,395	12. Grosjean	1:39,530	12. Schumacher	1:38,770		
13. Vettel	1:39,434	13. Button	1:39,622	13. Massa	1:38,780		
14. Senna	1:39,543	14. Vettel	1:39,626	14. Senna	1:39,207		
15. Rosberg	1:39,946	15. Kobayashi	1:39,651	15. Pérez	1:39,358		
16. Vergne	1:40,037	16. Ricciardo	1:39,924	16. Kovalainen	1:40,295		
17. Ricciardo	1:40,134	17. Kovalainen	1:40,087	17. Ricciardo	1:40,358		
18. Kovalainen	1:40,681	18. Vergne	1:40,203				
19. Webber	1:41,282	19. Webber	1:40,395				
20. Petrov	1:41,931	20. Petrov	1:40,457				
21. De la Rosa	1:42,758	21. De la Rosa	1:42,171				
22. Pic	1:42,815	22. Karthikeyan	1:42,527				
23. Karthikeyan	1:42,943	23. Pic	1:42,675				
24. Glock	1:43,124						

Startaufstellung: Zuerst die Piloten 1 bis 10 aus der dritten Qualifying-Phase, danach die Piloten 11-17 aus der zweiten Qualifying-Phase, dahinter die Piloten 18-24 aus der ersten Qualifying-Phase - inklusive Strafversetzungen:

1. Sebastian Vettel
Red Bull-Renault RB8 V8
1:38,086

2. Lewis Hamilton
McLaren-Mercedes MP4/27 V8
1:38,410

3. Pastor Maldonado
Williams-Renault FW34 V8
1:38,475

4. Romain Grosjean
Lotus-Renault E20 V8
1:38,505

5. Kimi Räikkönen
Lotus-Renault E20 V8
1:38,513

6. Nico Rosberg
Mercedes F1 W03 V8
1:38,623

7. Kamui Kobayashi
Sauber-Ferrari C31 V8
1:38,741

8. Nico Hülkenberg
Force India-Mercedes VJM05 V8
1:38,752

9. Jenson Button
McLaren-Mercedes MP4/27 V8
1:38,801

10. Paul di Resta
Force India-Mercedes VJM05 V8
1:38,992

11. Fernando Alonso
Ferrari F2012 V8
1:38,707

12. Michael Schumacher
Mercedes F1 W03 V8
1:38,770

13. Felipe Massa
Ferrari F2012 V8
1:38,780

14. Bruno Senna
Williams-Renault FW34 V8
1:39,207

15. Sergio Pérez
Sauber-Ferrari C31 V8
1:39,358

16. Heikki Kovalainen
Caterham-Renault CT01 V8
1:40,295

17. Daniel Ricciardo
Toro Rosso-Ferrari STR7 V8
1:40,358

18. Jean-Eric Vergne
Toro Rosso-Ferrari STR7 V8
1:40,203

19. Mark Webber
Red Bull-Renault RB8 V8
1:40,395

20. Vitaly Petrov
Caterham-Renault CT01 V8
1:40,457

21. Pedro de la Rosa
HRT-Cosworth HRT F112 V8
1:42,171

22. Narain Karthikeyan
HRT-Cosworth HRT F112 V8
1:42,527

23. Charles Pic
Marussia-Cosworth MVR-03 V8
1:42,675

Glock nimmt wegen einer Darminfektion nicht am Qualifying teil

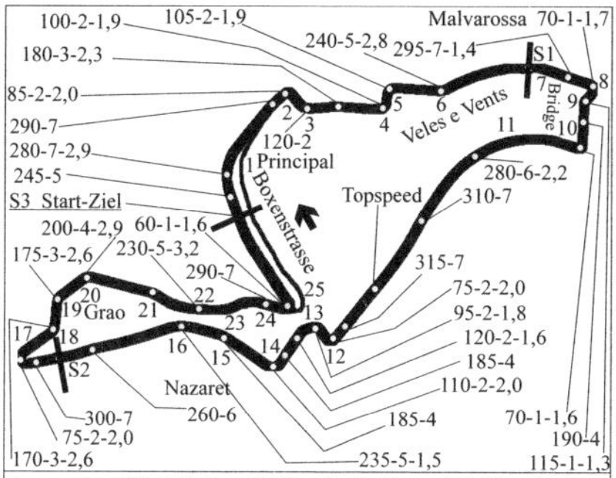

Legende: 132-2-2,1 = 132 km/h-2. Gang-2,1 Gravitation

Wetter am Renntag: Sonnig, heiss und trocken
27° Lufttemperatur, 44°-45° Asphalttemperatur,
61-63 % Luftfeuchtigkeit, 51.500 Zuschauer am Renntag

Distanz: 57 Runden à 5.419 km = 308,883 km
Ziellinie 0,000 km hinter der Startlinie

Sieger 2011: Vettel (Red Bull-Renault),
1.39:36,169 = 186,068 km/h

Poleposition 2011: Vettel (Red Bull-Renault),
1:36,975 = 201,169 km/h

Schnellste Runde 2011: Vettel (Red Bull-Renault),
1:41,852 = 191,536 km/h

Boxenstopps:

Button: 10. Runde: Reifenwechsel von weich auf medium in 3,4 sec., total 20,2 sec., Platz 19
Pérez: 10. Runde: Reifenwechsel von medium auf weich in 4,2 sec., total 21,0 sec., Platz 20
Massa: 11. Runde: Reifenwechsel von weich auf medium in 3,6 sec., total 20,4 sec., Platz 16-17
Pic: 11. Runde: Neuer Flügel nach Kontakt mit Karthikeyan und Reifenwechsel von medium auf weich, verliert total 31,6 sec., Platz 23
Kovalainen: 12. Runde: Reifenwechsel von weich auf weich in total 21,0 sec., Platz 21
Hamilton: 13. Runde: Reifenwechsel von weich auf medium in 2,9 sec., total 19,3 sec., Platz 9-8
Petrov: 13. Runde: Reifenwechsel von weich auf weich in total 20,7 sec., Platz 19
Kobayashi: 14. Runde: Reifenwechsel von weich auf weich in 6,2 sec., total 23,0 sec., Platz 10-11
Räikkönen: 14. Runde: Reifenwechsel von weich auf weich in 4,8 sec., total 21,8 sec., Platz 9-10
Maldonado: 14. Runde: Reifenwechsel von weich auf medium in total 21,3 sec., Platz 12
Hülkenberg: 14. Runde: Reifenwechsel von weich auf medium in total 21,1 sec., Platz 13-14
Ricciardo: 14. Runde: Reifenwechsel von weich auf weich in total 21,2 sec., Platz 18
De la Rosa: 14. Runde: Reifenwechsel von weich auf weich in total 23,1 sec., Platz 22-21
Alonso: 15. Runde: Reifenwechsel von weich auf weich in 3,2 sec., total 19,7 sec., Platz 6-9
Karthikeyan: 15. Runde: Reifenwechsel von weich auf weich in total 22,9 sec., Platz 22-23
Vettel: 16. Runde: Reifenwechsel von weich auf weich in 3,7 sec., total 20,3 sec., Platz 1
Grosjean: 16. Runde: Reifenwechsel von weich auf weich in total 20,4 sec., Platz 2-4
Vergne: 17. Runde: Reifenwechsel von medium auf weich in total 21,3 sec., Platz 20
Schumacher: 19. Runde: Reifenwechsel von medium auf weich in 3,9 sec., total 20,4 sec., Platz 17-15
Webber: 19. Runde: Reifenwechsel von medium auf weich in 3,7 sec., total 20,2 sec., Platz 15-16
Rosberg: 20. Runde: Reifenwechsel von weich auf medium in total 20,6 sec., Platz 12-13
Kobayashi: 20. Runde: 2. Stopp, Neuer Flügel nach Kontakt mit Senna und Reifenwechsel von weich auf medium, verliert total 25,7 sec., Platz 17-18
Senna: 20. Runde: Neuer Flügel nach Kontakt mit Kobayashi und wegen Reifenplattens verfrühter Reifenwechsel von weich auf medium in 10,8 sec., verliert total 28,4 sec., Platz 23
Di Resta: 23. Runde: Reifenwechsel von weich auf medium in total 20,2 sec., Platz 14.15
Senna: 24. Runde: 2. Stopp, Drive-Through-Strafe wegen Verursachens einer Kollision mit Kobayashi, verliert total 14,6 sec., Platz 23
Pérez: 25. Runde: 2. Stopp, Reifenwechsel von weich auf weich in total 20,9 sec., Platz 16
Petrov: 25. Runde: 2. Stopp, Reifenwechsel von weich auf weich in total 21,2 sec., Platz 19
Button: 26. Runde: 2. Stopp, Reifenwechsel von medium auf medium in 3,1 sec., total 19,6 sec., Platz 13-15
Massa: 27. Runde: 2. Stopp, Reifenwechsel von medium auf weich in total 20,1 sec., Platz 12-14
Kovalainen: 27. Runde: 2. Stopp, Neuer Flügel nach Kontakt mit Vergne und ungeplanter Reifenwechsel von weich auf medium, verliert total 24,4 sec., Platz 21
Grosjean: 28. Runde: 2. Stopp, Reifenwechsel von weich auf medium in total 23,1 sec., Platz 2
Hamilton: 28. Runde: 2. Stopp, Reifenwechsel (Wagenheber rutscht ab und beim zweiten Versuch ist der Wagen nicht hoch genug) von medium auf medium in 14,1 sec.,verliert total 31,0 sec., Platz 5-6
Alonso: 28. Runde: 2. Stopp, Reifenwechsel von weich auf medium in 4,2 sec., total 20,7 sec., Platz 3
Räikkönen: 28. Runde: 2. Stopp, Reifenwechsel von weich auf medium in total 21,1 sec., Platz 4-5
Maldonado: 28. Runde: 2. Stopp, Reifenwechsel von medium auf medium in total 21,5 sec., Platz 7-10
Hülkenberg: 28. Runde: 2. Stopp, Reifenwechsel von medium auf medium in total 20,3 sec., Platz 11
Petrov: 28. Runde: 3. Stopp, Reifenwechsel von weich auf medium in total 21,4 sec., Platz 17
Vettel: 29. Runde: 2. Stopp, Reifenwechsel von weich auf medium in 3,5 sec., total 20,0 sec., Platz 1
De la Rosa: 28. Runde: 2. Stopp, Reifenwechsel von weich auf medium in total 23,1 sec., Platz 19-18
Pic: 28. Runde: 2. Stopp, Reifenwechsel von weich auf medium in total 22,8 sec., Platz 20-19
Karthikeyan: 29. Runde: 2. Stopp, Reifenwechsel von weich auf medium in total 26,3 sec., Platz 22
Massa: 34. Runde: 3. Stopp, Neuer Flügel nach Kontakt mit Kobayashi und wegen Reifenplattens ungeplanter Reifenwechsel von weich auf medium, verliert total 39,0 sec., Platz 20
Ricciardo: 37. Runde: 2. Stopp, Reifenwechsel von weich auf medium in 5,9 sec., total 22,5 sec., Platz 14
Webber: 38. Runde: 2. Stopp, Reifenwechsel von weich auf weich in total 20,2 sec., Platz 13
Karthikeyan: 39. Runde: 3. Stopp, Drive-Through-Strafe wegen überhöhter Geschwindigkeit in der Boxengasse beim zweiten Stopp, verliert total 14,7 sec., Platz 19-20
Schumacher: 41. Runde: 2. Stopp, Reifenwechsel von weich auf weich in total 20,0 sec., Platz 11
Rosberg: 46. Runde: 2. Stopp, Reifenwechsel von medium auf weich in total 20,1 sec., Platz 13-12
Petrov: 47. Runde: 4. Stopp, Neuer Flügel nach Kontakt mit Ricciardo und Reifenwechsel von medium auf medium, verliert total 30,8 sec., Platz 15-18
Massa: 53. Runde: 4. Stopp, Reifenwechsel von medium auf weich in total 20,4 sec., Platz 18

Ausfälle:

Glock:	Zurückgezogen
Vergne:	27. Runde: Kollision mit Kovalainen, Platz 18
Kobayashi:	34. Runde: Kollision mit Massa, Platz 13
Vettel:	34. Runde: Lichtmaschine, Platz 1
Grosjean:	41. Runde: Lichtmaschine, Platz 2
Hamilton:	56. Runde: Kollision mit Maldonado, Platz 2 (Platz 19 im Endergebnis)

Stand nach der 1. Runde:
1. Vettel, 2. Hamilton, 3. Grosjean, 4. Kobayashi, 5. Maldonado, 6. Räikkönen, 7. Hülkenberg, 8. Alonso, 9. Di Resta, 10. Massa

Vor dem Start:
Glock nimmt wegen einer Darminfektion nicht am Grand Prix teil

Safety Car-Phase:
28. bis 32. Runde um Wrackteile nach der Kollision zwischen Kovalainen und Vergne zu entfernen

Ergebnis:

1. Fernando Alonso (Spanien) Ferrari	1.44:16,649 = 177,727 km/h	
2. Kimi Räikkönen (Finnland) Lotus-Renault	1.44:23,070 = 177,545 km/h	6,421 zurück
3. Michael Schumacher (Deutschland) Mercedes	1.44:29,288 = 177,369 km/h	12,639 zurück
4. Mark Webber (Australien) Red Bull-Renault	1.44:30,277 = 177,341 km/h	13,628 zurück
5. Nico Hülkenberg (Deutschland) Force India-Mercedes	1.44:36,642 = 177,161 km/h	19,993 zurück
6. Nico Rosberg (Deutschland) Mercedes	1.44:37,825 = 177,128 km/h	21,176 zurück
7. Paul Di Resta (Schottland) Force India-Mercedes	1.44:39,515 = 177,080 km/h	22,866 zurück
8. Jenson Button (England) McLaren-Mercedes	1.44:41,302 = 177,029 km/h	24,653 zurück
9. Sergio Pérez (Mexiko) Sauber-Ferrari	1.44:44,426 = 176,941 km/h	27,777 zurück
10. Bruno Senna (Brasilien) Williams-Renault	1.44:52,610 = 176,711 km/h	35,961 zurück
11. Daniel Ricciardo (Australien) Toro Rosso-Ferrari	1.44:53,690 = 176,681 km/h	37,041 zurück
12. Pastor Maldonado (Venezuela) Williams-Renault	1.45:11,279 = 176,189 km/h*	54,630 zurück*
13. Vitaly Petrov (Russland) Caterham-Renault	1.45:32,520 = 175,598 km/h	75,871 zurück
14. Heikki Kovalainen (Finnland) Caterham-Renault	1.45:51,303 = 175,078 km/h	94,654 zurück
15. Charles Pic (Frankreich) Marussia-Cosworth	1.45:53,200 = 175,026 km/h	96,551 zurück
16. Felipe Massa (Brasilien) Ferrari	1.44:19,382 = 174,533 km/h	1 Runde zurück
17. Pedro de la Rosa (Spanien) HRT-Cosworth	1.44:28,435 = 174,281 km/h	1 Runde zurück
18. Narain Karthikeyan (Indien) HRT-Cosworth	1.44:37,702 = 174,023 km/h	1 Runde zurück
19. Lewis Hamilton (England) McLaren-Mercedes	1.40:50,272 = 177,341 km/h	Ausfall

Hamilton beendet nicht das Rennen, wird aber aufgrund der zurückgelegten Distanz gewertet
Maldonado erhält im Nachhinen eine 20-sec.-Drive-Through-Strafe wegen Verursachens der Kollision mit Hamilton
*Inklusive der 20-Sekunden-Drive-Through-Strafe
Kobayashi wird wegen Verursachens der Kollision mit Massa beim nächsten Rennen in der Startaufstellung um 5 Plätze nach hinten versetzt
Vergne wird wegen Verursachens der Kollision mit Kovalainen beim nächsten Rennen in der Startaufstellung um 10 Plätze nach hinten versetzt, zusätzlich erhält er eine Strafzahlung von 25.000 Euro
Schnellste Runde im Qualifying: Vettel (Red Bull-Renault): 1:38,086 = 198,890 km/h (erzielt in Phase 3)
Schnellste Runde im Rennen: Rosberg (Mercedes): 1:42,163 = 190,953 km/h
Höchstgeschwindigkeiten (Freitag, Training): 1. Schumacher 319,1, 2. Ricciardo 318,7, 3. Vergne 318,5, 4. Hamilton 318,4, 5. Pérez 318,3, 6. Button 318,1, 7. Rosberg 318,1, 8. Kobayashi 318,0, 9. Kovalainen 316,1, 10. Petrov 316,1, 11. Karthikeyan 313,6, 12. Di Resta 313,6, 13. Bianchi 313,5, 14. Hülkenberg 313,4, 15. De la Rosa 313,2, 16. Massa 312,6, 17. Vettel 312,2, 18. Webber 312,0, 19. Alonso 310,5, 20. Grosjean 310,5, 21. Räikkönen 310,2, 22. Maldonado 308,3, 23. Glock 308,3, 24. Senna 308,2, 25. Bottas 308,1, 26. Pic 307,8
Höchstgeschwindigkeiten (Samstag, Qualifying): 1. Vergne 321,4, 2. Rosberg 320,4, 3. Ricciardo 320,0, 4. Schumacher 319,4, 5. Kobayashi 318,1, 6. Hamilton 318,0, 7. Pérez 317,9, 8. Di Resta 317,9, 9. Button 317,9, 10. Hülkenberg 317,8, 11. Massa 316,0, 12. Senna 314,6, 13. Maldonado 314,4, 14. Karthikeyan 313,5, 15. De la Rosa 313,1, 16. Alonso 312,6, 17. Vettel 312,2, 18. Kovalainen 312,0, 19. Petrov 311,4, 20. Webber 311,3, 21. Räikkönen 310,2, 22. Grosjean 310,2, 23. Pic 307,6
Höchstgeschwindigkeiten (Sonntag): 1. Schumacher 320,5, 2. Pérez 319,8, 3. Ricciardo 318,2, 4. Rosberg 317,4, 5. Hamilton 316,0, 6. Maldonado 314,9, 7. Senna 314,2, 8. Kobayashi 313,7, 9. Massa 313,7, 10. Di Resta 312,0, 11. Petrov 310,7, 12. Button 310,2, 13. Alonso 310,2, 14. Grosjean 310,0, 15. Räikkönen 308,8, 16. Hülkenberg 307,6, 17. Karthikeyan 307,5, 18. Kovalainen 306,9, 19. Webber 306,8, 20. Pic 306,5, 21. Vergne 303,6, 22. De la Rosa 302,0, 23. Vettel 301,3
Schnellste Runde jedes Fahrers im Rennen: 1. Rosberg 1:42,163 (54.), 2. Webber 1:42,717 (40.), 3. Schumacher 1:43,099 (43.), 4. Pérez 1:43,526 (43.), 5. Alonso 1:43,666 (40.), 6. Ricciardo 1:43,674 (44.), 7. Räikkönen 1:43,686 (43.), 8. Grosjean 1:43,764 (38.), 9. Hamilton 1:44,007 (43.), 10. Maldonado 1:44,064 (43.), 11. Di Resta 1:44,101 (45.), 12. Senna 1:44,111 (44.), 13. Hülkenberg 1:44,226 (40.), 14. Petrov 1:44,253 (54.), 15. Massa 1:44,431 (36.), 16. Vettel 1:44,555 (18.), 17. Button 1:44,806 (48.), 18. Kobayashi 1:45,082 (22.), 19. Kovalainen 1:45,294 (40.), 20. Vergne 1:45,491 (22.), 21. Karthikeyan 1:46,388 (42.), 22. Pic 1:46,701 (43.), 23. De la Rosa 1:46,799 (36.)
WM-Stand: 1. Alonso 111, 2. Webber 91, 3. Hamilton 88, 4. Vettel 85, 5. Rosberg 75, 6. Räikkönen 73, 7. Grosjean 53, 8. Button 49, 9. Pérez 39, 10. Maldonado 29, 11. Di Resta 27, 12. Kobayashi 21, 13. Schumacher 17, 14. Hülkenberg 17, 15. Senna 16, 16. Massa 11, 17. Vergne 4, 18. Ricciardo 2
Konstrukteur-WM: 1. Red Bull-Renault 176, 2. McLaren-Mercedes 137, 3. Lotus-Renault 126, 4. Ferrari 122, 5. Mercedes 92, 6. Sauber-Ferrari 60, 7. Williams-Renault 45, 8. Force India-Mercedes 44, 9. Toro Rosso-Ferrari 6

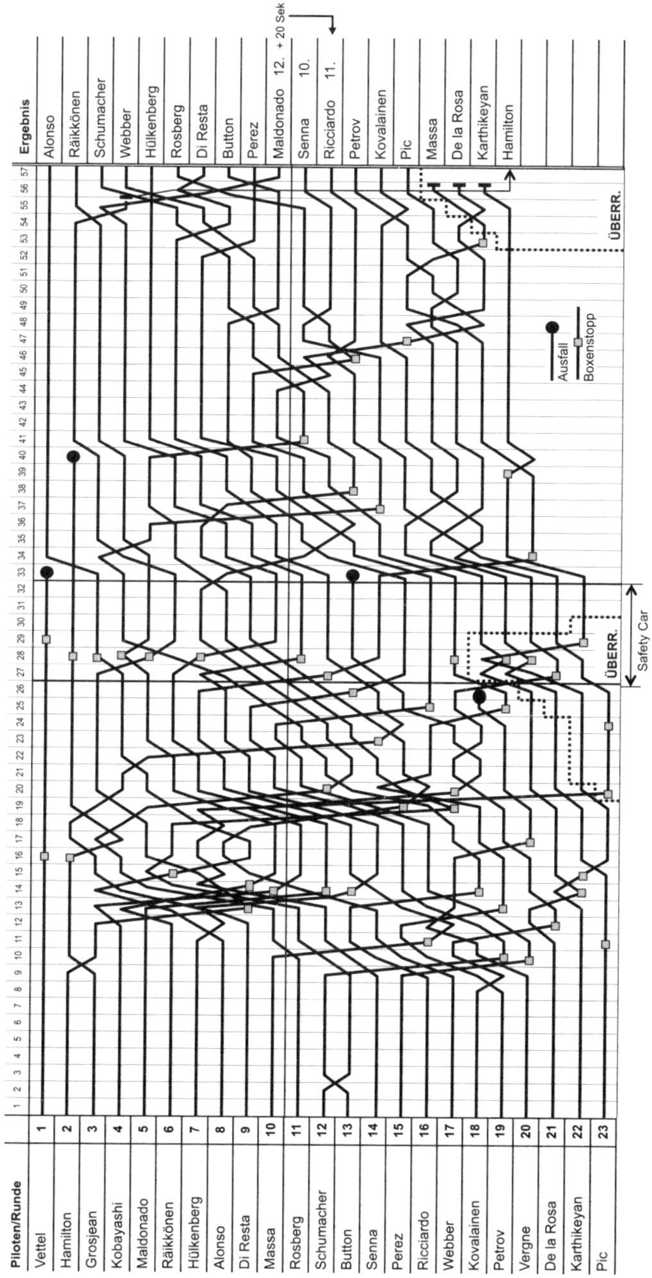
Piloten/Runde
Vettel 1
Hamilton 2
Grosjean 3
Kobayashi 4
Maldonado 5
Räikkönen 6
Hülkenberg 7
Alonso 8
Di Resta 9
Massa 10
Rosberg 11
Schumacher 12
Button 13
Senna 14
Perez 15
Ricciardo 16
Webber 17
Kovalainen 18
Petrov 19
Vergne 20
De la Rosa 21
Karthikeyan 22
Pic 23
Ergebnis
Alonso
Räikkönen
Schumacher
Webber
Hülkenberg
Rosberg
Di Resta
Button
Perez
Maldonado 12. + 20 Sek
Senna 10.
Ricciardo 11.
Petrov
Kovalainen
Pic
Massa
De la Rosa
Karthikeyan
Hamilton
Ausfall
Boxenstopp
ÜBERR.
Safety Car
ÜBERR.

Lauf 9 - Großer Preis von Grossbritannien - Silverstone, 8. Juli 2012

1. Training (Freitag Vormittag): 1. Grosjean 1:56,552, 2. Ricciardo 1:56,827, 3. Hamilton 1:57,174, 4. Pérez 1:57,664, 5. Massa 1:58,119, 6. Webber 1:58,463, 7. Kobayashi 1:58,483, 8. Schumacher 1:58,493, 9. Rosberg 1:58,942, 10. Vergne 1:59,076, 11. Vettel 1:59,414, 12. Petrov 1:59,614, 13. Bottas 1:59,733, 14. Kovalainen 1:59,787, 15. Maldonado 2:00,125, 16. Räikkönen 2:00,253, 17. Button 2:01,834, 18. Glock 2:01,835, 19. De la Rosa 2:04,341, 20. Clos 2:05,022, 21. Pic 2:11,760, 22. Alonso keine Zeit, 23. Di Resta keine Zeit, 24. Bianchi keine Zeit

2. Training (Freitag Nachmittag): 1. Hamilton 1:56,345, 2. Kobayashi 1:56,474, 3. Schumacher 1:56,545, 4. Rosberg 1:56,567, 5. Pérez 1:57,493, 6. Button 1:57,948, 7. Kovalainen 1:58,580, 8. Räikkönen 1:58,897, 9. Hülkenberg 1:58,943, 10. Alonso 1:59,015, 11. Di Resta 1:59,429, 12. Maldonado 1:59,472, 13. Vettel 1:59,476, 14. Vergne 1:59,854, 15. Massa 2:00,565, 16. Glock 2:00,820, 17. Senna 2:01,099, 18. Petrov 2:01,348, 19. Pic 2:03,719, 20. Karthikeyan 2:04,774, 21. Grosjean keine Zeit, 22. Ricciardo keine Zeit, 23. Webber keine Zeit, 24. De la Rosa keine Zeit

3. Training (Samstag)		**Qualifying** (Samstag) **(1.Phase)**			**(2.Phase)**		**(3.Phase)**
1. Alonso	1:32,167	1. Vettel	1:46,279	1. Hamilton	1:54,897	1. Alonso	1:51,746
2. Button	1:32,320	2. Hülkenberg	1:46,334	2. Hülkenberg	1:55,556	2. Webber	1:51,793
3. Grosjean	1:32,358	3. Maldonado	1:46,449	3. Schumacher	1:55,799	3. Schumacher	1:52,020
4. Vettel	1:32,420	4. Pérez	1:46,494	4. Webber	1:55,898	4. Vettel	1:52,199
5. Räikkönen	1:32,454	5. Alonso	1:46,515	5. Grosjean	1:56,388	5. Massa	1:53,065
6. Hamilton	1:32,477	6. Schumacher	1:46,571	6. Massa	1:56,388	6. Räikkönen	1:53,290
7. Maldonado	1:32,622	7. Kobayashi	1:46,649	7. Räikkönen	1:56,469	7. Maldonado	1:53,539
8. Pérez	1:32,940	8. Grosjean	1:47,043	8. Maldonado	1:56,802	8. Hamilton	1:53,543
9. Kobayashi	1:33,046	9. Senna	1:47,105	9. Alonso	1:56,921	9. Hülkenberg	1:54,382
10. Hülkenberg	1:33,150	10. Ricciardo	1:47,266	10. Vettel	1:56,931	10. Grosjean	-:--
11. Senna	1:33,267	11. Webber	1:47,276	11. Di Resta	1:57,009		
12. Di Resta	1:33,367	12. Räikkönen	1:47,309	12. Kobayashi	1:57,071		
13. Webber	1:33,398	13. Massa	1:47,401	13. Rosberg	1:57,108		
14. Schumacher	1:33,462	14. Hamilton	1:47,433	14. Ricciardo	1:57,132		
15. Vergne	1:33,673	15. Di Resta	1:47,582	15. Senna	1:57,426		
16. Massa	1:33,674	16. Vergne	1:47,705	16. Vergne	1:57,719		
17. Ricciardo	1:33,707	17. Rosberg	1:47,724	17. Pérez	1:57,895		
18. Rosberg	1:33,733	18. Button	1:48,044				
19. Kovalainen	1:34,298	19. Petrov	1:49,027				
20. Petrov	1:34,781	20. Kovalainen	1:49,477				
21. Glock	1:36,605	21. Glock	1:51,618				
22. Pic	1:37,060	22. De la Rosa	1:52,742				
23. Karthikeyan	1:37,269	23. Karthikeyan	1:53,040				
24. De la Rosa	1:37,429	24. Pic	1:54,143				

Startaufstellung: Zuerst die Piloten 1 bis 10 aus der dritten Qualifying-Phase, danach die Piloten 11-17 aus der zweiten Qualifying-Phase, dahinter die Piloten 18-24 aus der ersten Qualifying-Phase - inklusive Strafversetzungen:

1. Fernando Alonso
Ferrari F2012 V8
1:51,746

2. Mark Webber
Red Bull-Renault RB8 V8
1:51,793

3. Michael Schumacher
Mercedes F1 W03 V8
1:52,020

4. Sebastian Vettel
Red Bull-Renault RB8 V8
1:52,199

5. Felipe Massa
Ferrari F2012 V8
1:53,065

6. Kimi Räikkönen
Lotus-Renault E20 V8
1:53,290

7. Pastor Maldonado
Williams-Renault FW34 V8
1:53,539

8. Lewis Hamilton
McLaren-Mercedes MP4/27 V8
1:53,543

9. Romain Grosjean
Lotus-Renault E20 V8
keine Zeit

10. Paul di Resta
Force India-Mercedes VJM05 V8
1:57,009

11. Nico Rosberg
Mercedes F1 W03 V8
1:57,108

12. Daniel Ricciardo
Toro Rosso-Ferrari STR7 V8
1:57,132

13. Bruno Senna
Williams-Renault FW34 V8
1:57,426

14. Nico Hülkenberg
Force India-Mercedes VJM05 V8
1:54,382

15. Sergio Pérez
Sauber-Ferrari C31 V8
1:57,895

16. Jenson Button
McLaren-Mercedes MP4/27 V8
1:48,044

17. Kamui Kobayashi
Sauber-Ferrari C31 V8
1:57,071

18. Vitaly Petrov
Caterham-Renault CT01 V8
1:49,027

19. Heikki Kovalainen
Caterham-Renault CT01 V8
1:49,477

20. Timo Glock
Marussia-Cosworth MVR-03 V8
1:51,618

21. Pedro de la Rosa
HRT-Cosworth HRT F112 V8
1:52,742

22. Narain Karthikeyan
HRT-Cosworth HRT F112 V8
1:53,040

23. Jean-Eric Vergne
Toro Rosso-Ferrari STR7 V8
1:57,719

24. Charles Pic
Marussia-Cosworth MVR-03 V8
1:54,143

Hülkenberg und **Pic** werden nach Getriebewechsel um 5 Plätze nach hinten versetzt. **Vergne** wird wegen Verursachens des Unfalls mit Kovalainen beim vorigen Rennen in der Startaufstellung um 10 Plätze nach hinten versetzt. **Kobayashi** wird wegen Verursachens des Unfalls mit Massa beim vorigen Rennen in der Startaufstellung um 5 Plätze nach hinten versetzt

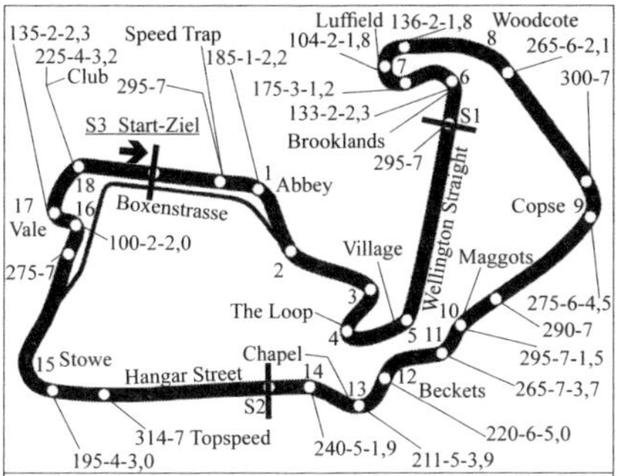

Legende: 132-2-2,1 = 132 km/h-2. Gang-2,1 Gravitation

Wetter am Renntag: Bedeckt, warm und trocken
19°-20° Lufttemperatur, 31°-30° Asphalttemperatur,
61-55 % Luftfeuchtigkeit, 125.000 Zuschauer am Renntag

Distanz: 52 Runden à 5,891 km = 306,198 km
Ziellinie 0,134 km hinter der Startlinie

Sieger 2011: Alonso (Ferrari),
1.28:41,196 = 207,155 km/h

Poleposition 2011: Webber (Red Bull-Renault)
1:30,399 = 234,599 km/h

Schnellste Runde 2011: Alonso (Ferrari),
1:34,908 = 223,454 km/h

Boxenstopps:

Di Resta:	1. Runde: Nach Kontakt mit Grosjean Reifenwechsel von weich auf hart, verliert total 32,7 sec., Platz 23
Grosjean:	2. Runde: Nach Kontakt mit Di Resta neuer Frontflügel und ungeplanter Reifenwechsel von weich auf hart, verliert total 34,2 sec., Platz 11-22
Vettel:	10. Runde: Reifenwechsel von weich auf hart in 3,5 sec., total 25,8 sec., Platz 3-15
Maldonado:	11. Runde: Reifenwechsel von weich auf hart in 3,9 sec., total 25,6 sec., Platz 4-21
Pérez:	11. Runde: Reifenwechsel von weich auf hart in 3,2 sec., total 25,1 sec., Platz 7
Schumacher:	12. Runde: Reifenwechsel von weich auf hart in 4,0 sec., total 25,9 sec., Platz 3-13
Kovalainen:	12. Runde: Reifenwechsel von weich auf hart in total 26,1 sec., Platz 16-18
Maldonado:	12. Runde: 2. Stopp, Check der Aufhängung und Reifenwechsel von hart auf hart, verliert total 33,0 sec., Platz 21
Massa:	13. Runde: Reifenwechsel von weich auf hart in 3,3 sec., total 25,3 sec., Platz 3-10
Räikkönen:	13. Runde: Reifenwechsel von weich auf hart in 3,9 sec., total 25,5 sec., Platz 4-13
Pic:	13. Runde: Reifenwechsel von weich auf hart in total 26,3 sec., Platz 19-20
Webber:	14. Runde: Reifenwechsel von weich auf hart in 4,0 sec., total 25,8 sec., Platz 2-4
Senna:	14. Runde: Reifenwechsel von weich auf hart in total 25,9 sec., Platz 6-14
Vergne:	14. Runde: Reifenwechsel von weich auf hart in total 26,4 sec., Platz 14-15
Alonso:	15. Runde: Reifenwechsel von hart auf hart in 3,9 sec., total 25,3 sec., Platz 1-2
Rosberg:	15. Runde: Reifenwechsel von hart auf hart in total 25,1 sec., Platz 6-14
Kobayashi:	16. Runde: Reifenwechsel von hart auf hart in total 26,8 sec., Platz 3-9
Hülkenberg:	16. Runde: Reifenwechsel von hart auf hart in total 26,0 sec., Platz 5-10
Button:	16. Runde: Reifenwechsel von hart auf weich in 3,3 sec., total 25,1 sec., Platz 7-13
Ricciardo:	16. Runde: Reifenwechsel von hart auf weich in total 25,6 sec., Platz 10-14
Karthikeyan:	16. Runde: Reifenwechsel von hart auf hart in total 29,9 sec., Platz 19-21
Glock:	18. Runde: Reifenwechsel von hart auf hart in total 26,1 sec., Platz 16-18
Hamilton:	21. Runde: Reifenwechsel von hart auf weich in 2,8 sec., total 24,4 sec., Platz 2-7
Grosjean:	26. Runde: 2. Stopp, Reifenwechsel von hart auf hart in total 25,3 sec., Platz 7-13
De la Rosa:	27. Runde: Reifenwechsel von hart auf weich in total 27,7 sec., Platz 19-20
Hamilton:	28. Runde: 2. Stopp, Reifenwechsel von weich auf hart in 3,4 sec., total 25,0 sec., Platz 6-12
Ricciardo:	29. Runde: 2. Stopp, Reifenwechsel von weich auf hart in total 25,6 sec., Platz 14-15
Kovalainen:	29. Runde: 2. Stopp, Reifenwechsel von hart auf hart in total 26,4 sec., Platz 16-17
Senna:	30. Runde: 2. Stopp, Reifenwechsel von hart auf hart in total 26,5 sec., Platz 9-14
Vettel:	31. Runde: 2. Stopp, Reifenwechsel von hart auf hart in 3,2 sec., total 25,3 sec., Platz 3-5
Button:	31. Runde: 2. Stopp, Reifenwechsel von weich auf hart in 3,1 sec., total 24,7 sec., Platz 9-14
Vergne:	32. Runde: 2. Stopp, Reifenwechsel von hart auf hart in total 26,2 sec., Platz 12-15
Webber:	33. Runde: 2. Stopp, Reifenwechsel von hart auf hart in 3,3 sec., total 25,1 sec., Platz 2-4
Pic:	32. Runde: 2. Stopp, Reifenwechsel von hart auf hart in total 26,1 sec., Platz 19
Räikkönen:	34. Runde: 2. Stopp, Reifenwechsel von hart auf hart in total 25,8 sec., Platz 3-7
Schumacher:	34. Runde: 2. Stopp, Reifenwechsel von hart auf hart in 3,8 sec., total 25,5 sec., Platz 6-11
Massa:	35. Runde: 2. Stopp, Reifenwechsel von hart auf hart in 3,4 sec., total 25,1 sec., Platz 2-4
Hülkenberg:	35. Runde: 2. Stopp, Reifenwechsel von hart auf weich in total 25,4 sec., Platz 6-11
Karthikeyan:	35. Runde: 2. Stopp, Reifenwechsel von hart auf weich in total 27,9 sec., Platz 21
Alonso:	37. Runde: 2. Stopp, Reifenwechsel von hart auf weich in 3,6 sec., total 24,9 sec., Platz 1
Kobayashi:	37. Runde: 2. Stopp, Reifenwechsel (fährt 7 Mechaniker an) von hart auf weich, verliert total 39,2 sec., Platz 5-12
Rosberg:	37. Runde: 2. Stopp, Reifenwechsel (Radmutter klemmt vorne links) von hart auf weich, verliert total 33,5 sec., Platz 9-15
Glock:	38. Runde: 2. Stopp, Reifenwechsel von hart auf weich in total 25,2 sec., Platz 18

Ausfälle:

Petrov:	Nicht gestartet
Di Resta:	2. Runde: Kollision mit Grosjean, Platz 23
Pérez:	11. Runde: Kollision mit Maldonado, Platz 7

Stand nach der 1. Runde:
1. Alonso, 2. Webber, 3. Schumacher, 4. Massa, 5. Vettel, 6. Maldonado, 7. Räikkönen, 8. Hamilton, 9. Senna, 10. Pérez

Vor dem Start:
Der Motor des Caterham-Renault von **Petrov** stirbt in der Aufwärmrunde ab

Ergebnis:

1. Mark Webber (Australien) Red Bull-Renault	1.25:11,288 = 215,662 km/h	
2. Fernando Alonso (Spanien) Ferrari	1.25:14,348 = 215,533 km/h	3,060 zurück
3. Sebastian Vettel (Deutschland) Red Bull-Renault	1.25:16,124 = 215,458 km/h	4,836 zurück
4. Felipe Massa (Brasilien) Ferrari	1.25:20,807 = 215,261 km/h	9,519 zurück
5. Kimi Räikkönen (Finnland) Lotus-Renault	1.25:21,602 = 215,228 km/h	10,314 zurück
6. Romain Grosjean (Frankreich) Lotus-Renault	1.25:28,389 = 214,943 km/h	17,101 zurück
7. Michael Schumacher (Deutschland) Mercedes	1.25:40,441 = 214,439 km/h	29,153 zurück
8. Lewis Hamilton (England) McLaren-Mercedes	1.25:47,751 = 214,134 km/h	36,463 zurück
9. Bruno Senna (Brasilien) Williams-Renault	1.25:54,635 = 213,848 km/h	43,347 zurück
10. Jenson Button (England) McLaren-Mercedes	1.25:55,732 = 213,803 km/h	44,444 zurück
11. Kamui Kobayashi (Japan) Sauber-Ferrari	1.25:56,658 = 213,764 km/h	45,370 zurück
12. Nico Hülkenberg (Deutschland) Force India-Mercedes	1.25:59,144 = 213,661 km/h	47,856 zurück
13. Daniel Ricciardo (Australien) Toro Rosso-Ferrari	1.26:02,529 = 213,521 km/h	51,241 zurück
14. Jean-Eric Vergne (Frankreich) Toro Rosso-Ferrari	1.26:04,601 = 213,436 km/h	53,313 zurück
15. Nico Rosberg (Deutschland) Mercedes	1.26:08,682 = 213,267 km/h	57,394 zurück
16. Pastor Maldonado (Venezuela) Williams-Renault	1.25:49,169 = 209,957 km/h	1 Runde zurück
17. Heikki Kovalainen (Finnland) Caterham-Renault	1.25:58,502 = 209,577 km/h	1 Runde zurück
18. Timo Glock (Deutschland) Marussia-Cosworth	1.26:22,764 = 208,596 km/h	1 Runde zurück
19. Charles Pic (Frankreich) Marussia-Cosworth	1.26:43,189 = 207,777 km/h	1 Runde zurück
20. Pedro de la Rosa (Spanien) HRT-Cosworth	1.25:26,713 = 206,740 km/h	2 Runden zurück
21. Narain Karthikeyan (Indien) HRT-Cosworth	1.25:39,267 = 206,235 km/h	2 Runden zurück

Schnellste Runde im Qualifying: Vettel (Red Bull-Renault): 1:46,279 = 199,546 km/h (erzielt in Phase 1)
Schnellste Runde im Rennen: Räikkönen (Lotus-Renault): 1:34,661 = 224,037 km/h
Höchstgeschwindigkeiten (Freitag, Training): Daten werden nicht übermittelt
Höchstgeschwindigkeiten (Samstag, Qualifying): 1. Räikkönen 301,9, 2. Alonso 299,8, 3. Kobayashi 298,7, 4. Di Resta 298,7, 5. Hülkenberg 297,1, 6. Grosjean 296,3, 7. Schumacher 296,2, 8. Vergne 296,2, 9. Senna 294,9, 10. Glock 294,7, 11. Massa 294,6, 12. Pic 294,6, 13. Hamilton 294,5, 14. De la Rosa 293,8, 15. Karthikeyan 293,7, 16. Maldonado 293,7, 17. Ricciardo 293,6, 18. Petrov 293,4, 19. Button 293,1, 20. Rosberg 293,1, 21. Kovalainen 291,1, 22. Pérez 289,3, 23. Vettel 289,1, 24. Webber 288,6
Höchstgeschwindigkeiten (Sonntag): 1. Button 311,5, 2. Räikkönen 310,2, 3. Grosjean 309,1, 4. Webber 307,4, 5. Schumacher 306,9, 6. Maldonado 306,9, 7. Hamilton 306,1, 8. Vergne 306,1, 9. Ricciardo 305,7, 10. Massa 305,6, 11. Senna 305,4, 12. Vettel 305,3, 13. Pérez 305,2, 14. Alonso 304,2, 15. Kovalainen 303,7, 16. Rosberg 302,7, 17. Hülkenberg 302,6, 18. Kobayashi 300,4, 19. De la Rosa 298,8, 20. Glock 298,5, 21. Pic 298,1, 22. Karthikeyan 296,9, 23. Di Resta 282,1
Schnellste Runde jedes Fahrers im Rennen: 1. Räikkönen 1:34,661 (50.), 2. Grosjean 1:34,884 (50.), 3. Vettel 1:34,897 (52.), 4. Webber 1:34,934 (49.), 5. Massa 1:35,041 (50.), 6. Schumacher 1:35,191 (52.), 7. Alonso 1:35,385 (49.), 8. Ricciardo 1:35,448 (49.), 9. Kobayashi 1:35,478 (48.), 10. Vergne 1:35,514 (49.), 11. Rosberg 1:35,750 (49.), 12. Senna 1:35,863 (48.), 13. Hülkenberg 1:35,981 (37.), 14. Button 1:36,086 (52.), 15. Hamilton 1:36,173 (44.), 16. Glock 1:37,422 (50.), 17. Maldonado 1:37,515 (34.), 18. Pic 1:38,008 (50.), 19. Kovalainen 1:38,050 (37.), 20. Karthikeyan 1:38,339 (50.), 21. De la Rosa 1:39,618 (44.), 22. Pérez 1:39,781 (3.)
WM-Stand: 1. Alonso 129, 2. Webber 116, 3. Vettel 100, 4. Hamilton 92, 5. Räikkönen 83, 6. Rosberg 75, 7. Grosjean 61, 8. Button 50, 9. Pérez 39, 10. Maldonado 29, 11. Di Resta 27, 12. Schumacher 23, 13. Massa 23, 14. Kobayashi 21, 15. Senna 18, 16. Hülkenberg 17, 17. Vergne 4, 18. Ricciardo 2
Konstrukteur-WM: 1. Red Bull-Renault 216, 2. Ferrari 152, 3. Lotus-Renault 144, 4. McLaren-Mercedes 142, 5. Mercedes 98, 6. Sauber-Ferrari 60, 7. Williams-Renault 47, 8. Force India-Mercedes 44, 9. Toro Rosso-Ferrari 6

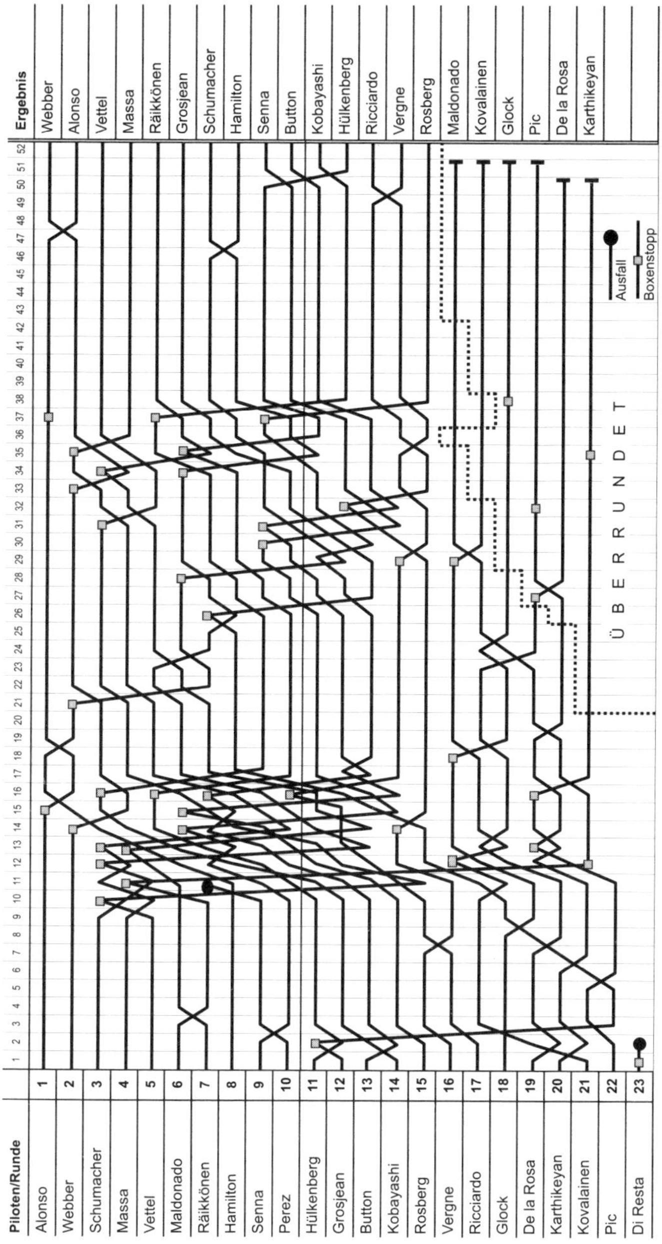
Piloten/Runde
Alonso
Webber
Schumacher
Massa
Vettel
Maldonado
Räikkönen
Hamilton
Senna
Perez
Hülkenberg
Grosjean
Button
Kobayashi
Rosberg
Vergne
Ricciardo
Glock
De la Rosa
Karthikeyan
Kovalainen
Pic
Di Resta
1
2
3
4
5
6
7
8
9
10
11
12
13
14
15
16
17
18
19
20
21
22
23
Ergebnis
Webber
Alonso
Vettel
Massa
Räikkönen
Grosjean
Schumacher
Hamilton
Senna
Button
Kobayashi
Hülkenberg
Ricciardo
Vergne
Rosberg
Maldonado
Kovalainen
Glock
Pic
De la Rosa
Karthikeyan
Ü B E R R U N D E T
Ausfall
Boxenstopp

Lauf 10 - Großer Preis von Deutschland - Hockenheim, 22. Juli 2012

1. Training (Freitag Vormittag): 1. Button 1:16,595, 2. Hamilton 1:17,093, 3. Alonso 1:17,370, 4. Schumacher 1:17,382, 5. Pérez 1:17,413, 6. Hülkenberg 1:17,599, 7. Rosberg 1:17,915, 8. Massa 1:17,995, 9. Maldonado 1:18,020, 10. Grosjean 1:18,130, 11. Kobayashi 1:18,226, 12. Vettel 1:18,339, 13. Bottas 1:18,422, 14. Ricciardo 1:18,709, 15. Räikkönen 1:18,831, 16. Bianchi 1:18,972, 17. Vergne 1:19,039, 18. Petrov 1:19,674, 19. Kovalainen 1:19,963, 20. Webber 1:20,122, 21. Pic 1:20,169, 22. Glock 1:20,539, 23. De la Rosa 1:21,138, 24. Clos 1:21,740

2. Training (Freitag Nachmittag): 1. Maldonado 1:27,476, 2. Rosberg 1:27,564, 3. Vettel 1:27,902, 4. Pérez 1:28,402, 5. Grosjean 1:28,420, 6. Hülkenberg 1:28,495, 7. Ricciardo 1:28,513, 8. Button 1:28,516, 9. Webber 1:28,877, 10. Räikkönen 1:29,327, 11. Vergne 1:29,364, 12. Massa 1:29,719, 13. Kobayashi 1:29,785, 14. Pic 1:30,090, 15. Glock 1:30,220, 16. Senna 1:30,291, 17. Kovalainen 1:30,331, 18. Di Resta 1:30,437, 19. Hamilton 1:30,617, 20. Alonso 1:31,207, 21. Petrov 1:32,241, 22. Karthikeyan 1:32,349, 23. Schumacher 1:32,777, 24. De la Rosa 1:42,566

3. Training (Samstag)		**Qualifying** (Samstag) **(1.Phase)**			**(2.Phase)**		**(3.Phase)**
1. Alonso	1:16,014	1. Räikkönen	1:15,693	1. Hamilton	1:37,365	1.Alonso	1:40,621
2. Hamilton	1:16,091	2. Pérez	1:15,726	2. Schumacher	1:38,010	2. Vettel	1:41,026
3. Pérez	1:16,202	3. Rosberg	1:15,988	3. Vettel	1:38,309	3. Webber	1:41,496
4. Räikkönen	1:16,238	4. Alonso	1:16,073	4. Alonso	1:38,521	4. Schumacher	1:42,459
5. Webber	1:16,447	5. Maldonado	1:16,181	5. Button	1:38,659	5. Hülkenberg	1:43,501
6. Vettel	1:16,475	6. Hamilton	1:16,221	6. Maldonado	1:38,731	6. Maldonado	1:43,950
7. Maldonado	1:16,664	7. Massa	1:16,265	7. Webber	1:39,382	7. Button	1:44,113
8. Massa	1:16,771	8. Hülkenberg	1:16,271	8. Hülkenberg	1:39,467	8. Hamilton	1:44,186
9. Kobayashi	1:16,807	9. Di Resta	1:16,352	9. Di Resta	1:39,703	9. Di Resta	1:44,889
10. Senna	1:16,930	10. Vettel	1:16,393	10. Räikkönen	1:39,729	10. Räikkönen	1:45,811
11. Grosjean	1:16,962	11. Senna	1:16,426	11. Ricciardo	1:39,789		
12. Hülkenberg	1:17,033	12. Kobayashi	1:16,481	12. Pérez	1:39,933		
13. Di Resta	1:17,148	13. Webber	1:16,500	13. Kobayashi	1:39,985		
14. Ricciardo	1:17,238	14. Button	1:16,507	14. Massa	1:40,212		
15. Schumacher	1:17,266	15. Ricciardo	1:16,516	15. Grosjean	1:40,574		
16. Vergne	1:17,419	16. Grosjean	1:16,685	16. Senna	1:40,752		
17. Rosberg	1:17,491	17. Schumacher	1:16,686	17. Rosberg	1:41,551		
18. Kovalainen	1:18,366	18. Vergne	1:16,741				
19. Petrov	1:18,818	19. Kovalainen	1:17,620				
20. De la Rosa	1:19,778	20. Petrov	1:18,531				
21. Glock	1:20,235	21. Pic	1:19,220				
22. Pic	1:20,318	22. Glock	1:19,291				
23. Karthikeyan	1:20,741	23. De la Rosa	1:19,912				
24. Button	1:20,914	24. Karthikeyan	1:20,230				

Startaufstellung: Zuerst die Piloten 1 bis 10 aus der dritten Qualifying-Phase, danach die Piloten 11-17 aus der zweiten Qualifying-Phase, dahinter die Piloten 18-24 aus der ersten Qualifying-Phase - inklusive Strafversetzungen:

1. Fernando Alonso
Ferrari F2012 V8
1:40,621

2. Sebastian Vettel
Red Bull-Renault RB8 V8
1:41,026

3. Michael Schumacher
Mercedes F1 W03 V8
1:42,459

4. Nico Hülkenberg
Force India-Mercedes VJM05 V8
1:43,501

5. Pastor Maldonado
Williams-Renault FW34 V8
1:43,950

6. Jenson Button
McLaren-Mercedes MP4/27 V8
1:44,113

7. Lewis Hamilton
McLaren-Mercedes MP4/27 V8
1:44,186

8. Mark Webber
Red Bull-Renault RB8 V8
1:41,496

9. Paul di Resta
Force India-Mercedes VJM05 V8
1:44,889

10. Kimi Räikkönen
Lotus-Renault E20 V8
1:45,811

11. Daniel Ricciardo
Toro Rosso-Ferrari STR7 V8
1:39,789

12. Kamui Kobayashi
Sauber-Ferrari C31 V8
1:39,985

13. Felipe Massa
Ferrari F2012 V8
1:40,212

14. Bruno Senna
Williams-Renault FW34 V8
1:40,752

15. Jean-Eric Vergne
Toro Rosso-Ferrari STR7 V8
1:16,741

16. Heikki Kovalainen
Caterham-Renault CT01 V8
1:17,620

17. Sergio Pérez
Sauber-Ferrari C31 V8
1:39,933

18. Vitaly Petrov
Caterham-Renault CT01 V8
1:18,531

19. Romain Grosjean
Lotus-Renault E20 V8
1:40,574

20. Charles Pic
Marussia-Cosworth MVR-03 V8
1:19,220

21. Nico Rosberg
Mercedes F1 W03 V8
1:41,551

22. Timo Glock
Marussia-Cosworth MVR-03 V8
1:19,291

23. Pedro de la Rosa
HRT-Cosworth HRT F112 V8
1:19,912

24. Narain Karthikeyan
HRT-Cosworth HRT F112 V8
1:20,230

Grosjean, **Rosberg**, und **Webber** werden nach Getriebewechsel um 5 Plätze nach hinten versetzt
Pérez wird wegen Behinderns von Alonso und Räikkönen in Phase 2 des Qualifyings um 5 Plätze nach hinten versetzt

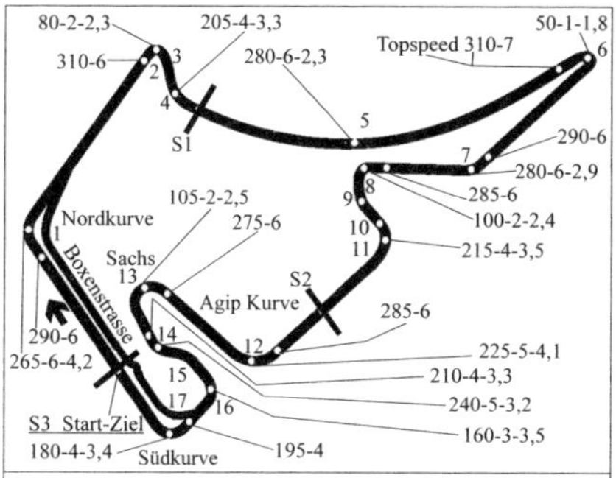

Legende: 132-2-2,1 = 132 km/h-2. Gang-2,1 Gravitation

Wetter am Renntag: Sonnig, warm und trocken, 21°-22° Lufttemperatur, 33°-29° Asphalttemperatur, 37-34 % Luftfeuchtigkeit, 59.000 Zuschauer am Renntag

Distanz: 67 Runden à 4,574 km = 306,458 km
Ziellinie 0,000 km hinter der Startlinie

Sieger 2010: Alonso (Ferrari),
1.27:38.864 = 209,788 km/h

Poleposition 2010: Vettel (Red Bull-Renault),
1:13,791 = 223,149 km/h

Schnellste Runde 2010: Vettel (Red Bull-Renault),
1:15,824 = 217,166 km/h

Boxenstopps:

Massa: 1. Runde: Neuer Flügel nach Kontakt mit Vergne und Reifenwechsel von weich auf medium in 8,0 sec., verliert total 23,0 sec., Platz 22
Senna: 1. Runde: Nach Plattfuss vorne links Reifenwechsel von weich auf medium, verliert total 47,9 sec., Platz 23-24
Grosjean: 1. Runde: Neuer Flügel und Reifenwechsel von weich auf medium, verliert total 32,7 sec., Platz 24-23
Hamilton: 3. Runde: Nach Plattfuss hinten links Reifenwechsel von weich auf medium, verliert total 21,0 sec., Platz 22
Vergne: 6. Runde: Reifenwechsel von medium auf medium in total 18,9 sec., Platz 15-20
Di Resta: 10. Runde: Reifenwechsel von weich auf medium in 3,5 sec., total 17,8 sec., Platz 11-15
Räikkönen: 11. Runde: Reifenwechsel von weich auf weich in 3,2 sec., total 18,0 sec., Platz 9-13
Hülkenberg: 12. Runde: Reifenwechsel von weich auf medium in 3,6 sec., total 18,4 sec., Platz 6-9
Webber: 12. Runde: Reifenwechsel von weich auf medium in 3,9 sec., total 18,2 sec., Platz 8-12
Rosberg: 12. Runde: Reifenwechsel von medium auf weich in 4,0 sec., total 18,3 sec., Platz 11-15
Maldonado: 13. Runde: Reifenwechsel von weich auf medium in 4,7 sec., total 19,6 sec., Platz 6-10
Kovalainen: 13. Runde: Reifenwechsel von weich auf medium in total 19,3 sec., Platz 14-18
Schumacher: 14. Runde: Reifenwechsel von weich auf weich in 4,0 sec., total 18,4 sec., Platz 4-7
Petrov: 14. Runde: Reifenwechsel von weich auf medium in total 19,8 sec., Platz 13-18
Pérez: 17. Runde: Reifenwechsel von weich auf medium in total 18,1 sec., Platz 5-10
Alonso: 18. Runde: Reifenwechsel von weich auf medium in 3,3 sec., total 17,5 sec., Platz 2-3
Button: 19. Runde: Reifenwechsel von weich auf medium in 3,3 sec., total 17,8 sec., Platz 2-4
Ricciardo: 19. Runde: Reifenwechsel von weich auf medium in total 18,3 sec., Platz 9-14
Glock: 19. Runde: Reifenwechsel von medium auf weich in total 21,3 sec., Platz 20-24
Vettel: 20. Runde: Reifenwechsel von weich auf medium in 3,2 sec., total 17,5 sec., Platz 1-2
De la Rosa: 20. Runde: Reifenwechsel von weich auf weich in total 19,8 sec., Platz 20-24
Pic: 21. Runde: Reifenwechsel von medium auf weich in total 17,8 sec., Platz 18-20
Kobayashi: 22. Runde: Reifenwechsel von medium auf medium in total 18,9 sec., Platz 4-10
Karthikeyan: 22. Runde: Reifenwechsel von weich auf medium in total 19,5 sec., Platz 22-23
Massa: 24. Runde: 2. Stopp, Reifenwechsel von medium auf medium in total 19,1 sec., Platz 16-17
Grosjean: 24. Runde: 2. Stopp, Reifenwechsel von medium auf medium in total 20,3 sec., Platz 20-21
Senna: 25. Runde: 2. Stopp, Reifenwechsel von medium auf medium in total 18,8 sec., Platz 20-21
Vergne: 27. Runde: 2. Stopp, Reifenwechsel von medium auf medium in total 18,4 sec., Platz 14-16
Hülkenberg: 31. Runde: 2. Stopp, Reifenwechsel von medium auf weich in total 18,2 sec., Platz 9-13
Kovalainen: 31. Runde: 2. Stopp, Reifenwechsel von medium auf medium in total 18,8 sec., Platz 14-17
Hamilton: 31. Runde: 2. Stopp, Reifenwechsel von medium auf medium in total 17,5 sec., Platz 18
Rosberg: 32. Runde: 2. Stopp, Reifenwechsel von weich auf weich in total 17,8 sec., Platz 9-13
Petrov: 32. Runde: 2. Stopp, Reifenwechsel von medium auf medium in total 18,3 sec., Platz 16-17
Schumacher: 36. Runde: 2. Stopp, Reifenwechsel von weich auf medium in 3,7 sec., total 17,9 sec., Platz 5-8
Räikkönen: 38. Runde: 2. Stopp, Reifenwechsel von weich auf medium in total 17,7 sec., Platz 4-6
Maldonado: 38. Runde: 2. Stopp, Reifenwechsel von medium auf medium in total 19,2 sec., Platz 12-15
Ricciardo: 38. Runde: 2. Stopp, Reifenwechsel von medium auf medium in total 17,9 sec., Platz 13-14
Di Resta: 39. Runde: 2. Stopp, Reifenwechsel von medium auf medium in total 17,9 sec., Platz 10-11
Button: 40. Runde: 2. Stopp, Reifenwechsel von medium auf medium in 2,4 sec., total 16,8 sec., Platz 3
Pérez: 40. Runde: 2. Stopp, Reifenwechsel von medium auf medium in 3,5 sec., total 18,1 sec., Platz 5-8
Webber: 40. Runde: 2. Stopp, Reifenwechsel von medium auf medium in 2,9 sec., total 17,2 sec., Platz 8-10
Alonso: 41. Runde: 2. Stopp, Reifenwechsel von medium auf medium in 3,7 sec., total 17,9 sec., Platz 1
Vettel: 41. Runde: 2. Stopp, Reifenwechsel von medium auf medium in total 17,8 sec., Platz 2-3
Glock: 40. Runde: 2. Stopp, Reifenwechsel von weich auf medium in total 18,9 sec., Platz 22-24
Grosjean: 42. Runde: 3. Stopp, Reifenwechsel von medium auf weich in total 22,7 sec., Platz 19-21
Kobayashi: 43. Runde: 2. Stopp, Reifenwechsel von medium auf weich in 4,3 sec., total 19,1 sec., Platz 4-7
Pic: 43. Runde: 2. Stopp, Reifenwechsel von weich auf medium in total 19,3 sec., Platz 20-21
Kovalainen: 44. Runde: 3. Stopp, Reifenwechsel von medium auf medium in total 19,2 sec., Platz 17-19
Vergne: 45. Runde: 3. Stopp, Reifenwechsel von medium auf weich in total 19,9 sec., Platz 14-16

Hülkenberg:	46. Runde: 3. Stopp, Reifenwechsel von weich auf medium in total 18,3 sec., Platz 8-11
De la Rosa:	45. Runde: 2. Stopp, Reifenwechsel von weich auf medium in total 20,6 sec., Platz 22-24
Massa:	47. Runde: 3. Stopp, Reifenwechsel von medium auf weich in total 19,6 sec., Platz 13-14
Hamilton:	47. Runde: 3. Stopp, Reifenwechsel von medium auf weich in 4,0 sec., total 18,8 sec., Platz 16
Karthikeyan:	46. Runde: 2. Stopp, Reifenwechsel von medium auf medium in total 19,3 sec., Platz 23-24
Senna:	47. Runde: 3. Stopp, Reifenwechsel von medium auf weich in total 18,3 sec., Platz 19
Rosberg:	50. Runde: 3. Stopp, Reifenwechsel von weich auf weich in 4,3 sec., total 18,7 sec., Platz 8-11
Petrov:	50. Runde: 3. Stopp, Reifenwechsel von medium auf medium in total 18,3 sec., Platz 17-18
Schumacher:	52. Runde: 3. Stopp, Reifenwechsel von medium auf weich in 4,0 sec., total 18,1 sec., Platz 5-7
Kovalainen:	53. Runde: 4. Stopp, Reifenwechsel von medium auf weich in total 28,9 sec., Platz 19-20
Maldonado:	57. Runde: 3. Stopp, Reifenwechsel von medium auf weich in total 18,0 sec., Platz 15

Ausfälle:

Hamilton: 57. Runde: Plattfuss, Platz 16

Stand nach der 1. Runde:

1. Alonso, 2. Vettel, 3. Schumacher, 4. Hülkenberg, 5. Button, 6. Maldonado, 7. Webber, 8. Hamilton, 9. Räikkönen, 10. Di Resta

Ergebnis:

1. Fernando Alonso (Spanien) Ferrari	1.31:05,862 = 201,843 km/h	
2. Jenson Button (England) McLaren-Mercedes	1.31:12,811 = 201,587 km/h	6,949 zurück
3. Kimi Räikkönen (Finnland) Lotus-Renault	1.31:22,271 = 201,239 km/h	16,409 zurück
4. Kamui Kobayashi (Japan) Sauber-Ferrari	1.31:27,787 = 201,037 km/h	21,925 zurück
5. Sebastian Vettel (Deutschland) Red Bull-Renault	1.31:29,594 = 200,970 km/h*	23,732 zurück*
6. Sergio Pérez (Mexiko) Sauber-Ferrari	1.31:33,758 = 200,818 km/h	27,896 zurück
7. Michael Schumacher (Deutschland) Mercedes	1.31:34,832 = 200,779 km/h	28,970 zurück
8. Mark Webber (Australien) Red Bull-Renault	1.31:52,803 = 200,124 km/h	46,941 zurück
9. Nico Hülkenberg (Deutschland) Force India-Mercedes	1.31:54,024 = 200,080 km/h	48,162 zurück
10. Nico Rosberg (Deutschland) Mercedes	1.31:54,751 = 200,054 km/h	48,889 zurück
11. Paul Di Resta (Schottland) Force India-Mercedes	1.32:05,089 = 199,679 km/h	59,227 zurück
12. Felipe Massa (Brasilien) Ferrari	1.32:17,290 = 199,239 km/h	71,428 zurück
13. Daniel Ricciardo (Australien) Toro Rosso-Ferrari	1.32:22,691 = 199,045 km/h	76,829 zurück
14. Jean-Eric Vergne (Frankreich) Toro Rosso-Ferrari	1.32:22,827 = 199,040 km/h	76,965 zurück
15. Pastor Maldonado (Venezuela) Williams-Renault	1.31:22,663 = 198,221 km/h	1 Runde zurück
16. Vitaly Petrov (Russland) Caterham-Renault	1.31:50,478 = 197,221 km/h	1 Runde zurück
17. Bruno Senna (Brasilien) Williams-Renault	1.31:51,024 = 197,201 km/h	1 Runde zurück
18. Romain Grosjean (Frankreich) Lotus-Renault	1.32:10,268 = 196,515 km/h	1 Runde zurück
19. Heikki Kovalainen (Finnland) Caterham-Renault	1.31:25,408 = 195,120 km/h	2 Runden zurück
20. Charles Pic (Frankreich) Marussia-Cosworth	1.31:38,057 = 194,671 km/h	2 Runden zurück
21. Pedro de la Rosa (Spanien) HRT-Cosworth	1.31:14,225 = 192,511 km/h	3 Runden zurück
22. Timo Glock (Deutschland) Marussia-Cosworth	1.31:19,377 = 192,330 km/h	3 Runden zurück
23. Narain Karthikeyan (Indien) HRT-Cosworth	1.31:19,708 = 192,318 km/h	3 Runden zurück

Vettel erhält im Nachhinen eine 20-sec.-Drive-Through-Strafe wegen illegalen Überholens von Button 2 Runden vor Schluss
*Inklusive der 20-Sekunden-Drive-Through-Strafe

Schnellste Runde im Qualifying: Räikkönen (Lotus-Renault): 1:15,693 = 217,541 km/h (erzielt in Phase 1)

Schnellste Runde im Rennen: Schumacher (Mercedes): 1:18,725 = 209,163 km/h

Höchstgeschwindigkeiten (Freitag, Training): 1. Schumacher 316,9, 2. Kovalainen 315,7, 3. Rosberg 315,6, 4. Grosjean 315,1, 5. Räikkönen 314,7, 6. Button 314,5, 7. Hülkenberg 314,0, 8. Bianchi 313,7, 9. Pérez 313,7, 10. Hamilton 313,4, 11. Bottas 313,3, 12. Pic 312,9, 13. Vettel 312,7, 14. Vergne 312,5, 15. Kobayashi 312,5, 16. Glock 312,5, 17. Maldonado 312,2, 18. Ricciardo 311,9, 19. Petrov 311,4, 20. Massa 309,8, 21. Alonso 309,2, 22. Karthikeyan 307,8, 23. Clos 307,6, 24. De la Rosa 307,5, 25. Pic 305,9, 26. Webber 305,6, 27. Di Resta 300,2, 28. Senna 296,3

Höchstgeschwindigkeiten (Samstag, Qualifying): 1. Vergne 318,1, 2. Rosberg 316,6, 3. Schumacher 316,1, 4. Massa 315,9, 5. Ricciardo 315,8, 6. Hamilton 315,3, 7. Räikkönen 315,2, 8. Alonso 314,6, 9. Button 314,4, 10. Di Resta 313,8, 11. Grosjean 313,6, 12. Hülkenberg 313,3, 13. Maldonado 312,7, 14. Senna 312,6, 15. Pérez 311,8, 16. Kovalainen 311,7, 17. Petrov 311,7, 18. Kobayashi 311,2, 19. Pic 308,3, 20. Webber 307,6, 21. Vettel 307,6, 22. De la Rosa 307,3, 23. Karthikeyan 306,9, 24. Glock 306,5

Höchstgeschwindigkeiten (Sonntag): 1. Vergne 319,7, 2. Pérez 318,6, 3. Rosberg 318,5, 4. Hamilton 318,3, 5. Ricciardo 318,2, 6. Button 318,0, 7. Schumacher 317,6, 8. Alonso 316,5, 9. Kobayashi 316,5, 10. Massa 316,3, 11. Räikkönen 315,5, 12. Grosjean 314,8, 13. Di Resta 313,7, 14. Hülkenberg 313,4, 15. Senna 313,2, 16. Maldonado 313,2, 17. Kovalainen 312,4, 18. Petrov 311,7, 19. Glock 308,9, 20. Pic 308,9, 21. Webber 308,4, 22. Vettel 307,9, 23. Karthikeyan 307,6, 24. De la Rosa 307,5

Schnellste Runde jedes Fahrers im Rennen: 1. Schumacher 1:18,725 (57.), 2. Alonso 1:19,044 (66.), 3. Rosberg 1:19,105 (59.), 4. Kobayashi 1:19,161 (61.), 5. Massa 1:19,225 (67.), 6. Pérez 1:19,270 (62.), 7. Hülkenberg 1:19,372 (56.), 8. Vettel 1:19,469 (67.), 9. Räikkönen 1:19,485 (56.), 10. Maldonado 1:19,607 (59.), 11. Vergne 1:19,645 (59.), 12. Di Resta 1:19,717 (67.), 13. Button 1:19,719 (62.), 14. Webber 1:19,794 (59.), 15. Senna 1:19,894 (62.), 16. Petrov 1:19,997 (62.), 17. Grosjean 1:20,013 (60.), 18. Ricciardo 1:20,066 (44.), 19. Hamilton 1:20,091 (34.), 20. Kovalainen 1:20,596 (61.), 21. Pic 1:21,753 (45.), 22. Karthikeyan 1:21,788 (55.), 23. De la Rosa 1:22,407 (51.), 24. Glock 1:22,778 (54.)

WM-Stand: 1. Alonso 154, 2. Webber 120, 3. Vettel 110, 4. Räikkönen 98, 5. Hamilton 92, 6. Rosberg 76, 7. Button 68, 8. Grosjean 61, 9. Pérez 47, 10. Kobayashi 33, 11. Maldonado 29, 12. Schumacher 29, 13. Di Resta 27, 14. Massa 23, 15. Hülkenberg 19, 16. Senna 18, 17. Vergne 4, 18. Ricciardo 2

Konstrukteur-WM: 1. Red Bull-Renault 230, 2. Ferrari 177, 3. McLaren-Mercedes 160, 4. Lotus-Renault 159, 5. Mercedes 105, 6. Sauber-Ferrari 80, 7. Williams-Renault 47, 8. Force India-Mercedes 46, 9. Toro Rosso-Ferrari 6

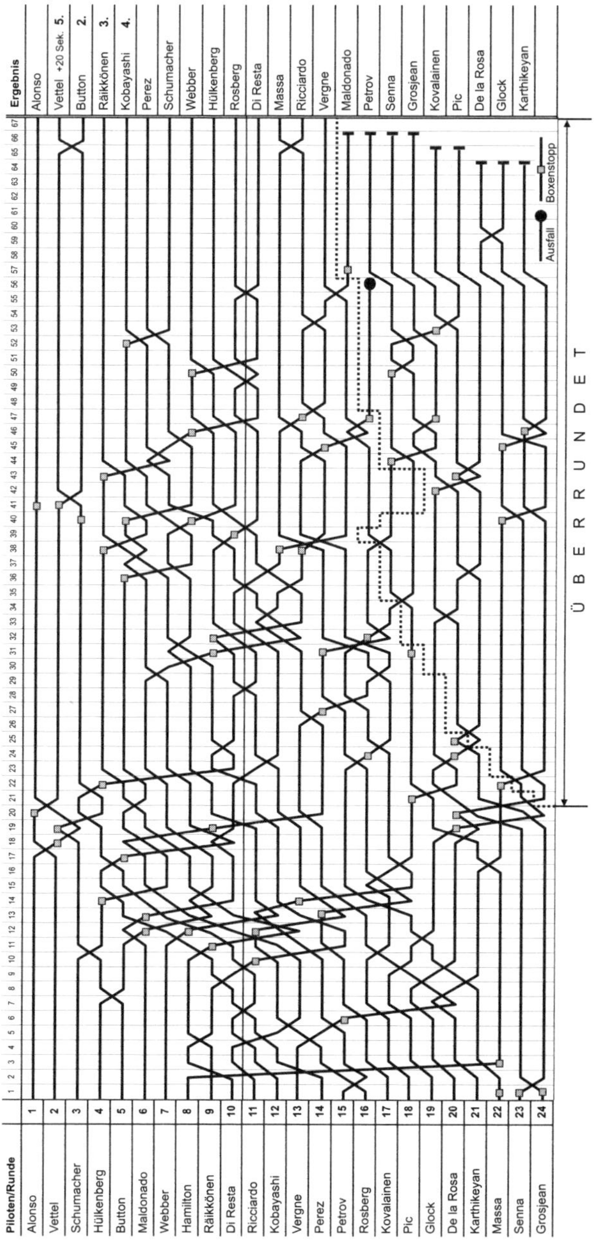
Piloten/Runde
Alonso 1
Vettel 2
Schumacher 3
Hülkenberg 4
Button 5
Maldonado 6
Webber 7
Hamilton 8
Räikkönen 9
Di Resta 10
Ricciardo 11
Kobayashi 12
Vergne 13
Perez 14
Petrov 15
Rosberg 16
Kovalainen 17
Pic 18
Glock 19
De la Rosa 20
Karthikeyan 21
Massa 22
Senna 23
Grosjean 24
Ergebnis
Alonso
Vettel +20 Sek. 5.
Button 2.
Räikkönen 3.
Kobayashi 4.
Perez
Schumacher
Webber
Hülkenberg
Rosberg
Di Resta
Massa
Ricciardo
Vergne
Maldonado
Petrov
Senna
Grosjean
Kovalainen
Pic
De la Rosa
Glock
Karthikeyan
Ausfall
Boxenstopp
Ü B E R R U N D E T

Lauf 11 - Großer Preis von Ungarn - Budapest, 29. Juli 2012

1. Training (Freitag Vormittag): 1. Hamilton 1:22,821, 2. Button 1:22,922, 3. Alonso 1:23,397, 4. Rosberg 1:23,628, 5. Grosjean 1:23,633, 6. Schumacher 1:23,845, 7. Massa 1:23,904, 8. Räikkönen 1:23,983, 9. Bottas 1:24,152, 10. Pérez 1:24,268, 11. Maldonado 1:24,300, 12. Kobayashi 1:24,394, 13. Webber 1:24,546, 14. Di Resta 1:24,559, 15. Vettel 1:24,608, 16. Ricciardo 1:25,354, 17. Vergne 1:25,559, 18. Bianchi 1:25,715, 19. Petrov 1:26,440, 20. Pic 1:26,705, 21. Kovalainen 1:26,755, 22. Glock 1:27,015, 23. De la Rosa 1:27,101, 24. Clos 1:28,176

2. Training (Freitag Nachmittag): 1. Hamilton 1:21,995, 2. Räikkönen 1:22,180, 3. Senna 1:22,253, 4. Massa 1:22,417, 5. Alonso 1:22,582, 6. Button 1:22,747, 7. Di Resta 1:22,794, 8. Vettel 1:22,824, 9. Grosjean 1:22,922, 10. Schumacher 1:23,160, 11. Rosberg 1:23,164, 12. Maldonado 1:23,337, 13. Hülkenberg 1:23,713, 14. Webber 1:23,814, 15. Kobayashi 1:23,841, 16. Vergne 1:24,328, 17. Ricciardo 1:24,345, 18. Pérez 1:24,623, 19. Petrov 1:24,823, 20. Kovalainen 1:25,220, 21. Glock 1:27,104, 22. De la Rosa 1:27,106, 23. Pic 1:27,185, 24. Karthikeyan 1:27,822

3. Training (Samstag)		**Qualifying** (Samstag) **(1.Phase)**			**(2.Phase)**		**(3.Phase)**
1. Webber	1:21,550	1. Hamilton	1:21,794	1. Hamilton	1:21,060	1. Hamilton	1:20,953
2. Hamilton	1:21,643	2. Di Resta	1:21,912	2. Vettel	1:21,407	2. Grosjean	1:21,366
3. Vettel	1:21,671	3. Button	1:22,028	3. Maldonado	1:21,504	3. Vettel	1:21,416
4. Senna	1:21,876	4. Rosberg	1:22,079	4. Massa	1:21,534	4. Button	1:21,583
5. Alonso	1:21,884	5. Alonso	1:22,095	5. Räikkönen	1:21,583	5. Räikkönen	1:21,730
6. Räikkönen	1:21,953	6. Pérez	1:22,110	6. Alonso	1:21,598	6. Alonso	1:21,844
7. Grosjean	1:22,110	7. Hülkenberg	1:22,176	7. Button	1:21,618	7. Massa	1:21,900
8. Massa	1:22,136	8. Massa	1:22,203	8. Hülkenberg	1:21,653	8. Maldonado	1:21,939
9. Di Resta	1:22,191	9. Räikkönen	1:22,234	9. Grosjean	1:21,657	9. Senna	1:22,343
10. Button	1:22,233	10. Senna	1:22,271	10. Senna	1:21,697	10. Hülkenberg	1:22,847
11. Maldonado	1:22,381	11. Schumacher	1:22,436	11. Webber	1:21,715		
12. Kobayashi	1:22,387	12. Maldonado	1:22,475	12. Di Resta	1:21,813		
13. Vergne	1:22,492	13. Grosjean	1:22,755	13. Rosberg	1:21,895		
14. Hülkenberg	1:22,530	14. Vergne	1:22,799	14. Pérez	1:21,895		
15. Pérez	1:22,597	15. Kobayashi	1:22,801	15. Kobayashi	1:22,300		
16. Ricciardo	1:22,716	16. Webber	1:22,829	16. Vergne	1:22,380		
17. Schumacher	1:22,868	17. Vettel	1:22,948	17. Schumacher	1:22,723		
18. Rosberg	1:22,931	18. Ricciardo	1:23,250				
19. Kovalainen	1:24,036	19. Kovalainen	1:23,576				
20. Petrov	1:24,547	20. Petrov	1:24,167				
21. Pic	1:25,224	21. Pic	1:25,244				
22. Glock	1:25,497	22. Glock	1:25,476				
23. De la Rosa	1:26,785	23. De la Rosa	1:25,916				
24. Karthikeyan	1:26,898	24. Karthikeyan	1:26,178				

Startaufstellung: Zuerst die Piloten 1 bis 10 aus der dritten Qualifying-Phase, danach die Piloten 11-17 aus der zweiten Qualifying-Phase, dahinter die Piloten 18-24 aus der ersten Qualifying-Phase - inklusive Strafversetzungen:

1. Lewis Hamilton
McLaren-Mercedes MP4/27 V8
1:20,953

2. Romain Grosjean
Lotus-Renault E20 V8
1:21,366

3. Sebastian Vettel
Red Bull-Renault RB8 V8
1:21,416

4. Jenson Button
McLaren-Mercedes MP4/27 V8
1:21,583

5. Kimi Räikkönen
Lotus-Renault E20 V8
1:21,730

6. Fernando Alonso
Ferrari F2012 V8
1:21,844

7. Felipe Massa
Ferrari F2012 V8
1:21,900

8. Pastor Maldonado
Williams-Renault FW34 V8
1:21,939

9. Bruno Senna
Williams-Renault FW34 V8
1:22,343

10. Nico Hülkenberg
Force India-Mercedes VJM05 V8
1:22,847

11. Mark Webber
Red Bull-Renault RB8 V8
1:21,715

12. Paul di Resta
Force India-Mercedes VJM05 V8
1:21,813

13. Nico Rosberg
Mercedes F1 W03 V8
1:21,895

14. Sergio Pérez
Sauber-Ferrari C31 V8
1:21,895

15. Kamui Kobayashi
Sauber-Ferrari C31 V8
1:22,300

16. Jean-Eric Vergne
Toro Rosso-Ferrari STR7 V8
1:22,380

17. Michael Schumacher
Mercedes F1 W03 V8
1:22,723

18. Daniel Ricciardo
Toro Rosso-Ferrari STR7 V8
1:23,250

19. Heikki Kovalainen
Caterham-Renault CT01 V8
1:23,576

20. Vitaly Petrov
Caterham-Renault CT01 V8
1:24,167

21. Charles Pic
Marussia-Cosworth MVR-03 V8
1:25,244

22. Timo Glock
Marussia-Cosworth MVR-03 V8
1:25,476

23. Pedro de la Rosa
HRT-Cosworth HRT F112 V8
1:25,916

24. Narain Karthikeyan
HRT-Cosworth HRT F112 V8
1:26,178

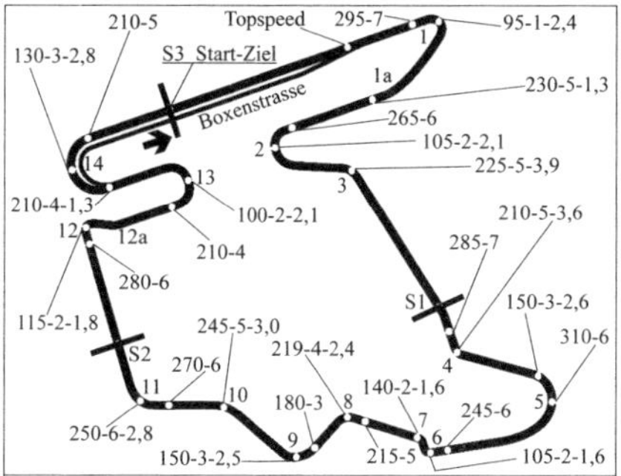

Legende: 132-2-2,1 = 132 km/h-2. Gang-2,1 Gravitation

Wetter am Renntag: Sonnig. heiss und trocken
30°-31° Lufttemperatur, 46°-45° Asphalttemperatur,
41-40 % Luftfeuchtigkeit, 75.000 Zuschauer am Renntag

Distanz: 69 Runden à 4,381 km = 302,249 km
Ziellinie 0,040 km hinter der Startlinie
Übliche Distanz: 70 Runden à 4,381 km = 306,630 km

Sieger 2011: Button (McLaren-Mercedes),
1.46:42,337 = 172,416 km/h

Poleposition 2011: Vettel (Red Bull-Renault),
1:19,815 = 197,601 km/h

Schnellste Runde 2011: Massa (Ferrari),
1:23,415 = 189,073 km/h

Boxenstopps:

Schumacher:	1. Runde: Reifenwechsel von weich auf medium in total 21,3 sec., Platz 24
Schumacher:	4. Runde: 2. Stopp, Drive-Through-Strafe wegen überhöhter Geschwindigkeit in der Boxengasse beim 1. Stopp, verliert total 13,1 sec., Platz 24
Kobayashi:	8. Runde: Reifenwechsel von weich auf medium in total 20,2 sec., Platz 19-22
Vergne:	12. Runde: Reifenwechsel von weich auf weich in total 20,3 sec., Platz 17-20
Ricciardo:	14. Runde: Reifenwechsel von weich auf weich in total 20,5 sec., Platz 15-18
Button:	15. Runde: Reifenwechsel von weich auf medium in 3,0 sec., total 19,4 sec., Platz 4-10
Hülkenberg:	15. Runde: Reifenwechsel von weich auf medium in 4,7 sec., total 20,7 sec., Platz 11-15
Maldonado:	15. Runde: Reifenwechsel von weich auf medium in total 20,3 sec., Platz 13-16
Senna:	16. Runde: Reifenwechsel von weich auf medium in 3,4 sec., total 20,2 sec., Platz 7-10
Rosberg:	16. Runde: Reifenwechsel von weich auf medium in 4,2 sec., total 20,3 sec., Platz 9-11
Di Resta:	16. Runde: Reifenwechsel von weich auf medium in total 20,4 sec., Platz 12-16
Vettel:	17. Runde: Reifenwechsel von weich auf weich in 3,1 sec., total 19,3 sec., Platz 3-7
Alonso:	17. Runde: Reifenwechsel von weich auf medium in 3,4 sec., total 19,6 sec., Platz 5-9
Kovalainen:	17. Runde: Reifenwechsel von weich auf medium in total 20,7 sec., Platz 13-20
Hamilton:	18. Runde: Reifenwechsel von weich auf medium in 4,2 sec., total 20,4 sec., Platz 2-4
Massa:	18. Runde: Reifenwechsel von weich auf medium in total 19,9 sec., Platz 5-10
Petrov:	18. Runde: Reifenwechsel von weich auf medium in total 21,0 sec., Platz 16-21
Karthikeyan:	18. Runde: Reifenwechsel von weich auf medium in total 21,2 sec., Platz 23
Grosjean:	19. Runde: Reifenwechsel von weich auf weich in 4,9 sec., total 22,1 sec., Platz 1-4
Glock:	18. Runde: Reifenwechsel von medium auf weich in total 21,3 sec., Platz 24
Räikkönen:	20. Runde: Reifenwechsel von weich auf weich in 3,6 sec., total 20,0 sec., Platz 1-5
Webber:	20. Runde: Reifenwechsel von medium auf medium in 3,3 sec., total 19,6 sec., Platz 3-7
Pic:	20. Runde: Reifenwechsel von medium auf weich in total 20,9 sec., Platz 19-21
Pérez:	21. Runde: Reifenwechsel von weich auf medium in 3,9 sec., total 20,3 sec., Platz 9-15
De la Rosa:	22. Runde: Reifenwechsel von medium auf medium in total 22,3 sec., Platz 22
Vergne:	30. Runde: 2. Stopp, Reifenwechsel von weich auf weich in total 19,8 sec., Platz 17-20
Schumacher:	32. Runde: 3. Stopp, Reifenwechsel von medium auf medium in total 20,5 sec., Platz 18-20
Button:	34. Runde: 2. Stopp, Reifenwechsel von medium auf weich in 2,8 sec., total 19,0 sec., Platz 4-8
Ricciardo:	34. Runde: 2. Stopp, Reifenwechsel von weich auf weich in total 19,6 sec., Platz 15-16
Petrov:	35. Runde: 2. Stopp, Reifenwechsel von medium auf medium in total 20,5 sec., Platz 19-21
Kovalainen:	36. Runde: 2. Stopp, Reifenwechsel von medium auf medium in total 21,8 sec., Platz 17-19
Vettel:	38. Runde: 2. Stopp, Reifenwechsel von weich auf medium in 3,3 sec., total 19,3 sec., Platz 4-6
Di Resta:	38. Runde: 2. Stopp, Reifenwechsel von medium auf medium in total 20,3 sec., Platz 13-14
Grosjean:	39. Runde: 2. Stopp, Reifenwechsel von weich auf medium in 3,3 sec., total 20,2 sec., Platz 2-4
Webber:	39. Runde: 2. Stopp, Reifenwechsel von medium auf weich in 3,2 sec., total 19,1 sec., Platz 5-9
Hülkenberg:	39. Runde: 2. Stopp, Reifenwechsel von medium auf medium in total 20,6 sec., Platz 12-13
Hamilton:	40. Runde: 2. Stopp, Reifenwechsel von medium auf medium in 2,8 sec., total 19,0 sec., Platz 1-2
Pic:	39. Runde: 2. Stopp, Reifenwechsel von weich auf medium in total 21,3 sec., Platz 21
Rosberg:	40. Runde: 2. Stopp, Reifenwechsel von medium auf medium in total 20,6 sec., Platz 10-11
Kobayashi:	40. Runde: 2. Stopp, Reifenwechsel von medium auf weich in total 20,0 sec., Platz 16-17
Karthikeyan:	39. Runde: 2. Stopp, Reifenwechsel von medium auf weich in total 22,0 sec., Platz 24
Maldonado:	41. Runde: 2. Stopp, Reifenwechsel von medium auf medium in total 19,7 sec., Platz 10-14
Glock:	40. Runde: 2. Stopp, Reifenwechsel von weich auf medium in total 20,3 sec., Platz 23
Senna:	42. Runde: 2. Stopp, Reifenwechsel von medium auf medium in 3,8 sec., total 20,6 sec., Platz 7-9
De la Rosa:	41. Runde: 2. Stopp, Reifenwechsel von medium auf weich in total 21,8 sec., Platz 22-23
Alonso:	43. Runde: 2. Stopp, Reifenwechsel von medium auf medium in 3,2 sec., total 19,3 sec., Platz 6-7
Massa:	43. Runde: 2. Stopp, Reifenwechsel von medium auf medium in 3,5 sec., total 19,9 sec., Platz 8-9
Räikkönen:	45. Runde: 2. Stopp, Reifenwechsel von weich auf medium in 3,3 sec., total 19,7 sec., Platz 1-2
Button:	45. Runde: 3. Stopp, Reifenwechsel (der Mechaniker setzt den Reifen li. vo. schief an) von weich auf medium in 4,0 sec., verliert total 20,3 sec., Platz 5-6
Vergne:	46. Runde: 3. Stopp, Reifenwechsel von weich auf medium in total 19,6 sec., Platz 16-17
Pérez:	47. Runde: 2. Stopp, Reifenwechsel von medium auf medium in total 20,2 sec., Platz 14
Ricciardo:	47. Runde: 3. Stopp, Reifenwechsel von weich auf medium in total 20,0 sec., Platz 15-16

Petrov:	51. Runde: 3. Stopp, Reifenwechsel von medium auf medium in total 20,5 sec., Platz 20
Maldonado:	52. Runde: 3. Stopp, Drive-Through-Strafe wegen Verursachens einer Kollision mit Di Resta, verliert total 13,2 sec., Platz 13
Webber:	55. Runde: 3. Stopp, Reifenwechsel von weich auf weich in 3,1 sec., total 19,3 sec., Platz 5-8
Kovalainen:	56. Runde: 3. Stopp, Reifenwechsel von medium auf weich in total 20,5 sec., Platz 19
Vettel:	58. Runde: 3. Stopp, Reifenwechsel von medium auf weich in 2,9 sec., total 18,9 sec., Platz 4
Vergne:	64. Runde: 4. Stopp, Reifenwechsel von medium auf medium in total 19,6 sec., Platz 17

Ausfälle:

Schumacher:	59. Runde: überhitzter Motor, Platz 18
Karthikeyan:	61. Runde: Steuerung, Platz 23
Kobayashi:	69. Runde: Hydraulikleck, Platz 15 (Platz 18 im Endergebnis)

Stand nach der 1. Runde:
1. Hamilton, 2. Grosjean, 3. Button, 4. Vettel, 5. Alonso, 6. Räikkönen, 7. Webber, 8. Senna, 9. Massa, 10. Hülkenberg

Vor dem Start:
Der Motor des Mercedes von **Schumacher** stirbt kurz vor dem Start ab. Schumacher startet aus der Boxengasse. Eine weitere Aufwärmrunde wird durchgeführt. Von der totalen Renndistanz wird eine Runde abgezogen.

Ergebnis:

1. Lewis Hamilton (England) McLaren-Mercedes	1.41:05,503 = 179,390 km/h	
2. Kimi Räikkönen (Finnland) Lotus-Renault	1.41:06,535 = 179,360 km/h	1,032 zurück
3. Romain Grosjean (Frankreich) Lotus-Renault	1.41:16,021 = 179,080 km/h	10,518 zurück
4. Sebastian Vettel (Deutschland) Red Bull-Renault	1.41:17,117 = 179,048 km/h	11,614 zurück
5. Fernando Alonso (Spanien) Ferrari	1.41:32,156 = 178,606 km/h	26,653 zurück
6. Jenson Button (England) McLaren-Mercedes	1.41:35,746 = 178,500 km/h	30,243 zurück
7. Bruno Senna (Brasilien) Williams-Renault	1.41:39,402 = 178,393 km/h	33,899 zurück
8. Mark Webber (Australien) Red Bull-Renault	1.41:39,961 = 178,377 km/h	34,458 zurück
9. Felipe Massa (Brasilien) Ferrari	1.41:43,853 = 178,263 km/h	38,350 zurück
10. Nico Rosberg (Deutschland) Mercedes	1.41:56,737 = 177,888 km/h	51,234 zurück
11. Nico Hülkenberg (Deutschland) Force India-Mercedes	1.42:02,786 = 177,712 km/h	57,283 zurück
12. Paul Di Resta (Schottland) Force India-Mercedes	1.42:08,390 = 177,550 km/h	62,887 zurück
13. Pastor Maldonado (Venezuela) Williams-Renault	1.42:09,109 = 177,529 km/h	63,606 zurück
14. Sergio Pérez (Mexiko) Sauber-Ferrari	1.42:09,997 = 177,503 km/h	64,494 zurück
15. Daniel Ricciardo (Australien) Toro Rosso-Ferrari	1.41:28,248 = 176,130 km/h	1 Runde zurück
16. Jean-Eric Vergne (Frankreich) Toro Rosso-Ferrari	1.41:48,485 = 175,546 km/h	1 Runde zurück
17. Heikki Kovalainen (Finnland) Caterham-Renault	1.42:24,499 = 174,517 km/h	1 Runde zurück
18. Kamui Kobayashi (Japan) Sauber-Ferrari	1.39:43,645 = 176,573 km/h	Ausfall
19. Vitaly Petrov (Russland) Caterham-Renault	1.41:26,719 = 173,583 km/h	2 Runden zurück
20. Charles Pic (Frankreich) Marussia-Cosworth	1.41:49,343 = 172,940 km/h	2 Runden zurück
21. Timo Glock (Deutschland) Marussia-Cosworth	1.41:45,163 = 170,475 km/h	3 Runden zurück
22. Pedro de la Rosa (Spanien) HRT-Cosworth	1.41:45,628 = 170,462 km/h	3 Runden zurück

Kobayashi beendet nicht das Rennen, wird aber aufgrund der zurückgelegten Distanz gewertet

Schnellste Runde im Qualifying: Hamilton (McLaren-Mercedes): 1:20,953 = 194,824 km/h (erzielt in Phase 3)

Schnellste Runde im Rennen: Vettel (Red Bull-Renault): 1:24,136 = 187,453 km/h

Höchstgeschwindigkeiten (Freitag, Training): 1. Vettel 304,6, 2. Petrov 303,0, 3. Hülkenberg 302,2, 4. Hamilton 301,8, 5. Button 300,6, 6. Kovalainen 300,2, 7. Di Resta 299,7, 8. Rosberg 298,7, 9. Schumacher 298,0, 10. Räikkönen 297,9, 11. Senna 297,4, 12. Pérez 297,1, 13. Bottas 296,5, 14. Massa 296,4, 15. Vergne 296,2, 16. Grosjean 296,0, 17. Bianchi 295,7, 18. Alonso 295,6, 19. Webber 295,4, 20. Maldonado 295,4, 21. Ricciardo 293,3, 22. Kobayashi 293,2, 23. Clos 291,4, 24. Karthikeyan 291,2, 25. De la Rosa 287,6, 26. Glock 287,1, 27. Pic 286,9

Höchstgeschwindigkeiten (Samstag, Qualifying): 1. Di Resta 305,2, 2. Vergne 304,9, 3. Alonso 303,1, 4. Vettel 303,1, 5. Hülkenberg 302,7, 6. Senna 302,6, 7. Button 302,6, 8. Hamilton 302,3, 9. Kovalainen 301,8, 10. Räikkönen 301,7, 11. Rosberg 301,4, 12. Massa 301,4, 13. Pérez 301,0, 14. Ricciardo 301,0, 15. Webber 300,6, 16. Petrov 300,2, 17. Grosjean 300,2, 18. Schumacher 299,9, 19. Kobayashi 297,3, 20. Maldonado 295,8, 21. De la Rosa 294,5, 22. Karthikeyan 292,6, 23. Glock 292,0, 24. Pic 290,3

Höchstgeschwindigkeiten (Sonntag): 1. Hülkenberg 307,6, 2. Massa 306,4, 3. Button 305,0, 4. Ricciardo 304,7, 5. Senna 304,4, 6. Petrov 304,0, 7. Vergne 303,9, 8. Pérez 303,7, 9. Vettel 303,7, 10. Alonso 302,8, 11. Räikkönen 302,1, 12. Di Resta 301,9, 13. Webber 301,9, 14. Grosjean 301,5, 15. Kovalainen 300,1, 16. Schumacher 299,5, 17. Hamilton 297,8, 18. Kobayashi 297,6, 19. Maldonado 295,8, 20. Rosberg 295,6, 21. De la Rosa 290,4, 22. Pic 287,6, 23. Karthikeyan 287,3, 24. Glock 287,3

Schnellste Runde jedes Fahrers im Rennen: 1. Vettel 1:24,136 (68.), 2. Pérez 1:25,218 (65.), 3. Webber 1:25,402 (41.), 4. Hamilton 1:25,677 (65.), 5. Maldonado 1:25,723 (63.), 6. Räikkönen 1:25,728 (41.), 7. Alonso 1:25,738 (65.), 8. Kobayashi 1:25,745 (61.), 9. Rosberg 1:25,830 (58.), 10. Button 1:25,831 (58.), 11. Massa 1:25,920 (54.), 12. Di Resta 1:25,976 (57.), 13. Grosjean 1:26,050 (59.), 14. Vergne 1:26,061 (66.), 15. Hülkenberg 1:26,073 (60.), 16. Senna 1:26,248 (65.), 17. Ricciardo 1:26,508 (59.), 18. Kovalainen 1:26,595 (62.), 19. Schumacher 1:26,778 (56.), 20. Petrov 1:27,629 (59.), 21. Glock 1:28,447 (55.), 22. Pic 1:28,727 (22.), 23. De la Rosa 1:28,765 (56.), 24. Karthikeyan 1:29,506 (56.)

WM-Stand: 1. Alonso 164, 2. Webber 124, 3. Vettel 122, 4. Hamilton 117, 5. Räikkönen 116, 6. Rosberg 77, 7. Button 76, 8. Grosjean 76, 9. Pérez 47, 10. Kobayashi 33, 11. Maldonado 29, 12. Schumacher 29, 13. Di Resta 27, 14. Massa 25, 15. Senna 24, 16. Hülkenberg 19, 17. Vergne 4, 18. Ricciardo 2

Konstrukteur-WM: 1. Red Bull-Renault 246, 2. McLaren-Mercedes 193, 3. Lotus-Renault 192, 4. Ferrari 189, 5. Mercedes 106, 6. Sauber-Ferrari 80, 7. Williams-Renault 53, 8. Force India-Mercedes 46, 9. Toro Rosso-Ferrari 6

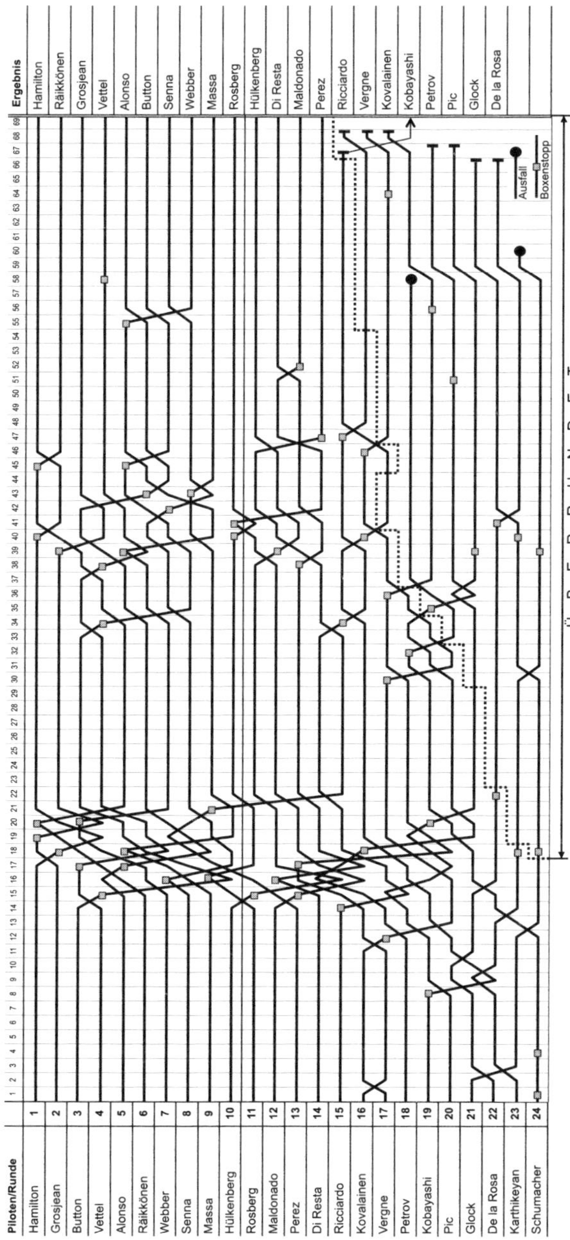

Piloten/Runde
Hamilton
Grosjean
Button
Vettel
Alonso
Räikkönen
Webber
Senna
Massa
Hülkenberg
Rosberg
Maldonado
Perez
Di Resta
Ricciardo
Kovalainen
Vergne
Petrov
Kobayashi
Pic
Glock
De la Rosa
Karthikeyan
Schumacher
Ergebnis
Hamilton
Räikkönen
Grosjean
Vettel
Alonso
Button
Senna
Webber
Massa
Rosberg
Hülkenberg
Di Resta
Maldonado
Perez
Ricciardo
Vergne
Kovalainen
Kobayashi
Petrov
Pic
Glock
De la Rosa
Ü B E R R U N D E T
Ausfall
Boxenstopp

Lauf 12 - Großer Preis von Belgien - Spa Francorchamps, 2. September 2012

1. Training (Freitag Vormittag): 1. Kobayashi 2:11,389, 2. Maldonado 2:11,941, 3. Ricciardo 2:12,004, 4. Vergne 2:12,824, 5. Webber 2:13,191, 6. Pérez 2:13,861, 7. Rosberg 2:14,210, 8. Bottas 2:14,660, 9. Vettel 2:14,860, 10. Schumacher 2:15,402, 11. Di Resta 2:15,812, 12. Glock 2:16,409, 13. Hülkenberg 2:16,786, 14. Petrov 2:16,788, 15. Hamilton 2:16,827, 16. Button 2:16,861, 17. Pic 2:17,519, 18. Kovalainen 2:18,199, 19. De la Rosa 2:19,546, 20. Clos 2:19,689, 21. Grosjean 2:38,701, 22. Alonso 2:40,749, 23. Räikkönen 2:46,580, Massa keine Zeit

2. Training (Freitag Nachmittag): 1. Pic 2:49,354, 2. Ricciardo 2:49,750, 3. Alonso 2:50,497, 4. Di Resta 2:51,333, 5. Maldonado 2:51,660, 6. Glock 2:52,076, 7. Kobayashi 2:53,232, 8. Vergne 2:58,232, 9. Hülkenberg 2:59,125, 10. Pérez 3:12,901, 11. Rosberg keine Zeit, 12. Schumacher keine Zeit, 13. Kovalainen keine Zeit, 14. Hamilton keine Zeit, 15. Vettel keine Zeit, 16. Button keine Zeit, 17. Massa keine Zeit, 18. Senna keine Zeit

3. Training (Samstag)		**Qualifying** (Samstag) **(1.Phase)**			**(2.Phase)**		**(3.Phase)**
1. Alonso	1:48,542	1. Maldonado	1:48,993	1. Button	1:49,250	1. Button	1:47,573
2. Räikkönen	1:48,683	2. Button	1:49,250	2. Pérez	1:49,642	2. Kobayashi	1:47,871
3. Pérez	1:48,850	3. Hülkenberg	1:49,362	3. Räikkönen	1:49,546	3. Maldonado	1:47,893
4. Kobayashi	1:48,863	4. Alonso	1:49,401	4. Webber	1:49,859	4. Räikkönen	1:48,205
5. Button	1:49,091	5. Räikkönen	1:49,546	5. Hamilton	1:49,605	5. Pérez	1:48,219
6. Massa	1:49,092	6. Ricciardo	1:49,572	6. Kobayashi	1:49,686	6. Alonso	1:48,313
7. Webber	1:49,164	7. Massa	1:49,588	7. Alonso	1:49,401	7. Webber	1:48,392
8. Grosjean	1:49,266	8. Hamilton	1:49,605	8. Grosjean	1:50,126	8. Hamilton	1:48,394
9. Vettel	1:49,292	9. Pérez	1:49,642	9. Di Resta	1:50,033	9. Grosjean	1:48,538
10. Di Resta	1:49,382	10. Kobayashi	1:49,686	10. Maldonado	1:48,993	10. Di Resta	1:48,890
11. Maldonado	1:49,561	11. Vettel	1:49,722	11. Vettel	1:49,722		
12. Hamilton	1:49,615	12. Schumacher	1:49,742	12. Hülkenberg	1:49,362		
13. Schumacher	1:49,621	13. Vergne	1:49,763	13. Schumacher	1:49,742		
14. Hülkenberg	1:49,674	14. Webber	1:49,859	14. Massa	1:49,588		
15. Vergne	1:49,710	15. Senna	1:49,958	15. Vergne	1:49,763		
16. Ricciardo	1:49,776	16. Di Resta	1:50,033	16. Ricciardo	1:49,572		
17. Senna	1:50,027	17. Grosjean	1:50,126	17. Senna	1:49,958		
18. Kovalainen	1:52,339	18. Rosberg	1:50,181				
19. Pic	1:52,566	19. Kovalainen	1:51,739				
20. Glock	1:52,630	20. Petrov	1:51,967				
21. Petrov	1:52,809	21. Glock	1:52,336				
22. De la Rosa	1:53,383	22. De la Rosa	1:53,030				
23. Karthikeyan	1:53,562	23. Pic	1:53,493				
24. Rosberg	1:58,113	24. Karthikeyan	1:54,989				

Startaufstellung: Zuerst die Piloten 1 bis 10 aus der dritten Qualifying-Phase, danach die Piloten 11-17 aus der zweiten Qualifying-Phase, dahinter die Piloten 18-24 aus der ersten Qualifying-Phase - inklusive Strafversetzungen:

1. Jenson Button
McLaren-Mercedes MP4/27 V8
1:47,573

2. Kamui Kobayashi
Sauber-Ferrari C31 V8
1:47,871

3. Kimi Räikkönen
Lotus-Renault E20 V8
1:48,205

4. Sergio Pérez
Sauber-Ferrari C31 V8
1:48,219

5. Fernando Alonso
Ferrari F2012 V8
1:48,313

6. Pastor Maldonado
Williams-Renault FW34 V8
1:47,893

7. Lewis Hamilton
McLaren-Mercedes MP4/27 V8
1:48,394

8. Romain Grosjean
Lotus-Renault E20 V8
1:48,538

9. Paul di Resta
Force India-Mercedes VJM05 V8
1:48,890

10. Sebastian Vettel
Red Bull-Renault RB8 V8
1:48,792

11. Nico Hülkenberg
Force India-Mercedes VJM05 V8
1:48,855

12. Mark Webber
Red Bull-Renault RB8 V8
1:48,392

13. Michael Schumacher
Mercedes F1 W03 V8
1:49,081

14. Felipe Massa
Ferrari F2012 V8
1:49,147

15. Jean-Eric Vergne
Toro Rosso-Ferrari STR7 V8
1:49,354

16. Daniel Ricciardo
Toro Rosso-Ferrari STR7 V8
1:49,543

17. Bruno Senna
Williams-Renault FW34 V8
1:50,088

18. Heikki Kovalainen
Caterham-Renault CT01 V8
1:51,739

19. Vitaly Petrov
Caterham-Renault CT01 V8
1:51,967

20. Timo Glock
Marussia-Cosworth MVR-03 V8
1:52,336

21. Pedro de la Rosa
HRT-Cosworth HRT F112 V8
1:53,030

22. Charles Pic
Marussia-Cosworth MVR-03 V8
1:53,493

23. Nico Rosberg
Mercedes F1 W03 V8
1:50,181

24. Narain Karthikeyan
HRT-Cosworth HRT F112 V8
1:54,989

Webber und **Rosberg** werden nach Getriebewechsel um 5 Plätze nach hinten versetzt
Maldonado wird nach Behinderung von Hülkenberg in Phase 2 um 3 Plätze nach hinten versetzt

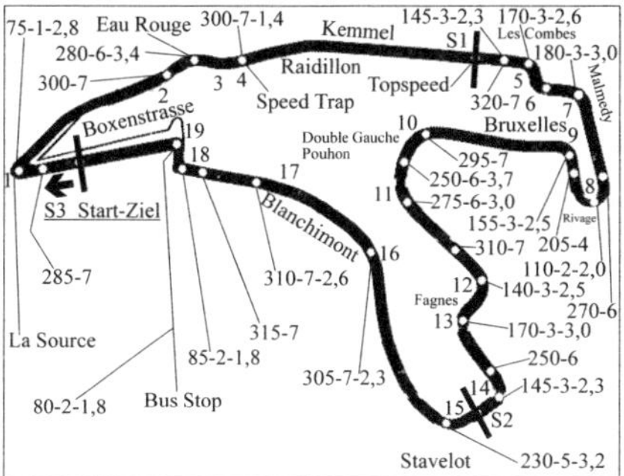

Legende: 132-2-2,1 = 132 km/h-2. Gang-2,1 Gravitation

Wetter am Renntag: Sonnig, warm und trocken, 21°-22° Lufttemperatur, 33°-35° Asphalttemperatur, 39-32 % Luftfeuchtigkeit, 55.000 Zuschauer am Renntag

Distanz: 44 Runden à 7,004 km = 308,052 km
Ziellinie 0,124 km hinter der Startlinie

Sieger 2011: Vettel (Red Bull-Renault),
1.26:44,893 = 213,066 km/h

Poleposition 2011: Vettel (Red Bull-Renault),
1:48,298 = 232,824 km/h

Schnellste Runde 2011: Webber (Red Bull-Renault),
1:49,883 = 229,465 km/h

Boxenstopps:

De la Rosa:	1. Runde: Neue Nase nach Startunfall und Reifenwechsel von medium auf hart, verliert total 29,1 sec., Platz 17-19
Kobayashi:	1. Runde: Neue Nase nach Startunfall und Reifenwechsel von medium auf hart, verliert total 27,2 sec., Platz 19-20
Maldonado:	1. Runde: Reifenwechsel nach Startunfall von medium auf hart, verliert total 21,8 sec., Platz 20-17
Kobayashi:	7. Runde: 2. Stopp, Reifenwechsel von hart auf hart in 4,1 sec., total 21,6 sec., Platz 15-19
Di Resta:	10. Runde: Reifenwechsel von medium auf hart in 4,5 sec., total 21,4 sec., Platz 11-13
Räikkönen:	11. Runde: Reifenwechsel von medium auf hart in 3,1 sec., total 20,3 sec., Platz 5-10
Webber:	11. Runde: Reifenwechsel von medium auf hart in 3,8 sec., total 20,9 sec., Platz 11-12
Glock:	11. Runde: Reifenwechsel von medium auf medium in total 22,4 sec., Platz 19
Ricciardo:	12. Runde: Reifenwechsel von medium auf hart in total 20,2 sec., Platz 5-9
Massa:	12. Runde: Reifenwechsel von medium auf hart in total 20,3 sec., Platz 9-12
Petrov:	12. Runde: Reifenwechsel von medium auf medium in total 25,9 sec., Platz 13-18
Hülkenberg:	13. Runde: Reifenwechsel von hart auf medium in total 22,1 sec., Platz 3-8
Kovalainen:	14. Runde: Neue Nase nach schlechtem Restart und Reifenwechsel von medium auf medium, verliert total 52,2 sec., Platz 14-19
Karthikeyan:	14. Runde: Reifenwechsel von medium auf medium in total 23,9 sec., Platz 16-18
Vergne:	15. Runde: Reifenwechsel von medium auf hart in total 20,6 sec., Platz 5-12
De la Rosa:	15. Runde: 2. Stopp, Reifenwechsel von hart auf medium in total 25,0 sec., Platz 16-18
Senna:	16. Runde: Reifenwechsel von medium auf hart in 4,2 sec., total 21,6 sec., Platz 6-12
Pic:	18. Runde: Reifenwechsel von medium auf hart in total 21,6 sec., Platz 15-18
Schumacher:	19. Runde: Reifenwechsel von medium auf hart in 4,3 sec., total 21,6 sec., Platz 3-8
Button:	20. Runde: Reifenwechsel von medium auf hart in 2,6 sec., total 19,6 sec., Platz 1
Rosberg:	20. Runde: Reifenwechsel von hart auf medium in total 21,0 sec., Platz 12-13
Vettel:	21. Runde: Reifenwechsel von medium auf hart in 3,7 sec., total 20,8 sec., Platz 3-6
Kobayashi:	24. Runde: 3. Stopp, Reifenwechsel von hart auf hart in 4,3 sec., total 22,1 sec., Platz 13
Glock:	25. Runde: 2. Stopp, Reifenwechsel von medium auf hart in total 20,6 sec., Platz 15-19
Di Resta:	26. Runde: 2. Stopp, Reifenwechsel von hart auf hart in total 21,1 sec., Platz 11-12
Petrov:	26. Runde: 2. Stopp, Reifenwechsel von medium auf hart in total 21,1 sec., Platz 14
Hülkenberg:	27. Runde: 2. Stopp, Reifenwechsel von medium auf hart in 3,7 sec., total 20,6 sec., Platz 4-5
Webber:	27. Runde: 2. Stopp, Reifenwechsel von hart auf hart in 3,2 sec., total 20,3 sec., Platz 5-6
Massa:	27. Runde: 2. Stopp, Reifenwechsel von hart auf hart in total 21,0 sec., Platz 7-10
De la Rosa:	27. Runde: 3. Stopp, Reifenwechsel von medium auf hart in total 22,0 sec., Platz 18
Kovalainen:	27. Runde: 2. Stopp, Reifenwechsel von medium auf hart in total 21,9 sec., Platz 19
Räikkönen:	28. Runde: 2. Stopp, Reifenwechsel von hart auf hart in 3,2 sec., total 20,2 sec., Platz 2-4
Ricciardo:	28. Runde: 2. Stopp, Reifenwechsel von hart auf hart in total 21,0 sec., Platz 8-11
Karthikeyan:	28. Runde: 2. Stopp, Reifenwechsel von medium auf hart in total 22,5 sec., Platz 17-18
Vergne:	29. Runde: 2. Stopp, Reifenwechsel von hart auf hart in 4,0 sec., total 21,0 sec., Platz 8-11
Schumacher:	35. Runde: 2. Stopp, Reifenwechsel von hart auf medium in 3,7 sec., total 20,8 sec., Platz 7
Rosberg:	36. Runde: 2. Stopp, Reifenwechsel von medium auf medium in total 20,5 sec., Platz 12
Senna:	39. Runde: 2. Stopp, Reifenwechsel von hart auf hart in 4,0 sec., total 22,0 sec., Platz 11-12

Ausfälle:

Grosjean:	1. Runde: Startkollision in La Source, (Platz 8 in der Startaufstellung)
Hamilton:	1. Runde: Startkollision in La Source, (Platz 7 in der Startaufstellung)
Alonso:	1. Runde: Startkollision in La Source, (Platz 5 in der Startaufstellung)
Pérez:	1. Runde: Startkollision in La Source, (Platz 4 in der Startaufstellung)
Maldonado:	5. Runde: Kollision mit Glock, Platz 4
Karthikeyan:	30. Runde: Rad, Platz 18

Stand nach der 1. Runde:
1. Button, 2. Räikkönen, 3. Hülkenberg, 4. Di Resta, 5. Schumacher, 6. Ricciardo, 7. Vergne, 8. Webber, 9. Senna, 10. Kovalainen

Vor dem Start:
Frühstart von Maldonado

Safety Car-Phase:
1. bis 4. Runde um die Wrackteile nach der Startkollision in La Source zu entfernen

Stand nach dem Restart:
1. Button, 2. Hülkenberg, 3. Räikkönen, 4. Di Resta, 5. Schumacher, 6. Ricciardo, 7. Vergne, 8. Senna, 9. Webber, 10. Massa

Ergebnis:

1. Jenson Button (England) McLaren-Mercedes	1.29:08,530 = 207,344 km/h	
2. Sebastian Vettel (Deutschland) Red Bull-Renault	1.29:22,154 = 206,817 km/h	13,624 zurück
3. Kimi Räikkönen (Finnland) Lotus-Renault	1.29:33,864 = 206,366 km/h	25,334 zurück
4. Nico Hülkenberg (Deutschland) Force India-Mercedes	1.29:36,373 = 206,270 km/h	27,843 zurück
5. Felipe Massa (Brasilien) Ferrari	1.29:38,375 = 206,193 km/h	29,845 zurück
6. Mark Webber (Australien) Red Bull-Renault	1.29:39,774 = 206,140 km/h	31,244 zurück
7. Michael Schumacher (Deutschland) Mercedes	1.30:01,904 = 205,295 km/h	53,374 zurück
8. Jean-Eric Vergne (Frankreich) Toro Rosso-Ferrari	1.30:07,395 = 205,087 km/h	58,865 zurück
9. Daniel Ricciardo (Australien) Toro Rosso-Ferrari	1.30:11,512 = 204,931 km/h	62,982 zurück
10. Paul Di Resta (Schottland) Force India-Mercedes	1.30:12,313 = 204,900 km/h	63,783 zurück
11. Nico Rosberg (Deutschland) Mercedes	1.30:13,641 = 204,850 km/h	65,111 zurück
12. Bruno Senna (Brasilien) Williams-Renault	1.30:20,059 = 204,607 km/h	71,529 zurück
13. Kamui Kobayashi (Japan) Sauber-Ferrari	1.31:04,649 = 202,938 km/h	116,119 zurück
14. Vitaly Petrov (Russland) Caterham-Renault	1.29:32,827 = 201,713 km/h	1 Runde zurück
15. Timo Glock (Deutschland) Marussia-Cosworth	1.30:04,400 = 200,535 km/h	1 Runde zurück
16. Charles Pic (Frankreich) Marussia-Cosworth	1.30:19,974 = 199,959 km/h	1 Runde zurück
17. Heikki Kovalainen (Finnland) Caterham-Renault	1.30:29,401 = 199,611 km/h	1 Runde zurück
18. Pedro de la Rosa (Spanien) HRT-Cosworth	1.30:33,033 = 199,478 km/h	1 Runde zurück

Maldonado wird beim nächsten Rennen in der Startaufstellung um 10 Plätze nach hinten versetzt werden - 5 Plätze wegen des Frühstarts und 5 weitere Plätze wegen Verursachens einer Kollision mit Glock
Grosjean wird wegen Verursachens der Startkollision für das nächste Rennen gesperrt

Schnellste Runde im Qualifying: Button (McLaren-Mercedes): 1:47,573 = 234,393 km/h (erzielt in Phase 3)
Schnellste Runde im Rennen: Senna (Williams-Renault): 1:52,822 = 223,488 km/h
Höchstgeschwindigkeiten (Freitag, Training): 1. Vergne 254,5, 2. Kobayashi 252,9, 3. Bottas 249,2, 4. Maldonado 247,2, 5. Webber 245,5, 6. Rosberg 244,9, 7. Petrov 244,7, 8. Ricciardo 243,9, 9. Pérez 243,4, 10. Schumacher 236,8, 11. Di Resta 234,8, 12. Hülkenberg 233,8, 13. Vettel 232,1, 14. Glock 231,5, 15. Button 230,3, 16. Pic 229,3, 17. Grosjean 229,0, 18. Kovalainen 227,0, 19. Räikkönen 224,5, 20. Clos 220,2, 21. De la Rosa 219,2, 22. Hamilton 218,0, 23. Alonso 202,5, 24. Senna 189,5, 25. Massa 176,4
Höchstgeschwindigkeiten (Samstag, Qualifying): 1. Kobayashi 330,9, 2. Pérez 326,8, 3. Senna 326,2, 4. Maldonado 325,9, 5. Vergne 325,3, 6. Schumacher 324,8, 7. Rosberg 324,6, 8. Ricciardo 323,1, 9. Button 322,5, 10. Di Resta 322,3, 11. Hülkenberg 322,1, 12. Hamilton 322,1, 13. Alonso 320,5, 14. Massa 320,1, 15. Kovalainen 320,0, 16. Petrov 319,9, 17. Grosjean 319,1, 18. Räikkönen 319,1, 19. Karthikeyan 318,0, 20. De la Rosa 317,8, 21. Webber 316,4, 22. Pic 316,2, 23. Glock 316,2, 24. Vettel 316,0,
Höchstgeschwindigkeiten (Sonntag): 1. Kobayashi 327,5, 2. Senna 326,5, 3. Vergne 325,8, 4. Rosberg 324,7, 5. Schumacher 324,5, 6. Ricciardo 323,2, 7. Di Resta 322,3, 8. Button 322,1, 9. Hülkenberg 322,0, 10. Massa 320,2, 11. Kovalainen 319,8, 12. Petrov 318,9, 13. Räikkönen 318,9, 14. De la Rosa 317,5, 15. Karthikeyan 317,5, 16. Webber 316,8, 17. Pic 316,6, 18. Glock 316,5, 19. Vettel 316,3, 20. Maldonado 169,4
Schnellste Runde jedes Fahrers im Rennen: 1. Senna 1:52,822 (43.), 2. Rosberg 1:53,073 (39.), 3. Massa 1:53,464 (30.), 4. Schumacher 1:53,507 (37.), 5. Räikkönen 1:53,640 (34.), 6. Hülkenberg 1:53,760 (40.), 7. Webber 1:53,768 (42.), 8. Vergne 1:53,995 (31.), 9. Vettel 1:54,198 (39.), 10. Button 1:54,293 (40.), 11. Di Resta 1:54,562 (28.), 12. Ricciardo 1:54,605 (42.), 13. Kobayashi 1:55,598 (26.), 14. Kovalainen 1:56,475 (33.), 15. Petrov 1:56,741 (28.), 16. Glock 1:56,956 (30.), 17. De la Rosa 1:57,315 (30.), 18. Pic 1:57,939 (27.), 19. Karthikeyan 1:59,113 (16.), 20. Maldonado 2:56,181 (4.)
WM-Stand: 1. Alonso 164, 2. Vettel 140, 3. Webber 132, 4. Räikkönen 131, 5. Hamilton 117, 6. Button 101, 7. Rosberg 77, 8. Grosjean 76, 9. Pérez 47, 10. Schumacher 35, 11. Massa 35, 12. Kobayashi 33, 13. Hülkenberg 31, 14. Maldonado 29, 15. Di Resta 28, 16. Senna 24, 17. Vergne 8, 18. Ricciardo 4
Konstrukteur-WM: 1. Red Bull-Renault 272, 2. McLaren-Mercedes 218, 3. Lotus-Renault 207, 4. Ferrari 199, 5. Mercedes 112, 6. Sauber-Ferrari 80, 7. Force India-Mercedes 59, 8. Williams-Renault 53, 9. Toro Rosso-Ferrari 12

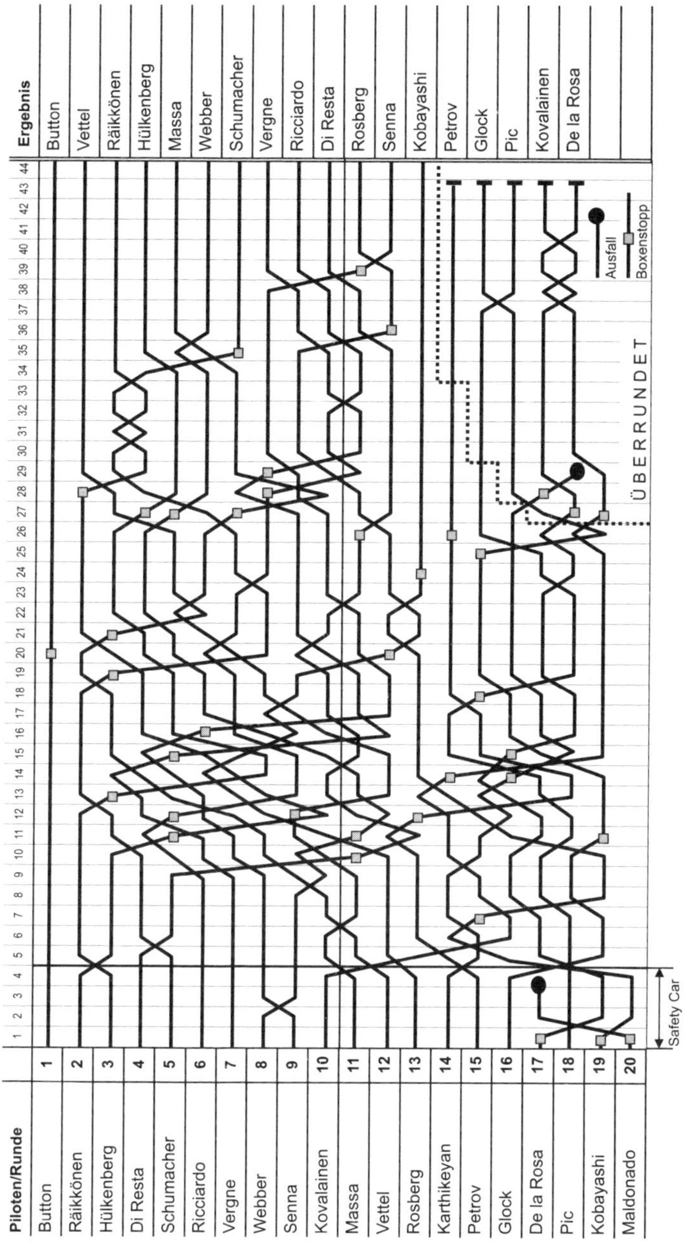
Piloten/Runde
Button
Räikkönen
Hülkenberg
Di Resta
Schumacher
Ricciardo
Vergne
Webber
Senna
Kovalainen
Massa
Vettel
Rosberg
Karthikeyan
Petrov
Glock
De la Rosa
Pic
Kobayashi
Maldonado
1
2
3
4
5
6
7
8
9
10
11
12
13
14
15
16
17
18
19
20
Safety Car
ÜBERRUNDET
Ausfall
Boxenstopp
Ergebnis
Button
Vettel
Räikkönen
Hülkenberg
Massa
Webber
Schumacher
Vergne
Ricciardo
Di Resta
Rosberg
Senna
Kobayashi
Petrov
Glock
Pic
Kovalainen
De la Rosa

Lauf 13 - Großer Preis von Italien - Monza, 9. September 2012

1. Training (Freitag Vormittag): 1. Schumacher 1:25,422, 2. Button 1:25,723, 3. Rosberg 1:25,762, 4. Alonso 1:25,800, 5. Massa 1:25,861, 6. Hamilton 1:25,944, 7. Räikkönen 1:26,046, 8. Pérez 1:26,323, 9. Webber 1:26,390, 10. Maldonado 1:26,504, 11. Vettel 1:26,508, 12. Hülkenberg 1:26,518, 13. Bottas 1:26,641, 14. Kobayashi 1:26,746, 15. D'Ambrosio 1:27,180, 16. Bianchi 1:27,192, 17. Ricciardo 1:27,373, 18. Vergne 1:27,789, 19. Kovalainen 1:27,855, 20. Petrov 1:28,578, 21. Pic 1:28,751, 22. Glock 1:29,207, 23. De la Rosa 1:29,331, 24. Qinghua 1:31,239

2. Training (Freitag Nachmittag): 1. Hamilton 1:25,290, 2. Button 1:25,328, 3. Alonso 1:25,348, 4. Massa 1:25,430, 5. Rosberg 1:25,446, 6. Räikkönen 1:25,504, 7. Di Resta 1:25,546, 8. Hülkenberg 1:25,547, 9. Pérez 1:26,068, 10. Schumacher 1:26,094, 11. Webber 1:26,104, 12. D'Ambrosio 1:26,157, 13. Vettel 1:26,394, 14. Maldonado 1:26,404, 15. Ricciardo 1:26,724, 16. Kobayashi 1:26,730, 17. Senna 1:26,783, 18. Kovalainen 1:26,841, 19. Vergne 1:26,864, 20. Petrov 1:27,222, 21. Glock 1:27,944, 22. Pic 1:27,968, 23. De la Rosa 1:28,575, 24. Karthikeyan 1:28,779

3. Training (Samstag)		**Qualifying** (Samstag) **(1.Phase)**			**(2.Phase)**		**(3.Phase)**
1. Hamilton	1:24,578	1. Alonso	1:24,175	1. Alonso	1:24,242	1. Hamilton	1:24,010
2. Alonso	1:24,579	2. Hamilton	1:24,211	2. Button	1:24,255	2. Button	1:24,133
3. Di Resta	1:24,849	3. Button	1:24,672	3. Di Resta	1:24,345	3. Massa	1:24,247
4. Massa	1:24,909	4. Rosberg	1:24,689	4. Hamilton	1:24,394	4. Di Resta	1:24,304
5. Button	1:24,994	5. Di Resta	1:24,875	5. Massa	1:24,505	5. Schumacher	1:24,540
6. Rosberg	1:25,036	6. Massa	1:24,882	6. Rosberg	1:24,515	6. Vettel	1:24,802
7. Pérez	1:25,160	7. Vettel	1:25,011	7. Schumacher	1:24,675	7. Rosberg	1:24,833
8. Räikkönen	1:25,255	8. Maldonado	1:25,103	8. Kobayashi	1:24,683	8. Räikkönen	1:24,855
9. Hülkenberg	1:25,289	9. Senna	1:25,135	9. Vettel	1:24,687	9. Kobayashi	1:25,109
10. Maldonado	1:25,383	10. Räikkönen	1:25,151	10. Räikkönen	1:24,742	10. Alonso	1:25,678
11. Webber	1:25,389	11. Pérez	1:25,300	11. Webber	1:24,809		
12. Vettel	1:25,406	12. Schumacher	1:25,302	12. Maldonado	1:24,820		
13. Senna	1:25,461	13. Kobayashi	1:25,317	13. Pérez	1:24,901		
14. Schumacher	1:25,563	14. Webber	1:25,556	14. Senna	1:25,042		
15. Kobayashi	1:25,689	15. Vergne	1:25,649	15. Ricciardo	1:25,312		
16. Ricciardo	1:25,706	16. Ricciardo	1:25,728	16. D'Ambrosio	1:25,408		
17. D'Ambrosio	1:25,973	17. D'Ambrosio	1:25,834	17. Vergne	1:25,441		
18. Vergne	1:26,003	18. Kovalainen	1:26,382				
19. Kovalainen	1:26,657	19. Petrov	1:26,887				
20. Petrov	1:27,267	20. Glock	1:27,039				
21. Pic	1:27,454	21. Pic	1:27,073				
22. Glock	1:27,728	22. Karthikeyan	1:27,441				
23. Karthikeyan	1:28,035	23. De la Rosa	1:27,629				
24. De la Rosa	1:28,384	24. Hülkenberg	-:--				

Startaufstellung: Zuerst die Piloten 1 bis 10 aus der dritten Qualifying-Phase, danach die Piloten 11-17 aus der zweiten Qualifying-Phase, dahinter die Piloten 18-24 aus der ersten Qualifying-Phase - inklusive Strafversetzungen:

1. Lewis Hamilton
McLaren-Mercedes MP4/27 V8
1:24,010

2. Jenson Button
McLaren-Mercedes MP4/27 V8
1:24,133

3. Felipe Massa
Ferrari F2012 V8
1:24,247

4. Michael Schumacher
Mercedes F1 W03 V8
1:24,540

5. Sebastian Vettel
Red Bull-Renault RB8 V8
1:24,802

6. Nico Rosberg
Mercedes F1 W03 V8
1:24,833

7. Kimi Räikkönen
Lotus-Renault E20 V8
1:24,855

8. Kamui Kobayashi
Sauber-Ferrari C31 V8
1:25,109

9. Paul di Resta
Force India-Mercedes VJM05 V8
1:24,304

10. Fernando Alonso
Ferrari F2012 V8
1:25,678

11. Mark Webber
Red Bull-Renault RB8 V8
1:24,809

12. Sergio Pérez
Sauber-Ferrari C31 V8
1:24,901

13. Bruno Senna
Williams-Renault FW34 V8
1:25,042

14. Daniel Ricciardo
Toro Rosso-Ferrari STR7 V8
1:25,312

15. Jérôme D'Ambrosio
Lotus-Renault E20 V8
1:25,408

16. Jean-Eric Vergne
Toro Rosso-Ferrari STR7 V8
1:25,441

17. Heikki Kovalainen
Caterham-Renault CT01 V8
1:26,382

18. Vitaly Petrov
Caterham-Renault CT01 V8
1:26,887

19. Timo Glock
Marussia-Cosworth MVR-03 V8
1:27,039

20. Charles Pic
Marussia-Cosworth MVR-03 V8
1:27,073

21. Narain Karthikeyan
HRT-Cosworth HRT F112 V8
1:27,441

22. Pastor Maldonado
Williams-Renault FW34 V8
1:24,820

23. Pedro de la Rosa
HRT-Cosworth HRT F112 V8
1:27,629

24. Nico Hülkenberg
Force India-Mercedes VJM05 V8
keine Zeit

Maldonado wird wegen Vergehen beim letzten Rennen um 10 Plätze nach hinten versetzt, 5 Plätze wegen des Frühstarts und weitere 5 Plätze wegen Verursachens einer Kollision mit Glock
Di Resta wird nach Getriebewechsel um 5 Plätze nach hinten versetzt

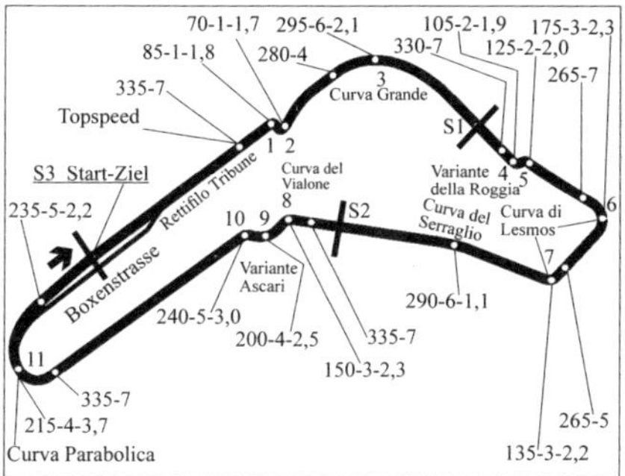

Legende: 132-2-2,1 = 132 km/h-2. Gang-2,1 Gravitation

Wetter am Renntag: Sonnig, warm und trocken, 28°-29° Lufttemperatur, 39°-41° Asphalttemperatur, 36-33 % Luftfeuchtigkeit, 90.000 Zuschauer am Renntag

Distanz: 53 Runden à 5,793 km = 306,720 km
Ziellinie 0,309 km hinter der Startlinie

Sieger 2011: Vettel (Red Bull-Renault),
1.20:46,172 = 227,848 km/h

Poleposition 2011: Vettel (Red Bull-Renault),
1:22,275 = 253,476 km/h

Schnellste Runde 2011: Hamilton (McLaren-Mercedes),
1:26,187 = 241,971 km/h

Boxenstopps:

Glock:	7. Runde: Reifenwechsel von medium auf hart in total 28,7 sec., Platz 22-24
Maldonado:	13. Runde: Reifenwechsel von hart auf medium in total 22,9 sec., Platz 17-21
Rosberg:	14. Runde: Reifenwechsel von medium auf hart in 4,1 sec., total 22,3 sec., Platz 14-19
Schumacher:	15. Runde: Reifenwechsel von medium auf hart in 4,1 sec., total 22,2 sec., Platz 8-15
Räikkönen:	17. Runde: Reifenwechsel von medium auf hart in 3,2 sec., total 21,7 sec., Platz 7-15
Kovalainen:	17. Runde: Reifenwechsel von medium auf hart in total 22,7 sec., Platz 17-21
Pic:	18. Runde: Reifenwechsel von medium auf hart in total 24,0 sec., Platz 19-22
Massa:	19. Runde: Reifenwechsel von medium auf hart in 3,4 sec., total 22,1 sec., Platz 5-11
Petrov:	19. Runde: Reifenwechsel von medium auf hart in total 22,1 sec., Platz 18-20
Vettel:	20. Runde: Reifenwechsel von medium auf hart in 4,0 sec., total 22,3 sec., Platz 3-9
Alonso:	20. Runde: Reifenwechsel von medium auf hart in total 21,5 sec., Platz 4-10
Kobayashi:	20. Runde: Reifenwechsel von medium auf hart in total 22,8 sec., Platz 10-16
Webber:	21. Runde: Reifenwechsel von medium auf hart in 3,7 sec., total 21,5 sec., Platz 4-14
Di Resta:	21. Runde: Reifenwechsel von medium auf hart in total 22,1 sec., Platz 7-15
Button:	22. Runde: Reifenwechsel von medium auf hart in 4,8 sec., total 23,3 sec., Platz 2-3
De la Rosa:	22. Runde: Reifenwechsel von medium auf hart in total 23,4 sec., Platz 22-23
Hamilton:	23. Runde: Reifenwechsel von medium auf hart in 2,7 sec., total 20,7 sec., Platz 1-2
Karthikeyan:	23. Runde: Reifenwechsel von medium auf hart in total 31,7 sec., Platz 20-23
Ricciardo:	24. Runde: Reifenwechsel von medium auf hart in total 21,7 sec., Platz 10-16
Senna:	24. Runde: Reifenwechsel von medium auf hart in total 22,9 sec., Platz 11-17
Hülkenberg:	27. Runde: Reifenwechsel von hart auf medium in total 22,7 sec., Platz 10-16
D'Ambrosio:	27. Runde: Reifenwechsel von hart auf medium in total 21,9 sec., Platz 17-19
Pérez:	29. Runde: Reifenwechsel von medium auf hart in 4,2 sec., total 22,4 sec., Platz 2-8
Glock:	32. Runde: 2. Stopp, Reifenwechsel von hart auf hart in total 22,5 sec., Platz 21-20
Vettel:	34. Runde: 2. Stopp, Drive-Through-Strafe wegen Abdrängens von Alonso, verliert total 15,0 sec., Platz 4-9
Maldonado:	35. Runde: 2. Stopp, Reifenwechsel von medium auf medium in total 21,8 sec., Platz 12-15
Pic:	35. Runde: 2. Stopp, Reifenwechsel von hart auf hart in total 22,0 sec., Platz 19
Schumacher:	37. Runde: 2. Stopp, Reifenwechsel von hart auf hart in total 22,3 sec., Platz 5-11
Rosberg:	38. Runde: 2. Stopp, Reifenwechsel von hart auf hart in 3,8 sec., total 21,8 sec., Platz 6-13
Kovalainen:	39. Runde: 2. Stopp, Reifenwechsel von hart auf medium in total 21,9 sec., Platz 18
Petrov:	40. Runde: 2. Stopp, Reifenwechsel von hart auf medium in total 22,8 sec., Platz 17-18

Ausfälle:

Vergne:	9. Runde: Dreher nach Bruch der Radaufhängung, Platz 16
Button:	33. Runde: Defekte Kraftstoffzufuhr, Platz 2
Vettel:	48. Runde: Defekte Lichtmaschine, Platz 6 (Platz 22 im Endergebnis)
Hülkenberg:	51. Runde: Bremsen, Platz 14 (Platz 21 im Endergebnis)
Webber:	52. Runde: Aufgabe wegen Vibrationen nach Dreher, Platz 14 (Platz 20 im Endergebnis)

Ergebnis:

1. Lewis Hamilton (England) McLaren-Mercedes	1.19:41,221 = 230,943 km/h	
2. Sergio Pérez (Mexiko) Sauber-Ferrari	1.19:45,577 = 230,733 km/h	4,356 zurück
3. Fernando Alonso (Spanien) Ferrari	1.20:01,815 = 229,953 km/h	20,594 zurück
4. Felipe Massa (Brasilien) Ferrari	1.20:10,888 = 229,519 km/h	29,667 zurück
5. Kimi Räikkönen (Finnland) Lotus-Renault	1.20:12,102 = 229,461 km/h	30,881 zurück
6. Michael Schumacher (Deutschland) Mercedes	1.20:12,480 = 229,443 km/h	31,259 zurück
7. Nico Rosberg (Deutschland) Mercedes	1.20:14,771 = 229,334 km/h	33,550 zurück
8. Paul Di Resta (Schottland) Force India-Mercedes	1.20:22,278 = 228,977 km/h	41,057 zurück
9. Kamui Kobayashi (Japan) Sauber-Ferrari	1.20:25,119 = 228,842 km/h	43,898 zurück
10. Bruno Senna (Brasilien) Williams-Renault	1.20:29,365 = 228,641 km/h	48,144 zurück
11. Pastor Maldonado (Venezuela) Williams-Renault	1.20:29,903 = 228,615 km/h	48,682 zurück
12. Daniel Ricciardo (Australien) Toro Rosso-Ferrari	1.20:31,537 = 228,538 km/h	50,316 zurück
13. Jérôme D'Ambrosio (Belgien) Lotus-Renault	1.20:57,082 = 227,336 km/h	75,861 zurück
14. Heikki Kovalainen (Finnland) Caterham-Renault	1.20:02,320 = 225,586 km/h	1 Runde zurück
15. Vitaly Petrov (Russland) Caterham-Renault	1.20:02,519 = 225,576 km/h	1 Runde zurück
16. Charles Pic (Frankreich) Marussia-Cosworth	1.20:13,440 = 225,065 km/h	1 Runde zurück
17. Timo Glock (Deutschland) Marussia-Cosworth	1.20:40,833 = 223,791 km/h	1 Runde zurück
18. Pedro de la Rosa (Spanien) HRT-Cosworth	1.20:52,865 = 223,236 km/h	1 Runde zurück
19. Narain Karthikeyan (Indien) HRT-Cosworth	1.21:07,733 = 222,554 km/h	1 Runde zurück
20. Mark Webber (Australien) Red Bull-Renault	1.18:00,259 = 227,013 km/h	Ausfall
21. Nico Hülkenberg (Deutschland) Force India-Mercedes	1.16:16,379 = 227,609 km/h	Ausfall
22. Sebastian Vettel (Deutschland) Red Bull-Renault	1.11:17,327 = 228,896 km/h	Ausfall

Vettel, Hülkenberg und **Webber** beenden nicht das Rennen, werden aber aufgrund der zurückgelegten Distanz gewertet

Schnellste Runde im Qualifying: Hamilton (McLaren-Mercedes): 1:24,010 = 248,241 km/h (erzielt in Phase 3)

Schnellste Runde im Rennen: Rosberg (Mercedes): 1:27,239 = 239,053 km/h

Höchstgeschwindigkeiten (Freitag, Training): 1. D'Ambrosio 345,4, 2. Räikkönen 343,0, 3. Button 342,3, 4. Hamilton 341,9, 5. Di Resta 341,7, 6. Hülkenberg 341,3, 7. De la Rosa 339,7, 8. Pérez 339,4, 9. Kobayashi 339,3, 10. Schumacher 338,7, 11. Rosberg 338,5, 12. Kovalainen 338,0, 13. Alonso 337,9, 14. Petrov 337,5, 15. Massa 337,3, 16. Ricciardo 336,7, 17. Vergne 336,5, 18. Pic 336,4, 19. Glock 335,8, 20. Karthikeyan 333,7, 21. Maldonado 333,5, 22. Senna 333,4, 23. Bottas 333,4, 24. Webber 329,2, 25. Qinghua 329,2, 26. Bianchi 329,1, 27. Vettel 328,9

Höchstgeschwindigkeiten (Samstag, Qualifying): 1. Räikkönen 342,7, 2. D'Ambrosio 342,4, 3. Button 342,3, 4. Hamilton 341,6, 5. Ricciardo 341,1, 6. Vergne 341,0, 7. Di Resta 340,4, 8. Pérez 340,2, 9. Kobayashi 339,8, 10. Schumacher 338,6, 11. Rosberg 338,5, 12. Alonso 338,1, 13. Massa 337,8, 14. Senna 336,7, 15. Maldonado 336,7, 16. Glock 336,4, 17. Pic 335,9, 18. Hülkenberg 335,8, 19. Kovalainen 334,2, 20. Petrov 334,0, 21. Webber 334,0, 22. Vettel 333,8, 23. Karthikeyan 333,5, 24. De la Rosa 333,3

Höchstgeschwindigkeiten (Sonntag): 1. Räikkönen 346,0, 2. D'Ambrosio 341,9, 3. Hülkenberg 341,2, 4. Di Resta 341,2, 5. Button 341,1, 6. Pérez 340,9, 7. Ricciardo 340,9, 8. Hamilton 340,8, 9. Kobayashi 340,3, 10. Rosberg 338,0, 11. Massa 337,9, 12. Schumacher 337,7, 13. Alonso 337,6, 14. Senna 337,3, 15. Maldonado 336,9, 16. Vergne 335,4, 17. Webber 334,3, 18. Petrov 334,1, 19. Vettel 334,1, 20. Kovalainen 334,1, 21. Karthikeyan 333,5, 22. De la Rosa 333,2, 23. Glock 331,3, 24. Pic 330,4

Schnellste Runde jedes Fahrers im Rennen: 1. Rosberg 1:27,239 (53.), 2. Pérez 1:27,562 (53.), 3. Schumacher 1:27,718 (51.), 4. Maldonado 1:28,053 (51.), 5. Hamilton 1:28,427 (52.), 6. Hülkenberg 1:28,578 (46.), 7. Ricciardo 1:28,621 (46.), 8. D'Ambrosio 1:28,677 (52.), 9. Vettel 1:28,713 (46.), 10. Senna 1:28,742 (52.), 11. Alonso 1:28,835 (44.), 12. Massa 1:28,914 (33.), 13. Button 1:28,926 (31.), 14. Kobayashi 1:29,032 (39.), 15. Petrov 1:29,066 (46.), 16. Di Resta 1:29,068 (51.), 17. Räikkönen 1:29,109 (52.), 18. Webber 1:29,202 (43.), 19. Kovalainen 1:29,399 (46.), 20. Pic 1:29,753 (44.), 21. Glock 1:29,888 (50.), 22. De la Rosa 1:30,398 (51.), 23. Karthikeyan 1:31,086 (44.), 24. Vergne 1:31,962 (6.)

WM-Stand: 1. Alonso 179, 2. Hamilton 142, 3. Räikkönen 141, 4. Vettel 140, 5. Webber 132, 6. Button 101, 7. Rosberg 83, 8. Grosjean 76, 9. Pérez 65, 10. Massa 47, 11. Schumacher 43, 12. Kobayashi 35, 13. Di Resta 32, 14. Hülkenberg 31, 15. Maldonado 29, 16. Senna 25, 17. Vergne 8, 18. Ricciardo 4

Konstrukteur-WM: 1. Red Bull-Renault 272, 2. McLaren-Mercedes 243, 3. Ferrari 226, 4. Lotus-Renault 217, 5. Mercedes 126, 6. Sauber-Ferrari 100, 7. Force India-Mercedes 63, 8. Williams-Renault 54, 9. Toro Rosso-Ferrari 12

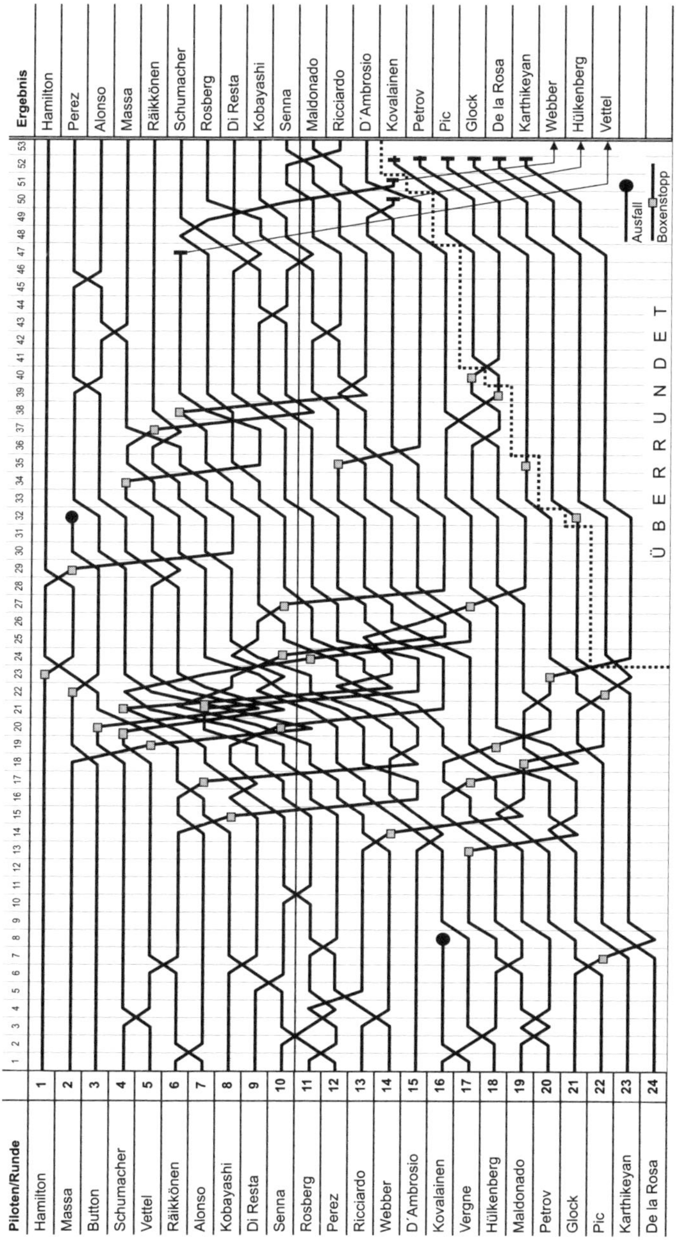
Piloten/Runde
Hamilton
Massa
Button
Schumacher
Vettel
Räikkönen
Alonso
Kobayashi
Di Resta
Senna
Rosberg
Perez
Ricciardo
Webber
D´Ambrosio
Kovalainen
Vergne
Hülkenberg
Maldonado
Petrov
Glock
Pic
Karthikeyan
De la Rosa
Ergebnis
Hamilton
Perez
Alonso
Massa
Räikkönen
Schumacher
Rosberg
Di Resta
Kobayashi
Senna
Maldonado
Ricciardo
D´Ambrosio
Kovalainen
Petrov
Pic
Glock
De la Rosa
Karthikeyan
Webber
Hülkenberg
Vettel
Ausfall
Boxenstopp
ÜBERRUNDET

Lauf 14 - Großer Preis von Singapur - Singapur, 23. September 2012

1. Training (Freitag Nachmittag): 1. Vettel 1:50,566, 2. Hamilton 1:50,615, 3. Button 1:51,459, 4. Alonso 1:51,525, 5. Maldonado 1:51,576, 6. Webber 1:51,655, 7. Hülkenberg 1:51,658, 8. Di Resta 1:51,943, 9. Ricciardo 1:52,275, 10. Pérez 1:52,296, 11. Senna 1:52,629, 12. Räikkönen 1:52,716, 13. Kobayashi 1:52,839, 14. Schumacher 1:52,986, 15. Grosjean 1:53,028, 16. Massa 1:53,080, 17. Vergne 1:53,189, 18. Rosberg 1:53,227, 19. Glock 1:54,908, 20. Kovalainen 1:55,091, 21. Pic 1:55,335, 22. Petrov 1:55,760, 23. De la Rosa 1:56,656, 24. Qinghua 1:58,053

2. Training (Freitag Abend): 1. Vettel 1:48,340, 2. Button 1:48,651, 3. Alonso 1:48,896, 4. Webber 1:48,964, 5. Hamilton 1:49,086, 6. Di Resta 1:49,300, 7. Hülkenberg 1:49,339, 8. Rosberg 1:49,790, 9. Massa 1:50,039, 10. Grosjean 1:50,161, 11. Schumacher 1:50,263, 12. Räikkönen 1:50,345, 13. Maldonado 1:50,636, 14. Ricciardo 1:50,791, 15. Pérez 1:51,122, 16. Kobayashi 1:51,450, 17. Senna 1:51,452, 18. Vergne 1:52,009, 19. Glock 1:52,218, 20. Kovalainen 1:52,576, 21. Pic 1:52,863, 22. Petrov 1:52,936, 23. De la Rosa 1:54,448, 24. Karthikeyan 1:54,514

3. Training (Samstag)		**Qualifying** (Samstag) **(1.Phase)**			**(2.Phase)**		**(3.Phase)**
1. Vettel	1:47,947	1. Grosjean	1:47,688	1. Hamilton	1:46,665	1. Hamilton	1:46,362
2. Hamilton	1:48,272	2. Di Resta	1:48,028	2. Vettel	1:46,791	2. Maldonado	1:46,804
3. Alonso	1:48,623	3. Räikkönen	1:48,169	3. Webber	1:47,513	3. Vettel	1:46,905
4. Hülkenberg	1:48,859	4. Vettel	1:48,240	4. Grosjean	1:47,529	4. Button	1:46,939
5. Räikkönen	1:48,865	5. Hamilton	1:48,285	5. Alonso	1:47,567	5. Alonso	1:47,216
6. Massa	1:49,458	6. Webber	1:48,717	6. Maldonado	1:47,602	6. Di Resta	1:47,241
7. Di Resta	1:49,684	7. Ricciardo	1:49,023	7. Button	1:47,661	7. Webber	1:47,475
8. Rosberg	1:49,699	8. Pérez	1:49,055	8. Di Resta	1:47,667	8. Grosjean	1:47,788
9. Senna	1:49,715	9. Button	1:49,381	9. Schumacher	1:47,823	9. Schumacher	-:--
10. Schumacher	1:49,981	10. Alonso	1:49,391	10. Rosberg	1:47,943	10. Rosberg	-:--
11. Webber	1:50,110	11. Rosberg	1:49,463	11. Hülkenberg	1:47,975		
12. Button	1:50,524	12. Maldonado	1:49,494	12. Räikkönen	1:48,261		
13. Ricciardo	1:50,664	13. Schumacher	1:49,546	13. Massa	1:48,344		
14. Kobayashi	1:50,777	14. Hülkenberg	1:49,547	14. Pérez	1:48,505		
15. Grosjean	1:50,840	15. Vergne	1:49,564	15. Ricciardo	1:48,774		
16. Maldonado	1:51,012	16. Massa	1:49,767	16. Vergne	1:48,849		
17. Vergne	1:51,059	17. Senna	1:49,809	17. Senna	-:--		
18. Pérez	1:51,272	18. Kobayashi	1:49,933				
19. Pic	1:52,290	19. Petrov	1:50,846				
20. Petrov	1:53,781	20. Kovalainen	1:51,137				
21. Kovalainen	1:54,326	21. Glock	1:51,370				
22. Karthikeyan	1:54,421	22. Pic	1:51,762				
23. Glock	1:54,630	23. Karthikeyan	1:52,372				
24. De la Rosa	1:54,875	24. De la Rosa	1:53,355				

Startaufstellung: Zuerst die Piloten 1 bis 10 aus der dritten Qualifying-Phase, danach die Piloten 11-17 aus der zweiten Qualifying-Phase, dahinter die Piloten 18-24 aus der ersten Qualifying-Phase - inklusive Strafversetzungen:

1. Lewis Hamilton
McLaren-Mercedes MP4/27 V8
1:46,362

2. Pastor Maldonado
Williams-Renault FW34 V8
1:46,804

3. Sebastian Vettel
Red Bull-Renault RB8 V8
1:46,905

4. Jenson Button
McLaren-Mercedes MP4/27 V8
1:46,939

5. Fernando Alonso
Ferrari F2012 V8
1:47,216

6. Paul di Resta
Force India-Mercedes VJM05 V8
1:47,241

7. Mark Webber
Red Bull-Renault RB8 V8
1:47,475

8. Romain Grosjean
Lotus-Renault E20 V8
1:47,788

9. Michael Schumacher
Mercedes F1 W03 V8
keine Zeit

10. Nico Rosberg
Mercedes F1 W03 V8
keine Zeit

11. Nico Hülkenberg
Force India-Mercedes VJM05 V8
1:47,975

12. Kimi Räikkönen
Lotus-Renault E20 V8
1:48,261

13. Felipe Massa
Ferrari F2012 V8
1:48,344

14. Sergio Pérez
Sauber-Ferrari C31 V8
1:48,505

15. Daniel Ricciardo
Toro Rosso-Ferrari STR7 V8
1:48,774

16. Jean-Eric Vergne
Toro Rosso-Ferrari STR7 V8
1:48,849

17. Kamui Kobayashi
Sauber-Ferrari C31 V8
1:49,933

18. Vitaly Petrov
Caterham-Renault CT01 V8
1:50,846

19. Heikki Kovalainen
Caterham-Renault CT01 V8
1:51,137

20. Timo Glock
Marussia-Cosworth MVR-03 V8
1:51,370

21. Charles Pic
Marussia-Cosworth MVR-03 V8
1:51,762

22. Bruno Senna
Williams-Renault FW34 V8
keine Zeit

23. Narain Karthikeyan
HRT-Cosworth HRT F112 V8
1:52,372

24. Pedro de la Rosa
HRT-Cosworth HRT F112 V8
1:53,355

De la Rosa und **Senna** werden nach Getriebewechsel um 5 Plätze nach hinten versetzt

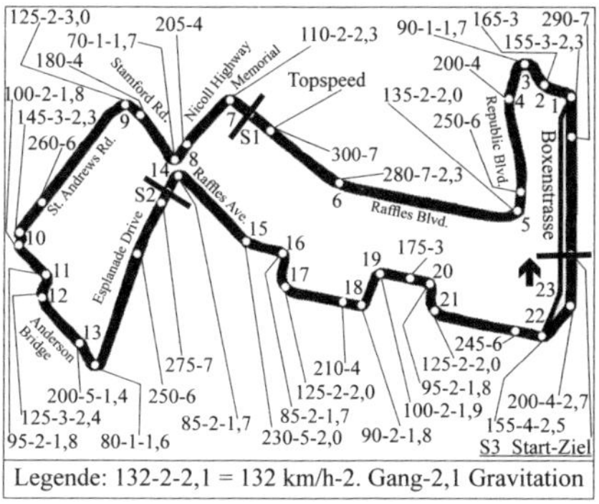

Wetter am Renntag: Nacht, heiss, trocken und schwül, 29°-28° Lufttemperatur, 30°-29° Asphalttemperatur, 67-68 % Luftfeuchtigkeit, 84.500 Zuschauer am Renntag

Distanz: 61 Runden à 5,073 km = 309,316 km (geplant)
Distanz: 59 Runden à 5,073 km = 299,170 km (effektiv)
Ziellinie 0,137 km hinter der Startlinie

Sieger 2011: Vettel (Red Bull-Renault),
1.59:06,757 = 155,810 km/h

Poleposition 2011: Vettel (Red Bull-Renault),
1:44,381 = 174,962 km/h

Schnellste Runde 2011: Button (McLaren-Mercedes),
1:48,454 = 168,392 km/h

Boxenstopps:

Petrov:	1. Runde: Neuer Flügel nach Kontakt mit Kovalainen und Reifenwechsel von superweich auf weich, verliert total 36,1 sec., Platz 23
Massa:	1. Runde: Reifenwechsel wegen Plattfuss von superweich auf weich, verliert total 31,9 sec., Platz 24
Webber:	8. Runde: Reifenwechsel von superweich auf weich in total 29,3 sec., Platz 9-19
Vettel:	10. Runde: Reifenwechsel von superweich auf weich in 3,0 sec., total 29,1 sec., Platz 4-10
Senna:	10. Runde: Reifenwechsel von superweich auf weich in total 30,3 sec., Platz 18-21
Alonso:	11. Runde: Reifenwechsel von superweich auf weich in 3,3 sec., total 29,5 sec., Platz 5-11
Schumacher:	11. Runde: Reifenwechsel von superweich auf weich in total 30,8 sec., Platz 13-18
Ricciardo:	11. Runde: Reifenwechsel von superweich auf weich in total 30,9 sec., Platz 17-21
Hamilton:	12. Runde: Reifenwechsel von superweich auf weich in 2,9 sec., total 29,1 sec., Platz 3-4
Di Resta:	12. Runde: Reifenwechsel von superweich auf weich in total 31,0 sec., Platz 5-10
Rosberg:	12. Runde: Reifenwechsel von superweich auf weich in total 29,5 sec., Platz 7-13
Vergne:	12. Runde: Reifenwechsel von weich auf weich in total 30,4 sec., Platz 12-18
Kovalainen:	12. Runde: Reifenwechsel von superweich auf weich in total 30,4 sec., Platz 16-22
Maldonado:	13. Runde: Reifenwechsel von superweich auf weich in 3,9 sec., total 30,2 sec., Platz 2-6
Räikkönen:	13. Runde: Reifenwechsel von superweich auf weich in 3,4 sec., total 29,6 sec., Platz 9-13
Glock:	13. Runde: Reifenwechsel von weich auf superweich in total 30,9 sec., Platz 17-24
Button:	14. Runde: Reifenwechsel von superweich auf weich in 3,8 sec., total 30,0 sec., Platz 1-3
Grosjean:	14. Runde: Reifenwechsel von superweich auf weich in 5,7 sec., total 32,0 sec., Platz 4-11
Kobayashi:	14. Runde: Reifenwechsel von weich auf weich in total 30,6 sec., Platz 14-22
Pic:	16. Runde: Reifenwechsel von weich auf weich in total 30,6 sec., Platz 18-24
Hülkenberg:	18. Runde: Reifenwechsel von weich auf weich in 3,8 sec., total 30,3 sec., Platz 10-14
Pérez:	18. Runde: Reifenwechsel von weich auf weich in 3,6 sec., total 30,0 sec., Platz 11-16
De la Rosa:	18. Runde: Reifenwechsel von weich auf superweich in total 33,0 sec., Platz 22-23
Petrov:	18. Runde: 2. Stopp, Reifenwechsel von weich auf superweich in total 30,3 sec., Platz 24
Massa:	19. Runde: 2. Stopp, Reifenwechsel von weich auf weich in total 29,4 sec., Platz 19-21
Karthikeyan:	19. Runde: Reifenwechsel von superweich auf weich in total 32,4 sec., Platz 22-24
Vergne:	24. Runde: 2. Stopp, Reifenwechsel von weich auf superweich in total 29,8 sec., Platz 13-16
Senna:	25. Runde: 2. Stopp, Reifenwechsel von weich auf superweich in total 30,8 sec., Platz 12-15
Glock:	25. Runde: 2. Stopp, Reifenwechsel von superweich auf weich in total 32,0 sec., Platz 20
Kovalainen:	26. Runde: 2. Stopp, Reifenwechsel von weich auf superweich in total 30,0 sec., Platz 16-18
Webber:	28. Runde: 2. Stopp, Reifenwechsel von weich auf superweich in 3,1 sec., total 29,3 sec., Platz 6-11
Maldonado:	29. Runde: 2. Stopp, Reifenwechsel von weich auf superweich in 4,2 sec., total 30,5 sec., Platz 3-6
Alonso:	29. Runde: 2. Stopp, Reifenwechsel von weich auf weich in 3,1 sec., total 29,1 sec., Platz 4-7
Kobayashi:	30. Runde: 2. Stopp, Reifenwechsel von weich auf superweich in total 30,8 sec., Platz 17-18
Petrov:	30. Runde: 3. Stopp, Reifenwechsel von superweich auf superweich in total 30,4 sec., Platz 21
De la Rosa:	30. Runde: 2. Stopp, Reifenwechsel von superweich auf weich in total 32,6 sec., Platz 23
Ricciardo:	31. Runde: 2. Stopp, Reifenwechsel von weich auf weich in total 29,7 sec., Platz 14-16
Räikkönen:	32. Runde: 2. Stopp, Reifenwechsel von weich auf weich in 3,2 sec., total 29,3 sec., Platz 11-14
Vettel:	33. Runde: 2. Stopp, Reifenwechsel von weich auf weich in 5,1 sec., total 31,1 sec., Platz 1
Button:	33. Runde: 2. Stopp, Reifenwechsel von weich auf weich in 3,6 sec., total 29,6 sec., Platz 2
Pic:	32. Runde: 2. Stopp, Reifenwechsel von weich auf superweich in total 30,8 sec., Platz 19-20
Di Resta:	33. Runde: 2. Stopp, Reifenwechsel von weich auf weich in total 30,0 sec., Platz 3-4
Rosberg:	33. Runde: 2. Stopp, Reifenwechsel von weich auf weich in total 29,6 sec., Platz 5-8
Grosjean:	33. Runde: 2. Stopp, Reifenwechsel von weich auf weich in total 31,7 sec., Platz 6-9
Maldonado:	33. Runde: 3. Stopp, Check des Hydraulik-Systems und Reifenwechsel von superweich auf weich in 4,7 sec., verliert total 30,9 sec., Platz 7-10
Schumacher:	33. Runde: 2. Stopp, Reifenwechsel von weich auf weich in 4,0 sec., total 30,3 sec., Platz 10-12
Senna:	33. Runde: 3. Stopp, Reifenwechsel von superweich auf weich in total 30,6 sec., Platz 13-15
Massa:	33. Runde: 3. Stopp, Reifenwechsel von weich auf superweich in total 29,4 sec., Platz 16-17

Webber:	40. Runde: 3. Stopp, Reifenwechsel von superweich auf weich in 3,1 sec., total 29,3 sec., Platz 11-15	
Hülkenberg:	40. Runde: 2. Stopp, Reifenwechsel von weich auf superweich in 4,5 sec., total 30,6 sec., Platz 12-16	
Pérez:	40. Runde: 2. Stopp, Reifenwechsel von weich auf superweich in total 30,2 sec., Platz 16-17	
Petrov:	40. Runde: 4. Stopp, Reifenwechsel von superweich auf weich in total 41,1 sec., Platz 18-19	
De la Rosa:	40. Runde: 3. Stopp, Reifenwechsel von weich auf superweich in total 44,1 sec., Platz 19-18	
Kovalainen:	45. Runde: 3. Stopp, Reifenwechsel von superweich auf superweich in total 30,2 sec., Platz 18	
Kobayashi:	50. Runde: 3. Stopp, Neuer Flügel nach Kontakt mit Hülkenberg und Reifenwechsel von superweich auf superweich, verliert total 36,1 sec., Platz 15-17	
Hülkenberg:	50. Runde: 3. Stopp, Nach Kontakt mit Kobayashi Reifenwechsel von superweich auf superweich, verliert total 34,6 sec., Platz 18	

Ausfälle:

Hamilton: 23. Runde: Getriebedefekt, Platz 1
Karthikeyan: 31. Runde: Dreher, Platz 22
Maldonado: 37. Runde: Hydraulikdefekt, Platz 15
Schumacher: 39. Runde: Kollision mit Vergne, Platz 11
Vergne: 39. Runde: Kollision mit Schumacher, Platz 10
Senna: 58. Runde: KERS-Defekt, Platz 14, (Platz 18 im Endergebnis)

Stand nach der 1. Runde:
1. Hamilton, 2. Vettel, 3. Button, 4. Maldonado, 5. Alonso, 6. Di Resta, 7. Webber, 8. Grosjean, 9. Rosberg, 10. Schumacher

Safety Car-Phase:
32. bis 37. Runde um das HRT-Cosworth-Wrack von Karthikeyan zu entfernen
39. bis 42. Runde um die Wrackteile nach der Kollision zwischen Schumacher und Vergne zu entfernen

Ergebnis:

1. Sebastian Vettel (Deutschland) Red Bull-Renault	2.00:26,144 = 149,043 km/h	
2. Jenson Button (England) McLaren-Mercedes	2.00:35,103 = 148,859 km/h	8,959 zurück
3. Fernando Alonso (Spanien) Ferrari	2.00:41,371 = 148,730 km/h	15,227 zurück
4. Paul di Resta (Schottland) Force India-Mercedes	2.00:45,207 = 148,651 km/h	19,063 zurück
5. Nico Rosberg (Deutschland) Mercedes	2.01:00,928 = 148,329 km/h	34,784 zurück
6. Kimi Räikkönen (Finnland) Lotus-Renault	2.01:01,903 = 148,309 km/h	35,759 zurück
7. Romain Grosjean (Frankreich) Lotus-Renault	2.01:02,842 = 148,290 km/h	36,698 zurück
8. Felipe Massa (Brasilien) Ferrari	2.01:08,973 = 148,165 km/h	42,829 zurück
9. Daniel Ricciardo (Australien) Toro Rosso-Ferrari	2.01:11,964 = 148,104 km/h	45,820 zurück
10. Sergio Pérez (Mexiko) Sauber-Ferrari	2.01:16,763 = 148,007 km/h	50,619 zurück
11. Mark Webber (Australien) Red Bull-Renault	2.01:33,319 = 147,671 km/h *	67,175 zurück*
12. Timo Glock (Deutschland) Marussia-Cosworth	2.01:58,062 = 147,171 km/h	91,918 zurück
13. Kamui Kobayashi (Japan) Sauber-Ferrari	2.02:03,285 = 147,066 km/h	97,141 zurück
14. Nico Hülkenberg (Deutschland) Force India-Mercedes	2.02:05,557 = 147,021 km/h	99,413 zurück
15. Heikki Kovalainen (Finnland) Caterham-Renault	2.02:14,111 = 146,849 km/h	107,967 zurück
16. Charles Pic (Frankreich) Marussia-Cosworth	2.02:39,069 = 146,351 km/h*	132,925 zurück*
17. Pedro de la Rosa (Spanien) HRT-Cosworth	2.00:29,571 = 146,447 km/h	1 Runde zurück
18. Bruno Senna (Brasilien) Williams-Renault	1.57:28,980 = 147,608 km/h	Ausfall
19. Vitaly Petrov (Russland) Caterham-Renault	2.00:59,121 = 143,335 km/h	2 Runden zurück

Senna beendet nicht das Rennen, wird aber aufgrund der zurückgelegten Distanz gewertet
Pic erhält im Nachhinen eine 20-sec.-Drive-Through-Strafe wegen Überholens im 3. Training unter roter Flagge
Webber erhält im Nachhinen eine 20-sec.-Drive-Through-Strafe wegen Abkürzens der Strecke, was einen Vorteil gebracht hat
Schumacher wird wegen Verursachens des Unfalls mit Vergne beim nächsten Rennen in der Startaufstellung um 10 Plätze nach hinten versetzt werden
*Inklusive der 20-Sekunden-Drive-Through-Strafe
Schnellste Runde im Qualifying: Hamilton (McLaren-Mercedes): 1:46,362 = 171,704 km/h (erzielt in Phase 3)
Schnellste Runde im Rennen: Hülkenberg (Force India-Mercedes): 1:51,033 = 164,480 km/h

Höchstgeschwindigkeiten (Freitag, Training): 1. Hülkenberg 295,1, 2. Hamilton 294,0, 3. Vettel 292,5, 4. Senna 291,4, 5. Di Resta 291,4, 6. Schumacher 290,7, 7. Button 290,2, 8. Maldonado 290,1, 9. Rosberg 289,6, 10. Alonso 288,9, 11. Webber 288,8, 12. Kobayashi 288,1, 13. Pérez 287,6, 14. Petrov 287,6, 15. Vergne 285,4, 16. Räikkönen 285,3, 17. Massa 285,0, 18. Kovalainen 285,0, 19. Karthikeyan 284,9, 20. Ricciardo 284,5, 21. Qinghua 283,9, 22. Pic 283,0, 23. De la Rosa 282,5, 24. Glock 282,4, 25. Grosjean 281,6

Höchstgeschwindigkeiten (Samstag, Qualifying): 1. Hamilton 301,9, 2. Button 301,6, 3. Vergne 301,3, 4. Di Resta 301,1, 5. Schumacher 300,6, 6. Senna 300,5, 7. Rosberg 300,4, 8. Maldonado 299,5, 9. Pérez 299,5, 10. Räikkönen 299,0, 11. Kobayashi 298,2, 12. Ricciardo 297,7, 13. Petrov 297,5, 14. Kovalainen 297,4, 15. Hülkenberg 296,9, 16. Grosjean 296,7, 17. Alonso 295,8, 18. Massa 295,7, 19. Pic 294,5, 20. Glock 293,8, 21. Vettel 293,3, 22. Webber 292,6, 23. De la Rosa 292,5, 24. Karthikeyan 292,2

Höchstgeschwindigkeiten (Sonntag): 1. Kobayashi 304,9, 2. Räikkönen 304,7, 3. Grosjean 302,3, 4. Senna 302,1, 5. Maldonado 300,1, 6. Pérez 300,0, 7. Ricciardo 300,0, 8. Petrov 298,2, 9. Vergne 298,0, 10. Button 297,1, 11. Hamilton 296,9, 12. Schumacher 296,7, 13. Hülkenberg 296,7, 14. Kovalainen 296,4, 15. Alonso 295,4, 16. Massa 295,1, 17. Webber 294,1, 18. Di Resta 293,8, 19. Vettel 293,8, 20. De la Rosa 292,8, 21. Glock 292,3, 22. Karthikeyan 292,1, 23. Pic 291,6, 24. Rosberg 289,6

Schnellste Runde jedes Fahrers im Rennen: 1. Hülkenberg 1:51,033 (52.), 2. Kobayashi 1:51,690 (52.), 3. Vettel 1:52,134 (50.), 4. Button 1:52,625 (47.), 5. Alonso 1:52,709 (53.), 6. Webber 1:52,778 (51.), 7. Di Resta 1:52,931 (54.), 8. Vergne 1:53,510 (28.), 9. Senna 1:53,610 (27.), 10. Pérez 1:53,726 (53.), 11. Räikkönen 1:53,785 (53.) 12. Rosberg 1:53,897 (55.), 13. Massa 1:53,997 (47.), 14. Grosjean 1:54,123 (56.), 15. Ricciardo 1:54,267 (53.), 16. Maldonado 1:55,120 (27.), 17. Petrov 1:55,140 (44.), 18. Kovalainen 1:55,233 (48.), 19. Hamilton 1:55,541 (14.), 20. Schumacher 1:56,047 (26.), 21. Glock 1:56,057 (30.), 22. Pic 1:56,486 (37.), 23. De la Rosa 1:57,671 (48.), 24. Karthikeyan 1:58,507 (26.)

WM-Stand: 1. Alonso 194, 2. Vettel 165, 3. Räikkönen 149, 4. Hamilton 142, 5. Webber 132, 6. Button 119, 7. Rosberg 93, 8. Grosjean 82, 9. Pérez 66, 10. Massa 51, 11. Di Resta 44, 12. Schumacher 43, 13. Kobayashi 35, 14. Hülkenberg 31, 15. Maldonado 29, 16. Senna 25, 17. Vergne 8, 18. Ricciardo 6

Konstrukteur-WM: 1. Red Bull-Renault 297, 2. McLaren-Mercedes 261, 3. Ferrari 245, 4. Lotus-Renault 231, 5. Mercedes 136, 6. Sauber-Ferrari 101, 7. Force India-Mercedes 75, 8. Williams-Renault 54, 9. Toro Rosso-Ferrari 14

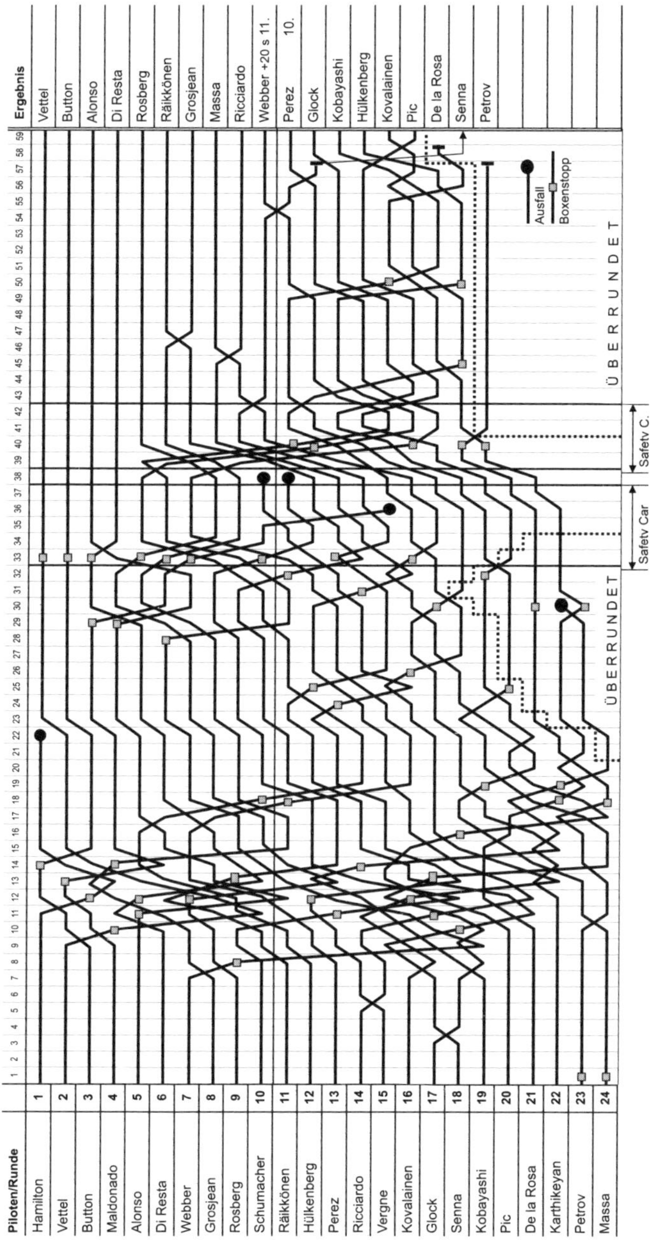

Piloten/Runde
1 Hamilton
2 Vettel
3 Button
4 Maldonado
5 Alonso
6 Di Resta
7 Webber
8 Grosjean
9 Rosberg
10 Schumacher
11 Räikkönen
12 Hülkenberg
13 Perez
14 Ricciardo
15 Vergne
16 Kovalainen
17 Glock
18 Senna
19 Kobayashi
20 Pic
21 De la Rosa
22 Karthikeyan
23 Petrov
24 Massa
1 2 3 4 5 6 7 8 9 10 11 12 13 14 15 16 17 18 19 20 21 22 23 24 25 26 27 28 29 30 31 32 33 34 35 36 37 38 39 40 41 42 43 44 45 46 47 48 49 50 51 52 53 54 55 56 57 58 59
Ergebnis
Vettel
Button
Alonso
Di Resta
Rosberg
Räikkönen
Grosjean
Massa
Ricciardo
Webber +20 s 11.
Perez 10.
Glock
Kobayashi
Hülkenberg
Kovalainen
Pic
De la Rosa
Senna
Petrov
ÜBERRUNDET
ÜBERRUNDET
Safety Car
Safety C.
Ausfall
Boxenstopp

Lauf 15 - Großer Preis von Japan - Suzuka, 7. Oktober 2012

1. Training (Freitag Vormittag): 1. Button 1:34,507, 2. Hamilton 1:34,740, 3. Webber 1:34,856, 4. Rosberg 1:35,059, 5. Schumacher 1:35,122, 6. Kobayashi 1:35,199, 7. Massa 1:35,283, 8. Di Resta 1:35,299, 9. Hülkenberg 1:35,474, 10. Maldonado 1:35,478, 11. Alonso 1:35,484, 12. Pérez 1:35,584, 13. Räikkönen 1:35,691, 14. Grosjean 1:35,724, 15. Ricciardo 1:36,123, 16. Vergne 1:36,222, 17. Vettel 1:36,366, 18. Bottas 1:36,389, 19. Glock 1:37,716, 20. Petrov 1:38,295, 21. Pic 1:38,616, 22. Karthikeyan 1:39,043, 23. Van der Garde 1:39,374, 24. de la Rosa 1:39,688

2. Training (Freitag Nachmittag): 1. Webber 1:32,493, 2. Hamilton 1:32,707, 3. Vettel 1:32,836, 4. Hülkenberg 1:32,987, 5. Alonso 1:33,093, 6. Grosjean 1:33,107, 7. Button 1:33,349, 8. Senna 1:33,499, 9. Massa 1:33,614, 10. Schumacher 1:33,750, 11. Rosberg 1:33,866, 12. Pérez 1:33,903, 13. Kobayashi 1:33,983, 14. Räikkönen 1:34,291, 15. Maldonado 1:34,300, 16. Ricciardo 1:34,863, 17. Vergne 1:35,080, 18. Kovalainen 1:35,711, 19. Petrov 1:35,870, 20. Glock 1:36,194, 21. Pic 1:36,636, 22. De la Rosa 1:37,342, 23. Karthikeyan 1:37,701, 24. Di Resta keine Zeit

3. Training (Samstag)		**Qualifying** (Samstag) **(1.Phase)**			**(2.Phase)**		**(3.Phase)**
1. Vettel	1:32,136	1. Grosjean	1:32,029	1. Vettel	1:31,501	1. Vettel	1:30,839
2. Webber	1:32,371	2. Kobayashi	1:32,042	2. Button	1:31,772	2. Webber	1:31,090
3. Massa	1:32,824	3. Pérez	1:32,147	3. Räikkönen	1:31,826	3. Button	1:31,290
4. Schumacher	1:32,918	4. Räikkönen	1:32,221	4. Alonso	1:31,833	4. Kobayashi	1:31,700
5. Pérez	1:32,920	5. Alonso	1:32,459	5. Kobayashi	1:31,886	5. Grosjean	1:31,898
6. Kobayashi	1:32,924	6. Vettel	1:32,608	6. Webber	1:31,950	6. Pérez	1:32,022
7. Grosjean	1:33,008	7. Hülkenberg	1:32,828	7. Grosjean	1:31,988	7. Alonso	1:32,114
8. Button	1:33,025	8. Maldonado	1:32,834	8. Hamilton	1:32,121	8. Räikkönen	1:32,208
9. Di Resta	1:33,094	9. Di Resta	1:32,898	9. Pérez	1:32,169	9. Hamilton	1:32,327
10. Maldonado	1:33,160	10. Massa	1:32,946	10. Hülkenberg	1:32,272	10. Hülkenberg	-:--
11. Alonso	1:33,184	11. Webber	1:32,951	11. Massa	1:32,293		
12. Räikkönen	1:33,224	12. Rosberg	1:33,015	12. Di Resta	1:32,327		
13. Hamilton	1:33,569	13. Ricciardo	1:33,059	13. Schumacher	1:32,469		
14. Vergne	1:33,722	14. Hamilton	1:33,061	14. Maldonado	1:32,512		
15. Rosberg	1:33,899	15. Button	1:33,077	15. Rosberg	1:32,625		
16. Senna	1:33,984	16. Schumacher	1:33,349	16. Ricciardo	1:32,954		
17. Ricciardo	1:34,023	17. Vergne	1:33,370	17. Vergne	1:33,368		
18. Hülkenberg	1:34,369	18. Senna	1:33,405				
19. Kovalainen	1:35,568	19. Kovalainen	1:34,657				
20. Petrov	1:36,355	20. Glock	1:35,213				
21. Glock	1:36,389	21. De la Rosa	1:35,385				
22. Pic	1:36,517	22. Pic	1:35,429				
23. Karthikeyan	1:36,649	23. Petrov	1:35,432				
24. De la Rosa	1:36,875	24. Karthikeyan	1:36,734				

Startaufstellung: Zuerst die Piloten 1 bis 10 aus der dritten Qualifying-Phase, danach die Piloten 11-17 aus der zweiten Qualifying-Phase, dahinter die Piloten 18-24 aus der ersten Qualifying-Phase - inklusive Strafversetzungen:

1. Sebastian Vettel
Red Bull-Renault RB8 V8
1:30,839

2. Mark Webber
Red Bull-Renault RB8 V8
1:31,090

3. Kamui Kobayashi
Sauber-Ferrari C31 V8
1:31,700

4. Romain Grosjean
Lotus-Renault E20 V8
1:31,898

5. Sergio Pérez
Sauber-Ferrari C31 V8
1:32,022

6. Fernando Alonso
Ferrari F2012 V8
1:32,114

7. Kimi Räikkönen
Lotus-Renault E20 V8
1:32,208

8. Jenson Button
McLaren-Mercedes MP4/27 V8
1:31,290

9. Lewis Hamilton
McLaren-Mercedes MP4/27 V8
1:32,327

10. Felipe Massa
Ferrari F2012 V8
1:32,293

11. Paul di Resta
Force India-Mercedes VJM05 V8
1:32,327

12. Pastor Maldonado
Williams-Renault FW34 V8
1:32,512

13. Nico Rosberg
Mercedes F1 W03 V8
1:32,625

14. Daniel Ricciardo
Toro Rosso-Ferrari STR7 V8
1:32,954

15. Nico Hülkenberg
Force India-Mercedes VJM05 V8
keine Zeit

16. Bruno Senna
Williams-Renault FW34 V8
1:33,405

17. Heikki Kovalainen
Caterham-Renault CT01 V8
1:34,657

18. Timo Glock
Marussia-Cosworth MVR-03 V8
1:35,213

19. Jean-Eric Vergne
Toro Rosso-Ferrari STR7 V8
1:33,368

20. Pedro de la Rosa
HRT-Cosworth HRT F112 V8
1:35,385

21. Charles Pic
Marussia-Cosworth MVR-03 V8
1:35,429

22. Vitaly Petrov
Caterham-Renault CT01 V8
1:35,432

23. Michael Schumacher
Mercedes F1 W03 V8
1:32,469

24. Narain Karthikeyan
HRT-Cosworth HRT F112 V8
1:36,734

Button und **Hülkenberg** werden nach Getriebewechsel um 5 Plätze nach hinten versetzt
Schumacher wird wegen Verursachens des Unfalls mit Vergne beim letzten Rennen in der Startaufstellung um 10 Plätze nach hinten versetzt
Vergne wird wegen Blockierens von Senna in Qualifying-Phase 1 um 3 Plätze nach hinten versetzt

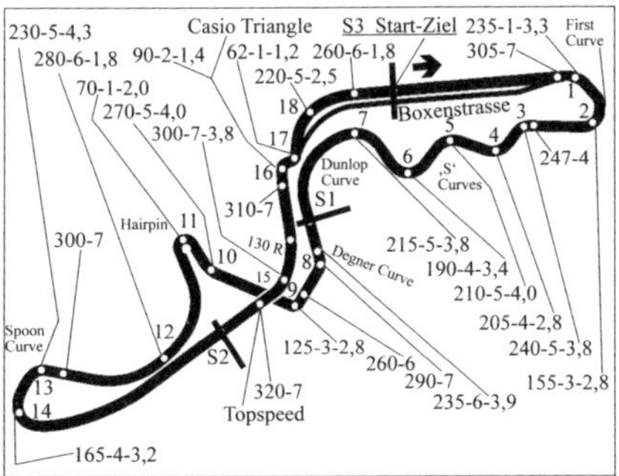

Legende: 132-2-2,1 = 132 km/h-2. Gang-2,1 Gravitation

Wetter am Renntag: Sonnig, trocken und warm, 23° Lufttemperatur, 32° Asphalttemperatur, 52 % Luftfeuchtigkeit, 103.000 Zuschauer am Renntag

Distanz: 53 Runden à 5,807 km = 307,471 km
Ziellinie 0,300 km hinter der Startlinie

Sieger 2011: Button (McLaren-Mercedes),
1.30:53,427 = 202,972 km/h

Poleposition 2011: Vettel (Red Bull-Renault),
1:30,466 = 231,083 km/h

Schnellste Runde 2011: Button (McLaren-Mercedes),
1:36,568 = 216,481 km/h

Boxenstopps:

Grosjean: 1. Runde: Neuer Flügel nach Kontakt mit Webber und Reifenwechsel von weich auf hart, verliert total 32,3 sec., Platz 12-20
Senna: 1. Runde: Neuer Flügel nach Kollision mit Rosberg und Reifenwechsel von weich auf hart, verliert total 27,0 sec., Platz 21
Webber: 1. Runde: Neuer Flügel nach Kontakt mit Grosjean und Reifenwechsel von weich auf hart, verliert total 32,4 sec., Platz 22
Grosjean: 7. Runde: 2. Stopp, 10 sec.-Stop-and-Go-Strafe wegen Verursachens einer Kollision mit Webber, verliert total 29,7 sec., Platz 19-22
Button: 13. Runde: Reifenwechsel von weich auf hart in total 20,2 sec., Platz 4-8
Räikkönen: 13. Runde: Reifenwechsel von weich auf hart in 3,4 sec., total 20,9 sec., Platz 6-11
Hülkenberg: 13. Runde: Reifenwechsel von weich auf hart in total 21,0 sec., Platz 8-13
Di Resta: 13. Runde: Reifenwechsel von weich auf hart in total 21,0 sec., Platz 14-17
Kobayashi: 14. Runde: Reifenwechsel von weich auf hart in 3,5 sec., total 20,7 sec., Platz 2-7
Pic: 14. Runde: Reifenwechsel von hart auf weich in total 21,3 sec., Platz 22
Pérez: 15. Runde: Reifenwechsel von weich auf hart in 3,7 sec., total 21,2 sec., Platz 4-9
Karthikeyan: 15. Runde: Reifenwechsel von weich auf weich in total 23,2 sec., Platz 21-22
Hamilton: 16. Runde: Reifenwechsel von weich auf hart in total 21,1 sec., Platz 3-7
Maldonado: 16. Runde: Reifenwechsel Reifenwechsel von weich auf weich in total 21,3 sec., Platz 4-12
Senna: 16. Runde: 2. Stopp, Reifenwechsel von hart auf hart in total 21,5 sec., Platz 14-17
Vettel: 17. Runde: Reifenwechsel von weich auf hart in 3,0 sec., total 20,5 sec., Platz 1
Massa: 17. Runde: Reifenwechsel von weich auf hart in 3,4 sec., total 20,9 sec., Platz 2
Ricciardo: 17. Runde: Reifenwechsel von weich auf weich in total 21,9 sec., Platz 5-13
Schumacher: 17. Runde: Reifenwechsel von hart auf weich in total 20,6 sec., Platz 13-16
De la Rosa: 17. Runde: Reifenwechsel von weich auf weich in total 26,2 sec., Platz 20-22
Kovalainen: 18. Runde: Reifenwechsel von weich auf hart in total 22,8 sec., Platz 10-15
Vergne: 18. Runde: Reifenwechsel von hart auf weich in total 22,5 sec., Platz 12-17
Petrov: 19. Runde: Reifenwechsel von weich auf hart in total 21,3 sec., Platz 18-19
Glock: 20. Runde: Reifenwechsel von weich auf hart in total 20,6 sec., Platz 12-17
Senna: 21. Runde: 3. Stopp, Drive-Through-Strafe wegen Verursachens einer Kollision mit Rosberg, verliert total 14,6 sec., Platz 13-15
Grosjean: 22. Runde: 3. Stopp, Reifenwechsel von hart auf hart in total 21,1 sec., Platz 16-18
Webber: 26. Runde: 2. Stopp, Reifenwechsel von hart auf hart in 3,2 sec., total 20,6 sec., Platz 10-12
Räikkönen: 30. Runde: 2. Stopp, Reifenwechsel von hart auf hart in 3,7 sec., total 21,2 sec., Platz 6-9
Kobayashi: 31. Runde: 2. Stopp, Reifenwechsel von hart auf hart in 3,5 sec., total 20,7 sec., Platz 4-5
Hamilton: 31. Runde: 2. Stopp, Reifenwechsel von hart auf hart in 2,6 sec., total 19,7 sec., Platz 5-7
Hülkenberg: 31. Runde: 2. Stopp, Reifenwechsel von hart auf hart in total 21,6 sec., Platz 6-9
Pic: 31. Runde: 2. Stopp, (Übersieht die Garage bei der Einfahrt) Reifenwechsel von weich auf hart , verliert total 42,5 sec., Platz 19-21
Di Resta: 32. Runde: 2. Stopp, Reifenwechsel von hart auf hart in total 21,3 sec., Platz 12-14
Maldonado: 33. Runde: 2. Stopp, Reifenwechsel von weich auf hart in total 21,1 sec., Platz 4-8
Ricciardo: 34. Runde: 2. Stopp, Reifenwechsel von weich auf hart in total 21,5 sec., Platz 6-11
Senna: 34. Runde: 4. Stopp, Reifenwechsel von hart auf weich in total 21,5 sec., Platz 13-16
Button: 35. Runde: 2. Stopp, Reifenwechsel von hart auf hart in 3,8 sec., total 21,0 sec., Platz 3-4
Vergne: 35. Runde: 2. Stopp, Reifenwechsel von weich auf weich in total 21,4 sec., Platz 12-13
Massa: 36. Runde: 2. Stopp, Reifenwechsel von hart auf hart in 3,2 sec., total 20,7 sec., Platz 2
Schumacher: 36. Runde: 2. Stopp, Reifenwechsel von weich auf weich in total 20,3 sec., Platz 9-11
Vettel: 37. Runde: 2. Stopp, Reifenwechsel von hart auf hart in 2,6 sec., total 20,3 sec., Platz 1
De la Rosa: 36. Runde: 2. Stopp, Reifenwechsel von weich auf hart in total 22,4 sec., Platz 19
Glock: 40. Runde: 2. Stopp, Reifenwechsel von hart auf hart in total 21,5 sec., Platz 17
Kovalainen: 41. Runde: 2. Stopp, Reifenwechsel von hart auf hart in total 22,6 sec., Platz 16

Petrov: 42. Runde: 2. Stopp, Reifenwechsel von hart auf weich in total 21,3 sec., Platz 18
Petrov: 48. Runde: 3. Stopp, Drive-Through-Strafe wegen Ignorierens der blauen Flaggen, verliert total 14,2 sec., Platz 18

Ausfälle:

Rosberg: 1. Runde: Kollision mit Senna, Platz 13 (in der Startaufstellung)
Alonso: 1. Runde: Kollision mit Räikkönen, Platz 6 (in der Startaufstellung)
Pérez: 19. Runde: Dreher, Platz 7
Karthikeyan: 33. Runde: Stopp aus Vorsicht wegen eines defekten Unterbodens, Platz 20
Pic: 38. Runde: Motorproblem, Platz 20
Grosjean: 52. Runde: Stopp aus Vorsicht wegen defekter Reifen, Platz 15, (Platz 19 im Endergebnis)

Stand nach der 1. Runde:

1. Vettel, 2. Kobayashi, 3. Button, 4. Massa, 5. Räikkönen, 6. Pérez, 7. Hamilton, 8. Hülkenberg, 9. Maldonado, 10. Ricciardo

Safety Car-Phase:

1. bis 2. Runde um Wrackteile von der Fahrbahn nach dem Startunfall zu entfernen

Ergebnis:

1. Sebastian Vettel (Deutschland) Red Bull-Renault	1.28:56,242 = 207,429 km/h	
2. Felipe Massa (Brasilien) Ferrari	1.29:16,881 = 206,630 km/h	20,639 zurück
3. Kamui Kobayashi (Japan) Sauber-Ferrari	1.29:20,780 = 206,480 km/h	24,538 zurück
4. Jenson Button (England) McLaren-Mercedes	1.29:21,340 = 206,458 km/h	25,098 zurück
5. Lewis Hamilton (England) McLaren-Mercedes	1.29:42,732 = 205,638 km/h	46,490 zurück
6. Kimi Räikkönen (Finnland) Lotus-Renault	1.29:46,666 = 205,488 km/h	50,424 zurück
7. Nico Hülkenberg (Deutschland) Force India-Mercedes	1.29:47,401 = 205,460 km/h	51,159 zurück
8. Pastor Maldonado (Venezuela) Williams-Renault	1.29:48,606 = 205,414 km/h	52,364 zurück
9. Mark Webber (Australien) Red Bull-Renault	1.29:50,917 = 205,326 km/h	54,675 zurück
10. Daniel Ricciardo (Australien) Toro Rosso-Ferrari	1.30:03,161 = 204,860 km/h	66,919 zurück
11. Michael Schumacher (Deutschland) Mercedes	1.30:04,011 = 204,828 km/h	67,769 zurück
12. Paul Di Resta (Schottland) Force India-Mercedes	1.30:19,702 = 204,235 km/h	83,460 zurück
13. Jean-Eric Vergne (Frankreich) Toro Rosso-Ferrari	1.30:24,887 = 204,040 km/h	88,645 zurück
14. Bruno Senna (Brasilien) Williams-Renault	1.30:24,951 = 204,037 km/h	88,709 zurück
15. Heikki Kovalainen (Finnland) Caterham-Renault	1.29:36,107 = 202,003 km/h	1 Runde zurück
16. Timo Glock (Deutschland) Marussia-Cosworth	1.29:44,644 = 201,682 km/h	1 Runde zurück
17. Vitaly Petrov (Russland) Caterham-Renault	1.30:25,365 = 200,169 km/h	1 Runde zurück
18. Pedro de la Rosa (Spanien) HRT-Cosworth	1.30:31,354 = 199,948 km/h	1 Runde zurück
19. Romain Grosjean (Frankreich) Lotus-Renault	1.27:33,328 = 202,744 km/h	Ausfall

Grosjean beendet nicht das Rennen, wird aber aufgrund der zurückgelegten Distanz gewertet

Schnellste Runde im Qualifying: Vettel (Red Bull-Renault): 1:30,839 = 230,134 km/h (erzielt in Phase 3)

Schnellste Runde im Rennen: Vettel (Red Bull-Renault): 1:35,774 = 218,276 km/h

Höchstgeschwindigkeiten (Freitag, Training): 1. Schumacher 312,5, 2. Button 311,4, 3. Ricciardo 309,3, 4. Alonso 309,2, 5. Hamilton 308,3, 6. Grosjean 307,6, 7. Vettel 307,3, 8. Glock 307,3, 9. Pérez 307,2, 10. Rosberg 306,6, 11. Vergne 306,2, 12. Webber 305,8, 13. Räikkönen 305,6, 14. Massa 305,2, 15. Hülkenberg 305,0, 16. Di Resta 305,0, 17. Senna 304,6, 18. Maldonado 304,4, 19. Petrov 303,4, 20. Kobayashi 303,3, 21. Pic 301,9, 22. Bottas 301,9, 23. Kovalainen 301,2, 24. De la Rosa 297,5, 25. Karthikeyan 293,4, 26. Van der Garde 288,3

Höchstgeschwindigkeiten (Samstag, Qualifying): 1. Grosjean 315,9, 2. Hamilton 315,1, 3. Button 314,5, 4. Kobayashi 314,4, 5. Räikkönen 314,1, 6. Rosberg 312,5, 7. Webber 312,5, 8. Kovalainen 311,8, 9. Vettel 311,5, 10. De la Rosa 311,1, 11. Karthikeyan 311,1, 12. Alonso 310,9, 13. Ricciardo 310,9, 14. Massa 310,7, 15. Schumacher 310,7, 16. Senna 310,5, 17. Vergne 310,3, 18. Maldonado 309,7, 19. Pérez 309,7, 20. Di Resta 309,3, 21. Hülkenberg 308,0, 22. Petrov 306,4, 23. Glock 305,6, 24. Pic 304,3

Höchstgeschwindigkeiten (Sonntag): 1. Grosjean 312,3, 2. Senna 309,9, 3. Maldonado 308,0, 4. Di Resta 306,5, 5. Webber 305,4, 6. Vergne 305,4, 7. Schumacher 305,2, 8. Button 304,9, 9. Massa 304,7, 10. De la Rosa 302,4, 11. Hülkenberg 302,2, 12. Räikkönen 302,0, 13. Ricciardo 301,0, 14. Kovalainen 300,9, 15. Karthikeyan 300,0, 16. Vettel 299,2, 17. Pérez 299,1, 18. Kobayashi 299,0, 19. Hamilton 298,5, 20. Petrov 297,6, 21. Pic 297,6, 22. Glock 297,5

Schnellste Runde jedes Fahrers im Rennen: 1. Vettel 1:35,774 (52.), 2. Button 1:36,606 (51.), 3. Kobayashi 1:36,679 (52.), 4. Senna 1:36,819 (44.), 5. Massa 1:36,894 (50.), 6. Schumacher 1:36,942 (43.), 7. Webber 1:37,128 (49.), 8. Ricciardo 1:37,455 (50.), 9. Vergne 1:37,533 (39.), 10. Di Resta 1:37,535 (48.), 11. Hamilton 1:37,760 (45.), 12. Maldonado 1:37,771 (45.), 13. Räikkönen 1:37,886 (49.), 14. Hülkenberg 1:37,938 (46.), 15. Kovalainen 1:38,043 (52.), 16. Grosjean 1:38,277 (32.), 17. Petrov 1:38,344 (47.), 18. Glock 1:38,756 (48.), 19. Pérez 1:38,983 (17.), 20. De la Rosa 1:39,351 (50.), 21. Pic 1:40,493 (34.), 22. Karthikeyan 1:41,388 (21.)

WM-Stand: 1. Alonso 194, 2. Vettel 190, 3. Räikkönen 157, 4. Hamilton 152, 5. Webber 134, 6. Button 131, 7. Rosberg 93, 8. Grosjean 82, 9. Massa 69, 10. Pérez 66, 11. Kobayashi 50, 12. Di Resta 44, 13. Schumacher 43, 14. Hülkenberg 37, 15. Maldonado 33, 16. Senna 25, 17. Vergne 8, 18. Ricciardo 7

Konstrukteur-WM: 1. Red Bull-Renault 324, 2. McLaren-Mercedes 283, 3. Ferrari 263, 4. Lotus-Renault 239, 5. Mercedes 136, 6. Sauber-Ferrari 116, 7. Force India-Mercedes 81, 8. Williams-Renault 58, 9. Toro Rosso-Ferrari 15

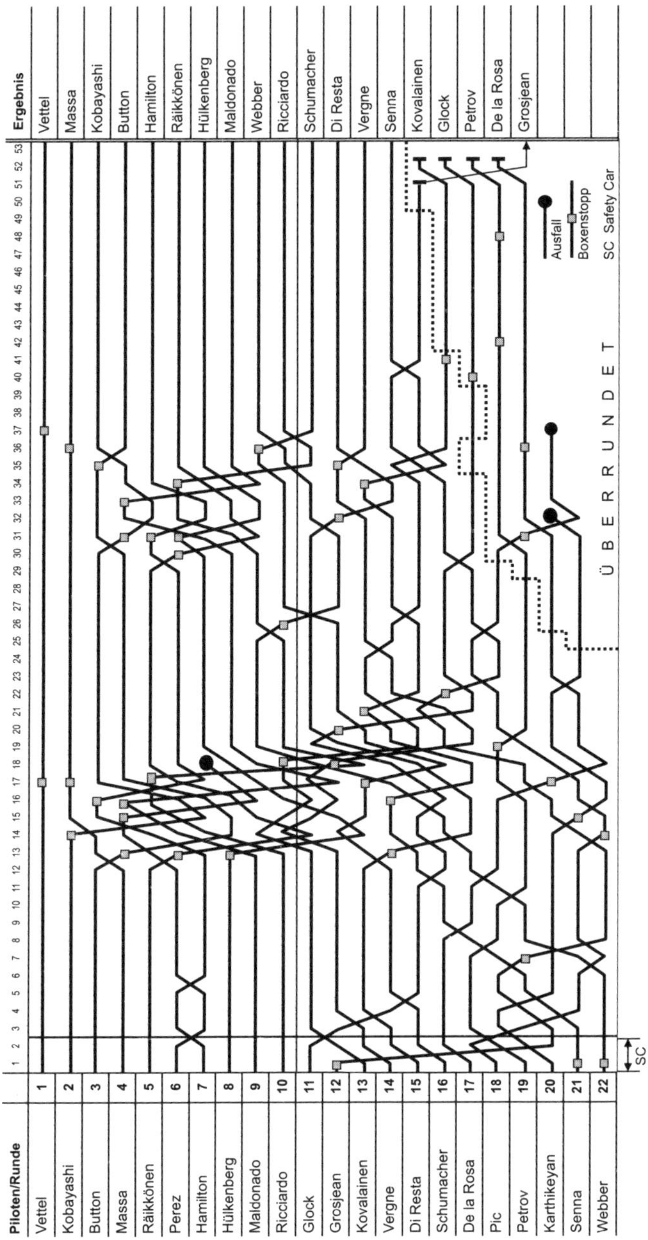
Piloten/Runde
Vettel
Kobayashi
Button
Massa
Räikkönen
Perez
Hamilton
Hülkenberg
Maldonado
Ricciardo
Glock
Grosjean
Kovalainen
Vergne
Di Resta
Schumacher
De la Rosa
Pic
Petrov
Karthikeyan
Senna
Webber
Ergebnis
Vettel
Massa
Kobayashi
Button
Hamilton
Räikkönen
Hülkenberg
Maldonado
Webber
Ricciardo
Schumacher
Di Resta
Vergne
Senna
Kovalainen
Glock
Petrov
De la Rosa
Grosjean
Ausfall
Boxenstopp
SC Safety Car
Ü B E R R U N D E T
SC

Lauf 16 - Großer Preis von Südkorea - Yeongam, 14. Oktober 2012

1. Training (Freitag Vormittag): 1. Hamilton 1:39,148, 2. Alonso 1:39,450, 3. Webber 1:39,575, 4. Massa 1:39,854, 5. Vettel 1:40,088, 6. Schumacher 1:40,221, 7. Rosberg 1:40,396, 8. Grosjean 1:40,422, 9. Di Resta 1:40,440, 10. Button 1:40,480, 11. Räikkönen 1:40,929, 12. Maldonado 1:41,048, 13. Bianchi 1:41,140, 14. Kobayashi 1:41,220, 15. Pérez 1:41,514, 16. Ricciardo 1:41,596, 17. Vergne 1:42,021, 18. Bottas 1:42,027, 19. Kovalainen 1:42,104, 20. Glock 1:42,175, 21. Pic 1:42,706, 22. Van der Garde 1:42,820, 23. De la Rosa 1:44,517, 24. Clos 1:45,735

2. Training (Freitag Nachmittag): 1. Vettel 1:38,832, 2. Webber 1:38,864, 3. Alonso 1:39,160, 4. Button 1:39,219, 5. Schumacher 1:39,330, 6. Massa 1:39,422, 7. Rosberg 1:39,584, 8. Hamilton 1:39,717, 9. Hülkenberg 1:39,739, 10. Räikkönen 1:39,839, 11. Grosjean 1:39,957, 12. Senna 1:40,089, 13. Di Resta 1:40,112, 14. Kobayashi 1:40,445, 15. Pérez 1:40,745, 16. Vergne 1:40,789, 17. Ricciardo 1:40,997, 18. Maldonado 1:41,200, 19. Kovalainen 1:41,602, 20. Glock 1:42,596, 21. Pic 1:43,066, 22. Petrov 1:43,067, 23. Karthikeyan 1:43,869, 24. De la Rosa 1:44,533

3. Training (Samstag)		**Qualifying** (Samstag) (**1.Phase**)			**(2.Phase)**		**(3.Phase)**
1. Vettel	1:37,642	1. Vettel	1:38,208	1. Vettel	1:37,767	1. Webber	1:37,242
2. Hamilton	1:38,169	2. Webber	1:38,397	2. Alonso	1:37,987	2. Vettel	1:37,316
3. Button	1:38,511	3. Button	1:38,615	3. Hamilton	1:38,000	3. Hamilton	1:37,469
4. Grosjean	1:38,582	4. Pérez	1:38,630	4. Webber	1:38,220	4. Alonso	1:37,534
5. Räikkönen	1:38,666	5. Kobayashi	1:38,719	5. Räikkönen	1:38,227	5. Räikkönen	1:37,625
6. Alonso	1:38,705	6. Vergne	1:38,744	6. Massa	1:38,253	6. Massa	1:37,884
7. Webber	1:38,766	7. Ricciardo	1:38,784	7. Grosjean	1:38,275	7. Grosjean	1:37,934
8. Massa	1:38,791	8. Schumacher	1:38,808	8. Rosberg	1:38,417	8. Hülkenberg	1:38,266
9. Maldonado	1:38,833	9. Grosjean	1:38,863	9. Hülkenberg	1:38,428	9. Rosberg	1:38,361
10. Hülkenberg	1:38,932	10. Räikkönen	1:38,887	10. Schumacher	1:38,436	10. Schumacher	1:38,513
11. Pérez	1:38,954	11. Massa	1:38,937	11. Button	1:38,441		
12. Rosberg	1:39,010	12. Di Resta	1:38,942	12. Pérez	1:38,460		
13. Schumacher	1:39,150	13. Hülkenberg	1:38,981	13. Kobayashi	1:38,594		
14. Di Resta	1:39,156	14. Rosberg	1:38,999	14. Di Resta	1:38,643		
15. Kobayashi	1:39,345	15. Maldonado	1:39,024	15. Maldonado	1:38,725		
16. Vergne	1:39,448	16. Alonso	1:39,144	16. Ricciardo	1:39,084		
17. Ricciardo	1:39,537	17. Hamilton	1:39,180	17. Vergne	1:39,340		
18. Senna	1:39,706	18. Senna	1:39,443				
19. Petrov	1:41,114	19. Petrov	1:40,207				
20. Kovalainen	1:41,437	20. Kovalainen	1:40,333				
21. Pic	1:41,684	21. Pic	1:41,317				
22. Glock	1:42,062	22. Glock	1:41,371				
23. Karthikeyan	1:42,845	23. De la Rosa	1:42,881				
24. De la Rosa	1:42,882	24. Karthikeyan	-:--				

Startaufstellung: Zuerst die Piloten 1 bis 10 aus der dritten Qualifying-Phase, danach die Piloten 11-17 aus der zweiten Qualifying-Phase, dahinter die Piloten 18-24 aus der ersten Qualifying-Phase - inklusive Strafversetzungen:

1. Mark Webber
Red Bull-Renault RB8 V8
1:37,242

2. Sebastian Vettel
Red Bull-Renault RB8 V8
1:37,316

3. Lewis Hamilton
McLaren-Mercedes MP4/27 V8
1:37,469

4. Fernando Alonso
Ferrari F2012 V8
1:37,534

5. Kimi Räikkönen
Lotus-Renault E20 V8
1:37,625

6. Felipe Massa
Ferrari F2012 V8
1:37,884

7. Romain Grosjean
Lotus-Renault E20 V8
1:37,934

8. Nico Hülkenberg
Force India-Mercedes VJM05 V8
1:38,266

9. Nico Rosberg
Mercedes F1 W03 V8
1:38,361

10. Michael Schumacher
Mercedes F1 W03 V8
1:38,513

11. Jenson Button
McLaren-Mercedes MP4/27 V8
1:38,441

12. Sergio Pérez
Sauber-Ferrari C31 V8
1:38,460

13. Kamui Kobayashi
Sauber-Ferrari C31 V8
1:38,594

14. Paul di Resta
Force India-Mercedes VJM05 V8
1:38,643

15. Pastor Maldonado
Williams-Renault FW34 V8
1:38,725

16. Jean-Eric Vergne
Toro Rosso-Ferrari STR7 V8
1:39,340

17. Bruno Senna
Williams-Renault FW34 V8
1:39,443

18. Vitaly Petrov
Caterham-Renault CT01 V8
1:40,207

19. Heikki Kovalainen
Caterham-Renault CT01 V8
1:40,333

20. Timo Glock
Marussia-Cosworth MVR-03 V8
1:41,371

21. Daniel Ricciardo
Toro Rosso-Ferrari STR7 V8
1:39,084

22. Pedro de la Rosa
HRT-Cosworth HRT F112 V8
1:42,881

23. Narain Karthikeyan
HRT-Cosworth HRT F112 V8
keine Zeit

24. Charles Pic
Marussia-Cosworth MVR-03 V8
1:41,317

Pic wird nach Motorwechsel um 10 Plätze nach hinten versetzt
Ricciardo wird nach Getriebewechsel um 5 Plätze nach hinten versetzt

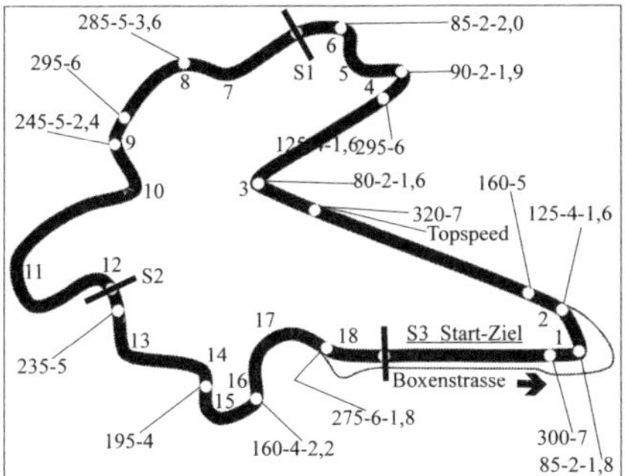

Legende: 132-2-2,1 = 132 km/h-2. Gang-2,1 Gravitation

Wetter am Renntag: Sonnig, trocken und warm, 21° Lufttemperatur, 27°-23° Asphalttemperatur, 66-68 % Luftfeuchtigkeit, 86.200 Zuschauer am Renntag

Distanz: 55 Runden à 5,615 km = 308,630 km
Ziellinie 0,195 km hinter der Startlinie

Sieger 2011: Vettel (Red Bull-Renault), 1.38:01,994 = 188,893 km/h

Poleposition 2011: Hamilton (McLaren-Mercedes), 1:35,820 = 210,958 km/h

Schnellste Runde 2011: Vettel (Red Bull-Renault), 1:39,605 = 202,941 km/h

Boxenstopps:

Kobayashi: 1. Runde: Reifenwechsel wegen Reifenplattens nach Kontakt mit Button von weich auf weich, verliert total 33,0 sec., Platz 23
Kobayashi: 7. Runde: 2. Stopp, Drive-Through-Strafe wegen Verursachens einer Kollision mit Button, verliert total 13,9 sec., Platz 22
Hamilton: 13. Runde: Reifenwechsel von superweich auf weich in 3,0 sec., total 19,6 sec., Platz 6-7
Hülkenberg: 13. Runde: Reifenwechsel von superweich auf weich in total 22,1 sec., Platz 8-12
Grosjean: 13. Runde: Reifenwechsel von superweich auf weich in total 21,6 sec., Platz 9-13
Schumacher: 13. Runde: Reifenwechsel von superweich auf weich in total 20,0 sec., Platz 13-14
Vergne: 13. Runde: Reifenwechsel von weich auf weich in total 20,8 sec., Platz 15
Kovalainen: 13. Runde: Reifenwechsel von superweich auf weich in total 21,8 sec., Platz 18-20
Webber: 14. Runde: Reifenwechsel von superweich auf weich in 3,1 sec., total 19,8 sec., Platz 3
Massa: 14. Runde: Reifenwechsel von superweich auf weich in 3,1 sec., total 20,6 sec., Platz 4-6
Räikkönen: 14. Runde: Reifenwechsel von superweich auf weich in total 20,2 sec., Platz 5-7
Ricciardo: 14. Runde: Reifenwechsel von superweich auf weich in total 20,1 sec., Platz 10-13
Senna: 14. Runde: Reifenwechsel von superweich auf weich in total 21,8 sec., Platz 11-15
Petrov: 14. Runde: Reifenwechsel von superweich auf weich in total 22,2 sec., Platz 16-19
Glock: 14. Runde: Reifenwechsel von superweich auf weich in total 22,3 sec., Platz 17-20
Vettel: 15. Runde: Reifenwechsel von superweich auf weich in 2,8 sec., total 19,8 sec., Platz 1
Alonso: 15. Runde: Reifenwechsel von superweich auf weich in total 19,9 sec., Platz 2-3
Di Resta: 15. Runde: Reifenwechsel von weich auf superweich in total 20,8 sec., Platz 8-13
Pic: 17. Runde: Reifenwechsel von superweich auf weich in total 21,3 sec., Platz 18-19
Pérez: 18. Runde: Reifenwechsel von weich auf superweich in total 24,4 sec., Platz 7-13
Karthikeyan: 18. Runde: Reifenwechsel von superweich auf weich in total 22,7 sec., Platz 20
Maldonado: 21. Runde: Reifenwechsel von superweich auf weich in total 21,1 sec., Platz 11-12
Hamilton: 26. Runde: 2. Stopp, Reifenwechsel von weich auf weich in 3,8 sec., total 20,7 sec., Platz 6-8
Di Resta: 28. Runde: 2. Stopp, Reifenwechsel von superweich auf weich in total 20,2 sec., Platz 14-15
Grosjean: 31. Runde: 2. Stopp, Reifenwechsel von weich auf weich in total 20,9 sec., Platz 7-10
Glock: 31. Runde: 2. Stopp, Reifenwechsel von weich auf superweich in total 20,4 sec., Platz 18
Webber: 32. Runde: 2. Stopp, Reifenwechsel von weich auf weich in total 19,6 sec., Platz 4-5
Hülkenberg: 32. Runde: 2. Stopp, Reifenwechsel von weich auf weich in total 20,9 sec., Platz 6-10
Schumacher: 32. Runde: 2. Stopp, Reifenwechsel von weich auf weich in total 20,2 sec., Platz 11-12
Senna: 32. Runde: 2. Stopp, Reifenwechsel von weich auf weich in total 22,8 sec., Platz 13-15
Petrov: 32. Runde: 2. Stopp, Reifenwechsel von weich auf weich in total 21,5 sec., Platz 17
Pérez: 33. Runde: 2. Stopp, Reifenwechsel von superweich auf weich in total 20,7 sec., Platz 11-14
Kovalainen: 33. Runde: 2. Stopp, Reifenwechsel von weich auf weich in total 21,4 sec., Platz 16-17
Alonso: 34. Runde: 2. Stopp, Reifenwechsel von weich auf weich in 2,7 sec., total 20,0 sec., Platz 3-5
Ricciardo: 34. Runde: 2. Stopp, Reifenwechsel von weich auf weich in total 20,8 sec., Platz 8-10
Vettel: 35. Runde: 2. Stopp, Reifenwechsel von weich auf weich in 2,9 sec., total 19,8 sec., Platz 1
Massa: 35. Runde: 2. Stopp, Reifenwechsel von weich auf weich in 3,6 sec., total 20,8 sec., Platz 2-4
Räikkönen: 35. Runde: 2. Stopp, Reifenwechsel von weich auf weich in 3,9total 21,0 sec., Platz 4-5
Pic: 34. Runde: 2. Stopp, Reifenwechsel von weich auf superweich in total 22,0 sec., Platz 19
Vergne: 38. Runde: 2. Stopp, Reifenwechsel von weich auf superweich in total 21,1 sec., Platz 9-10
Hamilton: 42. Runde: 3. Stopp, Reifenwechsel von weich auf superweich in 2,7 sec., total 19,4 sec., Platz 8-10

Ausfälle:

Button:	1. Runde: Kollision mit Kobayashi, Platz 11 (in der Startaufstellung)
Rosberg:	2. Runde: Kollision mit Kobayashi, Platz 14
Kobayashi:	17. Runde: Folgeschaden nach Kollision mit Button und Rosberg, Platz 22
De la Rosa:	17. Runde: Defektes Gaspedal, Platz 20

Stand nach der 1. Runde:
1. Vettel, 2. Webber, 3. Alonso, 4. Hamilton, 5. Massa, 6. Räikkönen, 7. Hülkenberg, 8. Grosjean, 9. Pérez, 10. Schumacher

Ergebnis:

1. Sebastian Vettel (Deutschland) Red Bull-Renault	1.36:28,651 = 191,939 km/h	
2. Mark Webber (Australien) Red Bull-Renault	1.36:36,882 = 191,666 km/h	8,231 zurück
3. Fernando Alonso (Spanien) Ferrari	1.36:42,595 = 191,477 km/h	13,944 zurück
4. Felipe Massa (Brasilien) Ferrari	1.36:48,819 = 191,272 km/h	20,168 zurück
5. Kimi Räikkönen (Finnland) Lotus-Renault	1.37:05,390 = 190,728 km/h	36,739 zurück
6. Nico Hülkenberg (Deutschland) Force India-Mercedes	1.37:13,952 = 190,448 km/h	45,301 zurück
7. Romain Grosjean (Frankreich) Lotus-Renault	1.37:23,463 = 190,138 km/h	54,812 zurück
8. Jean-Eric Vergne (Frankreich) Toro Rosso-Ferrari	1.37:38,240 = 189,659 km/h	69,589 zurück
9. Daniel Ricciardo (Australien) Toro Rosso-Ferrari	1.37:40,438 = 189,587 km/h	71,787 zurück
10. Lewis Hamilton (England) McLaren-Mercedes	1.37:48,343 = 189,332 km/h	79,692 zurück
11. Sergio Pérez (Mexiko) Sauber-Ferrari	1.37:48,713 = 189,320 km/h	80,062 zurück
12. Paul Di Resta (Schottland) Force India-Mercedes	1.37:53,099 = 189,179 km/h	84,448 zurück
13. Michael Schumacher (Deutschland) Mercedes	1.37:57,892 = 189,024 km/h	89,241 zurück
14. Pastor Maldonado (Venezuela) Williams-Renault	1.38:03,575 = 188,842 km/h	94,924 zurück
15. Bruno Senna (Brasilien) Williams-Renault	1.38:05,55 = 188,778 km/h	96,902 zurück
16. Vitaly Petrov (Russland) Caterham-Renault	1.37:31,417 = 186,425 km/h	1 Runde zurück
17. Heikki Kovalainen (Finnland) Caterham-Renault	1.37:42,137 = 186,084 km/h	1 Runde zurück
18. Timo Glock (Deutschland) Marussia-Cosworth	1.37:52,750 = 185,748 km/h	1 Runde zurück
19. Charles Pic (Frankreich) Marussia-Cosworth	1.36:31,365 = 184,868 km/h	2 Runden zurück
20. Narain Karthikeyan (Indien) HRT-Cosworth	1.37:51,910 = 182,332 km/h	2 Runden zurück

Schnellste Runde im Qualifying: Webber (Red Bull-Renault): 1:37,242 = 207,873 km/h (erzielt in Phase 3)
Schnellste Runde im Rennen: Webber (Red Bull-Renault): 1:42,037 = 198,104 km/h

Höchstgeschwindigkeiten (Freitag, Training): 1. Rosberg 320,0, 2. Schumacher 319,5, 3. Pérez 318,9, 4. Massa 318,8, 5. Räikkönen 318,4, 6. Grosjean 318,3, 7. Di Resta 317,8, 8. Bianchi 317,7, 9. Alonso 317,6, 10. Hülkenberg 317,6, 11. Vergne 316,8, 12. Webber 316,6, 13. Vettel 316,5, 14. Kobayashi 316,2, 15. Glock 316,2, 16. Ricciardo 316,0, 17. Pic 315,4, 18. Kovalainen 312,3, 19. Van der Garde 311,6, 20. Clos 311,5, 21. Petrov 311,4, 22. Karthikeyan 310,5, 23. De la Rosa 310,1, 24. Bottas 309,1, 25. Senna 308,7, 26. Maldonado 308,7, 27. Hamilton 308,6, 28. Button 308,3

Höchstgeschwindigkeiten (Samstag, Qualifying): 1. Vergne 325,1, 2. Rosberg 320,5, 3. Schumacher 320,0, 4. Ricciardo 319,2, 5. Kobayashi 317,6, 6. Pérez 317,4, 7. Pic 315,6, 8. Alonso 315,6, 9. Massa 315,5, 10. Glock 315,4, 11. Senna 314,8, 12. Grosjean 314,7, 13. Maldonado 314,7, 14. Button 313,8, 15. Hülkenberg 313,7, 16. Hamilton 313,7, 17. De la Rosa 313,7, 18. Di Resta 313,4, 19. Webber 312,0, 20. Vettel 311,9, 21. Kovalainen 311,7, 22. Petrov 311,7, 23. Räikkönen 310,2, 24. Karthikeyan 305,2

Höchstgeschwindigkeiten (Sonntag): 1. Vergne 324,5, 2. Ricciardo 318,9, 3. Pérez 316,9, 4. Grosjean 314,5, 5. Senna 314,5, 6. Massa 314,1, 7. Glock 313,9, 8. Hamilton 313,4, 9. Di Resta 313,4, 10. Hülkenberg 313,4, 11. Alonso 313,3, 12. Maldonado 312,9, 13. Vettel 311,9, 14. Webber 311,5, 15. Schumacher 311,0, 16. Petrov 310,3, 17. Räikkönen 309,8, 18. Kovalainen 307,8, 19. Pic 307,6, 20. Karthikeyan 306,6, 21. De la Rosa 303,1, 22. Kobayashi 295,5, 23. Button 294,5, 24. Rosberg 292,2

Schnellste Runde jedes Fahrers im Rennen: 1. Webber 1:42,037 (54.), 2. Massa 1:42,242 (48.), 3. Alonso 1:42,442 (52.), 4. Pérez 1:42,495 (49.), 5. Vettel 1:42,499 (55.), 6. Hülkenberg 1:42,645 (54.), 7. Maldonado 1:42,679 (55.), 8. Vergne 1:42,721 (48.), 9. Hamilton 1:42,721 (49.), 10. Grosjean 1:42,783 (44.), 11. Räikkönen 1:42,822 (51.), 12. Ricciardo 1:43,148 (45.), 13. Schumacher 1:43,184 (49.), 14. Senna 1:43,411 (49.), 15. Di Resta 1:43,517 (48.), 16. Pic 1:44,462 (52.), 17. Kovalainen 1:44,955 (43.), 18. Petrov 1:45,013 (50.), 19. Glock 1:45,236 (42.), 20. Kobayashi 1:47,066 (3.), 21. Karthikeyan 1:47,068 (39.), 22. De la Rosa 1:49,861 (9.)

WM-Stand: 1. Vettel 215, 2. Alonso 209, 3. Räikkönen 167, 4. Hamilton 153, 5. Webber 152, 6. Button 131, 7. Rosberg 93, 8. Grosjean 88, 9. Massa 81, 10. Pérez 66, 11. Kobayashi 50, 12. Hülkenberg 45, 13. Di Resta 44, 14. Schumacher 43, 15. Maldonado 33, 16. Senna 25, 17. Vergne 12, 18. Ricciardo 9

Konstrukteur-WM: 1. Red Bull-Renault 367, 2. Ferrari 290, 3. McLaren-Mercedes 284, 4. Lotus-Renault 255, 5. Mercedes 136, 6. Sauber-Ferrari 116, 7. Force India-Mercedes 89, 8. Williams-Renault 58, 9. Toro Rosso-Ferrari 21

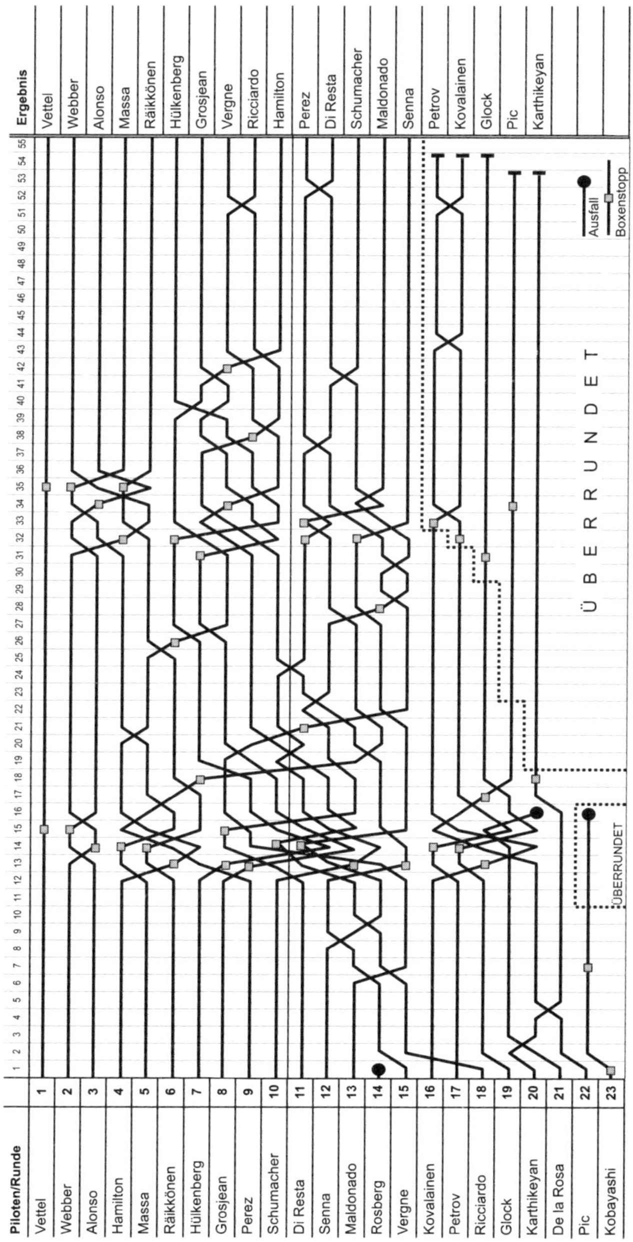
Piloten/Runde
Vettel 1
Webber 2
Alonso 3
Hamilton 4
Massa 5
Räikkönen 6
Hülkenberg 7
Grosjean 8
Perez 9
Schumacher 10
Di Resta 11
Senna 12
Maldonado 13
Rosberg 14
Vergne 15
Kovalainen 16
Petrov 17
Ricciardo 18
Glock 19
Karthikeyan 20
De la Rosa 21
Pic 22
Kobayashi 23
1 2 3 4 5 6 7 8 9 10 11 12 13 14 15 16 17 18 19 20 21 22 23 24 25 26 27 28 29 30 31 32 33 34 35 36 37 38 39 40 41 42 43 44 45 46 47 48 49 50 51 52 53 54 55
ÜBERRUNDET
Ü B E R R U N D E T
Ausfall
Boxenstopp
Ergebnis
Vettel
Webber
Alonso
Massa
Räikkönen
Hülkenberg
Grosjean
Vergne
Ricciardo
Hamilton
Perez
Di Resta
Schumacher
Maldonado
Senna
Petrov
Kovalainen
Glock
Pic
Karthikeyan

Lauf 17 - Großer Preis von Indien - Greater Noida, 28. Oktober 2012

1. Training (Freitag Vormittag): 1. Vettel 1:27,619, 2. Button 1:27,929, 3. Alonso 1:28,044, 4. Hamilton 1:28,046, 5. Webber 1:28,175, 6. Rosberg 1:28,447, 7. Massa 1:28,542, 8. Schumacher 1:28,993, 9. Ricciardo 1:29,204, 10. Räikkönen 1:29,291, 11. Bottas 1:29,691, 12. Di Resta 1:29,760, 13. Kobayashi 1:29,802, 14. Hülkenberg 1:29,850, 15. Grosjean 1:29,895, 16. Maldonado 1:30,041, 17. Vergne 1:30,401, 18. Petrov 1:30,630, 19. Van der Garde 1:30,896, 20. Gutiérrez 1:31,212, 21. Pic 1:31,903, 22. Karthikeyan 1:32,125, 23. Glock 1:32,369, 24. De la Rosa 1:32,859

2. Training (Freitag Nachmittag): 1. Vettel 1:26,221, 2. Webber 1:26,339, 3. Alonso 1:26,820, 4. Rosberg 1:27,022, 5. Räikkönen 1:27,030, 6. Hamilton 1:27,131, 7. Button 1:27,182, 8. Hülkenberg 1:27,233, 9. Grosjean 1:27,397, 10. Senna 1:27,738, 11. Di Resta 1:28,004, 12. Pérez 1:28,178, 13. Schumacher 1:28,222, 14. Ricciardo 1:28,239, 15. Massa 1:28,296, 16. Kobayashi 1:28,455, 17. Maldonado 1:28,596, 18. Vergne 1:29,167, 19. Kovalainen 1:29,320, 20. Petrov 1:29,606, 21. De la Rosa 1:30,950, 22. Glock 1:31,113, 23. Karthikeyan 1:31,372, 24. Pic 1:31,493

3. Training (Samstag)		**Qualifying** (Samstag) **(1.Phase)**		**(2.Phase)**		**(3.Phase)**	
1. Vettel	1:25,842	1. Maldonado	1:26,048	1. Vettel	1:25,435	1. Vettel	1:25,283
2. Button	1:26,034	2. Vettel	1:26,387	2. Button	1:25,467	2. Webber	1:25,327
3. Webber	1:26,108	3. Rosberg	1:26,458	3. Webber	1:25,610	3. Hamilton	1:25,544
4. Hamilton	1:26,151	4. Hamilton	1:26,516	4. Hamilton	1:25,816	4. Button	1:25,659
5. Räikkönen	1:26,209	5. Button	1:26,564	5. Alonso	1:25,834	5. Alonso	1:25,773
6. Senna	1:26,214	6. Räikkönen	1:26,740	6. Rosberg	1:25,976	6. Massa	1:25,857
7. Alonso	1:26,521	7. Webber	1:26,744	7. Maldonado	1:25,983	7. Räikkönen	1:26,236
8. Hülkenberg	1:26,531	8. Alonso	1:26,829	8. Pérez	1:26,076	8. Pérez	1:26,360
9. Schumacher	1:26,652	9. Senna	1:26,851	9. Räikkönen	1:26,101	9. Maldonado	1:26,713
10. Grosjean	1:26,664	10. Grosjean	1:26,897	10. Massa	1:26,111	10. Rosberg	-:--
11. Massa	1:26,691	11. Massa	1:26,939	11. Grosjean	1:26,136		
12. Maldonado	1:27,140	12. Ricciardo	1:27,006	12. Hülkenberg	1:26,241		
13. Pérez	1:27,162	13. Pérez	1:27,179	13. Senna	1:26,331		
14. Di Resta	1:27,193	14. Hülkenberg	1:27,185	14. Schumacher	1:26,574		
15. Rosberg	1:27,229	15. Di Resta	1:27,462	15. Ricciardo	1:26,777		
16. Ricciardo	1:27,374	16. Schumacher	1:27,482	16. Di Resta	1:26,989		
17. Vergne	1:27,711	17. Kobayashi	1:27,517	17. Kobayashi	1:27,219		
18. Kobayashi	1:27,983	18. Vergne	1:27,525				
19. Kovalainen	1:29,035	19. Petrov	1:28,756				
20. Petrov	1:29,237	20. Kovalainen	1:29,500				
21. Glock	1:29,617	21. Glock	1:29,613				
22. Pic	1:30,298	22. De la Rosa	1:30,592				
23. Karthikeyan	1:30,824	23. Karthikeyan	1:30,593				
24. De la Rosa	1:30,873	24. Pic	1:30,662				

Startaufstellung: Zuerst die Piloten 1 bis 10 aus der dritten Qualifying-Phase, danach die Piloten 11-17 aus der zweiten Qualifying-Phase, dahinter die Piloten 18-24 aus der ersten Qualifying-Phase - inklusive Strafversetzungen:

1. Sebastian Vettel
Red Bull-Renault RB8 V8
1:25,283

2. Mark Webber
Red Bull-Renault RB8 V8
1:25,327

3. Lewis Hamilton
McLaren-Mercedes MP4/27 V8
1:25,544

4. Jenson Button
McLaren-Mercedes MP4/27 V8
1:25,659

5. Fernando Alonso
Ferrari F2012 V8
1:25,773

6. Felipe Massa
Ferrari F2012 V8
1:25,857

7. Kimi Räikkönen
Lotus-Renault E20 V8
1:26,236

8. Sergio Pérez
Sauber-Ferrari C31 V8
1:26,360

9. Pastor Maldonado
Williams-Renault FW34 V8
1:26,713

10. Nico Rosberg
Mercedes F1 W03 V8
keine Zeit

11. Romain Grosjean
Lotus-Renault E20 V8
1:26,136

12. Nico Hülkenberg
Force India-Mercedes VJM05 V8
1:26,241

13. Bruno Senna
Williams-Renault FW34 V8
1:26,331

14. Michael Schumacher
Mercedes F1 W03 V8
1:26,574

15. Daniel Ricciardo
Toro Rosso-Ferrari STR7 V8
1:26,777

16. Paul di Resta
Force India-Mercedes VJM05 V8
1:26,989

17. Kamui Kobayashi
Sauber-Ferrari C31 V8
1:27,219

18. Jean-Eric Vergne
Toro Rosso-Ferrari STR7 V8
1:27,525

19. Vitaly Petrov
Caterham-Renault CT01 V8
1:28,756

20. Heikki Kovalainen
Caterham-Renault CT01 V8
1:29,500

21. Timo Glock
Marussia-Cosworth MVR-03 V8
1:29,613

22. Pedro de la Rosa
HRT-Cosworth HRT F112 V8
1:30,592

23. Narain Karthikeyan
HRT-Cosworth HRT F112 V8
1:30,593

24. Charles Pic
Marussia-Cosworth MVR-03 V8
1:30,662

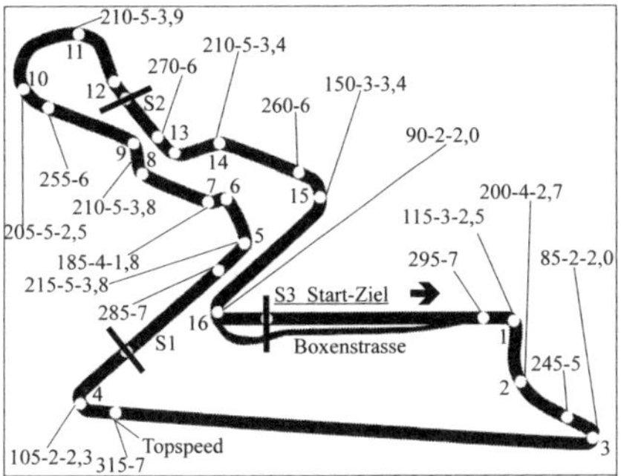

Legende: 132-2-2,1 = 132 km/h-2. Gang-2,1 Gravitation

Wetter am Renntag: Sonnig aber Smog, trocken und warm
30°-29° Lufttemperatur, 36°-32° Asphalttemperatur,
21-29 % Luftfeuchtigkeit, 61.000 Zuschauer am Renntag

Distanz: 60 Runden à 5,125 km = 307,249 km
Ziellinie 0,251 km hinter der Startlinie

Sieger 2011: Vettel (Red Bull-Renault),
1.30:35,002 = 203,513 km/h

Poleposition 2011: Vettel (Red Bull-Renault),
1:24,178 = 219,178 km/h

Schnellste Runde 2011: Vettel (Red Bull-Renault),
1:27,249 = 211,463 km/h

Boxenstopps:

Vergne:	1. Runde: Neuer Flügel nach Kontakt mit Schumacher und Reifenwechsel von weich auf weich, verliert total 25,0 sec., Platz 23
Schumacher:	1. Runde: Reifenwechsel wegen Reifenplattens nach Kontakt mit Vergne von hart auf weich, verliert total 25,0 sec., Platz 24
Pérez:	14. Runde: Reifenwechsel von weich auf weich in 3,6 sec., total 21,3 sec., Platz 9-16
Pérez:	19. Runde: 2. Stopp, Reifenwechsel wegen Reifenplattens nach Kontakt mit Ricciardo von weich auf hart in 4,9 sec., verliert total 24,5 sec., Platz 21-23
Button:	25. Runde: Reifenwechsel von weich auf hart in 3,6 sec., total 21,5 sec., Platz 5-9
Senna:	26. Runde: Reifenwechsel von weich auf hart in total 22,0 sec., Platz 12-14
Karthikeyan:	26. Runde: Reifenwechsel von weich auf hart in total 24,5 sec., Platz 22-23
Räikkönen:	27. Runde: Reifenwechsel von weich auf hart in 3,4 sec., total 21,4 sec., Platz 6-9
Rosberg:	27. Runde: Reifenwechsel von weich auf hart in 3,7 sec., total 21,4 sec., Platz 10-11
Maldonado:	27. Runde: Reifenwechsel von weich auf hart in total 22,0 sec., Platz 11-13
Ricciardo:	27. Runde: Reifenwechsel von hart auf weich in total 22,6 sec., Platz 15-18
Massa:	28. Runde: Reifenwechsel von weich auf hart in 3,0 sec., total 21,1 sec., Platz 5-7
Hülkenberg:	28. Runde: Reifenwechsel von weich auf hart in total 21,6 sec., Platz 6-9
Di Resta:	28. Runde: Reifenwechsel von weich auf hart in total 23,9 sec., Platz 10-15
Pic:	28. Runde: Reifenwechsel von weich auf hart in total 22,6 sec., Platz 17-20
Alonso:	29. Runde: Reifenwechsel von weich auf hart in 2,8 sec., total 20,8 sec., Platz 3-4
Webber:	30. Runde: Reifenwechsel von weich auf hart in total 20,8 sec., Platz 2-3
Maldonado:	30. Runde: 2. Stopp, Reifenwechsel wegen Reifenplattens nach Kontakt mit Kobayashi, verliert total 28,0 sec., Platz 11-13
Petrov:	31. Runde: Reifenwechsel von weich auf hart in total 22,4 sec., Platz 15-17
Glock:	31. Runde: Reifenwechsel von weich auf hart in total 27,3 sec., Platz 18-21
Hamilton:	32. Runde: Lenkradwechsel und Reifenwechsel von weich auf hart in 3,3 sec., total 20,8 sec., Platz 2-4
Kovalainen:	32. Runde: Reifenwechsel von weich auf hart in total 22,9 sec., Platz 14-16
Vettel:	33. Runde: Reifenwechsel von weich auf hart in 2,6 sec., total 20,7 sec., Platz 1
De la Rosa:	32. Runde: Reifenwechsel von weich auf hart in total 23,8 sec., Platz 20-22
Vergne:	33. Runde: 2. Stopp, Reifenwechsel von weich auf hart in total 21,6 sec., Platz 15-17
Schumacher:	33. Runde: 2. Stopp, Reifenwechsel von weich auf weich in total 21,3 sec., Platz 20-21
Grosjean:	36. Runde: Reifenwechsel von hart auf weich in 2,9 sec., total 20,9 sec., Platz 6-9
Kobayashi:	36. Runde: Reifenwechsel von hart auf weich 22,7 sec., Platz 12-14

Ausfälle:

Pérez:	21. Runde: Defekte Aufhängung li. hi. nach einer Fahrt auf der Felge zurück zur Box, Platz 23
De la Rosa:	23. Runde: Bremsen defekt, Platz 22
Schumacher:	56. Runde: Vorsorglicher Stopp wegen des Getriebes, Platz 18 (Platz 22 im Endergebnis)

Stand nach der 1. Runde:
1. Vettel, 2. Webber, 3. Button, 4. Alonso, 5. Hamilton, 6. Massa, 7. Räikkönen, 8. Pérez, 9. Hülkenberg, 10. Rosberg

Ergebnis:

1. Sebastian Vettel (Deutschland) Red Bull-Renault	1.31:10,744 = 202,183 km/h	
2. Fernando Alonso (Spanien) Ferrari	1.31:20,181 = 201,835 km/h	9,437 zurück
3. Mark Webber (Australien) Red Bull-Renault	1.31:23,961 = 201,696 km/h	13,217 zurück
4. Lewis Hamilton (England) McLaren-Mercedes	1.31:24,653 = 201,671 km/h	13,909 zurück
5. Jenson Button (England) McLaren-Mercedes	1.31:37,010 = 201,217 km/h	26,266 zurück
6. Felipe Massa (Brasilien) Ferrari	1.31:55,418 = 200,546 km/h	44,674 zurück
7. Kimi Räikkönen (Finnland) Lotus-Renault	1.31:55,971 = 200,526 km/h	45,227 zurück
8. Nico Hülkenberg (Deutschland) Force India-Mercedes	1.32:05,742 = 200,171 km/h	54,998 zurück
9. Romain Grosjean (Frankreich) Lotus-Renault	1.32:06,847 = 200,131 km/h	56,103 zurück
10. Bruno Senna (Brasilien) Williams-Renault	1.32:25,719 = 199,450 km/h	74,975 zurück
11. Nico Rosberg (Deutschland) Mercedes	1.32:32,438 = 199,209 km/h	81,694 zurück
12. Paul di Resta (Schottland) Force India-Mercedes	1.32:33,559 = 199,168 km/h	82,815 zurück
13. Daniel Ricciardo (Australien) Toro Rosso-Ferrari	1.32:36,808 = 199,052 km/h	86,064 zurück
14. Kamui Kobayashi (Japan) Sauber-Ferrari	1.32:37,239 = 199,037 km/h	86,495 zurück
15. Jean-Eric Vergne (Frankreich) Toro Rosso-Ferrari	1.32:11,843 = 196,615 km/h	1 Runde zurück
16. Pastor Maldonado (Venezuela) Williams-Renault	1.32:12,432 = 196,594 km/h	1 Runde zurück
17. Vitaly Petrov (Russland) Caterham-Renault	1.32:22,477 = 196,238 km/h	1 Runde zurück
18. Heikki Kovalainen (Finnland) Caterham-Renault	1.32:31,148 = 195,931 km/h	1 Runde zurück
19. Charles Pic (Frankreich) Marussia-Cosworth	1.32:41,326 = 195,573 km/h	1 Runde zurück
20. Timo Glock (Deutschland) Marussia-Cosworth	1.31:35,546 = 194,556 km/h	2 Runden zurück
21. Narain Karthikeyan (Indien) HRT-Cosworth	1.32:15,745 = 193,144 km/h	2 Runden zurück
22. Michael Schumacher (Deutschland) Mercedes	1.26:23,077 = 195,607 km/h	Ausfall

Schnellste Runde im Qualifying: Vettel (Red Bull-Renault): 1:25,283 = 216,338 km/h (erzielt in Phase 3)
Schnellste Runde im Rennen: Button (McLaren-Mercedes): 1:28,203 = 209,176 km/h

Höchstgeschwindigkeiten (Freitag, Training): 1. Vergne 320,0, 2. Pérez 319,9, 3. Ricciardo 319,8, 4. Di Resta 318,5, 5. Hülkenberg 318,4, 6. Kobayashi 317,8, 7. Schumacher 317,3, 8. Rosberg 317,1, 9. Gutiérrez 316,9, 10. Alonso 316,3, 11. Pic 316,1, 12. Massa 315,9, 13. Glock 315,4, 14. Räikkönen 315,1, 15. Maldonado 315,1, 16. Grosjean 315,0, 17. Bottas 315,0, 18. Senna 314,7, 19. Karthikeyan 314,4, 20. Button 314,2, 21. Hamilton 314,2, 22. De la Rosa 314,1, 23. Kovalainen 312,3, 24. Petrov 312,1, 25. Webber 312,0, 26. Vettel 312,0, 27. Van der Garde 311,9

Höchstgeschwindigkeiten (Samstag, Qualifying): 1. Vergne 323,2, 2. Ricciardo 322,8, 3. Pérez 321,3, 4. Massa 319,9, 5. Alonso 319,8, 6. Maldonado 319,0, 7. Hamilton 318,6, 8. Senna 318,5, 9. Button 318,3, 10. Di Resta 318,3, 11. Hülkenberg 318,3, 12. Kobayashi 318,1, 13. Schumacher 317,4, 14. Rosberg 317,0, 15. Kovalainen 316,1, 16. Petrov 315,6, 17. Grosjean 315,1, 18. Karthikeyan 313,9, 19. De la Rosa 313,8, 20. Pic 313,1, 21. Glock 312,8, 22. Webber 311,8, 23. Vettel 311,7, 24. Räikkönen 310,4

Höchstgeschwindigkeiten (Sonntag): 1. Vergne 322,9, 2. Ricciardo 322,6, 3. Pérez 322,5, 4. Massa 320,1, 5. Alonso 320,0, 6. Maldonado 319,2, 7. Senna 319,1, 8. Kobayashi 318,3, 9. Button 318,2, 10. Hamilton 318,2, 11. Hülkenberg 317,4, 12. Schumacher 316,9, 13. Di Resta 316,3, 14. Petrov 316,2, 15. Kovalainen 316,0, 16. Rosberg 315,5, 17. Grosjean 315,2, 18. Karthikeyan 314,3, 19. De la Rosa 314,1, 20. Glock 313,4, 21. Pic 313,4, 22. Webber 312,1, 23. Vettel 311,5, 24. Räikkönen 310,5

Schnellste Runde jedes Fahrers im Rennen: 1. Button 1:28,203 (60.), 2. Senna 1:28,431 (60.), 3. Alonso 1:28,630 (60.), 4. Vettel 1:28,723 (60.), 5. Hamilton 1:28,944 (58.), 6. Webber 1:29,029 (59.), 7. Di Resta 1:29,086 (59.), 8. Kobayashi 1:29,204 (51.), 9. Schumacher 1:29,230 (53.), 10. Hülkenberg 1:29,230 (60.), 11. Massa 1:29,283 (59.), 12. Räikkönen 1:29,354 (54.), 13. Ricciardo 1:29,440 (57.), 14. Rosberg 1:29,492 (59.), 15. Grosjean 1:29,522 (57.), 16. Maldonado 1:30,067 (50.), 17. Vergne 1:30,091 (59.), 18. Kovalainen 1:30,786 (57.), 19. Petrov 1:31,163 (58.), 20. Pic 1:31,366 (55.), 21. Glock 1:31,721 (56.), 22. Karthikeyan 1:32,161 (53.), 23. Pérez 1:32,208 (17.), 24. De la Rosa 1:32,864 (39.)

WM-Stand: 1. Vettel 240, 2. Alonso 227, 3. Räikkönen 173, 4. Webber 167, 5. Hamilton 165, 6. Button 141, 7. Rosberg 93, 8. Grosjean 90, 9. Massa 89, 10. Pérez 66, 11. Kobayashi 50, 12. Hülkenberg 49, 13. Di Resta 44, 14. Schumacher 43, 15. Maldonado 33, 16. Senna 26, 17. Vergne 12, 18. Ricciardo 9

Konstrukteur-WM: 1. Red Bull-Renault 407, 2. Ferrari 316, 3. McLaren-Mercedes 306, 4. Lotus-Renault 263, 5. Mercedes 136, 6. Sauber-Ferrari 116, 7. Force India-Mercedes 93, 8. Williams-Renault 59, 9. Toro Rosso-Ferrari 21

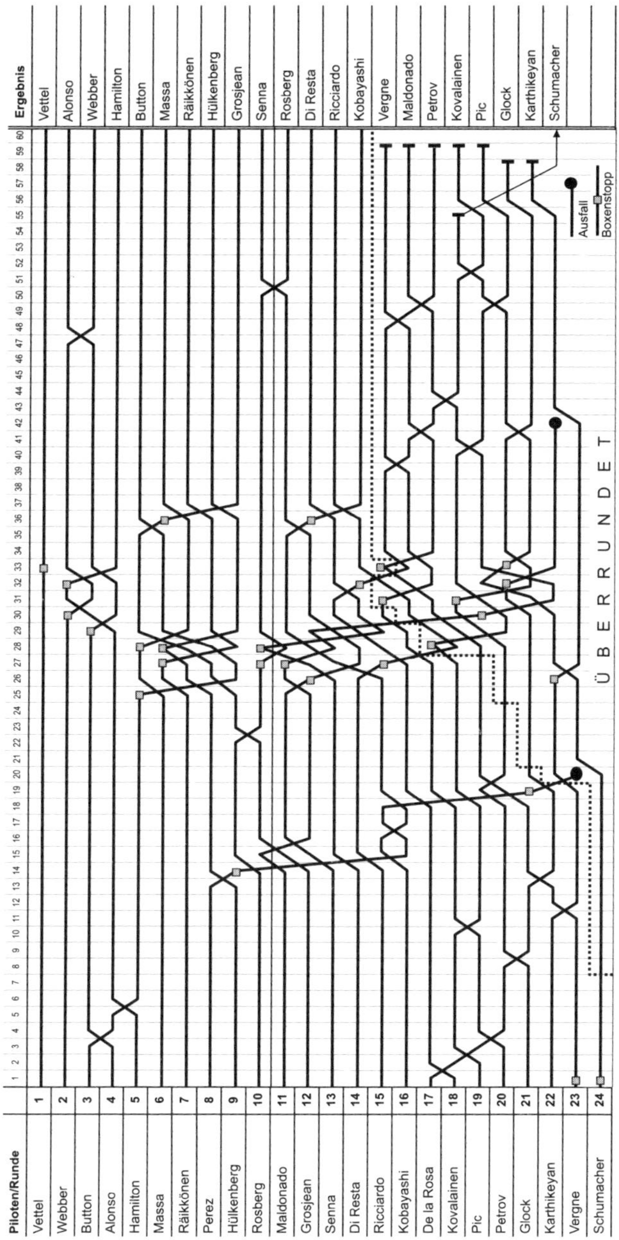
Piloten/Runde
Vettel
Webber
Button
Alonso
Hamilton
Massa
Räikkönen
Perez
Hülkenberg
Rosberg
Maldonado
Grosjean
Senna
Di Resta
Ricciardo
Kobayashi
De la Rosa
Kovalainen
Pic
Petrov
Glock
Karthikeyan
Vergne
Schumacher
Ergebnis
Vettel
Alonso
Webber
Hamilton
Button
Massa
Räikkönen
Hülkenberg
Grosjean
Senna
Rosberg
Di Resta
Ricciardo
Kobayashi
Vergne
Maldonado
Petrov
Kovalainen
Pic
Glock
Karthikeyan
Schumacher
Ausfall
Boxenstopp
ÜBERRUNDET

Lauf 18 - Großer Preis von Abu Dhabi - Abu Dhabi, 4. November 2012

1. Training (Freitag Nachmittag): 1. Hamilton 1:43,285, 2. Button 1:43,618, 3. Vettel 1:44,050, 4. Alonso 1:44,366, 5. Webber 1:44,542, 6. Schumacher 1:44,694, 7. Maldonado 1:45,115, 8. Rosberg 1:45,194, 9. Bottas 1:45,347, 10. Räikkönen 1:45,422, 11. Massa 1:45,567, 12. Hülkenberg 1:45,587, 13. Kobayashi 1:45,722, 14. Grosjean 1:45,743, 15. Bianchi 1:45,769, 16. Pérez 1:45,811, 17. Ricciardo 1:46,649, 18. Vergne 1:46,708, 19. Kovalainen 1:47,418, 20. Glock 1:47,891, 21. De la Rosa 1:48,354, 22. Chilton 1:48,887, 23. Qing Hua 1:50,487, 24. Van der Garde keine Zeit

2. Training (Freitag Abend): 1. Vettel 1:41,751, 2. Hamilton 1:41,919, 3. Button 1:42,412, 4. Webber 1:42,466, 5. Grosjean 1:42,500, 6. Räikkönen 1:42,532, 7. Alonso 1:42,587, 8. Massa 1:42,823, 9. Maldonado 1:42,998, 10. Pérez 1:43,106, 11. Senna 1:43,191, 12. Rosberg 1:43,200, 13. Hülkenberg 1:43,255, 14. Schumacher 1:43,267, 15. Di Resta 1:43,578, 16. Kobayashi 1:43,689, 17. Ricciardo 1:44,260, 18. Vergne 1:45,005, 19. Petrov 1:45,245, 20. Kovalainen 1:45,782, 21. Glock 1:46,589, 22. Pic 1:46,671, 23. De la Rosa 1:46,707, 24. Karthikeyan 1:47,406

3. Training (Samstag)		**Qualifying** (Samstag) **(1.Phase)**			**(2.Phase)**		**(3.Phase)**
1. Hamilton	1:42,130	1. Hamilton	1,41,497	1. Hamilton	1:40,901	Hamilton	1:40,630
2. Button	1:42,420	2. Rosberg	1,41,926	2. Webber	1:41,277	Webber	1:40,978
3. Vettel	1:42,614	3. Webber	1,41,933	3. Vettel	1:41,511	Maldonado	1:41,226
4. Webber	1:42,743	4. Alonso	1,41,939	4. Alonso	1:41,514	Räikkönen	1:41,260
5. Hülkenberg	1:42,750	5. Massa	1,41,974	5. Räikkönen	1:41,532	Button	1:41,290
6. Grosjean	1:43,015	6. Maldonado	1,41,981	6. Grosjean	1:41,620	Alonso	1:41,582
7. Maldonado	1:43,064	7. Grosjean	1,42,046	7. Rosberg	1:41,698	Rosberg	1:41,603
8. Alonso	1:43,133	8. Vettel	1,42,160	8. Massa	1:41,846	Massa	1:41,723
9. Räikkönen	1:43,184	9. Räikkönen	1,42,222	9. Button	1:41,873	Grosjean	1:41,778
10. Di Resta	1:43,338	10. Button	1,42,342	10. Maldonado	1:41,907	Vettel	-:--
11. Massa	1:43,480	11. Di Resta	1,42,572	11. Hülkenberg	1:42,019		
12. Pérez	1:43,571	12. Hülkenberg	1,42,579	12. Pérez	1:42,084		
13. Rosberg	1:43,593	13. Pérez	1,42,624	13. Di Resta	1:42,218		
14. Schumacher	1:43,635	14. Schumacher	1,42,735	14. Schumacher	1:42,289		
15. Kobayashi	1:44,010	15. Ricciardo	1,43,280	15. Senna	1:42,330		
16. Vergne	1:44,025	16. Senna	1,43,298	16. Kobayashi	1:42,606		
17. Senna	1:44,071	17. Kobayashi	1,43,582	17. Ricciardo	1:42,765		
18. Ricciardo	1:44,149	18. Vergne	1,44,058				
19. Kovalainen	1:45,301	19. Kovalainen	1,44,956				
20. Glock	1:45,879	20. Pic	1,45,089				
21. Pic	1:46,036	21. Petrov	1,45,151				
22. Petrov	1:46,261	22. Glock	1,45,426				
23. De la Rosa	1:46,554	23. De la Rosa	1,45,766				
24. Karthikeyan	1:47,032	24. Karthikeyan	1,46,382				

Startaufstellung: Zuerst die Piloten 1 bis 10 aus der dritten Qualifying-Phase, danach die Piloten 11-17 aus der zweiten Qualifying-Phase, dahinter die Piloten 18-24 aus der ersten Qualifying-Phase - inklusive Strafversetzungen:

1. Lewis Hamilton
McLaren-Mercedes MP4/27 V8
1:40,630

2. Mark Webber
Red Bull-Renault RB8 V8
1:40,978

3. Pastor Maldonado
Williams-Renault FW34 V8
1:41,226

4. Kimi Räikkönen
Lotus-Renault E20 V8
1:41,260

5. Jenson Button
McLaren-Mercedes MP4/27 V8
1:41,290

6. Fernando Alonso
Ferrari F2012 V8
1:41,582

7. Nico Rosberg
Mercedes F1 W03 V8
1:41,603

8. Felipe Massa
Ferrari F2012 V8
1:41,723

9. Romain Grosjean
Lotus-Renault E20 V8
1:41,778

10. Nico Hülkenberg
Force India-Mercedes VJM05 V8
1:42,019

11. Sergio Pérez
Sauber-Ferrari C31 V8
1:42,084

12. Paul di Resta
Force India-Mercedes VJM05 V8
1:42,218

13. Michael Schumacher
Mercedes F1 W03 V8
1:42,289

14. Bruno Senna
Williams-Renault FW34 V8
1:42,330

15. Kamui Kobayashi
Sauber-Ferrari C31 V8
1:42,606

16. Daniel Ricciardo
Toro Rosso-Ferrari STR7 V8
1:42,765

17. Jean-Eric Vergne
Toro Rosso-Ferrari STR7 V8
1,44,058

18. Heikki Kovalainen
Caterham-Renault CT01 V8
1,44,956

19. Charles Pic
Marussia-Cosworth MVR-03 V8
1,45,089

20. Vitaly Petrov
Caterham-Renault CT01 V8
1,45,151

21. Timo Glock
Marussia-Cosworth MVR-03 V8
1,45,426

22. Pedro de la Rosa
HRT-Cosworth HRT F112 V8
1,45,766

23. Narain Karthikeyan
HRT-Cosworth HRT F112 V8
1,46,382

24. Sebastian Vettel
Red Bull-Renault RB8 V8
keine Zeit

Vettel, der in Phase 3 zunächst die drittbeste Zeit (1:41,073) erzielt, hätte zu wenig Sprit im Tank gehabt um in den Parc Fermé zurück zu kehren und stellt den Wagen vorzeitig auf der Strecke ab. Aufgrund des Bruchs des Artikels 6.6.2 des Technischen Formel-1-Reglements wird ihm die Zeit gestrichen, jedoch darf er vom letzten Platz starten

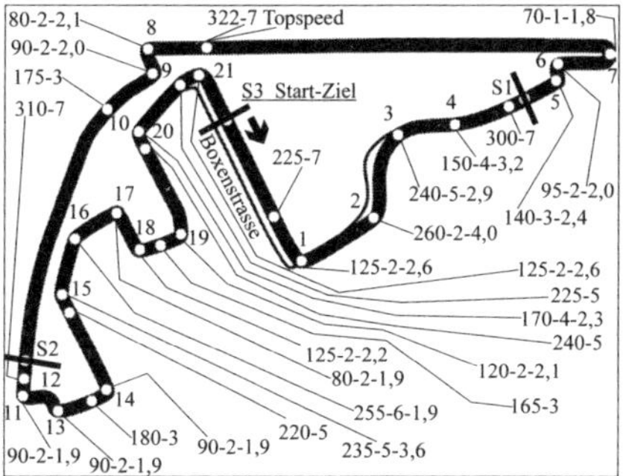

Legende: 132-2-2,1 = 132 km/h-2. Gang-2,1 Gravitation

Wetter am Renntag: Erst sonnig dann Abenddämmerung, warm und trocken, 30°-29° Lufttemperatur, 34°-29° Asphalttemperatur, 53-55 % Luftfeuchtigkeit, 50.000 Zuschauer am Renntag

Distanz: 55 Runden à 5,554 km = 305,355 km
Ziellinie 0,115 km hinter der Startlinie

Sieger 2011: Hamilton (McLaren-Mercedes), 1.37:11,886 = 188,494 km/h

Poleposition 2011: Vettel (Red Bull-Renault), 1:38,481 = 203,027 km/h

Schnellste Runde 2011: Webber (Red Bull-Renault), 1:42,612 = 194,854 km/h

Boxenstopps:

Rosberg:	1. Runde: Neuer Flügel nach Kontakt mit Grosjean und Reifenwechsel von weich auf medium, verliert total 29,2 sec., Platz 12-21
Grosjean:	1. Runde: Neuer Flügel nach Kontakt mit Rosberg und Reifenwechsel von weich auf medium, verliert total 26,0 sec., Platz 22
Di Resta:	1. Runde: Reifenwechsel wegen Reifenplattens nach Kontakt mit Hülkenberg von weich auf medium, verliert total 26,6 sec., Platz 23
Vergne:	9. Runde: Reifenwechsel von weich auf medium in total 20,3 sec., Platz 13-15
Grosjean:	9. Runde: 2. Stopp, Reifenwechsel von medium auf weich in 4,5 sec., total 21,0 sec., Platz 20
Di Resta:	9. Runde: 2. Stopp, Reifenwechsel von medium auf medium in total 19,8 sec., Platz 21
Vettel:	13. Runde: Neuer Flügel nach Ausritt beim Anwärmen der Reifen hinter Safety Car und Reifenwechsel von medium auf weich in 9,1 sec., verliert total 24,9 sec., Platz 11-21
Kobayashi:	25. Runde: Reifenwechsel von weich auf medium in total 19,5 sec., Platz 9-16
Massa:	26. Runde: Reifenwechsel von weich auf medium in total 19,5 sec., Platz 10-15
Ricciardo:	26. Runde: Reifenwechsel von weich auf medium in 3,3 sec., total 20,1 sec., Platz 11-16
Pic:	26. Runde: Reifenwechsel von weich auf medium in total 21,9 sec., Platz 19-20
Schumacher:	27. Runde: Reifenwechsel von medium auf weich in total 19,7 sec., Platz 8-14
Glock:	27. Runde: Reifenwechsel von weich auf medium in total 19,8 sec., Platz 17-18
Petrov:	27. Runde: Reifenwechsel von weich auf medium in total 20,7 sec., Platz 18-19
Alonso:	28. Runde: Reifenwechsel von weich auf medium in 2,7 sec., total 19,3 sec., Platz 2-7
Kovalainen:	28. Runde: Reifenwechsel von weich auf medium in total 23,0 sec., Platz 13-16
De la Rosa:	28. Runde: Reifenwechsel von weich auf medium in total 22,2 sec., Platz 17-20
Button:	29. Runde: Reifenwechsel von weich auf medium in 2,8 sec., total 19,4 sec., Platz 2-6
Maldonado:	29. Runde: Reifenwechsel von weich auf medium in 3,8 sec., total 20,7 sec., Platz 6-11
Pérez:	30. Runde: Reifenwechsel von weich auf medium in 3,3 sec., total 19,4 sec., Platz 2-9
Webber:	30. Runde: Reifenwechsel von weich auf medium in 2,6 sec., total 19,0 sec., Platz 4-10
Räikkönen:	31. Runde: Reifenwechsel von weich auf medium in 3,6 sec., total 20,2 sec., Platz 1
Senna:	32. Runde: Reifenwechsel (Radmutter vorne links klemmt) von medium auf weich in 6,3 sec., verliert total 22,5 sec., Platz 5-14
Vergne:	33. Runde: 2. Stopp, Reifenwechsel von medium auf weich in total 19,8 sec., Platz 6-14
Vettel:	37. Runde: 2. Stopp, Reifenwechsel von weich auf weich in 3,9 sec., total 19,9 sec., Platz 2-4
Pérez:	38. Runde: 2. Stopp, Reifenwechsel von medium auf medium in 16,9 sec., total 33,4 sec., Platz 12-14
Ricciardo:	38. Runde: 2. Stopp, Reifenwechsel von medium auf weich in 4,3 sec., total 21,2 sec., Platz 13-12
Di Resta:	39. Runde: 3. Stopp, Reifenwechsel von medium auf weich in total 20,2 sec., Platz 5-11
Schumacher:	41. Runde: 2. Stopp, Reifenwechsel wegen Reifenplattens rechts hinten von weich auf weich in total 21,2 sec., Platz 8-16
Pérez:	44. Runde: 3. Stopp, 10 sec.-Stop-and-Go-Strafe wegen Verursachens des Unfalls mit Grosjean und Webber, verliert total 26,8 sec., Platz 12-17

Ausfälle:

Hülkenberg:	1. Runde: Kollision mit Senna, Platz 10 (in der Startaufstellung)
Rosberg:	8. Runde: Kollision mit Karthikeyan, Platz 20
Karthikeyan:	8. Runde: Wegen Lenkradbruch eine Vollbremsung, dadurch Kollision mit Rosberg, Platz 19
Hamilton:	20. Runde: Benzindruck, Platz 1
Webber:	38. Runde: Kollision mit Grosjean, Platz 8
Grosjean:	38. Runde: Kollision mit Webber, Platz 5
Pic:	42. Runde: Motorschaden, Platz 17

Stand nach der 1. Runde:
1. Hamilton, 2. Räikkönen, 3. Maldonado, 4. Alonso, 5. Webber, 6. Button, 7. Massa, 8. Kobayashi, 9. Pérez, 10. Schumacher

Vor dem Start:
Vettel startet aus der Boxengasse nachdem er im Qualifying an die letzte Stelle strafversetzt wird
De la Rosa startet aus der Boxengasse nachdem der Motor des HRT-Cosworth am Beginn der Aufwärmrunde abstirbt

Safety Car-Phase:
8. bis 13. Runde um Wrackteile nach der Kollision zwischen Karthikeyan und Rosberg zu entfernen
38. bis 42. Runde um Wrackteile nach der Kollision zwischen Pérez, Grosjean und Webber zu entfernen

Ergebnis:

1. Kimi Räikkönen (Finnland) Lotus-Renault	1.45:58,667 = 172,878 km/h	
2. Fernando Alonso (Spanien) Ferrari	1.45:59,519 = 172,855 km/h	0,852 zurück
3. Sebastian Vettel (Deutschland) Red Bull-Renault	1.46:02,830 = 172,765 km/h	4,163 zurück
4. Jenson Button (England) McLaren-Mercedes	1.46:06,454 = 172,667 km/h	7,787 zurück
5. Pastor Maldonado (Venezuela) Williams-Renault	1.46:11,674 = 172,525 km/h	13,007 zurück
6. Kamui Kobayashi (Japan) Sauber-Ferrari	1.46:18,743 = 172,334 km/h	20,076 zurück
7. Felipe Massa (Brasilien) Ferrari	1.46:21,563 = 172,258 km/h	22,896 zurück
8. Bruno Senna (Brasilien) Williams-Renault	1.46:22,209 = 172,240 km/h	23,542 zurück
9. Paul Di Resta (Schottland) Force India-Mercedes	1.46:22,827 = 172,224 km/h	24,160 zurück
10. Daniel Ricciardo (Australien) Toro Rosso-Ferrari	1.46:26,130 = 172,135 km/h	27,463 zurück
11. Michael Schumacher (Deutschland) Mercedes	1.46:26,742 = 172,118 km/h	28,075 zurück
12. Jean-Eric Vergne (Frankreich) Toro Rosso-Ferrari	1.46:33,573 = 171,934 km/h	34,906 zurück
13. Heikki Kovalainen (Finnland) Caterham-Renault	1.46:46,431 = 171,589 km/h	47,764 zurück
14. Timo Glock (Deutschland) Marussia-Cosworth	1.46:55,140 = 171,356 km/h	56,473 zurück
15. Sergio Pérez (Mexiko) Sauber-Ferrari	1.46:55,435 = 171,348 km/h	56,768 zurück
16. Vitaly Petrov (Russland) Caterham-Renault	1.47:03,262 = 171,140 km/h	64,595 zurück
17. Pedro de la Rosa (Spanien) HRT-Cosworth	1.47:10,445 = 170,948 km/h	71,778 zurück

Schnellste Runde im Qualifying: Hamilton (McLaren-Mercedes): 1:40,630 = 198,692 km/h (erzielt in Phase 3)
Schnellste Runde im Rennen: Vettel (Red Bull-Renault): 1:43,964 = 192,320 km/h

Höchstgeschwindigkeiten (Freitag, Training): 1. Pérez 322,5, 2. Senna 322,0, 3. Maldonado 322,0, 4. Kobayashi 321,0, 5. Alonso 319,8, 6. Massa 319,6, 7. Vergne 319,2, 8. Bottas 319,0, 9. Hülkenberg 318,2, 10. Di Resta 318,2, 11. Bianchi 318,0, 12. Karthikeyan 317,5, 13. Schumacher 317,4, 14. Qing Hua 317,4, 15. De la Rosa 317,3, 16. Rosberg 317,2, 17. Glock 316,6, 18. Pic 316,5, 19. Kovalainen 316,1, 20. Petrov 316,1, 21. Ricciardo 315,9, 22. Räikkönen 315,1, 23. Grosjean 315,1, 24. Chilton 314,4, 25. Hamilton 314,1, 26. Button 314,0, 27. Webber 311,9, 28. Vettel 311,8, 29. Van der Garde 226,4

Höchstgeschwindigkeiten (Samstag, Qualifying): 1. Maldonado 325,8, 2. Senna 323,0, 3. Pérez 322,2, 4. Massa 320,0, 5. Vergne 319,9, 6. Kobayashi 319,8, 7. Alonso 319,7, 8. Ricciardo 319,4, 9. Karthikeyan 317,3, 10. De la Rosa 317,3, 11. Schumacher 316,9, 12. Rosberg 316,6, 13. Pic 316,3, 14. Glock 316,3, 15. Grosjean 314,8, 16. Räikkönen 314,5, 17. Di Resta 313,8, 18. Hulkenberg 313,7, 19. Hamilton 313,7, 20. Button 313,5, 21. Petrov 311,8, 22. Kovalainen 311,7, 23. Vettel 311,4, 24. Webber 311,2

Höchstgeschwindigkeiten (Sonntag): 1. Maldonado 324,8, 2. Senna 324,2, 3. Pérez 322,5, 4. Vettel 321,0, 5. Massa 319,9, 6. Alonso 319,6, 7. Ricciardo 319,3, 8. Vergne 317,7, 9. Schumacher 317,1, 10. Kobayashi 317,0, 11. Pic 316,3, 12. Grosjean 314,5, 13. Glock 314,5, 14. Rosberg 314,3, 15. Di Resta 313,9, 16. Button 313,8, 17. Webber 311,9, 18. Petrov 311,4, 19. De la Rosa 308,1, 20. Kovalainen 302,5, 21. Karthikeyan 302,0, 22. Räikkönen 301,4, 23. Hamilton 298,5

Schnellste Runde jedes Fahrers im Rennen: 1. Vettel 1:43,964 (54.), 2. Alonso 1:44,090 (53.), 3. Räikkönen 1:44,458 (50.), 4. Button 1:44,533 (50.), 5. Maldonado 1:44,833 (55.), 6. Schumacher 1:45,225 (51.), 7. Pérez 1:45,410 (54.), 8. Kobayashi 1:45,423 (55.), 9. Di Resta 1:45,617 (53.), 10. Senna 1:45,693 (49.), 11. Massa 1:45,700 (53.), 12. Ricciardo 1:45,903 (53.), 13. Vergne 1:46,113 (53.), 14. Webber 1:46,959 (32.), 15. Kovalainen 1:47,115 (51.), 16. Hamilton 1:47,266 (19.), 17. Grosjean 1:47,521 (36.), 18. Glock 1:47,661 (54.), 19. Petrov 1:48,308 (50.), 20. De la Rosa 1:48,619 (47.), 21. Pic 1:49,079 (33.), 22. Rosberg 1:49,340 (4.), 23. Karthikeyan 1:52,238 (6.)

WM-Stand: 1. Vettel 245, 2. Alonso 198, 3. Räikkönen 167, 4. Webber 165, 5. Hamilton 153, 6. Button 95, 7. Massa 93, 8. Rosberg 90, 9. Grosjean 66, 10. Pérez 58, 11. Kobayashi 49, 12. Hülkenberg 46, 13. Di Resta 43, 14. Maldonado 43, 15. Schumacher 30, 16. Senna 12, 17. Vergne 10

Konstrukteur-WM: 1. Red Bull-Renault 422, 2. Ferrari 340, 3. McLaren-Mercedes 318, 4. Lotus-Renault 288, 5. Mercedes 136, 6. Sauber-Ferrari 124, 7. Force India-Mercedes 95, 8. Williams-Renault 73, 9. Toro Rosso-Ferrari 22

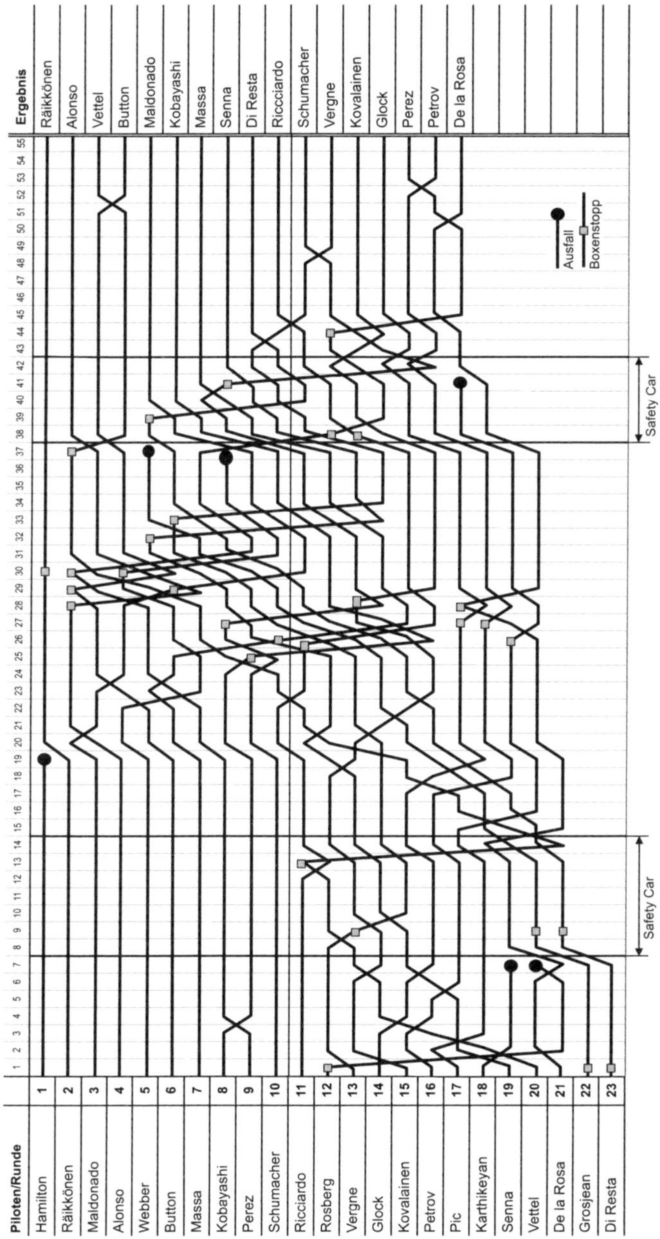
Piloten/Runde
Hamilton
Räikkönen
Maldonado
Alonso
Webber
Button
Massa
Kobayashi
Perez
Schumacher
Ricciardo
Rosberg
Vergne
Glock
Kovalainen
Petrov
Pic
Karthikeyan
Senna
Vettel
De la Rosa
Grosjean
Di Resta
Safety Car
Safety Car
Ausfall
Boxenstopp
Ergebnis
Räikkönen
Alonso
Vettel
Button
Maldonado
Kobayashi
Massa
Senna
Di Resta
Ricciardo
Schumacher
Vergne
Kovalainen
Glock
Perez
Petrov
De la Rosa

Lauf 19 - Großer Preis von USA - Austin, 18. November 2012

1. Training (Freitag Vormittag): 1. Vettel 1:38,125, 2. Hamilton 1:39,543, 3. Alonso 1:40,337, 4. Button 1:40,528, 5. Webber 1:40,650, 6. Massa 1:40,966, 7. Hülkenberg 1:41,023, 8. Kobayashi 1:41,036, 9. Rosberg 1:41,159, 10. Pérez 1:41,473, 11. Di Resta 1:41,783, 12. Ricciardo 1:41,825, 13. Vergne 1:41,833, 14. Räikkönen 1:41,880, 15. Grosjean 1:41,998, 16. Maldonado 1:42,539, 17. Schumacher 1:42,588, 18. Pic 1:43,288, 19. Kovalainen 1:43,443, 20. Petrov 1:43,522, 21. Glock 1:44,464, 22. Senna 1:44,548, 23. De la Rosa 1:46,917, 24. Qing Hua 1:48,559

2. Training (Freitag Nachmittag): 1. Vettel 1:37,718, 2. Webber 1:38,475, 3. Alonso 1:38,483, 4. Hamilton 1:38,748, 5. Button 1:38,786, 6. Massa 1:39,029, 7. Rosberg 1:39,448, 8. Senna 1:39,531, 9. Kobayashi 1:39,653, 10. Schumacher 1:40,115, 11. Räikkönen 1:40,166, 12. Maldonado 1:40,230, 13. Grosjean 1:40,286, 14. Pérez 1:40,326, 15. Ricciardo 1:40,435, 16. Vergne 1:40,516, 17. Hülkenberg 1:40,700, 18. Di Resta 1:41,430, 19. Kovalainen 1:42,476, 20. Glock 1:42,652, 21. Petrov 1:42,846, 22. Pic 1:43,538, 23. De la Rosa 1:44,453, 24. Karthikeyan 1:45,114

3. Training (Samstag)		**Qualifying** (Samstag) **(1.Phase)**			**(2.Phase)**		**(3.Phase)**
1. Vettel	1:36,490	1. Vettel	1:36,558	1. Vettel	1:35,796	1. Vettel	1:35,657
2. Hamilton	1:36,748	2. Hamilton	1:37,058	2. Webber	1:36,298	2. Hamilton	1:35,766
3. Maldonado	1:37,001	3. Webber	1:37,215	3. Massa	1:36,549	3. Webber	1:36,174
4. Alonso	1:37,180	4. Grosjean	1:37,486	4. Hamilton	1:36,795	4. Grosjean	1:36,587
5. Rosberg	1:37,247	5. Senna	1:37,520	5. Grosjean	1:36,906	5. Räikkönen	1:36,708
6. Massa	1:37,262	6. Maldonado	1:37,537	6. Maldonado	1:37,011	6. Schumacher	1:36,794
7. Webber	1:37,298	7. Button	1:37,565	7. Hülkenberg	1:37,066	7. Massa	1:36,937
8. Pérez	1:37,415	8. Massa	1:37,667	8. Schumacher	1:37,102	8. Hülkenberg	1:37,141
9. Hülkenberg	1:37,495	9. Hülkenberg	1:37,756	9. Alonso	1:37,123	9. Alonso	1:37,300
10. Button	1:37,538	10. Schumacher	1:37,927	10. Räikkönen	1:37,404	10. Maldonado	1:37,842
11. Senna	1:37,569	11. Alonso	1:37,968	11. Senna	1:37,604		
12. Schumacher	1:37,760	12. Räikkönen	1:38,051	12. Button	1:37,616		
13. Räikkönen	1:37,765	13. Di Resta	1:38,104	13. Di Resta	1:37,665		
14. Kobayashi	1:37,953	14. Kobayashi	1:38,418	14. Vergne	1:37,879		
15. Ricciardo	1:38,547	15. Vergne	1:38,434	15. Pérez	1:38,206		
16. Di Resta	1:38,653	16. Pérez	1:38,500	16. Kobayashi	1:38,437		
17. Grosjean	1:38,753	17. Rosberg	1:38,862	17. Rosberg	1:38,501		
18. Vergne	1:39,689	18. Ricciardo	1:39,114				
19. Glock	1:40,407	19. Glock	1:40,056				
20. Petrov	1:40,753	20. Pic	1:40,664				
21. Kovalainen	1:41,011	21. Petrov	1:40,809				
22. Pic	1:41,466	22. Kovalainen	1:41,166				
23. De la Rosa	1:43,563	23. De la Rosa	1:42,011				
24. Karthikeyan	1:44,043	24. Karthikeyan	1:42,740				

Startaufstellung: Zuerst die Piloten 1 bis 10 aus der dritten Qualifying-Phase, danach die Piloten 11-17 aus der zweiten Qualifying-Phase, dahinter die Piloten 18-24 aus der ersten Qualifying-Phase - inklusive Strafversetzungen:

1. Sebastian Vettel
Red Bull-Renault RB8 V8
1:35,657

2. Lewis Hamilton
McLaren-Mercedes MP4/27 V8
1:35,766

3. Mark Webber
Red Bull-Renault RB8 V8
1:36,174

4. Kimi Räikkönen
Lotus-Renault E20 V8
1:36,708

5. Michael Schumacher
Mercedes F1 W03 V8
1:36,794

6. Felipe Massa
Ferrari F2012 V8
1:36,937

7. Nico Hülkenberg
Force India-Mercedes VJM05 V8
1:37,141

8. Fernando Alonso
Ferrari F2012 V8
1:37,300

9. Romain Grosjean
Lotus-Renault E20 V8
1:36,587

10. Pastor Maldonado
Williams-Renault FW34 V8
1:37,842

11. Bruno Senna
Williams-Renault FW34 V8
1:37,604

12. Jenson Button
McLaren-Mercedes MP4/27 V8
1:37,616

13. Paul di Resta
Force India-Mercedes VJM05 V8
1:37,665

14. Jean-Eric Vergne
Toro Rosso-Ferrari STR7 V8
1:37,879

15. Sergio Pérez
Sauber-Ferrari C31 V8
1:38,206

16. Kamui Kobayashi
Sauber-Ferrari C31 V8
1:38,437

17. Nico Rosberg
Mercedes F1 W03 V8
1:38,501

18. Daniel Ricciardo
Toro Rosso-Ferrari STR7 V8
1:39,114

19. Timo Glock
Marussia-Cosworth MVR-03 V8
1:40,056

20. Charles Pic
Marussia-Cosworth MVR-03 V8
1:40,664

21. Vitaly Petrov
Caterham-Renault CT01 V8
1:40,809

22. Heikki Kovalainen
Caterham-Renault CT01 V8
1:41,166

23. Pedro de la Rosa
HRT-Cosworth HRT F112 V8
1:42,011

24. Narain Karthikeyan
HRT-Cosworth HRT F112 V8
1:42,740

Grosjean wird nach Getriebewechsel um 5 Plätze nach hinten versetzt
Massa wird wegen Bruchs des Siegels der Getriebebox um 5 Plätze nach hinten versetzt

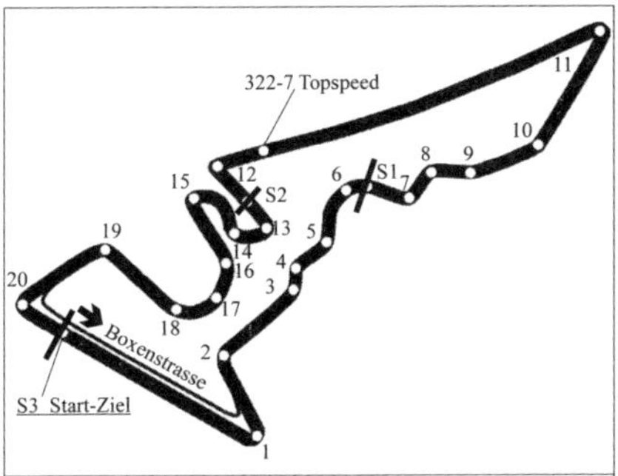

Legende: 132-2-2,1 = 132 km/h-2. Gang-2,1 Gravitation

Wetter am Renntag: Sonnig, trocken und warm, 24° Lufttemperatur, 32°-31° Asphalttemperatur, 28-30 % Luftfeuchtigkeit, 120.000 Zuschauer am Renntag

Distanz: 56 Runden à 5,513 km = 308,405 km
Ziellinie 0,323 km hinter der Startlinie

Sieger 2011: Noch nicht gefahren

Poleposition 2011: Noch nicht gefahren

Schnellste Runde 2011: Noch nicht gefahren

Boxenstopps:

Grosjean:	9. Runde: Reifenwechsel von medium auf hart in total 21,1 sec., Platz 15-22
Kobayashi:	13. Runde: Reifenwechsel von medium auf hart in total 24,0 sec., Platz 17-22
Schumacher:	14. Runde: Reifenwechsel von medium auf hart in total 22,2 sec., Platz 14-19
Hülkenberg:	17. Runde: Reifenwechsel von medium auf hart in total 22,0 sec., Platz 6-13
Hamilton:	20. Runde: Reifenwechsel von medium auf hart in 2,4 sec., total 20,8 sec., Platz 2-3
Alonso:	20. Runde: Reifenwechsel (Radmutter rechts hinten klemmt) von medium auf hart in 6,3 sec., verliert total 24,4 sec., Platz 3-6
Senna:	20. Runde: Reifenwechsel von medium auf hart in total 22,1 sec., Platz 10-14
Vettel:	21. Runde: Reifenwechsel von medium auf hart in 2,7 sec., total 20,9 sec., Platz 1
Di Resta:	21. Runde: Reifenwechsel von medium auf hart in total 22,4 sec., Platz 5-13
Maldonado:	21. Runde: Reifenwechsel von medium auf hart in total 22,3 sec., Platz 10-14
Kovalainen:	21. Runde: Reifenwechsel von medium auf hart in total 22,7 sec., Platz 16-19
Glock:	21. Runde: Reifenwechsel von medium auf hart in total 23,0 sec., Platz 18-20
Pérez:	22. Runde: Reifenwechsel von medium auf hart in total 22,0 sec., Platz 8-14
Petrov:	23. Runde: Reifenwechsel von medium auf hart in total 22,7 sec., Platz 15-18
Räikkönen:	24. Runde: Reifenwechsel (Rad rechts hinten dreht durch) von medium auf hart in 6,4 sec., verliert total 24,8 sec., Platz 3-7
De la Rosa:	24. Runde: Reifenwechsel von medium auf hart in total 24,7 sec., Platz 21-22
Karthikeyan:	25. Runde: Reifenwechsel von medium auf hart in total 24,4 sec., Platz 21-22
Massa:	26. Runde: Reifenwechsel von medium auf hart in 3,3 sec., total 21,5 sec., Platz 3-6
Pic:	26. Runde: Reifenwechsel von medium auf hart in total 22,3 sec., Platz 17-20
Ricciardo:	30. Runde: Reifenwechsel von medium auf hart in total 22,6 sec., Platz 6-16
Di Resta:	30. Runde: 2. Stopp, Reifenwechsel von hart auf hart in total 22,4 sec., Platz 14-16
Rosberg:	34. Runde: Reifenwechsel von hart auf medium in total 21,3 sec., Platz 8-13
Button:	35. Runde: Reifenwechsel von hart auf medium in 3,9 sec., total 21,4 sec., Platz 3-7
Schumacher:	39. Runde: 2. Stopp, Reifenwechsel von hart auf hart in 2,8 sec., total 21,2 sec., Platz 14-16

Ausfälle:

Webber:	4. Runde: Lichtmaschine defekt, Platz 3
Vergne:	17. Runde: Aufhängungsbruch, Platz 16

Stand nach der 1. Runde:
1. Vettel, 2. Webber, 3. Hamilton, 4. Alonso, 5. Schumacher, 6. Hülkenberg, 7. Räikkönen, 8. Grosjean, 9. Di Resta, 10. Massa

Ergebnis:

1. Lewis Hamilton (England) McLaren-Mercedes	1.35:55,269 = 192,911 km/h	
2. Sebastian Vettel (Deutschland) Red Bull-Renault	1.35:55,944 = 192,888 km/h	0,675 zurück
3. Fernando Alonso (Spanien) Ferrari	1.36:34,498 = 191,605 km/h	39,229 zurück
4. Felipe Massa (Brasilien) Ferrari	1.36:41,282 = 191,381 km/h	46,013 zurück
5. Jenson Button (England) McLaren-Mercedes	1.36:51,701 = 191,038 km/h	56,432 zurück
6. Kimi Räikkönen (Finnland) Lotus-Renault	1.36:59,694 = 190,776 km/h	64,425 zurück
7. Romain Grosjean (Frankreich) Lotus-Renault	1.37:05,582 = 190,583 km/h	70,313 zurück
8. Nico Hülkenberg (Deutschland) Force India-Mercedes	1.37:09,061 = 190,469 km/h	73,792 zurück
9. Pastor Maldonado (Venezuela) Williams-Renault	1.37:09,794 = 190,445 km/h	74,525 zurück
10. Bruno Senna (Brasilien) Williams-Renault	1.37:10,402 = 190,425 km/h	75,133 zurück
11. Sergio Pérez (Mexiko) Sauber-Ferrari	1.37:19,610 = 190,125 km/h	84,341 zurück
12. Daniel Ricciardo (Australien) Toro Rosso-Ferrari	1.37:20,140 = 190,108 km/h	84,871 zurück
13. Nico Rosberg (Deutschland) Mercedes	1.37:20,779 = 190,087 km/h	85,510 zurück
14. Kamui Kobayashi (Japan) Sauber-Ferrari	1.36:07,729 = 189,053 km/h	1 Runde zurück
15. Paul Di Resta (Schottland) Force India-Mercedes	1.36:17,429 = 188,736 km/h	1 Runde zurück
16. Michael Schumacher (Deutschland) Mercedes	1.36:18,617 = 188,697 km/h	1 Runde zurück
17. Vitaly Petrov (Russland) Caterham-Renault	1.37:14,774 = 186,881 km/h	1 Runde zurück
18. Heikki Kovalainen (Finnland) Caterham-Renault	1.37:22,425 = 186,636 km/h	1 Runde zurück
19. Timo Glock (Deutschland) Marussia-Cosworth	1.37:23,443 = 186,604 km/h	1 Runde zurück
20. Charles Pic (Frankreich) Marussia-Cosworth	1.36:11,626 = 185,487 km/h	2 Runden zurück
21. Pedro de la Rosa (Spanien) HRT-Cosworth	1.37:07,564 = 183,707 km/h	2 Runden zurück
22. Narain Karthikeyan (Indien) HRT-Cosworth	1.37:19,443 = 183,333 km/h	2 Runden zurück

Schnellste Runde im Qualifying: Vettel (Red Bull-Renault): 1:35,657 = 207,478 km/h (erzielt in Phase 3)
Schnellste Runde im Rennen: Vettel (Red Bull-Renault): 1:39,347 = 199,772 km/h

Höchstgeschwindigkeiten (Freitag, Training): 1. Pérez 322,4, 2. Kobayashi 322,1, 3. Vergne 320,5, 4. Ricciardo 320,3, 5. Di Resta 318,7, 6. Hülkenberg 318,3, 7. Schumacher 318,0, 8. Rosberg 317,9, 9. Massa 316,7, 10. Alonso 316,6, 11. Räikkönen 315,6, 12. Maldonado 315,6, 13. Senna 315,4, 14. Grosjean 315,3, 15. Button 315,0, 16. Hamilton 314,3, 17. Hua Ma 314,2, 18. Karthikeyan 314,1, 19. De la Rosa 313,7, 20. Pic 313,0, 21. Kovalainen 312,6, 22. Glock 312,5, 23. Petrov 312,4, 24. Webber 308,3, 25. Vettel 308,3

Höchstgeschwindigkeiten (Samstag, Qualifying): 1. Vergne 320,4, 2. Pérez 320,2, 3. Kobayashi 320,0, 4. Senna 319,5, 5. Maldonado 319,3, 6. Massa 319,1, 7. Di Resta 318,4, 8. Hülkenberg 318,3, 9. Schumacher 318,2, 10. Rosberg 317,7, 11. Alonso 316,8, 12. Ricciardo 316,6, 13. Grosjean 315,6, 14. Räikkönen 315,4, 15. Karthikeyan 314,5, 16. Hamilton 314,4, 17. Button 314,3, 18. De la Rosa 314,1, 19. Glock 313,2, 20. Pic 313,1, 21. Kovalainen 312,5, 22. Petrov 312,3, 23. Vettel 308,4, 24. Webber 308,0

Höchstgeschwindigkeiten (Sonntag): 1. Vergne 320,6, 2. Massa 320,0, 3. Maldonado 320,0, 4. Senna 320,0, 5. Kobayashi 319,9, 6. Di Resta 318,5, 7. Schumacher 317,6, 8. Ricciardo 317,2, 9. Pérez 316,7, 10. Rosberg 316,5, 11. Alonso 316,0, 12. Hülkenberg 315,6, 13. Räikkönen 315,4, 14. Grosjean 315,4, 15. Hamilton 314,6, 16. Button 314,4, 17. Karthikeyan 314,1, 18. De la Rosa 313,6, 19. Glock 313,4, 20. Kovalainen 312,4, 21. Petrov 311,4, 22. Vettel 308,2, 23. Pic 304,9, 24. Webber 294,1

Schnellste Runde jedes Fahrers im Rennen: 1. Vettel 1:39,347 (56.), 2. Massa 1:39,402 (56.), 3. Räikkönen 1:39,474 (56.), 4. Alonso 1:39,672 (56.), 5. Hamilton 1:39,709 (55.), 6. Button 1:40,150 (54.), 7. Kobayashi 1:40,315 (55.), 8. Rosberg 1:40,428 (51.), 9. Di Resta 1:40,594 (55.), 10. Grosjean 1:40,625 (55.), 11. Pérez 1:40,701 (53.), 12. Maldonado 1:40,719 (53.), 13. Senna 1:40,745 (53.), 14. Ricciardo 1:40,772 (53.), 15. Schumacher 1:40,923 (54.), 16. Hülkenberg 1:41,048 (53.), 17. Pic 1:42,481 (54.), 18. Petrov 1:42,824 (55.), 19. Kovalainen 1:43,072 (50.), 20. Glock 1:43,324 (40.), 21. Webber 1:43,599 (13.), 22. Karthikeyan 1:44,508 (51.), 23. De la Rosa 1:44,664 (43.), 24. Vergne 1:44,775 (12.)

WM-Stand: 1. Vettel 273, 2. Alonso 260, 3. Räikkönen 206, 4. Hamilton 190, 5. Webber 167, 6. Button 163, 7. Massa 107, 8. Grosjean 96, 9. Rosberg 93, 10. Pérez 66, 11. Kobayashi 58, 12. Hülkenberg 53, 13. Di Resta 46, 14. Maldonado 45, 15. Schumacher 43, 16. Senna 31, 17. Vergne 12, 18. Ricciardo 10

Konstrukteur-WM: 1. Red Bull-Renault 440, 2. Ferrari 367, 3. McLaren-Mercedes 353, 4. Lotus-Renault 302, 5. Mercedes 136, 6. Sauber-Ferrari 124, 7. Force India-Mercedes 99, 8. Williams-Renault 76, 9. Toro Rosso-Ferrari 22

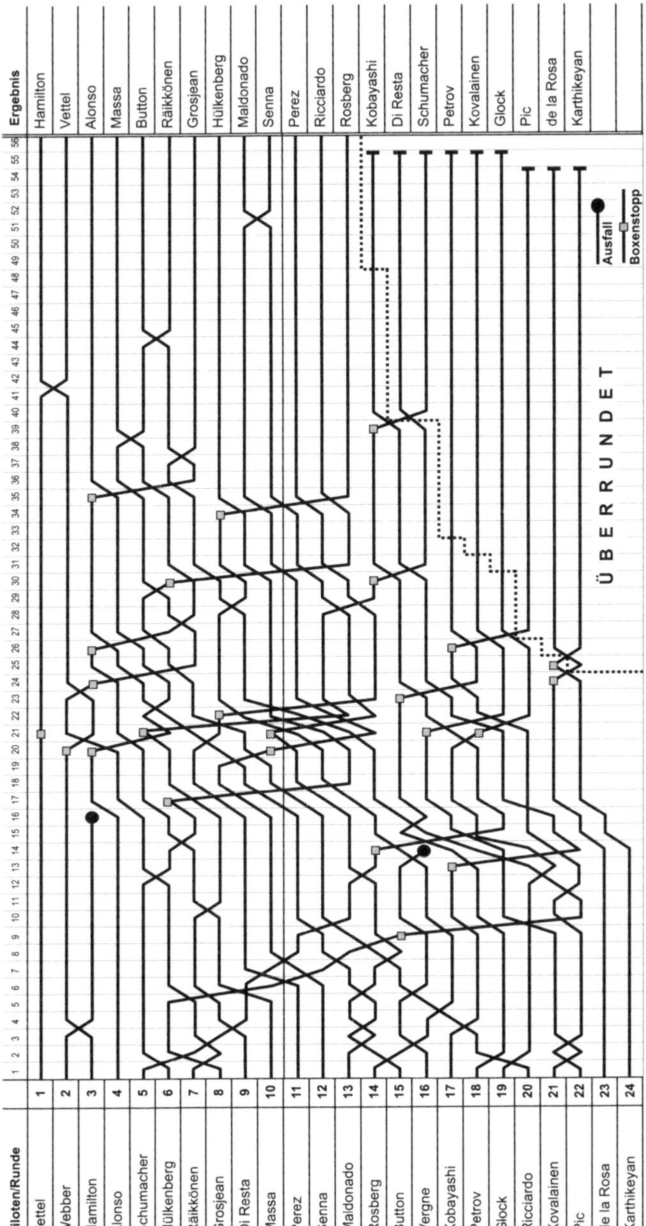
Piloten/Runde
Vettel 1
Webber 2
Hamilton 3
Alonso 4
Schumacher 5
Hülkenberg 6
Räikkönen 7
Grosjean 8
Di Resta 9
Massa 10
Perez 11
Senna 12
Maldonado 13
Rosberg 14
Button 15
Vergne 16
Kobayashi 17
Petrov 18
Glock 19
Ricciardo 20
Kovalainen 21
Pic 22
de la Rosa 23
Karthikeyan 24
Ergebnis
Hamilton
Vettel
Alonso
Massa
Button
Räikkönen
Grosjean
Hülkenberg
Maldonado
Senna
Perez
Ricciardo
Rosberg
Kobayashi
Di Resta
Schumacher
Petrov
Kovalainen
Glock
Pic
de la Rosa
Karthikeyan
Ü B E R R U N D E T
Ausfall
Boxenstopp

Lauf 20 - Großer Preis von Brasilien - Interlagos, 25. November 2012

1. Training (Freitag Vormittag): 1. Hamilton 1:14,131, 2. Vettel 1:14,140, 3. Webber 1:14,198, 4. Button 1:14,217, 5. Alonso 1:14,392, 6. Massa 1:14,716, 7. Grosjean 1:14,719, 8. Di Resta 1:14,738, 9. Maldonado 1:15,015, 10. Hülkenberg 1:15,050, 11. Schumacher 1:15,114, 12. Kobayashi 1:15,255, 13. Pérez 1:15,396, 14. Bottas 1:15,413, 15. Ricciardo 1:15,587, 16. Räikkönen 1:15,701, 17. Vergne 1:16,048, 18. Rosberg 1:16,315, 19. Van der Garde 1:16,460, 20. Glock 1:16,506, 21. Petrov 1:16,617, 22. Pic 1:17,234, 23. De la Rosa 1:17,678, 24. Karthikeyan 1:17,895

2. Training (Freitag Nachmittag): 1. Hamilton 1:14,026, 2. Vettel 1:14,300, 3. Webber 1:14,523, 4. Massa 1:14,553, 5. Alonso 1:14,592, 6. Schumacher 1:14,654, 7. Rosberg 1:14,669, 8. Button 1:14,863, 9. Grosjean 1:14,994, 10. Di Resta 1:15,129, 11. Hülkenberg 1:15,131, 12. Räikkönen 1:15,371, 13. Senna 1:15,432, 14. Pérez 1:15,542, 15. Kobayashi 1:15,839, 16. Ricciardo 1:15,902, 17. Maldonado 1:15,953, 18. Vergne 1:16,048, 19. Petrov 1:16,126, 20. Kovalainen 1:16,655, 21. De la Rosa 1:17,244, 22. Glock 1:17,675, 23. Pic 1:18,127, 24. Karthikeyan 1:18,139

3. Training (Samstag)		**Qualifying** (Samstag) **(1.Phase)**		**(2.Phase)**		**(3.Phase)**	
1. Button	1:13,188	1. Hamilton	1:15,075	1. Vettel	1:13,209	1. Hamilton	1:12,458
2. Vettel	1:13,245	2. Senna	1:15,333	2. Hamilton	1:13,398	2. Button	1:12,513
3. Webber	1:13,385	3. Button	1:15,456	3. Button	1:13,515	3. Webber	1:12,581
4. Hamilton	1:13,389	4. Hülkenberg	1:15,536	4. Webber	1:13,667	4. Vettel	1:12,760
5. Grosjean	1:13,420	5. Vettel	1:15,644	5. Räikkönen	1:13,698	5. Massa	1:12,987
6. Di Resta	1:13,486	6. Di Resta	1:15,901	6. Maldonado	1:13,698	6. Maldonado	1:13,174
7. Hülkenberg	1:13,602	7. Rosberg	1:15,929	7. Hülkenberg	1:13,704	7. Hülkenberg	1:13,206
8. Alonso	1:13,691	8. Pérez	1:15,974	8. Rosberg	1:13,848	8. Alonso	1:13,253
9. Maldonado	1:13,700	9. Schumacher	1:16,005	9. Alonso	1:13,856	9. Räikkönen	1:13,298
10. Massa	1:13,712	10. Alonso	1:16,097	10. Massa	1:14,048	10. Rosberg	1:13,489
11. Senna	1:13,948	11. Webber	1:16,180	11. Di Resta	1:14,121		
12. Rosberg	1:14,126	12. Massa	1:16,263	12. Senna	1:14,219		
13. Pérez	1:14,190	13. Maldonado	1:16,266	13. Pérez	1:14,234		
14. Kobayashi	1:14,192	14. Kobayashi	1:16,400	14. Schumacher	1:14,334		
15. Schumacher	1:14,347	15. Räikkönen	1:16,432	15. Kobayashi	1:14,380		
16. Ricciardo	1:14,687	16. Vergne	1:16,722	16. Ricciardo	1:14,574		
17. Vergne	1:14,972	17. Ricciardo	1:16,744	17. Vergne	1:14,619		
18. Petrov	1:15,159	18. Grosjean	1:16,967				
19. Kovalainen	1:15,707	19. Petrov	1:17,073				
20. Glock	1:15,763	20. Kovalainen	1:17,086				
21. Pic	1:16,059	21. Glock	1:17,508				
22. De la Rosa	1:16,198	22. Pic	1:18,104				
23. Karthikeyan	1:16,793	23. Karthikeyan	1:19,576				
24. Räikkönen	-:--	24. De la Rosa	1:19,699				

Startaufstellung: Zuerst die Piloten 1 bis 10 aus der dritten Qualifying-Phase, danach die Piloten 11-17 aus der zweiten Qualifying-Phase, dahinter die Piloten 18-24 aus der ersten Qualifying-Phase - inklusive Strafversetzungen:

1. Lewis Hamilton
McLaren-Mercedes MP4/27 V8
1:12,458

2. Jenson Button
McLaren-Mercedes MP4/27 V8
1:12,513

3. Mark Webber
Red Bull-Renault RB8 V8
1:12,581

4. Sebastian Vettel
Red Bull-Renault RB8 V8
1:12,760

5. Felipe Massa
Ferrari F2012 V8
1:12,987

6. Nico Hülkenberg
Force India-Mercedes VJM05 V8
1:13,206

7. Fernando Alonso
Ferrari F2012 V8
1:13,253

8. Kimi Räikkönen
Lotus-Renault E20 V8
1:13,298

9. Nico Rosberg
Mercedes F1 W03 V8
1:13,489

10. Paul di Resta
Force India-Mercedes VJM05 V8
1:14,121

11. Bruno Senna
Williams-Renault FW34 V8
1:14,219

12. Sergio Pérez
Sauber-Ferrari C31 V8
1:14,234

13. Michael Schumacher
Mercedes F1 W03 V8
1:14,334

14. Kamui Kobayashi
Sauber-Ferrari C31 V8
1:14,380

15. Daniel Ricciardo
Toro Rosso-Ferrari STR7 V8
1:14,574

16. Pastor Maldonado
Williams-Renault FW34 V8
1:13,174

17. Jean-Eric Vergne
Toro Rosso-Ferrari STR7 V8
1:14,619

18. Romain Grosjean
Lotus-Renault E20 V8
1:16,967

19. Vitaly Petrov
Caterham-Renault CT01 V8
1:17,073

20. Heikki Kovalainen
Caterham-Renault CT01 V8
1:17,086

21. Timo Glock
Marussia-Cosworth MVR-03 V8
1:17,508

22. Charles Pic
Marussia-Cosworth MVR-03 V8
1:18,104

23. Narain Karthikeyan
HRT-Cosworth HRT F112 V8
1:19,576

24. Pedro de la Rosa
HRT-Cosworth HRT F112 V8
1:19,699

Maldonado versäumt es bei der Waage der FIA anzuhalten und wird von den Rennkommissaren verwarnt. Da es sich um die dritte Verwarnung in dieser Saison handelt, wird er um 10 Plätze nach hinten versetzt
De la Rosa wird nach Getriebewechsel um 5 Plätze nach hinten versetzt

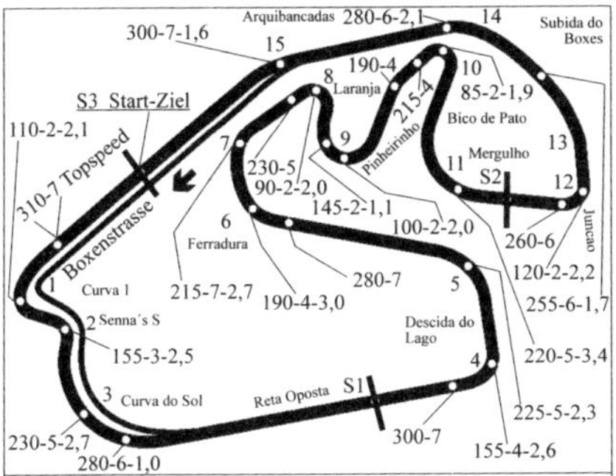

Legende: 132-2-2,1 = 132 km/h-2. Gang-2,1 Gravitation

Wetter am Renntag: Start trocken, leichter Regen zwischen 7. und 17. Runde bzw. 50. und 71 Runde, 19°-18° Lufttemperatur, 23°-20° Asphalttemperatur, 63-72 % Lufttfeuchtigkeit, 70.000 Zuschauer am Renntag

Distanz: 71 Runden à 4,309 km = 305,909 km
Ziellinie 0,030 km hinter der Startlinie

Sieger 2011: Webber (Red Bull-Renault), 1.32:17,464 = 198,876 km/h

Poleposition 2011: Vettel (Red Bull-Renault), 1:11,918 = 215,695 km/h

Schnellste Runde 2011: Webber (Red Bull-Renault), 1:15,324 = 205,942 km/h

Boxenstopps:

Räikkönen:	5. Runde: Reifenwechsel nach Dreher von medium auf Intermediates, verliert total 21,5 sec., Platz 14-19
Schumacher:	5. Runde: Reifenwechsel wegen Reifenplattens nach Überfahren von Wrackteilen von hart auf hart, verliert total 25,9 sec., Platz 21-20
Kobayashi:	8. Runde: Reifenwechsel und neuer Frontflügel nach Kontakt mit Webber von hart auf Intermediates, verliert total 27,2 sec., Platz 13-19
Schumacher:	8. Runde: 2. Stopp, Reifenwechsel von hart auf Intermediates in total 22,4 sec., Platz 20
Rosberg:	9. Runde: Reifenwechsel von medium auf Intermediates in total 23,0 sec., Platz 15-17
Ricciardo:	9. Runde: Reifenwechsel von medium auf Intermediates in total 22,8 sec., Platz 16-18
Webber:	9. Runde: (Stoppt zu spät) Reifenwechsel von medium auf Intermediates in 5,3 sec., verliert total 23,1 sec., Platz 17-19
Hamilton:	10. Runde: Reifenwechsel von medium auf Intermediates in total 24,4 sec., Platz 3-4
Alonso:	10. Runde: Reifenwechsel von medium auf Intermediates in 3,6 sec., total 22,4 sec., Platz 5-12
Vettel:	10. Runde: Reifenwechsel von medium auf Intermediates in 3,0 sec., total 20,9 sec., Platz 10-17
Di Resta:	10. Runde: Reifenwechsel von medium auf Intermediates in total 28,3 sec., Platz 11-19
Karthikeyan:	13. Runde: Reifenwechsel von medium auf Intermediates in total 27,1 sec., Platz 18
Pic:	13. Runde: Reifenwechsel von medium auf Intermediates in total 24,4 sec., Platz 19
Glock:	14. Runde: Reifenwechsel von medium auf Intermediates in total 23,2 sec., Platz 15
Petrov:	14. Runde: Reifenwechsel von medium auf Intermediates in total 23,0 sec., Platz 16
De la Rosa:	14. Runde: Reifenwechsel von medium auf Intermediates in total 25,7 sec., Platz 17-19
Massa:	15. Runde: Reifenwechsel von medium auf Intermediates in 3,2 sec., total 22,5 sec., Platz 11-14
Vergne:	15. Runde: Reifenwechsel von medium auf Intermediates in total 22,3 sec., Platz 13-15
Kovalainen:	15. Runde: Reifenwechsel von medium auf Intermediates in total 23,4 sec., Platz 14-16
Schumacher:	17. Runde: 3. Stopp, Reifenwechsel von Intermediates auf hart in total 22,2 sec., Platz 20
Hamilton:	18. Runde: 2. Stopp, Reifenwechsel von Intermediates auf hart in 3,4 sec., total 21,6 sec., Platz 3
Alonso:	18. Runde: 2. Stopp, Reifenwechsel von Intermediates auf medium in 4,3 sec., total 23,0 sec., Platz 5-6
Kobayashi:	18. Runde: 2. Stopp, Reifenwechsel von Intermediates auf hart in total 24,2 sec., Platz 7-9
Rosberg:	18. Runde: 2. Stopp, Reifenwechsel von Intermediates auf hart in total 21,8 sec., Platz 10-14
Di Resta:	18. Runde: 2. Stopp, Reifenwechsel von Intermediates auf hart in total 21,3 sec., Platz 11-12
Vettel:	19. Runde: 2. Stopp, Reifenwechsel von Intermediates auf hart in 3,9 sec., total 22,0 sec., Platz 4-5
Webber:	19. Runde: 2. Stopp, Reifenwechsel von Intermediates auf hart in total 21,2 sec., Platz 5-7
Ricciardo:	19. Runde: 2. Stopp, Reifenwechsel von Intermediates auf hart in total 21,1 sec., Platz 7-9
Räikkönen:	19. Runde: 2. Stopp, Reifenwechsel von Intermediates auf medium in total 22,7 sec., Platz 8-11
Massa:	19. Runde: 2. Stopp, Reifenwechsel von Intermediates auf medium in total 21,6 sec., Platz 10-12
Glock:	19. Runde: 2. Stopp, Reifenwechsel von Intermediates auf medium in total 21,4 sec., Platz 13
Petrov:	19. Runde: 2. Stopp, Reifenwechsel von Intermediates auf hart in total 27,4 sec., Platz 15
Kovalainen:	19. Runde: 2. Stopp, Reifenwechsel von Intermediates auf medium in total 38,2 sec., Platz 16-19
De la Rosa:	19. Runde: 2. Stopp, Reifenwechsel von Intermediates auf medium in total 26,5 sec., Platz 19-20
Vergne:	20. Runde: 2. Stopp, Reifenwechsel von Intermediates auf hart in total 21,3 sec., Platz 10-13
Pic:	20. Runde: 2. Stopp, Reifenwechsel von Intermediates auf medium in total 22,7 sec., Platz 14-17
Karthikeyan:	20. Runde: 2. Stopp, Reifenwechsel von Intermediates auf hart in total 26,7 sec., Platz 16-19
Rosberg:	20. Runde: 3. Stopp, Reifenwechsel wegen Reifenplattens rechts hinten nach Überfahren von Wrackteilen von hart auf hart, verliert total 24,2 sec., Platz 18-20
Hülkenberg:	23. Runde: Reifenwechsel von medium auf hart in 3,7 sec., total 21,3 sec., Platz 1
Button:	23. Runde: Reifenwechsel von medium auf hart in 3,8 sec., total 21,5 sec., Platz 2
Vergne:	29. Runde: 3. Stopp, Reifenwechsel von hart auf hart in total 25,9 sec., Platz 20
Glock:	31. Runde: 3. Stopp, Reifenwechsel von medium auf hart in total 23,5 sec., Platz 19-20
Kovalainen:	37. Runde: 3. Stopp, Reifenwechsel von medium auf hart in total 22,7 sec., Platz 17-19
Rosberg:	50. Runde: 4. Stopp, Reifenwechsel von hart auf Intermediatesin 13,1 sec., verliert total 31,7 sec., Platz 18-19
De la Rosa:	50. Runde: 3. Stopp, Reifenwechsel von medium auf hart in total 25,3 sec., Platz 19-20
Ricciardo:	51. Runde: 3. Stopp, Reifenwechsel von hart auf hart in 3,5 sec., total 21,4 sec., Platz 11-13
Karthikeyan:	51. Runde: 3. Stopp, Reifenwechsel von hart auf hart in total 23,6 sec., Platz 18-20
Vettel:	52. Runde: 3. Stopp, Reifenwechsel (Reifen waren nicht bereit) von hart auf medium in 11,4 sec., verliert total 21,2 sec., Platz 8-10
Räikkönen:	53. Runde: 3. Stopp, Reifenwechsel von medium auf Intermediates in total 32,3 sec., Platz 17-18
Kobayashi:	54. Runde: 3. Stopp, Reifenwechsel von hart auf Intermediates in total 32,8 sec., Platz 8-9
Schumacher:	54. Runde: 4. Stopp, Reifenwechsel von hart auf Intermediates in total 21,8 sec., Platz 9-8
Vettel:	54. Runde: 4. Stopp, Reifenwechsel von medium auf Intermediates in total 28,9 sec., Platz 11-10
Petrov:	54. Runde: 3. Stopp, Reifenwechsel von hart auf Intermediates in total 22,7 sec., Platz 16-15

Massa:	55. Runde: 3. Stopp, Reifenwechsel von medium auf Intermediates in total 22,4 sec., Platz 4
Webber:	55. Runde: 3. Stopp, Reifenwechsel von hart auf Intermediates in total 21,0 sec., Platz 6
Pic:	55. Runde: 3. Stopp, Reifenwechsel von medium auf Intermediates in total 23,0 sec., Platz 12
Alonso:	56. Runde: 3. Stopp, Reifenwechsel von medium auf Intermediates in 3,3 sec., total 21,8 sec., Platz 3-4
Vergne:	56. Runde: 4. Stopp, Reifenwechsel von hart auf Intermediates in total 22,0 sec., Platz 8-10
De la Rosa:	55. Runde: 4. Stopp, Reifenwechsel von hart auf Intermediates in total 24,5 sec., Platz 18
Ricciardo:	56. Runde: 4. Stopp, Reifenwechsel von hart auf Intermediates in total 22,9 sec., Platz 11-13
Button:	57. Runde: 2. Stopp, Reifenwechsel von hart auf Intermediates in total 21,4 sec., Platz 1
Karthikeyan:	55. Runde: 4. Stopp, Reifenwechsel von hart auf Intermediates in total 27,4 sec., Platz 19
Hülkenberg:	57. Runde: 2. Stopp, Reifenwechsel von hart auf Intermediates in total 22,2 sec., Platz 4-5
Kovalainen:	56. Runde: 4. Stopp, Reifenwechsel von hart auf Intermediates in total 23,0 sec., Platz 15-16
Glock:	56. Runde: 4. Stopp, Reifenwechsel von hart auf Intermediates in total 24,8 sec., Platz 17
Di Resta:	57. Runde: 3. Stopp, Reifenwechsel von hart auf Intermediates in total 22,3 sec., Platz 7-10
Hülkenberg:	58. Runde: 3. Stopp, Drive-Through-Strafe wegen Verursachens einer Kollision mit Hamilton, verliert total 14,1 sec., Platz 4-5
Kovalainen:	59. Runde: 5. Stopp, Reifenwechsel von Intermediates auf Regenreifen in total 21,8 sec., Platz 16-17
Ricciardo:	61. Runde: 5. Stopp, Reifenwechsel von Intermediates auf Regenreifen in total 21,9 sec., Platz 12-14

Ausfälle:

Pérez:	1. Runde: Kollision mit Senna, Platz 12 (in der Startaufstellung)
Senna:	1. Runde: Kollision mit Vettel, Platz 11 (in der Startaufstellung)
Maldonado:	2. Runde: Dreher, Platz 9
Grosjean:	6. Runde: Dreher, Platz 11
Hamilton:	55. Runde: Kollision mit Hülkenberg , Platz 1
Di Resta:	69. Runde: Dreher, Platz 10 (Platz 19 im Endergebnis)

Stand nach der 1. Runde:
1. Hamilton, 2. Massa, 3. Button, 4. Webber, 5. Alonso, 6. Hülkenberg, 7. Di Resta, 8. Räikkönen, 9. Maldonado, 10. Kobayashi

Safety Car-Phase:
22. bis 28. Runde um diverse Wrackteile rund um die Strecke zu entfernen
69. bis 70. Runde wegen des Force India-Mercedes-Wracks von Di Resta in Kurve 15 vor Start/Ziel

Ergebnis:

1. Jenson Button (England) McLaren-Mercedes	1.45:22,656 = 174,178 km/h	
2. Fernando Alonso (Spanien) Ferrari	1.45:25,410 = 174,102 km/h	2,754 zurück
3. Felipe Massa (Brasilien) Ferrari	1.45:26,271 = 174,079 km/h	3,615 zurück
4. Mark Webber (Australien) Red Bull-Renault	1.45:27,592 = 174,042 km/h	4,936 zurück
5. Nico Hülkenberg (Deutschland) Force India-Mercedes	1.45:28,364 = 174,021 km/h	5,708 zurück
6. Sebastian Vettel (Deutschland) Red Bull-Renault	1.45:32,109 = 173,918 km/h	9,453 zurück
7. Michael Schumacher (Deutschland) Mercedes	1.45:34,563 = 173,851 km/h	11,907 zurück
8. Jean-Eric Vergne (Frankreich) Toro Rosso-Ferrari	1.45:51,309 = 173,392 km/h	28,653 zurück
9. Kamui Kobayashi (Japan) Sauber-Ferrari	1.45:53,906 = 173,322 km/h	31,250 zurück
10. Kimi Räikkönen (Finnland) Lotus-Renault	1.45:23,622 = 171,699 km/h	1 Runde zurück
11. Vitaly Petrov (Russland) Caterham-Renault	1.45:29,908 = 171,528 km/h	1 Runde zurück
12. Charles Pic (Frankreich) Marussia-Cosworth	1.45:31,606 = 171,482 km/h	1 Runde zurück
13. Daniel Ricciardo (Australien) Toro Rosso-Ferrari	1.45:32,987 = 171,445 km/h	1 Runde zurück
14. Heikki Kovalainen (Finnland) Caterham-Renault	1.45:57,545 = 170,782 km/h	1 Runde zurück
15. Nico Rosberg (Deutschland) Mercedes	1.46:04,352 = 170,600 km/h	1 Runde zurück
16. Timo Glock (Deutschland) Marussia-Cosworth	1.46:06,184 = 170,551 km/h	1 Runde zurück
17. Pedro de la Rosa (Spanien) HRT-Cosworth	1.45:24,456 = 169,223 km/h	2 Runden zurück
18. Narain Karthikeyan (Indien) HRT-Cosworth	1.45:56,781 = 168,363 km/h	2 Runden zurück
19. Paul Di Resta (Schottland) Force India-Mercedes	1.40:40,868 = 174,599 km/h	Ausfall

Di Resta beendet nicht das Rennen, wird aber aufgrund der zurückgelegten Distanz gewertet
Schnellste Runde im Qualifying: Hamilton (McLaren-Mercedes): 1:12,458 = 214,088 km/h (erzielt in Phase 3)
Schnellste Runde im Rennen: Hamilton (McLaren-Mercedes): 1:18,069 = 198,701 km/h

Höchstgeschwindigkeiten (Freitag, Training): 1. Button 321,9, 2. Pérez 318,1, 3. Vergne 315,2, 4. Ricciardo 314,5, 5. Schumacher 313,4, 6. Karthikeyan 313,1, 7. Alonso 313,0, 8. Kobayashi 312,8, 9. Massa 312,7, 10. Rosberg 312,6, 11. Kovalainen 312,1, 12. De la Rosa 312,1, 13. Petrov 311,7, 14. Di Resta 311,5, 15. Hamilton 311,3, 16. Hülkenberg 311,3, 17. Van der Garde 310,9, 18. Grosjean 310,4, 19. Räikkönen 310,1, 20. Maldonado 309,1, 21. Senna 308,6, 22. Vettel 308,4, 23. Glock 308,3, 24. Webber 308,2, 25. Bottas 307,9, 26. Pic 303,3

Höchstgeschwindigkeiten (Samstag, Qualifying): 1. Rosberg 315,1, 2. Hamilton 313,9, 3. Schumacher 313,6, 4. Button 313,6, 5. Pérez 313,5, 6. Maldonado 312,8, 7. Kobayashi 312,7, 8. Senna 312,2, 9. Hülkenberg 311,3, 10. Di Resta 310,9, 11. Karthikeyan 310,7, 12. Räikkönen 310,4, 13. Vergne 309,4, 14. Grosjean 309,4, 15. Massa 309,3, 16. Alonso 309,2, 17. Kovalainen 307,6, 18. Petrov 307,5, 19. Ricciardo 305,2, 20. Vettel 303,8, 21. Webber 303,0, 22. Glock 300,1, 23. Pic 299,4, 24. De la Rosa 296,8

Höchstgeschwindigkeiten (Sonntag): 1. Kobayashi 312,5, 2. Schumacher 311,5, 3. Di Resta 310,6, 4. Vergne 309,4, 5. Räikkönen 309,1, 6. Massa 308,5, 7. Ricciardo 306,4, 8. Petrov 306,2, 9. Kovalainen 305,8, 10. Button 305,5, 11. Rosberg 304,9, 12. Vettel 304,3, 13. Webber 303,8, 14. Pic 303,8, 15. Alonso 303,0, 16. De la Rosa 303,0, 17. Senna 302,5, 18. Pérez 302,0, 19. Glock 301,5, 20. Hülkenberg 301,3, 21. Grosjean 300,1, 22. Karthikeyan 298,0, 23. Hamilton 296,8, 24. Maldonado 292,4

Schnellste Runde jedes Fahrers im Rennen: 11. Hamilton 1:18,069 (38.), 2. Button 1:18,108 (37.), 3. Hülkenberg 1:18,210 (38.), 4. Alonso 1:18,623 (36.), 5. Massa 1:18,879 (37.), 6. Webber 1:18,903 (39.), 7. Kobayashi 1:18,973 (35.), 8. Vergne 1:18,983 (39.), 9. Vettel 1:19,090 (36.), 10. Kovalainen 1:19,256 (39.), 11. Ricciardo 1:19,308 (36.), 12. Di Resta 1:19,314 (39.), 13. Räikkönen 1:19,444 (34.), 14. Glock 1:19,686 (34.), 15. Schumacher 1:20,158 (37.), 16. Rosberg 1:20,266 (38.), 17. Pic 1:20,310 (36.), 18. Petrov 1:20,528 (39.), 19. De la Rosa 1:21,085 (37.), 20. Karthikeyan 1:21,544 (40.), 21. Grosjean 1:22,184 (2.)

WM-Stand: 1. Vettel 281, 2. Alonso 278, 3. Räikkönen 207, 4. Hamilton 190, 5. Button 188, 6. Webber 179, 7. Massa 122, 8. Grosjean 96, 9. Rosberg 93, 10. Pérez 66, 11. Hülkenberg 63, 12. Kobayashi 60, 13. Schumacher 49, 14. Di Resta 46, 15. Maldonado 45, 16. Senna 31, 17. Vergne 16, 18. Ricciardo 10

Konstrukteur-WM: 1. Red Bull-Renault 460, 2. Ferrari 400, 3. McLaren-Mercedes 378, 4. Lotus-Renault 303, 5. Mercedes 142, 6. Sauber-Ferrari 126, 7. Force India-Mercedes 109, 8. Williams-Renault 76, 9. Toro Rosso-Ferrari 26

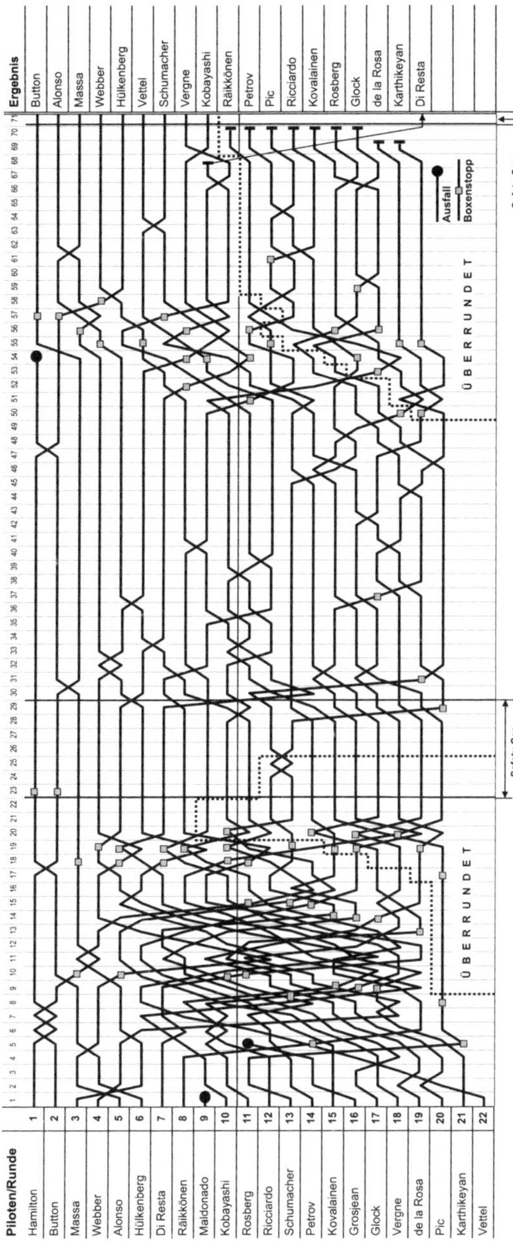
Piloten/Runde
Hamilton
Button
Massa
Webber
Alonso
Hülkenberg
Di Resta
Räikkönen
Maldonado
Kobayashi
Rosberg
Ricciardo
Schumacher
Petrov
Kovalainen
Grosjean
Glock
Vergne
de la Rosa
Pic
Karthikeyan
Vettel
Ergebnis
Button
Alonso
Massa
Webber
Hülkenberg
Vettel
Schumacher
Vergne
Kobayashi
Räikkönen
Petrov
Pic
Ricciardo
Kovalainen
Rosberg
Glock
de la Rosa
Karthikeyan
Di Resta
Safety Car
Safety Car
Ü B E R R U N D E T
Ü B E R R U N D E T
Ausfall
Boxenstopp

GRAND-PRIX-SIEGER 1950-2012

91 Große Preise	Michael Schumacher (Deutschland)
51 Große Preise	Alain Prost (Frankreich)
41 Große Preise	Ayrton Senna (Brasilien)
31 Große Preise	Nigel Mansell (England)
30 Große Preise	Fernando Alonso (Spanien)
27 Große Preise	Jackie Stewart (Schottland)
26 Große Preise	Sebastian Vettel (Deutschland)
25 Große Preise	Jim Clark (Schottland)
	Niki Lauda (Österreich)
24 Große Preise	Juan Manuel Fangio (Argentinien)
23 Große Preise	Nelson Piquet (Brasilien)
22 Große Preise	Damon Hill (England)
21 Große Preise	Lewis Hamilton (England)
20 Große Preise	Mika Hakkinen (Finnland)
19 Große Preise	Kimi Räikkönen (Finnland)
16 Große Preise	Stirling Moss (England)
15 Große Preise	Jenson Button (England)
14 Große Preise	Jack Brabham (Australien)
	Graham Hill (England)
	Emerson Fittipaldi (Brasilien)
13 Große Preise	Alberto Ascari (Italien)
	David Coulthard (Schottland)
12 Große Preise	Mario Andretti (USA)
	Alan Jones (Australien)
	Carlos Reutemann (Argentinien)
11 Große Preise	Jacques Villeneuve (Kanada)
	Felipe Massa (Brasilien)
	Rubens Barrichello (Brasilien)
10 Große Preise	James Hunt (England)
	Ronnie Peterson (Schweden)
	Jody Scheckter (Südafrika)
	Gerhard Berger (Österreich)
9 Große Preise	Mark Webber (Australien)
8 Große Preise	Denis Hulme (Neuseeland)
	Jacky Ickx (Belgien)
7 Große Preise	Rene Arnoux (Frankreich)
	Juan Pablo Montoya (Kolumbien)
6 Große Preise	Tony Brooks (England)
	John Surtees (England)
	Jochen Rindt (Österreich)
	Gilles Villeneuve (Kanada)
	Jacques Laffite (Frankreich)
	Ralf Schumacher (Deutschland)
	Riccardo Patrese (Italien)
5 Große Preise	Dr. Giuseppe Nino Farina (Italien)
	Clay Regazzoni (Schweiz)
	John Watson (Irland
	Keke Rosberg (Finnland)
	Michele Alboreto (Italien)
4 Große Preise	Bruce McLaren (Neuseeland)
	Dan Gurney (USA)
	Eddie Irvine (Irland)
3 Große Preise	Mike Hawthorn (England)
	Peter Collins (England)
	Phil Hill (USA)
	Didier Pironi (Frankreich)
	Thierry Boutsen (Belgien)
	Johnny Herbert (England)
	Heinz Harald Frentzen (Deutschland)
	Giancarlo Fisichella (Italien)
2 Große Preise	Froilan Gonzalez (Argentinien)
	Maurice Trintignant (Frankreich)
	Wolfgang Graf Berghe von Trips (Deutschland)
	Pedro Rodriguez (Mexiko)
	Jo Siffert (Schweiz)
	Peter Revson (USA)
	Patrick Depailler (Frankreich)
	Jean-Pierre Jabouille (Frankreich)
	Patrick Tambay (Frankreich)
	Elio de Angelis (Italien)
1 Großer Preis	Giancarlo Baghetti (Italien)
	Lorenzo Bandini (Italien)
	Jean-Pierre Beltoise (Frankreich)
	Vittorio Brambilla (Italien)
	Joakim Bonnier (Schweden)
	Francois Cevert (Frankreich)
	Luigi Fagioli (Italien)
	Peter Gethin (England)
	Richie Ginther (USA)
	Innes Ireland (Schottland)
	Jochen Mass (Deutschland)
	Luigi Musso (Italien)
	Alessandro Nannini (Italien)
	Gunnar Nilsson (Schweden)
	Carlos Pace (Brasilien)
	Ludovico Scarfiotti (Italien)
	Piero Taruffi (Italien)
	Jean Alesi (Frankreich)
	Olivier Panis (Frankreich)
	Jarno Trulli (Italien)
	Robert Kubica (Polen)
	Heikki Kovalainen (Finnland)
	Nico Rosberg (Deutschland)
	Pastor Maldonado (Venezuela)

SIEGERMARKEN DER WM-LÄUFE 1950-2012

(exklusive Indianapolis, das 1950-1960 zur Fahrer-WM zählte)

Ferrari	219	Cooper	16	Wolf	3
McLaren	182	Alfa Romeo	10	Honda	3
Williams	114	Mercedes	10	Eagle	1
Lotus	80	Maserati	9	Hesketh	1
Brabham	35	Matra	9	Penske	1
Renault	35	Vanwall	9	Porsche	1
Red Bull	34	Ligier	9	Shadow	1
Benetton	27	Brawn	8	Stewart	1
Tyrrell	23	Jordan	4	BMW Sauber	1
BRM	17	March	3	Toro Rossso	1